2024년 귀속

핵심
연말정산
실무

손창용 저

SAMIL | 삼일인포마인

연말정산, 이제 두려워 마세요!

사회환경과 경제정책의 변화로 세법 규정이 계속 개정되고 전문화되고 있습니다. 이로 인해 연말정산 과정이 복잡해지면서 직장인들에게 큰 부담이 되고 있습니다. 연말정산 시 즌은 가장 추운 겨울에 위치해 있어 몸도 마음도 추운 시기입니다. 이때 연말정산으로 인해 마음까지 얼어붙게 할 수는 없지 않겠습니까?

또한, 세법을 잘못 적용해 국세청으로부터 추징당하는 사례도 증가하고 있습니다. 이에 본서는 오랜 강의와 업무를 통해 얻은 지식과 경험을 바탕으로, 회계담당자나 근로자가 복잡한 공제요건과 감면대상을 쉽게 이해할 수 있도록 다음과 같은 내용에 중점을 두었습니다.

▎**연말정산 과정 설명**: 주된 연말정산대상 소득인 근로소득을 기준으로 연말정산을 설명하고 사업소득과 종교인소득 및 비거주자에 대한 연말정산으로 구성하였습니다. 연말정산대상 소득의 범위를 확인한 후 근로자별로 적용할 수 있는 소득공제 및 세액공제·감면의 순서로 집필되어 실무자가 실제 연말정산하는 순서와 동일하게 구성하였습니다.

▎**소득공제 및 세액공제 감면 요약표**: 본문에서 요약 정리한 연말정산 세액계산 요약, 연말정산소득·세액공제 요건표, 소득공제 및 세액공제 요약, 특별소득공제 및 특별세액공제시 기본공제대상자 판정, 소득공제 및 세액공제 자가진단표 등을 개정세법과 함께 구성하여 실무자가 쉽게 확인할 수 있도록 하였습니다.

▎**자가진단표 제공**: 종합소득공제나 특별세액공제의 요건을 표로 요약 정리함과 동시에 자가진단표의 YES 또는 NO의 선택을 통하여 누구나 쉽게 소득공제 또는 세액공제의 대상 여부를 판단할 수 있도록 최대한 반영하였습니다.

▎**최신 정보 반영**: 세법의 법규정이나 관련 예규 판례 등을 요약하여 표로 정리하고 관련 사례를 함께 설명하여 예규나 판례 등에 대한 이해력을 높였습니다.

■ **실무 사례 중심**: 세무조정 및 세무조사에서 법인세법에 따른 상여 소득처분(인정상여)에 대한 원천징수 방법을 「원천징수이행상황신고서」 작성 및 그 소득자의 종합소득세 신고까지 사례를 통하여 초보 실무자도 쉽게 따라 할 수 있도록 자세히 설명하였습니다.

■ **홈택스 활용법**: 연말정산을 준비하는 근로자는 대부분 연말정산간소화에서 자료를 준비하기에 국세청 홈택스의 연말정산간소화에서 근로자의 소득·세액공제 자료를 준비하는 과정을 상세히 반영하였습니다.

■ **Q&A모음집 반영**: 실제 실무자나 근로자가 궁금해 하는 사항으로 국세청에서 최근 공개한 「Q&A모음집」의 내용을 수정 반영하였으며 동시에 중요한 내용은 본서 본문에 자세히 기술하였습니다.

아무쪼록 본서를 통하여 연말정산을 처음 접하는 초보자뿐 아니라 경력자들도 연말정산을 정확히 이해하여 업무에 도움이 되었으면 합니다.

또한 연말정산 관련 법규나 예규 등의 내용을 충분히 검토하고 해석하고자 노력하였으나 오류나 판단착오 등 부족한 부분에 대하여 너그러운 이해를 부탁드리며 지속적인 수정·보완을 통하여 성장할 것을 약속드립니다.

본서의 출간으로 부담감과 두려움에도 용기와 격려를 보내주신 모든 분들께 깊은 감사를 드립니다.

2024.11. 손창용

차 례

차 례

차 례

제2장	근로소득

차 례

제4장 　 산출세액과 세액공제 · 감면

차 례

제5장 사업소득 및 종교인 소득 연말정산

차 례

제7장　비거주자의 연말정산

2024년 귀속 연말정산 주요 개정내용

1 육아휴직수당 비과세 적용대상 확대 및 범위 규정

(소득법 제12조 제3호 마목, 소득령 제10조의2)

현 행	개 정
☐ 근로소득에서 비과세되는 육아휴직 급여·수당 　○「고용보험법」에 따라 받는 육아휴직급여 　○ 공무원 또는「사립학교교직원 연금법」,「별정우체국법」을 적용받는 사람이 관련 법령에 따라 받는 육아휴직수당 〈추 가〉	☐ 비과세 소득 확대 　○ (좌 동) 　- 사립학교 직원이 사립학교 정관 등에 의해 지급받는 월 150만원 이하의 육아휴직수당

▌적용시기 및 적용례: 2024.1.1. 이후 발생하는 소득 분부터 적용

2 출산·보육수당 비과세 한도 상향

(소득법 제12조 제3호 머목)

현 행	개 정
☐ 근로소득·종교인소득에서 비과세되는 출산·보육수당 　○ (대상) 근로자(종교인) 본인 또는 배우자의 출산, 6세 이하 자녀의 보육과 관련하여 사용자로부터 지급받는 급여 　○ (한도) 월 10만원	☐ 비과세 한도 상향 　○ (좌 동) 　○ 월 20만원

▌적용시기 및 적용례: 2024.1.1. 이후 지급받는 분부터 적용

3 직무발명보상금 비과세 한도 상향

(소득법 제12조, 소득령 제17조의3, 제18조)

현 행	개 정
☐ 직무발명보상금에 대한 비과세 　○ (대상) 종업원, 교직원, 학생에게 지급하는 직무발명보상금*으로서 연 500만원 이하의 금액 　　* 「발명진흥법」 §2(2)에 따른 직무발명으로 받는 보상금 〈신 설〉	☐ 비과세 한도 상향 및 적용범위 조정 　○ 연 500만원 → 연 700만원 　　－ 아래에 해당하는 종업원은 제외 　　❶ 사용자가 개인사업자인 경우: 해당 개인사업자 및 그와 친족관계에 있는 자 　　❷ 사용자가 법인인 경우: 해당 법인의 지배주주등* 및 그와 특수관계**에 있는 자 　　　* 법인세법 시행령 §43⑦에 따른 지배주주등 　　　** 친족관계 또는 경영지배관계

▌ 적용시기 및 적용례: 2024.1.1. 이후 발생하는 소득 분부터 적용

4 자녀세액공제액 확대 및 공제대상 손자녀 추가

(소득법 제59조의2)

현 행	개 정
☐ 자녀세액공제 　○ (공제액) 　　－ 1명인 경우 : 15만원 　　－ 2명인 경우 : 30만원 　　－ 3명 이상인 경우 : 연 30만원과 2명을 초과하는 1명당 연 30만원 　○ (공제대상) 〈추 가〉	☐ 자녀세액공제액 확대 및 손자녀 추가 　○ (공제액) 　　－ (좌 동) 　　－ 2명인 경우 : 35만원 　　－ 3명 이상인 경우 : 연 35만원과 2명을 초과하는 1명당 연 30만원 　○ (공제대상) 　　－ 손자녀

▌ 적용시기 및 적용례: (공제액 상향) 2024.1.1. 이후 발생하는 소득 분부터 적용
　(공제대상 추가) 2024.1.1. 이후 연말정산하거나 신고하는 분부터 적용

5 | 장기 주택저당 차입금 이자상환액 소득공제 확대

(소득법 제52조 제5항, 제6항, 소득령 제112조)

현 행	개 정
☐ 장기 주택저당 차입금 이자상환액 소득공제	☐ 공제한도 상향 및 적용대상 확대
○ (대상) 무주택 또는 1주택인 근로자	○ (좌 동)
○ (공제한도) 300~1,800만원	○ 600~2,000만원

현행:

상환기간 15년 이상			상환기간 10년 이상
고정금리 +비거치식	고정금리 또는 비거치식	기타	고정금리 또는 비거치식
1,800만원	1,500만원	500만원	300만원

개정:

상환기간 15년 이상			상환기간 10년 이상
고정금리 + 비거치식	고정금리 또는 비거치식	기타	고정금리 또는 비거치식
2,000만원	1,800만원	800만원	600만원

현 행	개 정
○ (주택요건) 기준시가 5억원 이하	○ 기준시가 6억원 이하
☐ 장기주택저당차입금 연장 또는 이전시 이자상환액 소득공제	☐ 주택가액 상향 및 공제 적용 이전 범위 확대
○ 5억원 이하 주택·분양권을 취득하기 위한 종전 차입한 차입금의 상환기간을 15년 이상으로 연장하는 경우	○ 5억원 이하 → 6억원 이하
〈추 가〉	- 차입자가 신규 차입금으로 즉시 기존 장기주택저당차입금 잔액을 상환하는 경우도 포함

▌적용시기 및 적용례: (공제한도) 2024.1.1. 이후 이자상환액을 지급하는 분부터 적용
(주택요건) 2024.1.1. 이후 취득하는 분부터 적용
(차입금 연장) 2024.1.1. 이후 차입금의 상환기간을 연장하는 분부터 적용
(차입금 이전) 2024.1.1. 이후 연말정산하거나 종합소득과세표준 확정신고하는 분부터 적용

6 **의료비 세제지원 강화**

(소득법 제59조의4 제2항, 소득령 제118조의5 제1항, 조특법 제117조의3 제4항)

현 행	개 정
□ 의료비 세액공제	□ 의료비 세액공제 대상 확대 및 6세 이하 공제한도 폐지
○ (대상 비용) 본인 또는 부양가족을 위해 지출한 의료비	
– 진찰·치료·질병예방을 위해 의료기관에 지급한 비용 등	– (좌 동)
– 총급여액 7천만원 이하인 근로자가 산후조리원에 지급하는 비용(한도: 200만원)	– 산후조리원에 지급하는 비용 (한도: 200만원)
〈추 가〉	– 장애인활동지원급여* 비용 중 실제 지출한 본인부담금 * 「장애인활동 지원에 관한 법률」에 따라 수급자에게 제공되는 활동보조, 방문목욕, 방문간호 등 서비스
○ (공제율) 15%	○ (좌 동)
○ (공제한도)	
❶ 본인, 65세 이상인 부양가족, 장애인: 공제한도 미적용	❶ 6세 이하 부양가족 추가
❷ ❶ 외의 부양가족: 700만원	❷ (좌 동)

▌적용시기 및 적용례: 2024.1.1. 이후 지출하는 분부터 적용

7 **고액기부에 대한 공제율 한시 상향**

(소득법 제59조의4)

현 행	개 정
□ 기부금 특별세액공제	□ 고액기부 공제율 한시 상향
○ (공제율)	
– 1천만원 이하: 15%	– (좌 동)
– 1천만원 초과: 30%	
〈신 설〉	– 3천만원 초과 : 40%('24.12.31.까지)

▌적용시기 및 적용례: 2024.1.1. 이후 기부하는 분부터 적용

8 상용근로자 간이지급명세서 월별 제출 시행시기 유예

(소득법 제81조의11, 소득법(제19196호, 2022.12.31.) 부칙 제1조 제5호)

현 행	개 정
☐ 상용근로자 간이지급명세서 제출시기 　○ 상용근로소득 : 매월 　○ 시행시기 　　- 2024.1.1. 이후	☐ 상용근로자 간이지급명세서 제출 시행시기 유예 　○ (좌 동) 　○ 시행시기 　　- 2026.1.1. 이후

▌ 적용시기 및 적용례: 2026.1.1. 이후 소득을 지급하는 분부터 적용

9 국외 근로소득에 대한 비과세 확대

(소득령 제16조 제1항)

현 행	개 정
☐ 국외 근로소득 비과세 금액 　○ 일반 국외 근로자: 월 100만원 　○ 외항선·원양어선 선원 및 해외건설근로자: 월 300만원	☐ 비과세 한도 확대 　○ (좌 동) 　○ 월 300만원 → 월 500만원
☐ 재외근무수당 등에 대한 비과세 적용 대상 　○ 공무원, 「외무공무원법」에 따른 재외공관 행정직원 　　　　　〈추 가〉	☐ 비과세 적용대상 확대 　　- 재외공관 행정직원과 유사한 업무를 수행하는 자로서 기획재정부장관이 정하는 자* 　　　* 「재외한국문화원·문화홍보관 행정직원에 관한 규정」(문체부 훈령) §2(5)에 따른 "행정직원"
○ 코트라, 코이카, 한국관광공사, 한국국제보건의료재단의 직원 　　　　　〈추 가〉	- 산업인력공단의 직원

▌ 적용시기 및 적용례: 2024.2.29.이 속하는 과세기간에 발생하는 소득 분부터 적용

10 주택자금 대여 이익 비과세 대상 조정

(소득령 제17조의4)

현 행	개 정

☐ 비과세 되는 복리후생적 급여
 	
  ○ 사택제공 이익 등
  ○ 중소기업의 종업원이 주택 구입·임차에 소요되는 자금을 저리로 대여받아 얻은 이익
 	
〈신 설〉
	☐ 주택자금대여이익 비과세 대상 중소기업 종업원 범위 조정
	
	  ○ (좌 동)
	
	  – 아래에 해당하는 종업원은 제외
	  ❶ 중소기업이 개인사업자인 경우: 해당 개인사업자와 친족관계에 있는 종업원
	  ❷ 중소기업이 법인인 경우: 해당 법인의 지배주주등*에 해당하는 종업원
	    * (법인령 §43⑦) 1% 이상 주식을 소유한 주주로서 특수관계에 있는 자가 소유한 지분의 합계가 가장 많은 주주등

▎적용시기 및 적용례: 2024.2.29. 시행 이후 발생하는 소득 분부터 적용

11 위탁보육비 지원금 및 직장어린이집 운영비 비과세

(소득령 제17조의4)

현 행	개 정
□ 비과세되는 근로소득 중 복리후생적 성질의 급여 ○ 임원이 아닌 근로자 등이 받는 사택제공 이익 ○ 중소기업 근로자의 주택구입·임차자금 저리대여 이익 ○ 근로자 등을 수익자로 하는 단체순수보장성보험 중 70만원 이하의 보험료 <추 가>	□ 위탁보육료 및 직장어린이집 운영비 추가 ○ (좌 동) ○ 「영유아보육법 시행령」에 따라 사업주가 부담하는 보육비용* * ① 직장어린이집을 설치하고 지원하는 운영비 ② 지역어린이집과 위탁계약을 맺고 지원하는 위탁보육비(영유아보육령 §25)

▌ 적용시기 및 적용례: 2024.2.29.이 속하는 과세기간에 발생하는 소득 분부터 적용

12 주택차액 연금계좌 납입 이후 사후관리 간소화

(소득령 제40조의2)

현 행	개 정
□ 주택차액 추가납입 후 사후관리* * 납입 후 5년 이내에 종전주택보다 비싼 주택을 취득하는 등의 사례 발생 시 추가납입액을 연금계좌 불입액으로 보지 않음 ○ (추징) 주택차액에서 발생한 수익에 대해 원천징수* * 일반계좌에 납입되었다면 원천징수했어야 할 세액을 추징 ○ (반환) 추징 후 남은 수익과 주택차액 원금 반환	□ 사후관리 방식 변경 ○ 아래의 반환액을 연금외수령*으로 간주 * 세액공제받은 금액 및 운용수익의 경우 기타소득세(15%) 부과 ○ 주택차액에서 발생한 수익과 주택차액 원금 반환

▌ 적용시기 및 적용례: 2024.2.29. 이후 반환하는 분부터 적용

13 **자원봉사용역 가액 현실화 및 인정범위 조정**

(소득령 제81조)

현 행	개 정
☐ 특례기부금의 범위	☐ 자원봉사용역 가액 현실화 및 용역기부 인정범위 조정
○ 「법인세법」에 따른 특례기부금	○ (좌 동)
○ 특별재난지역*을 복구하기 위한 자원봉사용역의 가액(❶+❷)	○ (좌 동)
❶ 봉사일수(=총봉사시간÷8) × 5만원	❶ 5만원 → 8만원
– 개인사업자의 경우 본인의 봉사분에 한정	– (좌 동)
❷ 자원봉사용역에 부수되어 발생하는 유류비·재료비 등 직접비용	❷ (좌 동)
〈단서 신설〉	– 자원봉사용역 제공장소로의 이동을 위한 유류비는 제외

▌ 적용시기 및 적용례: 2024.2.29. 이후 기부하는 분부터 적용

-

14 / 외국인기술자 소득세 감면 적용기한 연장 및 대상 확대

(조특법 제18조, 조특령 제16조)

현 행	개 정
☐ 외국인기술자 소득세 감면	☐ 적용기한 연장 및 대상 확대
○ (대상) ❶ 또는 ❷에 해당하는 외국인기술자 또는 연구원	
❶ 엔지니어링 기술 도입 계약(30만$ 이상)에 따른 기술 제공자	
❷ 아래 요건(ⓐ+ⓑ+ⓒ+ⓓ)을 모두 충족하는 자	
ⓐ 자연·이공·의학계 학사 이상	
ⓑ 국외 대학·연구기관 등에서 5년 이상 연구 경력	○ (좌 동)
ⓒ 과세연도 종료일(12.31.) 기준 해당 기업과 특수관계*가 없을 것 * 「국세기본법 시행령」 §1의2에 따른 친족관계 또는 경영지배관계	
ⓓ 연구기관, 학교 등에서 연구원으로 근무할 것 〈추 가〉	ⓓ (좌 동) – 유망 클러스터*내 학교에 교수로 임용되는 경우 * 연구개발특구, 첨단의료복합단지
○ (감면율) 10년간 50% ○ (적용기한) 2023.12.31.	○ (좌 동) ○ 2026.12.31.

▌ 적용시기 및 적용례: 2024.1.1. 이후 개시하는 과세연도 분부터 적용

15 외국인기술자·근로자·내국인 우수인력 관련 특례 배제 요건 보완

(조특령 제16조, 제16조의2, 제16조의3)

현 행	개 정
☐ 외국인기술자·근로자·내국인 우수인력 관련 특례* 적용배제 요건 　* ❶ (법 §18) 외국인기술자 소득세 감면 　　❷ (법 §18의2) 외국인근로자 단일세율 과세특례 　　❸ (법 §18의3) 내국인 우수인력 국내 복귀 소득세 감면 　○ 과세연도 종료일(12.31.) 기준으로 외국인근로자 또는 내국인 우수인력이 해당 기업과 특수관계*에 있는 경우는 적용배제 　　* 「국세기본법 시행령」§1의2에 따른 친족관계 또는 경영지배관계	☐ 특수관계 판단 시점을 과세연도 종료일이 아닌 근로기간 중으로 확대 　○ 근로기간 중 외국인근로자 또는 내국인 우수인력이 해당 기업과 특수관계에 있는 경우는 적용배제

▌적용시기 및 적용례: 2024.2.29.이 속하는 과세연도에 발생하는 소득 분부터 적용

16 외국인근로자 단일세율 특례 적용기한 연장 등

(조특법 제18조의2, 조특령 제16조의2)

현 행	개 정
☐ 외국인근로자 소득세 과세특례 　○ (내용) 19% 단일세율* 적용 　　* 종합소득세율(6~45%) 선택 가능 　　- 비과세·감면, 소득공제 및 세액공제는 적용하지 않음 　　　　　〈신 설〉	☐ 적용기한 연장 및 사택제공이익의 근로소득 제외 　○ (좌 동) 　　- 단일세율 과세특례를 적용받는 외국인근로자의 사택제공이익은 근로소득에서 제외 항구화* 　　* 외국인근로자가 '23.12.31.까지 제공받은 사택제공이익은 근로소득에서 제외중(소득령 부칙)
○ (적용기간) 국내 근무시작일부터 20년간	○ (좌 동)
○ (적용기한) 2023.12.31.	○ 2026.12.31.

▌적용시기 및 적용례: 2024.1.1. 이후 개시하는 과세연도 분부터 적용

17 중소기업 취업자에 대한 소득세 감면 적용기한 연장 및 대상 확대

(조특법 제30조, 조특령 제27조)

현 행	개 정
☐ 중소기업 취업자에 대한 소득세 감면 　○ (대상) 청년*·노인·장애인·경력단절여성 　　* 근로계약 체결일 현재 15세~34세로, 병역(현역병, 사회복무요원 등) 이행시 그 기간(6년 한도)을 연령에서 차감 　○ (감면율) 70%(청년은 90%) 　　※ 과세기간별 200만원 한도 　○ (감면기간) 3년(청년은 5년) 　○ (대상업종) 농어업, 제조업, 도매업 등 　　　　　　　〈추 가〉 　○ (적용기한) 2023.12.31.	☐ 적용기한 연장 및 대상 확대 　○ (좌 동) 　○ (좌 동) 　　－ 컴퓨터학원 　○ 2026.12.31.

▌적용시기 및 적용례: 2024.1.1. 이후 개시하는 과세연도 분부터 적용

18 주택청약종합저축 소득공제 한도 상향

(조특법 제87조 제2항)

현 행	개 정
☐ 주택청약종합저축 납입액에 대한 소득공제 　○ (적용요건) 　　－ 무주택 세대주 　　－ 총급여액 7,000만원 이하인 근로소득자 　○ (세제지원) 납입액의 40%를 근로소득금액에서 공제 　　－ (공제대상 납입한도) 연 240만원 　○ (적용기한) 2025.12.31.	☐ 공제대상 납입한도 상향 　○ (좌 동) 　　－ 연 300만원 　○ (좌 동)

▌적용시기 및 적용례: 2024.1.1. 이후 납입하는 분부터 적용

19 청년형 장기펀드 소득공제 전환가입 허용 등

(조특법 제91조의20, 조특령 제84조의4, 제93조의6)

현 행	개 정
☐ 청년형 장기펀드에 대한 소득공제 ○ (가입요건) 만 19~34세, 총급여액 5,000만원(종합소득금액 3,800만원) 이하 ○ (세제지원) 납입금액(연 600만원 한도)의 40% 소득공제 ○ (추징) 가입 후 3년 이내에 해지시 감면세액 상당액* 추징 　* 누적 납입금액의 6%	☐ 펀드 간 전환가입 허용 및 적용기한 연장 ○ (좌 동)
〈단서 신설〉	－ 다만, 다른 청년형 장기펀드로 전환가입 후 보유기간 합계가 3년 초과 시 추징 제외
〈신 설〉	☐ 청년형 장기펀드, 공모 부동산펀드* 전환가입 요건 　* 공모리츠의 경우 전환가입 대상에서 제외 ❶ 기존 펀드의 해지일이 속하는 달의 다음 달 말일까지 다른 적격펀드(동일 계좌 유지)에 가입 ❷ 기존 펀드 해지 금액 전액을 다른 적격펀드에 납입 ❸ 기존 펀드와 다른 적격펀드의 가입기간을 합산한 기간이 3년 이상일 것
○ (적용기한) 2023.12.31.	○ 2024.12.31.

▎적용시기 및 적용례: 2024.4.1. 이후 전환가입하는 분부터 적용

20 월세액 세액공제 소득기준 및 한도 상향

(조특법 제95조의2)

현 행	개 정
☐ 소득기준 및 한도	☐ 소득기준 및 한도 상향
○ (소득기준) – 총급여 7천만원(종합소득금액 6천만원) 이하 무주택근로자 및 성실사업자 등	○ (소득기준) – 총급여 8천만원(종합소득금액 7천만원) 이하 무주택근로자 및 성실사업자 등
○ (공제율) 월세액의 15%~17%* * 총급여 5,500만원 또는 종합소득금액 4,500만원 이하 자	○ (좌 동)
○ (한도) 연간 월세액 750만원	○ (한도) 750만원 → 1,000만원
○ (대상 주택) 국민주택규모(85㎡) 이하 또는 기준시가 4억원 이하	○ (좌 동)

❚ 적용시기 및 적용례: 2024.1.1. 이후 개시하는 과세연도 분부터 적용

21 신용카드등 사용금액 소득공제 적용대상 조정

(조특령 제121조의2 제6항)

현 행	개 정
☐ 신용카드등 소득공제 적용대상에서 제외하는 금액	☐ 신용카드등 소득공제 적용제외 금액 추가
○ 국세, 지방세, 전기료 등 ○ 상품권 등 유가증권 구입비 ○ 정치자금기부금 세액공제받은 금액 ○ 월세 세액공제를 받은 금액 ○ 이자상환액, 금융·보험용역 관련 수수료·보증료 등	○ (좌 동)
〈추 가〉	○ 고향사랑기부금 세액공제받은 금액 ○ 가상자산사업자에게 지급하는 가상자산의 매도·매수·교환 등에 따른 수수료

❚ 적용시기 및 적용례: 2024.2.29.이 속하는 과세연도에 지출하는 분부터 적용

신용카드 소득공제율 한시 상향 등

(조특법 제126조의2)

현 행	개 정
☐ 신용카드등 사용금액 소득공제 　○ (공제대상) 총급여의 25% 초과 사용금액 　○ (공제율) 결제수단 · 대상별 차등	☐ 전통시장 및 문화비 사용분 공제율 상향 　○ (좌 동) 　○ 전통시장 및 문화비 사용분 공제율 상향

구 분	공제율
❶ 신용카드	15%
❷ 현금영수증 · 체크카드	30%
❸ 도서 · 공연 · 미술관 · 박물관 · 영화관람료 등*	30%
❹ 전통시장	40%
❺ 대중교통	40%

* 총급여 7천만원 이하 자만 적용

구 분	공제율
❶ 신용카드	15%
❷ 현금영수증 · 체크카드	30%
❸ 도서 · 공연 · 미술관 · 박물관 · 영화관람료 등 ('23.4.1.~12.31. 사용분)	30% (40%)
❹ 전통시장 ('23.4.1.~12.31. 사용분)	40% (50%)
❺ 대중교통 ('23.1.1.~12.31. 사용분)	40% (80%)

* (좌 동)

　　－ '24년도 신용카드 사용금액 증가분에 대한 소득공제 신설
　　　• '23년 대비 5% 초과 증가분에 대하여 10% 공제율 적용(공제한도 : 100만원)

○ (공제한도)

공제한도＼총급여	7천만원 이하	7천만원 초과
기본공제 한도	300만원	250만원
추가 공제 한도	전통시장	300만원	200만원
	대중교통		
	도서공연등		–

○ (적용기한) 2025.12.31.

○ (좌 동)

○ (좌 동)

2024년 귀속 연말정산 주요 개정(안)

1 결혼세액공제 신설

(조특법 제95조 신설)

현 행	개 정 안
〈신 설〉	□ 결혼세액공제 ○ (적용대상) 혼인신고를 한 거주자 ○ (적용연도) 혼인신고를 한 해(생애 1회) ○ (공제금액) 50만원 ○ (적용기간) '24~'26년 혼인신고 분

▌ 적용시기 및 적용례: 2025.1.1. 이후 과세표준을 신고하거나 연말정산하는 분부터 적용예정

2 기업의 출산지원금 비과세

(소득법 제12조 제3호)

현 행	개 정 안
□ 근로소득에서 비과세되는 출산수당 ○ (대상) 본인 또는 배우자의 출산과 관련하여 사용자로부터 지급받는 급여 〈신 설〉 ○ (한도) 월 20만원 ※ 6세 이하 자녀에 대한 양육수당 비과세 (월 20만원)는 현행 유지	□ 비과세 한도 폐지 ○ ❶ 근로자 본인 또는 배우자의 출산과 관련하여, ❷ 출생일 이후 2년 이내*에, ❸ 공통 지급규정에 따라 사용자로부터 지급(2회 이내)받는 급여 * '24년 수당 지급 시에는 '21.1.1. 이후 출생자에 대한 지급분 포함 - (제외) 친족인 특수관계자가 출산과 관련하여 지급받는 경우 ○ 전액 비과세(한도 없음)

▌ 적용시기 및 적용례: 2024.1.1. 이후 지급받는 분부터 적용예정

3 산출세액보다 세액공제액이 큰 경우 세액공제 적용 방법 보완

(소득법 제61조 제2항)

현 행	개 정 안
☐ 세액공제액 〉 산출세액인 경우 세액공제 적용방법	☐ 세액공제 적용방법 보완
○ 다음 세액공제액의 합계액이 종합소득 산출세액(금융소득에 대한 산출세액 제외) 초과시 초과금액은 없는 것으로 봄	○ (좌 동)
－ 자녀세액공제 － 연금계좌세액공제 － 특별세액공제 ＊ 보험료·의료비·교육비·기부금·표준세액공제 － 정치자금기부금 세액공제 － 우리사주기부금 세액공제	－ (좌 동)
〈추 가〉	－ 고향사랑기부금 세액공제

▌ 적용시기 및 적용례: 2025.1.1. 이후 신고하는 분부터 적용예정

2024년 귀속 연말정산의 요약

| 연말정산 주요 용어 설명[1] |

용 어	설 명	관련법령
주소	사람의 생활관계의 중심이 되는 장소를 말하는 것으로, 국내에서 생계를 같이 하는 가족 및 국내에 소재하는 자산의 유무 등 생활관계의 객관적 사실에 따라 판정	소득령 2
거소	주소지 외의 장소 중 상당기간에 걸쳐 거주하는 장소로서 주소와 같이 밀접한 일반적인 생활관계가 형성되지 아니한 장소	소득령 2
거주자	국내에 주소를 두거나 183일 이상의 거소를 둔 개인	소득법 1의2
비거주자	거주자가 아닌 개인	소득법 1의2
원천징수시기	원천징수 대상소득을 지급하는 자가 그 소득을 지급받는 자에게 소득세를 원천징수하는 시기를 말함	소득법 134, 135
연말정산 (근로소득)	원천징수의무자가 근로자(일용근로자 제외)의 해당 과세기간 근로소득금액 또는 중도에 퇴직하는 경우에는 퇴직한 달까지의 해당 과세기간 근로소득금액에 대해 그 근로자가 제출한 소득·세액공제신고서 등의 내용에 따라 부담하여야 할 소득세액을 확정하는 제도	소득법 137, 137의2 소득령 196
연말정산시기 (근로소득)	근로소득 연말정산을 하는 시기를 말하는 것으로 원천징수의무자는 해당 과세기간의 다음연도 2월분의 근로소득 또는 퇴직자의 퇴직하는 달의 근로소득을 지급하는 때 연말정산을 하여 소득세를 원천징수하여야 함	소득법 137
근로소득 간이세액표	원천징수의무자가 근로자에게 매월 급여를 지급하는 때에 소득세를 원천징수해야 하는 세액을 급여수준 및 공제대상가족수별로 정한 표	소득법 134①, 소득령 194
수입시기 (귀속시기)	과세기간별로 소득금액을 계산하기 위하여 계속적으로 발생하는 수입금액을 각 과세기간에 배분하는 기준으로서, 세법에서는 거래 등의 종류나 형태에 따라 일정한 조건이나 요건이 성립하는 때에 수입금액으로 계상하도록 규정하고 있음. 수입시기는 소득세법상의 표현이며, 법인세법에서는 손익의 귀속 사업연도, 부가가치세법에서는 거래시기, 개별소비세법에서는 과세시기 등으로 표현하고 있음	소득령 49
총급여액	근로를 제공함으로써 받는 봉급·급료, 보수, 세비, 임금, 상여, 수당과 이와 유사한 성질의 급여 총액에서 비과세소득(「소득세법」·「조세특례제한법」상 비과세)을 차감한 금액으로 과세대상급여를 말함. 의료비 세액공제·주택자금공제·신용카드 등 소득공제 적용시 기준이 됨	소득법 20

---

1) 국세청, 2019년 원천징수의무자를 위한 연말정산신고안내, 2019.12., p.18.

용 어	설 명	관련법령
실비변상적인 급여	근로소득자가 업무수행을 위하여 실제로 소요된 경비상당액으로 보상받는 부분을 실비변상적 성질의 급여라 함. 이러한 실제 소요 경비 상당액은 일반적으로 근로자 자신의 가처분소득으로 볼 수 없으므로 소득세법상 비과세소득으로 취급되는데, 비과세 대상인 실비변상적 성질의 급여의 종류 및 범위는 소득세법에 열거되어 있음	소득법 12, 소득령 12
월정액급여	매월 직급별로 받는 봉급·급료·보수·임금·수당, 그 밖에 이와 유사한 성질의 급여(해당 과세기간 중에 받는 상여 등 부정기적인 급여와 「소득세법 시행령」 제12조에 따른 실비변상적 성질의 급여는 제외한다)의 총액에서 「근로기준법」에 따른 연장근로·야간근로 또는 휴일근로를 하여 통상임금에 더하여 받는 급여 및 「선원법」에 따라 받는 생산수당(비율급으로 받는 경우에는 월 고정급을 초과하는 비율급을 말한다)을 뺀 급여를 말함	소득령 17
일용근로자	근로를 제공한 날 또는 시간에 따라 근로대가를 계산하거나 근로를 제공한 날 또는 시간의 근로성과에 따라 급여를 계산하여 받는 사람으로서 근로계약에 따라 동일한 고용주에게 3월 이상(건설공사에 종사하는 자는 1년, 하역작업 종사자는 기간 제한 없음) 계속하여 고용되어 있지 아니한 자	소득령 20
종합소득	종합소득이란 당해연도에 발생하는 이자소득·배당소득·사업소득·근로소득·연금소득과 기타소득을 합산한 것을 말함	소득법 4
근로소득 경정청구	근로소득 지급명세서를 기한 내에 제출한 자가(원천징수의무자, 근로소득자 둘 다 포함) 공제사항을 누락하여 과세표준 및 세액을 과다신고하거나 환급세액을 과소신고한 경우 근로소득세액의 납부기한 경과 후 5년 이내 관할 세무서장에게 경정을 청구할 수 있음	국기법 45의2④
근로소득 원천징수 영수증	근로소득을 지급하는 원천징수의무자가 해당 과세기간의 다음연도 2월 말일까지(퇴직시는 지급일 다음 달 말일) 근로자에게 근로소득 및 원천징수세액 등을 기재하여 원천징수하였음을 증명하기 위하여 발급하는 서류를 말함	소득법 143, 소득칙 별지24(1)
근로소득 원천징수부	매월분의 근로소득을 지급하는 원천징수의무자가 근로소득의 상세내역(총급여, 간이세액표에 따른 원천징수세액, 비과세소득, 4대보험 원천징수내역 등)을 비치·기록한 서류로 연말정산 시 기초 자료임 근로소득원천징수부를 전산처리된 테이프 또는 디스크 등으로 수록·보관하여 항시 출력이 가능한 상태에 둔 때에는 근로소득원천징수부를 비치·기록한 것으로 봄	소득령 196, 소득칙 별지25(1)
근로소득 지급명세서	근로소득을 지급하는 원천징수의무자가 해당 과세기간의 다음연도 3월 10일까지 원천징수 관할 세무서장에게 근로자의 근로소득 및 원천징수세액 등을 기재하여 제출하는 서류를 말함 현행 근로소득원천징수영수증과 근로소득지급명세서는 동일 서식임	소득법 164, 소득령 213, 소득칙 별지24(1)

용 어	설 명	관련법령
간이지급 명세서	일용근로소득을 제외한 근로소득을 지급하는 원천징수의무자가 근로소득 지급일이 속하는 반기의 마지막 달의 다음 달 말일까지 소득자 인적사항과 소득내용을 기재하여 제출하는 서류와 원천징수 대상 사업소득을 지급하는 원천징수의무자가 사업소득 지급일이 속하는 달의 다음 달 말일까지 소득자 인적사항과 월별 소득내용을 기재하여 제출하는 서류를 말함	소득법 164의3, 소득령 213, 소득칙 별지24의4(1) 별지24의4(2)
근로소득자 소득 · 세액공제 신고서	근로소득을 지급받는 자가 당해 근로소득자의 배우자 또는 부양가족에 대한 인적공제, 특별소득공제, 그 밖의 소득공제, 세액공제 · 감면을 적용받고자 할 때에 해당 과세기간의 다음연도 2월분의 근로소득을 지급받는 날까지(퇴직한 때에는 퇴직한 날이 속하는 달분의 근로소득을 지급받는 날까지) 원천징수의무자에게 제출하여야 하는 서류를 말함	소득령 198, 소득칙 별지37
공제대상가족	거주자의 인적공제대상자를 말함	소득령 106
인적공제	「소득세법」상 인적공제는 종합소득이 있는 거주자(자연인에 한한다)의 소득금액을 계산한 후 과세표준을 계산하는 과정에서 공제되는 것으로 기본공제, 추가공제를 말함	소득법 50, 51
기본공제	종합소득이 있는 거주자(자연인만 해당)에 대해서 다음 어느 하나에 해당하는 사람의 수에 1명당 연 150만원을 곱하여 계산한 금액을 그 거주자의 해당 과세기간의 종합소득금액에서 공제하는 것을 말함 - 해당 거주자 - 배우자, 부양가족 [직계존속, 직계비속, 형제자매, 기초생활수급자, 위탁아동{나이요건을 충족하고, 연간소득금액의 합계액이 100만원(근로소득만 있는 자는 총급여 500만원) 이하인 사람}] - 부양가족 중 장애인의 경우 나이제한은 없음(소득제한만 있음)	소득법 50
부양가족	주민등록표의 동거가족으로서 해당 거주자의 주소 또는 거소에서 현실적으로 생계를 같이 하는 사람(취학, 질병의 요양, 근무상 또는 사업상의 형편 등으로 본래의 주소 또는 거소에서 일시 퇴거한 경우나, 직계존속이 주거 형편에 따라 별거하고 있는 경우에는 생계를 같이 하는 것으로 봄) 다만, 직계비속 · 입양자의 경우에는 생계를 같이 하는지 여부를 불문하고 부양가족에 해당함	소득법 53
추가공제	기본공제대상자가 다음 어느 하나에 해당하는 경우 추가적으로 공제함 - 70세 이상인 사람(1명당 연 100만원) - 장애인(1명당 연 200만원) - 종합소득금액이 3천만원 이하인 ① 배우자가 없는 여성으로서 기본공제대상 부양가족이 있는 세대주, ② 배우자가 있는 여성(연 50만원) - 배우자가 없는 사람으로서 기 공제 대상자인 직계비속 · 입양자가 있는 경우(연 100만원)	소득법 51

용 어	설 명	관련법령
항시 치료를 요하는 중증환자	지병에 의해 평상시 치료를 요하고 취학·취업이 곤란한 상태에 있는 자를 말하는 것으로 연말정산시 장애인의 판정기준임	소득령 107
특별소득공제	해당 과세기간에 지급한 국민건강보험료와 고용보험료 등, 주택구입 및 임차비용, 기부금(이월분)에 대하여는 일정액을 해당 과세기간의 근로소득금액에서 공제	소득법 52
특별세액공제	해당 과세기간에 지급한 (장애인)보장성보험료, 의료비, 교육비, 기부금에 대하여 일정 세액공제율을 적용한 금액을 해당 과세기간의 종합소득산출세액 공제	소득법 59의4
표준세액공제	근로소득이 있는 거주자로서 특별소득공제·특별세액공제·월세세액공제를 신청하지 아니하는 사람에 대해 연 13만원을 종합소득산출세액에서 공제	소득법 59의4⑨
국민주택 규모의 주택	주거전용면적이 1호(戶) 또는 1세대당 85제곱미터 이하인 주택(「수도권정비계획법」 제2조 제1호에 따른 수도권을 제외한 도시지역이 아닌 읍 또는 면 지역은 1호 또는 1세대당 주거전용면적이 100제곱미터 이하인 주택)을 말함	소득령 112, 조특령 81
주택 기준시가	「부동산 가격공시에 관한 법률」에 따라 공시된 개별주택가격 및 공동주택가격을 말하며, 개별주택가격 등이 공시되기 전의 기준시가는 같은 법에 따라 최초로 공시된 가격을 말함	소득법 52, 조특법 87
난임시술비	「모자보건법」 제2조 제12호에 따른 보조생식술에 소요된 비용	소득령 118의5⑤
세대	거주자와 그 배우자, 거주자와 같은 주소 또는 거소에서 생계를 같이 하는 거주자와 그 배우자의 직계존비속(그 배우자를 포함) 및 형제자매를 모두 포함한 세대를 말함 * 거주자와 그 배우자는 생계를 달리하더라도 동일한 세대로 봄	소득령 112, 조특령 81
납세조합	외국기관 또는 우리나라에 주둔하는 국제연합군(미군은 제외한다)으로부터 받는 근로소득과 국외에 있는 비거주자 또는 외국법인(국내지점 또는 국내영업소는 제외)으로부터 받는 근로소득이 있는 근로자 또는 농·수·축산물판매업자, 노점상인 등과 같은 영세한 사업자가 조합을 조직하고 당해 조합이 그 조합원의 소득세를 원천징수하여 납부함으로써 징세비의 절약과 세수확보에 기여하고 납세편의를 도모하기 위하여 조직된 단체를 말함	소득법 149, 소득령 204

| 연말정산 주요 일정 |

구 분	일 정 대 상	주 요 내 용	참 고
연말정산 업무준비	'24.12월 회사	• 회사는 연말정산 유형을 선택하고 근로자에게 일정 및 정보 제공 • 국세청 홈페이지(www.nts.go.kr) → 성실신고지원 → 연말정산 안내	
연말정산 간소화 자료확인	'25.1.15. ~ 2.15.(예정) 근로자	• 근로자는 홈택스의 연말정산간소화에서 소득·세액공제 증명자료 조회 가능 • 자료 제출 기관이 1.15. ~1.18. 사이에 자료를 수정·추가로 제출할 경우 1.20.부터 조회 가능	- 자료 제출 기관은 1.13.까지 자료를 반드시 제출하여야 하며, 1.15. ~1.18.까지 수정 또는 추가 제출 가능 - 조회되지 않는 의료비 신고센터 운영(1.15. ~1.17. 예정)
소득·세액 공제 증명자료 수집 및 제출	'25.1.20. ~ 2.15.(예정) 근로자 ⇨ 회사	• 연말정산간소화 이용 (www.hometax.go.kr → 장려금·연말정산·전자기부금 → 연말정산간소화) • 연말정산간소화에서 제공하지 않는 영수증은 근로자가 직접 수집 • 소득·세액공제신고서와 공제 증명자료를 함께 제출 • 추가 작성 서류 　- 기부금공제 ⇨ 기부금명세서 　- 의료비공제 ⇨ 의료비지급명세서 　- 신용카드공제 ⇨ 신용카드 등 소득공제 신청서	- 연말정산간소화 제공 자료는 근로자 스스로 공제 요건 충족 여부 검토 후 사용해야 함 - 기부금, 의료비, 신용카드 공제를 받고자 하는 근로자는 「추가 작성 서류」를 회사에 제출
공제서류 검토 및 「원천징수 영수증」 발급	'25.1.20. ~ 2월 말 회사 ⇨ 근로자	• 회사는 근로자가 제출한 소득·세액공제신고서와 증명서류, 공제요건 등 검토 • 근로자는 누락한 소득·세액공제 증명서류 등 회사에 추가 제출 • 회사는 연말정산 세액계산을 완료하고 원천징수영수증을 근로자에게 발급 • 근로자는 원천징수영수증 기재 내용 확인	- 회사는 누락한 증명서류 등 발견 시 근로자에게 제출 안내 - 근로자는 원천징수영수증에서 오류 발견 시 회사에 수정 요청 * 연말정산결과 추가 납부세액이 10만원을 초과하는 경우 2~4월분 급여 지급시까지 분납 가능

구 분	일 정 / 대 상	주 요 내 용	참 고

원천징수 이행상황 신고서 및 지급명세서 제출	~ '25.3.10.	• 회사는 근로소득 지급명세서를 3.10. 까지 홈택스(www.hometax.go.kr) 또는 관할 세무서에 제출
		    – 기부금명세서와 의료비지급명세서를 홈택스 전자신고 시 함께 제출
		     * 기한 내 미제출시 미제출금액의 1% (0.5%) 가산세 부담, 근로자의 ISA 가입 및 금융기관 대출 시 불이익이 발생
		 • 회사는 조정환급과 환급신청 중 선택
		 • 환급신청의 경우 '25.2월분 원천징수 이행상황신고서 제출(3.10일 기한)시 연말정산 환급도 함께 신청
		 • 환급신청 후 국세청은 30일 이내 근로소득세 환급
			– 의료비지급명세서와 기부 금명세서는 의료비·기부 금 세액공제자 모두 제출 대상
			 – 환급세액은 회사가 근로 자에게 지급
			   * 연말정산 환급세액은 세무 서에서 근로자에게 직접 지 급하지 않음에 유의

종합소득 확정신고	'25.5.1. ~ 5.31. / 국세청 ⇨ 근로자	• 연말정산 시 신고를 잘못한 경우에는 5.31.까지 근로자는 홈택스 연말 정산간소화에서 소득·세액공제 자 료 등을 확인하여 종합소득 확정신 고 가능	
과다공제 분석안내	'25.9월(예정) / 국세청 ⇨ 회사	• 근로자·부양가족의 종합소득 확정 신고 결과를 반영하여 분석한 과다 공제 안내서비스 제공	과다공제 명세는 근로자가 직접 홈택스에 로그인하여 개별 확인

| 소득·세액공제신고서 첨부서류 |

공제항목		첨부서류	발급처	비고
인적공제	부양가족 증명	주민등록표 등본	시·군·구청 또는 읍·면·동주민센터	
		가족관계증명서 (주민등록표로 가족관계 확인 어려운 경우)		
	일시퇴거자	일시퇴거자 동거가족 상황표	본인 작성	
		재학증명서(취학의 경우)	학교	
		요양증명서(요양의 경우)	요양기관	
		재직증명서(재직의 경우)	직장	
		사업자등록증사본(사업상 형편)	본인 보관	
	입양자	입양사실확인서 또는 입양증명서	시·군·구청 또는 입양기관	
	수급자	수급자증명서	읍·면·동주민센터	
	위탁아동	가정위탁보호확인서	시·군·구청	
	장애인 장애인복지법	장애인증명서·장애인등록증(복지카드) 사본	읍·면·동주민센터	국세청
	상이자	상이자증명서 사본	국가보훈처	
	그 외	장애인증명서(소득세법 시행규칙 서식)	의료기관	국세청
주택자금	금융회사 등 차입 주택임차자금 차입금	주택자금상환등증명서	금융회사 등	국세청
		주민등록표 등본	읍·면·동주민센터	
	개인간 차입 주택임차자금 차입금	월세액·거주자간 주택임차자금 차입금 원리금상환액 소득·세액공제 명세서	본인 작성	
		주택자금상환등증명서	대주(貸主)	
		주민등록표 등본	읍·면·동주민센터	
		임대차계약증서 사본	본인 보관	
		금전소비대차계약서 사본	본인 보관	
		원리금 상환 증명서류(계좌이체영수증 및 무통장입금증 등)	본인 보관	
	장기주택 저당차입금	장기주택저당차입금 이자상환증명서	금융회사 등	국세청
		주민등록표 등본	읍·면·동주민센터	
		개별(공동)주택가격확인서	시·군·구청	
		건물등기부등본 또는 분양계약서 사본	등기소, 본인 보관	
		기존 및 신규차입금의 대출계약서 사본 (대환, 차환, 연장 시)	금융회사 등	
개인연금저축		개인연금저축납입증명서 또는 통장사본	금융회사 등 또는 본인 보관	국세청
소기업·소상공인공제		공제부금납입증명서	중소기업중앙회	국세청
주택마련저축		주택마련저축납입증명서 또는 통장사본	금융회사 등 또는 본인 보관	국세청

공제항목		첨부서류	발 급 처		비 고
벤처투자조합출자 등 공제		출자 등 소득공제신청서	본인 작성		
		출자(투자)확인서	투자조합관리자 등		
신용카드 등 사용액		신용카드 등 소득공제 신청서	본인 작성		
		신용카드 등 소득금액 확인서	카드회사		국세청
우리사주조합출연금		우리사주조합출연금액확인서	우리사주조합		
장기집합투자증권저축		장기집합투자증권저축 납입증명서	금융회사 등		국세청
청년형장기집합투자증권저축		청년형장기집합투자증권저축 납입증명서	금융회사 등		국세청
연금보험료	퇴직연금계좌	연금납입확인서	연금계좌취급자		국세청
	연금저축계좌	연금납입확인서	연금계좌취급자		국세청
보험료	보장성보험	보험료납입증명서 또는 보험료납입영수증	보험사업자		국세청
의료비	의료비명세서	의료비지급명세서	본인 작성		
	의료기관・병원	계산서・영수증, 진료비(약제비)납입확인서	병의원, 약국		국세청
	난임시술비	진료비(약제비)납입확인서	병의원, 약국		
	미숙아・선청성 이상아의료비	진료비(약제비)납입확인서	병의원, 약국		
	안경(콘택트렌즈)	사용자의 성명과 시력교정용임을 안경사가 확인한 영수증	구입처	신용카드등 사용분	국세청
				그 외 사용분	
	보청기, 장애인보장구	사용자의 성명을 판매자가 확인한 영수증	구입처		
	의료기기	의사・치과의사・한의사의 처방전	병의원		
		판매자 또는 임대인이 발행한 의료기기명이 기재된 의료비영수증	구입처		
	노인장기요양	장기요양급여비 납부확인서	요양기관		국세청
	건강보험산정특례대상자	장애인증명서 등 건강보험 산정특례 대상자로 등록된 자임을 증명할 수 있는 서류	의료기관 등		
	산후조리원비용	이용자의 성명과 이용대가를 확인한 영수증	산후조리원		국세청
	실손의료보험료 수령액 자료	실손의료보험료 수령액 자료	보험회사 등		국세청
교육비	수업료, 등록금 등	교육비납입증명서	교육기관		국세청
	취학전아동 학원비	교육비납입증명서	학원		
	교복구입비	교육비납입증명서	구입처	신용카드등 사용분	국세청
				그 외 사용분	
	학교 외 도서구입비	방과후 학교 수업용 도서 구입 증명서	교육기관		
	장애인특수교육비	교육비납입증명서	사회복지시설 등		국세청
		장애인 특수 교육시설 해당 입증 서류	사회복지시설 등		

공제항목		첨부서류	발급처	비고
	학자금대출상환액	교육비납입증명서	한국장학재단 외	국세청
	국외교육비	교육비납입을 증명할 수 있는 서류	국외 교육기관	
		재학증명서		
		부양가족의 유학자격 입증 서류 (근로자가 국내 근무하는 경우)	교육기관 등	
기부금		기부금명세서	본인 작성	
		정치자금기부금 영수증	중앙선관위 또는 기부처	국세청
		고향사랑기부금	지방자치단체	국세청
		기부금 영수증	기부처	국세청
주택자금 차입금 이자세액공제		미분양주택확인서(근로자는 주택자금이자세 액공제 신청서 작성) 금융기관이 발행한 차입금이자 상환증명서 매매계약서 및 등기부등본	지방자치단체	
외국인기술자 세액감면		외국인기술자의 근로소득세 감면신청서	본인 작성	
외국인근로자 세액감면		외국인근로소득세액감면신청서	본인 작성	
중소기업 취업자 소득세 감면		중소기업 취업자 소득세 감면신청서	본인 작성	
외국납부세액공제		외국납부세액공제(필요경비산입)신청서	본인 작성	
월세액		월세액·거주자 간 주택임차자금 차입금 원리금상환액 소득·세액공제 명세서	본인 작성	국세청 (공공주 택임대 사업자)
		주민등록표 등본	읍·면·동주민센터	
		임대차계약증서 사본	본인 보관	
		월세액 지급 증명서류(현금영수증, 계좌이체 영수증, 무통장입금증 등)	본인 보관	국세청
중소기업핵심인력 성과보상기금 수령액에 대한 소득세 감면		중소기업핵심인력 성과보상기금 수령액에 대한 소득세 감면신청서	본인 작성	
성과공유 중소기업의 경영 성과급에 대한 소득세 감면		성과공유 중소기업 경영성과급 소득세 감면 신청서	본인 작성	
외국인근로자 단일세율적용		외국인근로자 단일세율적용신청서	본인 작성	
외국인근로자 등		외국인등록사실증명(주민등록표 등본에 갈음)	출입국관리사무소	
		재외국민등록부등본(국내 주민등록 없는 재외 국민)	재외공관	

※ 「비고」란에 「국세청」으로 표시된 항목은 국세청 홈택스(www.hometax.go.kr) 연말정산간소화에서 제공(영

수증 발급기관에서 국세청에 자료를 제출하지 않은 경우에는 조회가 불가능하며, 이 경우 영수증 발급기관에서 직접 수집해야 함)

※ 소득·세액공제 항목에 따라 필요한 "주민등록표 등본"은 1장만 제출할 수 있음.

※ 동일한 원천징수의무자에게 제출한 증명서류에 변동이 없는 경우 다음연도부터는 제출하지 아니할 수 있음.

※ 인터넷을 이용한 첨부서류 발급
- 주민등록표 등본 → 정부포털 정부24(www.gov.kr)
- 건물등기부등본 → 대법원 인터넷등기소(www.iros.go.kr)
- 개별(공동)주택가격확인 → 국토교통부 부동산공시가격알리미(www.realtyprice.kr)
- 가족관계등록부 → 대법원 전자가족관계등록시스템(efamily.scourt.go.kr)

※ 실손의료보험료 수령액 자료를 연말정산 간소화 자료로 2025년 1월 제공예정임.

※ 국세청이 안경점 명단을 카드사 등에 통보하여 안경구입비 명세를 카드사 등으로부터 직접 수집하여 연말정산 간소화 자료로 2025년 1월 제공예정임.

※ 행정안전부와 근로복지공단으로부터 긴급재난지원금 관련 기부금 자료를 일괄 제출받아 연말정산 간소화 자료로 2025년 1월 제공예정임.

※ 월세 내역을 전산으로 관리하는 한국토지주택공사, 공무원연금공단, 지방자치단체 산하 공사 등으로부터 월세액 자료를 일괄 제출받아 연말정산 간소화 자료로 제공할 예정임.

1단계 총급여액	연간근로소득 (−) 비과세소득 = 총급여액	• 비과세소득 　– 자가운전보조비(월 20만원)　　– 연구보조비(월 20만원) 　– 월 20만원 이내 식대　　　　　– 업무관련 학자금 　– 국외근로소득(월 100만원, 300만원, 500만원) 　– 6세 이하 자녀 보육수당(월 20만원) 등

2단계 근로소득 금 액	총급여액 (−) 근로소득공제 = 근로소득금액	• 근로소득 공제금액(공제한도 : 2,000만원)

총급여액	근로소득공제금액
500만원 이하	총급여액 × 70%
1,500만원 이하	350만원 + (총급여액 − 500만원) × 40%
4,500만원 이하	750만원 + (총급여액 − 1,500만원) × 15%
1억원 이하	1,200만원 + (총급여액 − 4,500만원) × 5%
1억원 초과	1,475만원 + (총급여액 − 1억원) × 2%

3단계 과세표준	근로소득금액 (−) 각종 소득공제 • 인적공제 • 연금보험료공제 • 특별공제 • 그 밖의 소득공제 = 과세표준	• 인적공제 – 기본공제·추가공제 • 연금보험료 공제 – 공적연금 관련법에 따른 기여금 또는 개인부담금 • 특별공제 및 그 밖의 소득공제

특별공제(2개)	
① 건강·고용보험료	② 주택자금

그 밖의 소득공제(8개)	
① 개인연금저축소득공제	② 소기업·소상공인공제부금
③ 벤처투자조합출자등소득공제	④ 고용유지중소기업근로자소득공제
⑤ 신용카드등 사용액소득공제	⑥ 장기집합투자증권저축소득공제
⑦ 우리사주조합소득공제	⑧ 청년형장기집합투자증권저축소득공제

4단계 산출세액	과세표준 (×) 세 율 = 산출세액	

과세표준 구간	세 율
1,400만원 이하	6%
1,400만원 초과 5,000만원 이하	15%
5,000만원 초과 8,800만원 이하	24%
8,800만원 초과 15,000만원 이하	35%
15,000만원 초과 30,000만원 이하	38%
30,000만원 초과 50,000만원 이하	40%
50,000만원 초과 100,000만원 이하	42%
100,000만원 초과	45%

5단계 납부환급 세 액	산출세액 (−) 세액공제 등 = 납부(환급)할세액	• 세액공제·세액감면 　– 중소기업취업자소득세감면·외국인기술자소득세감면·중소기업청년근로자 및 핵심인력성과보상금수령액 감면·성과공유제중소기업경영성과급감면·내국인우수인력국내복귀감면 　– 근로소득·납세조합·고향사랑기부금·정치자금 세액공제 등 　– 자녀세액공제·연금계좌세액공제·특별세액공제·월세세액공제 • 기납부세액

| 연말정산소득 · 세액공제 요건표 |

구 분		공 제 요 건				비 고
		나이요건	소득요건 (100만원 이하)	동거 요건		
				주민등록 동거	일시퇴거 허용	
기 본 공 제	본인	×	×	×		
	배우자	×	○	×		
	직계존속	60세 이상	○	△ (주거형편상 별거 허용)		1964.12.31. 이전
	직계비속, 동거입양자	20세 이하	○	×		2004.01.01. 이후
	장애인 직계비속의 장애인 배우자	×	○	×		
	형제자매	60세 이상 20세 이하	○	○	○	1964.12.31. 이전 2004.01.01. 이후
	국민기초생활보장법에 의한 수급자	×	○	○	○	
	위탁아동	18세 미만	○			보호기간 연장시 20세 미만
추 가 공 제	경로우대	• 기본공제대상자 중 70세 이상인 자				1명당 연 100만원
	장애인	• 기본공제대상자 중 장애인				1명당 연 200만원
	부녀자	• 종합소득금액이 3천만원(근로소득만 있는 경우 총 급여액 41,470,588원) 이하 자 중 다음의 자 ① 배우자가 없는 여성근로자로서 기본공제 대상 부양가족이 있는 세대주 ② 배우자가 있는 여성근로자				연 50만원
	한부모	• 배우자가 없는 자로서 기본공제대상자인 직계 비속 또는 입양자가 있는 경우				연 100만원. 단, 한부모와 부녀자 중복시 한부모 적 용
연금보험료공제		• 공적연금보험료의 근로자 본인 불입분만 공제 가능				전액

구 분		기본공제대상자의 요건☆		근로기간 지출한 비용만 공제	비 고
		나이요건	소득요건		
특별 소득 공제	보험료	근로자 본인 부담분만 공제가능(건강·노인장기요양·고용보험료)			
	주택자금 공제	–	–	○	본인만 가능
그 밖의 소득 공제	개인연금 저축	근로자 본인 불입분만 공제 가능(배우자, 부양가족 불입분 제외)			
	주택마련 저축	세대주인 근로자 본인 불입분만 공제 가능			
	신용카드 등	×	○	○	형제자매 제외
	청년형장기 집합투자 증권저축	근로자 본인 불입분만 공제 가능(배우자, 부양가족 불입분 제외)			
고향사랑기부금 세액공제		근로자 본인 기부한 금액만 공제 가능(배우자, 부양가족 기부금 제외)			
자녀세액공제		○	○	–	기본공제대상자 중 8세 이상 자녀(입양자, 위탁아동, 손자녀 포함)
연금계좌세액공제		근로자 본인 불입분만 세액공제 가능(배우자, 부양가족 불입분 제외)			
특별 세액 공제	① 보험료	○	○	○	
	② 의료비	×	×	○	
	③ 교육비	×	○	○	직계존속 제외☆☆
	④ 기부금	×	○	×	기본공제대상자 (나이요건 배제)☆☆☆
표준세액공제액		특별소득공제, 특별세액공제, 월세 세액공제를 신청하지 아니한 경우 표준세액공제(13만원) 적용			

☆ 본인은 요건 제한 없음, 배우자와 장애인은 나이 요건을 적용하지 않음.
☆☆ 장애인 특수교육비는 소득요건의 제한을 받지 않으며, 직계존속도 공제 가능
☆☆☆ 정치기부금, 우리사주조합기부금은 본인만 가능

| 특별공제 및 그 밖의 소득공제 요약 |

소득공제		공제항목	공제한도액
보험료		건강보험, 고용보험, 장기요양보험의 본인부담 보험료	전 액
주택자금	㉮ 주택마련저축	총급여 7천만원 이하의 무주택 세대주가 청약저축, 주택청약종합저축 등의 납입액의 40% 공제(연 300만원 한도)	연 400만원 [㉮ + ㉯]
	㉯ 주택임차차입금	무주택 세대의 세대주(세대원 포함)가 국민주택규모의 주택(주거용 오피스텔 포함)을 임차하기 위한 차입금의 원리금상환액의 40% 공제	
	㉰ 장기주택저당차입금	무주택 또는 1주택을 보유한 세대의 세대주(세대원 포함)인 근로자가 기준시가 6억원 이하인 주택을 구입하기 위한 차입금의 이자상환액 공제(무주택 세대주인 근로자의 6억원 이하의 주택분양권 포함)	[Min(㉮ + ㉯, 400만원) + ㉰] 한도: 2,000만원, 1,800만원, 800만원, 600만원
개인연금저축		2000.12.31. 이전 가입	납입액의 40%(72만원 한도)
벤처투자조합 출자등 공제		투자금액의 10%, 단, 벤처기업투자시 3천만원 이하 100%, 5천만원 이하 70%, 5천만원 초과 30%	종합소득금액의 50%
신용카드 등 사용액 공제		신용카드 등 사용금액이 총급여액의 25% 초과한 사용액의 15%(현금영수증, 직불카드, 선불카드, 도서공연등사용분 30%, 전통시장사용분·대중교통사용분 40%, 2023년보다 초과사용분 10%) 공제	다음의 공제한도 + Min[전통시장 사용분 + 대중교통이용분 + 도서공연사용분(총급여 7천만원 이하만 적용), 300만원(총급여 7천만원 초과 200만원)] + Min[초과사용분, 100만원] 총급여 | 공제한도 7천만원 이하 | 300만원 7천만원 초과 | 250만원
소기업·소상공인 공제		소기업·소상공인으로서 개인사업자 또는 총급여 7천만원 이하인 법인의 대표자가 공제부금에 납입한 금액	사업소득금액(근로소득금액)이 • 4천만원 이하 : 연 500만원 • 1억원 이하 : 연 300만원 • 1억원 초과 : 연 200만원
우리사주조합 출연금		자사주취득을 위해 우리사주조합에 출연한 출연금	연 400만원
고용유지중소기업 근로자공제		(직전 과세연도의 해당 근로자 연간 임금총액 – 해당 과세연도의 해당 근로자 연간 임금총액) × 50%	연 1,000만원
청년형장기 집합투자 증권저축소득공제		직전 과세기간의 총급여 5천만원 이하거나 직전 과세기간의 종합소득금액이 3천8백만원 이하인 19세 이상 34세 이상 청년이 청년	저축계약기간이 3년 이상 5년 이하이고 1인당 연 600만원 이내의 금액

소득공제	공제항목	공제한도액
	형장기 집합투자증권저축에 가입하고 각 과세기간에 납입한 금액의 40%를 종합소득금액에서 공제	
장기집합투자증권 저축소득공제	장기집합투자증권저축 가입자가 가입 당시 직전 과세기간의 총급여액이 5천만원 이하(해당 과세기간 8천만원 이하)인 근로소득자로서 10년간 납입액(연 600만원 한도)의 40%를 근로소득금액에서 공제	2015.12.31.까지 가입자 중 해당 과세기간의 근로소득금액
소득공제 종합한도	주택자금, 소기업·소상공인 공제부금, 주택마련저축, 우리사주조합 출자금, 신용카드 등, 투자조합출자 등(공제율 30%, 70%, 100% 제외), 장기집합투자증권저축의 공제금액 합계액이 소득공제 종합한도 대상	연 2,500만원 한도

| 세액공제 및 특별세액공제 요약 |

세액공제	공제항목	세액공제 대상금액 한도	세액공제율
근로소득세액공제	• 근로소득이 있는 거주자	<table><tr><td>산출세액</td><td>세액공제액</td></tr><tr><td>130만원 이하</td><td>산출세액×55%</td></tr><tr><td>130만원 초과</td><td>715천원 + (산출세액 − 130만원)×30%</td></tr></table>	
	* 총급여 수준에 따라 다음의 금액을 초과하는 금액은 없는 것으로 한다. <table><tr><td>총급여</td><td>세액공제한도</td><td>총급여</td><td>세액공제한도</td></tr><tr><td>3,300만원 이하</td><td>74만원</td><td>7,000만원 이하</td><td>66만원</td></tr><tr><td>1억 2천만원 이하</td><td>50만원</td><td>1억 2천만원 초과</td><td>20만원</td></tr></table>		
납세조합세액공제	• 원천징수 제외대상 근로소득이 있는 자가 조직한 납세조합에 의하여 세액이 원천징수 되는 경우	산출세액×5% (연간 100만원 한도)	
주택자금차입금이자 세액공제	• 무주택세대주 또는 1주택만을 소유한 세대주인 거주자가 1995.11.1.~1997.12.31. 기간 중 미분양주택 취득과 직접 관련한 국민주택기금등으로부터 차입한 차입금에 대한 이자	이자상환액×30% (농어촌특별세 과세)	

세액공제	공제항목	세액공제 대상금액 한도	세액공제율
고향사랑기부금세액공제	거주자가 고향사랑기부금에 관한 법률에 따라 고향사랑 기부금을 지방자치단체에 기부한 금액	〈표: 고향사랑기부금 / 세액공제액〉 10만원 이하 : 고향사랑기부금 × 100/110 5백만원 이하 : 90,909 + (고향사랑기부금 − 10만원) × 15%	
	☆ 세액공제받은 고향사랑기부금은 특별세액공제 중 기부금세액공제를 적용하지 아니함.		
정치자금세액공제	거주자가 정치자금법에 따라 정당(같은 법에 따른 후원회 및 선거관리위원회를 포함한다)에 기부한 정치자금	〈표: 정치자금 / 세액공제액〉 10만원 이하 : 정치자금 × 100/110 3천만원 이하 : 90,909 + (정치자금 − 10만원) × 15% 3천만원 초과 : 4,575,909 + (정치자금 − 3천만원) × 25%	
결혼세액공제	2024년~2026년 동안 혼인신고한 거주자에 대하여 혼인신고를 한 해	50만원	
	☞ 저자주 : 2024.09.02. 국회 기획재정위원회에 제안된 정부 「2024년 세법개정안」에 의하면 결혼세액공제를 신설하여 2025.1.1. 이후 신고하는 분부터 적용할 예정임. 따라서 실무적용시 2024년 12월 정기국회에서 세법개정내용을 반드시 확인이 필요함.		
외국납부세액공제	• 국외원천소득이 있는 근로자	세액공제 = Min[①, ②] ① 외국소득세액 ② 산출세액 × (국외원천소득금액 / 종합소득금액)	
자녀 세액 공제 — 기본자녀 세액공제	• 기본공제대상자인 자녀·입양자·위탁아동·손자녀 중 8세 이상의 사람	• 1명 : 연 15만원, 2명 : 연 35만원 • 3명 이상 : 연 35만원 + 초과 1명당 연 30만원	
자녀 세액 공제 — 출생·입양 세액공제	• 해당과세기간에 출생·입양한 자녀	첫째 연 30만원, 둘째 연 50만원, 셋째 이상 연 70만원	
연금 계좌 세액 공제 — ㉮ 연금저축 납입액	• 연금저축납입액 + 납입의제금액☆ + 연금주택차액 중 납입액	Min{Min[㉮, 연 600만원] + ㉯, 900만원} + ㉰ Min(전환금 × 10%, 300만원)	총급여☆☆ • 5천 5백만 원 이하: 15% • 초과 : 12%
연금 계좌 세액 공제 — ㉯ 퇴직연금 납입액	• DC형퇴직연금, 중소기업퇴직연금기금, IRP에 추가 납입한 연금납입액 + 납입의제금액☆ + 연금주택차액 중 납입액		

세액공제		공제항목	세액공제 대상금액 한도	세액공제율
	㉐ ISA계좌 잔액 전환금액	• 개인종합자산관리계좌(ISA)의 계약이 만료되고 해당 계좌잔액의 전부 또는 일부를 연금계좌로 납입한 경우 그 납입한 금액(전환금액)		
☆ 이전 과세기간에 연금계좌세액공제를 받지 아니한 금액이 있는 경우로서 그 금액의 전부 또는 일부를 해당 과세기간에 연금계좌로 납입한 금액으로 연금계좌 취급자에게 전환신청한 금액 ☆☆ 종합소득금액이 4천5백만원 이하 또는 근로소득만 있는 경우에는 총급여액 5천500만원 이하 자만 적용				
보험료 세액 공제	보장성보험	• 생명보험, 상해보험 등의 보장성보험료	연 100만원	12%
	장애인전용 보장성보험	• 장애인을 피보험자 또는 수익자로 하는 장애인전용 보장성보험료	연 100만원	15%
의료비 세액 공제	㉮ 난임시술비 ㉯ 미숙아 및 선천성이상아 의료비 ㉰ 본인·과세기간개시일 현재 6세 이하 자·장애인·과세기간 종료일 현재 만 65세 이상자·건강보험산정 특례자 ㉱ 그 외 부양가족	• 의료비, 의약품, 안경 구입비(50만원 이내) 등 • 미용·성형수술을 위한 비용 및 건강증진을 위한 의약품 구입비용 제외 • 보험회사등으로부터 지급받은 실손의료보험금 제외	총급여 3% 초과분 공제 ㉮ 한도 제한 없음 ㉯ 한도 제한 없음 ㉰ 한도 제한 없음 ㉱ 연 700만원 한도	㉮ 30% ㉯ 20% ㉰ 15% ㉱ 15%
교육비 세액 공제	본 인	• 대학원, 시간제과정 • 직업능력개발훈련시설 등 • 든든학자금과 일반상환 학자금대출의 원리금상환액	전 액	15%
	취학전 아동	• 보육시설, 학원, 체육시설	1명당 연 300만원	
	초·중·고등 학생	• 등록금, 입학금, 급식비 등 • 수능응시수수료, 입학전형료	1명당 연 300만원	

세액공제		공제항목	세액공제 대상금액 한도	세액공제율
교육비 세액 공제	대 학 생	• 등록금, 입학금 단, 든든학자금등 제외 • 수능응시수수료, 입학전형료	1명당 연 900만원	15%
	장 애 인	• 장애인 재활교육비	전 액	
기부금 세액 공제	정치자금기부금	• 정당기부 등	소득금액 전액	• 10만원 이하: 100/110 • 10만원 초과: 15%(25%☆)
	☆ 10만원 초과 금액이 3천만원을 초과하는 경우 그 초과분에 대하여 25%를 적용한다.			
	특례기부금	• 국방헌금, 위문금품 등	특례기부금 전액	15%, 1천만원 초과분 : 30%, 3천만원 초과분: 40%

	우리사주조합
	기부금
		• 우리사주조합원이 아닌 사
		  람이 우리사주조합에 지출
		  하는 기부금
			소득금액의 30%	

	일반기부금	• 종교단 제외	소득금액의 30%	
		• 종교단체	소득금액의 10%	
월세 세액공제		무주택 세대의 세대주로 해 당 과세기간의 총급여액이 8 천만원 이하인 근로자가 국 민주택규모 또는 기준시가 4 억원 이하의 주택☆을 임차하 기 위하여 지급하는 월세액	Min[①, ②] ① 월세액 ② 1,000만원	총급 5.5천만원☆☆ 이하 : 17% 초과 : 15%
		☆ 다중 생활주택인 오피스텔과 고시원 포함 ☆☆ 근로소득자 중 종합소득금액이 4천5백만원 기준 포함		
표준세액공제		특별세액공제를 신청하지 아니하거나 세액공제액 이 13만원보다 작은 경우		13만원

※ 특별세액공제(보험료・의료비・교육비 세액공제)와 월세 세액공제는 근로소득에 대한 종합소득산출세액을
  초과하는 경우 그 초과하는 금액은 없는 것으로 한다.

| 입사 전 또는 퇴사 후 지출한 비용의 소득·세액공제 여부(소득법 집행기준 52-0-1) |

근로제공기간 동안 지출한 비용에 대해서만 공제가능한 항목	해당 과세기간 중 지출한 금액에 대해 공제가능한 항목
• 보험료 세액공제 • 의료비 세액공제 • 교육비 세액공제 • 월세 세액공제 • 주택자금 소득공제 • 신용카드 등 사용금액에 대한 소득공제 • 주택청약종합저축 소득공제 • 장기집합투자증권저축소득공제	• 기부금 세액공제 • 고향사랑기부금세액공제 • 국민연금보험료 소득공제 • 개인연금저축 소득공제 • 연금계좌 세액공제 • 투자조합출자 등 소득공제 • 소기업·소상공인 공제부금 소득공제 • 청년형장기집합투자증권저축소득공제

| 특별소득공제 및 특별세액 공제시 기본공제대상자 판정 |

구 분		기본공제대상자 판정요건			지출기간	지출자 범위
		소득금액	나이	생계		
기본공제		○	○	○	무관	
기본공제 - 장애인		○	×	○	무관	
보험료 세액공제	일반	○	○	○	근로제공기간	
	장애인	○	×	○		
의료비 세액공제		×	×	○		
교육비 세액공제		○	×	○		직계존속×
기부금 세액공제		○	×	○	무관	
건강·고용보험료공제					근로제공기간	근로자 본인
주택자금공제						근로자 본인
신용카드등사용액 소득공제		○	×	○		형제자매×
청년형장기집합투자증권저축					무관	근로자 본인

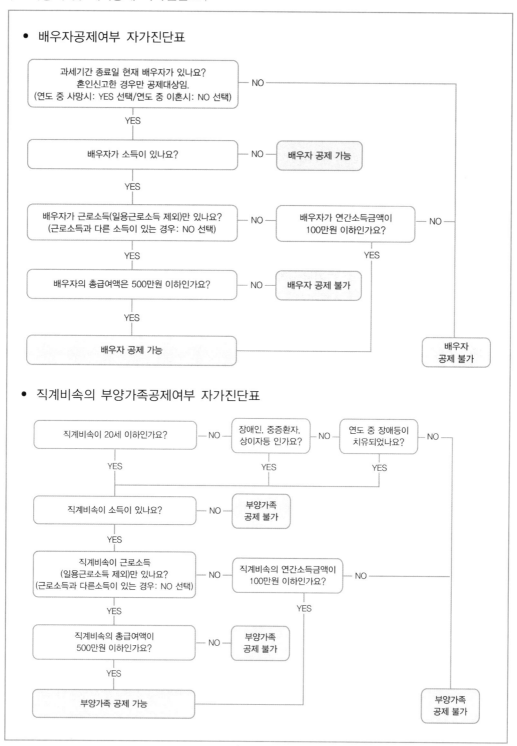

● 형제자매의 부양가족공제여부 자가진단표

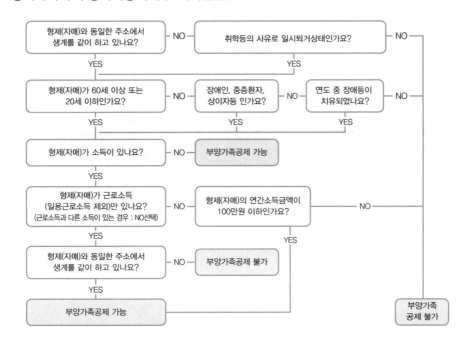

● 직계존속의 부양가족공제여부 자가진단표

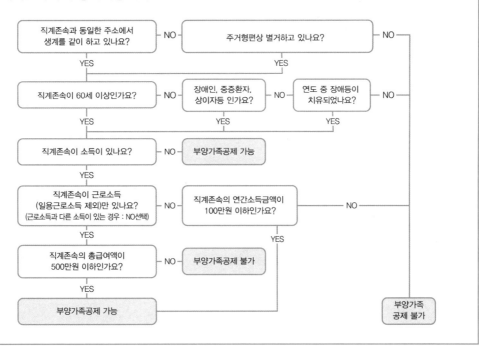

- 장애인 추가공제여부 자가진단표

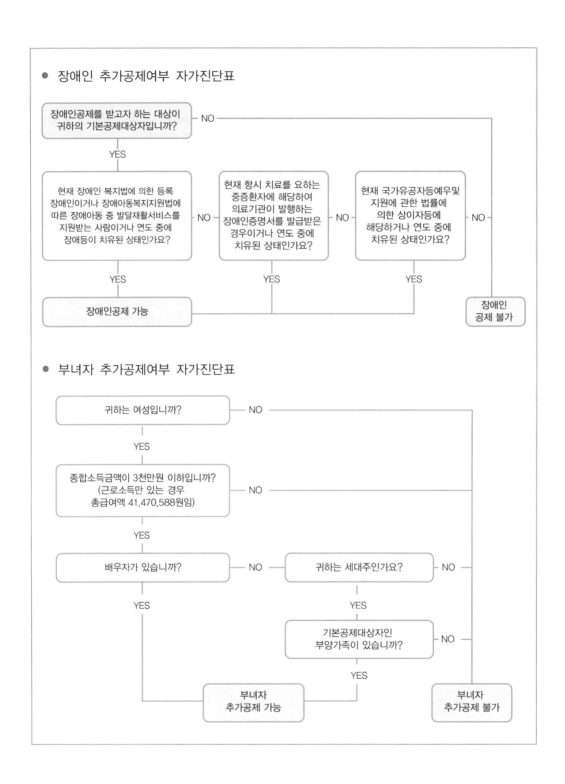

- 부녀자 추가공제여부 자가진단표

- 한부모 추가공제여부 자가진단표

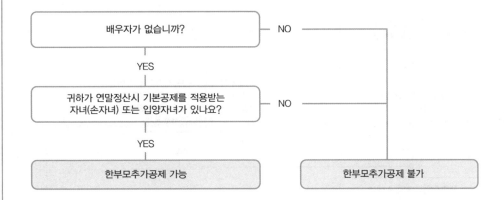

- 주택청약종합저축 등에 대한 소득공제 자가진단표

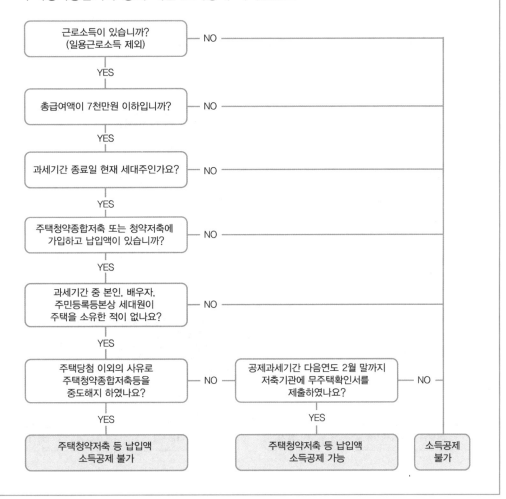

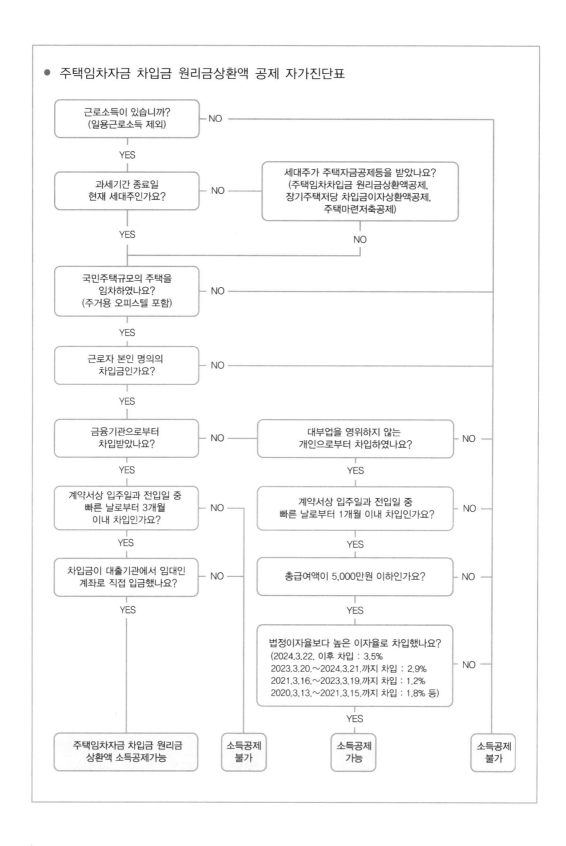

● 주택임차자금 차입금 원리금상환액 공제 자가진단표

근로소득이 있습니까?
(일용근로소득 제외) —— NO

YES

과세기간 종료일
현재 세대주인가요? —— NO → 세대주가 주택자금공제등을 받았나요?
(주택임차차입금 원리금상환액공제,
장기주택저당 차입금이자상환액공제,
주택마련저축공제)

YES   NO

국민주택규모의 주택을
임차하였나요?
(주거용 오피스텔 포함) —— NO

YES

근로자 본인 명의의
차입금인가요? —— NO

YES

금융기관으로부터
차입받았나요? —— NO → 대부업을 영위하지 않는
개인으로부터 차입하였나요? —— NO

YES   YES

계약서상 입주일과 전입일 중
빠른 날로부터 3개월
이내 차입인가요? —— NO → 계약서상 입주일과 전입일 중
빠른 날로부터 1개월 이내 차입인가요? —— NO

YES   YES

차입금이 대출기관에서 임대인
계좌로 직접 입금했나요? —— NO → 총급여액이 5,000만원 이하인가요? —— NO

YES   YES

법정이자율보다 높은 이자율로 차입했나요?
(2024.3.22. 이후 차입 : 3.5%
2023.3.20.~2024.3.21.까지 차입 : 2.9%
2021.3.16.~2023.3.19.까지 차입 : 1.2%
2020.3.13.~2021.3.15.까지 차입 : 1.8% 등) —— NO

YES

주택임차자금 차입금 원리금
상환액 소득공제가능 | 소득공제
불가 | 소득공제
가능 | 소득공제
불가

● 장기주택저당차입금 이자상환액 공제 자가진단표

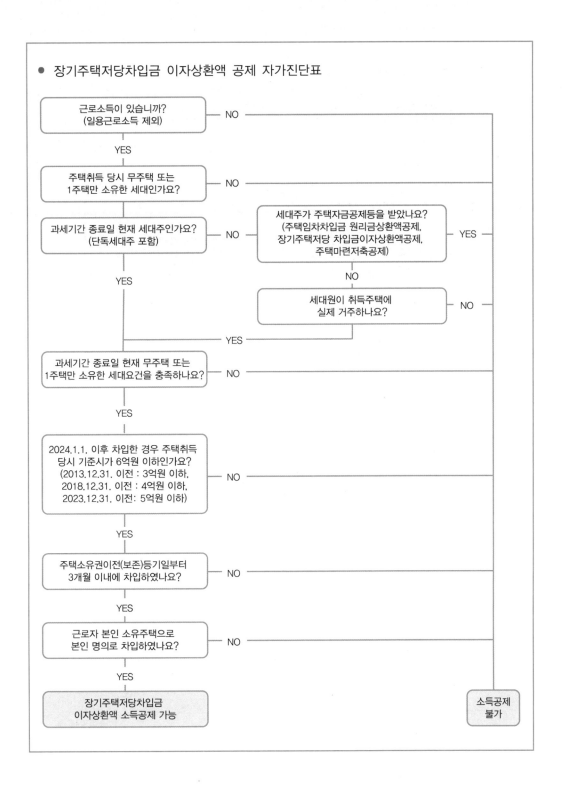

```
근로소득이 있습니까?          ──NO──────────────────────────┐
(일용근로소득 제외)                                          │
      │                                                      │
     YES                                                     │
      │                                                      │
주택취득 당시 무주택 또는      ──NO──────────────────────────┤
1주택만 소유한 세대인가요?                                   │
      │                                                      │
      │                        세대주가 주택자금공제등을 받았나요?        │
과세기간 종료일 현재 세대주인가요? ──NO── (주택임차차입금 원리금상환공제, ──YES──┤
(단독세대주 포함)                  장기주택저당 차입금이자상환액공제,         │
      │                           주택마련저축공제)                    │
      │                                 │                             │
      │                                NO                             │
      │                                 │                             │
      │                         세대원이 취득주택에    ──NO──────────────┤
      │                         실제 거주하나요?                         │
     YES                              │                               │
      │───────────────YES─────────────┘                               │
      │                                                                │
과세기간 종료일 현재 무주택 또는  ──NO──────────────────────────────────┤
1주택만 소유한 세대요건을 충족하나요?                                    │
      │                                                                │
     YES                                                               │
      │                                                                │
2024.1.1. 이후 차입한 경우 주택취득                                     │
당시 기준시가 6억원 이하인가요?   ──NO──────────────────────────────────┤
(2013.12.31. 이전 : 3억원 이하,                                         │
2018.12.31. 이전 : 4억원 이하,                                         │
2023.12.31. 이전 : 5억원 이하)                                         │
      │                                                                │
     YES                                                               │
      │                                                                │
주택소유권이전(보존)등기일부터                                          │
3개월 이내에 차입하였나요?       ──NO──────────────────────────────────┤
      │                                                                │
     YES                                                               │
      │                                                                │
근로자 본인 소유주택으로                                                │
본인 명의로 차입하였나요?        ──NO──────────────────────────────────┤
      │                                                                │
     YES                                                               │
      │                                                                │
장기주택저당차입금                                              소득공제
이자상환액 소득공제 가능                                         불가
```

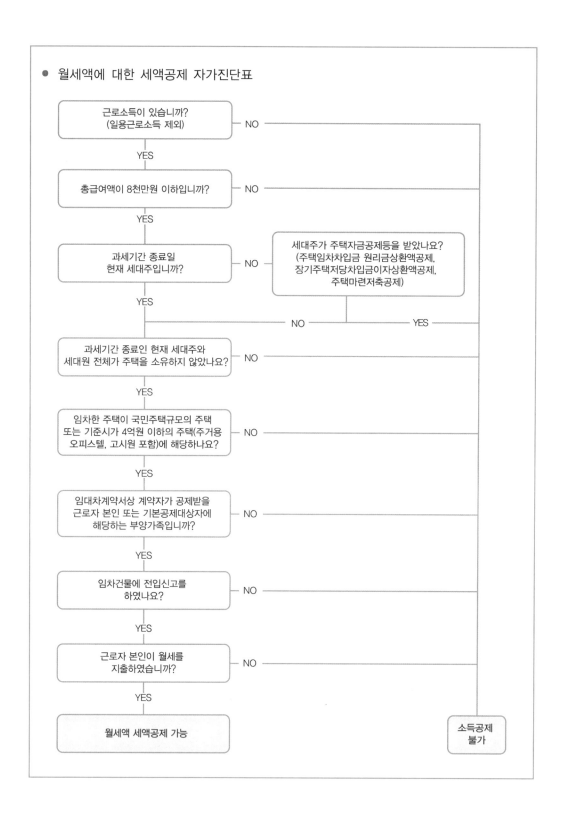

● 월세액에 대한 세액공제 자가진단표

근로소득이 있습니까?
(일용근로소득 제외) ─── NO

YES

총급여액이 8천만원 이하입니까? ─── NO

YES

과세기간 종료일
현재 세대주입니까? ─── NO

세대주가 주택자금공제등을 받았나요?
(주택임차차입금 원리금상환액공제,
장기주택저당차입금이자상환액공제,
주택마련저축공제)

YES

NO ─── YES

과세기간 종료인 현재 세대주와
세대원 전체가 주택을 소유하지 않았나요? ─── NO

YES

임차한 주택이 국민주택규모의 주택
또는 기준시가 4억원 이하의 주택(주거용
오피스텔, 고시원 포함)에 해당하나요? ─── NO

YES

임대차계약서상 계약자가 공제받을
근로자 본인 또는 기본공제대상자에
해당하는 부양가족입니까? ─── NO

YES

임차건물에 전입신고를
하였나요? ─── NO

YES

근로자 본인이 월세를
지출하였습니까? ─── NO

YES

월세액 세액공제 가능

소득공제
불가

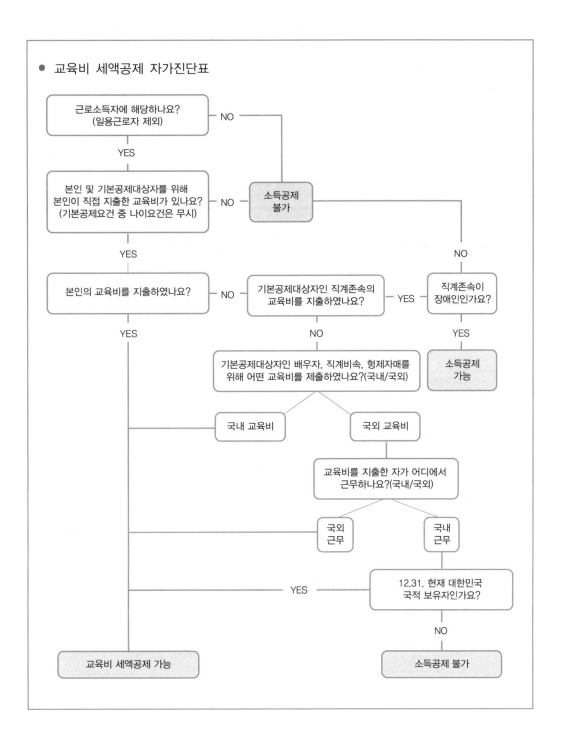

● 교육비 세액공제 자가진단표

근로소득자에 해당하나요?
(일용근로자 제외) ── NO ─┐

YES

본인 및 기본공제대상자를 위해
본인이 직접 지출한 교육비가 있나요?
(기본공제요건 중 나이요건은 무시) ── NO ── 소득공제 불가

YES   NO

본인의 교육비를 지출하였나요? ── NO ── 기본공제대상자인 직계존속의
교육비를 지출하였나요? ── YES ── 직계존속이
장애인인가요?

YES   NO   YES

                기본공제대상자인 배우자, 직계비속, 형제자매를   소득공제
                위해 어떤 교육비를 제출하였나요?(국내/국외)   가능

                        국내 교육비   국외 교육비

                                교육비를 지출한 자가 어디에서
                                근무하나요?(국내/국외)

                                        국외   국내
                                        근무   근무

                        YES ──────── 12.31. 현재 대한민국
                                        국적 보유자인가요?

                                                NO

교육비 세액공제 가능   소득공제 불가

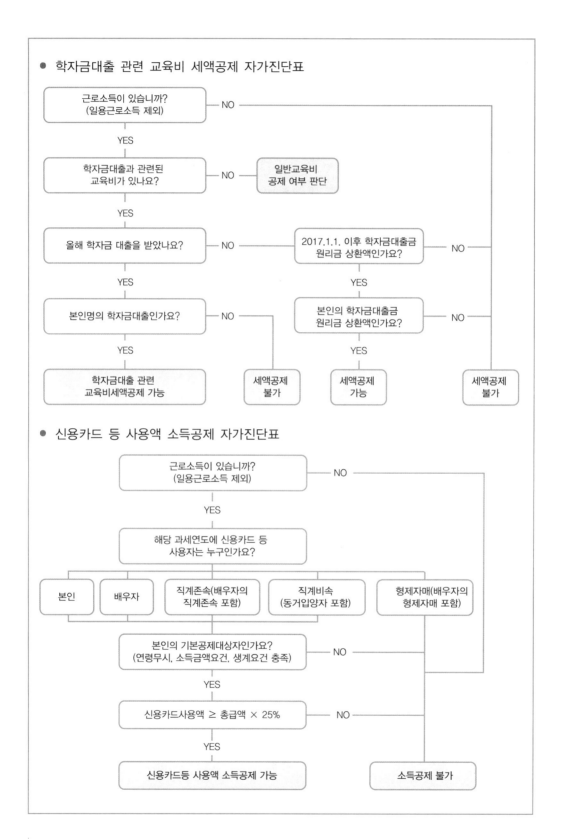

● 학자금대출 관련 교육비 세액공제 자가진단표

근로소득이 있습니까?
(일용근로소득 제외) — NO

YES

학자금대출과 관련된
교육비가 있나요? — NO → 일반교육비 공제 여부 판단

YES

올해 학자금 대출을 받았나요? — NO → 2017.1.1. 이후 학자금대출금 원리금 상환액인가요? — NO

YES | YES

본인명의 학자금대출인가요? — NO | 본인의 학자금대출금 원리금 상환액인가요? — NO

YES | YES

학자금대출 관련 교육비세액공제 가능 | 세액공제 불가 | 세액공제 가능 | 세액공제 불가

● 신용카드 등 사용액 소득공제 자가진단표

근로소득이 있습니까?
(일용근로소득 제외) — NO

YES

해당 과세연도에 신용카드 등
사용자는 누구인가요?

본인 | 배우자 | 직계존속(배우자의 직계존속 포함) | 직계비속(동거입양자 포함) | 형제자매(배우자의 형제자매 포함)

본인의 기본공제대상자인가요?
(연령무시, 소득금액요건, 생계요건 충족) — NO

YES

신용카드사용액 ≥ 총급액 × 25% — NO

YES

신용카드등 사용액 소득공제 가능 | 소득공제 불가

제 **1** 장

연말정산 개요

01절

연말정산

1 연말정산의 개념

연말정산이란 근로소득을 지급하는 자가 근로자의 1년간 급여액에 대하여 확정된 연간 세액과 매월 급여를 지급할 때 간이세액표에 의하여 이미 원천징수한 세액을 비교하여 과 부족액을 정산(추가징수 또는 환급)하는 절차를 말한다.

2 연말정산의무자

1. 일반적인 경우

가. 계속근로자

근로자에게 당해연도의 다음연도 2월분의 근로소득을 지급하는 모든 개인·법인(국가 지방자치단체 등 포함)이 연말정산의무자이다.

나. 중도퇴직자

근로자가 중도에 퇴직하는 경우 퇴직하는 달의 근로소득을 지급하는 자가 연말정산의무 자이다.

3 특수한 경우 (소득법 집행기준 137-0-2)

1. 연말정산 후 근로소득을 추가로 지급하는 경우

원천징수의무자가 근로소득에 대한 연말정산을 한 후 해당 과세기간의 근로소득을 추가로 지급하는 때에는 추가로 지급하는 때에 근로소득세액의 연말정산을 다시 해야 한다.

2. 법인이 합병한 경우

법인이 합병함에 있어서 피합병법인의 임직원이 합병법인에 계속 취업하고 현실적인 퇴직을 하지 아니한 경우에는 해당 임직원에 대한 연말정산은 합병법인이 진행한다.

3. 법인으로 전환한 경우

개인기업이 법인기업으로 기업형태를 변경하고 해당 개인기업의 종업원을 계속 고용하면서 퇴직급여충당부채를 승계하는 때에는 그 종업원에 대한 근로소득의 연말정산은 해당 법인이 할 수 있다.

4. 사업의 양도·양수하는 경우

사업양수법인이 사용인과 해당 사용인의 퇴직급여충당부채를 승계한 경우 해당 사업양수법인에서 그 사용인에 대한 연말정산을 할 수 있다.

5. 기타의 경우

① 원천징수의무자가 퇴직근로자의 퇴직하는 달의 급여를 분할하여 지급하는 때에는 그 급여를 처음 지급하는 때에 퇴직자의 근로소득을 연말정산하고, 근로소득원천징수영수증은 근로자가 퇴직하는 달의 급여를 처음 지급하는 날이 속하는 달의 다음 달 말일까지 교부한다.
② 사용인이 현실적인 퇴직을 하지 아니하고 해당 법인과 직접 또는 간접으로 출자관계에 있는 법인으로 전출한 경우 전입법인에서 해당연도의 근로소득을 통산하여 연말정산을 한다.
③ 법인이 분할시 분할법인의 임직원이 분할신설법인에 계속 취업하고 현실적인 퇴직을 하지 아니한 경우 해당 임직원에 대한 연말정산은 분할신설법인에서 하는 것이며, 지급명세서는 연말정산하는 분할신설법인에서 제출한다.(서면1팀-1093, 2004.08.09.)

④ 근로자가 원천징수의무자에 대한 근로의 제공으로 인하여 원천징수의무자 외의 자로부터 지급받는 소득(단체환급부 보장성보험의 환급금을 포함한다)에 대해서는 해당 원천징수의무자가 해당 금액을 근로소득에 포함하여 연말정산해야 한다.

연말정산 의무자 및 지급명세서 제출의무자 구분		피합병법인 개인기업 사업양도법인 분할법인	고용승계 → 현실적 퇴직(×)	합병법인 법인기업 사업양수법인 분할신설법인
연말정산 의무자		×		○
지급명세서	연말정산분	×		○
	중도퇴사자	○		×

예규

● **관계회사에 사업부문을 양도하면서 종업원 승계 시 연말정산의무자**(법규소득 2013-496, 2013.12.04.)

법인사업자('양도법인')가 직접 또는 간접적으로 출자관계 있는 다른 법인('양수법인')에 사업부문을 양도하면서 양도법인의 근로자에 대한 고용관계 및 근로관계에 따른 자산 및 부채를 양수법인에 포괄승계함으로써 해당 근로자가 현실적 퇴직에 해당하지 아니하는 경우 근로소득에 대한 연말정산은 양수법인에서 통산하여 연말정산하는 것임.

● **분할신설법인에 전출하는 종업원의 연말정산 및 지급명세서 제출**(서면1팀-1093, 2004.08.09.)

법인이 분할함에 있어서 분할법인의 임직원이 분할신설법인에 계속 취업하고 현실적인 퇴직을 하지 아니한 경우에는 당해 임직원에 대한 연말정산은 분할신설법인에서 하는 것이며, 지급명세서의 제출은 연말정산하는 분할신설법인에서만 제출하는 것임.

● **피합병법인의 임직원이 계속하여 합병법인에 근무하는 경우 연말정산**(원천-970, 2009.11.26., 법인 46013-2960, 1998.10.12.)

법인이 합병함에 있어서 피합병법인의 임직원이 합병법인에 계속 취업하고 현실적인 퇴직을 하지 아니한 경우에는 당해 임직원에 대한 연말정산은 합병법인이 하는 것이며, "근로소득원천징수영수증"에 피합병법인이 지급한 근로소득과 원천징수내역을 전근무지의 소득과 기납부세액으로 구분기재하여야 함.
합병등기일 전에 중도퇴사한 근로자에 대한 근로소득지급명세서는 소득의 지급자인 합병법인 또는 피합병법인 명의로 제출하는 것임.

● **관계사 간 전출입 시 연말정산 방법**(서면1팀-282, 2007.02.27., 법인 46013-1708, 1998.06.25.)

사용인이 현실적인 퇴직으로 보지 아니하는 당해 법인과 직접 또는 간접으로 출자관계에 있는 법인으로의 전출 시에는 근로소득에 대한 연말정산을 하지 아니하고 전입법인에서 연말에 통산하여 연말정산하는 것임.

1. 일반적인 경우

① **계속근로자의 경우** : 다음 해 2월분 급여를 지급하는 때(2월분 급여가 2월 말일까지 지급되지 아니한 경우 2월 말일)

> **참고**
>
> ○ **2025년 1월 퇴사자의 2024년 근로소득 연말정산시기**(원천세과 – 315, 2009.04.09.)
>
> '25년 1월 퇴사한 근로자의 퇴직 직전연도(2024년)의 근로소득 연말정산은 퇴직 직전연도의 다음연도 2월분의 근로소득을 지급하는 때이며, 2월분의 근로소득이 없는 경우에는 2월 말일에 지급한 것으로 보아 연말정산함.

② **중도퇴직한 경우** : 중도에 퇴직한 자의 연말정산은 퇴직한 달의 급여를 지급하는 때

> **참고**
>
> ○ **퇴직근로자의 급여를 분할하여 지급하는 경우 근로소득연말정산**(소득법 집행기준 137 – 0 – 2 ④)
>
> 원천징수의무자가 퇴직근로자의 퇴직하는 달의 급여를 분할하여 지급하는 때에는 그 급여를 처음 지급하는 때에 퇴직자의 근로소득을 연말정산하고, 근로소득원천징수영수증은 근로자가 퇴직하는 달의 급여를 처음 지급하는 날이 속하는 달의 다음 달 말일까지 교부한다.

예규 ●●●

❯ **중도퇴사자의 누락한 소득공제 등 적용방법**(법인 46013 – 1554, 1999.04.26.)

중도퇴직자가 퇴직시 연말정산할 때 공제받지 못한 종합소득공제 금액이 있는 경우에는 근로자가 다음 해 5월 종합소득 과세표준확정신고를 하여 추가로 공제받을 수 있음.

③ **반기별 납부의 경우** : 반기별 납부 승인을 받은 경우도 다음 해 2월분 급여를 지급하는 때(2월분 급여가 2월 말일까지 지급되지 아니한 경우 2월 말일)

○ 반기별 납부 대상자 범위

다음에 해당하는 원천징수의무자(금융투자소득에 대한 원천징수의무자는 제외한다)로서 원천징수 관할 세무서장으로부터 원천징수세액을 매 반기별로 납부할 수 있도록 승인을 받거나 국세청장의 지정을 받은 자를 말한다.(소득령 186 ①)
① 직전 연도(신규로 사업을 개시한 사업자의 경우 신청일이 속하는 반기를 말한다)의 상시 고용인원이 20명 이하인 원천징수의무자(금융 및 보험업을 경영하는 자는 제외한다)
② 종교단체

2. 연말정산 이후 근로소득을 추가 지급하는 경우

가. 연말정산 재정산 시기

원천징수의무자가 근로소득에 대한 연말정산을 한 후 해당 과세기간의 근로소득을 추가로 지급하는 때에는 추가로 지급하는 때에 근로소득 연말정산을 다시 해야 한다.(소득법 집행기준 137 - 0 - 2)

나. 부당해고 기간의 급여에 대한 귀속연도 등

근로자가 법원의 판결·화해 등에 의하여 부당해고 기간의 급여를 일시에 지급받는 경우에는 해고 기간에 근로를 제공하고 지급받는 근로소득으로 본다.(소득법 집행기준 20 - 38 - 3)

이 경우 근로소득에 대하여 해당 원천징수의무자가 다음의 시기에 원천징수를 하는 경우 기한 내에 원천징수한 것으로 본다.

① 법원의 판결이 해당 과세기간 경과 후에 있는 경우에는 그 판결이 있는 날의 다음 달 말일까지 연말정산하는 때
② 법원의 판결이 해당 근로소득이 귀속하는 과세기간의 종료일 전에 있는 경우에는 「소득세법」 제134조(근로소득에 대한 원천징수시기 및 방법) 제1항 또는 제2항에 따라 원천징수하는 때

예규 ●●●

● 해고가 부당해고로 결정되어 복직하는 경우, 반환하지 아니하는 해고 예고수당의 소득 구분(사전법규소득 2022 - 337, 2022.03.30., 기획재정부소득 - 221, 2021.04.05.)

해고가 부당해고로 결정되어 복직하는 경우에도 반환하지 아니하는 해고 예고수당은 근로소득임.

● **부당해고 기간의 급여를 지급하는 경우 원천징수 및 가산세 부담 여부**(사전법령해석소득 2019-255, 2019.06.24.)

법원의 판결에 따라 부당해고가 확인되어 지급되는 부당해고 기간의 급여는 근로소득에 해당하는 것이며 부당해고가 확인된 법원의 판결에 따라 부당해고 기간의 미지급된 급여를 일시에 지급하면서 그 판결이 있는 날의 다음 달 말일까지 연말정산하는 때에는 기한 내에 원천징수한 것으로 보는 것임.

● **부당해고 기간의 급여를 지급하는 경우 소득의 구분**(사전법령해석소득 2019-209, 2019.06.17.)

근로자가 법원의 판결·화해 등에 의하여 부당해고 기간의 급여 상당액을 지급받는 경우 해당 급여 상당액은 근로소득에 해당하는 것임.

● **부당해고 기간의 월급여소득에 대한 소득구분과 귀속연도**(법인 46013-3928, 1998.12.16., 법인 22601-4766, 1989.12.29.)

해고무효판결에 의해 해고되었던 자가 부당해고 기간의 대가를 일시에 받는 경우에 동 대가는 근로소득에 해당하는 것이며, 그 소득의 귀속시기는 근로를 제공한 날 즉 동 해고 기간이 되는 것이므로 부당해고 기간 중 해당되는 과세연도별로 안분하는 것임.

다. 종합소득세 신고

종합소득 과세표준 확정신고를 한 자가 그 신고기한이 지난 후에 법원의 판결·화해 등에 의하여 부당해고 기간의 급여를 일시에 지급받음으로써 소득금액에 변동이 발생함에 따라 소득세를 추가로 납부하여야 하는 경우로서 법원의 판결 등에 따른 근로소득원천징수영수증을 교부받은 날이 속하는 달의 다음다음 달 말일까지 추가 신고납부한 때에는 과세표준확정신고기한까지 신고납부한 것으로 본다.(소득령 134 ④)

또한 추가신고 납부기한까지 신고하고 납부를 하지 아니한 경우 납부지연가산세는 추가신고 납부기한 경과일 다음 달 1일부터 적용한다.(대법 2007두474, 2007.03.29.)

3. 인정상여와 연말정산

법인세법에 의하여 처분되는 상여에 대하여 원천징수할 소득세는 당해 과세기간에 귀속되는 상여와 이미 연말정산한 근로소득을 합산하여 다시 연말정산한 후 증가하는 세액을 의미한다. 따라서 다음에 해당되는 날의 다음 달 10일까지 연말정산을 재정산하여 추가납부세액을 신고하고 납부하여야 한다.(소득법 128 ② 1호)

구 분	지급시기특례
법인세 신고에 의한 인정상여	법인세 신고일
수정신고·경정청구에 의한 인정상여	법인세 수정신고일 또는 경정청구일
결정·경정에 의한 인정상여	소득금액변동통지서를 받은 날

이 경우 반기별 납부자도 소득처분이 있는 경우 매월 납부자와 동일하게 지급시기특례일의 다음 달 10일까지 연말정산을 재정산하여 신고·납부하여야 한다.(소득법 128)

5 인정상여 관련 원천징수이행상황신고서 작성

1. 인정상여에 대한 원천징수방법

원천징수의무자는 일반적인 근로소득에 대하여 다음연도 2월 말일까지 연말정산을 완료하여 3월 10일까지 신고하고 관련된 지급명세서를 제출함으로써 원천징수 절차가 마무리된다.

이후 원천징수의무자인 법인이 법인세를 계산하는 세무조정 과정에서 「인정상여」라는 근로소득이 추가로 발생할 수 있다. 즉, 인정상여는 연말정산이 완료된 이후 추가로 근로소득이 지급되는 것과 같다.

인정상여는 인정상여에 대한 지급시기에 원천징수의무자인 법인이 인정상여의 귀속시기에 해당하는 사업연도의 근로소득에 인정상여를 추가하여 연말정산을 재정산한 후 당초세액보다 증가하는 세액을 원천징수하여 신고·납부하는 것이다.

이는 수정신고 대상에 해당하지 아니하며 정상적인 절차에 의한 신고 및 납부에 해당한다.

2. 원천징수이행상황신고서 작성방법

원천징수의무자의 원천징수시기는 대상 소득의 지급일이며 그 내용을 원천징수이행상황신고서에 귀속연월과 지급연월을 기준으로 신고·납부하는 것이다.

원천징수이행상황신고서는 귀속연월이 동일한 2 이상의 원천징수 대상소득을 당월에 지급한 경우에는 한 장의 신고서에 모든 원천징수 대상소득과 세액을 포함하여 작성하고 신고·납부한다.

그러나 원천징수 대상소득의 귀속연월이 다른 경우로 대상소득을 당월에 함께 지급한 경우에는 귀속연월별로 별도의 신고서를 작성하여 신고·납부한다.

따라서 같은 지급연월에 귀속연월이 다른 원천징수 대상소득이 있는 경우에는 여러 장의 원천징수이행상황신고서가 작성되는 것이다.

이는 소득처분에 의한 인정상여에 대한 신고서도 동일하다.

구 분	귀속연월	지급연월	신고서 작성 제출
정기급여	2024년 3월	2024년 3월	각각 별지로 신고서를 작성하여 제출
인정상여	2024년 2월	2024년 3월	

* 인정상여는 2023년 사업연도의 법인세 세무조정에서 상여로 소득처분 된 금액이다.

※ 인정상여의 귀속시기는 당해 사업연도 중 근로를 제공한 날이므로 2023년 사업연도이지만 연말정산소득에 대한 원천징수이행상황신고서의 귀속연월은 당해 사업연도의 근로소득에 대한 연말정산 진행시기를 의미하므로 인정상여 귀속연도의 다음연도(2024년) 2월(1월)로 표기한다.

소득처분에 의한 소득에 대한 원천징수이행상황신고서 작성방법은 다음과 같다.

구 분	소득금액변동 통지받은 경우	법인세 과세표준 신고(수정신고) 시
원천징수시기	소득금액변동통지서를 받은 날	법인세 과세표준 신고일(수정신고일)
귀속연월	당초 연말정산 등의 귀속연월	당초 연말정산 등의 귀속연월
지급연월	소득금액변동통지서를 받은 날 연월	법인세 과세표준 신고일(수정신고일) 연월
원천세 신고서상 기재대상	• 인정상여: A04(연말정산) 　- 인원: 소득처분 인원 　- 총지급액: 소득처분 금액 　- 소득세 등: 총급여액(해당 귀속분)에 소득처분 금액을 가산하여 재정산 시 추가 납부세액 • 인정배당: A60(배당소득) 인원, 지급액, 소득세 등 • 인정기타소득: A42(그 외) 인원, 지급액, 소득세 등	

3. 「사례」를 통한 원천징수이행상황신고서 작성방법

가. 정기신고에 의한 인정상여 관련 원천징수이행상황신고서 작성방법

- 12월 말 법인으로 2024년 법인세 정기신고에 의한 소득처분(대표자 상여) 1명에 1억원, 추가정산 세액 3천만원(2024년 귀속분)
- 2024년 사업연도에 대한 결산확정일은 2025년 2월 25일이며 법인세는 2025년 3월 20일 신고하였다.
- 2025년 3월분 근로소득 지급(20명, 총지급액 8천만원, 소득세 950,000원)
- 2027년 근로소득에 대한 연말정산은 2025년 2월에 진행하였다.
- 대표자는 2024년 과세기간에 근로소득 이외에 사업소득 중 부동산 임대소득이 있다.

(1) 원천징수의무자의 원천징수

1) 정기급여에 대한 원천징수이행상황신고서

<table>
<tr><td colspan="6" align="center">① 신고구분</td><td colspan="2" rowspan="2" align="center">☑ 원천징수이행상황신고서
☐ 원천징수세액환급신청서</td><td align="center">② 귀속연월</td><td align="center">2025년 3월</td></tr>
<tr><td align="center">(매월)</td><td align="center">반기</td><td align="center">수정</td><td align="center">연말</td><td align="center">소득
처분</td><td align="center">환급
신청</td><td align="center">③ 지급연월</td><td align="center">2025년 3월</td></tr>
<tr><td colspan="8">1. 원천징수 명세 및 납부세액</td><td colspan="2" align="right">(단위 : 원)</td></tr>
<tr><td colspan="3" rowspan="3" align="center">소득구분</td><td rowspan="3" align="center">코드</td><td colspan="5" align="center">원천징수내역</td><td colspan="2" align="center">납부 세액</td></tr>
<tr><td align="center">소득지급
(과세 미달, 비과세 포함)</td><td colspan="3" align="center">징수세액</td><td rowspan="2" align="center">⑨
당월 조정
환급세액</td><td rowspan="2" align="center">⑩
소득세등
(가산세 포함)</td><td rowspan="2" align="center">⑪
농어촌
특별세</td></tr>
<tr><td colspan="2" align="center">④ 인원 ⑤ 총지급액</td><td align="center">⑥ 소득세등</td><td align="center">⑦ 농어촌
특별세</td><td align="center">⑧ 가산세</td></tr>
<tr><td rowspan="6" align="center">근
로
소
득</td><td colspan="2" align="center">간이세액</td><td align="center">A01</td><td align="center">20</td><td align="center">80,000,000</td><td align="center">950,000</td><td></td><td></td><td></td><td></td><td></td></tr>
<tr><td colspan="2" align="center">중도퇴사</td><td align="center">A02</td><td></td><td></td><td></td><td></td><td></td><td></td><td></td><td></td></tr>
<tr><td colspan="2" align="center">일용근로</td><td align="center">A03</td><td></td><td></td><td></td><td></td><td></td><td></td><td></td><td></td></tr>
<tr><td colspan="2" align="center">연말정산</td><td align="center">A04</td><td></td><td></td><td></td><td></td><td></td><td></td><td></td><td></td></tr>
<tr><td colspan="2" align="center">(분납금액)</td><td align="center">A05</td><td></td><td></td><td></td><td></td><td></td><td></td><td></td><td></td></tr>
<tr><td colspan="2" align="center">(납부금액)</td><td align="center">A06</td><td></td><td></td><td></td><td></td><td></td><td></td><td></td><td></td></tr>
<tr><td colspan="3" align="center">가감계</td><td align="center">A10</td><td align="center">20</td><td align="center">80,000,000</td><td align="center">950,000</td><td></td><td></td><td></td><td align="center">950,000</td><td></td></tr>
</table>

2) 인정상여에 대한 원천징수이행상황신고서

㉮ 월별납부자인 경우

①신고구분						원천징수이행상황신고서 ☑ 원천징수세액환급신청서 ☐		②귀속연월	2025년 2월
매월	반기	수정	연말	소득처분	환급신청			③지급연월	2025년 3월

1. 원천징수 명세 및 납부세액 (단위 : 원)

소득구분		코드	원천징수내역					⑨ 당월 조정 환급세액	납부 세액	
			소득지급 (과세 미달, 비과세 포함)		징수세액				⑩ 소득세등 (가산세 포함)	⑪ 농어촌 특별세
			④인원	⑤총지급액	⑥소득세등	⑦농어촌 특별세	⑧가산세			
근로소득	간이세액	A01								
	중도퇴사	A02								
	일용근로	A03								
	연말정산	A04	1	100,000,000	30,000,000					
	(분납금액)	A05								
	(납부금액)	A06			30,000,000					
	가감계	A10	1	100,000,000	30,000,000				30,000,000	

원천징수이행상황신고서상 「②귀속연월」은 원천징수의무자가 인정상여의 귀속시기에 해당하는 2024년 귀속분에 대한 당초 연말정산을 2025년 2월에 진행하였으므로 인정상여에 대한 귀속연월도 2025년 2월이 된다.

그리고 「③지급연월」은 인정상여의 지급시기가 법인세 신고일이므로 2025년 3월로 작성한다. 따라서 2024년 법인세 정기신고로 발생한 인정상여금액은 2024년 귀속분 근로소득으로서 2025년 3월 20일에 지급한 것으로 2025년 4월 10일까지 원천징수세액을 신고·납부하면 된다.

인정상여로 인하여 증가되는 근로소득금액은 당초 신고서를 수정신고를 하는 것이 아니므로 가산세 등은 적용하지 아니한다.

④ 반기별 납부자의 경우

①신고구분						원천징수이행상황신고서 원천징수세액환급신청서			②귀속연월	2025년 2월
월별	반기	수정	연말	소득처분	환급신청	☑원천징수이행상황신고서 ☐원천징수세액환급신청서			③지급연월	2025년 3월

1. 원천징수 명세 및 납부세액 (단위 : 원)

소득구분		코드	원천징수내역						⑨당월 조정환급세액	납부 세액	
			소득지급(과세 미달, 비과세 포함)		징수세액					⑩소득세등(가산세포함)	⑪농어촌특별세
			④인원	⑤총지급액	⑥소득세등	⑦농어촌특별세	⑧가산세				
근로소득	간이세액	A01									
	중도퇴사	A02									
	일용근로	A03									
	연말정산	A04	1	100,000,000	30,000,000						
	(분납금액)	A05									
	(납부금액)	A06			30,000,000						
	가감계	A10	1	100,000,000	30,000,000					30,000,000	

반기별 납부자도 소득처분이 있는 경우 매월 납부자와 동일하게 지급시기의 다음 달 10일까지 신고·납부하여야 한다.

⑤ 지급명세서의 수정작성 및 제출

인정상여로 인하여 증가된 근로소득에 대한 지급명세서(원천징수영수증)는 당초 2025년 3월 10일까지 제출된 지급명세서에 인정상여를 반영하여 수정신고서 작성방식으로 작성한 후 지급명세서를 다시 제출하여야 한다. 이 경우 제출기한에 대한 규정은 없지만 원천징수하고 신고·납부하는 때(2025년 4월 10일) 함께 제출하는 것이 바람직하다.

> **참고**
>
> ○ **귀속연월 중 2025년 2월(1월)의 의미**
> 원천징수이행상황신고서상 귀속연월 중 2025년 2월(1월)에는 다음과 같은 소득의 원천징수 세액이 포함되어 있다.
> ① 2025년도 2월(1월)분 원천징수 대상소득 원천징수세액
> ② 전년도인 2024년 근로소득에 대한 연말정산소득과 세액

(2) 소득자의 종합소득세 신고 · 납부

해당 과세기간에 근로소득 이외의 종합소득금액이 있는 거주자는 그 종합소득 과세표준

을 그 과세기간의 다음연도 5월 1일부터 5월 31일까지 신고하고 납부하여야 한다.

따라서 「사례」의 경우 인정상여의 귀속시기인 2024년 귀속 종합소득과세표준 확정신고 기한이 지나지 아니하였으므로 재정산된 근로소득원천징수영수증상의 근로소득과 부동산 임대소득을 합산하여 2025년 5월 31일까지 신고하고 납부하면 된다.

나. 소득금액변동통지에 의한 인정상여 관련 원천징수이행상황신고서 작성방법

- 2024.08.15.~2024.10.05. 국세청의 2020년 귀속 법인세 통합조사를 받았다.
- 2020년 사업연도에 대한 정기세무조사이다.
- 2020년 귀속 법인세 통합조사 후 2024.11.10. 소득금액변동통지서를 수령하였다.
- 소득금액변동통지서상 금액: 1억원(대표자 인정상여)
- 2020년 귀속 근로소득에 대한 연말정산은 2021년 1월에 진행하고 원천징수이행상황신고서를 작성하여 제출하였다.
- 2020년 귀속 대표자 연말정산 내역
  ① 당초신고내역: 총급여 1억 5천만원, 결정세액 15백만원
  ② 소득금액변동통지 금액 1억원을 추가하여 재정산 시 결정세액 25백만원
- 대표자는 2020년 과세기간에 근로소득 이외에 사업소득 중 부동산 임대소득이 있다.

(1) 원천징수의무자의 원천징수

1) 월별납부자의 원천징수이행상황신고서

①신고구분						☑원천징수이행상황신고서 ☐원천징수세액환급신청서		②귀속연월	2021년 1월
매월	반기	수정	연말	소득처분	환급신청			③지급연월	2024년 11월

1. 원천징수 명세 및 납부세액 (단위 : 원)

소득구분		코드	원천징수내역					⑨ 당월 조정 환급세액	납부 세액	
			소득지급 (과세 미달, 비과세 포함)		징수세액				⑩ 소득세등 (가산세 포함)	⑪ 농어촌 특별세
			④인원	⑤총지급액	⑥소득세등	⑦농어촌 특별세	⑧가산세			
근로소득	간이세액	A01								
	중도퇴사	A02								
	일용근로	A03								
	연말정산	A04	1	100,000,000	10,000,000					
	(분납금액)	A05								
	(납부금액)	A06			10,000,000					
	가감계	A10	1	100,000,000	10,000,000				10,000,000	

원천징수이행상황신고서상 「②귀속연월」은 원천징수의무자가 인정상여의 귀속시기에 해당하는 2020년 귀속분에 대한 당초 연말정산을 2021년 1월에 진행하였으므로 인정상여에 대한 귀속연월도 2021년 1월이 된다.

그리고 「③지급연월」은 인정상여의 지급시기가 소득금액변동통지서를 받은 날(2024년 11월 10일)이므로 2024년 11월로 작성한다. 따라서 2020년 법인세 통합조사로 인한 인정상여금액은 2020년 귀속분 근로소득으로서 2024년 11월 10일에 지급한 것으로 2024년 12월 10일까지 원천징수세액을 신고·납부하면 된다.

2) 반기별 납부자의 원천징수이행상황신고서

①신고구분						☑ 원천징수이행상황신고서 □ 원천징수세액환급신청서		②귀속연월	2021년 1월
월별	반기	수정	연말	소득처분	환급신청			③지급연월	2024년 11월

1. 원천징수 명세 및 납부세액 (단위 : 원)

소득구분		코드	원천징수내역					⑨ 당월 조정 환급세액	납부 세액	
			소득지급 (과세 미달, 비과세 포함)		징수세액				⑩ 소득세등 (가산세 포함)	⑪ 농어촌 특별세
			④인원	⑤총지급액	⑥소득세등	⑦농어촌 특별세	⑧가산세			
근로소득	간이세액	A01								
	중도퇴사	A02								
	일용근로	A03								
	연말정산	A04	1	100,000,000	10,000,000					
	(분납금액)	A05								
	(납부금액)	A06			10,000,000					
	가감계	A10	1	100,000,000	10,000,000				10,000,000	

반기별 납부자도 소득처분이 있는 경우 매월 납부자와 동일하게 지급시기의 다음 달 10일까지 신고·납부하여야 한다.

3) 지급명세서의 수정작성 및 제출

인정상여로 인하여 증가된 근로소득에 대한 지급명세서(원천징수영수증)는 당초 2021년 3월 10일까지 제출된 지급명세서에 인정상여를 반영하여 수정신고서 작성방식으로 작성한 후 지급명세서를 다시 제출하여야 한다. 이 경우 제출기한에 대한 규정은 없지만 원천징수하고 신고·납부하는 때(2024년 12월 10일) 함께 제출하는 것이 바람직하다.

(2) 소득자의 종합소득세 신고·납부

종합소득 과세표준확정신고기한이 지난 후에 「법인세법」에 따라 법인이 법인세 과세표준을 신고하거나 세무서장이 법인세 과세표준을 결정 또는 경정하여 익금에 산입한 금액이 배당·상여 또는 기타소득으로 처분됨으로써 소득금액에 변동이 발생함에 따라 종합소득 과세표준확정신고 의무가 없었던 자, 세법에 따라 과세표준확정신고를 하지 아니하여도 되는 자 및 과세표준확정신고를 한 자가 소득세를 추가 납부하여야 하는 경우 해당 법인이 소득금액변동통지서를 받은 날(「법인세법」에 따라 법인이 신고함으로써 소득금액이 변동된 경우에는 그 법인의 법인세 신고기일을 말한다)이 속하는 달의 다음다음 달 말일까지 추가신고 납부한 때에는 종합소득 과세표준확정신고기한까지 신고·납부한 것으로 본다.(소득령 134 ①)

따라서 사례의 경우 2020년 귀속 법인세 통합조사에 의한 인정상여에 대한 소득금액변동통지서를 받은 날인 2024년 11월 10일의 다음다음 달 말일인 2025년 1월 말일까지 2020년 귀속 종합소득세 과세표준을 신고하고 납부하면 된다. 이 때 2025년 1월 말일까지 신고한 경우에는 2020년 귀속 종합소득세 과세표준확정 신고기한까지 신고한 것이므로 신고불성실가산세 등은 적용하지 아니한다.

또한 추가신고 납부기한인 2025년 1월 말일까지 신고하고 납부를 하지 아니한 경우 납부지연가산세는 추가신고 납부기한의 다음 날부터 적용한다.(대법 2007두474, 2007.03.29.)

참고

○ **법인세법 제67조에 따라 처분된 금액의 부과제척기간**(국기법 26의2 ② 2호)

다음과 같은 부정행위로 포탈하거나 환급·공제받은 국세가 법인세이면 이와 관련하여 「법인세법」 제67조(소득처분)에 따라 처분된 금액에 대한 소득세도 그 소득세를 부과할 수 있는 날부터 10년의 부과제척기간이 적용된다. 따라서 부정행위가 아닌 경우에는 일반적인 5년의 부과제척기간이 적용된다.

① 이중장부의 작성 등 장부의 거짓 기장

② 거짓 증빙 또는 거짓 문서의 작성 및 수취

③ 장부와 기록의 파기

④ 재산의 은닉, 소득·수익·행위·거래의 조작 또는 은폐

⑤ 고의적으로 장부를 작성하지 아니하거나 비치하지 아니하는 행위 또는 계산서, 세금계산서 또는 계산서합계표, 세금계산서합계표의 조작

⑥ 전사적 기업자원 관리설비의 조작 또는 전자세금계산서의 조작

⑦ 그 밖에 위계(僞計)에 의한 행위 또는 부정한 행위

● **소득처분에 따른 소득에 대해 추가신고를 하지 않은 경우 적용되는 부과제척기간 및 신고불성실가산세**
(기획재정부조세법령 - 323, 2022.03.28.)

종합소득금액이 없던 거주자가 법인세 경정에 따른 상여 처분으로 추가소득이 발생했으나, 기한까지 추가신고하지 않은 경우 적용되는 5년의 부과제척기간을 적용하는 것임.
근로소득만 있어 확정신고를 하지 않았던 거주자가 법인세 경정에 따른 상여 처분으로 추가소득이 발생했으나, 기한까지 추가신고하지 않은 경우 과소신고가산세를 적용하는 것임.

6 중도퇴직자의 연말정산

근로자가 연도 중에 퇴직하는 경우 퇴직하는 달의 급여를 지급할 때 중도퇴직자에 대하여 연말정산을 한다. 중도퇴직자에 대한 연말정산은 퇴직시점까지 지출한 비용에 한하여 특별공제 등을 반영할 수 있다.

그러나 퇴직시점까지 특별공제 등을 확인하기 어렵기 때문에 중도퇴직자의 연말정산은 특별공제 등을 반영하지 아니한 상태에서 진행이 되며 공제되지 아니한 특별공제 등은 추후 재취직한 회사에서 연말정산할 때 반영하거나 다음연도 5월에 직접 누락된 소득공제 등을 반영하여 종합소득세를 신고하면서 정산한다.

따라서 중도퇴직자에 대한 연말정산은 현재 있는 급여자료나 급여대장 상의 공제액 중 소득공제 가능한 부분들만을 적용하여 마무리하는 것이 일반적이다.

| 연말정산 방법 |

총급여액	근로기간 동안의 총급여액 (총급여액 = 전체 급여 - 비과세 급여)
근로소득공제	근로기간 동안 안분하여 계산하지 않음
인적공제	기본공제, 추가공제 시 월할 계산하지 않고 인별 요건 충족 시 공제
연금보험료	근로를 제공하는 기간 동안 지출한 비용뿐만 아니라 근로제공기간 외 해당 과세기간에 지출한 비용 공제 가능

건강보험료 등, 주택자금공제 주택청약종합저축, 신용카드 등, 우리사주조합 출연금, 장기집합투자증권저축 소득공제	근로제공기간 동안 지출한 비용
상기 외 '그 밖의 소득공제'	근로제공기간 외 해당 과세기간에 지출한 비용 공제 가능
근로소득세액공제	근로기간 동안 안분하여 계산하지 않음
자녀세액공제	월할 계산하지 않고 인별 요건 충족 시 공제
연금계좌 세액공제, 기부금세액공제	근로를 제공하는 기간 동안 지출한 비용뿐만 아니라 근로제 공기간 외 해당 과세기간에 지출한 비용 공제 가능
상기 외 '특별세액공제'	근로제공기간 동안 지출한 비용

┤ Check Point ├

○ **중도퇴직자의 시기별 연말정산 방법**
- 퇴직하는 달의 급여를 분할하여 지급하는 때에는 그 급여를 처음 지급하는 때에 연말정산 한다.
- 연도 중 퇴직하여 다른 근무지에 입사한 경우 퇴직한 직장의 원천징수영수증을 첨부하여 새로운 직장에서 전 근무지 소득을 합산하여 연말정산 한다.
- 퇴직시 연말정산에서 공제받지 못한 금액이 있는 경우 다음 해 5월에 종합소득세 확정신고 를 통해 추가로 공제 가능하다.[국세청 홈택스(www.hometax.go.kr)에서 전자신고 가능]
- 중도퇴직자의 연말정산을 한 후 퇴직한 직원에게 상여금을 추가로 지급하는 때에는 연말정 산을 다시 해야 한다.

○ **중도퇴직자의 연말정산시기**

1. 2024년 중도퇴직자의 경우
   - 퇴직하는 달의 근로소득을 지급할 때 연말정산함.
   - 퇴사 시까지 발생한 특별공제·특별세액공제 적용가능함.
   - 미공제 시 다음 해 5월 종합소득세 과세표준 확정신고하여 추가 공제 가능함.

2. 2025년 1월부터 2월 말일 사이 퇴직자의 연말정산시기
   - 2024년 연말정산은 2025년 2월에 진행함.
   - 2025년 퇴직하는 달의 근로소득을 지급할 때 2025년 1월부터 퇴직한 날까지의 근로소득 에 대해 중도 퇴사자 연말정산을 별도로 진행함.

● **1월 퇴사한 근로자의 퇴직 직전연도의 근로소득 연말정산시기**(원천 – 315, 2009.04.09.)

　1월 퇴사한 근로자의 퇴직 직전연도의 근로소득 연말정산은 당해연도의 다음연도 2월분의 근로소득을 지급하는 때이며 2월분의 근로소득이 없는 경우에는 2월 말일에 지급한 것으로 봄.

7 근무지가 2 이상인 경우 및 재취직자의 연말정산

1. 근무지가 2 이상인 경우 연말정산

　2인 이상의 사용자로부터 근로소득을 받는 사람(일용근로자는 제외한다)이 주된 근무지와 종된 근무지를 정하고 종된 근무지의 원천징수의무자로부터 「근로소득원천징수영수증」을 발급받아 해당 과세기간의 다음연도 2월분의 근로소득을 받기 전에 주된 근무지의 원천징수의무자에게 제출하는 경우 주된 근무지의 원천징수의무자는 주된 근무지의 근로소득과 종된 근무지의 근로소득을 더한 금액에 대하여 연말정산을 통한 소득세를 원천징수한다. (소득법 137의2)

　근로자는 종된 근무지의 「근로소득원천징수영수증」을 주된 근무지의 원천징수의무자에게 제출하여야 하며 이때 종된 근무지의 기납부세액은 종된 근무지의 「근로소득원천징수영수증」상의 결정세액을 말한다.

　이를 요약하면 다음과 같다.

> ① 해당 과세기간 종료일까지 주된 근무지를 결정하여 주된 근무지의 원천징수의무자에게 「근무지 (변동)신고서」를 제출한다.
> ② 종된 근무지의 「근로소득원천징수영수증」을 해당 과세기간의 다음연도 2월분의 근로소득을 받기 전에 주된 근무지에 제출한다.
> ③ 주된 근무지의 원천징수의무자는 주된 근무지의 근로소득과 종된 근무지의 근로소득을 합산하여 연말정산을 진행한다. 이때 종된 근무지의 기납부세액은 종된 근무지의 「근로소득원천징수영수증」상의 결정세액을 말한다.

2. 재취직자의 연말정산

해당 과세기간 중도에 퇴직하고 새로운 근무지에 취직한 근로자가 종전 근무지에서 해당 과세기간의 1월부터 퇴직한 날이 속하는 달까지 받은 근로소득을 포함하여 「근로소득자 소득·세액 공제신고서」를 제출하는 경우 원천징수의무자는 그 근로자가 종전 근무지에서 받은 근로소득과 새로운 근무지에서 받은 근로소득을 더한 금액에 대하여 연말정산을 통한 소득세를 원천징수한다.(소득법 138)

재취직자는 전 근무지의 「근로소득원천징수영수증」을 현 근무지의 원천징수의무자에게 제출하여야 하며 이때 전 근무지의 기납부세액은 전 근무지의 「근로소득원천징수영수증」상의 결정세액을 말한다.

⊣ Check Point ⊢

○ 종된 근무지(전 근무지) 「근로소득원천징수영수증」상 연말정산시 필요한 정보요약

Ⅰ. 근무처별 소득명세
Ⅱ. 비과세 및 감면소득명세
Ⅲ. 세액명세 중 「73.결정세액」
Ⅳ. 정산명세 중 「연금보험료공제(31.국민연금보험료, 32.공적연금보험료공제)」와 특별소득공제 중 「33.보험료(가. 건강보험료(노인장기요양보험료 포함), 나. 고용보험료)」

○ 전 근무지의 근로소득원천징수영수증을 미제출할 때 처리방법

① 근로자가 전 근무지의 원천징수영수증 미제출하는 경우 원천징수의무자는 현 근무지의 근로소득으로만 연말정산 진행한다.
② 미제출한 근로자는 종합소득세 신고를 할 때 본인이 직접 합산하여 신고·납부하여야 한다.

거주구분	거주자1/비거주자2
거주지국	거주지국코드
내·외국인	내국인1 / 외국인9
외국인단일세율적용	여 1 / 부 2
외국법인소속 파견근로자 여부	여 1 / 부 2
종교관련종사자 여부	여 1 / 부 2
국적	국적코드
세대주 여부	세대주1, 세대원2
연말정산 구분	계속근로1, 중도퇴사2

[　]근로소득 원천징수영수증
[　]근로소득 지급 명세서
([　]소득자 보관용 [　]발행자 보관용 [　]발행자 보고용)

관리
번호

징 수 의무자	① 법인명(상 호)		② 대 표 자(성 명)	
	③ 사업자등록번호		④ 주 민 등 록 번 호	
	③-1 사업자단위과세자 여부	여1 / 부2	③-2 종사업장 일련번호	
	⑤ 소 재 지(주소)			
소득자	⑥ 성 명		⑦ 주 민 등 록 번 호(외국인등록번호)	
	⑧ 주 소			

	구 분	주(현)	종(전)	종(전)	⑯-1 납세조합	합 계
Ⅰ 근무처별소득명세	⑨ 근 무 처 명					
	⑩ 사업자등록번호					
	⑪ 근무기간	~	~	~	~	~
	⑫ 감면기간	~	~	~	~	~
	⑬ 급 여					
	⑭ 상 여					
	⑮ 인 정 상 여					
	⑮-1 주식매수선택권 행사이익					
	⑮-2 우리사주조합인출금					
	⑮-3 임원 퇴직소득금액 한도초과액					
	⑮-4 직무발명보상금					
	⑯ 계					
Ⅱ 비과세및감면소득명세	⑱ 국외근로	M0X				
	⑱-1 야간근로수당	O0X				
	⑱-2 출산·보육수당	Q0X				
	⑱-4 연구보조비	H0X				
	⑱-5					
	⑱-6					
	~					
	⑱-40 비과세식대	P01				
	⑲ 수련보조수당	Y22				
	⑳ 비과세소득 계					
	⑳-1 감면소득 계					

		구 분		⑲ 소 득 세	⑳ 지방소득세	㉛ 농어촌특별세
Ⅲ 세액명세		㉒ 결 정 세 액				
	기납부 세 액	㉔ 종(전)근무지 (결정세액란의 세액을 적습니다)	사업자 등록 번호			
		㉕ 주(현)근무지				
	㉖ 납부특례세액					
	㉗ 차 감 징 수 세 액 (㉒-㉔-㉕-㉖)					

위의 원천징수액(근로소득)을 정히 영수(지급)합니다.

년 월 일

징수(보고)의무자 　　　　　　　　　　　　　　　　　　　(서명 또는 인)

세 무 서 장　　 귀하

IV 정산명세

구분					금액
	㉑ 총급여(⑯, 외국인단일세율 적용시 연간 근로소득)				
	㉒ 근로소득공제				
	㉓ 근로소득금액				
종합소득공제	기본공제	㉔ 본 인			
		㉕ 배 우 자			
		㉖ 부 양 가 족(명)			
	추가공제	㉗ 경 로 우 대(명)			
		㉘ 장 애 인(명)			
		㉙ 부 녀 자			
		㉚ 한 부 모 가 족			
	연금보험료공제	㉛ 국민연금보험료		대상금액	
				공제금액	
		㉜ 공적연금 보험료공제	㉮ 공무원연금	대상금액	
				공제금액	
			㉯ 군인연금	대상금액	
				공제금액	
			㉰ 사립학교교직원연금	대상금액	
				공제금액	
			㉱ 별정우체국연금	대상금액	
				공제금액	
		㉝ 보험료	㉮ 건강보험료(노인장기요양보험료포함)	대상금액	
				공제금액	
			㉯ 고용보험료	대상금액	
				공제금액	
	특별소득공제	㉞ 주택자금	㉮ 주택임차차입금 원리금상환액	대출기관	
				거주자	
			㉯ 장기주택저당차입금이자상환액	2011년 이전 차입분 15년 미만	
				2011년 이전 차입분 15년~29년	
				2011년 이전 차입분 30년 이상	
				2012년 이후 차입분(15년 이상) 고정금리 이거나, 비거치상환 대출	
				2012년 이후 차입분(15년 이상) 그 밖의 대출	
				2015년 이후 차입분 15년 이상 고정금리이면서 비거치상환 대출	
				2015년 이후 차입분 15년 이상 고정금리 이거나, 비거치상환 대출	
				2015년 이후 차입분 15년 이상 그 밖의 대출	
				2015년 이후 차입분 10년~15년 고정금리 이거나, 비거치상환 대출	
		㉟ 기부금(이월분)			
		㊱ 계			
	㊲ 차 감 소 득 금 액				
	그 밖의 소득공제	㊳ 개인연금저축			
		㊴ 소기업·소상공인 공제부금			
		㊵ 주택마련저축소득공제	㉮ 청약저축		
			㉯ 주택청약종합저축		
			㉰ 근로자주택마련저축		
		㊶ 투자조합출자 등			
		㊷ 신용카드등 사용액			
		㊸ 우리사주조합 출연금			
		㊹ 고용유지 중소기업 근로자			
		㊺ 장기집합투자증권저축			
		㊻ 청년형 장기집합투자증권저축			
		㊼ 그 밖의 소득공제 계			
	㊽ 소득공제 종합한도 초과액				

구분				금액
	㊾ 종합소득 과세표준			
	㊿ 산출세액			
세액감면	51 「소득세법」			
	52 「조세특례제한법」(53 제외)			
	53 「조세특례제한법」 제30조			
	54 조세조약			
	55 세 액 감 면 계			
세액공제	56 근로소득			
	57 자녀	공제대상자녀 (명)		
		출산·입양자 (명)		
	연금계좌	58 「과학기술인공제회법」에 따른 퇴직연금	공제대상금액	
			세액공제액	
		59 「근로자퇴직급여 보장법」에 따른 퇴직연금	공제대상금액	
			세액공제액	
		60 연금저축	공제대상금액	
			세액공제액	
		60-1 개인종합자산관리계좌 만기시 연금계좌 납입액	공제대상금액	
			세액공제액	
	특별세액공제	61 보험료	보장성 공제대상금액	
			보장성 세액공제액	
			장애인전용 보장성 공제대상금액	
			장애인전용 보장성 세액공제액	
		62 의료비	공제대상금액	
			세액공제액	
		63 교육비	공제대상금액	
			세액공제액	
		64 기부금	㉮ 정치자금기부금 10만원 이하 공제대상금액	
			㉮ 정치자금기부금 10만원 이하 세액공제액	
			㉮ 정치자금기부금 10만원 초과 공제대상금액	
			㉮ 정치자금기부금 10만원 초과 세액공제액	
			㉯ 고향사랑기부금 10만원 이하 공제대상금액	
			㉯ 고향사랑기부금 10만원 이하 세액공제액	
			㉯ 고향사랑기부금 10만원 초과 공제대상금액	
			㉯ 고향사랑기부금 10만원 초과 세액공제액	
			㉰ 특례기부금 공제대상금액	
			㉰ 특례기부금 세액공제액	
			㉱ 우리사주조합기부금 공제대상금액	
			㉱ 우리사주조합기부금 세액공제액	
			㉲ 일반기부금(종교단체 외) 공제대상금액	
			㉲ 일반기부금(종교단체 외) 세액공제액	
			㉳ 일반기부금(종교단체) 공제대상금액	
			㉳ 일반기부금(종교단체) 세액공제액	
		65 계		
		66 표준세액공제		
	67 납세조합공제			
	68 주택차입금			
	69 외국납부			
	70 월세액	공제대상금액		
		세액공제액		
	71 세 액 공 제 계			
	72 결 정 세 액(50-55-71)			
	82 실효세율(%) (72/㉑)×100			

● **근로소득 지급명세서의 작성시 소득공제의 적용방법**(법규소득 2010 – 395, 2010.12.31.)

근로소득세액의 연말정산과 관련하여, 원천징수의무자가 근로소득 지급명세서[소득세법 시행규칙 별지 제24호 서식(1)]를 작성함에 있어서는 동 서식에서 정하는 바에 따라 순차적으로 소득공제를 적용하여 종합소득과세표준과 세액을 계산하는 것임.

8 / 기타의 경우 연말정산

1. 소득·세액공제신고서를 제출하지 않는 경우

원천징수의무자가 「소득세법」 제140조(근로소득자의 소득공제 등 신고)에 따른 근로소득자 소득·세액공제 신고를 하지 아니한 근로소득자에 대해서 연말정산할 때에는 기본공제 중 해당 근로소득자 본인에 대한 분과 표준세액공제(13만원)만을 적용하여 연말정산한다. (소득법 137 ③)

2. 연말정산을 하지 아니한 경우

원천징수의무자가 근로소득세액의 연말정산을 하지 아니한 때에는 원천징수 관할 세무 서장은 즉시 연말정산을 하고 그 소득세를 원천징수의무자로부터 징수한다.(소득칙 92)

원천징수의무자가 근로소득세액의 연말정산을 하지 아니하고 행방불명이 된 때에는 원천징수 관할 세무서장은 해당 근로소득이 있는 자에게 종합소득세 과세표준 확정신고를 하여야 한다는 것을 통지하고, 해당 근로자는 해당 과세기간의 다음연도 5월까지 주소지 관할 세무서에 종합소득 과세표준 확정신고를 하여야 한다.

1. 원칙

원천징수의무자가 소득세를 원천징수할 때에는 근로소득에 대하여 근로소득 간이세액표 해당란의 세액을 기준으로 원천징수한다.

2. 예외

근로자가 근로소득 간이세액표에 의한 세액의 120% 또는 80%의 비율에 해당하는 금액으로 원천징수를 신청하는 경우에는 그에 따라 원천징수할 수 있다.(소득령 194 ①)

이는 연말정산으로 인한 과도한 환급 및 추가 납부세액이 발생하는 것을 방지하기 위한 것이다.

3. 원천징수세액 적용비율 선택신청

근로자는 다음의 어느 하나에 해당하는 경우에는 「소득세 원천징수세액 조정신청서」를 작성하여 원천징수의무자에게 제출하거나 「근로소득자 소득·세액 공제신고서」에 원천징수세액의 비율을 기재하여 제출하여야 한다.

이 경우 그 제출일 이후 지급하는 근로소득부터 변경된 원천징수세액의 비율을 적용하며 해당 과세기간의 종료일까지 지급되는 근로소득분에 대해서는 그 변경한 비율을 적용한다.

① 원천징수세액의 비율로 변경하려는 경우
② 변경한 원천징수세액의 비율을 원천징수세액의 다른 비율로 변경하려는 경우

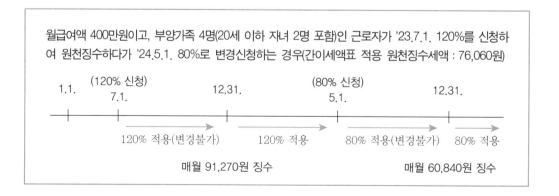

월급여액 400만원이고, 부양가족 4명(20세 이하 자녀 2명 포함)인 근로자가 '23.7.1. 120%를 신청하여 원천징수하다가 '24.5.1. 80%로 변경신청하는 경우(간이세액표 적용 원천징수세액 : 76,060원)

■ 소득세법 시행규칙 [별지 제24호의2 서식] (2015. 6. 30. 신설)

소득세 원천징수세액 조정신청서

관리번호				처리기간	즉시
기본사항	성 명		주 민 등 록 번 호		
	주 소				
	① 신청일 현재 원천징수방식 (소득세법 시행령 별표2 근로소득 간이세 액표에 따른 세액의 120%, 100% 또는 80% 중에서 선택합니다)	120%		100%	80%
조정신청 내용	② 조정하고자 하는 원천징수방식 (소득세법 시행령 별표2 근로소득 간이세 액표에 따른 세액의 120%, 100% 또는 80% 중에서 선택합니다)	120%		100%	80%
	③ 조정하고자 하는 시기		년 월 원천징수분부터 별도의 변경신청 전까지		

「소득세법 시행령」 제194조 제3항에 따라 소득세 원천징수세액 조정신청서를 제출합니다.

년   월   일

신고인

(서명 또는 인)

원천징수의무자   귀하

작 성 방 법

1. "① 신청일 현재 원천징수방식"란에는 신청일 현재 적용하고 있는 원천징수방식에 "○" 표시를 합니다.
2. "② 조정하고자 하는 원천징수방식"란에는 신청일 이후 조정하고자 하는 원천징수방식에 "○" 표시를 합니다.
3. "③ 조정하고자 하는 시기"란에는 신청일 이후 조정하고자 하는 시기를 적습니다. 이 경우 새롭게 조정한 원천징수방식은 해당 과세기
간종료일까지는 변경할 수 없습니다.

210mm× 297mm[백상지 80g/㎡]

소득·세액 공제신고서/근로소득자 소득·세액 공제신고서(　년 소득에 대한 연말정산용)

※ 근로소득자는 신고서에 소득·세액 공제 증명서류를 첨부하여 원천징수의무자(소속 회사 등)에게 제출하며, 원천징수의무자는 신고서 및 첨부서류를 확인하여 근로소득 세액계산을 하고 근로소득자에게 즉시 근로소득원천징수영수증을 발급해야 합니다. 연말정산 시 근로소득자에게 환급이 발생하는 경우 원천징수의무자는 근로소득자에게 환급세액을 지급해야 합니다.

소득자 성명		주민등록번호	－
근무처 명칭		사업자등록번호	－ 　－
세대주 여부	[ ]세대주 [ ]세대원	국 적	(국적 코드: 　)
근무기간	～	감면기간	～
거주구분	[ ]거주자 [ ]비거주자	거주지국	(거주지국 코드: 　)
인적공제 항목 변동 여부	[ ]전년과 동일 [ ]변동	분납신청 여부	[ ]신청 [ ]미신청
원천징수세액 선택	[ ]120% [ ]100% [ ]80%	※ 근로소득자 본인이 원하는 경우 매월 원천징수하는 세액을 법령상 세액의 120%, 100%, 80% 중 선택할 수 있습니다.	

I. 인적공제 및 소득·세액공제 명세

인적공제 항목 / 각종 소득·세액 공제 항목

관계코드	성 명	소득금액 기준	기본 공제	경로 우대	출산 입양	자료 구분	보험료				의료비					교육비	
내·외 국인	주민등록번호	(백만원) 초과여부	부녀자 / 한부모	장애인	자녀		건강	고용	보장성	장애인 전용 보장성	미숙아 선천성 이상아	난임 시술비	65세이상· 장애인 건강보험 산정특례자	실손의료 보험금	일반	장애인

(인적공제 항목에 해당하는 인원수를 적습니다.)

0	(근로자 본인)		○			국세청계										
						기타 계										
－						국세청 기타										
－						국세청 기타										

각종 소득·세액 공제 항목

자료 구분	신용카드등 사용액							대중교통 이용분	기부금
	신용카드	직불카드등	현금영수증	도서공연등사용분 (총급여 7천만원 이하자만 기재)		전통시장 사용분			
				1-3월	4-12월	1-3월	4-12월		
국세청 계									
기타 계									
국세청 기타									
국세청 기타									

유의사항

1. "인적공제 항목 변동 여부"란에는 해당 항목에 "√"표시합니다(인적공제 항목이 전년과 동일한 경우에는 주민등록표등본을 제출하지 않습니다).
2. 관계코드

구 분	관계코드	구 분	관계코드	구 분	관계코드
소득자 본인 (「소득세법」 §50①1)	0	소득자의 직계존속 (「소득세법」 §50①3가)	1	배우자의 직계존속 (「소득세법」 §50①3가)	2
배우자 (「소득세법」 §50①2)	3	직계비속(자녀·손자녀, 입양자) (「소득세법」 §50①3나)	4	직계비속(코드 4 제외) (「소득세법」 §50①3나)	5*
형제자매 (「소득세법」 §50①3다)	6	수급자(코드1~6제외) (「소득세법」 §50①3라)	7	위탁아동 (「소득세법」 §50①3마)	8

* 관계코드 5: 해당 직계비속과 그 배우자가 장애인인 경우 그 배우자를 말하며, 관계코드 4~6은 소득자와 배우자의 각각의 관계를 포함합니다.

3. 연령기준 및 소득기준
   - 경로우대: 기본공제 대상 부양가족이 만 70세 이상에 해당하는 경우 "√"표시합니다.
   - 소득금액기준: 부양가족의 소득금액 합계액이 100만원(근로소득만 있는 자는 총급여 500만원)을 초과하는지 여부를 "√"표시합니다.
4. "부녀자 공제"란에는 소득자 본인이 여성인 경우로서 다음의 요건을 모두 충족하는 경우에 표시합니다.
   가. 해당 과세기간의 종합소득과세표준을 계산할 때 합산하는 종합소득금액이 3천만원 이하일 것
   나. 배우자가 없는 여성으로서 「소득세법」 제50조제1항제3호에 따른 부양가족이 있는 세대주이거나 배우자가 있는 여성일 것
5. "장애인 공제"란에는 다음의 해당 코드를 적습니다.

구분	「장애인복지법」에 따른 장애인 및 「장애아동 복지지원법」에 따른 장애아동 중 발달재활서비스를 지원받고 있는 사람	「국가유공자 등 예우 및 지원에 관한 법률」에 따른 상이자 및 이와 유사한 자로서 근로능력이 없는 자	그 밖에 항시 치료를 요하는 중증환자
해당코드	1	2	3

6. 내·외국인: 내국인=1, 외국인=9로 구분하여 적습니다. 근로소득자가 외국인에 해당하는 경우 국적을 적으며, 국적코드는 거주지국코드를 참조하여 적습니다.

210mm×297mm[백상지80g/㎡ 또는 중질지80g/㎡]

10 / 연말정산 세액의 징수 및 납부(환급)

원천징수의무자는 월별 납부 또는 반기별 납부 여부에 상관없이 2025년 2월분 급여를 지급할 때 2024년 근로소득에 대하여 연말정산 업무를 진행하여 그 결과를 2025년 2월분 원천징수세액과 2024년 근로소득에 대한 연말정산으로 추가 납부세액 및 환급세액을 정산하는 과정을 「원천징수이행상황신고서」에 반영한다.

만약 2025년 2월분 급여를 2월 말일까지 지급하지 아니하거나 2월분 근로소득이 없는 경우에는 2025년 2월 말일에 연말정산 업무를 진행한다.

추가 납부세액 및 환급세액이 발생한 경우	연말정산내용 반영시기
• 1월 급여를 2월 10일 지급하는 경우	• 1월 급여 원천징수세액과 함께 신고 · 납부
• 2월 급여를 2월 25일 지급하는 경우	• 2월 급여 원천징수세액과 함께 신고 · 납부

연말정산으로 인한 추가 납부세액 및 환급세액을 다음과 같이 정리한다.

1. 일반적인 경우

가. 추가 납부세액이 발생한 경우

(1) 추가 납부세액 〈 연말정산하는 달에 지급하는 근로소득

원천징수의무자는 연말정산하는 달에 지급하는 근로소득에서 연말정산으로 발생한 추가 납부세액과 당해연도 근로소득에 대한 원천징수세액을 함께 원천징수하여 다음의 기간까지 원천징수이행상황신고서를 제출하고 납부한다.

> ① 월별납부자 : 2025년 3월 10일까지
> ② 반기별 납부자 : 2025년 7월 10일까지

(2) 추가 납부세액 〉 연말정산하는 달에 지급하는 근로소득

원천징수의무자는 근로소득세액의 연말정산을 통하여 징수하여야 할 소득세가 지급할 근로소득의 금액을 초과할 경우(그 다음 달에 지급할 근로소득이 없는 경우는 제외한다)에는 그 초과하는 세액은 그 다음 달의 근로소득을 지급할 때에 징수한다.(소득법 139)

나. 환급세액이 발생한 경우

(1) 환급세액 〈 연말정산하는 달 원천징수세액

연말정산 결과 환급세액이 발생한 경우 원천징수의무자는 연말정산하는 달에 원천징수하여야 할 세액에서 환급세액을 차감한 후 세액을 원천징수하며 환급세액과 연말정산하는 달에 원천징수하여야 할 세액을 함께 관할 세무서에 신고하고 차액을 납부한다.

(2) 환급세액 〉 연말정산하는 달 원천징수세액

1) 조정환급

연말정산 결과 원천징수의무자가 환급할 소득세가 연말정산하는 달에 원천징수하여야 할 세액을 초과하는 경우 원천징수하여야 할 세액으로 환급하고 나머지는 다음 달 이후에 원천징수하여야 할 세액으로 조정하여 환급한다. 이를 '조정환급'이라 한다.(소득령 201 ①)

조정환급은 다른 원천징수세목(소득세, 법인세, 농어촌특별세) 간에도 가능하다.

조정환급의 경우 원천징수의무자는 근로자의 연말정산 결과 환급할 세액을 다음과 같이 환급한다.

> ① 원천징수의무자는 연말정산하는 달에 원천징수하여 납부할 소득세를 연말정산하는 달의 근로소득을 지급할 때 근로자에게 환급세액으로 지급한다.
> ② 그 차액을 원천징수의무자가 국가를 대신하여 연말정산하는 달의 근로소득을 지급할 때 미리 환급한다.
> ③ 원천징수의무자는 그 차액을 연말정산하는 달의 다음 달부터 근로소득에 대한 원천징수세액으로 충당한다.

2) 환급신청

연말정산 결과 원천징수의무자가 환급할 소득세가 연말정산하는 달에 원천징수하여 납부할 소득세를 초과하는 경우 원천징수 관할 세무서장에게 환급신청할 수 있으며 원천징수 관할 세무서장이 그 초과액을 환급한다.(소득칙 93 ①)

이 경우 소득세를 환급받으려는 원천징수의무자는 「원천징수세액환급신청서」를 원천징수 관할 세무서장에게 제출해야 한다. 원천징수의무자의 환급신청은 다음과 같이 구분된다.

☆ 다만, 원천징수의무자가 원천징수 관할 세무서장에게 환급신청을 한 후 폐업 등으로 행방불명이 되거나 부도상태인 경우에는 해당 근로소득이 있는 사람이 원천징수 관할 세무서장에게 그 환급액의 지급을 신청할 수 있다.

① 월별납부자 : 2025년 2월분 원천징수세액과 2024년 근로소득에 대한 연말정산으로 인한 추가 납부세액 및 환급세액을 환급신청하고자 하는 경우에는 「원천징수이행상황신고서」와 「원천징수세액환급신청서」를 2025년 3월 10일까지 제출한다.

② 반기별 납부자 : 2025년 2월분까지의 원천징수세액과 2024년 근로소득에 대한 연말정산으로 인한 추가 납부세액 및 환급세액을 환급신청하고자 하는 경우에는 2025년 1월부터 2월까지의 지급분과 2024년 연말정산분을 기재한 「원천징수이행상황신고서」와 「원천징수세액환급신청서」를 2025년 3월 10일까지 제출하여야 한다.

「반기별 납부자의 연말정산분 원천징수신고」

구 분	신고대상	신고기한
일반적인 경우	2025.1. ~ 6월과 연말정산	2025. 7. 10.까지
환급신청하는 경우	2025.1. ~ 2월과 연말정산	2025. 3. 10.까지
	2025.3. ~ 6월	2025. 7. 10.까지

환급신청을 하고 원천징수 관할 세무서에서 환급이 진행 중인 경우에 환급세액은 없는 것으로 보고 원천징수의무자는 연말정산하는 달 이후 원천징수 대상소득을 지급할 때 원천징수한 세액 전체를 신고하고 납부하여야 한다.

> 참고
>
> ○ **원천징수불이행등으로 체납된 세액의 환급여부**(소득법 집행기준 137-201-2, ②)
> 원천징수의무자의 환급신청에 의하여 관할 세무서장이 직접 환급하는 세액은 근로자가 실제로 부담하여 납부된 세액에 한하므로 원천징수불이행 등으로 체납되어 있는 세액은 환급세액에 포함하지 않는다.
>
> ○ **환급세액이 원천징수의무자에게 이미 환급된 경우**(소득법 집행기준 137-201-2, ③)
> 연말정산 결과 발생한 환급세액을 원천징수의무자에게 이미 환급한 경우 근로소득자가 이를 수령하지 못하였다 하여 개별적으로 주소지 관할 세무서장으로부터 이를 환급받을 수 없다.

2. 연말정산 추가 납부세액의 분납신청

가. 개요

연말정산으로 인해 추가 납부세액이 발생하는 경우 근로자의 일시납부에 따른 부담을 경감하기 위하여 추가 납부세액이 10만원을 초과하는 경우 원천징수의무자는 추가 납부세액을 해당 과세기간의 다음연도 2월분부터 4월분의 근로소득을 지급할 때까지 추가 납부세액을 나누어 원천징수할 수 있다.(소득법 137 ④)

다음에 해당하는 원천징수의무자로서 관할 세무서장으로부터 승인받거나 지정을 받은 반기별 납부자의 경우 분납기간에 관계없이 연말정산 신고기한인 7월 10일까지 신고·납부하면 된다.

> ① 직전 연도(신규로 사업을 개시한 사업자의 경우 신청일이 속하는 반기를 말한다)의 상시고용인원이 20명 이하인 원천징수의무자(금융 및 보험업을 경영하는 자는 제외한다)
> ② 종교단체

나. 분납신청절차

근로자는 「근로소득자 소득·세액공제신고서」 작성시 분납신청 표시하여 원천징수의무자에게 제출하여야 한다. 따라서 분납신청은 근로자 개인별로 신청하여 적용하는 것이다.

다. 분납세액의 기타사항

① 분납신청을 한 근로자가 분납기간 중에 퇴사를 하는 경우 퇴사시 잔여 분납금액을 원천징수하여야 한다.
② 원천징수의무자가 분납기간 중에 폐업을 하는 경우 폐업시 잔여 분납 금액을 원천징수하여야 한다.
③ 연말정산 소득세액을 분납신청하면 관련 지방소득세도 분납되며 농어촌특별세도 본세의 분납비율에 따라 분납할 수 있다.

11 빠뜨린 소득공제 추가로 받기

1. 종합소득 확정신고 방법

2024년 귀속 근로소득에 대한 연말정산을 못하였거나, 연말정산 기간에 소득공제를 누락한 경우 근로자가 직접 종합소득 신고기간(2025년 5월)에 종합소득과세표준 확정신고를 통해서도 공제 가능하다.

> • 제출서류 : 종합소득세 과세표준 확정신고서 및 자진납부계산서
> (당초)근로소득원천징수영수증
> (당초)소득·세액공제신고서
> 관련 증명서류

2. 경정청구 방법

2024년 근로소득에 대하여 연말정산 기간에 소득공제를 누락한 경우, 다음의 기한이 경과한 날부터 5년 이내에 주소지 관할 세무서장에게 경정청구할 수 있다.

종합소득과세표준 확정신고 여부	경정청구자	당초신고기한	경정청구기한
• 신고를 한 경우	근로자 본인	2025년 5월 31일	2030년 5월 31일
• 신고를 하지 아니한 경우(원천징수의무자 가 지급명세서를 제출기한까지 제출한 경우)	원천징수의무자	2025년 3월 10일	2030년 3월 10일
	근로자 본인		

구분	원천징수의무자	근로소득자
관할 세무서	원천징수 관할 세무서	주소지 관할 세무서(소득세과)
제출서류	• 과세표준 및 세액의 결정(경정)청구서 • 수정 원천징수이행상황신고서 • 근로소득지급명세서(정정분) • 소득·세액공제신고서(정정분) • 관련 증명서류	• 과세표준 및 세액의 결정(경정)청구서 • 근로소득원천징수영수증(정정분) • 소득·세액공제신고서(정정분) • 관련 증명서류

[경정청구서 작성사례]

[사례] 2021년 본인 지출 지정기부금 1,000,000원을 연말정산 시 공제 누락하여 2025.7월에 주소지 관할
세무서에 경정청구

[별지 제16호의2 서식] (2023. 3. 20. 개정)　　　　　　　　　　　　　　　　　　(앞쪽)

과세표준 및 세액의 결정(경정)청구서

							처리기간
							2개월

청구인	① 성 명	이 OO	② 주 민 등 록 번 호 630101-1000000		③ 사 업 자 등 록 번 호	
	④ 주소(거소) 또는 영업소	서울특별시 강남구 테헤란로100길 100번지		⑤ 전화번호	02-1234-5678	
	⑥ 상 호					

신 고 내 용

⑦ 법 정 신 고 일	2022.03.10	⑧ 최 초 신 고 일	2022.03.10
⑨ 결정(경정)청구이유	근로소득 연말정산 시 기부금 세액공제 누락		

구 분	최 초 신 고 회사에서 발급받은 원천징수영수증의 금액을 기재	결 정 (경 정) 청 구 누락된 항목을 넣어 재계산한 원천징수영수증의 금액을 기재
⑩ 세 목	근로소득	근로소득
⑪ 과 세 표 준 금 액	7,587,283	7,587,283
⑫ 산 출 세 액	455,236	455,236
⑬ 가 산 세 액		
⑭ 공제 및 감면세액	250,379	400,379
⑮ 납 부 할 세 액	204,857	54,857
⑯ 국세환급금 계좌신고 거래은행 별별은행 강남지점 계좌번호		100-200-3000000
⑰ 환 급 받 을 세 액		150,000

「국세기본법」 제45조의2, 같은 법 시행령 제25조의3, 「소득세법」 제118조의15 및 같은 법 시행령
제178조의11에 따라 위와 같이 신고합니다.

　　　　　　　　　　　　　　　　　　　　　　　　　　　　　　　　2025년　　7월　　일
　　　　　　　　　　　　　　　　　　　　　　청구인　　　이 OO　　(서명 또는 인)

강남세무서장 귀하

첨부서류	결정(경정)청구 사유 증명자료	수 수 료 없 음

청구인의 위임을 받아 대리인이 경정청구를 하는 경우 아래 사항을 적어 주시기 바랍니다.

위임장	위임자 (청구인)				(서명 또는 인)	
	대리인	사업장	상호	사업자등록번호	사업장 소재지	전자우편
			(서명 또는 인)		((우)　　　)	
		수행자	구분	성명	생년월일	(휴대)전화번호
			[ ]세 무 사 [ ]공인회계사 [ ]변 호 사			

접수증(과세표준 및 세액의 결정(경정)청구서)

성 명		주 소		
첨부서류	결정(경정)청구사유 증명자료　　[ ]		접 수 자	
			접 수 일 인	

210mm×297mm[백상지(80g/㎡) 또는 중질지(80g/㎡)]

12 / 잘못된 소득·세액공제에 따른 가산세 부담

근로자는 「소득·세액공제신고서」 내용을 충분히 검토하고 사실 그대로를 정확히 기재하였는지 확인한 후 직접 서명하여 원천징수의무자에게 제출할 의무가 있다.

원천징수의무자는 「소득·세액공제신고서」와 증명서류를 통해 소득·세액공제 요건 적정 여부를 확인하여 근로소득 세액을 계산하고, 3월 10일까지 원천징수이행상황신고서와 함께 근로소득지급명세서 등을 제출할 의무가 있다.

연말정산 시 소득·세액공제를 실제와 다르게 신청하여 과다하게 공제를 받은 납세자는 과소 납부한 세액과 더불어 신고불성실가산세와 납부지연가산세를 추가로 부담하게 된다.

1. 원천징수 등 납부지연가산세

국세를 징수하여 납부할 의무를 지는 자가 징수하여야 할 세액을 법정납부기한까지 납부하지 아니하거나 과소납부한 경우에는 납부하지 아니한 세액 또는 과소납부분 세액의 100분의 50(①과 ② 중 법정납부기한의 다음 날부터 납부고지일까지의 기간에 해당하는 금액을 합한 금액은 100분의 10)에 상당하는 금액을 한도로 하여 다음 금액을 합한 금액을 가산세로 한다. (국기법 47의5 ①)

① 납부하지 아니한 세액 또는 과소납부분 세액의 100분의 3에 상당하는 금액
② 납부하지 아니한 세액 또는 과소납부분 세액 × 법정납부기한의 다음 날부터 납부일까지의 기간(납부고지일부터 납부고지서에 따른 납부기한까지의 기간은 제외한다) × 금융회사 등이 연체대출금에 대하여 적용하는 이자율 등을 고려하여 정하는 이자율

> 미납세액 × 3% + (과소·무납부세액 × 22/100,000* × 경과일수) ≤ 50%
> (단, 법정납부기한의 다음 날부터 고지일까지의 기간에 해당하는 가산세액 ≤ 10%)
> * 2019.2.12. 전일까지의 기간은 3/10,000 적용, 2022.2.15. 전일까지의 기간은 25/100,000 적용

2. 과소신고·초과환급신고가산세

근로자가 법정신고기한까지 세법에 따른 국세의 과세표준 신고를 한 경우로서 과소신고하거나 초과환급 신고한 경우에는 다음의 가산세를 부담한다. (국기법 47의3)

가. 일반과소신고 · 초과환급신고가산세

> (과소신고한 납부세액 + 초과 신고한 환급세액) × 10%

나. 부정과소신고 · 초과환급신고가산세

> (과소신고한 납부세액 + 초과 신고한 환급세액) × 40%
> (역외거래에서 발생한 부정행위로 인한 경우에는 60%)

참고

○ **부정행위의 유형**(조세범 처벌법 제3조 제6항)

조세범칙조사를 통하지 않더라도 조세의 부과와 징수를 불가능하게 하거나 현저히 곤란하게 하는 위계 그 밖에 부정한 적극적 행위를 함으로써 국세를 포탈하거나 환급 · 공제받는 것을 말함. (예시) 거짓 증빙 또는 거짓 문서의 작성 및 수취 : 기부금 부당공제(허위 · 과다 기부금영수증 수취)

○ **적용사례**

• 허위 기부금영수증을 제출하여 부당하게 소득 · 세액공제받은 근로자에 대하여 근로소득을 수정신고하는 경우 부정과소신고가산세 적용
• 납세의무자가 부정한 방법으로 과소 신고한 과세표준이 있는 경우에는 「국세기본법」 제47조의3 제2항에 따른 가산세(부정과소신고 등 가산세)를 적용하는 것이며, 이때 '부정한 방법'이란 거짓 증빙 또는 거짓 문서의 작성 및 수취 등의 적극적인 방법을 말하는 것으로 이에 해당하지 아니한 경우에는 같은 법 제47조의3 제1항에 따른 가산세(일반과소신고가산세) 적용

○ **근로자가 세법을 정확히 알지 못해 과다 소득 · 세액공제를 받은 경우에도 가산세가 적용되는지?**

가산세는 고의나 과실의 유무와는 관련 없이 의무위반 사실만 있으면 가산세 부과요건이 성립되는 것으로 고의나 과실 및 납세자의 세법에 대한 부지(알지 못함) · 착오는 가산세를 감면할 정당한 사유에 해당하지 않음.

---

3. 납부지연가산세

납세의무자(근로자 등)가 법정납부기한까지 국세의 납부를 하지 아니하거나 과소납부하거나 초과환급받아 수정신고하는 경우 다음의 ①과 ②의 금액을 합한 금액을 가산세로 한

다.(국기법 47의4 ①)

---

① 과소납부세액 × 경과일수(납부기한의 다음 날부터 자진납부일까지의 기간) × $\dfrac{22}{100,000}$

② 초과환급세액 × 경과일수(환급받은 날 다음 날부터 자진납부일까지의 기간) × $\dfrac{22}{100,000}$

* 법정납부기한까지 납부하여야 할 세액(세법에 따라 가산하여 납부하여야 할 이자 상당가산액이 있는 경우에는 그 금액을 더한다) 중 납세고지서에 따른 납부기한까지 납부하지 아니한 세액 또는 과소납부분 세액 × 3%(국세를 납세고지서에 따른 납부기한까지 완납하지 아니한 경우에 한정)
* '19.2.12. 전에 납부기한이 지났거나 환급 받은 경우로서 '19.2.12. 이후 납부 또는 부과하는 경우 그 납부기한 또는 환급 받은 날의 다음 날부터 '19.2.12. 전일까지의 기간에 대한 이자율은 3/10,000
* '22.2.15. 전에 납부기한이 지났거나 환급 받은 경우로서 '22.2.15. 이후 납부 또는 부과하는 경우 그 납부기한 또는 환급 받은 날의 다음 날부터 '22.2.15. 전일까지의 기간에 대한 이자율은 25/100,000

다만, 원천징수 등 납부지연가산세가 부과되는 부분에 대해서는 납부지연가산세를 적용하지 아니한다.(국기법 47의4 ④)

참고

○ **원천징수의무자와 근로자의 가산세 적용 여부**(원천세과 - 499, 2009.06.09.)

① 근로소득세액에 대한 연말정산을 하면서 근로소득자가 허위기부금영수증을 제출하고 부당하게 소득공제하여 원천징수의무자가 소득세를 신고·납부한 후, 근로소득자가 「국세기본법」 제45조 제1항에 따라 이를 수정 신고하는 경우, 근로소득자는 같은 법 제47조의3 제2항(부당과소신고가산세) 및 제47조의5 제1항(현행 제47조의4 제1항)(납부지연가산세)에 따른 가산세를 적용하는 것임.

② 또한, 원천징수의무자가 부당 공제된 신고분을 수정하여 신고하는 경우, 원천징수의무자는 「국세기본법」 제47조의5 제1항(원천징수등 납부지연가산세)에 따른 가산세를 적용하는 것이며, 같은 법 제80조 제2항 제1호의3에 따라 납세지 관할 세무서장은 근로소득자의 당해연도 과세표준 및 세액을 경정하여 「국세기본법」 제47조의3 제2항(부당과소신고가산세)에 따른 가산세를 적용하는 것임.

수정신고자	가산세 부담자	적용 가산세
원천징수의무자	원천징수의무자	원천징수 등 납부지연가산세
	근로자	과소신고가산세 납부지연가산세
근로자	근로자	

예규

● **원천징수납부불성실가산세의 자진납부에 소득귀속자의 납부 포함 여부**(서면법령해석기본 2017 – 266, 2017.
04.19.)

국세를 징수하여 납부할 의무를 지는 자가 징수하여야 할 세액을 세법에 따른 납부기한까지 납부하
지 아니한 상태에서 소득귀속자가 그 국세를 납부한 경우, 소득귀속자가 납부한 날은 "자진납부일"
에 해당하지 아니하는 것임.

4. 과소신고·초과환급신고가산세 부담 경감

종합소득 확정신고 기한이 지나서 다음의 기간 내에 수정신고하는 경우 신고불성실가산
세에 대해 감면을 적용받을 수 있다.(국기법 48 ②)

구　　분	감면 비율
법정신고기한이 지난 후 1개월 이내 수정신고	90%
법정신고기한이 지난 후 1개월 초과 3개월 이내에 수정신고한 경우	75%
법정신고기한이 지난 후 3개월 초과 6개월 이내에 수정신고한 경우	50%
법정신고기한이 지난 후 6개월 초과 1년 이내에 수정신고한 경우	30%
법정신고기한이 지난 후 1년 초과 1년 6개월 이내에 수정신고한 경우	20%
법정신고기한이 지난 후 1년 6개월 초과 2년 이내에 수정신고한 경우	10%

> **참고**
>
> ○ 가산세 감면배제
> ① 납부지연가산세에 대해서는 가산세 감면이 적용되지 않음.
> ② 관할 세무서장으로부터 과세자료 해명통지(수정신고 안내 등)를 받고 과세표준수정신고
> 　 서를 제출한 경우에는 가산세 감면을 적용받을 수 없음.

5. 부당공제 유형 및 계산사례

가. 대표적인 연말정산 부당공제 유형

항 목	부당공제 사례
① 소득금액 기준(1백만원) 초과 부양가족 공제	• 연간 소득금액(근로·사업·양도·퇴직소득 등) 합계액이 1백만원☆을 초과하는 부양가족을 인적공제(기본 + 추가공제) ☆ 근로소득만 있는 경우 총급여 5백만원
② 부양가족 중복공제	• 맞벌이 근로자가 자녀 등을 중복으로 공제 • 형제자매가 부모님 등을 이중·삼중으로 공제
③ 사망자에 대한 인적공제	• 과세기간 개시일 이전 사망한 부양가족에 대해 인적공제
④ 이혼한 배우자 등 공제	• 과세기간 종료일 이전 이혼한 배우자에 대해 인적공제 • 이혼 후 지출한 보험료·기부금 등에 대해 세액공제
⑤ 연령조건에 맞지 않는 부양가족 공제	• 연령요건 미충족 형제·자매에 대해 부양가족 공제
⑥ 교육비·의료비 등 중복공제	• 동일 부양가족의 의료비, 교육비, 신용카드 공제를 다수의 근로자가 중복 또는 분할하여 공제
⑦ 연금저축 등 과다공제	• 연금계좌(연금저축·퇴직연금), 개인연금저축, 장기주택저당차입금 이자상환액을 금융회사 등의 제출금액보다 과다하게 공제
⑧ 소기업·소상공인 공제 장기집합투자증권저축 과다공제	• 소기업·소상공인 공제, 장기집합투자증권저축 공제를 금융회사 등의 제출금액보다 과다하게 공제
⑨ 주택자금 과다공제	• 유주택자☆임에도 주택자금(월세액 공제 포함) 공제 ☆ 장기주택저당차입금 이자상환액은 1주택자도 공제 가능
⑩ 교육비 과다공제	• 자녀, 형제자매 등의 대학원 교육비 공제 • 자녀 교육비를 부부가 중복으로 공제 • 교육비 중 사내근로복지기금으로부터 학자금(비과세)을 지원받거나, 학교로부터 받은 장학금 등을 공제
⑪ 의료비 과다공제	• 실손의료보험금 등 보험회사로부터 수령한 보험금으로 보전받은 의료비를 공제 • 의료비 중 국민건강보험공단으로부터 지급받은 「본인부담금 상한액 초과환급금」 상당액을 공제
⑫ 중소기업취업자 감면	• 감면대상 업종☆이 아님에도 부당하게 감면신청 ☆ 제외업종(예시) : 전문서비스업, 보건업, 금융 및 보험업, 교육서비스업 등

※ ①~⑤의 경우, 해당 부양가족에 대한 인적공제(기본공제 + 추가공제) 뿐만 아니라, 해당 부양가족에 대한 특별공제(보험료, 교육비, 신용카드, 기부금 등) 또한 배제

나. 부당공제 계산사례[2]

2023년 총급여액 1.2억원인 근로자가 양도소득 3천만원인 모친(75세)을 부양가족 공제 및 특별공제(보험료 1백만원, 신용카드 10백만원, 기부금 10백만원) 받은 경우 추가 납부세액은?
* (가정) 연말정산(3.10.) 종료 200일 후 원천세 고지

추가 납부세액 : 약 301만원(지방소득세 포함시 331만원)
☞ 기본공제 150만원과 함께 경로우대, 보험료·신용카드·기부금 공제 전액 배제

〈소득·세액공제 명세〉

(만원)

관계	기본공제	경로우대	보장성 보험료	의료비	교육비	신용카드 (매월 균등)	기부금 (종교단체)
본인	○	–	–	1,500	–	2,000	–
모친(75세)	~~○~~	~~○~~	~~100~~	–	–	~~1,000~~	~~1,000~~
자녀	○	–	–	–	300	600	–

〈 추가 고지세액 계산내역 〉

(만원)

세액계산 항목	㉮ 당초 신고	㉯ 수정 신고	㉰ 차이 (㉯ - ㉮)
① 총급여액	12,000	12,000	–
② 근로소득공제	1,515	1,515	–
③ 근로소득금액 (①-②)	10,485	10,485	–
④ 기본공제	450	300	△150
⑤ 추가공제	100	–	△100
⑥ 국민연금 공제1)	540	540	–
⑦ 건강보험료 공제2)	396	396	–
⑧ 신용카드 등 소득공제3)	90	–	△90
⑨ 과세표준 [③-(④~⑧)]	8,909	9,249	340
⑩ 산출세액	1,574	1,693	119
⑪ 근로소득세액공제	50	50	–
⑫ 자녀세액공제	15	15	–
⑬ 보험료세액공제	12	–	△12
⑭ 의료비 세액공제	171	171	–
⑮ 교육비 세액공제	45	45	–
⑯ 기부금세액공제	150	–	△150
⑰ 결정세액 [⑩-(⑪~⑯)]	1,131	1,412	281
⑱ 가산세	–	20	20
⑲ 추가 납부세액 (⑰+⑱)	–	–	301

---

2) 국세청, 2021년 귀속 근로소득 연말정산 종합안내 보도참고자료 참조 중 일부.

1) 국민연금 = 총급여액 × 4.5%
2) 건강보험료 = 총급여액 × 3.3%
3) 신용카드 등 소득공제 계산내역
  ◇ 최저 사용금액 : 12,000만원 × 25% = 3,000만원
  ◇ 당초 신고 신용카드 공제 : (3,600만원 − 3,000만원) × 15% = 90만원(한도 250만원)
  ◇ 수정신고 신용카드 공제 : 모친 사용분 1,000만원 배제 시 신용카드 사용금액 2,600만원
    으로 최저 사용금액(3,000만원)에 미달하여 소득공제 대상금액 없음

13 / 연말정산 관련 원천징수이행상황신고서 작성

1. 원천징수세액의 신고 및 납부

원천징수의무자가 원천징수 대상소득에 대한 원천징수 이행 여부를 신고하는 서식이
「원천징수이행상황신고서」이며 모든 원천징수 대상소득에 대한 원천징수세액이 반영되며
작성된 원천징수이행상황신고서 및 원천징수세액은 다음의 날까지 신고·납부해야 한다.

① 월별납부자 : 원천징수 대상 소득 지급일이 속하는 달의 다음 달 10일까지
② 반기별 납부자 : 원천징수 대상 소득 지급일이 속하는 반기의 마지막 달의 다음 달 10일까지
③ 법인세법의 소득처분 규정에 따라 처분된 상여·배당 및 기타소득의 원천징수세액 : 월별납부자
  및 반기별 납부자 모두 그 지급일이 속하는 달의 다음 달 10일까지

> **참고**
>
> ○ 반기별 납부자
> 다음에 해당하는 원천징수의무자(금융투자소득에 대한 원천징수의무자는 제외한다)로서 원
> 천징수 관할 세무서장으로부터 원천징수세액을 매 반기별로 납부할 수 있도록 승인을 받거
> 나 국세청장의 지정을 받은 자를 말한다.(소득령 186 ①)
> ① 직전 연도(신규로 사업을 개시한 사업자의 경우 신청일이 속하는 반기를 말한다)의 상시
>   고용인원이 20명 이하인 원천징수의무자(금융 및 보험업을 경영하는 자는 제외한다)
> ② 종교단체

2. 반기별 납부자의 연말정산 환급세액 신청

반기별 납부자는 연말정산분을 7월 10일까지 신고하고 납부한다. 다만, 연말정산으로 발생한 환급세액이 1~2월에 원천징수하여 납부할 소득세를 초과하여 직접 환급신청을 하는 경우에는 다음과 같이 신고하고 환급 신청한다.

구 분	귀속 및 지급기간	신고기한
일반적인 경우	1월~6월과 연말정산분	7월 10일까지
환급신청의 경우	1월~2월과 연말정산분	3월 10일까지
	3월~6월	7월 10일까지

3. 원천징수이행상황신고서 작성대상자

원천징수 대상소득을 지급하는 원천징수의무자(대리인 또는 위임자를 포함)는 납부(환급)세액의 유무와 관계없이 원천징수이행상황신고서를 작성하여 제출하여야 한다.

4. 원천징수이행상황신고서 작성기준

원천징수 대상소득의 귀속연월과 지급연월을 기준으로 합산하여 한 장의 서식으로 작성한다. 다만, 귀속연월이 다른 소득을 같은 월에 함께 지급하여 소득세 등을 원천징수하는 경우에는 원천징수이행상황신고서를 귀속연월별로 각각 별지로 작성하여 제출하여야 한다.

예를 들어 2024년 3월 급여, 4월 급여를 2024년 4월 말에 지급한 경우 다음과 같이 두 장의 원천징수이행상황신고서를 각각 작성하여 지급연월의 다음 달 10일인 2024년 5월 10일까지 신고·납부한다.

구 분	① 신고구분	② 귀속연월	③ 지급연월	④ 신고·납부기한
3월 급여	매월	24년 3월	24년 4월	24년 5월 10일
4월 급여	매월	24년 4월	24년 4월	24년 5월 10일

> **참고**
>
> ○ **귀속연월 중 2025년 2월(1월)의 의미**
> ① 2025년 2월(1월) 귀속 원천징수 대상소득 및 원천징수세액을 의미함.
> ② 2024년 연말정산대상 근로소득과 원천징수세액을 의미함.

- '24.2월분 근로소득 지급 : 10명, 총지급액 12백만원, 소득세 450,000원
- '23년 귀속 계속근로자 연말정산 : 10명, 총지급액 144백만원, 소득세 △1,000,000원
- '24.2월분 기타소득 지급 : 5명, 총지급액 10백만원, 소득세 2,000,000원

①신고구분						☑ 원천징수이행상황신고서 ☐ 원천징수세액환급신청서	②귀속연월	2025년 2월
매월	반기	수정	연말	소득 처분	환급 신청		③지급연월	2025년 2월

❶ 원천징수 명세 및 납부세액 　　　　　　　　　　　　　　　　　　　　　　　　　　(단위 : 원)

소득자 소득구분			코드	원천징수명세					⑨ 당월 조정 환급세액	납부 세액	
				소득지급 (과세 미달, 일부 비과세 포함)		징수세액					
				④ 인원	⑤ 총지급액	⑥ 소득세등	⑦농어촌 특별세	⑧ 가산세		⑩ 소득세 등 (가산세 포함)	⑪ 농어촌 특별세
개인(거주자·비거주자)	근로소득	간이세액	A01	10	12,000,000	450,000					
		중도퇴사	A02								
		일용근로	A03								
		연말정산 합계	A04	10	144,000,000	△1,000,000					
		연말정산 분납신청	A05								
		연말정산 납부금액	A06			△1,000,000					
		가감계	A10	20	156,000,000	△550,000					
	~~중 간 생 략~~~~~~~~~										
	기타소득	연금계좌	A41								
		그 외	A42	5	10,000,000	2,000,000					
		가감계	A40	5	10,000,000	2,000,000			550,000	1,450,000	
	~~중 간 생 략~~~~~~~~~										
법인	내·외국법인원천		A80								
수정신고(세액)			A90								
총합계			A99	25	166,000,000	2,000,000			550,000	1,450,000	

❷ 환급세액 조정 　　　　　　　　　　　　　　　　　　　　　　　　　　　　　　(단위 : 원)

전월 미환급 세액의 계산			당월 발생 환급세액				⑱ 조정대상 환급세액 (⑭+⑮+⑯ +⑰)	⑲ 당월조정 환급세액계	⑳ 차월이월 환급세액 (⑱ − ⑲)	㉑환급 신청액
⑫전월 미환급 세액	⑬기환급 신청세액	⑭차감잔액 (⑫ − ⑬)	⑮일반 환급	⑯신탁 재산 (금융 회사 등)	⑰그밖의 환급세액					
					금융 회사 등	합병 등				
			550,000				550,000	550,000	0	

※ 총 납부세액(소득세 1,450,000원, 지방소득세 145,000원)
　 - 기타소득세 1,450,000원(지방소득세 145,000원), 근로소득세는 기타소득세에서 조정환급
※ 연말정산란에 포함된 근로소득의 귀속시기는 「② 귀속연월」의 직전연도를 의미한다.

- ○ '25.2월분 근로소득 지급 : 5명, 총지급액 20백만원, 소득세 900,000원
- ○ '24년 귀속 계속근로자 연말정산 : 5명, 총지급액 240백만원, 소득세 △2,000,000원
- ○ 기타소득 지급 : 2명, 총지급액 1백만원, 소득세 200,000원

①신고구분						☑원천징수이행상황신고서 ☐원천징수세액환급신청서		②귀속연월	2025년 2월
매월	반기	수정	연말	소득처분	환급신청			③지급연월	2025년 2월

❶ 원천징수 명세 및 납부세액　　　　　　　　　　　　　　　　　　　　　　　　　　(단위 : 원)

소득자 소득구분				코드	원천징수명세					⑨ 당월 조정 환급세액	납부 세액	
					소득지급 (과세 미달, 일부 비과세 포함)		징수세액				⑩ 소득세 등 (가산세 포함)	⑪ 농어촌 특별세
					④ 인원	⑤ 총지급액	⑥ 소득세등	⑦농어촌 특별세	⑧ 가산세			
개인 (거주자·비거주자)	근로소득	간이세액		A01	5	20,000,000	900,000					
		중도퇴사		A02								
		일용근로		A03								
		연말정산	합계	A04	5	240,000,000	△2,000,000					
			분납신청	A05								
			납부금액	A06			△2,000,000					
		가감계		A10	10	260,000,000	△1,100,000					
~~중 간 생 략~~~~~~~~												
	기타소득	연금계좌		A41								
		그 외		A42	2	1,000,000	200,000					
		가감계		A40	2	1,000,000	200,000			200,000		
~~중 간 생 략~~~~~~~~												
법인	내·외국법인원천			A80								
수정신고(세액)				A90								
총합계				A99	12	261,000,000	200,000			200,000		

❷ 환급세액 조정　　　　　　　　　　　　　　　　　　　　　　　　　　　　　　　(단위 : 원)

전월 미환급 세액의 계산			당월 발생 환급세액				⑱ 조정대상 환급세액 (⑭+⑮+⑯ +⑰)	⑲ 당월조정 환급세액 계	⑳ 차월이월 환급세액 (⑱ - ⑲)	㉑환급 신청액
⑫전월 미환급 세액	⑬기환급 신청세액	⑭차감잔액 (⑫ - ⑬)	⑮일반 환급	⑯신탁재산 (금융 회사 등)	⑰그밖의 환급세액					
					금융 회사 등	합병 등				
			1,100,000				1,100,000	200,000	900,000	

※ 기타소득세 200,000원은 근로소득세에서 조정환급
※ 차월이월환급세액 900,000원은 다음 달 납부하는 원천징수세액과 조정환급

- '25. 2월분 급여(2월 지급) 1,600만원, 원천징수세액 : 30만원
- '24년 귀속 연말정산 결과는 다음과 같음

성명	소 득 지급액	결정세액	기납부세액			차 감 납부세액	조정환급 세 액	환 급 신청액
			계	종전 근무지	현 근무지			
김나연	70,000,000	1,200,000	1,400,000	–	1,400,000	△200,000	150,000	50,000
김태현	60,000,000	1,000,000	1,500,000		1,500,000	△500,000		500,000
정인성	30,000,000	800,000	750,000	–	750,000	50,000		
김보민	40,000,000	900,000	800,000		800,000	100,000		
합 계	200,000,000	3,900,000	4,450,000	–	4,450,000	△550,000		550,000

①신고구분					☑ 원천징수이행상황신고서	②귀속연월	2025년 2월
매월	반기	수정	연말	소득처분	환급신청	☑ 원천징수세액환급신청서	③지급연월	2025년 2월

1. 원천징수 명세 및 납부세액　(단위 : 원)

소득구분		코드	원천징수내역					⑨ 당월 조정 환급세액	납부 세액	
			④인원	소득지급 (과세 미달, 비과세 포함) ⑤총지급액	징수세액				⑩ 소득세 등 (가산세 포함)	⑪ 농어촌 특별세
					⑥소득세 등	⑦농어촌 특별세	⑧가산세			
근로소득	간이세액 A01	A01	4	16,000,000	300,000					
	중도퇴사 A02	A02								
	일용근로 A03	A03								
	연말정산 합계 A04	A04	4	200,000,000	△ 550,000					
	연말정산 분납신청 A05	A05								
	연말정산 납부금액 A06	A06			△ 550,000					
	가감계 A10	A10	8	216,000,000	△ 250,000					
총합계	A99	A99	8	216,000,000						

2. 환급세액 조정　(단위 : 원)

전월 미환급 세액의 계산			당월 발생 환급세액				⑱ 조정대상 환급세액 (⑭+⑮+⑯ +⑰)	⑲ 당월 조정 환급세액계	⑳ 차월 이월 환급세액 (⑱ – ⑲)	㉑환급 신청액
⑫전월 미환급 세액	⑬기환급 신청 세액	⑭차감 잔액 (⑫ – ⑬)	⑮ 일반 환급	⑯신탁 재산 (금융 회사등)	⑰그밖의 환급세액 금융 회사등	합병 등				
			250,000				250,000	0	250,000	250,000

사업자등록번호 □□□-□□-□□□□□							☑ 원천징수세액환급신청서 부표				(단위 : 원)		
소득의 종 류	귀속 연월	지급 연월	코 드	인 원	소 득 지급액	①결정 세액	기납부 원천징수세액			③차 감 납부세액	④조정 환급 세액	⑤환 급 신청액
							②계	기납부세액 (주.현)	기납부세액 (종.전)			
근로	2024	2025	A04	4	200,000,000	3,900,000	4,450,000	4,450,000		△ 550,000	300,000	250,000
계				4	200,000,000	3,900,000	4,450,000	4,450,000		△ 550,000	300,000	250,000

ⓐ 소득의 종류 : 원천징수 환급할 세목의 소득을 기재

ⓑ 귀속연월 : 신청 환급세액이 발생한 원천징수이행상황신고서의 귀속연월 기재

ⓒ 지급연월 : 신청 환급세액이 발생한 원천징수이행상황신고서의 지급연월 기재

ⓓ 코드 : 환급 신청 대상 원천징수 소득의 해당 코드를 기재

ⓔ 인원 : 원천징수 환급할 세목의 인원을 기재(연말정산 환급의 경우 A04란 참조)

ⓕ 소득지급액 : 환급할 세목의 소득지급액을 기재(연말정산의 경우 A04란 참조)

ⓖ 결정세액 : 원천징수 환급할 세목의 결정세액을 기재

ⓗ 기납부 원천징수세액 : 원천징수 환급할 세목의 기납부 원천징수세액을 기재

ⓘ 차감납부세액 : 결정세액에서 기납부 원천징수세액을 차감한 금액

ⓙ 조정환급세액 : 원천징수이행상황신고서의 ⑲ 당월조정환급세액계와 근로소득·사업소득·연금소득 내에서 납부할 세액과 상계된 환급할 세액의 합계

ⓚ 환급신청액 : 차감납부세액에서 조정환급세액을 차감한 금액으로 환급신청액의 합계는 원천징수이행상황신고서의 ㉑ 환급신청액란의 금액과 일치하여야 함

| 사업자등록번호 □□□-□□-□□□□□ | □ 기 납 부 세 액 명 세 서 | | | | | | | (단위 : 원) |

□ 기 납 부 세 액 명 세 서 (단위 : 원)

사업자등록번호 □□□-□□-□□□□□

❶ 원천징수 신고 납부 현황

소득의 구분	귀속연월	지급연월	코드	인원	총지급액	징수세액		가산세
						①소득세 등	②농어촌특별세	
				생	략			
합 계				48	200,000,000	4,450,000		

❷ 지급명세서 기납부세액 현황

소득의 구분	성 명	주민등록번호	주(현)근무지		종(전)근무지 결정세액				계	
			③소득세 등	④농어촌특별세	종(전)근무지	사업자등록번호	소득세 등	농어촌특별세	소득세 등	농어촌특별세
					생	략				
합 계			4,450,000						4,450,000	

❸ 기납부세액 차이 조정 현황

소득세 등			농어촌특별세			사 유
① 소득세 등 합계	③ 소득세 등 합계	차이금액 (③ - ①)	② 농어촌특별세 합계	④ 농어촌특별세 합계	차이금액 (④ - ②)	
4,450,000	4,450,000	-	-	-	-	

ㅇ 연말정산 환급할 세액「A04(연말정산) ⑥ 소득세가 "△"인 경우」신고 방법
　– 다음 두 가지 방법 중 하나를 선택하여 신고 가능

방 법	내 용
① 환급신청	• 1월 ~ 2월분의 원천징수이행상황신고서 제출 및 환급신청(3.10.까지) 　※ 환급신청 가능액 = ㉮ – ㉯ 　　㉮ 연말정산 환급할 세액 　　㉯ 1월 및 2월에 지급한 소득의 원천징수세액 합계액 　　　* 7월 10일까지 반기 신고하는 원천징수이행상황신고서에는 3월 환급신청 　　　　시 이미 신고한 1월 ~ 2월분을 제외하고 신고·납부
② 조정환급	• 7월 10일까지 반기별로 원천징수이행상황신고서 제출 　환급세액은「1 ~ 6월 사이에 원천징수하여 납부할 세액」과 조정 (3월에 　환급신청하지 아니한 경우)

　– (주)우리상사(원천세 반기별 납부)의 원천징수세액(2025년 1월~2025년 6월)

귀속 연월	지급연월	원천징수세액	환급세액	조정	납부할 세액
'25. 1월	'25.1월	1,500	–	–	1,500
'25. 2월	'25.2월	2,000	–	–	3,500
'24년 귀속 연말정산	'25.2월	–	7,000	–	– 3,500
'25. 3월	'25.3월	1,200	–	–	– 2,300
'25. 4월	'25.4월	1,000			– 1,300
'24. 5월	'25.5월	2,000	–		700
'25. 6월	'25.6월	2,000	–		2,700
합　계		9,700	7,000	–	2,700

• '25. 1월 ~ 2월 지급한 소득의 원천징수세액 : 3,500원
• '24년 귀속 연말정산 원천징수세액 : 소득세 △7,000원*
　* 소득세 △7,000원 = 납부할 세액 2,500원 + 환급할 세액 9,500원

1) 연말정산 분 환급신청하는 경우

① 환급 신청분 원천징수이행상황신고서('25.3.10. 제출) : 1월~2월분 포함

<table>
<tr><td colspan="6" align="center">① 신고구분</td><td colspan="2" rowspan="2">☑ 원천징수이행상황신고서
☑ 원천징수세액환급신청서</td><td>② 귀속연월</td><td>2025년 1월</td></tr>
<tr><td>매월</td><td>(반기)</td><td>수정</td><td>(연말)</td><td>소득
처분</td><td>환급
신청</td><td>③ 지급연월</td><td>2025년 2월</td></tr>
</table>

1. 원천징수 내역 및 납부세액
(단위 : 원)

소득구분			코드	원천징수내역					⑨ 당월조정 환급세액	납부 세액	
				소득지급 (과세 미달, 비과세 포함)		징수세액				⑩ 소득세 등 (가산세 포함)	⑪ 농어촌 특별세
				④인원	⑤총지급액	⑥소득세 등	⑦농어촌 특별세	⑧가산세			
근로소득		간이세액	A01	10	50,000	3,500					
		중도퇴사	A02								
		일용근로	A03								
	연말정산	합계	A04	10	220,000	△7,000					
		분납신청	A05								
		납부금액	A06			△7,000					
	가감계		A10	20	270,000	△3,500					
총합계			A99	20	270,000						

2. 환급세액 조정
(단위 : 원)

전월 미환급 세액의 계산			당월 발생 환급세액				⑱ 조정대상 환급세액 (⑭+⑮+⑯+⑰)	⑲ 당월 조정 환급세액계	⑳ 차월 이월 환급세액 (⑱ - ⑲)	㉑환급 신청액
⑫전월 미환급세액	⑬기환급 신청세액	⑭차감잔액 (⑫ - ⑬)	⑮일반 환급	⑯신탁 재산(금융 회사 등)	⑰그밖의 환급세액					
					금융회 사 등	합병				
			3,500				3,500		3,500	3,500

※ 원천징수세액환급신청서 부표 및 기납부세액 명세서 등을 작성해야 함.

② 반기별 원천징수이행상황신고서('24.7.10. 제출) : 3월~6월분

①신고구분						원천징수이행상황신고서	②귀속연월	2025년 1월
매월	(반기)	수정	연말	소득처분	환급신청	☑ 원천징수이행상황신고서 □ 원천징수세액환급신청서	③지급연월	2025년 6월

1. 원천징수 내역 및 납부세액 (단위 : 원)

구분			코드	원천징수내역					⑨ 당월조정 환급세액	납부 세액	
				소득지급 (과세 미달, 비과세 포함)		징수세액				⑩ 소득세 등 (가산세 포함)	⑪ 농어촌 특별세
				④ 인원	⑤ 총지급액	⑥ 소득세 등	⑦농어촌 특별세	⑧ 가산세			
근로소득		간이세액	A01	10	90,000	6,200					
		중도퇴사	A02								
		일용근로	A03								
	연말정산	합계	A04								
		분납신청	A05								
		납부금액	A06								
	가감계		A10	10	90,000	6,200				6,200	
총합계			A99	10	90,000	6,200				6,200	

2. 환급세액 조정 (단위 : 원)

전월 미환급 세액의 계산			당월 발생 환급세액					⑱ 조정대상 환급세액 (⑭+⑮+⑯ +⑰)	⑲ 당월 조정 환급세액계	⑳ 차월 이월 환급세액 (⑱ - ⑲)	㉑환급 신청액
⑫전월 미환급 세액	⑬기환급 신청세액	⑭차감잔액 (⑫ - ⑬)	⑮일반 환급	⑯신탁재산 (금융회사 등)	⑰그밖의 환급세액						
					금융회사 등	합병					
3,500	3,500										

※ 3월~6월 귀속분 원천징수이행상황신고서 상 「귀속연월」은 반기의 시작월을 기재한다.(3월이 아님)

2) 연말정산 분 환급신청을 하지 아니한 경우('25.7.10. 제출) : 1월~6월분

①신고구분									②귀속연월	2025년 1월
매월	(반기)	수정	(연말)	소득처분	환급신청		☑ 원천징수이행상황신고서 ☐ 원천징수세액환급신청서		③지급연월	2025년 6월

1. 원천징수 내역 및 납부세액
(단위 : 원)

구분			코드	원천징수내역					⑨ 당월 조정 환급세액	납부 세액	
				소득지급 (과세 미달, 비과세 포함)		징수세액				⑩ 소득세 등 (가산세 포함)	⑪ 농어촌 특별세
				④인원	⑤총지급액	⑥소득세 등	⑦농어촌 특별세	⑧가산세			
근로소득		간이세액	A01	10	140,000	9,700					
		중도퇴사	A02								
		일용근로	A03								
	연말정산	합계	A04	10	220,000	△7,000					
		분납신청	A05								
		납부금액	A06								
	가감계		A10	20	360,000	2,700				2,700	
총합계			A99	20	360,000	2,700				2,700	

2. 환급세액 조정
(단위 : 원)

전월 미환급 세액의 계산			당월 발생 환급세액				⑱ 조정대상 환급세액 (⑭+⑮+⑯+⑰)	⑲ 당월 조정 환급세액계	⑳ 차월 이월 환급세액 (⑱ - ⑲)	㉑환급 신청액
⑫전월 미환급세액	⑬기환급 신청세액	⑭차감잔액 (⑫ - ⑬)	⑮일반 환급	⑯신탁재산 (금융회사 등)	⑰그밖의 환급세액					
					금융회사 등	합병				

수정원천징수이행상황신고서는 먼저 「① 신고구분」에 「수정」으로 표시하고 다음과 같이 작성한다.

① 처음 신고분 자체의 오류정정만 수정신고대상에 해당한다. 따라서 추가지급 등에 의한 신고는 귀속연월을 정확히 적어 정상 신고해야 한다.

② 수정신고서는 별지로 작성·제출하며, 귀속연월과 지급연월은 반드시 수정 전 신고서와 동일하게 적는다.

③ 수정 전의 모든 숫자는 상단에 빨강색으로, 수정 후 모든 숫자는 하단에 검정색으로 적는다.

④ 수정신고로 발생한 납부 또는 환급할 세액은 수정신고서의 [A90]란은 적지 않으며, 그 세액은 수정신고 하는 월에 제출하는 당월분 신고서의 수정신고 [A90]란에 옮겨 적어 납부·환급세액을 조정하는 것이다.

○ 우리건설(주) 2022년 귀속 연말정산 과다공제 점검관련 수정신고 자료
　- 직원 중 이○○는 직계존속을 배우자와 중복공제하여 추가 납부세액 200,000원 발생

| 수정 원천징수이행상황신고서('23.2월 귀속분 수정 → '24.10.10. 제출) |

① 신고구분						☑ 원천징수이행상황신고서	② 귀속연월	2023년 2월
매월	반기	수정	연말	소득처분	환급신청	☑ 원천징수세액환급신청서	③ 지급연월	2023년 2월

1. 원천징수 내역 및 납부세액 (단위 : 원)

소득자 소득구분		코드	소득지급 (과세 미달, 비과세 포함)		징수세액			⑨ 당월 조정 환급세액	납부 세액	
			④ 인원	⑤ 총지급액	⑥ 소득세 등	⑦ 농어촌특별세	⑧ 가산세		⑩ 소득세 등 (가산세 포함)	⑪ 농어촌특별세
근로소득	간이세액 A01		8 8	22,230,000 22,230,000	1,198,170 1,198,170					
	중도퇴사 A02									
	일용근로 A03									
	연말정산 합계 A04		8 8	323,231,250 323,231,250	−3,901,030 −3,701,030		 18,600			
	연말정산 분납신청 A05									
	연말정산 납부금액 A06									
	가감계 A10		16 16	345,461,250 345,461,250	−2,702,860 −2,502,860		 18,600	 −200,000	 218,600	
기 타 소 득			1 1	1,000,000 1,000,000	40,000 40,000			40,000 40,000		
수정신고(세액) A90										
총합계 A99			17 17	346,461,250 346,461,250	40,000 40,000		 18,600	40,000 −160,000	 218,600	

2. 환급세액 조정 (단위 : 원)

전월 미환급 세액의 계산			당월 발생 환급세액				⑱ 조정대상 환급세액 (⑭+⑮+⑯+⑰)	⑲ 당월조정 환급세액계	⑳ 차월이월 환급세액 (⑱－⑲)	㉑ 환급 신청액
⑫ 전월 미환급세액	⑬ 기환급 신청세액	⑭ 차감잔액 (⑫－⑬)	⑮ 일반환급	⑯ 신탁재산 (금융회사 등)	⑰ 그밖의 환급세액 금융회사 등	⑰ 합병 등				
			2,702,860 2,502,860				2,702,860 2,502,860	40,000 −160,000	2,662,860 2,662,860	2,662,860 2,662,860

※ 수정분 근로소득 지급명세서는 원천징수이행상황신고서와 별도로 관할 세무서에 수동으로 제출
※ 당초 신고한 내용을 빨간색으로 각 항목의 상단에 기재하고 수정한 신고내용을 검정색으로 각 항목의 하단에 기재

| 정기 원천징수이행상황신고서('24.9월 귀속 → '24.10.10. 제출) |

① 신고구분						☑ 원천징수이행상황신고서 ☐ 원천징수세액환급신청서	② 귀속연월	2024년 9월
(매월)	반기	수정	연말	소득처분	환급신청		③ 지급연월	2024년 9월

1. 원천징수 내역 및 납부세액 (단위 : 원)

소득자 소득구분		코드	원천징수내역					⑨ 당월 조정 환급세액	납부 세액	
			소득지급 (과세 미달, 비과세 포함)		징수세액					
			④ 인원	⑤ 총지급액	⑥ 소득세 등	⑦ 농어촌특별세	⑧ 가산세		⑩ 소득세 등 (가산세 포함)	⑪ 농어촌특별세
근로소득	간이세액	A01	8	22,230,000	1,198,170					
근로소득	가감계	A10	8	22,230,000	1,198,170				1,198,170	
수정신고(세액)		A90			200,000		18,600		218,600	
총합계		A99	2	6,000,000	1,398,170		18,600		1,416,770	

참고

○ **원천징수이행상황신고서 및 지급명세서 제출시 주의사항**

① 연말정산이 종료되면 원천징수이행상황신고서의 [근로소득 연말정산(A04)]란의 ⑤총지급액은 지급명세서상 연말정산 근로자의 ㉑총급여액과 ⑳비과세소득 계(지급명세서 작성대상 비과세소득*에 한함)를 합계한 금액과 일치하여야 하고, 신고서상 ⑥소득세 등은 지급명세서상 연말정산 근로자의 (77)차감징수세액을 합계한 금액과 일치하여야 함.

* 지급명세서 작성대상 비과세소득은 근로소득원천징수영수증(별지 제24호 서식(1))의 5쪽 참조

② 원천징수이행상황신고서 작성시 작성요령을 준수하여야 함.

③ 중도퇴사자의 지급명세서 제출시 이미 제출한 지급명세서와 중복제출 되는지, 누락된 중도퇴사자가 없는지를 정확히 확인하여야 함.

④ 원천징수의무자가 지급명세서를 제출하지 않는 경우 근로자의 소득금액 증명이 발급되지 않음.

| 근로소득원천징수영수증상 비과세항목에 대한 지급명세서 작성 여부 |

구분	법조문	비과세항목	지급명세서 작성 여부
비과세	소득법 §12 3 가	복무 중인 병(兵)이 받는 급여	×
	소득법 §12 3 나	법률에 따라 동원 직장에서 받는 급여	×
	소득법 §12 3 다	「산업재해보상보험법」에 따라 지급받는 요양급여 등	×
	소득법 §12 3 라	「근로기준법」 등에 따라 지급받는 요양보상금 등	×
	소득법 §12 3 마	「고용보험법」 등에 따라 받는 육아휴직급여 등	×
		「국가공무원법」 등에 따라 받는 육아휴직수당 등	×

구분	법조문	비과세항목	지급명세서 작성 여부
비과세	소득법 §12 3 바	「국민연금법」에 따라 받는 반환일시금(사망으로 받는 것에 한함) 및 사망일시금	×
	소득법 §12 3 사	「공무원연금법」 등에 따라 받는 요양비 등	×
	소득법 §12 3 아	비과세 학자금(소득령 §11)	○
	소득법 §12 3 자	소득령 §12 2~3(일직료·숙직료 등)	×
		소득령 §12 3(자가운전보조금)	×
		소득령 §12 4, 8(법령에 따라 착용하는 제복 등)	×
		소득령 §12 9~11(경호수당, 승선수당 등)	○
		소득령 §12 12 가(연구보조비 등) - 「유아교육법」, 「초·중등교육법」	○
		소득령 §12 12 가(연구보조비 등) - 「고등교육법」	○
		소득령 §12 12 가(연구보조비 등) - 특별법에 따른 교육기관	○
		소득령 §12 12 나(연구보조비 등)	○
		소득령 §12 12 다(연구보조비 등)	○
		소득령 §12 13 가(보육교사 근무환경개선비) - 「영유아보육법 시행령」	○
		소득령 §12 13 나(사립유치원 수석교사·교사의 인건비) - 「유아교육법 시행령」	○
		소득령 §12 14(취재수당)	○
		소득령 §12 15(벽지수당)	○
		소득령 §12 16(천재·지변 등 재해로 받는 급여)	○
		소득령 §12 17(정부·공공기관 중 지방이전기관 종사자 이전지원금)	○
		소득령 §12 18(종교관련 종사자가 소속 종교단체의 규약 또는 소속 종교단체의 의결기구의 의결·승인 등을 통하여 결정된 지급 기준에 따라 종교 활동을 위하여 통상적으로 사용할 목적으로 지급받은 금액 및 물품)	○
	소득법 §12 3 차	외국정부 또는 국제기관에 근무하는 사람에 대한 비과세	○
	소득법 §12 3 카	「국가유공자 등 예우 및 지원에 관한 법률」에 따라 받는 보훈급여금 및 학습보조비	×
	소득법 §12 3 타	「전직대통령 예우에 관한 법률」에 따라 받는 연금	×
	소득법 §12 3 파	작전임무 수행을 위해 외국에 주둔하는 군인 등이 받는 급여	○
	소득법 §12 3 하	종군한 군인 등이 전사한 경우 해당 과세기간의 급여	×
	소득법 §12 3 거	소득령 §16 ① 1(국외 등에서 근로에 대한 보수) 100만원	○
		소득령 §16 ① 1(국외 등에서 근로에 대한 보수) 500만원	○
		소득령 §16 ① 2(국외근로)	○
	소득법 §12 3 너	「국민건강보험법」 등에 따라 사용자 등이 부담하는 보험료	×
	소득법 §12 3 더	생산직 등에 종사하는 근로자의 야간수당 등	○

구분	법조문	비과세항목	지급명세서 작성 여부
비과세	소득법 §12 3 러	비과세 식사대(월 20만원 이하)	○
		현물 급식	×
	소득법 §12 3 머	출산, 6세 이하의 자녀의 보육 관련 비과세 급여(월 20만원 이내)	○
	소득법 §12 3 버	국군포로가 지급받는 보수 등	×
	소득법 §12 3 서	「교육기본법」제28조 제1항에 따라 받는 장학금	○
	소득법 §12 3 어	소득령 §17의3 비과세 직무발명보상금	○
	소득법 §12 3 저	사택 제공 이익	×
		주택 자금 저리·무상 대여 이익	×
		종업원 등을 수익자로 하는 보험료·신탁부금·공제부금	×
		공무원이 받는 상금과 부상(연 240만원 이내)	×
	구 조특법 §15	주식매수선택권 비과세	○
	조특법 §16의2	벤처기업 주식매수선택권 행사이익 비과세	○
	조특법 §88의4⑥	우리사주조합 인출금 비과세(50%)	○
		우리사주조합 인출금 비과세(75%)	○
		우리사주조합 인출금 비과세(100%)	○
	소득법 §12 3 자	소득령 §12 13 다(전공의 수련보조수당)	○
감면	조특법 §18	외국인기술자 소득세 감면(50%)	○
		외국인기술자 소득세 감면(70%)	○
	조특법 §19	성과공유 중소기업의 경영성과급에 대한 세액공제 등	○
	조특법 §29의6	중소기업 청년근로자 및 핵심인력 성과보상기금 수령액에 대한 소득세 감면 등(50%)	○
		중소기업 청년근로자 및 핵심인력 성과보상기금 수령액에 대한 소득세 감면 등(30%)	○
		중소기업 청년근로자 및 핵심인력 성과보상기금 수령액에 대한 소득세 감면 등(청년 90%)	○
		중견기업 청년근로자 및 핵심인력 성과보상기금 수령액에 대한 소득세 감면 등(청년 50%)	○
	조특법 §18의3	내국인 우수인력의 국내복귀에 대한 소득세 감면	○
	조특법 §30	중소기업 취업자 소득세 감면(70%)	○
		중소기업 취업자 소득세 감면(90%)	○
	조세조약	조세조약상 소득세 면제(교사·교수)	○

> 참고

○ **연말정산세액 환급신청**

원천징수이행상황신고서의 원천징수세액환급신청서에 "☑" 표시하고 환급신청액란을 기재(원천징수세액환급신청서 부표, 기납부세액 명세서, 전월미환급세액 조정명세서 반드시 작성)하여 원천징수 관할 세무서장에게 신청

○ **원천징수의무자의 소재불명시 근로소득세 과오납금 환급방법**(소득법 집행기준 137-201-1)

원천징수의무자가 원천징수 관할 세무서장에게 환급신청을 한 후 폐업 등으로 소재불명 됨에 따라 당해 환급세액을 원천징수의무자를 통하여 근로자에게 환급되도록 하는 것이 사실상 불가능한 경우에는 원천징수 관할 세무서장이 당해 환급세액을 근로자에게 직접 지급할 수 있다.

○ **연말정산 환급신청시 제출서류**(www.hometax.go.kr)

• 원천징수세액 환급신청서
• 원천징수세액 환급신청서 부표
• 기납부세액 명세서
• 전월미환급세액 조정명세서(환급신청 시 전월미환급세액이 있는 경우에만 작성)
  * 조정환급의 경우 위의 연말정산 환급신청 서류를 제출하지 아니한다.

14 질문과 답변 사례모음[3)]

질문 및 답변

---

3) 국세청, 2023년 연말정산 Q&A(게시용) 일부 인용 및 개정세법 반영하여 수정함.

Q 01　계속 근로자의 근로소득 연말정산 시기는 언제인지?

계속 근로자의 경우 소득을 지급한 해의 다음 해 2월분 급여를 지급하는 때에 연말정산을 한다.

Q 02　연도 중에 퇴직한 경우 연말정산을 언제, 어떻게 하는지?

중도퇴직자는 퇴직하는 달의 급여를 지급하는 때에 퇴사한 회사에서 연말정산을 하게 되므로 근로자는 퇴직한 달 급여를 지급받는 날까지 근로소득자 소득·세액공제신고서, 주민등록표 등본과 함께 소득·세액공제 증명서류를 제출해야 한다.

> ※ 보험료, 의료비, 교육비 특별세액공제와 주택자금공제, 주택마련저축공제, 신용카드 등 사용금액에 대한 소득공제 등은 근로제공기간(퇴직전)에 지출한 비용에 한하여 공제 가능

퇴직 시 근로자가 소득·세액공제 증명서류 등을 제출하지 않은 경우에는 근로소득공제, 본인에 대한 기본공제와 표준세액공제(13만 원), 근로소득세액공제만 반영하여 연말정산한다.

이 경우 그 외의 다른 소득·세액공제 항목이 있는 근로자는 다음연도 5월에 주소지 관할 세무서에 종합소득 과세표준 확정신고를 하여 추가로 공제받을 수 있다.

※ 근로소득원천징수영수증의 ⑫ 결정세액란이 '0'인 경우에는 추가로 환급되는 세액이 없으므로 확정신고 하지 않아도 됨.

Q 03　휴직자는 연말정산을 언제, 어떻게 하는지?

휴직자는 퇴직자가 아니므로 계속 근로자와 마찬가지로 소득을 지급한 해의 다음 해 2월에 연말정산을 하여야 한다.

Q 04　올해 회사를 옮긴 경우나 여러 회사에서 급여를 받는 경우 연말정산을 어떻게 하는지?

12월 말 근무지에서 전 근무지 근로소득을 합산하여 연말정산한다. 또 여러 근무처에서 소득이 발생하는 경우에는 주된 근무지에서 종된 근무지의 소득을 합산하여 연말정산한다.

전 근무지나 종된 근무지에서 근로소득 원천징수영수증과 소득자별 근로소득 원천징수부 사본을 발급받아 현(주) 근무지 원천징수의무자에게 제출하여야 한다.

2인 이상의 사용자로부터 근로소득을 받는 사람은 해당연도 말까지 주된 근무지와 종된 근무지를 정하여 근무지(변동)신고서를 주된 근무지 원천징수의무자에게 제출하여야 한다.

원천징수의무자가 중도퇴사자의 근로소득지급명세서를 12월 말까지 조기 제출한 경우, 다음연도 1월부터 근로자가 지급명세서를 조회하여 합산신고가 원활하게 이루어질 수 있다.

Q 05　연말정산 시 소득·세액공제를 받지 못한 항목이 있는 경우 어떻게 하면 추가로 공제를 받을 수 있는지?

'종합소득 과세표준 확정신고' 또는 '경정청구'를 통하여 추가로 소득·세액공제를 받을 수 있다. 근로자의 소득·세액공제 누락분에 대하여는 근로자 본인이 다음연도 5월 중에 주소지 관할 세무서장에게 종합소득 과세표준 확정신고를 하면서 누락된 소득·세액공제를 반영하면 된다.

또한, 「국세기본법」 제45조의2 제4항의 규정에 따라 근로자 본인 또는 원천징수의무자가 소득·세액공제 누락분을 반영하여 경정청구 할 수 있다.

원천징수의무자가 연말정산 세액을 납부하고 법정기한(다음연도 3월 10일) 내에 근로소득 지급명세서를 제출한 경우에는 법정신고기한으로부터 5년 이내 경정청구가 가능하다.

Q 06 근무지가 2 이상인 근로자가 각 근무지의 근로소득을 합산하여 연말정산을 하지 않고 각각 연말 정산을 한 경우 어떻게 해야 하는지?

2 이상의 사용자로부터 근로소득을 받은 사람이 연말정산시 근로소득을 합산하지 않고 각각의 근로소득에 대해 연말정산을 한 경우 근로자는 다음연도 5월 말까지 종합소득세 과세표준 확정신고를 하여야 한다.

02절

국세청 홈택스의 연말정산간소화

1 연말정산시 제출서류

근로자는 해당 연도에 지출한 비용 중 공제대상 금액과 인적공제 사항을 기재한 「소득·세액공제신고서」와 해당 소득·세액공제 증명서류 등을 회사에 제출해야 한다.

1. 기본서류

① 소득·세액공제신고서
② 의료비 공제를 받고자 하는 경우 「의료비지급명세서」
③ 기부금 공제를 받고자 하는 경우 「기부금명세서」
④ 신용카드 공제를 받고자 하는 경우 「신용카드 소득공제 신청서」

2. 소득·세액공제 증명서류 등

① 소득·세액공제가 가능한 해당 지출 비용에 대한 소득·세액공제 증명서류 : 국세청 홈택스 「연말정산간소화」에서 제공하는 증명서류* 또는 영수증 발급기관에서 발급받은 소득·세액공제용 영수증
　* 「종이없는 연말정산」을 실시하는 회사의 근로자는 「연말정산간소화」에서 제공하는 소득·세액공제 증명서류를 전자문서로 저장하여 회사에 제출

② 주민등록표 등본 : 제출 후 인적공제 등에 대한 변동사항이 없으면 매년 추가로 제출할 필요 없으나, 주택자금공제의 공제항목에 따라 증빙서류에 해당하는 경우는 추가 제출하여야 하는 경우가 있음.
　• 주민등록표 등본에 의해 가족관계가 확인되지 아니한 경우 가족관계증명서 등을 제출

2 / 연말정산간소화 이용시 유의사항

연말정산을 할 때 필요한 영수증을 수집하기 위해 직접 학교, 병원, 금융기관 등을 일일이 돌아다니는 불편을 해소하기 위하여 국세청에서 소득·세액공제 영수증 발급기관으로부터 자료를 수집하여 근로자에게 인터넷으로 소득·세액공제 영수증을 제공하는 서비스를 국세청 홈택스 연말정산간소화에서 제공한다.(www.hometax.go.kr → 장려금·연말정산·전자기부금 → 연말정산간소화) 연말정산간소화에서 제공된 자료를 이용할 때 다음 사항에 주의해야 한다.

1. 소득·세액공제 요건은 스스로 검토하여야 한다.

특히 주택자금공제의 경우 금융기관에서 제공한 저축불입금액 및 원리금상환액을 단순히 보여주기만 하므로, 구체적 공제요건은 근로자 스스로 해당 여부를 확인하고 소득공제를 신청해야만 가산세 등 불이익이 없다.

> **참고**
>
> 연말정산간소화는 과세관청의 공적인 견해표명으로 보기 어렵고, 과세관청이 각 소득공제 자료의 적합성을 검증할 의무는 없는 것으로 보이는 점, 가산세 부과시 납세자의 고의 과실은 고려되지 아니하고 법령의 부지 착오 등은 그 의무위반을 탓할 수 없는 정당한 사유에 해당하지 아니하는 점 등에 비추어 이 건 가산세 부과세처분은 정당함.(소득, 조심 2015부0516, 2015.04.07.)

2. 본인인증 수단이 꼭 있어야 한다.

본인을 인식하는 수단인 공동인증서(구 공인인증서), 금융인증서, 카카오톡, 페이코, 통신사패스, KB모바일, 삼성패스, 네이버, 신한은행 인증서 등으로 로그인하여야 한다. 공인인증서는 범용, 금융기관용, 국세청 홈택스서비스용, 행정전자서명 인증서를 말하며 모두 사용가능하다.

3. 간소화서비스에서 조회되지 않는 자료도 있다.

영수증발급기관에서 국세청에 제공한 자료를 근거로 근로자에게 제공하므로 영수증발급기관에서 국세청에 제공하지 않은 자료는 조회되지 아니한다. 이 경우 근로자가 직접 해당 소득공제 영수증 발급기관에서 발급받아 제출해야 한다.

4. 부양가족의 자료도 조회 가능하다.

① 부양가족이 동의하는 경우 근로자는 부양가족의 소득·세액공제 자료에 대해 조회 가능하다.
② 부양가족의 동의는 부양가족의 공인인증서, 부양가족명의 핸드폰 인증, 부양가족의 신용카드 정보, FAX 신청 등을 통해 연중 상시 가능하다.
③ 19세 미만의 자녀는 동의절차 없이 「자녀자료 조회신청」 후 조회 가능하다.
④ 부양가족이 정상적으로 자료제공에 동의하였으나 그 이후 가족관계가 변동되어 자료 제공이 필요 없는 경우 동의를 취소하여야 한다.

| 「연말정산간소화」에서 제공하는 소득·세액공제 자료 |

구 분	공제항목		비고
건강보험	국민건강보험법 및 노인장기요양보험법에 따라 부담한 보험료		○
국민연금	국민연금법에 따라 납입한 연금보험료		○
고용보험	고용보험법에 따라 부담한 보험료		○
보험료	일반보장성보험료, 장애인전용보장성보험료		○
의료비	의료기관에 지출한 의료비		○
	약국에 지출한 의약품(한약 포함) 구입 비용		○
	노인장기요양보험법에 따라 지출한 본인 일부부담금		○
	시력보정용 안경(콘택트랜즈)구입비용	신용카드 등 사용분	○
		그 외 사용분	×
	보청기·장애인보장구·의료용구 구입(임차) 비용		×
	난임시술비		×
	미숙아·선천성 이상아 의료비		×
	산후조리원 비용		○
	실손의료보험금 수령액 자료		○
교육비	초·중·고, 대학(원)교육비, 직업능력개발훈련비용		○
	유치원 교육비		○
	취학전 아동의 보육시설, 학원·체육시설 교육비		×
	장애인특수교육비 납입금액		×
	중·고등학생 교복구입비용	신용카드 등 사용분	○
		그 외 사용분	×
	수능응시료 및 대학입학전형료		○
	학자금대출상환액		○
	국외교육비납입증명서		×
신용카드 등 사용내역	신용카드, 직불카드, 기명식선불카드 및 현금영수증 사용금액 (전통시장 사용액, 대중교통 이용분, 도서공연사용분 구분 표시)		○
주택자금	주택임차자금 차입금 원리금상환액, 장기주택저당차입금 이자상환액		○
주택마련저축	주택청약저축, 근로자주택마련저축, 주택청약종합저축		○
연 금	개인연금저축, 연금저축계좌, 퇴직연금계좌		○
투자저축	장기집합투자증권저축, 청년형장기집합투자증권저축		○
	벤처투자조합 출자 등	벤처기업투자신탁 수익증권에 투자	○
		그 외의 경우	×
기타	소기업/소상공인 공제부담금납입금액		○
	기부금	정치자금기부금, 고향사랑기부금	○
		그 외 기부금	△
	월세 세액공제	공공주택임대사업자인 경우	○
		그 외 임대사업자의 경우	×

※ 다만, 영수증 발급기관에서 국세청에 증명서류를 제출하지 않은 경우에는 근로자 본인이 직접 소득·세액 공제 증명서류를 발급받아 원천징수의무자에게 제출하여야 함.

※ 국세청 홈택스 「연말정산간소화」에서 본인의 자료가 조회되는 것조차 원하지 않는 경우 소득·세액공제자료 삭제 신청(연말정산간소화 〉 연말정산간소화자료조회 〉 소득·세액공제 자료삭제)을 할 수 있음.

※ 실손의료보험료 수령액 자료를 연말정산간소화 자료로 2025년 1월 제공할 예정임.

※ 국세청이 안경점 명단을 카드사 등에 통보하여 안경구입비 명세를 카드사 등으로부터 직접 수집하여 연말정산 간소화 자료로 2025년 1월 제공할 예정임.

※ 행정안전부와 근로복지공단으로부터 긴급재난지원금 관련 기부금 자료를 일괄 제출받아 연말정산 간소화 자료로 2025년 1월 제공할 예정임.

※ 월세 내역을 전산으로 관리하는 한국토지주택공사, 공무원연금공단, 지방자치단체 산하 공사 등으로부터 월세액 자료를 일괄 제출받아 연말정산 간소화 자료로 제공할 예정임.

 연말정산간소화 활용방법

1. 본인 및 부양가족의 정보 확인방법

국세청 홈택스의 「연말정산간소화」에 접속 및 소득·세액공제자료 조회는 개인정보 보호를 위해 본인을 인식할 수 있는 「공동인증서(구 공인인증서), 금융인증서, 카카오톡, 페이코, 통신사패스, KB모바일, 삼성패스, 네이버, 신한은행 인증서」로 국세청 홈택스에 로그인하여야만 정보확인이 가능하다.

- 근로자가 부양가족의 소득공제 자료를 조회하기 위해서는 해당 가족의 사전 동의가 있어야 한다.
- 단, 근로자는 미성년(만 19세 미만) 자녀의 소득공제 자료를 별도 동의절차 없이 조회할 수 있다.

「국세청 홈택스 → 장려금·연말정산·전자기부금 → 연말정산간소화 → 부양가족 자료제공 → 연말정산 부양가족 제공동의 현황조회」를 통하여 현재 기본공제대상자가의 소득·세액공제 자료 동의 현황을 알 수 있다.

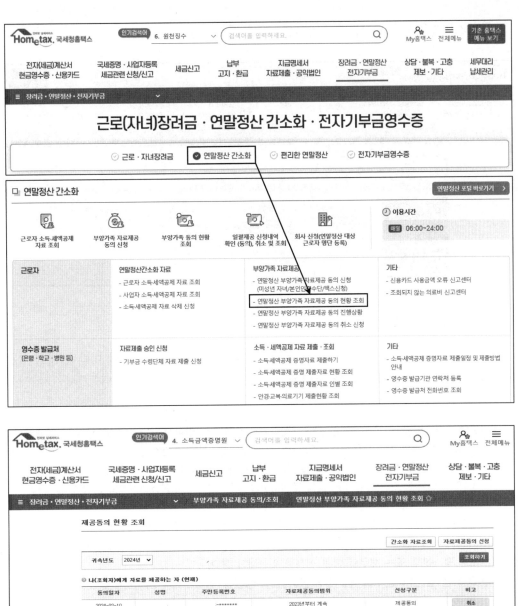

2. 부양가족의 소득·세액공제자료 제공동의 신청

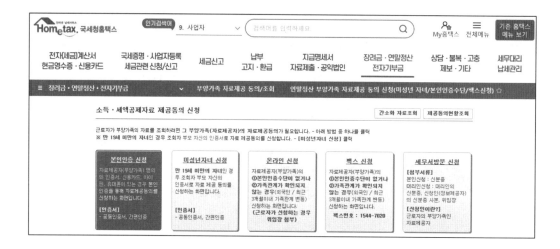

가. 부양가족이 「미성년자녀」의 경우

공인인증서가 있는 근로자는 별도의 동의 절차가 없더라도 「만 19세 미만인 미성년자 자녀」의 소득·세액공제 자료를 조회할 수 있다.

① 홈택스 상단 메뉴 중 [장려금·연말정산·전자기부금]에서 [연말정산간소화 → 부양가족 자료제공 → 연말정산 부양가족 자료제공 동의신청 – 미성년자녀 신청]을 클릭한다.
  • 자녀의 자료를 조회하고자 하는 근로자는 반드시 공인인증서가 있어야 한다.
② 「미성년자녀자료 조회신청」 팝업창에 조회하고자 하는 자녀의 주민등록번호를 입력한 후 [신청]을 클릭하면 가족관계 확인 후 자동으로 등록된다.
  • 부모인 근로자와 미성년자녀의 주소가 다른 경우 자동으로 등록이 안된다. 이러한 경우, 가족관계증명서 등 양자의 가족관계를 확인할 수 있는 서류를 첨부하여 온라인신청(첨부서류 파일업로드), 팩스신청 또는 세무서 방문 신청을 이용해야 한다.
  • 2005년 출생자녀는 2024년 귀속 연말정산시 성년이 되므로 미리 자료제공동의신청을 준비하는 것이 편리하다.
  • 특히 군입대 예정인 자녀가 있는 경우 군입대 전에 자녀가 자료제공동의신청을 하여야 군입대로 인한 불편을 줄일 수 있다.

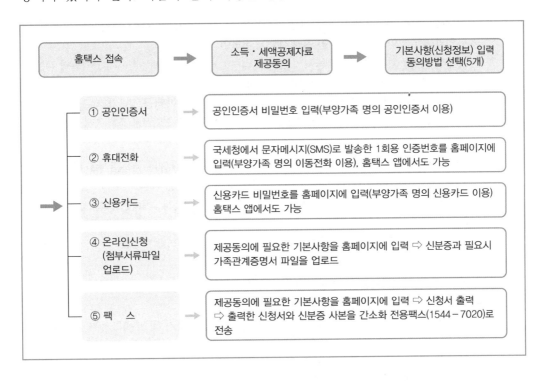

나. 부양가족이 「성인」인 경우

근로자가 성인 부양가족의 소득·세액공제 자료를 조회하기 위해서는 해당 가족의 사전 동의가 있어야 한다. 다음과 같이 다양한 방법으로 동의 신청할 수 있다.

자료제공동의 신청방법

① **본인인증 신청**
  ○ (신청자) 자료제공자 (부양가족)
  ○ (접속경로) 홈택스 〉 장려금·연말정산·전자기부금 〉 연말정산간소화 〉 부양가족 자료 제공 - 연말정산 부양가족 자료제공 동의신청 〉 본인인증 신청
    모바일 〉 조회 발급 〉 연말정산서비스 〉 제공동의 신청/취소 〉 제공동의 신청
  ○ (신청방법) 자료조회자 및 자료제공자의 정보를 입력 〉 사용자 인증*
    * 사용자 인증은 인증서, 휴대폰, 신용카드, I-PIN, 지문인증 중 하나로 가능
  ○ (신청결과) 바로 자료조회자(근로자)가 자료 조회 가능(가족관계가 확인되는 경우)
  ○ (참고사항)
    ① 본인인증 수단이 있더라도 외국인 등 가족관계증명서상 자료조회자(근로자)와 자료제공자(부양가족)의 가족관계가 확인되지 않는 경우 온라인, 팩스 또는 세무서 방문 신청 필요

② **온라인 신청**
  ○ (신청자) 자료제공자(부양가족), 자료조회자(근로자) 모두 신청가능
    * 자료조회자가 자료제공자를 대리하여 신청 시 서명된 위임장을 첨부해야 함.
  ○ (접속경로) 홈택스 〉 장려금·연말정산·전자기부금 〉 연말정산간소화 〉 부양가족 자료 제공 - 연말정산 부양가족 자료제공 동의신청 〉 온라인 신청
  ○ (신청방법) 자료조회자 및 자료제공자의 정보를 입력 〉 신청하기 〉 파일찾기(부양가족의 신분증, 가족관계 확인서류 첨부) 〉 첨부서류 제출하기
  ○ (신청결과) 세무서 담당자가 첨부서류 검토 후 승인하면 자료조회자(근로자)가 자료조회 가능
    * 처리결과는 휴대폰 문자로 통지, 진행상황은 '제공동의 신청 후 진행상황 조회'에서 조회
  ○ (참고사항)
    ① 외국인 등 가족관계증명서로 가족관계가 확인되지 않는 경우에는 가족관계를 확인할 수 있는 서류 첨부 필수(가족관계가 확인되는 경우에는 신분증만 제출)
    ③ 파일형식은 PDF, 이미지 파일만 가능하며 문서개수는 10개, 최대용량은 50MB를 넘을 수 없음.
    * DRM이 설정된 파일, 보안/암호화된 파일, 손상된 파일은 업로드 할 수 없음.

③ **팩스 신청**
  ○ (접속경로) 홈택스 〉 장려금·연말정산·전자기부금 〉 연말정산간소화 〉 부양가족 자료 제공 - 연말정산 부양가족 자료제공 동의신청 〉 팩스신청
  ○ (신청방법) 자료조회자 및 자료제공자의 정보를 입력 〉 신청하기 및 출력하기 〉 신청서 및 첨부서류[제공자(부양가족)의 신분증, 가족관계 확인서류]를 팩스로 전송 (1544-7020)
  ○ (신청결과) 세무서 담당자가 첨부서류 검토 후 승인하면 자료조회자(근로자)가 조회 가능
    * 처리결과는 휴대폰 문자로 통지, 진행상황은 '제공동의 신청 후 진행상황 조회'에서 조회

○ (참고사항)
① 팩스 발송 시 용지를 뒤집어 보내지 않도록 유의
② 민원처리현황을 조회하기 위해서는 신청서에 있는 접수번호를 알고 있어야 함.
  * 처리상태가 계속 "신청서 작성"이면 전송 실패된 경우이므로 다시 1544-7020으로 팩스 전송
③ 회사의 보안이 강화된 팩스인 경우 세무서로 팩스전송이 안될 수 있음.

4 **미성년자녀 조회신청**
○ (신청자) 자료조회자(근로자)
○ (접속경로) 홈택스 〉 장려금·연말정산·전자기부금 〉 연말정산간소화 〉 부양가족 자료 제공
  – 연말정산 부양가족 자료제공 동의신청 〉 미성년자녀 신청
  모바일 〉 조회 발급 〉 연말정산서비스 〉 미성년자녀 자료 조회 신청
○ (신청방법) 자녀의 주민등록번호 입력 〉 신청하기
  * 자료조회자(근로자)의 인증서 로그인이 필요
○ (신청결과) 바로 자료조회자(근로자)가 자료 조회 가능
○ (참고사항)
① 가족관계증명서상 가족관계가 확인되지 않으면 자동으로 승인되지 않으므로 온라인신청
  또는 팩스신청 또는 세무서 방문 신청 필요
② 2024년 귀속 연말정산 시 2005년 출생 자녀는 성인이 되므로 자녀가 직접 제공동의 신청
  을 해야 함.

5 **세무서 방문 신청**
○ (신청 방법) 신청서와 부양가족의 신분증 사본, 가족관계서류 등을 지참하여 가까운 세무서
  방문
  (대리인의 경우 대리인의 신분증, 신청인(정보제공자)의 신분증 사본과 민원서류 위임장을 첨
  부)
  * 신청서 등 서류는 [홈택스 〉 장려금·연말정산·전자기부금 〉 연말정산간소화 〉 부양가족 자
    료 제공 – 연말정산 부양가족 자료제공 동의신청 〉 세무서 신청방문 신청]에서 출력가능

6 **제공동의 취소신청**
○ (접속경로) 홈택스 〉 장려금·연말정산·전자기부금 〉 연말정산간소화 〉 부양가족 자료 제
  공 – 연말정산 부양가족 자료제공 동의 취소 신청
  모바일 〉 조회 발급 〉 연말정산서비스 〉 제공동의 신청/취소 〉 제공동의 취소
○ (신청방법) 본인인증을 통하여 취소

○ 신분증 종류

주민등록증, 운전면허증, 유효한 여권, 외국인등록증 및 주민등록증 발급신청확인서 등 국가 또는 지방자치단체가 발급한 신분증(대리인의 경우 대리인의 신분증, 신청인(정보제공자)의 신분증 사본과 민원서류위임장(대리인 신청용)을 첨부)

* 근로자와 부양가족이 동일한 주소에서 거주하지 않는 경우에는 양자의 관계가 표시된 가족관계증명서를 함께 제출해야 한다.

4 소득 · 세액공제자료 조회 및 출력

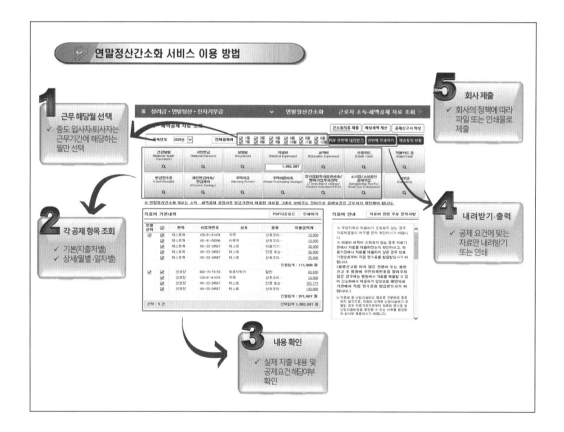

1. 소득·세액공제자료 조회·출력

① 국세청 홈택스(www.hometax.go.kr)를 공인인증서로 로그인
② 「장려금·연말정산·전자기부금 → 연말정산간소화 → 연말정산간소화 자료 → 근로자 소득세·세액공제 자료 조회」 클릭
③ 「소득·세액공제 자료조회」 화면에서 귀속년도를 선택한다.

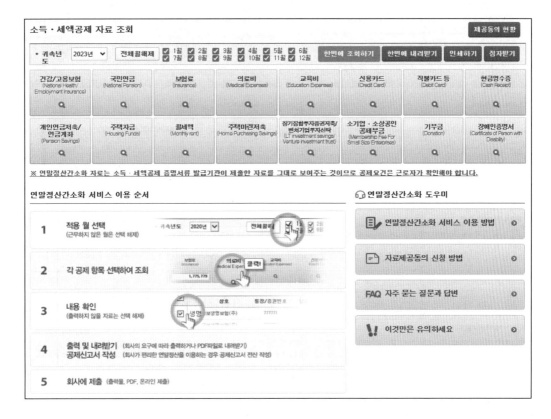

④ 「소득·세액공제 자료조회」 화면은 기본적으로 연간 내역이 선택되므로 중도퇴사자나 재취업자의 경우에는 해당 근로기간의 내역을 선택하여 소득공제 자료를 조회한다.

⑤ 활성화된 소득공제 항목을 클릭하면, 해당 항목에 대한 지출처별 지출(사용)금액이 조회된다. 이 경우 「한번에 조회하기」를 클릭하면 모든 항목의 지출(사용)금액이 일괄 조회된다.

⑥ 지출처를 클릭하면, 해당 항목에 대한 월별 지출(사용)금액을 조회할 수 있다.

⑦ 「한번에 내려받기」·「인쇄하기」·「점자받기」를 선택하여 클릭하면 조회한 소득공제 자료 전체 항목을 전자파일 또는 출력물을 받을 수 있다.

참고

○ **주택자금공제 및 주택마련저축공제 자료 활용 때 주의**

근로자가 주택자금소득공제 또는 주택마련저축 소득공제를 받기 위해서는 무주택 세대주 등 다른 공제요건을 충족해야 하는데 홈페이지에서 제공하는 자료는 저축불입금액, 원리금상환액을 단순히 보여주기만 하므로, 구체적 공제요건은 근로자 스스로 해당 여부를 확인하고 소득공제를 적용해야 함.

2. 소득·세액공제자료 제출방법

국세청 홈택스에서 조회한 금액이 정확한 경우, 이를 출력하여 소속 회사(원천징수의무자)에 제출하거나 전자문서로 내려받아 전자파일을 제출한다.

가. 소득공제 항목을 일괄 또는 항목별로 출력하여 제출하는 방법

소득공제항목을 일괄 또는 항목별로 출력하여 제출하는 방법은 소득·세액공제 자료 조회에서 조회된 내역을 다음과 같이 인쇄하여 제출하는 방법을 말한다.

① 「인쇄하기」: 조회된 모든 내역을 한번에 출력하는 방식이다.
② 「인쇄/점자받기」: 조회된 항목별로 각각 출력하는 방식이다.

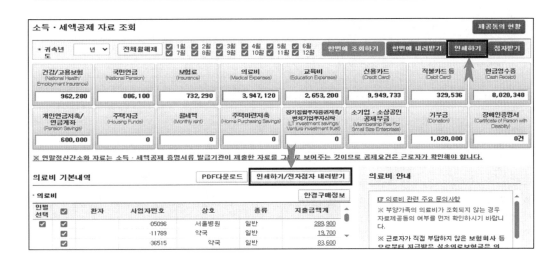

나. 소득공제 항목 일괄 전자파일로 제출하는 방법

소득공제 항목 일괄 전자파일로 제출하는 방법은 소득·세액공제 자료 조회에서 조회된 내역을 한번에 PDF파일로 저장하여 제출하는 방법을 말한다.

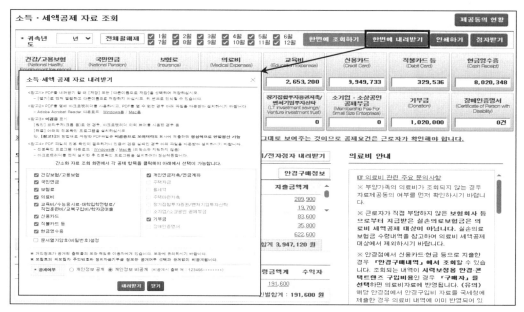

※ 전자파일로 제출할 때 「문서열기암호(비밀번호)설정」에 체크를 하지 아니한 상태에서 내려받기를 하여 회사에 제출한다.

다. 소득공제 항목별 전자파일로 제출하는 방법

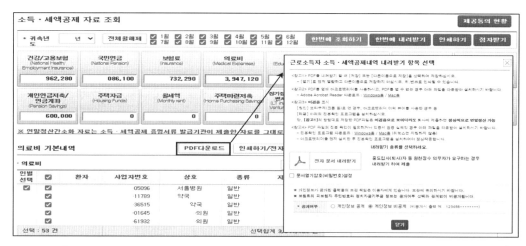

※ 파일명은 기본적으로 「성명(주민등록번호 앞 6자리) - 항목명.PDF」의 형태로 제공되며 원하는 이름으로 변경가능
※ 전자파일로 제출할 때 「문서열기암호(비밀번호)설정」에 체크를 하지 아니한 상태에서 내려받기를 하여 회사에 제출한다.

접수번호	연말정산 간소화 서비스 소득공제 및 세액공제 정보제공 [동의, 동의 취소] 신청서			
① 자료제공자 (신청인)	성 명		주민등록번호	
	주 소			
	전화번호			
② 자료조회자 (공제받고자 하는 근로소득자)	성 명		주민등록번호	
	주 소			
	전화번호			
③ 신청인과의 관 계	신청인(①)은 상기 근로소득자(②)의 □ 직계존속(부모, 조부모, 증조부모) □ 배우자의 직계존속(장인, 장모, 시부모) □ 배우자 □ 직계비속(자녀, 손자녀) □ 형제자매			
④ 동의(취소) 하는 내용	□ ( ) 해당연도의 정보만 제공하는 것에 동의함 □ ( ) 해당연도부터 이후 연도의 정보에 대해 제공하는 것에 동의함 □ 기존에 정보 제공 동의했던 것을 모두 취소함			

　신청인(①) 본인은 홈택스 홈페이지(www.hometax.go.kr)에 있는 본인의 소득·세액공제 정보를 상기 근로소득자(②)에게 제공하는 것에 [동의, 동의 취소] 합니다.

년　　　월　　　일

신 청 인　　　　　(인 또는 서명)

　　　세 무 서 장　　귀하

※ 직접 방문하여 신청하는 경우 첨부서류(신청인 본인, 대리인)
· 본인이 신청하는 경우 신분증(주민등록증, 운전면허증, 유효한 여권, 외국인등록증 등)
　대리인이 신청하는 경우 대리인의 신분증, 신청인의 신분증사본과 민원서류위임장(대리인신청용)을 첨부
· 외국인 또는 최근 3월 이내 결혼 등 가족관계 변동이 있어 가족관계가 전산 확인이 되지 않는 경우 신청인과 신청인의 소득·세액공제를 조회하는 자와의 가족관계를 확인할 수 있는 서류(가족관계등록부 등)를 첨부

※ 우편 및 팩스로 신청하는 경우 첨부서류
· 신청인의 신분증(주민등록증, 운전면허증, 유효한 여권, 외국인등록증) 사본
· 외국인 또는 최근 3월 이내 결혼 등 가족관계 변동이 있어 가족관계가 전산 확인이 되지 않는 경우 신청인과 신청인의 소득·세액공제를 조회하는 자와의 가족관계를 확인할 수 있는 서류(가족관계등록부 등)를 첨부

의료비 세액공제증명서류 제출 제외 신청서

신 청 인	◦ 성명 :	◦ 주민등록번호 :
	◦ 전화번호 :	
요양 기관	◦ 상호 :	◦ 사업자등록번호 :
	◦ 대표자 성명 :	

　　상기 신청인 본인은 「소득세법」 제165조 제1항 단서 및 같은 법 시행령 제216조의3 제4항의 규정에 따라, 본인의 '의료비 수납내역 관련 자료'가 국세청으로 제출되는 것을 원하지 않음을 확인합니다.

위와 같이 확인함.

년　　　　　월　　　　　일

위 신청인(확인자) :　　　　　　　(인)

_____ 귀하

1. 의료비 수납내역 관련 자료 : 요양기관 사업자등록번호, 환자 인적사항 및 환자가 지출한 의료비 금액 등이고, 병명 등 진료명세는 제출대상이 아닙니다.
2. 귀하란에는 요양기관의 대표자를 기재합니다.

안　　내　　말　　씀

• 정부는 근로자들이 연말정산에 필요한 소득공제 및 세액공제 영수증을 수집해야 하는 불편을 줄이기 위해 2006년부터 연말정산간소화 서비스를 시행하고 있습니다.

• 이에 모든 요양기관(병의원, 약국)은 「소득세법」 제165조의 규정에 따라 환자의 '의료비 수납내역'(환자의 의료비 지출명세)을 국세청에 제출해야 합니다.

• 그러나 본인의 의료비 수납내역 관련 자료가 국세청에 제출되는 것을 원하지 않을 때에는 "의료비 세액공제증명서류 제출 제외 신청서"를 작성하여 해당 요양기관에 제출하여 주시기 바랍니다.

210㎜×297㎜(신문용지 54g/㎡(재활용품))

-------- 질문 및 답변

---

[4] 국세청, 2023년 연말정산 Q&A(게시용) 일부 인용 및 개정세법 반영하여 수정함.

【연말정산간소화 – 이용방법 등】

Q 01 연말정산간소화에서 제공하는 자료는 그대로 공제받으면 되는지?

연말정산간소화에서 제공하는 자료는 학교, 병·의원, 카드회사 등 영수증 발급기관이 국세청에 제출한 자료를 그대로 보여주는 것이므로 공제대상이 아닌 자료가 포함되어 있을 수 있다.
따라서, **근로자 스스로가 소득·세액공제 요건 충족 여부를 판단**하여 공제대상이 아닌 경우 공제 대상으로 선택하지 않도록 주의해야 한다.

> 예) 「안경구매내역」에서 보여주는 자료를 선택해서 의료비 자료로 등록하는 경우
> ① 시력보정용 안경구입비 ⇒ 공제대상. (선택 ○)
> ② 선글라스 구입비용 ⇒ 공제대상 아님. (선택 ×)

과다 소득·세액공제를 받은 경우 과소 납부한 세액과 더불어 신고·납부가산세를 추가 부담하게 되는 점을 유의해야 한다.

> ※ 공제 대상이 아닌 자료를 공제대상으로 선택한 경우
> ⇒ 소득·세액공제신고서를 작성할 때 동 금액을 차감하여 공제금액에서 제외하여야 한다.
> ☞ 연말정산 절차 : 간소화자료 제출 → 소득·세액공제신고서 작성 → 지급명세서작성

Q 02 연말정산간소화에서 수집되지 않은 자료를 공제받는 방법은?

연말정산간소화에서 조회되지 않는 공제 증명자료는 해당 영수증 발급기관에서 직접 증명서류를 발급받아 회사에 제출해야 한다.

> 예) 보청기 구입비용, 장애인 보장구 구입·임차비용, 외국 교육기관에 지출한 교육비, 취학 전 아동 학원비, 기부금 등

Q 03   연말정산간소화 자료는 1. 20. 이후에는 더 이상 추가·수정되지 않는 것인지?

연말정산간소화 자료는 1. 15.부터 조회된다. 다만, 의료비 등 자료의 누락·오류가 발견된 경우 영수증 발급기관은 1.15. ～ 1.18.까지 추가·수정 자료를 홈택스로 다시 제출할 수 있다.
추가·수정된 자료는 1. 20.부터 최종 확정 제공하고 있으며, 이후에는 더 이상 자료가 추가·수정되지 않는다.

> 1.20. 이후에도 근로자와 부양가족의 공제자료가 조회되지 않는 경우, 영수증 발급기관에서 공제자료를 직접 발급받아 원천징수의무자에게 제출해야 소득·세액공제를 받을 수 있다.

Q 04   회사에서 4대보험(국민연금·건강보험료 등) 납부내역을 관리하고 있는데도 연말정산간소화에서 제공되는 자료를 회사에 제출해야 하는지?

회사에서 국민연금·건강보험료 납부자료를 관리하고 있는 경우 연말정산간소화 자료를 회사에 제출하지 않아도 된다.
단, 건강보험료 중 소득월액보험료[1]와 국민연금 보험료 중 지역가입자·추납보험료[2]·실업크레딧 납부금액[3]은 회사에서 관리하는 자료가 아니므로 간소화자료를 제출해야 소득공제가 가능하다.

> 1) 소득월액 건강보험료 : 보수외 소득이 2,000만원을 초과하는 근로자가 납부하는 보험료
> 2) 국민연금 추납보험료 납부액 : 납부 예외 사유에 해당되어 보험료를 납부하지 않았던 기간의 보험료를 나중에 납부하는 것
> 3) 국민연금 실업크레딧 납부액 : 구직급여 수급자가 납부하는 국민연금보험료

Q 05   일부 공제항목은 근무기간 중에 지출한 금액만 공제할 수 있는데, 올해 입사하거나 퇴사한 경우 연말정산간소화 자료를 어떻게 활용하는지?

연말정산간소화에서 월별 조회 기능을 이용하여 근무기간에 해당하는 월을 선택하면 근무기간 자료를 조회할 수 있다.
근무기간과 상관없이 연간 불입액을 공제받을 수 있는 국민연금, 개인연금저축, 연금저축, 퇴직연금, 기부금, 소기업·소상공인 공제부금, 청년형장기집합투자증권저축, 벤처투자조합 출자 등 자료는 조회기간을 선택하더라도 연간 납입금액이 조회된다.

> ※ 근로제공 기간 동안의 지출액만 공제하는 항목
>
> | 공제구분 | 공 제 항 목 |
> |---|---|
> | 특별소득공제 | 건강보험료 등(건강보험, 고용보험, 노인장기요양보험료) |
> | | 주택자금공제(주택임차차입금 원리금상환액) |
> | | 주택자금공제(장기주택저당차입금 이자상환액) |
> | 기타소득공제 | 주택마련저축(주택청약종합저축, 청약저축, 근로자 주택마련 저축) |

공제구분	공제항목
기타소득공제	신용카드 등 사용금액 소득공제
	우리사주조합 출자금
	고용유지중소기업 근로자
	장기집합투자증권저축
특별세액공제	보험료세액공제
	의료비 세액공제
	교육비 세액공제
기타세액공제	월세 세액공제

Q 06 취직 전에 납부한 지역가입자 보험료가 조회되지 않는 경우 공제 방법은?

연말정산간소화에서 조회되는 지역가입자의 납부내역이 실제 납부액과 다른 경우 국민연금관리공단에서「국민연금보험료 납부확인서」등 납부내역을 확인할 수 있는 서류를 발급받아 회사(원천징수의무자)에 제출하면 소득공제가 가능하다. 다만, 국민건강보험료의 경우 취직 전 납부한 지역가입자 보험료는 공제 안된다.

Q 07 연말정산간소화에서 조회되는 국민연금은 전액 공제받을 수 있는지?

연말정산간소화에서 조회되는 국민연금보험료는 직장가입자 고지금액과 지역가입자·추납보험료·실업크레딧 납부금액이다.
직장가입자의 경우, 국민연금관리공단에서 매월 보험료를 회사에 고지하면 회사가 근로자의 급여에서 공제하여 납부하므로 급여에서 공제한 날이 속하는 과세기간의 종합소득금액에서 공제받아야 한다.

> 국민연금관리공단은 근로자의 급여에서 원천공제 된 시기를 알 수 없으므로 당초 공단에서 고지한 금액을 연말정산간소화 자료로 국세청에 제출하고, 국세청은 국민연금관리공단이 제출한 금액을 보여준다.
> 따라서 연말정산간소화에서 제공하는 국민연금 자료 중 급여에서 원천공제 되지 않은 금액이 있는 경우 이를 차감하고 소득공제를 받아야 한다.

지역가입자·추납보험료·실업크레딧 납부액은 가입자가 직접 납부하므로 연말정산간소화에서 제공하는 금액을 소득공제받을 수 있다.

Q 08 연말정산간소화에서 조회되는 건강보험료는 전액 공제받을 수 있는지?

연말정산간소화 서비스에서 조회되는 건강보험료(노인장기요양 보험료 포함)는 ① 직장가입자의 보수월액 보험료 고지 금액(두 곳 이상의 회사에서 근무한 경우 합계액)과 ② 소득월액 보험료 납부금액(보수 외 소득이 2,000만원을 초과하는 근로자가 납부하는 보험료)이다.
보수월액보험료의 경우 공단이 매월 보험료를 회사에 고지하면 회사가 근로자의 급여에서 공제하여 납부하므로 급여에서 공제된 날이 속하는 과세기간의 근로소득에서 공제받아야 한다.
소득월액보험료는 가입자가 납부하므로 연말정산간소화에서 조회되는 금액을 공제(근로기간 동안 납부한 금액만 공제 가능) 받을 수 있다.

Q 09 연말정산간소화에서 조회되는 금액이 회사에 실제 납부한 건강보험료보다 적게 조회되는 경우 어떻게 해야 하는지?

보수월액 보험료에 대해 회사가 급여에서 공제한 금액과 다른 경우 회사에 확인하여 별도 관련 영수증 제출 없이 급여에서 공제된 날이 속하는 과세기간에 소득공제가 가능하다.

소득월액 보험료의 납부내역이 실제 납부액과 다른 경우 국민건강보험공단에 문의하여 건강보험료 납부확인서 등 납부내역(근로기간 동안 납부한 금액)을 확인할 수 있는 서류를 첨부하여 회사(원천징수의무자)에 제출하면 소득공제가 가능하다.

Q 10 연말정산간소화에서 조회되는 주택자금항목에 대한 공제는 공제요건 등이 검증된 것인지?

연말정산간소화에서 조회되는 주택자금 관련 공제항목은 ① 장기주택 저당차입금이자상환액과 ② 주택임차차입금 원리금상환액, ③ 주택청약종합저축 납입액, ④ 공공주택사업자에게 지급한 월세의 월 납입액 자료가 있다.

국민주택 규모, 무주택 세대주, 2주택 소유 여부 등의 소득공제 요건이 검증되지 않은 자료이므로, 근로자는 공제요건 확인 후 요건을 충족한 경우에만 자료를 활용하기 바란다.

연말정산간소화에서 제공되는 자료는 자료제출기관에서 제출한 납입금액을 소득공제 요건 검증 없이 그대로 보여주는 것으로 소득공제를 받기 위해서는 근로자가 공제요건을 검토한 후 공제 여부를 결정하여 소득·세액공제신고서를 작성하여야 한다.

> 연말정산간소화에서 조회되는 자료는 근로자 스스로가 소득·세액공제 요건 충족여부를 판단하여 공제대상이 아닌 경우 공제대상으로 선택하지 않도록 주의해야 한다.
> 만일, 공제대상이 아닌 자료를 연말정산간소화에서 공제대상으로 선택한 경우에는 소득·세액공제신고서를 작성할 때 동 금액을 차감하여 공제금액에서 제외하여야 한다.
> ☞ 연말정산 절차 : 간소화자료 제출 → 소득·세액공제신고서 작성 → 지급명세서 작성
>   만약 과다하게 소득·세액공제를 받은 경우 과소납부한 세액과 더불어 신고불성실가산세와 납부지연가산세를 추가 부담하게 되는 점을 유의해야 한다.

Q 11 연말정산간소화에서 주택저당차입금 이자상환액 자료가 조회되는 경우 소득공제를 받을 수 있는지?

연말정산간소화에서는 금융기관으로부터 제출받은 자료(저축불입액과 원리금상환액)를 그대로 제공하고 있으므로 반드시 근로자 스스로 공제요건 충족여부를 확인해야 한다.

Q 12 주택청약저축 가입 시 무주택 확인서를 제출하지 않아 연말정산간소화에서 조회가 되지 않을 경우 소득공제를 받을 수 있는 방법은 무엇인지?

연말정산간소화 자료는 1월 20일 이후에는 추가수집이나 자료정정이 불가능하다. 근로자가 저축취급기관에 무주택확인서를 제출하지 않으면 연말정산간소화에서 자료가 조회되지 않는다. 확인서를 1월 20일 이후에 제출한 경우 다음연도부터는 조회된다.

한편, 2월 말까지 저축취급기관에 무주택확인서를 제출할 경우 연말정산간소화에서는 조회되지 않지만, 주택청약종합저축에 납입한 금액에 대하여 소득공제가 가능하므로 주택마련저축 납입증명서를 발급받아 원천징수 의무자에게 제출하면 된다.

Q 13 벤처기업투자신탁의 수익증권(코스닥 벤처펀드)에 투자한 경우 연말정산간소화에서 자료를 조회할 수 있는지?

'25년 1월에 제공되는 연말정산간소화에서는 '24년에 벤처기업투자신탁의 수익증권에 투자한 금액과 '22~'23년에 '24년으로 공제시기 변경 신청을 한 금액이 조회된다.

다만, '24년에 벤처기업투자신탁 수익증권에 투자하였으나, 본인이 투자기관에 공제받을 시기의 변경을 신청*한 경우에는 공제신청 연도의 다음연도 1월에 연말정산간소화 서비스에서 조회가 된다.

* 벤처기업투자신탁 수익증권은 투자일이 속하는 과세연도부터 2년이 되는 날이 속하는 과세연도 중 1과세연도를 선택해서 공제 신청 가능

Q 14 연말정산간소화에서 모든 교복구입비가 조회되는지?

① 학교 주관 공동구매로 구매한 교복구입비와 ② 교복전문점에서 신용카드 등으로 구입(현금영수증 발행분 포함)한 경우만 연말정산간소화에서 제공하고 있다.

연말정산간소화에서 조회되지 않는 교복구입비는 해당 교복판매점에서 직접 증명서류를 발급받아 회사에 제출해야 한다.

Q 15 연말정산간소화에서 신용카드 기본내역의 공제대상 금액이 실제 결제한 금액과 다르게 표시되는데, 어떻게 해야 소득공제를 받을 수 있는지?

연말정산간소화에서 조회되는 공제대상 금액이 실제와 다른 경우 카드사로부터 「신용카드 등 사용금액 확인서」를 재발급 받아 회사에 제출해야 한다.

> ※ 신용카드 등 소득공제 대상과 공제제외 재화·용역을 함께 취급하는 업종의 경우 사업자 또는 카드회사가 소득공제를 받을 수 있는지 여부를 구분하고, 이를 기초로 카드회사는 회원에게 ① 전체 사용금액, ② 공제제외 대상금액, ③ 소득공제 대상금액을 별도로 표시하여 「신용카드 등 사용금액 확인서」를 발급하고, 국세청에 연말정산간소화 자료를 제출하고 있다.
>
> ※ 신용카드 등 소득공제 제외 대상
> - 사업관련비용 지출액
> - 비정상적인 사용행위에 해당하는 경우
> - 자동차(중고차 제외) 구입비용
> - 국민건강보험료, 고용보험료, 연금보험료, 보장성 보험료 지불액
> - 학교 및 보육시설에 납부한 수업료, 보육비 등
> - 국세·지방세, 전기료·수도료·가스료·전화료(정보사용료·인터넷이용료 등 포함)·아파트관리, 비틸레비전시청료(종합유선방송 이용료 포함) 및 도로통행료
> - 상품권 등 유가증권 구입비
> - 리스료(자동차대여사업의 자동차대여료 포함)
> - 취득세 또는 등록면허세가 부과되는 재산의 구입비용
> - 금융·보험용역과 관련된 지급액, 수수료, 보증료 등
> - 기부금
> - 조세특례제한법에 따라 세액공제를 적용받는 월세액
> - 국가·지방자치단체, 지방자치단체조합에 지급하는 사용료·수수료 등의 대가
> - 보세판매장, 지정면세점, 선박 및 항공기에서 판매하는 면세물품의 구입비용

Q16 연말정산간소화에서 제로페이 사용금액이 실제 금액보다 적게 조회되는 경우 어떻게 공제받을 수 있는지?

연말정산간소화에서 제로페이 사용금액이 실제 사용한 금액보다 적게 조회되는 경우 간편 결제사 등으로부터 '신용카드 등 사용금액 확인서'를 재발급 받아 회사(원천징수의무자)에 증빙서류로 제출하여 공제받을 수 있다.

Q17 중고차를 신용카드로 구입하였으나, 중고자동차 구입금액의 10%가 신용카드 등 사용금액에 포함되어 있지 않은 경우 어떻게 해야 소득공제를 받을 수 있는지?

중고차와 신차를 함께 취급하여 중고차 판매 분을 따로 구분할 수 없거나 리스 후 차량을 매도하는 리스회사의 경우 중고차 구입금액이 연말정산간소화 자료에서 제외될 수 있으며, 이 경우, 카드사에 중고차 구입 사실을 확인*받아 「신용카드 등 사용금액 확인서」를 재발급 받은 후 회사에 제출하면 소득공제를 받을 수 있다.

* 자동차 매매계약서, 차량등록증 사본 등으로 확인

Q18 작년에 개인연금계좌를 다른 금융회사로 이전하였는데 종전 금융회사 납부액이 조회되지 않는 이유는?

연말정산간소화 자료는 개인연금저축 또는 연금계좌를 다른 금융회사로 이전한 경우 이전 후 금융회사가 이전 전 금융회사에서 납입한 금액을 합하여 자료를 제출하고 있다.

이전 후 금융회사에 문의하여 납입금액을 확인하고, 종전 금융회사 납부액이 빠져 있는 등 실제 납입액과 상이할 경우 연금납입확인서를 발급받아 회사(원천징수의무자)에 제출하면 된다.

Q19 배우자의 자동차 보험료가 연말정산간소화에서 조회되지 않는 이유와 세액공제를 받을 수 있는 방법은?

부양가족의 보험료가 조회되지 않는 경우 자료제공 동의 여부를 먼저 확인하기 바란다.

자료제공 동의가 되어 있는데도 자료가 조회되지 않는 경우 해당 보험회사를 통해 보험료납입증명서 또는 보험료 납입 영수증을 발급받아 회사(원천징수의무자)에 제출하시면 세액공제를 받을 수 있다.

> ※ 연말정산간소화에서 조회되는 보험료 자료는 보험 계약자별로 제공하고 있으며, 본인 또는 기본공제대상자인 부양가족 명의로 계약된 경우 근로자 본인 및 기본공제 대상자(나이요건과 소득요건 충족 필요)를 피보험자로 하는 보장성보험의 보험료가 공제 대상이다.

Q20 본인의 의료비 내역이 국세청에 제출되는 것을 원하지 않는 경우 어떻게 해야 하는지?

환자가 사전에 '의료비 세액공제증명서류 제출 제외 신청서*'를 의료기관에 제출한 경우 국세청에 의료비 자료를 제출하지 않는다.

* 원천징수사무처리규정 별지 제21호 서식

Q21 연말정산간소화에서 의료비 지출액이 실제보다 적게 조회되는 경우 세액공제를 정확하게 받는 방법은?

연말정산간소화에서 조회되지 않는 금액에 대해서는 해당 병원에서 의료비영수증을 발급받아 증명서류로 제출하고, 소득·세액 공제신고서 의료비 항목의 '기타'란에 기입하여 소득공제를 받을 수 있다.

Q 22 연말정산간소화 서비스에서 조회되지 않는 의료비는 어떻게 공제받을 수 있는지?

'25.1.15. ~ 1.17.까지 홈택스(PC, 모바일)에서 '조회되지 않는 의료비 신고센터'에 신고하면 국세청이 의료기관 등에 누락된 자료를 제출하도록 안내하고, 의료기관이 1.18.까지 전산으로 자료를 제출하면 1.20. 이후 조회할 수 있다.

* (인터넷) 연말정산간소화〉 조회되지 않는 의료비 신고센터
  (모바일) 연말정산〉 연말정산간소화 의료비 신고센터

시력보정용 안경 또는 콘택트렌즈 및 보청기, 장애인보장구, 의료기기 등 구입비용과 산후조리원 비용은 법령에 의해 연말정산간소화 자료를 의무적으로 제출하여야 하는 비용에 해당하지 않아 조회되지 않는 의료비 신고 대상이 아니므로 해당 기관에서 영수증을 발급받아야 한다.

1.20. 이후에도 조회되지 않는 자료는 연말정산간소화 서비스에서 제공되지 않으므로 해당 의료기관에서 직접 영수증을 발급받아야 한다.

> ※ 동네 의원, 장기요양기관 중 재가시설 등은 규모가 영세하여 의료비 신고센터에 신고하더라도 자료를 지연 제출하거나 제출하지 않을 수 있으니 연말정산간소화에서 자료가 조회되지 않을 경우 해당 기관에서 따로 영수증을 발급받아 회사에 제출해야 한다.

Q 23 연말정산간소화에서 난임시술비가 따로 조회되는지?

연말정산간소화 자료는 의료비 중 난임시술비를 별도 구분 없이 제공하므로 근로자가 직접 분류해야 한다.

의료비가 총급여액의 3%를 초과하는 경우 난임시술비에 대해서는 30%(일반의료비 15%)를 세액공제받을 수 있으므로 근로자가 의료기관으로부터 난임시술비임을 확인할 수 있는 서류를 발급받아 구분해서 제출해야 30% 공제율 적용의 혜택을 볼 수 있다.

Q 24 신생아의 의료비 자료가 조회되지 않는데 어떻게 해야 하는지?

이 경우 해당 의료기관에서 영수증을 발급받아 회사에 제출해야 한다.

> ※ 의료비는 병원 등으로부터 주민등록번호를 기초로 자료를 제출받아 연말정산간소화에서 제공하므로 출생신고를 하지 않았거나, 출생신고 후 병원에 신생아의 주민등록번호를 알려주지 않은 경우에는 병원에서 자료를 제출할 수 없어 연말정산간소화 자료가 조회되지 않는다.

Q 25 연말정산간소화에서 산후조리원 비용이 조회되는지?

산후조리원이 국세청에 자료를 제출한 경우에만 조회 가능하다.

> ※ 산후조리원 비용은 해당 과세기간의 총급여액과 상관없이(2023.12.31. 이전은 총급여액 7천만원 이하) 근로자가 산후조리원에 산후조리 등의 대가로 지급하는 비용으로서, 출산 1회당 200만원 이내의 금액이 공제대상 의료비에 해당한다.

Q 26 시력교정용 안경(콘택트렌즈)을 구입했으나 연말정산간소화에서 조회되지 않는 경우 세액공제받을 수 없는지?

연말정산간소화에서 조회되지 않는 구입비용은 구입처에서 발급하는 사용자의 성명과 시력교정용

임을 안경사가 확인한 영수증을 첨부하여 회사(원천징수의무자)에 제출하면 세액공제받을 수 있다.

> ※ 기본공제대상자(연령 및 소득금액의 제한을 받지 않음)의 시력보정용 안경 또는 콘택트렌즈 구입을 위하여 지출한 비용은 1인당 최대 50만원까지 의료비 세액공제 대상에 해당된다.

Q 27 신용카드로 결제한 안경구입비를 연말정산간소화에서 제공한다는데, 어떻게 조회할 수 있는지?

신용카드 등으로 결제(현금영수증 발급분 포함)한 안경구입비를 연말정산간소화 자료(의료비)로 제공한다.

◇ 안경구입비 자료 조회·등록 방법
① 「의료비 기본내역」 우측의 「안경구매정보」를 클릭
② 아래에 활성화 된 「안경구입비 의료비 자료 등록」 화면 우측 「안경·콘택트렌즈 구매자」 란에서 구매자(본인, 부양가족)를 선택
③ 등록하기 선택 ⇒ 위 순서에 따라 등록한 자료는 의료비 기본내역에 포함됨

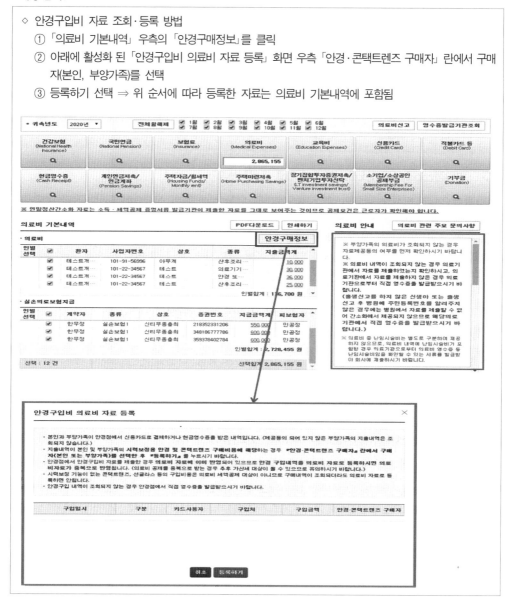

Q 28 연말정산간소화에서 조회되는 「안경구매정보」는 전부 선택해서 세액공제를 받으면 되는지?

시력보정용 안경 또는 콘택트렌즈 구입 비용만 의료비 세액공제대상이다.

따라서 시력보정 기능이 없는 선글라스, 미용 목적의 콘택트렌즈 등의 구입비용은 「안경구매내역」
에서 조회되더라도 해당 자료를 선택해서 의료비 자료로 등록하면 안된다.

> 선글라스, 미용 목적의 콘택트렌즈 구입비용을 「안경구매내역」에서 선택해서 의료비 자료로 등록하면 과다하
> 게 세액공제를 받게 되어 추후 과소 납부한 세액과 더불어 신고·납부지연 가산세를 추가로 부담하게 된다.

Q 29 1건의 안경구입비가 「안경구매정보」에도 있고 「의료비 기본내역」에도 있는 경우 중복 공제받게
되는 것은 아닌지?

동일한 안경구입비용 지출액이 「안경구매내역」에서도 조회가 되고 의료비 자료 연말정산간소화
서비스 화면의 「의료비 기본내역」에도 있는 것은 안경판매점에서 연말정산 간소화자료를 적법하
게 제출한 경우이다.

이럴 경우 「안경구매내역」에서 조회되는 자료를 선택하지 말고 그대로 두어야 한다.

> 「안경구매내역」: 신용카드사 등이 국세청에 제출한 카드 등 사용액 자료
> 「의료비 기본내역」: 안경점에서 국세청에 제출한 자료

Q 30 실손의료보험금 수령액도 연말정산간소화에서 조회할 수 있다고 하는데 어디에서 확인할 수 있는지?

연말정산간소화의 의료비 항목에서 조회할 수 있다.

※ 실손의료보험금 수령액 자료 활용
① pdf 다운로드, 인쇄하기를 누르면 의료비 기본내역과 실손의료보험금 수령액 자료가 함께 다운로
드(인쇄)된다.
② 다른 연말정산간소화 자료와 함께 회사(원천징수의무자)에 제출하고, 이후 소득·세액공제 신고
서 작성 시 해당 의료비에서 차감한다.

Q 31 연말정산간소화에서 조회되는 교육비는 모두 공제받을 수 있는지?

근로자 본인이 직접 부담하지 않고 지방자치단체로부터 수업료, 교복구입비, 체험학습비 등을 지원받은 경우에는 연말정산간소화 서비스에서 조회되더라도 교육비 공제 대상에 해당하지 않는다.

Q 32 연말정산간소화에서 제공되는 교육비는 어떤 것들이 있는지?

국세청은 유치원, 어린이집, 초·중·고교·대학교(원) 교육비와 직업능력개발훈련비용, 학점인정(독학학위) 교육비, 학자금대출 원리금상환액, 교복구입비(학교주관 공동구매, 신용카드 등으로 구매한 교복구입비) 등 교육비 자료를 수집하여 제공하고 있으며, 국외 교육비는 자료제공이 되지 않는다.

연말정산간소화 자료가 조회되지 않을 경우 교육비납입증명서 등을 첨부하여 회사(원천징수의무자)에 제출하면 세액공제가 가능하다.

Q 33 연말정산간소화에서 신용카드, 현금영수증으로 구매한 중고생 자녀 교복구입비가 조회되지 않을 경우 공제받을 수 있는 방법은?

중·고등학교 학생의 교복구입비가 연말정산간소화에서 조회되지 않을 경우 ① 미성년자녀의 자료제공 동의가 되어 있는지 먼저 확인하고, ② 자료제공 동의가 되어 있는데도 교복구입비가 조회되지 않는 경우에는 교복판매점에서 직접 영수증을 발급받아 회사(원천징수의무자)에 제출하면 된다.

(PC) 홈택스 〉 장려금·연말정산·전자기부금 〉 연말정산간소화 〉 부양가족 자료 제공 − 연말정산 부양가족 자료제공 동의신청 〉 미성년자녀 신청

(모바일) 홈택스 앱 〉 장려금·연말정산·전자기부금 〉 연말정산서비스 〉 미성년자녀 자료 조회 신청

※ 국세청에서는 본인과 부양가족이 프랜차이즈 교복판매점에서 신용카드·현금영수증으로 구입한 교복구입 내역을 수집하여 연말정산간소화 서비스에서 제공하고 있다. 교복구입비 항목의 교복구매정보를 클릭하여 학생명을 선택하면 중·고생 1명당 최대 50만원까지 공제자료에 반영된다.

〈접속 경로〉

홈택스 ⇨ 장려금·연말정산·전자기부금 ⇨ 연말정산간소화 ⇨ 연말정산간소화 자료 ⇨ 근로자 소득세액공제 자료 조회 ⇨ 교육비 ⇨ 교복구입비 ⇨ 교복구매정보 ⇨ '학생명' 선택하고 등록하기

Q 34 미취학 자녀의 학원 교육비를 신용카드로 결제했는데 연말정산간소화 자료가 조회되지 않을 경우 공제받을 수 있는 방법은?

미취학 자녀를 위해 학원 및 체육시설에 지급한 교육비의 경우 학원 및 체육시설에서 교육비 자료를 제출한 경우에만 연말정산간소화에서 조회된다. 연말정산간소화에서 조회되지 않는 경우 학원에서 교육비 납입증명서를 발급받아 원천징수의무자에게 제출하면 된다.

학원 및 체육시설에 지급한 교육비는 미취학 아동을 위해 지급한 경우에만 교육비 대상에 해당하며, 초·중·고·대학생(대학원생) 및 성인을 위해 지급한 경우 교육비 공제 대상에 해당하지 않는다.

Q 35 연말정산간소화에서 대학교 교육비로 조회되는 금액이 등록금 납입액과 다른데 그 이유는 무엇인지?

대학교 교육비 중 장학금, 한국장학재단 등으로부터 학자금 대출을 받아 납입한 등록금이 포함된 경우 이를 뺀 금액이 교육비 공제대상이므로 각 대학에서는 학자금 대출과 장학금을 제외한 나머지 금액만을 연말정산간소화 자료로 제출하고 있다.

Q 36 한국장학재단 등의 학자금 대출이 아닌 시중 금융기관에서 대출받아 대학 등록금을 납부한 경우 대학교 교육비가 연말정산간소화에서 조회되는지?

일반 금융기관, 공무원 연금관리공단 등에서 대출을 받아 등록금을 납입하는 경우 해당 교육비는 납입한 연도에 공제받을 수 있으므로 대학에서 자료를 제출한 경우 연말정산간소화에서 조회된다. 만일, 납입한 교육비가 조회가 되지 않은 경우 학교 등으로부터 교육비 납입증명서를 발급받아 세액공제를 받을 수 있다.

Q 37 한국장학재단으로부터 학자금 대출을 받아 등록금을 납부하였는데 연말정산간소화에서 교육비로 조회가 되지 않는 경우 대학에서 교육비 납입증명서를 제출받아 세액공제가 가능한지?

학자금 대출을 받아 등록금을 납부한 경우에는 등록금 납입하는 때가 아닌 학자금 대출의 원리금을 상환하는 때의 상환액이 교육비 세액공제 대상이다.
학자금 대출 상환액의 경우 연말정산간소화에서 대출받은 본인(학생)의 교육비 세액공제 자료로 조회되며 등록금 납입 시에는 대학교 교육비 납입금액에서 학자금 대출로 납부한 교육비가 차감되어 조회된다.

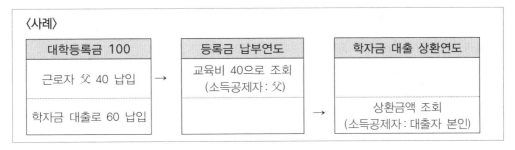

〈사례〉

대학등록금 100		등록금 납부연도		학자금 대출 상환연도
근로자 父 40 납입	→	교육비 40으로 조회 (소득공제자 : 父)		
학자금 대출로 60 납입			→	상환금액 조회 (소득공제자 : 대출자 본인)

Q 38 회사에서 '24년 12월에 공제한 학자금 상환액을 '25.1.10.에 신고·납부한 경우에도 연말정산간소화에서 학자금 상환금액을 조회할 수 있는지?

연말정산간소화에서 조회되는 상환금액은 회사에서 '25.1.10.까지 신고·납부한 자료가 반영된다. 따라서, 회사에서 '25.1.11. 이후에 신고·납부한 경우에는 연말정산 간소화에서 조회되지 않는다. 다만, 회사에서 '25.1.23.까지 신고한 자료는 한국장학재단에서 상환내역을 발급받아 회사에 제출하면 공제받을 수 있다.

Q 39 회사에서 학자금 상환액을 공제한 금액보다 연말정산간소화에서 조회되는 금액이 더 많은 경우도 있는지?

회사에서 급여 부족, 퇴직 등의 사유로 원천공제하지 않았음에도 업무 착오로 상환금 명세서를 제출한 경우에는 연말정산간소화에서 조회되는 금액이 실제 공제된 금액보다 많을 수 있다.

회사를 통해 공제금액을 확인하고 회사에서 잘못 신고한 경우 '25.1.23.까지 수정신고 하도록 요청하면 된다.

> ※ 회사에서 수정신고를 하면 한국장학재단에서 과다 신고된 상환금액을 차감한 상환내역을 발급받을 수 있다.(회사에서 수정 신고한 경우에도 연말정산간소화 자료는 변경되지 않는다.)

Q 40 대학 다닐 때 취업 후 학자금 대출을 받아 등록금을 납부하고 현재 직장에 취직하여 대출금을 갚아 나가고 있는데 작년에 상환했던 금액과 다르게 조회됨. 이유가 무엇인지?

연말정산간소화는 회사(원천징수의무자)가 '25.1.10.까지 한국장학재단, 한국주택금융공사, 국민행복기금(자산관리공사)에 제출한 상환금명세서를 기준으로 상환내역을 제공하고 있다.
연말정산간소화에서 제공되는 금액이 실제 상환액과 다를 경우 자료제출 기관에 확인해야 한다.

> ※ 회사에서 상환금 명세서를 한국장학재단 등에 제출하지 않았거나, 근로자 본인이 회사를 거치지 않고 자발적으로 상환한 내역이 있는 경우 연말정산간소화에서 제공되는 금액이 실제 상환액과 다를 수 있다. 이럴 경우 2월 1일 이후 한국장학재단 등으로부터 원리금 납입증명서를 개별 발급받아 공제받으면 된다.

Q 41 근로자인 대학생이 학자금 대출을 받아 교육비를 납부한 경우 연말정산간소화에서는 교육비 자료가 어떻게 제공되는지?

연말정산간소화에서는 공제대상 교육비 금액에서 학자금 대출을 차감한 금액만 조회된다.
따라서, 근로자인 본인이 학자금 대출을 받아 교육비를 납입한 시점에 교육비 공제를 받기 위해서는 해당 대학교에서 교육비 납입증명서를 발급받아 공제를 받아야 한다.

【연말정산간소화 - 자료제공 동의】

Q 42 지난해까지 조회되던 자녀의 소득·세액공제 자료가 연말정산간소화에서 조회되지 않는데 어떻게 해야 하는지?

성년(만 19세 이상 : '05.12.31. 이전 출생자)이 된 자녀에 대한 소득·세액공제 자료는 그 자녀가 연말정산간소화 자료의 제공에 동의하는 절차를 거쳐야만 근로자가 조회할 수 있다.
자료제공 동의 방법은 자녀가 홈택스(모바일 홈택스 앱)에 접속하여 인증서·휴대전화·신용카드로 본인인증을 하여 신청하거나, 팩스 또는 가까운 세무서를 방문하여 신청할 수 있다.
단, 가족관계증명원상 가족관계가 확인되지 않는 경우 가족관계를 증명할 수 있는 서류를 첨부하여 신청하여야 한다.
⇒ 군 입대 예정인 자녀가 있는 경우 입대 전에 자녀가 미리 자료 제공 동의 신청을 하면 군 입대로 인한 불편을 줄일 수 있다.

> ◆ [부양가족 자료제공 동의 신청 방법]
> (PC) 홈택스 ⇨ 장려금·연말정산·전자기부금 ⇨ 연말정산간소화 ⇨ 부양가족 자료 제공 - 연말정산 부양가족 자료제공 동의신청 ⇨ 본인인증 신청
> (모바일) 홈택스 앱 ⇨ 조회/발급 ⇨ 연말정산서비스 ⇨ 제공동의 신청/취소 ⇨ 제공동의 신청

Q 43 미성년자녀의 자료제공 동의 방법은?

'24년 귀속 연말정산시 '06.1.1. 이후 출생한 미성년자녀에 대한 자료제공 동의는 자녀의 동의 절차를 거치지 않더라도 부모님의 인증서로 본인 인증을 하여 해당 자녀의 자료제공 동의를 신청할 수 있다.

> (PC) 홈택스 ⇨ 장려금·연말정산·전자기부금 ⇨ 연말정산간소화 ⇨ 부양가족 자료 제공 – 연말정산 부양
> 가족 자료제공 동의신청 ⇨ 미성년자녀 신청
> (모바일) 홈택스 앱 ⇨ 조회 발급 ⇨ 연말정산서비스 ⇨ 미성년자녀 자료 조회신청

외국인이나 가족관계 변동이 최근에 발생하여 가족관계증명서상 가족관계가 확인되지 않는 경우 가족관계를 증명할 수 있는 서류를 첨부하여 신청(온라인, 모바일, 팩스, 세무서 방문)하면 된다.

Q 44 자료제공 동의를 신청한 부양가족의 소득·세액공제 일부 항목이 조회되지 않는 이유가 무엇인지?

자료제공 동의신청이 정상적으로 승인되었더라도 근로자 본인명의 불입액만 공제되는 아래 항목에 대해서는 부양가족 명의의 자료를 제공하지 않는다.

> ※ 근로자 본인 부담분 내지 근로자 본인에 한해 공제되는 항목
> - (연금보험료 공제) 공적연금 관련법(국민연금법, 공무원연금법 또는 공무원재해보상법, 군인연금법, 사립
>   학교교직원 연금법, 별정우체국법)에 따라 근로자 본인이 부담하는 연금보험료, 기여금 또는 부담금
> - (보험료 소득공제) 국민건강보험법, 고용보험법, 노인장기요양보험법에 따라 근로자가 부담하는 보험료
> - (주택자금(주택임차차입금 원리금상환액, 장기주택저당차입금 이자상환액) 공제) 무주택 세대의 세대주
>   (장기주택저당차입금은 1주택자 가능)로서 거주자가 주택 구입, 임차를 위한 차입금의 이자 등을 상환하
>   는 경우 일정액 소득공제
> - (개인연금저축 소득공제) 거주자 본인 명의로 '00.12.31. 이전에 개인연금저축에 가입한 경우 연간 납입
>   액의 40%(연 72만원 한도) 소득공제
> - (소기업·소상공인 공제부금 소득공제) 총급여액 7천만원 이하 거주자가 본인 명의로 가입하여 납부하는
>   소기업·소상공인 공제부금 중 한도 내 금액 소득공제
> - (주택마련저축 납입액 소득공제) 총급여액 7천만원 이하로서 무주택 세대의 세대주가 본인 명의로 주택
>   마련저축(청약저축, 주택청약종합저축, 근로자주택마련저축)에 납입한 금액의 40% 소득공제
> - (벤처투자조합 출자 등 소득공제) 거주자가 본인 명의로 투자조합 등에 직접 출자 또는 투자하는 경우
>   종합소득금액의 50% 범위 내에서 일정액을 소득공제
> - (청년형장기집합투자증권저축 소득공제) 소득기준을 갖춘 거주자인 청년이 공제요건을 갖춘 청년형 장기
>   집합투자증권저축에 2024.12.31.까지 가입하고 계약기간 동안 각 과세기간에 납입한 금액의 40%를 종
>   합소득금액에서 소득공제
> - (장기집합투자증권저축 소득공제) 근로소득이 있는 거주자가 공제 요건을 갖춘 장기집합투자증권저축에
>   2015.12.31.까지 가입한 경우 가입일로부터 10년간 납입액의 40%를 소득공제
> - (연금계좌세액공제) 연금저축계좌, 퇴직연금계좌(확정기여형 퇴직연금(DC형), 개인형 퇴직연금(IRP), 과
>   학기술인 공제회법에 따른 퇴직연금)에 납입한 금액 중 일정액을 세액공제
> - (대학원 교육비, 직업훈련비) 근로자 본인 부담금만 교육비 세액공제대상
> - (정치자금기부금, 우리사주조합 기부금) 근로자 본인 지출액만 공제

Q45 사망한 부양가족의 연말정산간소화 자료는 어떻게 조회할 수 있는지?

사망한 부양가족에 대하여도 정보제공 동의를 신청하면 된다.

온라인신청이나 팩스신청, 세무서 방문신청을 이용하여 사망한 부양가족의 자료제공동의 신청이 가능하며, 신청서와 함께 사망자와 자료를 제공받는 자와의 가족관계를 확인할 수 있는 서류, 사망을 입증할 수 있는 서류, 신분증을 첨부하여 신청하면 된다.

> ※ 사망한 부양가족의 신분증이 없을 경우는 자료를 제공받는 자의 신분증 및 서명(직인)을 첨부하여 신청 가능하다.
> ※ 가족관계부에 부양가족의 사망이 확인되는 경우에는 사망을 입증할 수 있는 서류를 별도로 첨부하지 않아도 된다.

Q46 자료제공 동의를 하였는데 이혼 등으로 가족관계가 변동되어 자료제공을 할 필요가 없는 경우 어떻게 해야 하는지?

자료제공 동의를 한 부양가족이 취소 신청을 하여야 하며, 제공동의 취소 신청은 홈택스에서 본인 인증(인증서, 휴대폰, 신용카드 인증)을 하여 취소하거나, 팩스(1544-7020) 또는 세무서에 방문하여 취소 신청서를 제출하면 된다.

> (PC) 홈택스 ⇨ 장려금·연말정산·전자기부금 ⇨ 연말정산간소화 ⇨ 부양가족 자료 제공 – 연말정산 부양 가족 자료제공 동의신청 ⇨ 미성년자녀 신청
> (모바일) 홈택스 앱 ⇨ 조회 발급 ⇨ 연말정산서비스 ⇨ 미성년자녀 자료 조회신청

Q47 아버지에게 자료제공 동의를 하긴 했는데 아버지에게 나의 연말정산 간소화 자료 중 의료비, 신용카드 등 일부 항목만 조회할 수 있도록 할 수 있는지?연말정산간소화 자료 중 본인의 자료가 조회되는 것을 원하지 않는 경우 홈택스를 통해 삭제 신청할 수 있다.

> (PC) 홈택스 ⇨ 장려금·연말정산·전자기부금 ⇨ 연말정산간소화 ⇨ 소득·세액공제 자료 삭제 신청

이 경우 ① 공제항목별 삭제신청, ② 발급기관별 삭제신청, ③ 개별건별 삭제신청 중 선택하여 자료를 삭제 신청할 수 있다.

다만, 한번 삭제된 자료는 다시 복구할 수 없으며, 이미 삭제한 자료가 필요할 경우에는 영수증 발급기관에서 소득·세액공제 증명서류를 직접 발급받아 회사로 제출해야 한다.

제 2 장

근로소득

01절

일반근로소득

1 근로소득의 범위

1. 임금

가. 임금의 개념

임금이란 사용자가 근로의 대가로 근로자에게 임금, 봉급, 그 밖에 어떤 명칭으로든지 지급하는 모든 금품으로서 다음과 같다.

(1) 「사용자가 근로자에게」 지급할 것

임금은 사용자가 근로자에게 지급하는 것이야 하므로 근로자는 종족적인 관계에서 사용자에게 근로를 제공하고 임금을 지급받는다.(근기법 2 ① 5호, 대법 2021두33715, 2022.04.14.)

(2) 「근로의 대가」로 지급할 것

임금은 근로자의 근로의 대가로 지급되는 것이어야 하며, 어떤 금품이 근로의 대상으로 지급된 것이냐를 판단함에 있어서는 금품지급의무의 발생이 근로제공과 직접적으로 관련되거나 그것과 밀접하게 관련된 것으로 볼 수 있어야 한다.(근기법 2 ① 5호, 대법 2016다48785 2019.08.22.)

따라서 사용자가 지급하는 금품이 ① 근로의 대상이 아닌 의례적·호의적 의미에서 지급되는 것이거나(대법 72다2425, 1973.03.27.), ② 근로자가 특수한 근로조건이나 환경에서 직무를 수행하게 됨으로 말미암아 추가로 소요되는 비용을 변상하기 위하여 지급되는 이른바 실비변상적 급여는 근로의 대상으로 지급되는 것으로 볼 수 없기 때문에 임금에 해당하지 않는다.(대법 96다33037, 1997.10.24.)

나. 임금의 지급방법

사용자는 근로자에게 임금을 지급할 때에는 통화로, 직접, 전액을, 정기적으로 지급하는 것이 원칙이다.

(1) 통화 지급의 원칙

사용자가 근로자에게 임금을 지급할 때에는 통화(通貨)로 지급해야 한다.(근기법 43 ①)

통화 지급의 원칙은 국내에서 강제 통용력이 있는 화폐(한국은행법 48)로 지급하는 것을 말하는 것이며, 은행에 의해 그 지급이 보증되는 보증수표로 임금을 지급해도 통화 지급의 원칙에 위배되지 않는다.(고용노동부, 임금 68207-552, 2002.07.29.)

다만, 법령 또는 단체협약에 특별한 규정이 있는 경우에는 통화 이외의 것으로 지급할 수 있다.(근기법 43 ① 단서)

(2) 직접지급의 원칙

사용자가 근로자에게 임금을 지급할 때에는 직접 근로자에게 지급해야 하며 미성년자도 독자적으로 임금을 청구할 수 있다.(근기법 43 ① 본문 및 68)

근로자의 임금채권은 그 양도를 금지하는 법률의 규정이 없으므로 이를 양도할 수 있으나, 근로자가 그 임금채권을 양도한 경우라 할지라도 그 임금의 지급에 관하여는 같은 원칙이 적용되어 사용자는 직접 근로자에게 임금을 지급하지 아니하면 안되는 것이고 그 결과 비록 양수인이라고 할지라도 스스로 사용자에 대하여 임금의 지급을 청구할 수 없다.(대법 87다카 2803, 1988.12.13.)

(3) 전액지급의 원칙

사용자가 근로자에게 임금을 지급할 때에는 그 전액을 지급해야 한다.

다만, 법령 또는 단체협약에 특별한 규정이 있는 경우에는 임금의 일부를 공제하고 지급할 수 있다(근기법 43 ① 단서). 이에 따라 근로소득세(소득법 127 ① 4호), 보험료 등(국민건강보험법 77 ③, 국민연금법 90 ①)의 경우 법령에 따라 임금에서 공제할 수 있다.

(4) 정기지급의 원칙

임금은 매월 1회 이상 일정한 날짜를 정하여 지급해야 한다.(근기법 43 ②)

다만, 다음의 어느 하나에 해당하는 임금에 대해서는 그렇지 않다.(근기법 43 ② 단서 및 근기령 23)

① 1개월을 초과하는 기간의 출근 성적에 따라 지급하는 정근수당
② 1개월을 초과하는 일정 기간을 계속하여 근무한 경우에 지급되는 근속수당
③ 1개월을 초과하는 기간에 걸친 사유에 따라 산정되는 장려금, 능률수당 또는 상여금
④ 그 밖에 부정기적으로 지급되는 모든 수당

(5) 위반 시 벌칙(반의사불벌죄)

임금을 통화(通貨)로 직접 근로자에게 그 전액을 지급하지 않거나 매월 1회 이상 일정한 날짜를 정하여 지급하지 않은 자는 3년 이하의 징역 또는 3천만원 이하의 벌금에 처해진다.(근기법 109 ①) 이 경우 피해자의 명시적인 의사와 다르게 공소를 제기할 수 없다.

⊣ Check Point ⊢

■ **정기일 지급원칙 위반 여부(근로기준과-506, 2010.01.28.)(법인-1276, 2009.11.13.)**

Q: 건설현장에서 매월 1일부터 말일까지 근로한 일수에 대한 임금을 다음 달 25일에 지급할 경우에 정기일 지급 원칙에 위반되나요?

A: 근로기준법 제43조 제2항에 따른 정기지급의 원칙은 임금지급기일의 간격이 지나치게 길고 지급일이 일정하지 않음으로써 야기되는 근로자의 생활불안을 방지하려는 규정이므로 매월 1일부터 말일까지 임금을 계산하여 다음 달 25일에 지급하는 것은 임금 산정기간과 임금지급일의 간격이 길어 합리적이지 못하고 법 취지에도 맞지 않다고 사료됨.

---

2. 근로소득

가. 근로소득의 개념

근로소득은 명칭 여하에 불구하고 고용관계, 기타 유사한 계약에 의하여 종속적 지위에서 근로를 제공하고 지급받는 모든 대가로 해당 과세기간에 발생한 다음의 소득으로 한다.

① 근로 제공함으로써 받는 봉급·급료·보수·세비·임금·상여·수당과 이와 유사한 성질의 급여
② 법인의 주주총회·사원총회 또는 이에 준하는 의결기관의 결의에 따라 상여로 받는 소득(잉여금처분상여)
③ 법인세법에 따라 상여로 처분된 금액(인정상여)
④ 퇴직함으로써 받는 소득으로서 퇴직소득에 속하지 아니하는 소득
⑤ 종업원등 또는 대학의 교직원이 지급받는 직무발명보상금

근로소득은 그 지급된 금액의 명목이 아니라 성질에 따라 결정되어야 할 것으로서, 그 금액의 지급이 근로의 대가가 될 때는 물론이고 근로를 전제로 그와 밀접히 관련되어 근로조건의 내용을 이루고 규칙적으로 지급되는 깃이라면 근로소득에 해당힌다.(소득법 집행기준 20-38-1 ②)

참고

○ **직무발명의 개념(발명진흥법 제2조 제2호)**

"직무발명"이란 종업원, 법인의 임원 또는 공무원이 그 직무에 관하여 발명한 것이 성질상 사용자·법인 또는 국가나 지방자치단체의 업무 범위에 속하고 그 발명을 하게 된 행위가 종업원등의 현재 또는 과거의 직무에 속하는 발명을 말한다.

○ **직무발명보상금의 소득구분**(서면법령해석소득 2017-0780, 2017.06.15.)

2016.12.31. 이전 확정되었으나, 2017.1.1. 이후 대학의 교직원이 지급받는 직무발명보상금은 근로소득에 해당하는 것이며, 퇴직한 이후에 지급받은 직무발명보상금은 기타소득에 해당하는 것이다.

종업원 등이 근로 중 지급받는 경우	종업원 등이 퇴직한 후 지급받은 경우
근로소득	기타소득

○ **근로자 여부의 판단기준**(소득법 집행기준 20-0-1)

근로자에 해당하는지 여부를 판단함에 있어서는 그 계약이 민법상의 고용계약이든 또는 도급계약이든 그 계약의 형식에 관계없이 그 실질에 있어 임금을 목적으로 종속적인 관계에서 사용자에게 근로를 제공하였는지 여부에 따라 판단해야 하고, 종속적인 관계가 있는지 여부를 판단함에 있어서는 다음의 내용을 종합적으로 고려하여 판단해야 한다.

1. 업무의 내용이 사용자에 의하여 정해지고 취업규칙·복무규정·인사규정 등의 적용을 받으며 업무수행 과정에 있어서도 사용자로부터 구체적이고 직접적인 지휘·감독을 받는지 여부
2. 사용자에 의하여 근무시간과 근무장소가 지정되고 이에 구속을 받는지 여부
3. 근로자 스스로가 제3자를 고용하여 업무를 대행케 하는 등 업무의 대체성 유무
4. 비품·원자재·작업도구 등의 소유관계, 보수가 근로 자체의 대상적 성격을 갖고 있는지 여부와 기본급이나 고정급이 정해져 있는지 여부 및 근로소득세의 원천징수 여부 등 보수에 관한 사항
5. 근로제공관계의 계속성과 사용자에의 전속성의 유무와 정도
6. 사회보장제도에 관한 법령 등 다른 법령에 따라 근로자로서의 지위를 인정받는지 여부
7. 양 당사자의 경제적·사회적 조건 등

○ **근로기준법상 근로자에 해당하는지 여부의 판단기준**(대법 2004다29736, 2006.12.07.)

근로기준법상의 근로자에 해당하는지 여부는 계약의 형식이 고용계약인지 도급계약인지보다 그 실질에 있어 근로자가 사업 또는 사업장에 임금을 목적으로 종속적인 관계에서 사용자

에게 근로를 제공하였는지 여부에 따라 판단하여야 하고, 여기에서 종속적인 관계가 있는지 여부는 ① 업무 내용을 사용자가 정하고, ② 취업규칙 또는 복무(인사)규정 등의 적용을 받으며, ③ 업무 수행 과정에서 사용자가 상당한 지휘·감독을 하는지, ④ 사용자가 근무시간과 근무 장소를 지정하고 근로자가 이에 구속을 받는지, ⑤ 노무제공자가 스스로 비품·원자재나 작업도구 등을 소유하거나, ⑥ 제3자를 고용하여 업무를 대행케 하는 등 독립하여 자신의 계산으로 사업을 영위할 수 있는지, ⑦ 노무 제공을 통한 이윤의 창출과 손실의 초래 등 위험을 스스로 안고 있는지, ⑧ 보수의 성격이 근로 자체의 대상적 성격인지, ⑨ 기본급이나 고정급이 정하여졌는지, ⑩ 근로소득세의 원천징수 여부 등 보수에 관한 사항, ⑪ 근로 제공 관계의 계속성과 사용자에 대한 전속성의 유무와 그 정도, ⑫ 사회보장제도에 관한 법령에서 근로자로서 지위를 인정받는지 등의 경제적·사회적 여러 조건을 종합하여 판단하여야 함.

○ **사이닝보너스의 근로소득 수입금액 계산방법**(소득법 집행기준 20-0-2)

특별한 능력 또는 우수한 능력이 있는 근로자가 기업과 근로계약을 체결하면서 지급받는 사이닝보너스를 근로계약 체결 시 일시에 선지급(계약기간 내 중도퇴사 시 일정금액 반환조건)하는 경우에는 해당 선지급 사이닝보너스를 계약조건에 따른 근로기간 동안 안분하여 계산한 금액을 각 과세기간의 근로소득 수입금액으로 한다.

○ **근로소득의 범위**(소득법 집행기준 20-38-1 ②)

근로소득으로 보는 경우	근로소득으로 보지 않는 경우
• 신규채용 시험이나 사내교육을 위한 출제·감독·채점 또는 강의교재 등을 작성하고 근로자가 지급받는 수당·강사료·원고료 명목의 금액 • 노동조합 전임자가 단체협약 등에 따라 사용자로부터 지급받는 금액 • 근로자가 소속법인의 급여규정에 따라 재직 시의 경영성과에 따라 퇴직 후 지급받는 성과급 • 사립대학교가 해당 대학에 재학 중인 학교 교직원 자녀에 대해 학비를 면제하는 경우 그 면제받는 학비 상당액	• 종업원이 사내근로복지기금으로부터 지급받는 자녀학자금. 이 경우 학자금의 원천이 출연금인지 또는 출연금의 수익금인지 관계없이 과세대상 근로소득에 해당하지 않음. • 영유아보육법에 따른 보육시설의 보육교사가 같은 법 시행령 제24조 제1항 제7호에 따라 국가 및 지방자치단체로부터 처우개선을 위하여 지급받은 금액

○ **근로소득 구분**

고용관계가 있는 지 여부의 판단은 근로제공자가 업무 내지 작업에 대한 거부를 할 수 있는지, 시간적·장소적인 제약을 받는지, 업무수행과정에 있어서 구체적인 지시를 받는지, 복무규정의 준수의무 등을 종합적으로 판단하여 소득을 구분한다.

○ **고용관계 및 계속성 여부에 따른 소득구분**

소 득 종 류	주 요 특 징
근로소득	고용관계에 의하여 종속적
기타소득	고용관계 없이 독립적, 일시적
사업소득	고용관계 없이 독립적, 계속적

○ 학교의 외부강사 소득구분

사　례	소득 구분
학교강사로 고용되어 지급받는 강사료	근로소득
일시적으로 강의를 하고 지급받는 강사료	기타소득
독립된 자격으로 계속적·반복적으로 지급받는 강사료	사업소득

※ 교사가 받는 방과후 학교 강사료는 근로소득에 해당

○ 거주자의 주식매수선택권의 행사시 소득구분(소득법 집행기준 20 – 38 – 2)

구　분	소득 종류
근무하는 기간 중 행사함으로써 얻은 이익(주식매수선택권 행사 당시의 시가와 실제 매수가액과의 차액)	근로소득
근무기간 중 부여받아 고용관계 없는 상태인 퇴직 후에 주식매수선택권을 행사함으로써 얻은 이익	기타소득
피상속인이 부여받은 주식매수선택권을 상속인이 행사함으로써 얻은 이익	

나. 근로소득의 종류

근로소득은 원천징수의무 여부 및 근로제공기간에 따라 다음과 같이 구분한다.

(1) 원천징수의무 여부에 따른 구분

① 원천징수대상근로소득 : 원천징수 대상이 아닌 근로소득을 제외한 근로소득

② 원천징수 대상이 아닌 근로소득 : 다음 어느 하나에 해당하는 소득(소득법 127 ① 4)

가. 외국기관 또는 우리나라에 주둔하는 국제연합군(미군은 제외한다)으로부터 받는 근로소득
나. 국외에 있는 비거주자 또는 외국법인(국내지점 또는 국내영업소는 제외)으로부터 받는 근로소득. 다만, 다음의 어느 하나에 해당하는 소득은 제외한다.
　　㉠ 비거주자의 국내사업장과 「법인세법」에 따른 외국법인의 국내사업장의 국내원천소득금액을 계산할 때 필요경비 또는 손금으로 계상되는 소득
　　㉡ 국외에 있는 외국법인(국내지점 또는 국내영업소는 제외한다)으로부터 받는 근로소득 중 소득세가 원천징수되는 파견근로자의 소득

(2) 근로제공기간에 따른 구분

① 일용근로자 근로소득 : 근로제공기간이 3월(또는 1년) 이상 계속 고용되어 있지 아니한 자가 받는 근로소득

② 일반급여자 근로소득 : 일용근로자 외의 자의 근로소득

원천징수 대상 근로소득에 해당하는 경우	원천징수 대상이 아닌 근로소득에 해당하는 경우
1. 외국법인의 연락사무소에서 근무하는 직원의 경우 연락사무소에서 지급하는 급여 2. 당해 주식에 대한 매입비용을 국내의 자회사가 전적으로 부담하는 경우 3. 내국법인의 국외사업장 등에 파견된 직원이 거주자에 해당하는 경우 내국법인이 당해 직원에게 지급하는 급여 4. 내국법인이 외국인근로자의 급여를 손금으로 계상하는 경우	1. 외국본점의 거래은행을 통해 각 직원의 계좌로 직접 송금하는 경우 2. 국내의 자회사에 근무한 임직원이 외국의 모법인으로부터 주식매입선택권을 부여받아 이를 행사하는 시점에서 발생하는 이익 3. 외국법인이 본사 직원을 국내에 파견하고 직원급여를 직접 외국법인 본사에서 직원에게 지급하는 경우 4. 내국법인이 해외파견근무계약에 의해 임직원을 해외관계회사에 파견한 경우 당해 해외관계회사가 임직원에게 지급하는 급여

예규 •••

● **근로자가 지급받는 출제수당의 소득구분**(소득법 기본통칙 20 – 38 – 2)

신규채용시험이나 사내교육을 위한 출제·감독·채점 또는 강의교재 등을 작성하고 근로자가 지급받는 수당·강사료·원고료 명목의 금액은 근무의 연장 또는 특별근로에 대한 대가로서 법 제20조에 규정하는 근로소득으로 본다.

● **부당해고 기간의 급여에 대한 소득구분**(소득법 기본통칙 20 – 38 – 3)

근로자가 법원의 판결·화해 등에 의하여 부당해고 기간의 급여를 일시에 지급받는 경우에는 해고기간에 근로를 제공하고 지급받는 근로소득으로 본다.

● **청구법인이 소속 임직원들에게 지급한 쟁점복지포인트가 과세대상 근로소득인지 여부**(조심 2024광2650, 2024.06.28., 조심 2023서8197, 2023.08.23., 조심 2023서9272, 2023.10.12., 조심 2022서6638, 2022.09.07.)

과세대상 근로소득이란 지급형태나 명칭을 불문하고 성질상 근로의 제공과 대가관계에 있는 일체의 경제적 이익을 포함할 뿐만 아니라 직접적인 근로의 대가 외에도 근로를 전제로 그와 밀접히 관련되어 근로조건의 내용을 이루고 있는 급여도 포함된다(대법원 2018.9.13. 선고 2017두56574 판결 외 다수) 할 것인바, 청구법인의 경우 원칙적으로 재직자를 대상으로 쟁점복지포인트를 부여하면서 근속년수에 따라 복지포인트를 차등 지급하는바 쟁점복지포인트가 근로의 대가 또는 근로조건의 내용을 이루는 것이 아니라고 단정하기는 어려운 점, 쟁점복지포인트를 비과세 대상으로 볼 경우 그 지급비중을 높일 유인이 발생하고 이에 따라 동일한 구매력을 지닌 현금을 지급받은 경우와 소득세 부담에 차이가 발생할 수 있는 점, 대법원 전원합의체 판결은 선택적 복지제도에 따른 복지포인트가 「근로기준법」상 임금에 해당하는지에 관한 것으로 「근로기준법」과 「소득세법」은 입법목적 등이 다르므로 이를 직접 원용하는 것은 부적절해 보이는 점 등을 감안하면, 처분청에서 쟁

점복지포인트를 과세대상 근로소득으로 보아 청구법인에게 원천징수분 근로소득세 및 법인세를 부과한 이 건 처분은 달리 잘못이 없다고 판단됨.

● **회사가 근로자 및 근로자 가족에게 지원하는 건강검진비가 의료비 공제대상인지 여부**(원천 – 390, 2024.03. 28.)

회사에서 소속 근로자 및 근로자 가족의 건강검진비를 지원하는 금액은 해당 근로자의 근로소득 수입금액과 의료비 공제대상에 포함됨.

● **비상임이사에게 지급하는 수당의 소득세 비과세 여부**(기획재정부소득 – 790, 2023.09.04.)

비상임이사가 지급받는 수당은 법령·조례에 따른 위원회 등의 보수를 받지 아니하는 위원등이 받는 수장으로 비과세 기타소득에 해당하지 않으며 근로소득에 해당하는 것임. 다만, 지급받는 수당 중 실비변상적 성질의 금액은 비과세 근로소득에 해당하는 것임.

● **퇴직 후 지급받는 상여금의 소득구분 및 귀속시기**(서면원천 2023 – 415, 2024.01.18., 소득세과 – 1916, 2009.12.08., 소득세 – 400, 2014.07.12.)

재직 중 수행하던 소송 업무에 대한 공로를 인정하여 소송결과 인용금액의 일부를 퇴직 후 지급하는 상여금의 소득구분은 근로소득에 해당하는 것이며, 그 귀속시기는 합의서에 따른 지급금액이 확정된 날로 하는 것임.

● **사회복지시설 종사자에게 지급하는 복지포인트의 근로소득 해당 여부**(원천 – 384, 2024.03.28., 기획재정부 소득 – 96, 2024.01.30.)

지방자치단체의 예산으로 사회복지시설 종사자에게 처우개선 등의 목적으로 지급하는 복지포인트는 근로소득에 해당하는 것임.

● **비상임이사에게 지급하는 수당의 소득세 비과세 여부**(기획재정부소득 – 790, 2023.09.04.)

비상임이사가 지급받는 수당은 소득세법 §12조(5) 자목(법령·조례에 따른 위원회 등의 보수를 받지 아니하는 위원(학술원 및 예술원의 회원을 포함한다) 등이 받는 수당)의 비과세 기타소득에 해당하지 않으며 근로소득에 해당하는 것임. 다만, 지급받는 수당 중 실비변상적 성질의 금액은 비과세 근로소득에 해당하는 것임.

● **장기요양기관의 검체채취지원금의 과세 여부**(기획재정부소득 – 658, 2023.07.26., 서면법규소득 2022 – 3176, 2023.07.31.)

장기요양기관에서 검체를 채취한 의료·간호인력이 국가 지원금을 재원으로 하여 해당 기관으로부터 지급받는 금전은 소득세 과세대상에 해당하지 않는 것임.

● **장기요양기관 대표자가 인출하는 기타전출금의 소득 구분**(사전법규소득 2020 – 621, 2022.05.25.)

장기요양사업에서 발생한 소득은 사업소득에서 제외되는 것이나, 장기요양사업의 기관의 대표자가 인출하는 기타전출금은 소득법에 따른 근로소득에 해당함.

● **일용근로자가 일당 외 지급받는 연장근로수당, 유급휴일수당 등의 원천징수세액 계산 방법**(서면소득관리 2022 – 5649, 2023.02.14.)

일용근로자가 비과세 소득에 해당하지 않는 연장근로수당과 유급휴일에 대한 수당을 지급받는 경우 해당 수당은 과세대상 근로소득에 해당하는 것이며 원천징수세액은 일급여액을 포함한 과세대상 근로소득에서 근로소득공제를 한 근로소득금액에 원천징수세율(6%)을 적용하여 계산한 산출세액에서 근로소득세액공제액(산출세액의 55%)을 차감하여 계산하는 것임.

● **지자체주관 일·경험 지원사업에 참여하는 학생이 지자체로부터 지급받는 지원금의 과세 여부**(기획재정부소득 – 485, 2022.10.26.)

○○○○시 주관 일·경험 프로그램에 고용관계가 없는 학생이 일·경험수련생으로서 직장체험프로그램을 참여하고 지급받는 지원금은 근로소득 또는 기타소득에 해당하지 않는 것임.

● **일용근로소득 소득세법 제4조의 제1항의 소득 해당여부**(서면소득관리 2021 – 5464, 2021.10.14.)

일용근로자의 근로소득은 '거주자의 소득', '종합소득', '근로소득'에 해당함.

● **노동위원회 차별시정 판정에 따라 지급받은 내부성과급의 소득 구분**(서면소득 2021 – 5035, 2021.07.30.)

노동위원회의 차별적 처우 시정판정에 따라 근로자가 지급받는 내부성과급은 근로소득에 해당하는 것임.

● **고용안정협약지원금의 소득세 과세 여부**(서면법령해석소득 2021 – 152, 2021.05.17., 기획재정부소득 – 315, 2021.05.13.)

「고용보험법」에 따라 노사합의를 통해 고용을 유지하기로 한 경우, 같은 법에 근거하여 정부가 사업자를 통해 근로자에게 지급하는 고용안정협약지원금은 소득세 과세 대상에 해당하지 않는 것임.

● **「대학생 현장실습 운영규정」 제7조에 따라 지급받는 현장실습지원비**(기획재정부소득 – 153, 2021.03.09.)

「대학생 현장실습 운영규정」에 따라 수업으로서의 요건을 갖춘 현장실습수업에 참여하는 학생이 같은 규정 제7조에 따라 지급받는 현장실습지원비는 근로소득 및 기타소득에 해당하지 아니하는 것임.

● **고용보험법에 따라 무급휴업·휴직자에게 국가가 직접 지급하는 고용유지지원금의 과세대상 여부**(서면법령해석소득 2020 – 2799, 2020.08.13., 기획재정부소득 – 407, 2020.08.05.)

고용보험법에 따라 사업주가 무급휴업·휴직을 실시하고 동법에 근거하여 정부가 근로자에게 직접 지급하는 고용유지지원금은 소득세 과세대상에 해당하지 않는 것임.

● **재단법인의 내부직원이 자격증 시험의 감독위원 및 관리위원으로 받는 수당의 소득 구분**(서면소득 2018 – 3294, 2018.12.10.)

고용관계나 이와 유사한 계약에 의하여 근로를 제공하고 지급받는 대가는 근로소득에 해당하는 것으로, 재단법인의 직원이 해당 법인의 정관에 근거한 내부규정에 따라 시험감독 및 시험관리 위원으로 위촉되어 지급받는 수당은 근로소득에 해당하여 과세되는 것임.

● **판공비의 소득구분 등**(서울고법 2017누60941, 2018.01.19.)

판공비 기타 이와 유사한 명목으로 받는 것으로서 업무를 위하여 사용된 것이 분명하지 아니한 급여는 근로소득에 해당함.

● **청년강소기업체험 프로그램 참가자에게 지급한 지원금의 소득 구분**(서면법령해석소득 2015 – 367, 2016.07.28.)

'근로계약'이 아닌 '연수협약'에 의해 연수생에게 지급하는 연수수당(교통비 및 중식비 상당액)은 비과세소득으로 특별히 규정된 것을 제외하고는 근로소득에 해당하는 것임.

● **일학습병행제에서 현장학습(OJT) 교육을 실시한 기업직원이 지급받는 강의료의 소득의 구분**(사전법령해석소득 2016 – 598, 2017.03.10.)

고용관계에 있는 자가 기업이 참여한 일학습병행제 교육프로그램에 따라 현장학습(OJT)을 실시하고 지급받는 강의료는 근로소득에 해당하는 것임.

● **퇴직근로자에게 지급하는 특별공로금의 소득 구분 등**(서면법규 – 853, 2013.07.25.)

근로자가 재직 중에 회사의 경영성과에 기여한 공로로 매년 매출액의 일정금액을 특별공로금으로 지급받기로 약정하였으나, 회사가 지급의무를 이행하지 아니하여 법원의 판결에 의해 퇴직 후에 지급받는 경우 해당 특별공로금은 근로소득에 해당하며, 그 수입시기는 당해 근로자가 근로를 제공한 연도(회사의 매출액이 확정되는 사업연도 말일)가 되는 것임.

● **정식 채용 확정 전 신입사원에게 지급하는 연수수당의 소득 구분**(원천 – 316, 2009.04.09.)

신입사원 채용 확정 전에 신입사원 연수 기간 동안 지급받는 연수수당 및 「Job Sharing」의 일환으로 채용된 청년인턴쉽 대상자가 지급받는 인턴 수당은 근로소득에 해당하는 것임.

● **선택적복지제도 운영에 따른 소득세 과세 여부**(서면1팀 – 1417, 2005.11.23.)

선택적복지제도 운영지침에 따라 복지후생제도를 시행함에 있어 각 종업원에게 개인별로 포인트를 부여하여 이를 사용하게 하는 경우, 당해 포인트 사용액(소득세법 제12조 제4호의 규정에 의한 비과세소득 및 같은 법 시행령 제38조 제1항 각 호 중 단서 규정에 의하여 근로소득으로 보지 않는 것을 제외)은 근로소득으로 과세되는 것임.

● **내부직원에게 지급한 강의료의 소득 구분**(서일 46011 – 10654, 2003.05.24.)

근로자가 정상근무시간 외에 사내교육(자사의 직원들에게 특정과목에 대한 강의)을 하고 당해 회사로부터 지급받는 강사료는 근로소득에 해당되는 것임.

참고

○ **급여의 자진반납에 대한 세무처리**(소득법 집행기준 20 – 0 – 3)

① 반납하는 급여를 회사가 모금하여 근로자 명의로 기부하는 경우 ⇨ 당초에 지급한 급여를 근로자의 소득으로 보아 세무처리
  • 월급여 1,000,000원인 근로자가 100,000원을 반납하여 기부하고 회사는 당초 급여를 인건비로 처리하는 경우

← 당초 급여 1,000,000원(인건비 처리) →	
실수령액 900,000원	반납(기부) 100,000원

  • 회사는 1,000,000원을 근로자 급여로 보아 근로소득세를 원천징수하되, 근로자가 기부금단체 등에 기부한 100,000원은 근로소득 연말정산시 기부금세액공제 적용

- 회사가 계상한 1,000,000원은 법인의 손금(인건비)으로 인정하고, 1,000,000원을 기준으로 퇴직급여충당부채를 설정하여 별도 손금으로 인정
② 회사가 당초 급여를 인건비로 처리, 근로자는 일부를 반납하는 경우 ⇨ 당초에 지급한 급여를 근로자의 소득으로, 회사는 반납받은 금액을 익금(잡수익 등)으로 세무처리
- 근로자는 급여 1,000,000원을 수령한 후 회사에 100,000원을 반납

←	당초 급여 1,000,000원(인건비 처리)	→
실수령액 900,000원		반납(회사) 100,000원

- 회사는 1,000,000원을 근로자 급여로 보아 근로소득세를 원천징수(근로자는 반납한 100,000원에 대하여도 근로소득세를 부담)
- 회사가 계상한 1,000,000원은 법인의 손금(인건비)으로 인정하고, 1,000,000원을 기준으로 퇴직급여충당부채를 설정하여 별도 손금으로 인정
- 회사는 반납받은 100,000원을 익금(잡수입 등)에 산입하고, 동 재원으로 일자리 나누기 등에 의해 근로자를 신규 채용하거나 기부금으로 지출하는 경우 인건비 또는 기부금으로 손금인정
- 기부금 지출시 그 행위를 근로자가 아닌 법인으로 봄
③ 회사가 근로자의 실수령액을 인건비로 회계처리하는 경우 ⇨ 당초 급여에서 반납한 급여를 차감한 금액을 종업원의 소득으로 보아 세무처리
- 월 급여 1,000,000원 중 100,000원을 반납(삭감)하고, 회사는 삭감 후 급여를 인건비로 회계처리

←	당초 급여 1,000,000원	→
실수령액 900,000원(인건비 처리)		반납(삭감) 100,000원

- 회사는 실 지급액 900,000원을 근로자 급여로 보아 근로소득세를 원천징수(근로자는 반납한 100,000원에 대해서는 근로소득세 부담 없음)
- 회사가 계상한 900,000원은 법인의 손금(인건비)으로 인정하고, 900,000원을 기준으로 퇴직급여충당부채를 설정하여 별도 손금으로 인정
- 회사는 삭감된 100,000원을 재원으로 일자리 나누기 등에 의해 근로자를 신규 채용하거나 기부금으로 지출하는 경우 인건비 또는 기부금으로 손금인정

3. 근로소득에 포함되는 소득

다음의 소득은 근로소득에 포함되는 소득으로 본다.(소득령 38 ①)

① 법인세법에 따라 상여로 처분된 금액(인정상여)

○ **인정상여의 개념**

법인세 정기신고·수정신고·경정등청구·기한후신고·관할 세무서장 등의 결정 경정함에 따라 법인세 과세표준의 신고·결정 또는 경정이 있는 때 익금에 산입하거나 손금에 산입하지 아니한 금액이 임원 또는 직원에게 귀속되는 경우와 그 귀속자가 불분명한 때에는 대표자에게 귀속된 것으로 보아 상여로 소득처분한 금액을 「소득세법」에서는 귀속자의 근로소득에 포함하고 있으며 이를 「인정상여」라 한다.

○ **인정상여에 해당하는 세무조정 사례**

㉠ 채권자가 불분명한 사채이자(원천징수세액상당액은 제외)

㉡ 수령자가 불분명한 채권·증권에 대한 이자(원천징수세액상당액은 제외)

㉢ 임원퇴직금 한도초과액   ㉣ 임원상여금 한도초과액

㉤ 업무와 관련 없는 가지급금 인정이자   ㉥ 증빙불비 비용

㉦ 현금매출액 계상 누락액

㉧ 업무용 승용차 관련 비용의 손금불산입 등 특례

② 법인의 주주총회·사원총회 또는 이에 준하는 의결기관의 결의에 따라 상여로 받는 소득(잉여금처분 상여)

③ 기밀비(판공비 포함)·교제비 기타 이와 유사한 명목으로 받는 것으로서 업무를 위하여 사용된 것이 분명하지 아니한 급여

④ 종업원이 받는 공로금·위로금·개업축하금·학자금·장학금(종업원의 자녀가 사용자로부터 받는 학자금·장학금 포함) 기타 이와 유사한 성질의 급여

○ **근로소득에 포함되는 학자금·장학금 등의 범위**[5]

① 교직원의 자녀가 해당 교직원의 재직사실에 기인하여 받는 장학금·학비 면제액은 교직원의 근로소득에 해당한다.

② 명예퇴직하는 근로자가 노사합의에 의해 재직근로자에게 적용되는 자녀학자금 지원을 퇴직 후 일정기간 동안 당해 회사로부터 지급받는 경우 그 학자금은 근로소득에 해당한다.

③ 법인이 우수인력 확보를 위해 대학원 재학생에게 등록금 등 매월 일정금액의 학비보조비를 장학금 명목으로 대여하고 졸업 후 당초 계약조건의 이행여부에 따라 당해 장학금을 반환받거나 반환을 면제해주는 경우의 조건부 대여장학금은 계약조건에 의해 당해 법인에 근로를 제공한 기간에 안분한 금액 상당액을 근로를 제공한 자의 근로소득으로 보아 원천징수하는 것이다.

⑤ 근로수당·가족수당·전시수당·물가수당·출납수당·직무수당, 기타 이와 유사한 성질의 급여(근속수당·명절휴가비·연월차수당·승무수당·공무원의 연가보상비·정근수당·휴업수당 등)

⑥ 보험회사, 「자본시장과 금융투자업에 관한 법률」에 따른 투자매매업자 또는 투자 중개업자 등의 종업원이 받는 집금(集金)수당과 보험가입자의 모집, 증권매매의 권유 또는 저축을 권장하여 받는 대가, 그 밖에 이와 유사한 성질의 급여

> **참고**
>
> ○ **고용관계 여부에 따른 소득 구분**
>
> 종속적인 고용관계 없이 보험가입자의 모집, 증권매매의 권유 또는 저축을 권장하여 받는 대가, 그 밖에 이와 유사한 성질의 급여는 사업소득 또는 기타소득으로 구별된다.

⑦ 급식수당·주택수당·피복수당 기타 이와 유사한 성질의 급여

다만, 아래의 금액은 총급여액에 포함하지 않는다.

> • 월 20만원 한도 내의 식대(식사 기타 음식물을 제공받지 않는 경우에 한함)
> • 법령·조례에 의하여 제복을 착용하여야 할 자가 지급받는 제복, 제모, 제화
> • 특수작업 또는 그 직장 내에서만 착용하는 피복(병원, 시험실, 금융기관 등)

⑧ 주택을 제공받음으로써 얻는 이익

⑨ 종업원이 주택(주택에 부수된 토지 포함)의 구입·임차에 소요되는 자금을 저리 또는 무상으로 대여받음으로써 얻는 이익

⑩ 기술수당·보건수당 및 연구수당, 그 밖에 이와 유사한 성질의 급여

> **참고**
>
> ○ **근로소득에 포함되는 기술수당·보건수당·연구수당 등의 범위**
>
> ① 수석교사가 지급받는 연구활동비는 근로소득에 해당하는 것이며, 매월 20만원 이내의 금액에 대하여 비과세하는 것임.(서면법령해석소득 2015-0808, 2015.07.07.)
> ② 해당 학교 교사가 정규교육과정 외 방과후 학교에 참여하고 학교로부터 강사료를 지급받는 금액은 근로소득에 해당한다.

---

5) 국세청, 「2021 원천징수의무자를 위한 연말정산 신고안내」, 국세청, 2021.12. p.63.

⑪ 시간외 근무수당·통근수당·개근수당·특별공로금 기타 이와 유사한 성질의 급여
(출퇴근 교통비 및 체력단련비 명목으로 지급하는 금액 등)

⑫ 여비의 명목으로 받는 연액 또는 월액의 급여

- 실제소요 경비인 여비는 실비변상적 급여에 해당하는 비과세소득임.
- 종업원의 소유차량을 업무에 이용하고 시내출장 등에 소요된 실제여비를 지급받지 않는 자가 지급기준에 따라 받는 자기차량 운전보조금(월 20만원 한도)은 비과세소득임.

⑬ 벽지수당·해외근무수당 기타 이와 유사한 성질의 급여

예규 ●●●

● 파견근로자에게 별도 수당지급방법(법인 46013 - 3865, 1998.12.10.)
근로자파견계약에 의하여 파견근로자를 사용하는 사용사업주가 직접 파견근로자에게 별도의 수당을 지급하는 경우에는 수당지급 내용을 파견사업주에게 통보하여야 하며, 통보받은 파견사업주는 동 파견근로자의 수당을 근로소득과 합하여 「소득세법」 제134조의 규정에 따라 매월 간이세액표에 의한 세액을 원천징수하여 납부하는 것임.

⑭ 종업원이 계약자이거나 종업원 또는 그 배우자 및 그 밖의 가족을 수익자로 하는 보험·신탁 또는 공제와 관련하여 사용자가 부담하는 보험료·신탁부금 또는 공제부금
⑮ 법인세법 시행령 제44조 제4항에 따른 임원퇴직금 한도초과액(손금불산입액)

구분	적용기준	소득구분
임·직원	퇴직급여지급규정·취업규칙 또는 노사합의에 의하여 지급하는 퇴직수당·퇴직위로금·퇴직공로금 등	퇴직소득
임원만 적용	임원퇴직금 중 지급규정이 있는 경우 ㉠과 ㉡ 중 하나의 금액 또는 지급규정이 없는 경우 ㉢의 금액을 초과하는 금액 ㉠ 정관에 퇴직금 및 퇴직위로금 등으로서 지급할 금액이 정해진 경우(임원퇴직금을 계산할 수 있는 기준이 정관에 기재된 경우 포함) 그 금액 ㉡ 정관에서 위임된 퇴직급여규정이 있는 경우 그 금액 ㉢ '㉠, ㉡' 외의 경우 : 퇴직일 직전 1년간 임원 총급여액×10%×근속연수	근로소득

임원의 범위 : 다음에 게기하는 직무에 종사하는 자를 말한다.
㉠ 법인의 회장·사장·부사장·이사장·대표이사·전무이사 및 상무이사 등 이사회의 구성원

전원과 청산인

ⓛ 합명회사, 합자회사 및 유한회사의 업무집행사원 또는 이사

ⓒ 유한책임회사의 업무집행자

ⓔ 감사

ⓜ 그 밖에 'ⓐ~ⓔ'에 준하는 직무에 종사하는 자

⑯ 휴가비 기타 이와 유사한 성질의 급여

⑰ 계약기간 만료 전 또는 만기에 종업원에게 귀속되는 단체환급부보장성보험의 환급금

⑱ 법인의 임원 또는 종업원이 해당 법인 또는 해당 법인과 특수관계에 있는 법인으로부터 부여받은 주식매수선택권을 해당 법인 등에서 근무하는 기간 중 행사함으로써 얻은 이익(주식매수선택권 행사 당시의 시가와 실제 매수가액과의 차액을 말하며, 주식에는 신주인수권을 포함)

⑲ 「공무원 수당 등에 관한 규정」, 「지방공무원 수당 등에 관한 규정」, 「검사의 보수에 관한 법률 시행령」, 대법원규칙, 헌법재판소규칙 등에 따라 공무원에게 지급되는 직급보조비

예규

● 사업주가 부담하는 어린이집 위탁보육비 근로소득 해당 여부(기획재정부소득 – 254, 2017.05.31.)

「영유아보육법」에 따라 사업주가 지역의 어린이집과 위탁계약을 체결하여 위탁보육을 실시함에 따라 부담하는 보육비의 경우, 해당 어린이집에 자녀를 위탁한 근로자가 부담하여야 할 필요경비(특별활동비 등에 사용한 수익자부담경비) 상당액에 한하여 근로소득에 해당하는 것임.

● 위탁보육비 지원금의 근로소득 여부(서면 – 2015 – 법령해석소득 – 1851, 2016.09.06., 서면 – 2016 – 소득 – 5672, 2016.11.08.)

「영유아보육법 시행령」에 따라 위탁보육을 하는 사업주가 위탁계약을 맺은 어린이집에 지급하는 위탁보육비는 위탁보육을 지원받는 근로자의 근로소득에 해당하는 것임.

⑳ 공무원이 국가 또는 지방자치단체로부터 공무 수행과 관련하여 받는 상금과 부상

㉑ 그 외 근로소득에 해당하는 것

ⓐ 임원의 퇴직소득 중 근로소득으로 간주되는 금액(소득법 22 ③)

ⓛ 중소기업 핵심인력 성과보상기금으로부터 공제금을 수령하는 경우 해당 금액 중 기업이 부담한 기여금(조특법 29의6 ①)

● 고용노동부가 주관하는 청년내일채움공제 만기환급금 중 정부지원금 및 기업기여금으로 적립한 부분의 소득세 과세대상 해당 여부(서면법령해석소득 2018 – 3289, 2019.03.14., 기획재정부소득 – 184, 2019.03.07.)

「고용정책기본법」 제25조, 「고용보험법」 제25조 및 「청년고용촉진특별법」 제7조 등에 근거하여 고용노동부가 주관하는 청년내일채움공제에 가입한 거주자가 해당 공제의 만기에 지급받는 공제금 중 정부가 부담하는 정부지원금 및 정부가 지급하는 채용유지지원금에서 기업기여금으로 적립한 부분은 소득세 과세대상에 해당하지 않는 것임.

☞ 저자주 : 기업기여금으로 적립한 부분은 「조세특례제한법」 제29조의6 제1항에서 근로소득에 포함하도록 규정하고 있는 점으로 미루어 볼 때 '기업기여금으로 적립한 부분을 제외하고 소득세 과세대상에 해당하지 않는 것이다'의 오류로 보인다.

┤ Check Point ├

○ 임원에게 지급하는 퇴직급여의 소득 구분

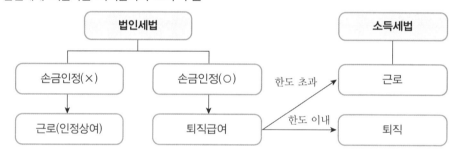

○ 소득세법상 임원에게 지급하는 퇴직금 중 근로소득으로 보는 금액

법인세법 규정에 의하여 지급된 임원 퇴직소득 중 다음의 산식에 의한 금액을 초과하는 금액은 임원의 근로소득으로 본다.(소득법 22 ③)

2019.12.31.부터 소급하여 3년(2012.1.1.부터 2019.12.31.까지의 근무기간이 3년 미만인 경우에는 해당 근무기간으로 한다) 동안 지급받은 총급여의 연평균환산액 $\times \dfrac{1}{10} \times \dfrac{2012.1.1.부터\ 2019.12.31.까지의\ 근무기간}{12} \times 3\ +$

퇴직한 날부터 소급하여 3년(2020.1.1.부터 퇴직한 날까지의 근무기간이 3년 미만인 경우에는 해당 근무기간으로 한다) 동안 지급받은 총급여의 연평균환산액 $\times \dfrac{1}{10} \times \dfrac{2020.1.1.\ 이후의\ 근무기간}{12} \times 2$

☆ 소득세법 제22조 제3항에 의하여 근로소득으로 보는 금액은 건강보험료 부과대상 보수에 해당하지 아니한다. 따라서 근로소득원천징수영수증에 '⑮ – 3 임원 퇴직소득금액 한도초과액'란에 구분 표시하여야 한다.(국민건강보험공단, 「2023년 사업장 업무편람」, 2022.12. p.63. 참조)

구 분		주(현)	종(전)	종(전)	⑱-1 납세조합	합 계
⑨ 근 무 처 명						
⑩ 사업자등록번호						
⑪ 근무기간		~	~	~	~	~
⑫ 감면기간		~	~	~	~	~
⑬ 급 여						
⑭ 상 여						
⑮ 인 정 상 여						
⑮-1 주식매수선택권 행사이익						
⑮-2 우리사주조합인출금						
⑮-3 임원 퇴직소득금액 한도초과액						
⑮-4 직무발명보상금						
⑯ 계						
⑱ 국외근로	M0X					
⑱-1 야간근로수당	O0X					
⑱-2 출산 · 보육수당	Q0X					

근무처별소득명세 (Ⅰ) / 비 (Ⅱ)

4. 근로소득에서 제외되는 소득

가. 퇴직급여 지급을 위한 사용자 적립금액

퇴직급여 지급을 위해 적립되는 급여는 근로소득에 포함하지 아니하며, 이때 퇴직급여 지급을 위해 적립되는 급여란 근로자가 적립금액 등을 선택할 수 없는 것으로서 아래의 요건을 모두 충족하는 방법으로 적립하는 것을 말한다.(소득령 38 ②, 소득칙 15의4)

① 「근로자퇴직급여 보장법」 제4조 제1항에 따른 퇴직급여제도의 가입 대상이 되는 근로자(임원을 포함) 전원이 적립할 것. 다만, 각 근로자가 다음 어느 하나에 해당하는 날에 향후 적립하지 아니할 것을 선택할 수 있는 것이어야 한다.
　㉠ 사업장에 적립 방식(적립할 때 근로자가 적립 금액을 임의로 변경할 수 없는 적립 방식)이 최초로 설정되는 날(해당 사업장에 최초로 근무하게 된 날에 적립방식이 이미 설정되어 있는 경우에는 최초로 퇴직급여제도의 가입 대상이 되는 날을 말함)
　㉡ 적립 방식(적립할 때 근로자가 적립 금액을 임의로 변경할 수 없는 적립 방식)이 변경되는 날
② 적립할 때 근로자가 적립 금액을 임의로 변경할 수 없는 적립 방식을 설정하고 그에 따라 적립할 것
③ 적립 방식이 「근로자퇴직급여 보장법」 제6조 제2항에 따른 퇴직연금규약, 같은 법 제19조 제1항에 따른 확정기여형퇴직연금규약 또는 「과학기술인공제회법」 제16조의2에 따른 퇴직연금급여사업을 운영하기 위하여 과학기술인공제회와 사용자가 체결하는 계약에 명시되어 있을 것
④ 사용자가 확정기여형퇴직연금(DC형)계좌 및 「과학기술인공제회법」 제16조 제1항에 따른 퇴직연금급여를 지급받기 위하여 설정하는 계좌에 적립할 것

따라서 확정기여형 퇴직연금규약에 부담금의 산정방법, 지급시기, 불입방법 등을 구체적으로 명시하여 이에 따라 불입하는 경영성과급은 근로소득에 해당하지 않는 것이며, 확

정기여형 퇴직연금규약에 명시하지 않고 불입하는 경영성과급은 근로소득에 해당한다.(원천-10, 2014.01.14.)

나. 선원의 재해보상을 위한 보험료

선원법에 따른 선원의 재해보상을 위하여 선박소유자가 자기를 보험계약자 및 수익자로 하고 선원을 피보험자로 한 보험의 보험료는 해당 선원의 근로소득으로 보지 아니한다.(소득법 기본통칙 20-38…1)

다. 사내근로복지기금으로부터 받는 장학금 등

종업원이 사내근로복지기금으로부터 「사내근로복지기금법」에 따라 지급받는 자녀학자금은 지급되는 학자금의 원천이 출연금인지 또는 출연금의 수익금인지 여부에 관계없이 과세대상 근로소득에 해당하지 아니한다.(소득법 집행기준 20-38-1)

예규 ●●●

● 사내근로복지기금에서 지급하는 금품의 과세 여부(원천-363, 2010.04.29., 서면1팀-1366, 2007.10.08.)
  사내근로복지기금법에 의한 사내근로복지기금이 동법 제14조 제1항 및 같은 법 시행령 제19조 제2항의 사업을 동 기금의 용도사업(이하 '용도사업'이라 한다)으로 정관에 규정하고, 동 정관을 노동부장관으로부터 인가받아 당해 정관에 규정한 수혜대상자에게 용도사업의 일환으로 창립기념품을 지급하는 경우 동 기념품은 근로소득으로 보지 아니하는 것임.

라. 경조금

사업자가 그 종업원에게 지급한 경조금 중 사회통념상 타당하다고 인정되는 범위 내의 금액은 이를 지급받은 자의 근로소득으로 보지 아니한다.(소득칙 10 ①)

2 비과세 근로소득

현행 소득세법상의 비과세 근로소득에 대한 규정은 다음과 같다. 또한 비과세 근로소득은 일반적으로 4대보험료 부과대상 근로소득에서 제외된다.

1. 실비변상적인 급여

가. 일직료 · 숙직료 또는 여비로서 실비변상 정도의 금액

(1) 일직료 · 숙직료 또는 여비로서 실비변상 정도의 금액

근로자가 회사로부터(또는 종교관련 종사자가 소속 종교단체로부터) 제공받는 일직료 · 숙직료 또는 여비로서 실비변상 정도의 금액은 비과세 한다.(소득령 12 3호, 소득령 19 ③)

예규 ●●●

● **아이돌보미에게 지급하는 면접비, 취소수수료가 소득세 과세대상에 해당하는지 여부**(기획재정부소득 − 439, 2022.09.28., 기획재정부소득 − 439, 2022.09.23)

「아이돌봄지원법」에 따라 아이돌보미가 지급받는 급여 중 면접비가 '여비로서 실비변상 정도의 금액'인지는 면접비 지급 관련 규정, 면접비 산정 근거 등에 따라 사실판단할 사항이며, 아이돌봄 서비스 이용자가 예약을 당일 취소하여 활동을 하지 못한 경우 지급받는 취소수수료는 과세대상 근로소득에 해당하는 것임.

● **생활치료센터 파견 근무자가 지급받는 출장비의 소득세 과세 여부**(사전법규소득 2022 − 33, 2022.02.23.)

업무수행상 필요하다고 인정되는 범위 안에서 지급규정 등의 합리적인 기준에 의하여 지급하는 여비 · 교통비 등으로서 사회통념상 타당하다고 인정되는 범위 내에서 지급되는 출장비는 실비변상적 (實費辨償的) 성질의 급여로서 비과세 소득에 해당하는 것임.

● **비거주자의 근로소득 과세 여부 및 비과세되는 실비변상적 급여의 범위**(서면법령해석국조 2016 − 5505, 2017.02.08.)

영국거주자가 내국법인의 대표이사로서 국 · 내외에서 제공한 근로대가 및 임원의 자격으로 내국법인으로부터 지급받는 급여는 비거주자의 근로소득으로 과세되는 것이며, 국내 근로기간 중 업무수행을 위하여 비거주자 임원에게 제공된 숙박비, 항공권, 택시비, 식비 및 여비 등이 합리적 또는 경제적이라고 인정되는 범위를 초과하는 경우에는 실비변상적 급여에 해당하지 아니하는 것임.

● **회사의 여비지급규정에 따라 시외출장시 정액지급하는 식대의 비과세소득 해당 여부**(원천 − 120, 2014. 4.20.)

회사의 여비지급규정 또는 사규에 따라 지급받는 출장경비는 출장목적·출장지·출장기간 등을 감안하여 실지 소요되는 비용을 충당할 정도의 범위 내에서 실비변상적인 성질의 급여로 비과세하는 것이며, 이에 해당하는 실비변상적인 출장여비의 경우에는 당해 출장여비의 월합계 금액의 크기에 불구하고 비과세함.

○ **당직근무지침 등의 지급기준에 따라 지급하는 당직비의 실비변상적 급여 해당 여부**(원천 – 698, 2009. 08.24.)

소득세를 과세하지 않는 실비변상 정도의 일직비 및 숙직비는 업무수행상 실지 소요되는 비용을 충당할 정도의 범위 안에서 지급규정, 사규 등의 합리적 기준에 의하여 계산한 금액으로서 사회통념상 타당하다고 인정되는 범위 내의 금액임.

○ **일직·숙직료 지급기준이 있고, 사회통념상 타당금액은 실비변상적 급여로 비과세됨**(법인 46013 – 3228, 1996.11.19.)

일직료·숙직료에 대한 실비변상 정도의 금액에 대한 판단은 회사의 사규 등에 의하여 그 지급기준이 정하여져 있고 사회통념상 타당하다고 인정되는 범위 내에서는 비과세되는 급여로 보는 것이며 이 때 숙직료 등을 월단위로 모아서 지급한다 할지라도 그 판단은 1일 숙직료 등을 기준으로 판단해야 하는 것임.

참고

○ **해외출장여비의 실비변상적 급여의 범위**(소득법 집행기준 12 – 12 – 4)

① 회사의 업무수행을 위하여 근로자가 해당 회사의 '해외출장비 지급기준'에 따라 지급 받는 출장비로 출장목적, 출장지, 출장기간 등을 감안하여 실지 소요되는 비용을 충당할 정도의 범위 내에서 지급하는 경우 실비변상적인 성질의 급여에 해당되어 비과세 된다.

② 종업원이 업무수행을 위한 해외출장으로 인하여 실제 소요된 항공료·숙박비를 선지출하고 해당 법인으로부터 그 지출한 금액을 정산하여 지급받는 경우로서 해당 해외출장 비용이 「소득세법」에서 규정한 증빙(신용카드매출전표, 현금영수증, 세금계산서, 계산서)에 의하여 확인되는 때에는 동 금액은 해당 종업원의 근로소득에 해당하지 않는다.

(2) 자가운전보조금의 비과세

근로자가 회사로부터(또는 종교관련 종사자가 소속 종교단체로부터) 제공받는 다음 요건을 모두 만족하는 자가운전보조금 중 월 20만원 이내의 금액을 비과세 한다.(소득령 12 3호, 소득령 19 ③ 2호)

⊙ 종업원의 소유 또는 본인 명의로 임차한 차량일 것(차량등록증 확인, 「자동차관리법」 제3조 제1항에 따른 이륜자동차도 포함)

☆ 종교관련 종사자의 경우 본인명의로 임차한 차량은 제외됨.

ⓛ 종업원이 직접 운전하여 사용자의 업무수행에 이용할 것

ⓒ 시내출장 등에 소요된 실제여비를 지급받지 않을 것

ⓔ 사업체의 규칙 등에 의하여 정하여진 지급기준에 따라 소요경비를 받을 것

구 분		비과세 여부
타인(배우자, 장애인 가족 포함한다)명의 차량		불가
공동명의	부부 공동명의 차량(재소득 – 591, 2006.09.20.)	가능
	배우자 외의 자(장애인 포함)와 공동명의 차량 (기획재정부소득 – 551, 2011.12.23.)	불가
종업원 본인 명의로 금융리스, 운용리스, 렌트계약에 의한 차량	종교관련 종사자 외의 자	가능
	종교관련 종사자	불가

※ 2022.1.1. 이후 종업원 본인 명의로 임차한 차량도 자가운전보조금 비과세 적용가능

예규 ●●●

◉ **출장여비를 지급받으면서 별도로 지급받는 자기차량 운전보조금의 비과세 여부**(기획재정부소득 – 25, 2013.01.17.)

법인이 소속 직원에게 자기차량 운전보조금을 지급하고 이와 별도로 시내 출장 등 근거리 출장시 실비변상적인 여비를 지급하는 경우 자기차량 운전보조금은 과세대상 근로소득에 해당하고 당해 여비는 비과세 근로소득에 해당하는 것임.

◉ **출·퇴근과 관련한 교통비를 '시내 출장 등에 소요된 실제 여비'로 볼 수 있는지**(원천 – 597, 2012.11.07., 서면인터넷방문상담1팀 – 293, 2008.03.06., 제도 46011 – 11668, 2001.06.23.)

종업원이 시내출장 등에 따른 여비를 별도로 지급받으면서 매월 자기차량 운전보조금을 지급받는 경우 시내 출장 등에 따라 소요된 실제 여비는 실비변상적인 급여로 비과세되며, 자기차량 운전보조금은 여비의 명목으로 받는 연액 또는 월액의 급여인 근로소득에 해당되는 것임.

또한, 직원의 출·퇴근의 편의를 위하여 지급하는 교통보조금은 근로소득에 해당하는 것임.

◉ **장애인 자녀와 공동소유차량 보유 근로자가 받는 자가운전보조금의 비과세 여부**(기획재정부소득 – 551, 2011.12.23.)

종업원이 자녀와 공동명의로 등록한 차량은 "종업원의 소유차량"에 해당하지 아니함. 다만, 종업원이 그 공동명의 차량을 실제로 사용주의 업무수행에 사용하고 시내출장 등에 소요된 유류대 등 실지 소요되는 비용을 충당한 정도의 범위 내에서 회사의 여비지급규정·사규 등에 따라 지급받는 금액에 대해서는 실비변상적 급여로 볼 수 있는 것임.

● **부부 공동명의 차량에 대해 각자가 받는 자가운전보조금의 비과세 해당 여부**(원천 – 688, 2011.10.28.)

부부가 동일 사업장의 종업원일 경우 부부 공동명의의 소유차량을 각자 별도 직접 운전하여 실제 사용자의 다른 업무수행에 이용하는 때에는 각자 소요된 실제여비를 받는 대신에 그 소요경비를 당해 사업체의 규칙 등에 의하여 정하여진 지급기준에 따라 각자 별도 지급받는 자가운전보조금 중 월 20만원 이내의 금액은 각자의 비과세 근로소득에 해당하는 것으로, 이에 해당하는지는 사실 판단할 사항이며, 부부가 각자 다른 사업장의 종업원일 경우 부부 공동명의 소유차량을 직접 운전 하여 각각 다른 회사의 업무에 사용하고 시내출장 등에 소요된 실제여비를 받는 대신 당해 회사의 규칙 등에 의하여 정하여진 지급기준에 따라 각각 다른 회사로부터 자가운전보조금을 지급받는 때에는 이를 지급하는 각각 다른 회사를 기준으로 월 20만원 이내의 금액을 비과세 근로소득으로 보는 것임.

● **리스차량을 출·퇴근 및 업무용으로 사용시 실비변상적 급여의 범위에 포함되는 자가운전보조금 해당 여부**(원천 – 243, 2010.03.17.)

종업원이 본인 소유차량을 직접 운전하여 사용자의 업무수행에 사용하고 시내출장에 소요된 실제 여비를 받는 대신에 사업체의 규칙 등에 의하여 받는 금액 중 월 20만원 이내의 금액은 비과세 하는 것임.

☆ 2022.01.01. 이후 세법개정으로 종업원 본인 명의로 임차한 차량도 자가운전보조금 비과세 적용됨.

● **자가운전보조금 비과세 적용시 시내출장 등의 범위**(원천 – 1030, 2009.12.15.)

근로자가 시내출장에 따른 여비 대신 지급받는 자가운전보조금(월 20만원 한도)은 비과세소득에 해당하는 것임. 아울러, 지출증빙이 확인되는 실비변상 정도의 시외출장여비도 같은 호에 따른 비 과세소득에 해당되는 것이나, 시외출장여비의 해당 여부는 출장목적·출장지·출장기간 등을 감안 하여 사실판단할 사항임.

● **공동명의로 등록된 차량소유시 자가운전보조금의 비과세 여부**(서면1팀 – 372, 2008.03.20., 재소득 – 591, 2006.09.20.)

종업원이 부부 공동명의의 차량을 업무수행에 이용하고 실제 여비 대신 지급받는 월 20만원 이내의 자가운전보조금은 비과세 규정을 적용할 수 있으나, 부모·자녀 등 배우자 외의 자와 공동명의 차 량은 당해 종업원의 소유차량에 해당하지 아니하므로 자가운전보조금에 대한 비과세 규정을 적용 할 수 없는 것임.

● **근로자가 2 이상의 회사에 근무하면서 각각 지급받은 자가운전보조금의 비과세 여부**(서면1팀 – 1272, 2006. 09.14.)

근로자가 2 이상의 회사에 근무하면서 자기소유의 차량을 직접 운전하여 회사의 업무에 사용하고 시내출장 등에 소요된 실제여비를 받는 대신 당해 회사의 규칙 등에 의하여 정하여진 지급기준에 따라 각각의 회사로부터 자가운전보조금을 지급받는 경우에는 이를 지급하는 회사를 기준으로 월 20만원 이내의 금액을 비과세하는 것임.

● **소요경비와 자가운전보조금을 동시에 받는 경우**(서면1팀 – 567, 2006.05.01.)

종업원이 시내출장 등에 따른 여비를 별도로 지급받으면서 연액 또는 월액의 자가운전보조금을 지 급받는 경우 시내출장 등에 따라 소요된 실제 여비는 실비변상적인 급여로 비과세되며 자가운전보 조금은 여비의 명목으로 받는 연액 또는 월액의 급여의 규정에 의한 근로소득에 포함됨.

● 자가운전보조금을 지급받는 종업원이 시외출장여비 등을 지급받는 경우 자가운전보조금의 비과세 근로소득 해당 여부(서면1팀 - 52, 2006.01.16.)

자가운전보조금을 지급받는 종업원이 업무수행에 소요된 시내출장과 관련한 실제비용을 당해 회사로부터 별도로 지급받는 경우에는 자가운전보조금으로 지급받는 금액은 당해 종업원의 근로소득에 해당하는 것이며, 자가운전보조금을 지급받는 종업원 등이 본인이 소유하고 있는 차량을 이용하여 시외출장에 사용하고 동 출장과 관련하여 실제 소요된 경비를 사용주로부터 지급받는 금액으로서 실비변상 정도의 금액은 비과세 근로소득에 해당하는 것으로, 종업원 등이 본인의 소유차량을 이용하여 회사의 업무수행에 이용하고 이에 실제 소요된 출장비를 사규 등에 의한 지급기준에 의해 실비로 정산하여 지급받는 금액이나 회사의 사규 등에 의한 여비지급규정에 의해 지급받는 여비로서 출장목적·출장지·출장기간 등을 감안하여 실지 소요되는 비용을 충당할 정도의 범위 내의 금액은 비과세 근로소득에 해당하는 것임.

● 자가운전보조금 지출증빙서류 비치 여부(법인 46013 - 2726, 1996.09.25.)

근로소득으로 보지 않는 자가운전보조금이란 종업원이 자기소유차량을 직접 운전하여 사용주의 업무수행에 이용하고 사규 등에서 정한 지급기준에 따라 시내출장 등에 소요된 실제여비 대신에 지급받는 월 20만원 이내의 금액으로 당해 차량운행에 따른 소요경비의 증빙서류 비치여부와 관계없이 시내 출장 등에 소요된 실제여비를 별도로 지급하지 않으면서 사규에 의하여 실제적으로 지급하는 금액을 말하는 것임.

참고

○ 자가운전보조금 비과세 사례

구 분		자가운전보조금 수령시 비과세 여부
• 부부 공동명의 차량으로 본인과 배우자 각각 자가운전보조금 수령할 경우(원천 - 688, 2011.10.28.)	본 인	수령액 중 20만원 이내 비과세
	배우자	수령액 중 20만원 이내 비과세
• 2 이상의 근무회사에서 자가운전보조금 수령할 경우(서면1팀 - 1272, 2006.09.14.)	A회사	수령액 중 20만원 이내 비과세
	B회사	수령액 중 20만원 이내 비과세
• 자가운전보조금을 지급받고 시내출장비를 정산할 경우 (서면1팀 - 567, 2006.05.01.)		자가운전보조금 전액 과세
• 자가운전보조금을 지급받고 시외출장비를 정산할 경우 (서면1팀 - 52, 2006.01.16.)		자가운전보조금 수령액 중 20만원 이내 비과세

> 두 회사를 다니면서 자기차량 운전보조금을 A회사 30만원, B회사 15만원을 받은 경우 비과세되는 금액은?
>
> • 지급하는 회사를 기준으로 월 20만원 이내의 금액에서 비과세 적용
>   ☞ 위 근로자의 비과세되는 금액은 35만원이다.(A회사 20만원, B회사 15만원)

(3) 연구보조비 또는 연구활동비의 비과세

다음에 해당하는 자가 회사로부터 받는 연구보조비 또는 연구활동비 중 월 20만원 이내의 금액을 비과세한다.

> ㉠ 유아교육법, 초·중등교육법 및 고등교육법에 따른 학교 및 이에 준하는 학교(특별법에 따른 교육기관을 포함한다)의 교원
> ㉡ 특정연구기관육성법의 적용을 받는 연구기관, 특별법에 따라 설립된 정부출연연구기관, 지방자치단체출연 연구원의 설립 및 운영에 관한 법률에 따라 설립된 지방자치단체출연연구원에서 연구활동에 직접 종사하는 자(대학교원에 준하는 자격을 가진 자에 한한다) 및 직접적으로 연구활동을 지원하는 자 중 다음의 자를 제외한 자(소득칙 6의4)
>   ① 연구활동에 직접 종사하는 자(대학교원에 준하는 자격을 가진 자에 한한다)
>   ② 건물의 방호·유지·보수·청소 등 건물의 일상적 관리에 종사하는 자
>   ③ 식사제공 및 차량의 운전에 종사하는 자
> ㉢ 「기초연구진흥 및 기술개발지원에 관한 법률 시행령」의 기업부설연구소 또는 연구개발전담부서의 인정기준을 충족하여 인정받은 중소기업 또는 벤처기업의 기업부설연구소와 연구개발전담부서(중소기업 또는 벤처기업에 설치하는 것으로 한정한다)에서 연구활동에 직접 종사하는 자

구체적인 적용사례는 다음과 같다.(소득법 집행기준 12-12-6)

> ① 학교 교원이 아닌 사무직원에게 지급하는 연구보조비(유사금액)는 비과세에 해당하지 않는다.
> ② 특정연구기관육성법의 적용을 받는 연구기관등에 해당하는 연구기관의 행정부서 근무자는 직접적으로 연구활동을 지원하는 자에 해당한다.
> ③ 「초·중등교육법」에 따른 교육기관이 학생들로부터 받은 방과후 학교 수업료를 교원에게 수업시간당 일정금액으로 지급하는 금액은 비과세대상 연구보조비에 해당하지 않는다.

예규 ●●●

● **매월 지급하던 연구활동비를 연봉협상 타결 후 과거분을 일시에 지급하는 경우 비과세 범위**(서면법령해석소득 2020-527, 2020.12.14.)

「소득세법 시행령」 제12조 제12호에 해당하는 20만원의 연구보조비 또는 연구활동비를 매월 지급받아 왔으나 연봉협상이 지연됨에 따라 위 금액이 미지급되었고 협상타결 후 20만원에 미지급월수를 곱한 금액을 일시에 지급받은 경우, 위와 같이 일시에 지급받은 20만원에 미지급월수를 곱한 금액은 실비변상적 성격의 연구보조비 또는 연구활동비로서 비과세소득에 해당하는 것임.

● 수석교사 연구활동비의 소득 구분 및 비과세 여부(서면법령해석소득 2015-808, 2015.07.07.)

「교육공무원법」 제29조의4에 따라 임용된 수석교사가 「교육공무원임용령」 제9조의8 제2항에 따라 지급받는 연구활동비는 근로소득에 해당하는 것이며, 매월 20만원 이내의 금액에 대하여 비과세하는 것임.

● 방과후 학교 수업료의 연구보조비 비과세 여부(재정경제부 소득세제과-484, 2007.08.31.)

「초·중등교육법」에 따른 교육기관이 학생들로부터 받은 방과후 학교 수업료를 교원에게 수업시간당 일정금액으로 지급하는 금액은 연구보조비 비과세 대상에 해당하지 아니하는 것임.

● 특기적성 및 보충수업 강의료의 비과세 연구보조비 해당 여부(서면1팀-202, 2007.02.06., 재소득-50, 2007.01.22.)

「초·중등교육법」에 의한 교육기관이 교원의 연구보조를 위하여 학교운영위원회의 심의를 거쳐 지급하는 연구보조비는 그 명칭에 관계없이 비과세하는 것임.

(4) 근로자(또는 종교관련 종사자)가 천재·지변 기타 재해로 인하여 받는 급여

근로자가 회사로부터(또는 종교관련 종사자가 소속 종교단체로부터) 제공받는 천재·지변 기타 재해로 지급받는 급여는 비과세 근로소득에 해당한다.(소득령 12 16호)

예규 ●●●

● 사회복지시설의 종사자가 코호트격리에 참여하고 지급받은 금전의 과세대상 여부(사전법령해석소득 2020-402, 2020.9.10.)

「재해구호법」에 따라 사회복지시설의 종사자가 코호트격리에 참여하여 지급받는 금전은 실비변상적 성질의 급여로서 비과세소득에 해당하는 것임.

● 근로의 제공으로 인한 부상·질병 또는 사망과 관련하여 근로자나 그 유족이 지급받는 배상·보상 또는 위자의 성질이 있는 급여의 비과세 여부(제도 46011-12011, 2001.07.09.)

근로의 제공으로 인한 부상·질병 또는 사망과 관련하여 근로자나 그 유족이 지급받는 배상·보상 또는 위자의 성질이 있는 급여는 "산업재해보상보험법"과 연관이 없이 소득세가 비과세됨.

● 천재지변 등 재해로 인해 받는 급여 비과세(소득 46011-2326, 1998.08.18.)

집중폭우로 거주용 주택이 완전침수되어 생활상의 어려움을 겪고 있는 직원에게 이사회의 의결을 거쳐 일정금액의 생활보조금을 지급하는 경우, 지급받은 근로자는 천재·지변 기타 재해로 인해 받는 실비변상적 급여에 해당함.

(5) 기타 실비변상적인 급여의 비과세

① 「선원법」에 의하여 받는 식료

● 선원이 식료품구입비 등 명목으로 지급받는 현금의 비과세 여부(서면1팀 - 1064, 2005.09.07.)

    승선 중인 선원이 「선원법」 제74조 또는 제75조에 의하여 제공받는 식료품은 비과세되는 것이지만, 식료품비 등 명목으로 일정액의 현금을 지급받는 경우에는 과세대상 근로소득에 해당하는 것임.

② 법령·조례에 의하여 제복을 착용하여야 하는 자가 받는 제복·제모 및 제화
③ 병원·실험실·금융회사 등·공장·광산에서 근무하는 사람 또는 특수한 작업이나 역무에 종사하는 사람이 받는 작업복이나 그 직장에서만 착용하는 피복

● 사내·외에서 착용이 가능한 피복지급의 비과세 해당 여부(법인 46013 - 2331, 1998.08.18.)

    병원·시험실·금융기관·공장·광산에서 근무하는 자 또는 특수한 작업이나 역무에 종사하는 자가 받는 작업복이나 그 직장에서만 착용하는 피복은 소득세를 과세하지 아니하는 것임.

④ 특수분야에 종사하는 군인이 받는 낙하산강하위험수당·수중파괴작업위험수당·잠수부위험수당·고전압위험수당·폭발물위험수당·항공수당(유지비행훈련수당 포함)·비무장지대근무수당·전방초소근무수당·함정근무수당(유지항해훈련수당 포함) 및 수륙양용궤도차량승무수당, 특수분야에 종사하는 경찰공무원이 받는 경찰특수전술업무수당과 경호공무원이 받는 경호수당
⑤ 선원법의 규정에 의한 선원(「선원법」 제2조 제3호 및 제4호의 규정에 의한 선장 및 해원[☆])이 받는 월 20만원 이내의 승선수당. 다만, 국외근로소득의 비과세급여 및 생산직근로자가 받는 야간근로수당 등의 비과세 규정을 적용받는 자의 승선수당은 제외한다.

    ☆ 선원법 규정에 의한 선장 및 해원은 다음과 같다.
      ① "선원"은 선박에서 근로를 제공하기 위하여 고용된 사람을 말한다. 다만, 선박검사원, 선박의 수리를 위하여 선박에 승선하는 기술자 및 작업원, 도선사, 항만운송사업 또는 항만운송관련사업을 위하여 고용하는 근로자, 실습선원, 선박에서의 공연(公演) 등을 위하여 일시적으로 승선하는 연예인 등은 제외한다.

② "선장"은 해원을 지휘·감독하며 선박의 운항관리에 관하여 책임을 지는 선원을 말한다.
③ "해원"은 선박 안에서 근무하는 선장이 아닌 선원을 말한다.

◉ **선원법에 의한 선원으로서 받는 승선수당의 비과세 여부**(서면1팀-826, 2005.07.12.)

「선원법」 제3조의 규정에 의한 선원으로서 선장 및 해원이 받는 월 20만원 이내의 승선수당은 국외
근로소득의 비과세급여 및 생산직근로자가 받는 야간근로수당 등의 비과세 규정을 적용받는 자를
제외하고는 실비변상적인 급여로 근로소득세 비과세하는 것임.

⑥ 경찰공무원이 받는 함정근무수당·항공수당 및 소방공무원이 받는 함정근무수당·
   항공수당·화재진화수당

⑦ 광산근로자가 받는 입갱수당 및 발파수당

⑧ 국가 또는 지방자치단체가 지급하는 다음에 해당하는 금액

- 「영유아보육법 시행령」 제24조 제1항 제7호에 따른 비용 중 보육교사의 처우개선을 위하여 지급하
  는 근무환경개선비
- 「유아교육법 시행령」 제32조 제1항 제2호에 따른 사립유치원 수석교사·교사의 인건비
- 전문과목별 전문의의 수급 균형을 유도하기 위하여 전공의에게 지급하는 수련보조수당

⑨ 「방송법」에 따른 방송, 「뉴스통신진흥에 관한 법률」에 따른 뉴스통신, 「신문 등의 진
   흥에 관한 법률」에 따른 신문(일반일간신문, 특수일간신문, 인터넷신문을 말하며, 해당 신문을
   경영하는 기업이 직접 발행하는 「잡지 등 정기간행물의 진흥에 관한 법률」에 따른 정기간행물을 포
   함한다)을 경영하는 언론기업 및 「방송법」에 따른 방송채널 사용사업에 종사하는 기
   자(해당 언론기업 및 「방송법」에 따른 방송채널사용사업에 상시 고용되어 취재활동을 하는 논설위
   원 및 만화가를 포함한다)가 취재활동과 관련하여 받는 취재수당 중 월 20만원 이내의
   금액. 이 경우 취재수당을 급여에 포함하여 받는 경우에는 월 20만원에 상당하는 금
   액을 취재수당으로 본다.(기획재정부조세특례-214, 2023.3.6.)

◉ **신문을 인터넷을 통하여 전자문서 형태로 발행하며 소속 기자에게 취재활동과 관련된 수당 지급 시 비과
   세대상 여부**(원천-26, 2009.01.05., 기획재정부소득-183, 2008.12.30.)

일간 인터넷신문을 전자적으로 간행하는 인터넷신문사가 일반일간신문을 경영하는 언론기업에 해

당하는 것으로 보아 소속 기자에게 취재활동과 관련하여 지급하는 취재수당 중 20만원 이내의 금액을 비과세함.

🔵 **취재수당이 비과세되는 기자의 범위**(재소득 22601 – 817, 1987.10.19.)

취재수당에 대한 비과세 적용을 받을 수 있는 "기자"에는 통신, 방송, 신문을 경영하는 언론기업의 종사자로서 직접 취재업무에 종사하는 자를 포함함.

⑩ 근로자가 벽지에 근무함으로 인하여 받는 월 20만원 이내의 벽지수당

> **참고**
>
> ○ 「벽지」의 범위(소득칙 7)
> ① 「공무원 특수지 근무수당 지급대상지역 및 기관과 그 등급별 구분에 관한 규칙」 별표 1의 지역
> ② 「지방공무원 특수지 근무수당 지급대상지역 및 기관과 그 등급별 구분에 관한 규칙」 별표 1의 지역
> ③ 「도서・벽지 교육진흥법 시행규칙」 별표의 지역
> ④ 「광업법」에 의하여 광업권을 지정받아 광구로 등록된 지역
> ⑤ 「소득세법 시행규칙」 별표 1의 의료취약지역(「의료법」 제2조에 규정하는 의료인☆의 경우로 한정)
> ☆ 의료인 : 보건복지부장관의 면허를 받은 의사・치과의사・한의사・조산사・간호사

예규

🔵 **벽지수당 비과세 해당 여부**(원천 – 595, 2011.9.30.)

의료취약지역의 벽지수당 비과세는 「의료법」 제2조의 의료인(의사, 치과의사, 한의사, 조산사, 간호사)에 한해 적용되는 것이며, 비과세되는 벽지수당이란 벽지에 근무하는 근로자가 내규로 정한 지급규정에 의하여 지급받는 수당으로서, 당해 수당이 본점에서 근무하는 자의 동일 직급 일반급여에 추가하여 지급하는 것인 경우에 한하여 벽지수당으로 보는 것임.

🔵 **벽지수당을 지급방법과 규정**(서일 46011 – 11610, 2003.11.12.)

비과세되는 벽지수당은 내규로 정한 지급규정이 있어야 하며 동 수당이 본점(주된 사업소 소재지, 또는 기타 당해 벽지수당지급 대상지역이 아닌 곳)에서 근무하는 자의 동일 직급 일반급여에 추가하여 지급하는 것일 경우에 한하여 동법에 규정하는 벽지수당으로 보는 것임.

⑪ 수도권 외의 지역으로 이전하는 「지방자치분권 및 지역균형발전에 관한 특별법」 제2조 제14호에 따른 공공기관의 소속 공무원이나 직원에게 한시적으로 지급하는 월 20

만원 이내의 이전지원금

⑫ 종교관련 종사자가 소속 종교단체의 규약 또는 소속 종교단체의 의결기구의 의결·
  승인 등을 통하여 결정된 지급 기준에 따라 종교활동을 위하여 통상적으로 사용할
  목적으로 지급 받은 금액 및 물품

2. 비과세 되는 식사 또는 식사대의 범위

근로자가 사용자로부터(또는 종교관련 종사가 소속 종교단체로부터) 현물 식사 또는 금전으
로 식사대를 제공받을 경우 비과세 되는 당해 식사 또는 식사대는 다음의 요건에 해당해
야 한다.(소득법 12 3호 러목)

가. 현물식사

근로자가 사내급식 또는 이와 유사한 방법으로 사용자가 근로자에게 무상으로 제공하는
음식물로서 다음의 요건에 해당하는 식사·기타 음식물이어야 한다.(소득법 집행기준 12-17
의2-1 ②)

> ㉠ 통상적으로 급여에 포함되지 아니하는 것
> ㉡ 음식물의 제공 여부로 급여에 차등이 없는 것
> ㉢ 사용자가 추가부담으로 제공하는 것

사용자가 기업외부의 음식업자와 식사·기타 음식물 공급계약을 체결하고 그 사용자가
교부하는 식권에 의하여 제공받는 식사·기타 음식물로서 해당 식권이 현금으로 환금할
수 없고 통상적으로 급여에 포함되지 아니하고, 음식물의 제공 여부로 급여에 차등이 없으
며, 사용자가 추가부담으로 제공하는 경우 비과세되는 식사·기타 음식물로 본다.

나. 월 20만원 이하 식사대

식사·기타 음식물을 제공받지 아니하는 근로자가 받는 월 20만원 이하 식사대는 비과
세되는 근로소득에 해당된다.

○ **식사대의 비과세금액 조정**

식사 기타음식물을 제공받지 아니하는 자가 2023년 1월 1일 이후 받은 월 20만원 이하의 식사대는 비과세 한다.(소득법 12 3호 러목, 법률 제18975호, 2022.08.12. 제2조)

○ **사용자가 교부하는 식권에 의하여 식사 등이 비과세 식사 또는 식사대에 해당 여부**(소득법 기본통칙 12-0-3 ②)

사용자가 기업외부의 음식업자와 식사 · 기타 음식물 공급계약을 체결하고 그 사용자가 교부하는 식권에 의하여 제공받는 식사 · 기타 음식물로서 해당 식권이 현금으로 환금할 수 없고 다음의 요건에 해당되는 때는 비과세되는 식사 · 기타 음식물로 본다.
1. 통상적으로 급여에 포함되지 아니하는 것
2. 음식물의 제공여부로 급여에 차등이 없는 것
3. 사용자가 추가부담으로 제공하는 것

○ **20만원 이상 지급받는 경우의 비과세 식대 범위**(소득법 기본통칙 12-0-3 ③)

식사 · 기타 음식물을 제공받지 아니하는 근로자가 식사대를 월 20만원 이상 지급받는 경우에는 월 20만원까지 비과세되는 식사대로 본다.

○ **식사 · 기타 음식물을 제공받고 별도로 식사대를 지급받은 경우 비과세 식대 범위**(소득법 기본통칙 12-0-3 ④)

식사 · 기타 음식물을 제공받고 있는 근로자가 별도로 식사대를 지급받는 경우에는 식사 · 기타 음식물에 한하여 비과세되는 급여로 본다. 다만, 다른 근로자와 함께 일률적으로 급식수당을 지급받고 있는 근로자가 야간근무 등 시간외 근무를 하는 경우에 별도로 제공받는 식사 · 기타 음식물은 비과세되는 급여에 포함한다.

현물식사 및 식사대	비과세 여부
음식물만 제공	• 금액에 상관없이 전부 비과세
음식물과 식사대 함께 제공 (서면1팀-1603, 2007.11.22.)	• 음식물만 비과세 • 식사대는 금액에 상관없이 전부 과세
식사대만 제공	• 20만원 이하 식사대는 비과세 • 20만원 초과시 초과액만 과세

구분	임원	직원
현물식사 및 식사대의 비과세 적용 여부	비과세 규정 적용	비과세 규정 적용

● **2 이상의 회사에서 식사대를 매월받는 경우 비과세식대 범위**(소득법 집행기준 12 - 17의2 - 1 ⑥)

근로자가 2 이상의 회사에 근무하면서 식사대를 매월 각 회사로부터 중복하여 지급받는 경우에는 각 회사에서 지급받는 식사대를 합한 금액 중 월 20만원 이내의 금액에 대하여 소득세를 과세하지 않는다.

● **일용근로자에게 지급하는 월 20만원 이하의 식사대가 비과세소득에 해당하는지 여부**(기준법무소득 2022 - 102, 2022.08.16.)

일용근로자가 지급받는 급식수당 등 기타 이와 유사한 성질의 급여는 일용근로자의 급여액에 포함 되는 것이며, 식사 기타 음식물을 제공받지 아니하는 일용근로자가 받는 월 20만원 이하의 식사대 는 소득세를 과세하지 아니하는 것임.

● **편의점 및 커피숍에서 식권 등으로 지급한 식대의 비과세소득 해당 여부**(원천 - 190, 2011.04.04.)

사용자가 기업 외부의 음식업자와 식사·기타 음식물 공급계약을 체결하고 임직원이 그 사용자가 교부하는 식권에 의하여 제공받는 식사·기타 음식물로서 해당 식권이 현금으로 환금할 수 없고 「소득세법 기본통칙」 12 - 0…3 제1항 각 호의 요건에 해당되는 때는 비과세되는 식사·기타 음식 물에 해당하는 것이나, 임직원이 음식업자가 아닌 편의점 및 커피숍에서 사용하는 해당 식권의 금 액은 비과세되는 식사·기타 음식물에 해당하지 아니하는 것임.

사용자가 교부한 식권이 아닌 경우에는 비과세되는 식사·기타 음식물에 해당하지 아니하는 것이 며, 식권의 사용없이 임직원이 인근식당에 장부를 비치하여 외상으로 식사를 하는 경우에도 비과세 되는 식사·기타 음식물에 해당하지 아니하는 것임.

● **3교대 근무조로 운영되는 야간 근무조 종업원이 현금으로 지급받는 식대는 비과세**(원천 - 669, 2010. 08.26.)

법인이 종업원의 근무시간을 1일 3교대 근무조로 편성·운영하면서 주간 근무조의 종업원(이하 "현 물급여자"라 함)에 대해서는 식사를 제공하고, 야간 근무조의 종업원에게는 현물급여자의 식사의 가액상당액을 식사대로 지급하는 경우, 야간 근무조의 종업원이 지급받는 현금(월 20만원 이하에 한함)은 비과세 소득에 해당하는 것임.

● **일부는 현물 일부는 현금으로 지급 받는 식대의 비과세 여부**(서면1팀 - 1603, 2007.11.22.)

사용자로부터 식사 기타 음식물을 제공받지 않는 근로자가 지급받는 월 20만원 이하의 식사대는 비과세 되는 것이나 식사, 기타 음식물을 제공받고 있는 근로자가 별도로 식사대를 지급 받는 경우 에는 식사, 기타 음식물에 한하여 비과세 되는 급여로 보는 것임.

● **연봉액에 포함된 식대의 비과세 해당 여부**(서면1팀 - 1614, 2006.11.30.)

식사대가 연봉계약서에 포함되어 있고, 회사의 사규 또는 급여 지급기준 등에 식사대에 대한 지급 기준이 정하여져 있는 경우로서 당해 종업원이 식사 기타 음식물을 제공받지 아니하는 경우에는 당해 규정에 의한 금액 중 월 20만원 이하의 금액은 비과세 되는 식사대에 해당하는 것이나 연봉계 약서에 식사대가 포함되어 있지 아니하고, 급여지급기준에 식사대에 대한 지급기준이 정하여져 있 지 아니한 경우에는 비과세되지 않음.

● 음식업자가 아닌 식권판매업자로부터 구입한 식권의 비과세 여부(원천 46013 – 21, 2001.09.20., 서이 46013 – 10210, 2001.07.21., 서이 46013 – 10210, 2001.09.21.)

사용자가 음식업자와 식사제공계약을 체결한 식권판매업자로부터 구입한 식권을 종업원에게 교부하여 식사를 제공하는 경우 당해 식권은 비과세 되는 식권에 해당되지 아니하는 것임.

● 비과세 되는 식사대의 범위(법인 46013 – 290, 1999.01.23.)

식사·기타 음식물을 제공받고 있는 근로자가 별도로 식사대를 지급받는 경우에는 식사·기타 음식물에 한하여 비과세 되는 급여로 보는 것이며, 다른 근로자와 함께 일률적으로 급식수당을 지급받고 있는 근로자가 야간근무 등 시간외근무를 하는 경우에 별도로 제공받는 식사·기타 음식물은 비과세 되는 급여에 포함하는 것임.

 적용사례

매월 급식수당으로 25만원을 지급받는 경우 월 비과세 되는 금액은?

회사로부터 음식물을 제공받지 아니하고 식사대로 매월 25만원을 지급받는 경우 20만원은 비과세하고 나머지 5만원은 과세

3. 출산·보육 수당의 비과세

근로자 또는 그 배우자의 출산이나 6세 이하(해당 과세기간 개시일을 기준으로 판단한다) 자녀의 보육과 관련하여 사용자로부터(또는 종교관련 종사자가 소속 종교단체로부터) 받는 급여로서 월 20만원 이내의 금액은 비과세 근로소득에 해당한다.(소득법 12 3호 머목)

2023.12.31. 이전	2024.01.01. 이후
월 10만원 이내 금액 비과세	월 20만원 이내 금액 비과세

구 분	비과세 여부
자녀 수	자녀 수에 상관없이 월 20만원 이내의 금액 비과세(서면1팀 – 567, 2006.05.01.)
6세 이하 판단	해당 과세기간 개시일 현재 6세가 되는 날과 그 이전기간을 의미함.(기획재정부소득 – 831, 2024.08.12.)
맞벌이 부부의 경우	자녀 1인에 대하여 각각 보육수당을 수령하는 경우 소득자별로 각각 비과세 적용(서면1팀 – 1245, 2006.09.12.)
분기별·일괄 지급	지급시점을 기준이 아니라 각각 해당 월 급여 기준으로 월 20만원 이내의 금액 비과세(법인 46013 – 1841, 1997.07.08)
2 이상의 근무지에서 중복 수령시	자녀보육수당을 합한 금액 중 월 20만원 이내 금액만 비과세(서면1팀 – 1334, 2005.11.03.)

○ **출산 보육 수당을 분기별 일괄 지급시 비과세 적용방법**

당초 지급시점을 기준으로 월 10만원 이내의 금액만 비과세(서면1팀-276, 2007.02.23.)하는 것으로 해석하였으나 2021년 1월 세법해석사례 정비를 통하여 관련 해석사례를 삭제하고 출산 보육 수당을 일괄 지급하는 경우도 이를 각각 해당 월의 급여를 기준으로 월 10만원 이내의 금액을 비과세(법인 46013-1841, 1997.07.08)하는 것으로 변경하였다.

○ **기업의 출산지원금 비과세 확대**(세법개정안 소득법 12 3호)

현행 출산보육수당 비과세 제도에서 6세 이하 자녀에 대한 양육수당비과세(월 20만원)는 현행대로 유지하고 다음의 요건을 갖춘 출산지원금은 전액 비과세할 예정이다.
① 근로자 본인 또는 배우자의 출산과 관련하여 지급하여야 함.
② 출생일 이후 2년 이내에 지급하여야 함. 다만 2024년 수당 지급 시에는 2021.1.1. 이후 출생자에 대한 지급분도 포함한다.
③ 공통 지급규정에 따라 사용자로부터 지급(2회 이내)받는 급여
④ 친족인 특수관계자가 출산과 관련하여 지급받는 경우가 아니어야 함.

☞ 저자주 : 2024.09.02. 국회 기획재정위원회에 제안된 정부 「2024년 세법개정안」에 의하면 기업의 출산자금 비과세 확대하여 2024.1.1. 이후 지급받는 분부터 적용할 예정임. 따라서 실무적용시 2024년 12월 정기국회에서 세법개정내용을 반드시 확인이 필요함.

예규 ●●●

● **연봉계약액에 비과세소득이 포함됨을 명시한 경우 6세 이하 자녀보육수당 비과세 적용가능 여부**(사전법령해석소득 2018-193, 2018.06.28.)

자녀보육수당이 연봉계약서에 포함되어 있고, 회사의 사규 또는 연봉지급기준 등에 의하여 자녀보육수당에 대한 지급기준이 정하여져 있는 경우로서 그 지급사실이 확인된 경우 월 20만원 이내의 금액은 비과세 되는 것이고 공무원 보수등의 업무지침에 따라 지급하는 가족수당 중 6세 이하 자녀와 관련하여 지급하는 가족수당에 대해서는 월 20만원 이내의 금액을 비과세할 수 있는 것이며, 공무원 보수등의 업무지침에 따라 지급받는 가족수당과 별도로 사용자로부터 자녀보육수당을 함께 지급받는 경우 이를 모두 합산한 금액에 대하여 월 20만원 이내의 금액을 비과세할 수 있는 것임.

● **영육아보육법에 따라 사업주가 부담하는 위탁보육비의 근로소득 여부**(서면법령해석소득 2015-1851, 2016.09.06.)

「영육아보육법 시행령」 제14조 제1항 단서에 따라 위탁보육을 하는 사업주가 위탁계약을 맺은 어린이집에 지급하는 위탁보육비는 위탁보육을 지원받는 근로자의 근로소득에 해당하는 것임. 다만, 출산·보육수당에 해당하는 보육비는 비과세하는 것임.

● **비과세 보육수당 수령시 교육비 공제 대상 여부**(원천 – 451, 2010.06.01.)

사용자가 근로자의 6세 이하 자녀의 교육비를 실비로 지원하는 금액 중 월 20만원 이내의 금액을 비과세한 경우에도 같은 종합소득공제 중 교육비 공제를 받을 수 있는 것임.

● **맞벌이 부부의 자녀 보육수당 비과세 해당 여부**(서면1팀 – 1245, 2006.09.12.)

근로자가 6세 이하의 자녀의 보육과 관련하여 사용자로부터 지급받는 급여로서 월 20만원 이내의 금액은 비과세되는 것이며, 맞벌이 부부의 경우도 소득자별로 각각 비과세를 적용하는 것임.

● **2 이상의 근무지로부터 중복해서 자녀보육수당을 받는 경우**(서면1팀 – 1334, 2005.11.03.)

근로자가 2 이상의 회사에 근무하면서 식사대 및 6세 이하 자녀보육수당을 매월 각 회사로부터 중복하여 지급받는 경우에는 각 사유별로 합한 금액 중 월 20만원 이내의 금액에 대하여 소득세를 과세하지 아니하는 것임.

● **자녀 수에 따른 6세 이하 자녀보육수당 비과세 여부**(서면1팀 – 1464, 2004.10.28.)

근로자가 6세 이하의 자녀의 보육과 관련하여 지급받는 급여에 대하여 비과세 규정을 적용하는 경우에는 자녀 수에 관계없이 지급월을 기준으로 20만원 이내의 금액을 비과세하는 것임.

● **출산장려금의 비과세 근로소득 해당 여부**(서면1팀 – 1058, 2005.09.06.)

근로자 또는 그 배우자의 출산이나 6세 이하 자녀의 보육과 관련하여 사용자로부터 지급받는 급여로서 월 20만원 이내의 금액은 비과세대상 근로소득에 해당하는 것이나, 매월 지급받는 금액 중 월 20만원을 초과하는 금액은 과세대상 근로소득에 해당하는 것임.

4. 복리후생적 성질의 급여

┤ Check Point ├

○ **복리후생적 급여의 외국인 근로자의 근로소득 과세특례 적용 여부**

2021.02.17. 소득세법 시행령 개정 전 근로소득에서 제외된 소득이 시행령 개정으로 근로소득에 포함되고 2024년 1월 1일 전에 발생한 소득 중 복리후생적 급여 등으로 비과세되는 소득은 조세특례제한법 제18조의2 외국인 근로자의 근로소득 과세특례(단일세율 과세특례)를 적용할 때 개정전 규정을 적용한다. 이는 과세특례적용시 사택을 제공받음으로써 얻은 이익은 근로소득에서 제외하여 과세유예한다는 의미이다.(2021.02.17. 소득령 부칙 제31442호 19 ②, 재소득 – 224, 2004.06.09.)

2024년 1월 1일부터 조세특례제한법 제18조의2 외국인 근로자의 과세특례(단일세율 과세특례)를 적용할 때 복리후생적 급여 중 사택을 제공받음으로써 얻은 이익은 근로소득에서 제외한다. 즉 사택을 제공받음으로써 얻는 이익은 과세소득에서 제외한다는 의미로 기간의 제한이 없다.

외국인근로자가 연말정산 시 단일세율 특례를 신청한 경우 연말정산 결정세액은?
① 총급여액 : 15,000만원
② 비과세 소득 : 식대 200만원, 자가운전보조금 200만원, 사택제공이익 1,000만원

결정세액 : 2,945만원
☞ 〈결정세액 계산〉
  • 총급여(연간 근로소득) = 총급여액 + 비과세소득 = 종합소득 과세표준
                    = 15,000만원 + 400만원 = 15,400만원
  • 결정세액 = 총급여 × 19% = 15,400만원 × 19% = 2,926만원
    ⇨ 단일세율 특례 신청시 사택제공이익을 제외한 비과세, 소득공제 및 각종 세액공제·
      감면을 적용하지 않음.

가. 종업원 등의 사택제공이익

다음에 해당하는 사람이 사택(사용자가 소유하고 있는 주택을 종업원 및 임원에게 무상 또는 저가로 제공하거나, 사용자가 직접 임차하여 종업원 및 임원에게 무상으로 제공하는 주택)을 제공받음으로써 얻은 이익은 복리후생적 성질의 급여로 비과세 한다.(소득령 17의4 1호)

• 주주 또는 출자자가 아닌 임원
• 소액주주인 임원
• 임원이 아닌 종업원(비영리법인 또는 개인의 종업원 포함)
• 국가 또는 지방자치단체로부터 근로소득을 지급받는 사람

따라서 사례별로 종업원 등의 사택제공이익의 비과세 적용 여부는 다음과 같다.

구 분	비과세 여부
사용자 소유 주택을 종업원에게 무상으로 제공(국민주택규모 이하)(서면2팀 – 1517, 2004.07.20.)	비과세
사용자 소유 주택을 종업원에게 무상으로 제공(국민주택규모 초과)(서면2팀 – 1517, 2004.07.20.)	비과세
사용자 소유 주택을 종업원에게 저가로 제공(소득칙 9의2)	비과세
사용자가 임차한 주택을 종업원에게 무상으로 제공(서면2팀 – 1517, 2004.07.20.)	비과세
사용자가 임차한 주택을 종업원에게 저가로 제공(사전법령해석소득 2019 – 6, 2019.04.02.)	과세

구 분	비과세 여부
종업원이 임차한 주택에 대한 비용을 전액 제공(소득칙 9의2)	과세
종업원이 임차한 주택에 대한 비용을 일부 제공(소득칙 9의2)	과세
사용자와 종업원이 공동으로 임차한 주택을 종업원에게 제공(법규소득 2012-51, 2012.03.16.)	과세
사용자가 주택이 아닌 호텔 등을 임차하여 종업원에게 무상으로 제공(원천-299, 2011.05.24.)	과세
사용자가 해외에서 사택을 임차하여 종업원에게 무상으로 제공(소득-522, 2014.09.23.)	비과세
사용자가 해외에서 사택을 임차하여 종업원에게 무상으로 제공(주택수당별도 지급)(서면1팀-344, 2005.03.29.)	과세

> **참고**
>
> ○ **사택의 범위**(소득칙 9의2)
> ① 사용자가 소유하고 있는 주택을 종업원 등에게 무상 또는 저가로 제공하거나, 사용자가 직접 임차하여 종업원 등에게 무상으로 제공하는 주택을 말한다.
> ② 사용자가 임차주택을 사택으로 제공하는 경우 임대차기간 중에 종업원 등이 전근·퇴직 또는 이사하는 때에는 다른 종업원 등이 당해 주택에 입주하는 경우에 한하여 이를 사택으로 본다. 다만, 다음에 해당하는 경우에는 그렇지 않다.
> ㉠ 입주한 종업원 등이 전근·퇴직 또는 이사한 후 해당 사업장의 종업원 등 중에서 입주 희망자가 없는 경우
> ㉡ 해당 임차주택의 계약잔여기간이 1년 이하인 경우로서 주택임대인이 주택임대차계약의 갱신을 거부하는 경우
>
> ○ **소액주주의 범위**(소득칙 9의2 ③)
> 「소액주주란 사택을 제공하는 법인의 발행주식총수 또는 출자총액의 100분의 1에 미달하는 주식등을 소유한 주주등(해당 법인의 국가, 지방자치단체가 아닌 지배주주등의 특수관계인인 자는 제외한다)을 말한다.
>
> | 소액주주의 범위 개정내용 | |
> |---|---|
> | 2021.03.16. 이전 | 2021.03.16. 이후 |
> | 발행주식총액 등의 1%에 해당하는 금액과 액면가액의 합계액 3억원 중 적은 금액 미만의 주식을 소유한 주주 등 | 발행주식총수 등의 1%에 미달하는 주식을 소유한 주주 등 |

● **부득이한 사유의 경우 사택제공이익의 비과세**(소득법 기본통칙 12 – 17의4 – 1)

주주 또는 출자자가 아닌 임원등으로서 사택에 거주하던 자가 인사이동으로 출·퇴근이 불가능한 원거리로 전근되었으나, 가족이 질병요양·취학 등 부득이한 사유로 함께 이주하지 못하고 사택에 계속 거주하는 경우, 당해 사택을 제공받음으로써 얻는 이익은 당해 근로자의 비과세 소득으로 본다.

● **종업원이 임차비용 일부를 부담하고 사용하는 주택이 사택에 해당하는지 여부**(사전법령해석소득 2019 – 86, 2019.04.02.)

사용자가 주택임차계약을 맺고 보증금을 부담하고 그 주택을 종업원등이 사용하도록 하면서 월세를 종업원등이 부담하는 경우 해당 주택은 사택에 해당하지 아니하는 것임.

● **해외소재 주택의 사택여부**(소득 – 522, 2014.09.23., 서면1팀 – 344, 2005.03.29.)

사택에는 사용자가 직접 임차하여 종업원 등에게 무상으로 제공하는 것으로서 해외에 소재하는 주택도 포함하는 것이지만, 해외근무자가 주택수당을 지급받으면서 임대차계약의 명의만을 회사로 하는 경우에는 「사택」에 해당되지 아니하는 것임.

● **사용자와 종업원이 공동임차한 주택의 사택 여부**(법규소득 2012 – 51, 2012.03.16., 소득 46011 – 758, 2000.07.14.)

내국법인이 사규에 따른 기준금액 내의 임차보증금은 법인이 부담하고, 기준금액을 초과하는 임차보증금 또는 매월 지급하는 임차료는 종업원이 부담하는 것으로 각각 구분표시하여 법인과 종업원을 공동임차인으로 하는 임대차계약을 체결하는 경우 근로소득의 과세대상에서 제외되는 사택의 범위에 해당하지 않는 것이며, 내국법인이 부담하는 임차보증금은 주택임차자금을 무상으로 대여받음으로써 얻는 이익으로서 소득세법 제137조에 따라 근로소득세액의 연말정산시 총급여액에 포함하여 정산하는 것임.

● **호텔을 사택으로 볼 수 있는지 여부**(원천 – 299, 2011.05.24., 국제세원 – 224, 2010.05.06.)

사택은 「주택법」 제2조 제1호에서 규정하는 주택을 말하는 것으로써 호텔은 주택에 해당하지 아니하므로 주주가 아닌 임원 등을 위하여 지급한 호텔임차비용은 근로소득에 해당함.

● **지방근무자에게 "타지역 근무수당" 명목으로 지급하는 금전의 과세대상 근로소득 해당 여부**(서면1팀 – 63, 2005.01.14.)

지방발령으로 인하여 지방에 근무하게 되는 근로자가 이사를 하지 않고 근무지에서 하숙을 하는 경우에 고용주로부터 "타지역 근무수당"의 명칭으로 지급받는 금전은 당해 명칭에 관계없이 소득세법 시행령 제38조 제1항 규정에 의하여 과세대상 근로소득에 해당하는 것임.

● **외국법인 국내지점 파견근로자의 사택**(서면2팀 – 2460, 2004.11.26.)

외국법인의 종업원 등이 사택을 제공받음으로써 얻는 이익은 소득세법 시행령 제38조 제1항 제6호 단서 및 동법 시행규칙 제15조의2의 규정을 충족하면 근로소득에 해당하지 아니하며, 이 때 사택은 외국법인의 본점 또는 지점이 직접 임차하여 종업원 등에게 무상으로 제공하는 사택도 포함하는 것임.

● **회사명의로 임차한 임차주택이 사택에 해당하는 지 여부**(서면2팀-1517, 2004.07.20.)

종업원 등에게 무상으로 제공하는 주택으로 근로소득에서 제외되는 사택의 요건은 주택규모, 종업원 등의 임의선택과 관련없는 것으로 종업원 등에게 제공되는 사택의 경우 「소득세법 시행규칙」 제9조의2의 규정을 충족하면 주택규모에 관계없이 근로소득에 해당하지 않음.

● **임차한 주택을 무상으로 제공하지 아니하고 종업원 등이 주택임차료의 일부를 부담하는 경우 사택에 해당하는 지 여부**(소득 46011-21446, 2000.12.22.)

사용자가 직접 임차하여 종업원 등에게 무상으로 제공하는 주택은 소득세법 시행규칙 제15조의2 제1항의 규정에 의한 사택에 해당하는 것이나, 임차한 주택을 무상으로 제공하지 아니하고 종업원 등이 주택임차료의 일부를 부담하는 경우에는 사택에 해당하지 아니하는 것임.

● **근로소득에서 제외되는 "종업원이 사택을 제공받음으로써 얻는 이익"**(소득 46011-1182, 1993.04.30.)

사택에 거주하던 근로자가 인사이동으로 출·퇴근이 불가능한 원거리로 전근되었으나 가족이 질병요양·취학 등 부득이한 사유로 함께 이주하지 못하고 사택에 계속 거주하는 경우, 해당 사택을 제공받음으로써 얻는 이익은 해당 근로자의 근로소득으로 보지 않음.

나. 주택구입자금의 대여로 받은 이익

(1) 비과세 대상 근로자의 범위

「조세특례제한법 시행령」 제2조에 따른 중소기업의 종업원이 주택(주택에 부수된 토지 포함)의 구입·임차에 소요되는 자금을 저리 또는 무상으로 대여받음으로써 얻는 이익은 복리후생적 성질의 급여로 비과세한다.

다만, 2024년 2월 29일 이후 발생하는 소득부터 해당 종업원이 중소기업과 다음의 구분에 따른 관계에 있는 경우 그 종업원이 얻는 이익은 과세대상 근로소득이다.(2024.02.29. 소득령 제34265호 부칙 제4조)

① 중소기업이 개인인 경우: 「국세기본법 시행령」 제1조의2 제1항에 따른 친족관계☆
  ☆「국세기본법 시행령」 제1조의2 제1항에 따른 친족관계는 다음과 같다.
    ① 4촌 이내의 혈족　② 3촌 이내의 인척
    ③ 배우자(사실상의 혼인관계에 있는 자를 포함한다)
    ④ 친생자로서 다른 사람에게 친양자 입양된 자 및 그 배우자·직계비속
    ⑤ 본인이 「민법」에 따라 인지한 혼인 외 출생자의 생부나 생모(본인의 금전이나 그 밖의 재산으로 생계를 유지하는 사람 또는 생계를 함께하는 사람으로 한정한다)
② 중소기업이 법인인 경우: 「법인세법 시행령」 제43조 제7항에 따른 지배주주등☆(해당 지배주주등과 「국세기본법 시행령」 제1조의2 제1항에 따른 친족관계 또는 같은 조 제3항에 따른 경영지배관계에 있는 자를 포함한다)인 관계
  ☆ 지배주주등이란 법인의 발행주식총수 또는 출자총액의 100분의 1 이상의 주식 또는 출자지분을

소유한 주주등으로서 그와 특수관계에 있는 자와의 소유 주식 또는 출자지분의 합계가 해당 법인의 주주등 중 가장 많은 경우의 해당 주주등을 말한다.(법인령 43 ⑦)

(2) 주택구입자금의 대여로 받은 이익의 계산

주택구입자금의 대여로 받은 이익은 다음과 같이 계산한다.

$$
\begin{array}{c}
\text{주택구입자금의} \\
\text{대여로 받은 이익}
\end{array}
=
\begin{array}{c}
\text{가중평균차입 이자율 또는 당좌대출} \\
\text{이자율}^{☆}\text{을 적용한 이자상당액}
\end{array}
-
\begin{array}{c}
\text{근로자가} \\
\text{실제 부담한 이자}
\end{array}
$$

☆ 당좌대출이자율: 2016.03.07. 이후부터 4.6%(그 이전은 6.9%)(법인칙 43 ②)

구 분	조특법상 중소기업	그 외 기업
기업별 주택구입자금 대여 이익	2019.12.31. 이전 과세 2020.01.01. 이후 비과세	과세

구 분	2024.02.28. 이전	2024.02.29. 이후
중소기업의 주택구입자금 대여 이익의 비과세 대상자 범위	모든 종업원이 비과세	친족관계 또는 지배주주 등인 관계의 종업원을 제외한 나머지 종업원이 비과세

> **참고**
>
> ○ 주택구입 또는 전자세금의 대여액은 가지급금에서 제외
>
> 조세특례제한법 시행령 제2조에 따른 중소기업에 근무하는 직원(지배주주등☆인 직원은 제외한다)에 대한 주택구입 또는 전세자금의 대여액은 부당행위 계산규정을 적용하지 아니한다.(법인칙 44 7의2호) 즉 인정이자를 계산하지 아니한다.
>
> ☆ "지배주주등"이란 법인의 발행주식총수 또는 출자총액의 100분의 1 이상의 주식 또는 출자지분을 소유한 주주 등으로서 그와 특수관계에 있는 자와의 소유 주식 또는 출자지분의 합계가 해당 법인의 주주등 중 가장 많은 경우의 해당 주주 등을 말한다.(법인령 43 ⑦)

다. 직장어린이집 관련 이익

2024년 2월 29일 이후 발생하는 소득분부터 「영유아보육법」 제14조에 따라 직장어린이집을 설치·운영하거나 지역의 어린이집과 위탁계약을 맺은 사업주가 그 비용을 부담함으로써 해당 사업장의 종업원이 얻는 이익은 복리후생적 성질의 급여로 비과세 한다. (2024.02.29. 소득령 제34265호 부칙 제4조)

라. 단체순수보장성보험 등의 보험료

종업원이 계약자이거나 종업원 또는 그 배우자 및 그 밖의 가족을 수익자로 하는 보험·신탁 또는 공제와 관련하여 사용자가 부담하는 보험료·신탁부금 또는 공제부금 중 다음의 보험료 등은 복리후생적 성질의 급여로 비과세한다.

> ㉠ 종업원의 사망·상해 또는 질병을 보험금의 지급사유로 하고 종업원을 피보험자와 수익자로 하는 보험으로서 만기에 납입보험료를 환급하지 아니하는 단체순수보장성보험과 만기에 납입보험료를 초과하지 아니하는 범위 안에서 환급하는 단체환급부보장성보험의 보험료 중 연 70만원 이하의 금액
> ㉡ 임직원의 고의(중과실을 포함한다) 외의 업무상 행위로 인한 손해의 배상청구를 보험금의 지급사유로 하고 임직원을 피보험자로 하는 보험의 보험료

참고

○ 보험 관련 경제적 이익의 과세문제

구 분	계약자	피보험자	수익자
사례1	법인	임·직원	임·직원
사례2	법인	임·직원	법인

- 사례1의 경우(계약자 : 법인, 수익자 : 임·직원)
  - 저축성 ⇨ 수익자의 근로소득
  - 보장성 – 일반보장성 ⇨ 수익자의 근로소득
    단체보장성 – 연 70만원 이하 ⇨ 수익자의 비과세 근로소득
  - 연 70만원 초과 ⇨ 수익자의 근로소득○
- 사례2의 경우(계약자 : 법인, 수익자 : 법인)
  - 저축성 ⇨ 납입시 자산처리
    보험금 수령시 자산과 상계 후 손익처리
  - 보장성 ⇨ 납입시 비용처리
    보험금 수령시 이익

마. 공무원이 받는 상금과 부상

공무원이 국가 또는 지방자치단체로부터 공무 수행과 관련하여 받는 상금과 부상 중 연 240만원 이내의 금액은 복리후생적 성질의 급여로 비과세한다.

예규 ●●●

❷ **보장성보험 보험료의 손금산입 시기**(서면법인 2021 – 2029, 2021.06.17., 서면법인 2018 – 1779, 2018.07.18.)

내국법인이 대표이사를 피보험자로 하고 계약자와 수익자를 법인으로 하는 보장성보험에 가입한 경우, 법인이 납입한 보험료 중 만기환급금에 상당하는 보험료 상당액은 자산으로 계상하고 기타의

부분은 이를 보험기간의 경과에 따라 손금에 산입하는 것으로 피보험자인 대표이사의 퇴직기한이 정해지지 않아 사전에 해지환급금을 산정할 수 없어 만기환급금에 상당하는 보험료 상당액이 없는 경우에는 내국법인이 납입한 해당 보험료를 보험기간의 경과에 따라 손금에 산입하는 것이며 상기 보장성보험의 해약으로 지급받는 해약환급금은 해약일이 속하는 사업연도의 소득금액 계산 시 익금에 산입하는 것임.

◐ 임원 사망 시 임원의 상속인을 수익자로 하는 보험료의 세무처리(서면법인 2019–560, 2020.07.08.)

내국법인이 피보험자를 임원으로 하되, 수익자를 만기 및 임원의 입원·상해의 경우에는 해당 내국법인으로 하고 임원이 사망하는 경우에는 주주 및 임직원이 아닌 해당 임원의 상속인으로 하는 생명보험 계약을 체결하여 보험료를 납입하는 경우로서 피보험자인 임원의 사망으로 임원의 상속인이 보험금을 수령하는 경우 해당 금액을 손금불산입하고 「법인세법 시행령」 제106조에 따라 기타소득으로 처분하는 것임.

5. 생산직근로자 등의 연장근로수당 등 비과세

가. 비과세 요건

근로자(일용근로자를 포함한다)에게 지급하는 연장근로수당, 야간근로수당, 휴일근로수당 등에 대하여 비과세를 적용하고자 하는 경우에는 다음의 요건을 모두 갖추어야 한다.(소득법 12 3호 더목)

(1) 생산직 및 그 관련직에 따른 요건

다음의 생산직 및 그 관련직에 종사하는 근로자가 연장근로소득 등에 대하여 비과세를 적용받을 수 있다.

① 공장 또는 광산에서 근로를 제공하는 자로서 통계청장이 고시하는 한국표준직업분류에 의한 생산 및 관련 종사자 중 「소득세법 시행규칙」 별표2에 규정된 직종에 종사하는 근로자
② 어업을 영위하는 자에게 고용되어 근로를 제공하는 자로서 어선에 승무하는 선원으로 선장을 제외한 자
③ 통계청장이 고시하는 한국표준직업분류에 따른 운전 및 운송 관련직 종사자, 돌봄·미용·여가 및 관광·숙박시설·조리 및 음식 관련 서비스직 종사자, 매장 판매 종사자, 상품 대여 종사자, 통신 관련 판매직 종사자, 운송·청소·경비·가사·음식·판매·농림·어업·계기·자판기·주차관리 및 기타 서비스 관련 단순 노무직 종사자

○ **공장 또는 광산에서 근로를 제공하는 자의 범위**(소득법 집행기준 12-17-1)

① '공장'이라 함은 제조시설 및 그 부대시설을 갖추고 한국표준산업분류에 의한 제조업을 경영하기 위한 사업장을 말하는 것으로, 해당 사업장에 고용되거나 파견된 근로자로서 제조·생산활동에 참여하여 근로를 제공하는 자는 이에 포함되는 것이나, 그 외 건설업체 등의 직원으로서 공장시설의 신설 및 증·개축업무 또는 유지·보수용역을 제공하는 자는 동 규정에 의한 '공장에서 근로를 제공하는 자'에 포함되지 않음.

② 건설업을 경영하는 업체의 건설현장에서 근로를 제공하는 일용근로자는 '공장에서 근로를 제공하는 자'에 해당하지 않으므로 동 건설용역근로자에게 지급되는 야간근로수당 등은 비과세하지 않음.

> ☞ 저자주 : 2018년부터 건설현장에서 근로를 제공하는 일용근로자가 건축, 토목, 채굴 현장에서 작업반장이나 숙련공의 지시에 따라 수동공구 및 도구를 사용하여 독자적인 판단이나 기술이 필요치 않은 업무를 수행하는 '건설 및 광업 관련 단순 노무직(91)'에 해당할 경우 비과세 적용이 가능함.

③ 생산직근로자의 범위에는 제조업을 경영하는 자로부터 제조공정의 일부를 도급받아 용역을 제공하는 '소사장제' 업체에 고용되어 공장에서 생산직에 종사하는 근로자도 포함.

④ 작업반장·작업조장 또는 직공반장의 직위에 있는 근로자가 자기통제하의 생산관련 다른 종사자와 함께 직접 그 작업에 종사하면서 그 작업의 수행을 통제하는 직무를 함께 수행하는 경우에는 생산직근로자로 보는 것이며, 단위작업의 수행에 직접적으로 참여하지 않고 통제 및 감독업무만을 수행하는 경우에는 생산직근로자의 범위에 해당하지 않음.

[별표 2] (2021.03.16. 개정)

| 생산직 및 관련직의 범위(제9조 제1항 관련) |

연번	대분류	중분류, 소분류 또는 세분류	한국표준 직업분류번호
		직 종	
1	서비스 종사자	돌봄 서비스직[☆] ☆ 환자, 장애인, 노인 등 거동이 불편하거나 원활한 일상생활을 영위하기 위해 도움이 필요한 사람들을 대상으로 돌봄 서비스를 수행하는 자를 말하며, 요양보호사(42111), 간병인(42112), 노인 및 장애인 돌봄 서비스 종사원(42113)의 세세분류로 구성됨.	4211
		미용 관련 서비스직[☆] ☆ 고객의 머리카락을 자르고 다듬는 이·미용사, 피부 관리, 화장 등 고객의 용모를 개선하기 위하여 여러 가지 처리를 하는 피부미용 및 체형 관리사, 메이크업 아티스트 및 분장사, 패션코디네이터 등 기타 미용서비스 종사자가 여기에 분류되며, 이용사(4221), 미용사(4222), 피부 및 체형 관리사(4223), 메이크업 아티스트 및 분장사(4224), 기타 미용 관련 서비스 종사원(4229)의 세분류로 구성됨.	422
		여가 및 관광 서비스직[☆] ☆ 국내외 여행안내, 호텔 및 숙박시설, 유원시설, 노래방, PC방, 비디오방 등 여가 서비스 종사자가 여기에 분류되며, 여가 및 관광 서비스 종사원(4321), 숙박시설 서비스 종사원(4322), 오락시설 서비스 종사원(4323), 기타 여가 서비스 종사원(4329)의 세분류로 구성됨.	4321
		숙박시설 서비스직[☆] ☆ 각종 숙박시설에서 고객에게 문을 열어주며 고객을 맞이하거나, 고객의 짐을 운반해 주거나 시설안내 등 숙박 관련 편의서비스를 제공하며 호텔서비스원(43221), 그 외 숙박시설 서비스원(43229)의 세세분류로 구성됨.	4322
		조리 및 음식 서비스직[☆] ☆ 각종 사업체, 시설, 가정, 선박 또는 여객열차에서 음식을 준비 및 조리하고 음식료품을 제공하는 것과 관련된 여러 가지 일을 수행하며 조리사(444), 식음료 서비스 종사자(442)의 소분류로 구성됨.	44
2	판매 종사자	매장 판매 및 상품 대여직[☆] ☆ 도·소매 매장 또는 상품 대여점에서 각종 상품의 판매 및 대여 관련 업무를 수행하며 매장판매종사자(521), 상품대여 종사자(522)의 소분류로 구성됨.	52
		통신 관련 판매직[☆] ☆ 이동통신 및 인터넷 등 통신 서비스 상품 및 단말기를 판매하거나 인터넷을 기반으로 하는 온라인 쇼핑몰에서 상품을 판매하는 자를 말한다. 전화로 상품을 판매하는 텔레마케터도 이 분류에 포함되며 단말기 및 통신 서비스 판매원	531

연번	직 종		한국표준
	대분류	중분류, 소분류 또는 세분류	직업분류번호
		(5311), 온라인 쇼핑 판매원(5312), 텔레마케터(5313)의 세분류로 구성됨.	
3	기능원 및 관련 기능 종사자	식품가공 관련 기능직	71
		섬유·의복 및 가죽 관련 기능직	72
		목재·가구·악기 및 간판 관련 기능직	73
		금속 성형 관련 기능직	74
		운송 및 기계 관련 기능직	75
		전기 및 전자 관련 기능직	76
		정보 통신 및 방송장비 관련 기능직	77
		건설 및 채굴 관련 기능직	78
		기타 기능 관련직	79
4	장치·기계 조작 및 조립 종사자	식품가공 관련 기계 조작직	81
		섬유 및 신발 관련 기계 조작직	82
		화학 관련 기계 조작직	83
		금속 및 비금속 관련 기계 조작직	84
		기계 제조 및 관련 기계 조작직	85
		전기 및 전자 관련 기계 조작직	86
		운전 및 운송 관련직	87
		상하수도 및 재활용 처리 관련 기계 조작직	88
		목재·인쇄 및 기타 기계 조작직	89
5	단순노무 종사자	건설 및 광업 관련 단순 노무직☆ ☆ 건축, 토목, 채굴 현장에서 작업반장이나 숙련공의 지시에 따라 수동공구 및 도구를 사용하여 독자적인 판단이나 기술이 필요치 않은 업무를 수행하는 사람으로 건설단순 종사원(91001), 광업 단순 종사원(91002)의 세세분류로 구성됨.	91
		운송 관련 단순 노무직☆ ☆ 손으로 화물을 하역, 운반하거나 배달하는 업무를 수행하며, 하역 및 적재 단순종사자(921), 배달원(922)의 소분류로 구성됨.	92
		제조 관련 단순 노무직☆ ☆ 건설을 제외하고 기계, 재료, 화학, 섬유, 전기, 전자, 식품 제품 생산 업무에 육체적 단순 반복 작업을 담당하거나 보조업무를 수행한다. 또한 제품을 분류하고 구성품을 간단히 수동으로 조립하기도 하며, 수동포장원(93001), 수동 상표 부착원(93002), 제품 단순 선별원(93003), 그 외 제조 관련 단순 종사원(93009)의 세세분류로 구성됨.	93
		청소 및 경비 관련 단순 노무직☆ ☆ 쓰레기를 수거하고, 거리를 청소하거나 경비 관련 단순 업무를 하는 종사자가 여기에 분류되며, 청소원 및 환경미화원(941), 건물 관리원 및 검표원(942)의 소분류로 구성됨	94

직 종			한국표준 직업분류번호
연번	대분류	중분류, 소분류 또는 세분류	
		가사·음식 및 판매 관련 단순 노무직☆ ☆ 가사 및 육아와 음식 조리 및 판매 관련 단순 노무자를 말하며 가사 및 육아도우미(951), 음식 관련 단순 종사자(952), 판매 관련 단순 종사자(953)의 소분류로 구성되어 있다. 특히 음식 관련 단순 종사자(952)는 조리 관련 단순 반복 작업을 수행하거나 조리장이나 조리사의 지시에 따라 각종 조리보조 업무를 수행하는 사람으로서 패스트푸드 준비원(9521), 주방 보조원(9522)의 세분류로 구성됨.	95
		농림·어업 및 기타 서비스 단순 노무직☆ ☆ 농림어업 및 기타 서비스 관련 단순 노무 업무를 수행하는 자를 말하며 농림어업 관련 단순 종사자(991), 계기·자판기 및 주차 관리 종사자(992), 기타 서비스 관련 단순 종사자(999)의 소분류로 구성됨.	99

비고: 위 표의 한국표준직업분류번호는 통계청 고시 제2017–191호(2017.7.3.) 한국표준직업분류에 따른 분류번호로서 2단위 분류번호(44, 52, 71, 72, 73, 74, 75, 76, 77, 78, 79, 81, 82, 83, 84, 85, 86, 87, 88, 89, 91, 92, 93, 94, 95, 99)는 중분류 직종, 3단위 분류번호(422, 531)는 소분류 직종, 4단위 분류번호(4211, 4321, 4322)는 세분류 직종의 분류번호임.

참고: ☆표의 내용은 한국표준직업분류의 설명내용임.

예규

● 택배 상하차 업무를 수행하는 근로자의 연장근로 등 수당의 비과세 여부(사전법령해석소득 2019–618, 2019.11.11.)

택배물 상하차 업무를 수행하는 근로자가 한국표준직업분류 상 중분류 코드 92의 운송 관련 단순 노무직에 종사하는 자에 해당하는 경우에는 그 근로자가 연장근로·야간근로 또는 휴일근로를 하여 받는 급여에 대해 비과세하는 것임.

● 생산직근로자가 받는 야간수당의 범위 해당 여부(서면법령해석소득 2014–22170, 2015.06.29.)

운송업을 주업으로 하는 법인의 근로자 중 물류센터 창고에서 운송품 이동·출하업무 등을 상시 수행하는 지게차 운전원의 연장근로·야간근로 또는 휴일근로를 하여 받는 급여는 생산직근로자가 받는 연장근로·야간근로 또는 휴일근로를 하여 받는 급여에 해당하는 것으로 같은 규정에 따른 비과세를 적용할 수 있는 것임.

● 의약품도매법인의 배송담당 직원 등은 생산직근로자 연장시간 근로수당 비과세 여부(법규소득 2011–384, 2011.09.28.)

의약품도매업체에서 상품 입·출고와 배송을 담당하는 직원은 한국표준직업분류에 따른 도매판매 종사자(3단위 분류번호 511)로서 생산직 또는 그 관련직에 종사하는 근로자에 해당하지 아니하여 비과세를 적용할 수 없음.

☞ 저자주 : 현행 한국표준직업분류에 의할 경우 매장판매종사자(3단위 분류번호 521)에 해당되므로 비과세를 적용받을 수 있음.

● **생산직근로자의 범위 여부**(제도 46013 – 427, 2000.11.21., 법인 46013 – 2847, 1998.10.01.)

제조업을 영위하는 자로부터 도급받은 업체에 고용되어 당해 제조업체의 공장 내에서 제품을 창고에서 출하하여 차량에 적재하는 단순노무를 제공하는 자는 공장에서 근로를 제공하는 자에 해당하는 것이나, 물품 및 창고관리 등의 관련업무 종사자는 이에 해당하지 아니하는 것임.

● **소사장제업체에 고용된 생산직근로자의 연장근로수당 비과세방법**(소득 46011 – 21009, 2000.07.18.)

생산직근로자의 범위에는 제조업을 영위하는 자로부터 제조공정의 일부를 도급받아 용역을 제공하는 "소사장제" 업체에 고용되어 공장에서 생산직에 종사하는 근로자도 포함되는 것임.

● **광산노무자의 범위**(법인 46013 – 2430, 1996.09.03.)

"광산"이란 광업법 및 광산보안법 규정의 "광산"으로서 "광업법 제3조의 법정광물의 탐광, 채굴, 선광, 제련 등의 사업을 행하는 장소"를 말하는 것이므로, 법정광물 이외의 석재(화강암 등)를 채굴, 쇄석하여 골재를 생산하는 장소에서 종사하는 자는 야간근로수당 등이 비과세되는 생산 및 그 관련직에 종사하는 근로자의 범위에 포함되지 아니함.

● **자동차정비공장 종사자의 생산직근로자 해당 여부**(법인 46013 – 4471, 1995.12.06.)

운수업을 주업으로 하는 업체가 다수의 자기차량(또는 타인의 차량)을 전문적으로 정비하기 위하여 별도로 설치한 자동차정비공장은 공장에 해당되며, 동 공장에서 주로 육체적인 업무에 종사하는 정비사로서 월정급여가 210만원 이하인 자는 야간근로수당 등이 연간 240만원 한도로 비과세되는 생산직근로자로 보는 것임.

(2) 급여수준에 따른 요건

1) 급여수준의 비과세 요건

다음의 요건을 모두 충족하는 생산직 및 그 관련직에 종사하는 근로자가 받는 야간근로수당 등은 비과세를 적용한다. 다만, 일용근로자의 경우 급여수준과 상관없이 비과세를 적용한다.(서면소득지원 2015 – 1440, 2015.09.07.)

① 월정액급여 210만원 이하
② 직전년도 총급여액이 3,000만원 이하

2) 월정액급여의 범위

월정액급여는 매월 직급별로 받는 봉급·급료·보수·임금·수당 그 밖에 이와 유사한 성질의 급여(해당 과세기간 중에 받는 상여 등 부정기적인 급여와 「소득세법 시행령」 제12조에 따른 실비변상적 성질의 급여와 복리후생적 성질의 급여는 제외)의 총액에서 「근로기준법」에 따른 연장근로·야간근로 또는 휴일근로를 하여 통상임금에 더하여 받는 급여 및 「선원법」에 따라 받는 생산수당(비율급으로 받는 경우에는 월 고정급을 초과하는 비율급을 말한다)을 뺀 급여를 말한다.(소득령 17 ① 후단)

이 경우 월정액급여는 다음과 같이 계산한다.

매월 급여총액
- 상여 등 부정기적 급여
- 실비변상적 성질의 급여
- 복리후생적 성질의 급여
- 연장근로수당·야간근로수당 또는 휴일근로수당
- 선원법에 따라 받는 생산수당☆
  ☆ 비율급으로 받는 경우에는 월 고정급을 초과하는 비율급을 말한다.

= 월정액급여

〈야간근로수당 등의 비과세 대상 급여 기준 적용방법〉

월정액급여 = 급여의 총액 - 야간근로수당 등
① 급여의 총액은 매월 지급받는 봉급·급료·보수·임금·수당 기타 이와 유사한 성질의 급여의 합계액임.(다만, 상여 등 부정기적인 급여와 실비변상적인 급여 제외)
② 비과세되는 식사대는 실비변상적인 급여에 해당하지 아니하므로 월정액급여 계산시 차감하지 않도록 주의.
③ 상여금을 매월 급여항목으로 지급받는 경우에는 월정액급여 계산시 차감하지 아니함.
   ☆ 상여금지급규정에 의하여 2개월에 한번씩 지급받는 상여금은 부정기적인 급여에 해당.
④ 임금협상 결과 1월분부터 소급 인상하기로 함에 따라 이미 지급된 급여와 인상금액과의 차액을 소급하여 지급하는 경우 월정액급여의 계산은 1월분부터 인상된 금액으로 재계산함.
⑤ 국민연금법, 국민건강보험법, 공무원연금법 등에 의하여 사용자가 부담하는 부담금은 월정액급여에 포함되지 아니함.(원천-581, 2010.07.16.)
⑥ 다음의 복리후생적 성질의 급여는 월정액급여 계산시 제외함.
   ㉠ 종업원 또는 비출자임원이 제공받는 사택제공이익
   ㉡ 중소기업 종업원이 주택(부수토지 포함)의 구입·임차에 소요되는 자금을 저리 또는 무상으로 대여받음으로써 얻는 이익
   ㉢ 종업원이 계약자이거나 종업원 또는 그 배우자 및 그 밖의 가족을 수익자로 하는 보험·신탁 또는 공제와 관련하여 사용자가 부담하는 보험료·신탁부금 또는 공제부금 중 다음의 보험료 등
   • 단체순수보장성보험 또는 단체환급부보장성보험의 보험료 중 연 70만원 이내의 금액
   • 임직원의 고의(중과실을 포함) 외의 업무상 행위로 인한 손해의 배상청구를 보험금의 지급사유로 하고 임직원을 피보험자로 하는 보험의 보험료
   ㉣ 공무원이 국가 또는 지방자치단체로부터 공무 수행과 관련하여 받는 상금과 부상 중 연 240만원 이내의 금액

┤ Check Point ├

○ 월정액급여의 변동에 따른 비과세 적용 여부

월정액급여를 제외한 직종요건, 직전연도 총급여요건은 충족하는 것으로 가정함.

구분	7월	8월	9월	10월
월정액급여	210만원	230만원	205만원	220만원
비과세 적용 여부	비과세 가능	비과세 불가	비과세 가능	비과세 불가

※ 월정액급여액이 210만원 이하인 달에 지급받는 연장근로, 야간근로, 휴일근로 수당에 대해서만 비과세 규정을 적용한다.

○ 일용근로자 등 비과세 요건 비교

구분	비과세 요건		
	직종요건	월정액급여요건	직전연도 총급여요건
일용근로자	○	×	×
그 외 근로자	○	○	○

※ 일용근로자는 월정액급여 및 직전연도 총급여와 상관없이 생산직등 직종요건만 충족하면 연장등 근로 수당에 대하여 비과세 적용함.(서면소득지원 2015 – 1440, 2015.09.07.)

예규 ●●●

● 생산직 일용근로자의 연장근로수당 비과세 판단기준(서면소득지원 2015 – 1440, 2015.09.07., 소득 46011 – 2615, 1997.10.10.)

생산직 일용근로자가 근로기준법에 의한 연장시간근로・야간근로 또는 휴일근로로 인하여 통상임금에 가산하여 받는 급여는 월정액급여와 직전 과세기간의 총급여액에 관계없이 비과세에 해당함.

● 생산직근로자의 월정액급여 산정 시 사용자부담 공적 보험료의 포함 여부(원천 – 581, 2010.07.16.)

국민건강보험법 등에 의하여 사용자가 부담하는 부담금은 야간근로수당 등이 비과세되는 생산직근로자의 월정액급여 산정 시 포함되지 아니하는 것임.

● 중도퇴사로 인한 퇴직 월의 근무일수가 1월 미만인 생산직근로자의 월정액급여 적용(원천 – 706, 2009.08.28.)

생산직근로자의 야간근로수당 등에 대한 비과세소득을 적용함에 있어, 근로자의 퇴직으로 그 퇴직하는 달의 근무일수가 1월 미만인 경우 월정액급여는 당해 근로자가 실제로 지급받는 금액으로 하는 것임.

● 생산직근로자가 받는 야간근로수당 등의 범위 산정시 월정액급여(서면1팀 – 215, 2007.02.09.)

생산직근로자가 받는 야간근로수당등의 범위를 산정할 때의 월정액급여는 월정액급여에서 근로기준법에 의한 연장시간근로, 야간근로 또는 휴일근로로 인하여 통상임금에 가산하여 받는 급여를 차감한 것을 말하는 것임.

● **생산직근로자의 월정액급여 범위**(서면1팀 – 1040, 2006.07.25.)

생산직근로자의 월정액급여란 월정액급여의 총액에서 「근로기준법」에 의한 연장시간근로, 야간근로 또는 휴일근로로 인하여 통상임금에 가산하여 받는 급여를 차감한 급여를 말하는 것이며, 부정기적으로 지급받는 연 월차수당은 월정액급여에 포함되지 않는 것이나 통상적으로 매월 지급되는 급여에 해당되는 때에는 월정액급여의 범위에 포함되는 것임.

● **생산직근로자가 받는 야간근로수당 등의 비과세 요건**(서면1팀 – 1110, 2005.09.23.)

「월정액급여」는 근로기준법에 의한 연장시간근로·야간근로 또는 휴일근로로 인하여 통상임금에 가산하여 지급받는 급여를 차감하는 것으로서, 상여금 지급규정에 의한 연간 상여금을 매월 분할하여 지급받는 경우 동 상여금은 월정액급여에 포함하는 것이나, 근로기준법에 의한 연장시간근로 등으로 인하여 통상임금에 가산하여 받는 급여는 월정액급여에 포함하지 아니하는 것임.

● **국민연금법상 사용자가 부담하는 부담금이 월정액급여에 포함되는지 여부**(원천 46013 – 210, 2002.07.12.)

국민연금법에 의하여 사용자가 부담하는 부담금은 "월정액급여"에 포함되지 않는 것임.

● **월정액급여에서 제외되는 상여 등 부정기적인 급여의 범위**(소득 46011 – 2327, 1997.09.02.)

월정액급여의 범위에서 제외되는 「당해연도 중에 받는 상여 등 부정기적인 급여」라 함은 성과급, 수당 등 명칭여하에 관계없이 통상적으로 매월 지급받는 경우가 아닌 급여를 말함.

나. 연장 · 야간 · 휴일근로 수당의 비과세 한도

연장근로·야간근로 또는 휴일근로로 받는 급여의 비과세 한도는 다음에 해당하는 금액을 말한다. 비과세 한도는 연단위로 적용하므로 월단위로 분할하여 월 20만원을 적용하지 않는다.

① 근로기준법에 따른 연장근로·야간근로 또는 휴일근로를 하여 통상임금에 더하여 받는 급여 중 연 240만원 이하의 금액(광산근로자 및 일용근로자의 경우에는 해당 급여총액)
② 어선에 승무하는 선원(선장 제외)의 경우 선원법에 의하여 받는 생산수당(비율급으로 받는 경우에는 월 고정급을 초과하는 비율급) 중 연 240만원 이내의 금액

근로자 구분	비과세 한도
① 광산근로자 및 일용근로자	전액 비과세
② ① 이외의 생산직 및 그 관련직	연 240만원 이하 금액 비과세
③ 어선에 승무하는 선원(선장 제외)	
④ ① 내지 ③의 근로자가 월정액급여 210만원을 초과하는 달에 받는 연장근로수당 등	전액 과세

예 규 ●●●

● **생산직근로자가 받는 야간근로수당 등의 범위**(서면1팀 – 1579, 2006.11.21.)

생산직근로자가 받는 야간근무수당 등의 비과세 규정을 적용함에 있어 「근로기준법」에 의한 연장시간근로 · 야간근로 또는 휴일근로로 인하여 통상임금에 기산하여 받는 급여란 연장시간근로 등으로 인하여 지급받는 급여의 총액을 말하는 것임.

참 고

○ **통상임금에 가산하여 지급받는 급여의 범위**

① 「근로기준법」 제56조【연장 · 야간 및 휴일 근로】사용자는 연장근로(제53조 · 제59조 및 제69조 단서에 따라 연장된 시간의 근로)와 야간근로(오후 10시부터 오전 6시까지 사이의 근로) 또는 휴일근로에 대하여는 통상임금의 100분의 50 이상을 가산하여 지급하여야 한다.

• 연장시간근로(통상임금의 50% 가산하여 지급)

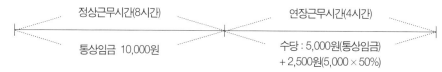

⇨ 연장시간근로수당 : 5,000원+2,500원=7,500원

• 휴일근로(8시간 근로, 통상임금의 50% 가산하여 지급)

⇨ 휴일근로수당 : 10,000원+5,000원=15,000원

• 야간(22:00~06:00)에 연장근로(4시간)하는 경우(통상임금의 50% 가산하여 지급)

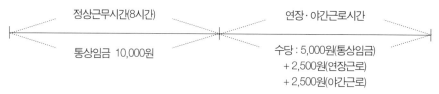

⇨ 야간 · 연장근로시간 수당 : 5,000원+2,500원+2,500원=10,000원

생산직근로자의 12월 급여가 다음과 같은 경우 월정액급여 및 비과세 금액은?
(1~11월까지 생산직근로자로서 연장근로수당 등의 비과세 금액 200만원을 공제받음)

　　① 기본급 140만원　　　　　　　　⑤ 야간근로수당 10만원
　　② 가족수당(매월 지급) 6만원　　　⑥ 휴일근로수당 5만원
　　③ 부정기적 상여 100만원　　　　　⑦ 식대(현물식사를 제공받지 않음) 23만원
　　④ 연장근로수당 10만원

☞ 비과세 금액 : 45만원
　※ ④연장근로수당 10만원, ⑤ 야간근로수당 10만원, ⑥ 휴일근로수당 5만원, ⑦ 식대 20만원
☞ 월정액급여 : 169만원
　〈월정액급여 계산〉
　상여 등 부정기적 급여를 차감한 급여의 총액 : 총수령액 294만원 − 100만원(상여) = 194만원
　※ 식대(23만원)는 실비변상적인 급여가 아니므로 월정액급여 계산시 포함됨.
　　연장근로·야간근로 또는 휴일근로수당 : 25만원
　　월정액급여 = 부정기적 급여를 차감한 급여의 총액 − 야간근로수당 등
　　　　　　 = 194만원 − 25만원 = 169만원
☞ 위 근로자의 12월 비과세 금액은 45만원이고 월정액급여는 169만원이다.

6. 국외근로소득(건강보험료 산정보수에 제외, 국민연금보험료 산정소득에 포함)

국외 등(국외 또는 「남북교류협력에 관한 법률」에 따른 북한지역을 의미함)에서 근로를 제공(원양어업 선박 또는 국외 등을 항행하는 선박이나 항공기에서 근로를 제공하는 것 포함)하고 받는 급여는 다음의 금액을 한도로 비과세 한다.(소득법 12 3호 거목)

구　　분	비과세 한도
원양어업선박, 국외 등을 항행하는 선박	월 300만원
국외 등의 건설현장☆에서 근로(설계 및 감리업무포함)를 제공하고 받는 보수의 경우 ☆ 국외 등의 건설현장 등은 국외 등의 건설공사 현장과 그 건설공사를 위하여 필요한 장비 및 기자재의 구매, 통관, 운반, 보관, 유지·보수 등이 이루어지는 장소를 포함한다.	월 500만원
공무원(재외공관 행정직원을 포함), 대한무역투자진흥공사, 한국관광공사, 한국국제협력단의 종사자가 국외 등에서 근무하고 받는 수당	해당 근로자가 국내에서 근무할 경우에 지급받을 금액 상당액을 초과하여 받는 금액
「남북교류협력에 관한 법률」에 의한 북한지역에서 근로를 제공하고 받은 보수	월 100만원
위의 국외 근무자가 받는 보수 외의 국외 근무자가 받는 보수	

이 경우 그 근로의 대가를 국내에서 받는 경우를 포함하나, 출장·연수 등을 목적으로 출국한 기간 동안의 급여상당액은 국외근로소득에 해당하지 않는다.(소득법 집행기준 12-16-1 ②)

구 분		2023.12.31. 이전	2024.1.1. 이후
비과세금액	선원 및 해외건설근로자	300만원	500만원
	일반국외근로자	100만원	100만원

참고

○ 국외근로소득자의 비과세 항목별 중복 여부

비과세 소득	국외근로소득자의 비과세 적용 여부
국외근로소득 비과세	한도 내 비과세 적용
식 대	한도 내 비과세 적용
자가운전보조금 등	한도 내 비과세 적용

※ 비과세 항목별로 비과세 적용되며 비과세 항목이 중복되는 경우에도 항목별로 비과세 적용됨.(원천-616, 2009.07.16.)

○ 원양어업선박 등에 근로 제공시 비과세 적용

① 원양어업선박 또는 국외 등을 항행하는 선박이나 항공기에서 근로를 제공하고 보수를 받는 자의 급여는 원양어업선박에서 승선하는 승무원이 원양어업에 종사함으로써 받는 급여와 국외 등을 항행하는 선박 또는 항공기의 승무원이 국외 등을 항행하는 기간의 근로에 대해 받는 급여에 한한다.(소득령 16 ③) 이 경우 외국을 항행하는 기간에는 해당 선박이나 항공기가 화물의 적재·하역 기타 사유로 국내에 일시적으로 체재하는 기간을 포함한다.

② 승무원은 원양어업선박에 승선하여 근로를 제공하는 자 및 외국을 항행하는 선박 또는 항공기에서 근로를 제공하는 자로서 다음에 해당하는 자를 포함한다.
  • 해당 선박에 전속되어 있는 의사 및 그 보조원
  • 해외기지조업을 하는 원양어업의 경우에는 현장에 주재하는 선박수리공 및 그 사무원

○ 국외 등의 건설현장 등에서 근무시 비과세 적용

① 국외 등의 건설현장에서 근로를 제공하고 받는 보수 중 월 300만원(2024.1.1. 이후 월 500만원) 이내 금액을 비과세하는 근로자는 건설관련 기능직, 건설 단순 종사원, 감리, 설계업무 수행자뿐만 아니라 국외 건설현장의 각종 지원업무를 수행하는 근로자를 포함한다.
  - 국외등의 건설현장에서 근로를 제공하고 받는 보수의 경우에는 「소득세법 시행령」 제16조 제1항 제1호의 규정에 따라 월 300만원(2024.1.1. 이후 월 500만원) 이내의 금액을 비과세하는 것이다.(국외등의 건설현장에서 조리 및 음식 서비스직에 종사는 근로자, 공인검사원, 공인검사감독원 등이 근로를 제공하고 받는 보수도 포함)(서면법령해석소득 2020-3569, 2021. 05.06.)

② 국외 등의 건설현장 등은 국외 등의 건설공사 현장과 그 건설공사를 위하여 필요한 장비 및 기자재의 구매, 통관, 운반, 보관, 유지·보수 등이 이루어지는 장소를 포함한다.

○ **공무원 등이 국외 등에서 근무하고 받는 수당의 비과세**

공무원(「외무공무원법」 제32조에 따른 재외공관 행정직원을 포함)과 「대한무역투자진흥공사법」에 따른 대한무역투자진흥공사, 「한국관광공사법」에 따른 한국관광공사, 「한국국제협력단법」에 따른 한국국제협력단, 「한국국제보건의료재단법」에 따른 한국국제보건의료재단의 종사자가 국외 등에서 근무하고 받는 수당 중 해당 근로자가 국내에서 근무할 경우에 지급받을 금액 상당액을 초과하여 받는 금액 중 실비변상적 성격의 급여로서 외교부장관이 기획재정부장관과 협의하여 고시하는 금액(소득령 16 ① 2호)

※ 외교부 – 고시 제2019 – 3호(2019.6.12) : 국외 등에서 근무하고 받는 수당 전액 비과세(단, 재외근무 수당은 75%까지 비과세, 재외공단 행정직원이 재외공관별 주거보조비 상한액 범위 내에서 받는 주거보조비, 특수지 근무수당, 의료보험료 및 실의료비 전액)

○ **국외근로소득에 대한 과세방법**

① 국외근로소득은 월 100만원☆을 공제하고 과세하며, 당해 월의 국외근로소득이 월 100만원 이하인 경우에는 그 급여를 한도로 하여 비과세하며 당해 월의 국외근로소득이 100만원 이하가 될 때에는 그 부족액은 다음 달 이후의 급여에서 이월하여 공제하지 아니한다.

☆ 원양어업 선박과 국외 등을 항행하는 선박에서 근로를 제공하고 받는 보수는 월 300만원 및 국외 등의 건설현장에서 근로를 제공하고 받는 보수의 경우는 월 500만원(2023.12.31. 이전 월 300만원) 그 외 국외 근로소득은 월 100만원을 말한다.

② 당해 월의 국외근로소득에는 당해 월에 귀속하는 국외근로로 인한 상여 등을 포함한다.

③ 국외근로소득공제액을 계산함에 있어서 국외근무기간이 1월 미만인 경우에는 1월로 본다.

④ 「남북사이의 소득에 대한 이중과세방지합의서」 제22조 자기 지역의 거주자가 상대방에서 얻은 소득에 대하여 세금을 납부하였거나 납부하여야 할 경우 일방에서는 그 소득에 대한 세금을 면제한다.

📖 **적용사례**

> 해외주재원 월급여액이 다음과 같은 경우 국외근로소득 비과세금액은?
> 1월~3월 : 월 80만원, 4월~ 6월 : 월 170만원
> 7월~9월 : 월 180만원, 10월~12월 : 월 200만원

월 100만원 비과세 한도가 적용되며 100만원에 미달하는 금액은 이월 적용하지 않음.
(1월 ~ 3월 : 80만원 × 3) + (4월 ~ 12월 : 100만원 × 9)
☞ 위 근로자의 비과세 국외근로소득은 1,140만원이다.

● **해외 파견 근로자 월 300만원 비과세 적용 요건**(서면원천 2022 – 3212, 2023.02.27.)

직원이 해외 건설공사 현장에서 직접 근로를 제공하거나 그 건설공사를 위하여 필요한 장비 및 기자재의 구매, 통관, 운반, 보관, 유지·보수 등이 이루어지는 장소에서 업무를 수행하고 지급받는 보수 중 월 300만원(2024.1.1. 이후 월 500만원) 이내의 금액은 비과세소득에 해당하는 것임.

● **국외등의 건설현장에서 근로를 제공하고 받는 보수의 비과세금액**(서면법령해석소득 2020 – 3569, 2021.05.06.)

국외등의 건설현장에서 근로를 제공하고 받는 보수의 경우에는 월 300만원(2024.1.1. 이후 월 500만원) 이내의 금액을 비과세하는 것임.(국외등의 건설현장에서 조리 및 음식 서비스직에 종하사는 근로자, 공인검사원, 공인검사감독원 등이 근로를 제공하고 받는 보수도 포함)

구 분	국외등 건설현장	
	현장 본연의 업무	현장 지원을 위한 간접업무 (현장 사무직, 조리 및 음식서비스직, 공인검사원, 공인검사감독원 등)
비과세 여부	월 300만원(2024.1.1. 이후 월 500만원) 이내 금액 비과세	

● **건설현장 등이 아닌 장소에서 설계 업무를 수행하고 받은 보수의 비과세 금액**(서면법령해석소득 2020 – 2952, 2020.07.23.)

「소득세법 시행령」 제16조 제1항 제1호의 비과세 한도를 적용함에 있어, 「소득세법 시행규칙」 제8조 제2항에 규정하는 장소가 아닌 국외의 다른 장소에서 설계업무를 제공한 근로자의 보수는 월 100만원 이내의 금액을 비과세하는 것임.

● **일본을 왕복운행하는 단기 정기여객선 선원의 급여에 대하여 국외근로자 비과세 여부**(법규소득 2012 – 276, 2012.07.13.)

국내에서 출항하여 일본을 왕복운행하며 출항한 당일 국내로 입항하는 선박의 선원이 지급받는 급여의 경우 국외근로자의 비과세급여에 해당하지 않는 것임.

● **수출제품의 설치 등을 위해 해외출장한 경우 출장기간의 급여가 국외근로소득인지**(원천 – 553, 2011.09.05.)

국외에서 근로를 제공하고 받는 보수란 해외에 주재(연락사무소 포함)하면서 근로를 제공하고 받는 급여를 말하는 것이므로 해외수출품에 대한 현지 설치, 시운전 등을 위하여 해외에 파견된 기간 동안의 급여상당액은 국외근로소득으로 보지 아니하는 것임.

● **외국인 국내 거주자의 국외근로소득 비과세 적용 여부**(원천 – 824, 2009.10.06.)

내국법인에 고용된 거주자인 외국인근로자가 국외에 파견되어 국외에서 근로를 제공하는 경우에는 그 지급받는 보수 중 월 100만원을 한도로 하여 소득세 비과세를 적용받을 수 있는 것임.

● **국외근로비과세 적용자의 식대 비과세 적용 여부**(원천 – 616, 2009.07.16.)

국외근로소득에 대한 비과세를 적용받고 있는 해외파견근로자가 월 10만원(현행 월 20만원) 이하의 식사대를 그 사용자인 내국법인으로부터 지급받는 경우 당해 식사대에 대하여는 소득세 비과세를 적용받을 수 있는 것임. 이 경우 근무기간이 1월 미만인 경우 1월로 보는 것임.

● **국외 일용근로자의 비과세 적용 여부**(서면1팀 – 1324, 2007.09.27., 서일 46011 – 10643, 2002.05.15.)

일용근로자 해당 여부는 근로계약조건 등에 따라 사실 판단할 사항이나 「남북교류협력에 관한 법률」에 의한 북한지역에서 근로를 제공하고 받는 보수 중 월 150만원(현행 100만원) 이내의 금액은 일용근로자 여부에 관계없이 비과세하는 것이며 일용근로소득을 일정기간 단위로 일괄지급 시 동 금액을 소정의 근로일수에 배분하여 공제하고 원천징수하는 것임.

● **「남북교류협력에 관한 법률」에 의한 북한지역을 항행하는 선박에 승선하는 승무원의 비과세 적용**(서면1팀 – 489, 2007.04.16.)

해당 선박에서 근로를 제공하고 받는 보수 중 비과세되는 급여는 당해 승무원이 북한지역을 항행하는 기간의 근로에 대하여 지급받는 급여에 한하여 적용함.

7. 비과세 학자금

근로자 본인(출자임원 포함)의 학자금으로서 「초·중등교육법」 및 「고등교육법」에 따른 학교(외국에 있는 이와 유사한 교육기관 포함) 및 「국민 평생 직업능력 개발법」에 따른 직업능력개발훈련시설의 입학금·수업료·수강료 기타 공납금 중 다음의 요건을 모두 갖춘 학자금에 대해서는 해당 과세연도에 납입할 금액을 한도로 비과세한다.(소득령 11)

① 해당 근로자가 종사하는 사업체의 업무와 관련 있는 교육·훈련을 위하여 받는 것일 것
② 해당 근로자가 종사하는 사업체의 규칙 등에 의하여 정하여진 지급기준에 따라 받는 것일 것
③ 교육·훈련기간이 6월 이상인 경우 교육·훈련 후 해당 교육기간을 초과하여 근무하지 아니하는 때에는 지급받은 금액을 반납할 것을 조건으로 하여 받는 것일 것

학자금지원 대상자 구분	본인학자금	자녀학자금
비과세 여부	요건 충족시 비과세	과세

┤ Check Point ├

○ 비과세 학자금의 범위(소득법 집행기준 12 – 11 – 1)

비과세 학자금	비과세 되지 않는 학자금
• 대학원에 납입한 학자금 • 출자임원에 대한 학자금 • 해외 MBA과정에 납입한 교육훈련비	• 사설 어학원 수강을 지원하는 교육훈련비 • 자치회비 및 교재비 • 자녀학자금 • 학비보조금 또는 연수비

● **○○대학 졸업 후 의무복무기간 불이행시 상환하는 학비의 교육비 공제 대상 여부**(법규소득 2012 – 84, 2012.03.16.)

거주자가 국비로 ○○대학을 졸업한 후 ○○공무원으로 임용되어 의무복무기간을 불이행함으로써 「○○대학설치법」에 따라 의무복무 불이행기간에 상당하는 학비를 상환하는 경우, 그 상환하는 학비는 교육비 공제 대상에 해당하지 아니하는 것임.

● **비과세 학자금을 의무 불이행으로 반납하는 경우 교육비 공제 가능 여부 및 공제 시기**(원천 – 211, 2010. 03.11.)

「소득세법」 제12조에 따른 학자금을 근무 회사로부터 지원받아 교육비 소득공제를 하지 아니한 거주자가 의무복무기간 불이행으로 회사의 규정에 따라 이를 반납한 경우에도 해당 학교에 지급한 교육비는 소득공제를 적용할 수 없는 것임.

● **자치회비 교재비등의 비과세 학자금에 포함 여부**(서면1팀 – 1673, 2007.12.06.)

근로소득세가 비과세되는 학자금이라 함은 근로자(임원 포함)의 초·중등교육법 및 고등교육법에 의한 학교(외국에 있는 이와 유사한 교육기관 포함)와 근로자직업훈련촉진법에 의한 직업능력개발훈련시설에서 받는 교육을 위해 지급받는 입학금·수업료·수강료 기타 공납금으로서 「소득세법 시행령」 제11조 각 호의 요건을 갖춘 학자금을 말하는 것으로 자치회비 및 교재비는 이에 해당하지 않는 것임.

● **주주임원의 교육훈련비 등 손금산입 여부**(서면2팀 – 17, 2005.01.03.)

법인의 주주 임원인 자가 국내 대학 등에서 6개월 이상의 장기교육이 필요한 최고경영자과정을 수업하는 경우 당해 수업내용 등으로 보아 주주 임원 개인이 부담할 것을 법인이 대신 부담하는 경우에는 업무무관비용으로 보아 손금에 산입하지 아니하는 것이나, 당해 수업내용이 업무와 관련된 것이고, 소득세법 시행령 제11조 각 호의 요건을 갖춘 형식으로 회사 내부규정에 의하여 특정 임원 등이 아닌 경우에도 차별없이 수업할 수 있는 것으로서 당해 교육내용 등이 사유화되어 있는 경우에는 손금에 산입함.

☞ 저자주 : 비과세 된다는 의미로 해석됨.

● **사설어학원 수강료에 대한 근로소득 해당 여부 등**(서면1팀 – 1499, 2004.11.08.)

비과세소득으로 보는 학자금이라 함은 교육법에 의한 학교 및 근로자직업훈련촉진법에 의한 직업능력개발훈련시설의 입학금·수업료·수강료 기타 공납금 중 같은 법 시행령 제11조의 각 호의 요건을 갖춘 학자금을 말하는 것이며, 사설어학원 수강을 지원하는 교육훈련비는 비과세소득으로 보는 학자금에 해당하지 아니하는 것임.

● **종업원이 사내근로복지기금으로부터 지급받는 자녀학자금의 과세소득 여부**(재소득 – 67, 2003.12.13.)

종업원이 사내근로복지기금으로부터 「사내근로복지기금법」 제14조 및 동법 시행령 제19조의 규정에 의하여 지급받는 자녀학자금은 지급되는 학자금의 원천이 출연금인지 또는 출연금의 수익금인지 여부에 관계없이 과세대상 근로소득에 해당하지 아니함.

● 대학원에 수학 중인 종업원이 받는 학자금의 과세 여부(법인 46013-2380, 1999.06.24.)

　대학원에 수학 중인 종업원이 받는 학자금은 「소득세법 시행령」 제11조에서 정한 요건을 갖춘 경우에 비과세 학자금에 해당하는 것이나, 당해 학자금은 근로소득세액 연말정산시 「소득세법」 제52조에 규정하는 교육비 공제대상에는 해당되지 아니하는 것임.

8. 연 700만원 이하의 직무발명보상금

　「발명진흥법」 제2조 제2호에 따른 직무발명☆으로 받는 다음의 보상금으로서 연 700만원 (2023.12.31. 이전 연 500만원) 이하의 금액은 비과세한다.(소득법 12 3호 어목, 소득령 17의3)

　☆ 「발명진흥법」 제2조 제2호에 따른 직무발명은 종업원, 법인의 임원 또는 공무원("종업원등")이 그 직무에 관하여 발명한 것이 성질상 사용자·법인 또는 국가나 지방자치단체("사용자등")의 업무 범위에 속하고 그 발명을 하게 된 행위가 종업원등의 현재 또는 과거의 직무에 속하는 발명을 말한다.

① 「발명진흥법」 제2조 제2호에 따른 종업원(법인세법 시행령 제40조 제1항의 의한 임원 포함)등이 같은 호에 따른 사용자등으로부터 받는 보상금. 다만, 2024년 1월 1일부터 보상금을 지급한 사용자등과 다음에 해당하는 특수관계에 있는 자가 받는 보상금은 제외한다.
　㉠ 사용자등이 개인인 경우: 「국세기본법 시행령」 제1조의2 제1항에 따른 친족관계☆
　　☆ 「국세기본법 시행령」 제1조의2 제1항에 따른 친족관계는 다음과 같다.
　　　① 4촌 이내의 혈족　② 3촌 이내의 인척
　　　③ 배우자(사실상의 혼인관계에 있는 자를 포함한다)
　　　④ 친생자로서 다른 사람에게 친양자 입양된 자 및 그 배우자·직계비속
　　　⑤ 본인이 「민법」에 따라 인지한 혼인 외 출생자의 생부나 생모(본인의 금전이나 그 밖의 재산으로 생계를 유지하는 사람 또는 생계를 함께하는 사람으로 한정한다)
　㉡ 사용자등이 법인인 경우: 「법인세법 시행령」 제43조 제7항에 따른 지배주주등☆(해당 지배주주등과 「국세기본법 시행령」 제1조의2 제1항에 따른 친족관계 또는 같은 조 제3항에 따른 경영지배관계에 있는 자를 포함한다)인 관계
　　☆ 지배주주등이란 법인의 발행주식총수 또는 출자총액의 100분의 1 이상의 주식 또는 출자지분을 소유한 주주등으로서 그와 특수관계에 있는 자와의 소유 주식 또는 출자지분의 합계가 해당 법인의 주주등 중 가장 많은 경우의 해당 주주등을 말한다.(법인령 43 ⑦)
② 대학의 교직원 또는 대학과 고용관계가 있는 학생이 소속 대학에 설치된 「산업교육진흥 및 산학연협력촉진에 관한 법률」 제25조에 따른 산학협력단으로부터 같은 법 제32조 제1항 제4호에 따라 받는 보상금(산학협력단의 재원수입에 기영한 교직원 및 학생에 대한 보상금을 의미한다)

구분	2023.12.31. 이전	2024.01.01. 이후
비과세 한도	연 500만원 이하 금액 비과세	연 700만원 이하 금액 비과세
비과세 대상 근로자	종업원, 임원, 공무원 등 제한 없음	• 사용자가 개인인 경우: 친족관계자 제외 • 사용자가 법인인 경우: 지배주주등인 관계 제외

● **국가공무원이 특허청으로부터 지급받은 직무발명보상금의 소득 구분**(서면법령해석소득 2020 - 4437, 2020. 12.31.)

재직 중인 국가공무원의 직무발명에 대하여 「발명진흥법」 제15조 제7항에 따라 국가가 그 권리를 승계하고 해당 공무원에게 지급하는 직무발명보상금은 「소득세법」 제20조 제1항 제5호에 따른 근로소득에 해당하는 것임.

● **내국법인의 종업원의 직무발명을 외국법인이 외국에서 특허 등록하는 경우 비과세 직무발명보상금인지**(사전법령해석소득 2020 - 363, 2020.08.05.)

「발명진흥법」 제2조 제2호의 종업원등이 그 직무에 관하여 발명한 것이 「특허법」·「실용신안법」 또는 「디자인보호법」에 따라 보호 대상이 되는 발명, 고안 및 창작으로서 성질상 같은 호의 사용자 등의 업무 범위에 속하고 그 발명을 하게 된 행위가 종업원등의 현재 또는 과거의 직무에 속하는 발명인 경우 그 발명에 대해 「발명진흥법」 제15조 및 제16조에 따라 정당하게 지급된 직무발명보상금은 그 발명이 외국에서 특허등이 등록되는 경우에도 「소득세법」 제12조 제3호 어목 1)에 따라 연 500만원(2024.1.1. 이후 연 700만원) 이내에서 비과세하는 것임.

● **쟁점산학협력단으로부터 지급받은 소득이 근로소득인지 기타소득인지 여부**(조심 2020서58, 2020.05.28.)

쟁점산학협력단은 이 사건 기술양수인 등으로부터 기술이전대가를 지급받아 청구인에게 ◎◎대학교 직무발명보상금 산정기준 내규에 따라 쟁점금액을 기술이전 성과보상금으로서 지급한 것으로 나타나는바, 이는 대학의 교직원이 소속 대학에 설치된 산학협력단으로부터 「산업교육진흥 및 산학연협력촉진에 관한 법률」 제32조 제1항 제4호에 따라 받는 보상금으로서 직무발명보상금에 해당하는 것으로 판단됨.

● **교직원이 아닌 참여연구원의 직무발명보상금의 비과세 여부**(서면법령해석소득 2016 - 6175, 2017.06.29.)

대학교 교직원이 아닌 근로계약을 체결하지 아니한 참여연구원이 「산업교육진흥 및 산학연협력촉진에 관한 법률」 제32조 제1항 제4호에 따라 받는 보상금은 「소득세법」(2016.12.20. 법률 제14389호로 개정되기 전의 것) 제12조 제5호 라목 2)의 규정에 따라 비과세되는 직무발명보상금에 해당되지 않는 것임.

● **산학협력단이 대학의 교직원에게 지급한 직무발명보상금의 원천징수의무자**(사전법령해석소득 2017 - 125, 2017.04.27.)

대학의 교직원에게 소속 대학에 설치된 「산업교육진흥 및 산학연협력촉진에 관한 법률」 제25조에 따른 산학협력단이 같은 법 제32조 제1항 제4호에 따른 보상금을 지급하는 경우 산학협력단이 원천징수하여야 하는 것임.

● **대표이사가 발명진흥법에 따라 지급받는 직무발명보상금이 비과세소득에 해당하는지 여부**(서면소득 2016 - 703, 2016.11.21.)

「소득세법」 제12조 제5호 라목에서 규정하는 비과세소득에는 「법인세법 시행령」 제40조 제1항에 규정된 임원이 「발명진흥법」 제15조에 따라 받는 보상금도 포함되는 것임.

☆ 2024.1.1. 이후 지배주주등에 해당하는 경우 직무발명보상금은 비과세소득에서 제외됨.

9. 벤처기업 주식매수선택권 행사이익 비과세 특례 등

가. 벤처기업 주식매수선택권 행사이익 비과세 특례

벤처기업 또는 벤처기업이 발행주식 총수의 100분의 30 이상을 인수한 기업의 임원 또는 종업원이 해당 벤처기업으로부터 2024년 12월 31일 이전에 부여받은 주식매수선택권을 행사(벤처기업 임원 등으로서 부여받은 주식매수선택권*을 퇴직 후 행사하는 경우를 포함한다)함으로써 얻은 벤처기업 주식매수선택권 행사이익** 중 연간 2억원 이내의 금액에 대해서는 소득세를 과세하지 아니한다. 다만, 소득세를 과세하지 아니하는 벤처기업 주식매수선택권 행사이익의 벤처기업별 총 누적 금액은 5억원을 초과하지 못한다.(조특법 16의2)

☆ 주식매수선택권은 「벤처기업육성에 관한 특별법」 제16조의3에 따라 부여받은 주식매수선택권 및 「상법」 제340조의2 또는 제542조의3에 따라 부여받은 주식매수선택권(코넥스상장기업으로부터 부여받은 경우로 한정)으로 한정한다.

☆☆ 벤처기업 주틱매수선택권 행사이익이란 주식매수선택권 행사 당시의 시가와 실제 매수가액과의 차액을 말하며, 주식에는 신주인수권을 포함한다.

> **참고**
>
> ○ 벤처기업 주식매수선택권 행사이익의 비과세 한도
>
> | 2021.12.31. 이전 | 2022.12.31. 이전 | 2023.01.01. 이후 |
> | --- | --- | --- |
> | 연간 3천만원 비과세 | 연간 5천만원 비과세 | 연간 2억원 비과세 |
>
> ○ 벤처기업 주식매수선택권 행사이익의 누적한도
>
> 2023.01.01. 이후 주식매수선택권을 행사하는 경우부터 적용한다. 이 경우 2012.12.31. 전에 주식매수선택권을 행사하여 얻은 이익은 누적 금액에 포함하지 아니한다.(조특법 부칙 2022.12.31. 법률 제19199호 30 ①, ②)

나. 벤처기업 주식매수선택권 행사이익 납부특례

벤처기업 또는 벤처기업이 발행주식 총수의 100분의 30 이상을 인수한 기업의 임원 또는 종업원이 2024년 12월 31일 이전에 「벤처기업육성에 관한 특별법」 제16조의3에 따라 부여받은 주식매수선택권 및 「상법」 제340조의2 또는 제542조의3에 따라 부여받은 주식매수선택권을 행사함으로써 발생한 벤처기업 주식매수선택권 행사이익(「벤처기업 주식매수선택권 행사이익 비과세 특례」에 따라 비과세되는 금액은 제외한다)에 대한 소득세는 다음에 따라 납부할 수 있다. 다만, 주식매수선택권의 행사가격과 시가와의 차액을 현금으로 교부받는 경우에는 그러하지 아니하다.(조특법 16의3)

① 벤처기업 주식매수선택권 행사이익에 대하여 벤처기업 임원 등이 원천징수의무자에게 납부특례의 적용을 신청하는 경우「소득세법」제127조, 제134조 및 제145조에도 불구하고 소득세를 원천징수하지 아니한다.

② ①에 따라 원천징수를 하지 아니한 경우 벤처기업 임원 등은 주식매수선택권을 행사한 날이 속하는 과세기간의 종합소득금액에 대한 종합소득과세표준 확정신고 및 확정신고 납부 시 벤처기업 주식매수선택권 행사이익을 포함하여 종합소득 과세표준을 신고하되, 벤처기업 주식매수선택권 행사이익에 관련한 소득세액으로서 다음 금액의 5분의 4에 해당하는 "분할납부세액"은 제외하고 납부할 수 있다.

해당 과세기간의 종합소득금액에 대한 결정세액	−	해당 과세기간의 종합소득금액에서 주식매수선택권 행사이익에 따른 소득금액을 제외하여 산출한 결정세액

③ ②에 따라 소득세를 납부한 경우 벤처기업 임원 등은 주식매수선택권을 행사한 날이 속하는 과세기간의 다음 4개 연도의 종합소득과세표준 확정신고 및 확정신고 납부 시 분할납부세액의 4분의 1에 해당하는 금액을 각각 납부하여야 한다.

다. 벤처기업 주식매수선택권 행사이익에 대한 과세특례

벤처기업 또는 벤처기업이 발행주식 총수의 100분의 30 이상을 인수한 기업의 임원 또는 종업원으로서 주식매수선택권 행사시 지분 10% 초과보유자, 지배주주, 지분 10% 초과보유자 및 그 초과보유자와 친족관계 또는 경영지배관계에 있는 자를 제외한 벤처기업의 임직원이 2024년 12월 31일 이전에 해당 벤처기업으로부터 부여받은 주식매수선택권으로서 다음의 요건을 갖춘 적격주식매수선택권을 행사함으로써 발생한 벤처기업 주식매수선택권 행사이익에 대해서 벤처기업 임직원이 주식등에 해당하는 것으로 보아 양도소득세 과세를 신청한 경우에는「소득세법」제20조(근로소득) 또는 제21조(기타소득)에도 불구하고 주식매수선택권 행사시에 소득세를 과세하지 아니할 수 있다. 다만, 주식매수선택권의 행사 당시 실제 매수가액이 해당 주식매수선택권 부여 당시의 시가보다 낮은 경우 그 차액에 대해서는 주식매수선택권 행사시에「소득세법」제20조(근로소득) 또는 제21조(기타소득)에 따라 소득세를 과세한다.(조특법 16의4 ①)

① 「벤처기업육성에 관한 특별법」제16조의3에 따른 주식매수선택권으로서 다음의 요건을 갖출 것
  ㉠ 벤처기업이 주식매수선택권을 부여하기 전에 주식매수선택권의 수량·매수가액·대상자 및 기간 등에 관하여 주주총회의 결의를 거쳐 벤처기업 임직원과 약정할 것
  ㉡ ㉠에 따른 주식매수선택권을 다른 사람에게 양도할 수 없을 것
  ㉢ 사망, 정년 등 기획재정부령으로 정하는 불가피한 사유가 있는 경우를 제외하고는「벤처기업

육성에 관한 특별법」 제16조의3 제1항에 따른 주주총회의 결의가 있는 날부터 2년 이상 해당 법인에 재임 또는 재직한 후에 주식매수선택권을 행사할 것

② 해당 벤처기업으로부터 부여받은 주식매수선택권의 행사일부터 역산하여 2년이 되는 날이 속하는 과세기간부터 해당 행사일이 속하는 과세기간까지 전체 행사가액의 합계이 5억원 이하일 것

양도소득세를 적용받는 경우 벤처기업 임직원은 특례적용신청서에 주식매수선택권 전용계좌개설확인서를 첨부하여 주식매수선택권 행사일 전일까지 해당 벤처기업에 제출해야 하며, 특례적용신청서를 제출받은 벤처기업은 주식매수선택권 행사로 지급하는 주식을 주식매수선택권 전용계좌로 입고하고, 주식매수선택권 행사주식지급명세서와 특례적용대상명세서를 주식매수선택권을 행사한 날이 속하는 달의 다음 달 10일까지 원천징수 관할 세무서장에게 제출하여야 한다.(조특령 14의4 ②, ③)

예규 ●●●

● **절차적 요건을 충족하지 못한 경우 주식매수선택권 행사이익 납부특례 적용 여부**(서면법규소득 2023 – 8, 2024.07.25., 기획재정부소득 – 754, 2024.07.17.)

특례적용신청서를 기한 내에 제출하지 않더라도 기한 후 신고 등을 통해 벤처기업 주식매수선택권 행사이익 납부특례의 적용을 받을 수 있음.

● **주식매수선택권 전용계좌 위반 시 과세특례 적용방법**(사전법규소득 2021 – 537, 2022.05.17., 기획재정부금융세제 – 119, 2022.05.11.)

주식매선택권 전용계좌로 일반주식을 거래하는 등으로 조세특례제한법 시행규칙 제8조의4 제1항을 위반하는 경우에 과세특례의 적용이 배제되며, 조세특례제한법 제16조의4 과세특례의 적용이 배제되어 소득세법 제20조 또는 제21조에 따라 소득세로 과세할 경우 귀속시기는 주식매수선택권을 행사한 날이 속하는 과세연도임.

● **벤처기업 주식매수선택권 비과세 신청시 법정서류를 기한 후 제출하는 경우 감면 적용 여부**(사전법령해석소득 2021 – 1341, 2021.10.27.)

벤처기업 주식매수선택권 행사이익 비과세 특례의 경우 비과세특례적용명세서가 기한 내에 제출되지 아니한 경우에도 법정된 요건을 충족하면 적용받을 수 있는 것임.

● **주식매수선택권 행사시점에 벤처기업이 아니게 된 경우 조세특례제한법 제16조의2,3의 과세특례 적용여부 등**(서면법령해석소득 2021 – 4303, 2021.10.14.)

벤처기업으로부터 주식매수선택권을 부여받았으나 이를 행사할 때 그 주식매수선택권의 부여법인이 벤처기업에 해당하지 않게 되었다 하더라도, 「조세특례제한법」 제16조의2, 제16조의3에 규정된 각각의 요건을 충족한 경우라면 해당 특례를 적용받을 수 있는 것이며, 같은 법 제16조의2의 요건을 충족하는 경우에 2018.1.1.부터 2019.12.31.까지 부여받은 주식매수선택권을 행사함으로써 얻은

이익 중 연간 2천만원, 2020.1.1.부터 2021.12.31.까지 부여받은 주식매수선택권을 행사함으로써 얻은 이익 중 연간 3천만원 이내의 금액에 대해서는 소득세를 과세하지 않는 것임.

● **주식매수선택권 행사가액이 5억원을 초과하는 경우, 5억원에 대한 조세특례제한법 제16조의4 과세특례 적용 여부**(서면법령해석소득 2021 – 4226, 2021.09.29.)

해당 벤처기업으로부터 부여받은 주식매수선택권의 행사일부터 역산하여 2년이 되는 날이 속하는 과세기간부터 해당 행사일이 속하는 과세기간까지 전체 행사가액의 합계가 5억원을 초과하는 경우 벤처기업 주식매수선택권 행사이익에 대한 과세특례를 적용받을 수 없는 것임.

● **주식매수선택권 행사시점에 벤처기업이 아니게 된 경우 조특법 제16조의2·3·4의 과세특례 적용 여부** (서면법령해석소득 2021 – 3480, 2021.08.31.)

벤처기업으로부터 주식매수선택권을 부여받았으나 이를 행사할 때 그 주식매수선택권의 부여법인이 벤처기업에 해당하지 않게 되었다 하더라도, 「조세특례제한법」 제16조의2, 제16조의3, 제16조의4에 규정된 각각의 요건을 충족한 경우라면 해당 특례를 적용받을 수 있는 것임.

● **벤처기업이 아닌 기업으로부터 부여받은 주식매수선택권 행사이익에 대한 조특법 제16조의3 적용 여부** (사전법령해석소득 2020 – 1296, 2021.03.08.)

벤처기업이 아닌 기업으로부터 부여받은 주식매수선택권을 행사함으로써 발생한 주식매수선택권 행사이익에 대해서는 벤처기업 주식매수선택권 행사이익 납부특례를 적용받을 수 없는 것임.

10. 기타비과세

① 병역의무 수행을 위하여 징집·소득법 집행기준되거나 지원하여 복무 중인 사람으로서 병장 이하의 현역병(지원하지 아니하고 임용된 하사를 포함), 의무경찰 그 밖에 이에 준하는 사람이 받는 급여

② 법률☆에 따라 동원된 사람이 동원 직장에서 받는 급여

　☆ 「향토예비군설치법」, 「민방위기본법」, 「병역법」, 「소방기본법」, 「감염병의 예방 및 관리에 관한 법률」, 「계엄법」 등을 말함.

③ 장해급여·유족급여 등

• 「산업재해보상보험법」에 따라 수급권자가 받는 요양급여·휴업급여·장해급여·간병급여·유족급여·유족특별급여·장해특별급여, 장의비 또는 근로의 제공으로 인한 부상·질병·사망과 관련하여 근로자나 그 유족이 받는 배상·보상 또는 위자(慰藉)의 성질이 있는 급여
• 「근로기준법」 또는 「선원법」에 따라 근로자·선원 및 그 유족이 받는 요양보상금·휴업보상금·상병보상금(傷病補償金)·일시보상금·장해보상금·유족보상금·행방불명보상금·소지품 유실보상금·장의비 및 장제비
• 「고용보험법」에 따라 받는 실업급여·육아휴직 급여·육아기 근로시간 단축 급여, 출산전후휴가 급

여 등, 「제대군인 지원에 관한 법률」에 따라 받는 전직지원금, 「국가공무원법」·「지방공무원법」에 따른 공무원 또는 「사립학교교직원 연금법」·「별정 우체국법」의 적용을 받는 사람이 관련 법령에 따라 받는 육아휴직수당(「사립학교법」 제70조의2에 따라 임명된 사무직원이 학교의 정관 또는 규칙에 따라 지급받는 육아휴직수당으로서 월 150만원 이하의 것을 포함한다)

- 「국민연금법」에 따라 받는 반환일시금(사망으로 인해 받는 것만 해당) 및 사망일시금
- 「공무원연금법」, 「공무원재해보상법」, 「군인연금법」, 「군인재해보상법」, 「사립학교교직원 연금법」 또는 「별정우체국법」에 따라 받는 공무상 요양비·요양급여·장해일시금·비공무상 장해일시금·비직무상 장해일시금·장애보상금·사망조위금·사망보상금·유족일시금·퇴직유족일시금·유족연금일시금·퇴직유족연금일시금·유족연금부가금·퇴직유족연금부가금·유족연금특별부가금·퇴직유족연금특별부가금·순직유족보상금·직무상유족보상금·위험직무순직유족보상금·재해부조금·재난부조금 또는 신체·정신상의 장해·질병으로 인한 휴직기간에 받는 급여

☆ 공무원이 공무원보수규정 제28조에 따라 휴직기간(공무상 질병 휴직 포함) 중 소속기관으로부터 지급받는 급여는 과세대상에 해당

예규

● 「소득세법」 제12조 제3호 마목 괄호안 규정의 적용에 있어서 비과세 되는 월 150만원 이하 육아휴직수당의 의미(서면법규소득 2024 – 382, 2024.06.13.)

「사립학교법」 제70조의2에 따라 임명된 사무직원이 학교의 정관 또는 규칙에 따라 월 150만원 이하의 육아휴직수당을 지급받는 경우로써 해당 금액의 일부를 복직 후 일정기간 근무 후 합산하여 지급받는 경우에도 비과세소득에 해당하는 것임.

● 근거법령 없이 자체 재원으로 지급한 육아휴직수당이 비과세 근로소득에 해당하는지(서면법령해석소득 2020 – 4945, 2020.12.14.)

「사립학교교직원 연금법」을 적용받는 사람에게 관련 법령에 근거하지 아니하고 자체 재원으로 지급하는 육아휴직수당은 비과세 소득에 해당하지 아니하는 것임.

● 고용보험법에 따라 무급휴업·휴직자에게 국가가 직접 지급하는 고용유지지원금의 과세대상 여부(기획재정부소득 – 407, 2020.08.05.)

「고용보험법」 제21조 제1항 후단에 따라 사업주가 무급휴업·휴직을 실시하고 동법에 근거하여 정부가 근로자에게 직접 지급하는 고용유지지원금은 소득세 과세대상에 해당하지 않는 것임.

● 선박의 폐선으로 선원이 선원법에 따라 지급받는 실업수당의 소득 구분(서면법령해석소득 2016 – 5052, 2017.05.26.)

선원이 선박의 폐선 등으로 「선원법」 제37조에 따라 지급받는 실업수당은 과세대상 퇴직소득에 해당하는 것임.

● 사내 외주업체 직원에게 지급하는 사망보험금의 과세대상 여부(소득 – 190, 2011.02.25.)

사내 외주업체의 직원을 피보험자로 단체보험에 가입한 법인이 업무 중에 사망으로 인해 보험회사

로부터 수령한 사망보험금을 해당 외주업체 직원의 유족에게 지급하는 경우, 그 유족이 지급받는 사망보험금 상당액은 소득세 과세대상소득에 해당하지 아니하는 것임.

● **사업주가 선지급하고 대위신청한 산전후휴가 급여의 비과세 소득 여부**(원천 – 695, 2010.09.06.)

「고용보험법」 제75조에 따라 근로자가 지급받는 산전후휴가 급여(사업주가 근로자에게 미리 지급하고 대위신청한 것을 포함한다)는 비과세소득에 해당하며, 그 수입시기는 산전후휴가일이 되는 것임.

● **휴업수당 및 산전후 휴가급여의 근로소득 과세 여부**(원천 – 624, 2010.07.29.)

「근로기준법」 제46조에 따라 지급받는 휴업수당 및 「근로기준법」 제74조에 따른 임산부의 보호휴가 기간 중 사용자가 지급하는 산전후휴가 급여 등은 소득세 과세대상 근로소득에 해당하는 것이며 「고용보험법」 제75조에 따라 지급되는 산전후휴가 급여는 비과세소득에 해당하는 것임.

● **휴업보상금의 비과세소득 해당 여부**(서면1팀 – 935, 2005.07.28.)

회사의 내부규정에 의해 업무로 인한 부상 또는 질병으로 인하여 근무를 하지 않고 요양 중인 직원에게 지급하는 휴업보상금으로서 근로기준법에 의하여 지급하는 휴업보상금은 비과세소득에 해당하며 근로기준법의 규정에 의한 지급기준을 초과하여 지급하는 금액은 근로소득에 해당하는 것임.

④ 외국정부(외국의 지방자치단체와 연방국가인 외국의 지방정부 포함) 또는 국제연합과 그 소속기구의 기관에 근무하는 사람으로서 대한민국 국민이 아닌 사람이 그 직무수행의 대가로 받는 급여

> • 그 외국정부가 그 나라에서 근무하는 우리나라 공무원의 급여에 대하여 소득세를 과세하지 아니하는 경우에 한한다.
> • "직무수행의 대가로 받는 급여"에는 외국정부 및 국제기관(국제연합과 그 소속기구의 기관)이 일반적으로 기업이 경영하는 수익사업을 직접 경영하는 경우에 있어서 이를 종사하고 받는 급여는 포함하지 아니한다.(소득법 기본통칙 12 – 14…1)

⑤ 「국가유공자 등 예우 및 지원에 관한 법률」 또는 「보훈보상대상자 지원에 관한 법률」에 따라 받는 보훈급여금 및 학습보조비

⑥ 「전직대통령 예우에 관한 법률」에 따라 받는 연금

⑦ 작전임무를 수행하기 위하여 외국에 주둔 중인 군인·군무원이 받는 급여

⑧ 종군한 군인·군무원이 전사(전상으로 인한 사망 포함)한 경우 그 전사한 날이 속하는 과세기간의 급여

⑨ 「국민건강보험법」, 「고용보험법」, 「노인장기요양보험법」에 따라 국가·지방자치단체 또는 사용자가 부담하는 보험료

○ 국민연금등 사용자가 부담하는 보험료의 비과세소득 삭제[6]

「공적연금 관련법」, 「근로자퇴직급여보장법」, 「과학기술인공제회법」에 따른 연금의 사용자부담분은 납입 당시 근로자에게 귀속된 소득으로 보기 곤란하고, 추후 인출시 과세(퇴직·연금)되므로 2013년부터 비과세 소득에서 삭제함.

⑩ 「국군포로의 송환 및 대우 등에 관한 법률」에 따른 국군포로가 지급받는 보수 및 퇴직일시금

⑪ 「교육기본법」 제28조 제1항에 따라 받는 장학금 중 대학생이 근로를 대가로 지급받는 장학금(「고등교육법」 제2조 제1호부터 제4호까지의 규정에 따른 대학에 재학하는 대학생에 한함)

○ 보수를 받지 아니하는 위원등이 받는 수당의 기타소득

2020.12.31.까지 근로소득 중 비과세소득이었던 '법령 조례에 따른 위원회 등의 보수를 받지 아니하는 위원(학술원 및 예술원의 회원을 포함한다)등이 받는 수당'은 2021.1.1. 이후 발생분부터 기타소득의 비과세소득으로 분류됨.(소득법 12 5호 자목)

● 위원회의 위원이 일시금으로 지급받은 수당의 비과세 여부(서면법규소득 2022 – 2609, 2024.05.09., 기획재정부소득 – 449, 2024.04.29., 기획재정부소득 – 449, 2024.04.30.)

위원회 없이 법령·조례에 근거하여 선임된 위원이 일시금으로 지급받은 수당은 지급근거가 법령·조례 등에 명시되어 있거나, 당해 법령·조례 등에서 위임된 규정이 있는 경우 비과세 기타소득에 해당하는 것임.

---

6) 국세청, 2020년 원천징수의무자를 위한 연말정산안내, 2020년 12월, p. 90. 참조.

3 근로소득의 수입시기

근로소득의 귀속연도는 근로소득의 수입시기에 해당하는 날이 속하는 과세연도를 말하며 수입시기에 따라 해당 연도의 연말정산 대상 근로소득이 정해진다.

근로소득의 수입시기는 해당 근로소득에 따라 다음에 따른 날로 한다.(소득령 49)

구 분	수 입 시 기
급여	
근로자 지위의 확인 판결에 따라 지급받게 된 임금 차액분(기획재정부소득-577, 2024.05.28.)	근로를 제공한 날
잉여금처분에 의한 상여	당해 법인의 잉여금처분결의일
해당 사업연도의 소득금액을 법인이 신고하거나 세무서장이 결정·경정함에 따라 발생한 그 법인의 임원 또는 주주·사원 그 밖의 출자자에 대한 상여	해당 사업연도 중 근로를 제공한 날. 이 경우 월평균금액을 계산한 것이 2년도에 걸친 때에는 각각 해당 사업연도 중 근로를 제공한 날
「소득세법」 제22조 제3항에 따라 근로소득으로 보는 임원 퇴직소득금액 한도초과액	지급받거나 지급받기로 한 날
도급 기타 이와 유사한 계약에 의하여 급여를 받는 경우에 당해 과세기간의 과세표준 확정신고기간 개시일 전에 당해 급여가 확정되지 아니한 때	그 확정된 날에 수입한 것으로 봄(다만, 그 확정된 날 전에 실제로 받은 금액은 그 받은 날로 한다)
부당해고 기간 급여(원천-935, 2009.11.12.)	법원의 판결·화해 등에 의하여 부당해고 기간의 급여를 일시에 지급받는 경우에는 해고 기간에 근로를 제공하고 지급받는 것으로 봄
급여를 소급인상하고 이미 지급된 금액과의 차액을 추가로 지급하는 경우(소득법 집행기준 134-0-2)	근로제공일이 속하는 연·월
자산수익률·매출액 등 계량적 요소에 따라 지급하기로 한 성과급상여	계량적 요소가 확정되는 날이 속하는 연도
계량적·비계량적 요소를 평가하여 그 결과에 따라 차등 지급하는 성과급상여(소득법 집행기준 24-49-2)	개인별 지급액이 확정되는 연도
사이닝보너스(기업이 우수한 인재를 스카우트하기 위해 연봉 외에 지급)(소득법 집행기준 20-0-2)	근로계약 체결시 일시에 선지급(계약기간 내 중도퇴사시 일정금액 반환 조건)하는 경우 당해 선지급 사이닝보너스를 계약조건에 따른 근로기간 동안 안분

구 분	수 입 시 기
근로기준법에 따른 연차 유급휴가일에 근로를 제공하고 지급받는 연차수당(소득법 집행기준 24 - 49 - 3)	소정의 근로일수를 개근한 연도의 다음연도 (그 지급대상기간이 2개 연도에 걸쳐 있는 경우에는 그 지급대상 연도별로 안분하여 해당 연차수당의 근로소득 수입시기를 판단)
노사합의에 의해 퇴직 후 일정기간 동안 회사로부터 지급받은 자녀학자금	지급받거나 받기로 한 날(서면법령해석소득 2015 - 2236, 2016.07.25.) * 간이세액표에 원천징수하고 연말정산함.

예규

● **부당해고 기간의 급여에 대한 소득 구분과 귀속연도**(소득법 기본통칙 20 - 38 - 3)

① 근로자가 법원의 판결·화해 등에 의하여 부당 해고 기간의 급여를 일시에 지급받는 경우에는 해고 기간에 근로를 제공하고 지급받는 근로소득으로 본다.

② ①의 근로소득에 대하여 당해 원천징수의무자가 다음의 규정에 따라 원천징수를 하는 경우에는 기한 내에 원천징수한 것으로 본다.

㉠ 법원의 판결·화해 등 당해 과세기간 경과 후에 있는 경우에는 그 판결·화해 등이 있는 날의 다음 달 말일까지 연말정산하는 때

㉡ 법원의 판결·화해 등이 당해 근로소득이 귀속하는 과세기간의 종료일 전에 있는 경우에는 소득을 지급할 때 또는 원천징수시기특례일에 원천징수하는 때

● **급여 소급인상분을 지급하는 경우 원천징수방법**(소득법 집행기준 134 - 0 - 2)

① 근로자에 대한 급여를 소급인상하여 이미 지급된 금액과의 차액을 추가로 지급하는 경우 소급인상분 급여의 귀속시기는 '근로제공일이 속하는 연도'로 한다.

② 이 경우 그 귀속시기가 서로 다른 경우에는 귀속연도별로 구분하여 원천징수(직전연도 분은 연말정산 재정산, 당해연도 분은 월별로 간이세액으로 재계산)하여 이미 납부한 세액과의 차액을 납부불성실가산세 없이 납부하되 추가로 지급하는 달의 다음 달 10일까지 납부해야 한다.

③ 급여를 소급인상하는 경우에는 이를 해당 월의 급여에 각각 포함시켜 월정액급여를 다시 계산해야 하며 월정액급여가 변동됨에 따라 비과세금액 또는 세액공제액이 변동되는 경우에는 원천징수세액도 재계산해야 한다.

● **근로자 지위의 확인 판결에 따라 지급받게 된 임금 차액분의 근로소득 수입시기**(기획재정부소득 - 577, 2024.05.28.)

근로자 지위의 확인 판결에 따라 지급받게 된 임금 차액분의 근로소득 수입시기는 근로제공일이 속하는 과세기간임.

● **조건부 가격 청구권의 근로소득 수입시기 판단**(기획재정부소득 - 826, 2023.09.12.)

양도제한조건부 주식(RSU)을 부여받은 근로자가 조건이 성취되어 주식을 지급받을 때 조건부 가격 청구권을 함께 지급받는 경우 해당 조건부 가격 청구권의 근로소득 수입시기는 조건부 가격 청구권

의 조건이 달성되어 대가 지급이 확정된 때를 말하는 것임.

● 자회사 임직원들에게 제공하는 주식인센티브계약에 따른 수익의 수입시기 및 소득금액 산정방법(서면법규소득 2022-2657, 2022.06.28.)

내국법인인 자회사 임직원이 외국법인인 모회사와 체결한 계약(이하 "쟁점계약")에 따라 근로를 전제로 그와 밀접히 관련되어 근로조건의 내용을 이루고 있는 급여를 금전으로 지급받는 경우, 근로소득의 수입시기는 쟁점계약에 따른 조건이 성취되어 개인별 지급액이 확정되는 때로 하는 것임.

● 근로소득의 수입시기(사전법규소득 2022-335, 2022.05.26.)

근로계약에 따른 근로의 대가를 금전 외의 것으로 받기로 하였으나, 지급받기로 약정한 시점을 도과하여 이를 지급받은 경우로서 「소득세법 시행령」 제49조에서 정하는 때에 해당하지 않는 경우의 근로소득의 수입시기는 실제로 지급받는 날에도 불구하고 그 지급의무가 확정된 날로 보는 것임.

● 소송 결과에 따라 지급하게 된 임원의 계량적 평가에 의한 성과금의 귀속시기 등(서면법령해석소득 2018-1815, 2019.05.10.)

처분이 제한된 주식을 임원에게 계량평가에 따른 성과상여금으로 지급하였다가 지급을 취소하고 성과상여금을 회수하여 당사자 간 상여금 지급여부에 대해 법정다툼이 발생하였고 법원 판결 결과 상여금을 지급하게 되는 경우 당초 성과상여금 지급을 위한 계량적 요소가 확정된 시점(평가 결과에 따라 성과금을 차등 지급하는 경우 임원들의 개인별 지급액이 확정되는 시점)이 해당 소득의 수입시기가 되는 것이며, 주식의 처분의 제한과 관계없이 소득의 귀속이 확정된 날 주식의 시가로 평가한 가액을 근로소득으로 하는 것이며 해당 소득을 지급하는 자는 해당 소득의 과세기간의 다음연도 2월말 급여를 지급할 때 해당 소득을 포함한 근로소득에 대한 연말정산 세액을 원천징수하여야 하는 것이나 해당 소득에 대해 원천징수를 하여 신고·납부하지 아니한 경우 「국세기본법」 제45조에 따라 관할 세무서장이 세액을 경정하여 통지하기 전까지 원천징수이행상황신고를 수정하여 제출하여야 하는 것임.

● 노사합의에 따라 희망퇴직자에게 퇴직 후 일정기간 지급하는 학자금, 의료비 등의 소득 구분(서면법령해석소득 2015-2236, 2016.07.25.)

희망퇴직한 근로자가 노사합의에 의해 퇴직 이후 일정기간 동안 지급받는 자녀 학자금, 의료비 등은 근로소득에 해당하는 것이며, 그 수입시기는 해당 소득을 지급받거나 지급받기로 한 날인 것임. 근로소득에 대한 원천징수방법은 매월분의 근로소득을 지급하는 때에는 간이세액표에 의하여 소득세를 원천징수하여야 하며, 연말정산은 원천징수의무자가 당해연도의 다음연도 2월분 근로소득을 지급하는 때(2월분 근로소득을 2월 말일까지 지급하지 아니하거나 2월분의 근로소득이 없는 때는 2월 말일로 함)에 「소득세법」 제137조의 규정에 따라 원천징수하는 것임.

● 초과근무수당 미지급분을 추가지급 시 수입시기(원천-247, 2014.07.02.)

원천징수의무자가 고용노동부의 시정조치에 따라 초과근무수당 미지급분을 해당 근로자에게 추가로 지급하는 경우 근로소득 수입시기는 해당 근로자가 근로를 제공한 날이 되는 것이며, 「소득세법 기본통칙」 137-0…1에 따라 해당 근로소득을 지급하는 때에 귀속년도별로 근로소득세액의 연말정산을 다시 하여 수정신고·납부하여야 하며 이 경우 원천징수등 납부지연가산세는 적용되지 아니하는 것임.

● 법원판결에 의해 받은 대가의 소득세 징수방법(서면1팀 – 1513, 2007.11.02.)

부당해고 기간의 급여의 수입시기는 해고 기간이며, 판결일이 속한 월의 다음 달 말일까지 원천징수하고, 추가로 지급하는 지연이자 상당액은 기타소득으로 그 지급을 받은 날을 수입시기로 하여 지급하는 때 원천징수해야 함.

☞ 저자주 : 부당해고 기간 급여와 지연이자 상당액의 원천징수시기

구분	소득구분	법원판결일	해고 기간	부당해고 기간 급여 지급일	원천징수일
부당해고 기간 급여	근로소득	2024.10.10.	2021년 ~ 2024년	2024.11.20.	해고 기간의 과세연도별 부당해고에 대한 급여를 2024.11.30.까지 원천징수
지연이자 상당액	기타소득				2024.11.20.에 원천징수

4 근로소득 수입금액 계산

근로소득의 총수입금액의 계산은 해당 과세기간에 수입하였거나 수입할 금액의 합계액으로 한다.

1. 금전 외의 것을 수입한 경우

금전 외의 것을 수입할 때에는 그 수입금액을 그 거래 당시의 가액에 의하여 계산하되 그 거래당시의 가액은 다음에 해당하는 금액으로 한다.(소득령 51 ⑤)

① 제조업자·생산업자 또는 판매업자로부터 그 제조·생산 또는 판매하는 물품을 인도받은 때에는 그 제조업자·생산업자 또는 판매업자의 판매가액
② 제조업자·생산업자 또는 판매업자가 아닌 자로부터 물품을 인도받은 때에는 시가
③ 법인으로부터 이익배당으로 받은 주식은 그 액면가액
④ 주식의 발행법인으로부터 신주인수권을 받은 때(주주로서 받은 경우 제외)에는 신주인수권에 의하여 납입한 날의 신주가액에서 당해 신주의 발행가액을 공제한 금액
  ☆ 신주가액이 그 납입한 날의 다음 날 이후 1월 내에 하락한 때에는 그 최저가액을 신주가액으로 한다.
⑤ 그 외의 경우에는 「법인세법 시행령」 제89조(시가의 범위 등)를 준용하여 계산한 금액

2. 외화로 지급받는 급여의 원화 환산

급여를 외화로 지급받는 자의 근로소득금액의 계산은 다음 기준에 의한다.(소득칙 16 ①)

> ① 정기급여일 전에 외화로 받는 경우: 지급받은 날의 기준환율 또는 재정환율로 환산한 금액
> ② 정기급여일 이후에 외화로 받는 경우: 정기급여일의 기준환율 또는 재정환율로 환산한 금액

참고

○「외국환거래법」에 의한 기준환율 또는 재정환율 조회방법
서울외국환중개(주) 홈페이지(www.smbs.biz)에서 조회

예규

◉ **근로제공대가로 받은 자기주식의 총수입금액 계산**(소득법 집행기준 24 – 51 – 18)
근로의 제공과 관련하여 해당 법인으로부터 일정기간 근무조건부로 주식을 받는 경우에는 해당 지급조건이 성취된 날에 급여를 지급받은 것으로 보며, 이 경우 근로소득 수입금액에 해당하는 주식의 가액은 해당 조건이 성취된 날 현재의「상속세 및 증여세법」제63조(유가증권 등의 평가)에 따라 평가한 가액으로 한다.

5 근로소득의 지급시기와 원천징수

1. 지급시기와 원천징수

근로소득을 지급하는 원천징수의무자는 지급하는 때에 근로소득세를 원천징수해야 한다. 다만, 근로소득을 지급해야 할 원천징수의무자가 일정 기한까지 지급하지 아니한 경우에는 법령에서 정한 날에 지급하는 것으로 보아 원천징수의무자는 근로소득세를 원천징수해야 한다.(소득법 134, 135)

구　　분	원천징수시기(특례)
매월분의 근로소득	근로소득을 지급할 때 - 근로소득 간이세액표에 따라 원천징수
연말정산(2인 이상으로부터 받는 경우, 재취직 포함)	해당 과세기간의 다음연도 2월분 근로소득을 지급할 때(2월분의 근로소득을 2월 말일까지 지급하지 아니하거나 2월분의 근로소득이 없는 경우 2월 말일)
일용근로소득	일용근로자의 근로소득을 지급할 때
근로소득을 지급하여야 할 원천징수의무자가 1월부터 11월까지의 근로소득을 해당 과세기간 12월 31일까지 지급하지 아니한 경우	그 근로소득을 12월 31일에 지급한 것으로 봄
원천징수의무자가 12월분 근로소득을 다음연도 2월 말일까지 지급하지 아니한 경우	그 근로소득을 2월 말일에 지급한 것으로 봄
법인이 이익 또는 잉여금의 처분에 따라 지급하여야 할 상여를 그 처분을 결정한 날로부터 3개월이 되는 날까지 지급하지 아니한 경우	그 3개월이 되는 날에 지급한 것으로 본다. 다만, 그 처분이 11월 1일부터 12월 31일까지의 사이에 결정된 경우에 다음연도 2월 말일까지 그 상여를 지급하지 아니한 경우에는 2월 말일에 지급한 것으로 봄
법인의 소득금액을 신고함에 있어서 「법인세법」에 의하여 처분되는 상여의 경우	해당 법인이 법인세과세표준 및 세액의 신고일에 지급한 것으로 봄
세무조사 등에 의하여 「법인세법」에 의하여 처분되는 상여의 경우	소득금액변동통지서를 받은 날에 지급한 것으로 봄
「국세기본법」 제45조 제1항의 규정에 의하여 법인세과세표준금액을 수정신고함에 있어서 「법인세법」에 의하여 처분되는 소득의 경우	수정신고일에 지급한 것으로 봄

☆ 소득처분된 소득에 대한 원천징수방법은 「제1장 연말정산 개요 - 제1절 연말정산 - 5. 인정상여 관련 원천징수이행상황신고서 작성」편을 참조바람.

2. 원천징수 세율

가. 월별납부자

원천징수의무자가 매월분의 근로소득에 대한 원천징수세액은 근로소득 간이세액표(소득세법 시행령 별표2)에 의한 세액으로 한다.

나. 반기별 납부자

반기별 납부자도 근로자에게 매월 급여 지급시 근로소득 간이세액표를 참조하여 소득세를 원천징수한 후 반기별로 원천징수세액을 신고하고 6개월분의 세액을 납부해야 한다.

다. 연말정산의 경우

근로소득 연말정산시 적용하는 원천징수세율은 기본세율을 적용하며, 연말정산으로 계산한 결정세액에서 매월·반기별로 원천징수한 소득세를 차감하여 원천징수한다.

> **참고**
>
> ○ 간이세액표에 따른 세액의 조정신청
>
> 근로자가 간이세액표에 따른 세액의 80% 또는 120%를 선택하여「조정신청서」또는「소득·세액 공제 신고서」에 기재하여 원천징수의무자에게 신청하는 경우에는 이후 지급하는 근로소득부터 신청한 비율을 적용한다.(변경한 날부터 해당 과세기간 종료일까지는 반드시 변경한 비율을 적용)

02절

일용근로소득

 일용근로자의 범위

1. 일용근로자의 범위

일용근로자가 지급받는 근로소득으로서 일용근로자는 근로를 제공한 날 또는 시간에 따라 근로대가를 계산하거나 근로를 제공한 날 또는 시간의 근로성과에 따라 급여를 계산하여 받는 자로서 다음에 규정된 사람을 말한다.(소득령 20 ①)

구 분	일용근로자의 범위
건설공사에 종사하는 자	다음의 자를 제외한 자 1. 동일한 고용주에게 계속하여 1년 이상 고용된 자 2. 다음의 업무에 종사하기 위하여 통상 동일한 고용주에게 계속하여 고용되는 것 　① 작업준비를 하고 노무에 종사하는 자를 직접 지휘·감독하는 업무 　② 작업현장에서 필요한 기술적인 업무, 사무·타자·취사·경비 등의 업무 　③ 건설기계의 운전 또는 정비업무
하역작업에 종사하는 자 (항만근로자 포함)	다음의 자를 제외한 자 1. 통상 근로를 제공한 날에 근로대가를 받지 아니하고 정기적으로 근로대가를 받는 자 2. 다음의 업무에 종사하기 위하여 통상 동일한 고용주에게 계속하여 고용되는 자 　① 작업준비를 하고 노무에 종사하는 자를 직접 지휘·감독하는 업무 　② 주된 기계의 운전 또는 정비업무
그 외의 업무에 종사하는 자	근로계약에 따라 동일한 고용주에게 3월 이상 계속하여 고용되어 있지 아니한 자

※ 건설공사에 종사하는 자와 하역작업에 종사하는 자가 근로계약에 따라 일정한 고용주에게 3월(건설공사에 종사하는 근로자는 1년) 이상 계속하여 고용되어 있지 아니하고, 근로단체를 통하여 여러 고용주의 사용인으로 취업하는 경우 이를 일용근로자로 본다.(소득법 집행기준 14-20-2)

2. 일용근로자 적용방법(소득법 집행기준 14-20-1)

① 「근로계약」은 문서에 의한 계약만을 말하는 것은 아니며, 「근로를 제공한 날 또는 시간에 따라 급여를 계산하여 지급받는」이라 함은 급여의 계산방법을 말하는 것이지 그 계산된 급여의 지급방법을 말하는 것은 아니다.

② 일용근로자의 범위 적용시 '3월' 및 '1년'이라 함은 「민법」제160조[☆]에 따라 역(歷)에 의하여 계산한 기간을 말한다.(원천-501, 2011.08.18.)

   ☆ 민법 제160조는 다음과 같다.
     ① 기간을 주, 월 또는 연으로 정한 때에는 역에 의하여 계산한다.
     ② 주, 월 또는 연의 처음으로부터 기간을 기산하지 아니하는 때에는 최후의 주, 월 또는 연에서 그 기산일에 해당한 날의 전일로 기간이 만료한다.
     ③ 월 또는 연으로 정한 경우에 최종의 월에 해당일이 없는 때에는 그 월의 말일로 기간이 만료한다.

  ☆☆ 국세기본법 기본통칙(4-0-2) 및 민법 제157조 기간의 기산점은 기간을 일, 주, 월 또는 연으로 정한 때에는 기간의 초일은 산입하지 아니한다. 그러나 그 기간이 오전 영시로부터 시작하는 때에는 그러하지 아니하다.

③ 근로계약상 근로제공에 대한 시간 또는 일수나 그 성과에 의하지 아니하고 월정액에 의하여 급여를 지급받는 경우에는 그 고용기간에 불구하고 일용근로자가 아닌 자(일반급여자)의 근로소득으로 본다.

┤ Check Point ├

○ 일용근로자의 3개월 미만 여부 판단기준

• 일반적인 일용근로자라 함은 「근로를 제공한 날 또는 시간의 근로성과에 따라 급여를 계산하여 받는 자로서 근로계약에 따라 동일한 고용주에게 3월 이상 계속하여 고용되어 있지 아니한 자」로 규정하고 있는 바, 여기서 「3월 이상 계속하여 고용」의 의미는 그 근무단위가 시간이나 일단위가 아니라 월단위로 규정되어 있으므로 비록 팀메이트들이 일별로 볼 때 간헐적으로 근무를 하였다고 하더라도 3월 이상의 기간에 걸쳐 근무를 하였다면 이를 일반근로자로 봄이 상당하다.(국심 2004서1167, 2005.06.27.)

• 원래 근로자가 반드시 월 평균 25일 이상 근무하여야만 근로기준법상 퇴직급지급의 전제가 되는 근로자의 상근성·계속성·종속성의 요건을 충족시키는 것은 아니고, 최소한 1개월에 4, 5일 내지 15일 정도 계속해서 근무하였다면 위 요건을 충족하므로, 형식상으로는 비록 일용직근로자로 되어 있더라도 일용관계가 중단되지 않고 계속되어 온 경우에는 상용근로자로 보아야 한다. 근로계약이 만료됨과 동시에 근로계약기간을 갱신하거나 동일한 조건의 근로계약을 반복하여 체결한 경우에는 갱신 또는 반복한 계약기간을 모두 합산하여 계속 근로연수를 계산하여야 한다.(대법 93다26168, 1995.07.11.)

• 위 사례를 종합하면 일용근로자는 다음과 같이 판정된다.

예를 들어 홍길동은 근로를 제공한 날 또는 시간에 따라 근로대가를 계산하거나 근로를 제공한 날 또는 시간의 근로성과에 따라 급여를 계산하여 받는 자로 다음과 같이 월별로 불규칙적으로 근로를 제공하였을 경우 일용근로자여부는?

근무기간(월별 불규칙적)						일용근로자 여부
구 분	2월	3월	4월	5월	6월	
사례1	3일 근무 20. 21. 25.	2일 근무 10. 15.	5일 근무 5. 7. 10. 11. 12.	6일 근무 7. 8. 9. 10. 11. 20.	×	2월~4월: 일용(○) 5월: 일용(×)
사례2	3일 근무 20. 21. 25.	×	5일 근무 5. 7. 10. 11. 12.	6일 근무 7. 8. 9. 10. 11. 20.	×	2월, 4월, 5월: 일용(○)

예규 ●●●

● **건설일용근로자의 범위 판정 시 1년의 기준**(서면소득관리 2023-2474, 2023.11.01.)

일용근로자란 동일한 고용주에게 3월(건설공사 종사자는 1년) 이상 계속하여 고용되어 있지 아니한 자를 말하며, 이때 3월(1년)이라 함은 민법의 규정에 따라 역에 의하여 계산한 기간을 말하는 것임. 입사일이 22년 8월 5일이고 퇴사일이 23년 8월 4일인 경우 민법상 역에 따라 계산한 기간은 1년 미만으로 연말정산 대상이 아닌 것으로 판단됨.

● **일용근로자를 격월로 고용하는 경우 3월 이상 계속 고용에 해당하는지 여부**(서면소득관리 2023-2257, 2023.11.01., 서면소득관리 2022-2121, 2022.06.29.)

일용근로자란 동일한 고용주에게 3월 이상 계속하여 고용되어 있지 아니한 자를 말하는 것임.

● **일용근로소득 소득세법 제4조의 제1항의 소득 해당 여부**(서면소득관리 2021-5464, 2021.10.14.)

일용근로자의 근로소득은 「소득세법」 제4조의 '거주자의 소득', '종합소득', '근로소득'에 해당함.

● **환자치료를 위해 일시적으로 고용된 의료진이 지급받는 소득이 일용직 근로소득인지 여부**(서면법령해석소득 2020-1796, 2020.12.18.)

지방자치단체와 고용계약을 맺은 의료인력이 병원 및 생활치료센터에서 근로를 제공하고 근로를 제공한 날 또는 시간에 따라 근로대가를 계산하여 받는 경우로서 동일한 고용주에게 3월 이상 계속하여 고용되어 있지 않은 경우에는 일용근로자에 해당하는 것이며, 해당 의료인력이 고용계약에 따른 근로의 제공을 종료한 후 증상발현 유무 등 모니터링 기간 중에 지급받는 소득도 근로소득에 해당하는 것임.

● 하역노동자에게 일급여를 편의상 일주일 단위로 지급하는 경우 일용근로자인지 여부(서면법령해석소득 2020 - 2530, 2020.08.27.)

근로를 제공한 날 또는 시간에 따라 근로대가를 계산하거나 근로를 제공한 날 또는 시간의 근로성과에 따라 급여를 계산하여 받는 사람으로서 농산물시장에서 농산물을 하역하는 작업에 종사하는 자가 통상 근로를 제공한 날에 근로대가를 받지 아니하고 정기적으로 근로대가를 받는 경우에는 일용근로자에 해당하지 아니하는 것이나, 근로계약에 따라 일정한 고용주에게 3월 이상 계속하여 고용되지 아니하고 근로단체를 통하여 여러 고용주의 사용인으로 취업하는 경우에는 이를 일용근로자로 보는 것임.

● 상시근로자 해당 여부(법인 - 275, 2010.03.24.)

조세특례제한법 제7조의 감면을 적용함에 있어서 건설업을 영위하는 내국법인에게 1년 이상 계속하여 고용되어 건설공사에 종사하는 일용근로자는 계속 고용으로 1년이 되는 날이 속하는 월부터 '상시 사용하는 종업원'에 해당되는 것이나, 해당 법인으로부터 재근무 보장이 없이 근로를 제공하지 않아 일용근로계약이 실질적으로 종료된 이후 재고용되어 근로를 제공하는 경우에는 그 시점부터 일용근로자의 범위에 포함되는지 여부를 다시 판단하여야 하는 것임. 이 경우 해당 법인과 일용근로자 간의 근로계약관계의 종료 또는 재고용 여부는 근로계약조건, 업무내용, 임금의 구성항목 및 계산방법 등을 고려하여 판단하여야 함.

● 일용근로자의 기간계산 및 일반급여자로 변경시점(서면1팀 - 488, 2007.04.16.)

"3월 이상 계속하여 고용되어 있지 아니한 자"에서 3월이라 함은 「민법」 제160조의 규정에 의한 역에 따라 계산한 기간을 말하는 것임.

이 때 당해 일용근로자가 동일한 고용주에게 3월 이상 계속하여 고용된 경우에는 3월이 되는 날이 속하는 월부터 일반급여자로 보아 원천징수하되, 당해 과세기간의 초일부터 당해연도의 근로소득금액에 대하여 연말정산과 지급명세서의 제출의무를 이행하여야 하는 것임.

● 일용근로자의 고용일수 계산방법(법인 46013 - 3243, 1995.08.16.)

일용근로자의 범위를 규정한 "3월 이상 계속하여 고용되어 있지 아니한 자"에서 "3월"이라 함은 고용일수에 의하여 계산한 기간이 아니고, 민법 제160조의 규정에 따라 역(曆)에 의하여 계산한 기간을 말하는 것임.

○ 일용근로자 여부 자가진단표

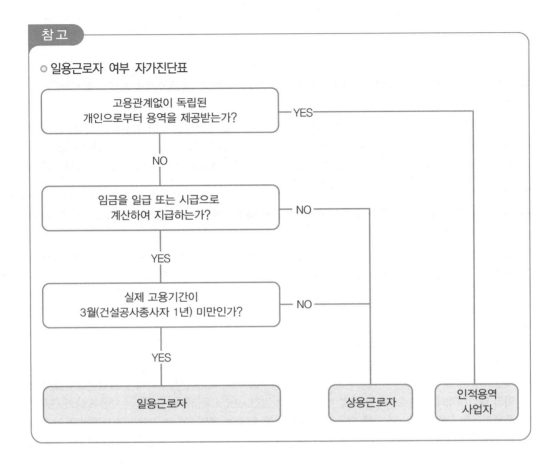

고용관계없이 독립된
개인으로부터 용역을 제공받는가? ── YES

NO

임금을 일급 또는 시급으로
계산하여 지급하는가? ── NO

YES

실제 고용기간이
3월(건설공사종사자 1년) 미만인가? ── NO

YES

일용근로자   상용근로자   인적용역
사업자

2 일용근로소득에 대한 원천징수세액계산

일용근로소득에 대한 원천징수세액은 다음과 같이 계산한다.(소득법 134 ③)

원천징수세액 = [{(일용근로소득 − 비과세소득) − 근로소득공제(1일 15만원)} × 세율(6%)]
 − 근로소득세액공제(산출세액의 55%)

※ 원천징수세액이 1천원 미만인 경우에는 징수하지 않음.(소액부징수)
※ 일당 일용근로 총지급액이 187,000원(결정세액 999원) 이하인 경우 소액부징수에 해당됨.
※ 1일 2 이상 사업장에서 일용근로 제공시 세액계산은 사업장별로 계산하여 소액부징수 판단

예규 ●●●

● **일용근로자가 일당 외 지급받는 연장근로수당, 유급휴일수당 등의 원천징수세액 계산 방법**(서면소득관리 2022 – 5649, 2023.02.14.)

일용근로자가 비과세소득에 해당하지 않는 연장근로수당과 유급휴일에 대한 수당을 지급받는 경우 해당 수당은 과세대상 근로소득에 해당하는 것이며 원천징수세액은 일급여액을 포함한 과세대상 근로소득에서 근로소득공제를 한 근로소득금액에 원천징수세율을 적용하여 계산한 산출세액에서 근로소득세액공제액을 차감하여 계산하는 것임.

● **일용근로자가 지급받는 주휴수당 등이 근로소득공제 대상 해당 여부**(서면소득관리 2022 – 4916, 2023. 01.05., 서면1팀 – 396, 2006.03.27.)

일용근로자가 근로기준법 제54조의 유급휴일에 대하여 지급받는 유급휴일수당은 당해 법령에서 정한 기간의 근로일수에 배분하여 원천징수하는 것이며, 당해 일용근로자가 근로기준법 제59조 제2항의 유급휴가에 대하여 지급받는 유급휴가수당은 당해 개근 월의 익월 근로일수에 배분하여 소득세를 원천징수하는 것임.

● **일용근로소득 일괄지급 시 원천징수세액 계산방법**(원천 – 240, 2012.05.02.)

일용근로소득자로부터 근로를 제공받고 근로소득금액을 지급하는 자가 일용근로소득금액을 매일 지급하지 않고 일정기간 단위로 일괄지급하는 경우에 있어서, 원천징수세액은 일용근로자별로 매일의 일급여액에서 근로소득공제(일 15만원)를 차감한 근로소득금액에 원천징수세율(6%)과 근로소득세액공제(산출세액의 55%)를 적용하여 계산한 후 더하는 것임. 이 때, 매일의 일급여액에서 산출된 원천징수세액을 더하고, 더한 원천징수세액을 납부하는 때에 10원 미만의 끝수가 있는 경우 절사하여 납부하지 아니하는 것임.

● **일용근로자가 동일 날짜에 2개의 사업장에서 근로제공시 소득세 원천징수방법**(원천 – 216, 2011.04.08.)

원천징수의무자가 당해 일 급여액에서 근로소득공제(일 15만원)를 한 금액에 원천징수세율 6%를 적용하여 계산한 산출세액에서 그 산출세액의 100분 55에 상당하는 근로소득세액공제액을 공제한 소득세를 원천징수함으로써 납세의무가 종결되는 것이므로 일용근로자는 별도로 연말정산하지 아니하는 것임.
또한, 일용근로자가 동일 날짜에 2개의 사업장에서 근로를 제공할 경우 원천징수방법은 원천징수의무자별로 각각 계산하여 원천징수함.

● **일용근로자의 성과급여에 대한 원천징수방법 등**(서면1팀 – 468, 2007.04.11.)

일용근로자에게 근로소득을 지급하는 자가 당해 일용근로자와의 근로계약에 따라 근로를 제공한 기간의 근로성과에 따른 성과급 성격의 포상금을 지급하기로 하고 근로계약기간 종료 후 이를 지급한 경우 당해 포상금은 근로제공일수에 배분하여 원천징수하고 동 금액을 포함한 근로소득금액에 대하여 지급명세서를 제출하여야 하는 것임.

● **소액부징수 적용방법**(법인 46013 – 448, 2001.02.28.)

소액부징수 규정은 소득을 지급하는 때 원천징수할 세액의 소득자별 합계액을 기준으로 적용하는 것임.

○ **소액부징수 적용기준**(소득법 집행기준 86 - 0 - 1)

① 원천징수세액 소액부징수는 지급시점에서 소득자별로 지급액에 대해 원천징수할 세액의 합계액을 기준으로 판단한다.

② 일용근로소득을 매일 지급하지 않고 일정기간 단위로 일괄지급하는 경우에 있어서는 일괄지급하는 시점에서의 징수할 소득세액의 합계액을 기준으로 소액부징수 여부를 판단한다.

③ 소액부징수 해당 여부는 지급일별 금액을 기준으로 판단하며 동일 지급일에 서로 다른 지급이 있는 경우 해당 지급금액별로 판단한다.

○ **일용근로소득의 지급방법별 소액부징수 적용 여부**

홍길동이 일당 187,000원이며 2일 근로제공하고 374,000원 수령한 경우

고용주		지급방법	원천징수세액	소액부징수 판단
동일한 고용주		매일 지급	1일차 999원	지급일 기준 총 원천징수세액이 1,000원 미만이므로 소액부징수 대상
			2일차 999원	
동일한 고용주		일괄 지급	1일차 999원	지급일 기준 총 원천징수세액이 1,000원 이상이므로 소액부징수 제외
			2일차 999원	
고용주	A	오전	오전 일당 기준 500원	사업장별로 소액부징수를 판단하므로 오전·오후 일당 모두 소액부징수 대상
	B	오후	오후 일당 기준 600원	

3 　일용근로소득 지급명세서의 제출

1. 지급명세서 제출시기

일용근로소득을 지급하는 자는 그 지급일이 속하는 달의 다음 달 말일(휴업, 폐업 또는 해산한 경우에는 휴업일, 폐업일 또는 해산일이 속하는 달의 다음 달 말일)까지 지급명세서를 원천징수 관할 세무서장에게 제출해야 한다.(소득법 164 ① 단서)

미지급한 일용근로소득으로 원천징수시기특례가 적용되는 경우에는 해당 소득의 지급일은 해당 과세기간 종료일이 되며 해당 과세기간 종료일(12.31)을 기준으로 다음연도 1월 말까지 제출해야 한다.

2021.06.30. 이전	2021.07.01. 이후
지급일이 속하는 분기의 마지막 달의 다음 달 말일	지급일이 속하는 달의 다음 달 말일

┤ Check Point ├

○ 일용근로소득의 지급시기별 지급명세서 제출기한 사례

귀속	지급일	지급명세서 제출기한
07월분	7월 지급	8월 31일까지
07월분	8월 지급	9월 30일까지
12월분	12월 지급	다음연도 1월 31일까지
12월분	다음연도 1월 지급	다음연도 1월 31일까지
12월분	다음연도 2월 지급	다음연도 1월 31일까지

* 「별지 24호 서식(3) 일용근로소득지급명세서」의 작성방법 참조

> ※ 해당 연도 귀속 일용근로소득을 12월 31일까지 미지급한 경우에도 지급명세서는 다음연도 1월 31일까지 반드시 제출해야 한다. (예: 2024년 12월 근무에 대한 소득을 2025년 1월에 지급한 경우 2024년 12월에 지급한 것으로 적는다.)

2. 지급명세서 제출의제

지급명세서를 제출하여야 하는 자가 「고용보험법 시행령」 제7조 제1항 후단에 따라 근로내용 확인신고서를 고용노동부장관에게 제출한 경우에는 지급명세서를 제출한 것으로 본다.(소득령 213 ④)

참고

○ 근로내용확인서

① 의미 : 일용직 근로자의 고용보험 가입신고서를 의미한다.

② 제출기한 : 고용보험공단에 다음 달 15일까지 반드시 제출하여야 한다.

③ 미신고 및 거짓신고시 불이익 : 과태료 부과

위반행위	과태료 금액		
	1차 위반	2차 위반	3차 위반
미신고 (지연신고)	피보험자 1명당 3만원(과태료 합산액 최대 100만원)	피보험자 1명당 3만원(과태료 합산액 최대 100만원)	피보험자 1명당 3만원(과태료 합산액 최대 100만원)
거짓신고	피보험자 1명당 5만원(과태료 합산액 최대 100만원)	피보험자 1명당 8만원(과태료 합산액 최대 200만원)	피보험자 1명당 10만원(과태료 합산액 최대 300만원)

일용근로소득과 연말정산

일용근로자에 해당하는 거주자가 3월 이상(건설공사종사자는 1년) 계속하여 동일한 고용주에게 고용되는 경우에는 3월 이상이 되는 월부터 일반급여자로 보아 원천징수하고, 해당연도 1월 1일부터 12월 31일까지 지급받은 급여를 합산하여 연말정산 해야 한다.

근로자가 고용주와 일정근로조건(시간급파트타임 등)으로 고용 계약하여 근로를 제공하는 경우는 일용근로자에 해당하나, 동일한 고용주에게 3월 이상 계속하여 고용된 자는 이에 해당하지 않는다.(소득법 집행기준 14-20-3)

참고

○ **일용직 근로자의 연말정산 사례**
- 일용근로소득 → 분리과세대상 → 연말정산 ×
  - '23.10.01. 입사 홍길동 - 건설업
  - '23.10.01. - 24.12.31. → 일용으로 원천징수
  - '24.01.01. - 23.09.30. → 일용으로 원천징수
  - '24.10.01. - 24.12.31. → 일반급여자 → 원천징수(간이세액표)
    ☞ '25.2월 연말정산의 범위?
- 소득세법 집행기준(14-20-3)에 의할 경우 다음과 같다.
  - 1.1. - 12.31. 모든 근로소득(일용 + 일반급여) 연말정산
    → 2025년 3월 10일 지급명세서 제출
  - 일용관련 지급명세서 기제출분을 취소한다.

2023/10/1	2024/1/1	2024/9/30	2024/12/31	2025/2/28
일용근로자	일용근로자	일반근로자	일반근로자
일용 원천징수	일용 원천징수	일반 원천징수	일반 원천징수
연말정산 제외	연말정산대상 근로소득		연말정산

☆ (주의점 1) 8월에 퇴사후 9월에 정직원으로 재입사한 경우 연말정산은 일용근로는 제외
☆ (주의점 2) 다른 회사에서 일용근무 후 당사에 입사한 경우 연말정산은 당사 근로소득으로만 진행

예규 ●●●

● **입사일 23.8.5. 퇴사일 24.8.4. 건설일용근로자의 범위 판정시 1년의 기준**(서면소득관리 2023-2474, 2023.11.01., 서면1팀-488, 2007.04.16.)

민법상 역에 따라 계산한 기간은 1년 미만으로 연말정산 대상이 아닌 것으로 판단됨.

● 일용근로자가 일반급여자로 전환 시 연말정산 방법(원천 – 599, 2011.09.30.)

일용근로자가 동일한 고용주에게 3월 이상 계속하여 고용된 경우에는 3월이 되는 날이 속하는 월부터 일반급여자로 보아 원천징수하되, 당해 과세기간의 1.1.부터 12.31.까지 지급받은 급여(일용근로소득 포함)에 대하여 연말정산과 지급명세서의 제출의무를 이행하여야 하는 것임.

● 지급명세서미제출가산세 신고·납부 한 경우 지급명세서 제출의무 면제 여부(서면1팀 – 335, 2008.03.14.)

원천징수의무자가 지급명세서 제출기한까지 의무 불이행하여 지급명세서미제출가산세를 신고·납부 하였더라도 지급명세서 제출이 면제되는 것은 아닌 것임.

5 질문과 답변 사례모음[7]

 질문 및 답변

【비과세 – 실비변상적 급여】

---

7) 국세청, 2023년 연말정산 Q&A(게시용) 일부 인용 및 개정세법 반영하여 수정함.

【비과세 - 자가차량 운전보조금】

Q 01 차량을 소유하지 않은 경우에도 자기차량 운전보조금의 비과세 적용을 받을 수 있는지?

안된다. 차량을 소유하고 있지 아니한 종업원에게 지급하는 자기차량 운전보조금은 소득세법에서 규정하는 비과세 요건을 충족하지 않는다.(소득 46011-392, 1999.11.25.)

다만, 종업원이 본인 명의로 임차한 차량을 직접 운전하여 사용자의 업무수행에 이용하고 받는 자기차량 운전보조금으로서 월 20만원 이내의 금액은 비과세 근로소득에 해당한다.

Q 02 타인명의 차량 이용 시 자기차량 운전보조금 비과세 규정을 적용받을 수 있는지?

안된다. 타인(배우자 등) 명의로 등록된 차량에 대해서는 자기차량 운전보조금 비과세 규정을 적용할 수 없다.(서일 46011-10263, 2003.3.6.)

Q 03 장애인 자녀와 공동 명의인 차량을 이용할 경우 자기차량 운전보조금이 비과세되는지?

안된다. 본인과 배우자 공동명의로 등록된 차량에 대하여는 자기차량 운전보조금 비과세 규정을 적용할 수 있으나, 부모, 자녀 등 배우자 외의 자와 공동 명의인 차량에 대하여는 비과세 규정을 적용할 수 없다.(재소득-591, 2006.9.20.)

Q 04 본인 명의로 임차한 차량을 이용할 경우 자기차량 운전보조금 비과세 규정을 적용받을 수 있는지?

가능하다. 본인 명의로 임차한 차량을 직접 운전하여 업무수행에 이용하는 경우 자기차량 운전보조금에 대해 비과세 규정을 적용할 수 있다.

Q 05   출·퇴근 편의를 위하여 지급하는 교통보조금도 비과세되는지?

안된다. 단지, 직원의 출·퇴근 편의를 위하여 지급하는 교통보조금은 비과세되는 자기차량 운전보조금에 해당하지 않다.(서면1팀-293, 2008.3.6.)

Q 06   맞벌이 부부가 부부 공동명의의 차량을 각자 근무하는 회사의 규정에 따라 차량을 이용하고 자기차량 운전보조금을 각자의 회사에서 각각 받는 경우 두 사람 모두 비과세가 적용되는지?

부부가 각각 월 20만원 한도 내에서 비과세 적용을 받을 수 있다. 부부 공동명의 차량을 각자 근무하는 회사의 규정에 따라 각자 직접 운전하여 실제 사용자의 업무수행에 이용하고 받는 금액은 각자 월 20만원 한도 내에서 비과세된다.(원천세과-688, 2011.10.28.)

Q 07   회사가 시내출장여비를 실비로 정산해주면서 매달 자기차량 운전보조금 명목으로 월 주차료를 대납해 주는 경우 비과세 적용이 가능한지?

안된다. 종업원 소유 차량으로 사업자의 업무수행에 이용하고 그에 소요된 실제 비용을 지급받으면서 별도로 자기차량 운전보조금 명목으로 회사로부터 지원받는(회사 대납 포함) 주차비용은 당해 종업원의 과세대상 근로소득에 해당한다.(원천세과-303, 2009.4.9.)

Q 08   자기차량 운전보조금을 지급받는 종업원이 시외출장 여비를 실비로 받는 경우 시외출장 여비는 비과세 적용이 가능한지?

시외출장 여비 중 실비변상정도의 금액은 비과세된다. 자기차량을 시내출장에 사용하여 자기차량 운전보조금의 비과세 적용을 받고 있더라도 자기 소유 차량을 시외출장에 사용하거나 시외출장에 대중교통을 이용하고 동 출장에 실제 소요된 유류비·통행료 등과 교통비를 사용주로부터 지급받는 금액 중 실비변상 정도의 금액은 비과세된다.

Q 09   차량운행에 따른 소요경비 증빙서류를 따로 비치하여야 하는지?

아니다. 비과세되는 자기차량 운전보조금은 증빙서류 비치 여부에 관계없이 사규에 의하여 지급받는 20만원 이내의 금액을 말하는 것으로 소요경비의 증빙서류가 없어도 비과세를 적용한다.(법인46013-2726, 1996.9.25.)

Q 10   임원도 자기차량 운전보조금 비과세 규정을 적용받을 수 있는지?

근로자에는 법에서 특별히 임원을 제외하고 있는 경우 외에는 임원이 포함되는 것이므로 임원도 비과세 적용한다.(소득세법 기본통칙 12-0-1)

Q 11   두 회사에 다니면서 자기차량 운전보조금을 각각 받는 경우 두 회사에서 받는 금액 모두 비과세 적용이 되는지?

모두 비과세된다. 지급하는 회사를 기준으로 각각 월 20만원 이내의 금액을 비과세한다.(서면1팀-1272, 2006.9.14.)

Q 12   시내출장여비를 실비 정산하여 받으면서 별도로 자기차량 운전보조금을 받는 경우 둘 다 비과세 적용이 가능한지?

안된다. 시내출장 등에 따라 소요된 실제 여비는 실비변상적 급여로 비과세되며, 별도로 지급받는 자기차량 운전보조금은 과세되는 근로소득에 포함된다.(소득령 12 3호, 기본통칙 12-12-1)

【비과세 - 실비변상적 급여】

Q 13   법령·조례에 의한 위원회 등의 보수를 받지 아니하는 위원이 받는 수당은 비과세되는지?

2021.1.1. 이전 수당은 근로소득으로 비과세된다. 위원회의 설립 및 수당의 지급근거가 법령·조례에 명시되어 있고, 이에 따라 지급하는 수당은 실비변상적인 급여로 비과세된다.
2021.1.1. 이후 발생한 수당은 기타소득으로 분류하여 비과세된다.(소득법 12 5호 자목)
다만, 법령·조례에 의하여 위촉되지 아니하는 위원회의 위원에게 지급하는 수당은 기타소득으로 과세된다.(서면1팀-697, 2006.05.30.)

Q 14   선원이 지급받는 식료품은 비과세되는지?

비과세된다. 승선 중인 선원이 선원법에 의하여 제공받는 식료품은 비과세된다. 다만, 식료품비 등 명목으로 일정액의 현금을 지급받는 경우나 휴가기간 동안 지급받는 급식비는 과세대상 근로소득에 해당한다.(소득법 기본통칙 12-12…2 ①)

Q 15   일직·숙직료의 비과세 적용기준은?

일직·숙직료로서 실비변상 정도의 금액은 비과세된다.
이때, 실비변상 정도의 금액의 판단은 회사의 사규 등에 의하여 그 지급기준이 정하여져 있고 사회 통념상 인정되는 범위 내에서 비과세되는 급여로 보는 것이며, 숙직료 등을 월 단위로 모아서 지급한다 할지라도 1일 숙직료 등을 기준으로 판단한다.(법인 46013-3228, 1996.11.19.)

Q 16   경찰이 지급받는 제복은 비과세하는지?

법령·조례에 의하여 제복을 착용하여야 하는 자가 받는 제복, 제모, 제화는 실비변상적 급여로 비과세된다.(소득령 12 4호)

Q 17   간호사가 지급받는 직장복은 비과세하는지?

병원, 실험실, 금융회사 등, 공장, 광산에서 근무하는 사람 또는 특수한 직업이나 역무에 종사하는 자가 받는 작업복이나 그 직장에서만 착용하는 피복은 실비변상적 급여로 비과세된다.(소득령 12 8호)

Q 18   특수분야 종사자가 받는 수당 중 비과세되는 항목은?

특수분야에 종사하는 군인이 받는 낙하산강하위험수당, 수중파괴작업위험수당, 잠수부위험수당, 고전압위험수당, 폭발물위험수당, 항공수당, 비무장지대근무수당, 전방초소근무수당, 함정근무수당 및 수륙양용궤도차량승무수당, 특수분야에 종사하는 경찰공무원이 받는 경찰특수전술업무수당과 경호공무원이 받는 경호수당은 실비변상적 급여로 비과세된다.

Q 19   경찰공무원이 받는 함정근무수당은 비과세되는지?

경찰공무원이 받는 함정근무수당, 항공수당 및 소방공무원이 받는 함정근무수당, 항공수당, 화재

진화수당은 비과세된다.(소득령 12 10호)

Q 20 선원이 받는 승선수당은 비과세되는지?

선업원 규정에 의한 선원(선장 및 해원)이 받는 월 20만원 이내의 승선수당은 실비변상적 급여로 비과세된다.(소득령 12 10호)

Q 21 광산근로자가 받는 입갱수당은 비과세되는지?

광산근로자가 받는 입갱수당과 발파수당은 비과세된다.(소득령 12 11호)

Q 22 초등학교 수석교사가 받는 연구수당은 비과세되는지?

초등학교 수석교사가 지급받는 연구활동비는 근로소득에 해당하는 것이며, 그 중 매월 20만원 이내의 금액은 실비변상적인 급여로 비과세된다.(법령해석소득−0808, 2015.07.07.)

Q 23 방과후 수업을 하는 교원이 수업시간당 일정금액을 지급받는 경우 비과세되는지?

안된다. 초·중등 교육법에 따른 교육기관이 학생들로부터 받은 방과후 수업료(특기·적성 교육비 또는 보충수업비)를 교원에게 수업시간당 일정금액으로 지급하는 금액은 연구보조를 위하여 지급하는 것으로 볼 수 없으므로 연구보조비 비과세 대상에 해당하지 않는 것이다.(소득세제과−484, 2007.08.31.)

Q 24 중소기업에 설치된 연구개발 전담부서에 근무하는 연구원이 지급받는 연구활동비는 비과세되는지?

중소기업 또는 벤처기업의 기업부설연구소와 연구개발전담부서에서 연구활동에 직접 종사하는 자가 지급받는 연구활동비 중 월 20만원 이내의 금액은 실비변상적 급여로 비과세된다.
이때, 기업부설연구소와 연구개발전담부서는 기초연구진흥 및 기술개발지원에 관한 법률 시행령 제16조 제1항 제1호 또는 제3호의 기준을 충족하여 같은 법 제14조의2 제1항에 따라 인정받은 중소기업 또는 벤처기업의 기업부설연구소와 연구개발전담부서(중소기업 또는 벤처기업에 설치하는 것에 한정)를 말한다.(소득령 12 12호 다목)

Q 25 정부출연연구기관에 재직 중인 연구원이 지급받는 연구활동비는 비과세되는지?

월 20만원 이내의 금액은 실비변상적 급여로 비과세된다. 특정 연구기관 육성법의 적용을 받는 연구기관, 특별법에 따라 설립된 정부출연 연구기관, 지방자치단체 출연 연구원의 설립 및 운영에 관한 법률에 따라 설립된 지방자치단체 출연 연구원에서, 연구 활동에 직접 종사하는 자(대학교원에 준하는 자격을 가진 자에 한함) 및 직접적으로 연구 활동을 지원하는 자가 연구보조비 또는 연구활동비로 지급받는 금액 중 월 20만원 이내의 금액은 실비변상적 급여로 비과세된다. 이 때, 직접적으로 연구활동을 지원하는 자에는 건물의 방호, 유지, 보수, 청소, 식사제공, 차량의 운전에 종사하는 자는 제외함.(소득령 12 12호 나목)

Q 26 ① 국가 또는 지자체로부터 지급받는 보육교사의 근무환경개선비는 비과세되는지?
　　　② 국가 또는 지자체로부터 지급받는 사립유치원 교사의 인건비는 비과세되는지?
　　　③ 국가·지자체로부터 지급받는 전공의 수련보조수당은 비과세되는지?

국가 또는 지방자치단체가 지급하는 다음에 해당하는 금액은 실비변상적 급여로 비과세된다.(소득령 12 13호)

> ① 「영유아보육법 시행령」 제24조 제1항 제7호에 따른 비용 중 보육교사의 처우개선을 위해 지급하는 근무환경개선비
> ② 「유아교육법 시행령」 제32조 제1항 제2호에 따른 사립유치원 수석교사, 교사의 인건비
> ③ 전문과목별 전문의의 수급균형을 유도하기 위하여 전공의에게 지급하는 수련보조수당

Q 27 방송기자가 받는 취재수당은 비과세되는지?

방송, 뉴스통신, 신문을 경영하는 언론기업 및 방송채널 사용사업에 종사하는 기자가 취재 활동과 관련하여 지급받는 취재수당 중 월 20만원 이내의 금액은 실비변상적 급여로 비과세된다.(소득령 12 14호)

Q 28 근로자가 벽지에 근무하게 되어 받는 벽지수당은 비과세되는지?

근로자가 벽지에 근무함으로 인하여 받는 월 20만원 이내의 벽지수당은 실비변상적 급여로 비과세된다.(소득령 12 15호)

비과세되는 벽지수당은 지급규정이 있어야 하며, 동 수당은 벽지 수당지급 대상지역이 아닌 곳에서 근무하는 자의 동일 직급 일반 급여에 추가하여 지급하는 것일 경우에 한한다.

* 벽지의 개념은 「소득세법 시행규칙」 제7조에 규정함.

Q 29 근로자가 천재지변으로 인해 추가로 지급받는 급여는 비과세되는지?

천재·지변 기타 재해로 인하여 받는 급여는 금액 제한 없이 실비변상적 급여로 비과세된다.(소득령 12 16호)

Q 30 공공기관 이전에 따라 공무원이 지급받는 이전지원금은 비과세되는지?

「수도권정비계획법」 제2조 제1호에 따른 수도권 외의 지역으로 이전하는 국가균형발전특별법 제2조 제9호에 따른 공공기관 소속 공무원이나 직원에게 한시적으로 지급하는 월 20만원 이내의 이전지원금은 비과세된다.

Q 31 법률에 따른 평가위원회 위원이 지급받는 참석수당이 소득세가 비과세되는지?

2021.1.1. 이전 발생한 고용관계 없는 외부위원에게 지급된 위원회 수당은 「소득세법 시행령」 제12조 제1호의 실비변상적 급여에 해당되어 비과세 소득에 해당된다.(소득세제과-389, 2020.07.29.)

2021.1.1. 이후 발생한 소득은 기타소득으로 보되 비과세 기타소득이다.

【비과세 - 국외근로소득】

Q 32 해외파견기간 동안의 급여는 비과세 국외근로소득에 해당하는지?

국내업체의 직원이 해외에 파견되어 장비 등의 설치·가동에 관한 용역을 외국회사에 제공하고 파견기간 중 받는 근로소득은 비과세되는 국외근로소득에 해당한다.(재소득 46073-75, 2003.05.29.)

Q33 출장, 연수 등을 목적으로 출국한 기간 동안의 급여상당액도 국외근로소득으로 보아 비과세 규정을 적용할 수 있는지?

안된다. 국외 또는 남북교류협력에 관한 법률에 의한 북한지역에서 근로를 제공하고 받는 보수는 해외 또는 북한지역에 주재하면서 근로를 제공하고 받는 급여를 말하며 출장, 연수 등을 목적으로 출국한 기간 동안의 급여상당액은 비과세 국외근로소득으로 보지 않는다.(소득법 기본통칙 12 - 16…1)

Q34 해외수출품에 대한 현지 설치, 시운전을 위해 출장한 경우 출장기간의 급여상당액은 비과세 대상에 해당하는지?

아니다. 국외에서 근로를 제공하고 받는 보수란 해외에 주재(연락사무소 포함)하면서 근로를 제공하고 받는 급여를 말하는 것으로, 해외 수출품에 대한 현지 설치, 시운전 등을 위하여 해외에 출장한 경우 출장기간 급여상당액은 국외근로소득으로 보지 않는 것이다.(원천세과-553, 2011.09.05.)

Q35 국외근로기간이 1월 미만인 경우에도 월 100만원을 비과세하는지?

비과세된다. 국외근로기간이 1월 미만인 경우에도 월액으로 환산하지 않은 실 급여액에서 100만원 (또는 300만원 국외건설연장 500만원)을 비과세한다.(서일 46011-10845, 2003.06.25.)

Q36 일용근로자도 국외근로소득 비과세 규정을 적용할 수 있는지?

적용할 수 있다. 국외 등에서 근로를 제공하고 받는 보수 중 월 100만원(원양어업 선박, 국외 등을 항행하는 선박의 경우 월 300만원 또는 건설현장의 경우 월 500만원) 이내의 금액은 일용근로자 여부에 관계없이 비과세하는 것이다.(서면1팀-1324, 2007.09.27.)

Q37 해당 월의 국외근로소득이 100만원 이하인 경우 비과세 한도 부족액을 다음 달로 이월하여 추가로 비과세할 수 있는지?

안된다. 해당 월의 비과세 급여가 100만원(원양어업 선박, 국외 등을 항행하는 선박의 경우 월 300만원 또는 건설현장의 경우 월 500만원) 이하인 경우 그 부족액은 다음 달로 이월하여 비과세를 적용할 수 없다.(소득법 기본통칙 12 - 16…4)

Q38 국외 건설현장의 영업업무, 인사·노무업무, 자재관리업무, 재무·회계업무 담당직원의 급여에 대해 비과세 적용이 되는지?

비과세 적용이 된다. 국외등의 건설현장에서 근로를 제공하고 받는 보수의 경우에는 월 500만원 이내의 금액을 비과세하는 것이다.(국외등의 건설현장에서 조리 및 음식 서비스직에 종하사는 근로자, 공인검사원, 공인검사감독원 등이 근로를 제공하고 받는 보수도 포함)(서면법령해석소득 2020-3569, 2021.05.06.)

Q39 국외근로자로서 월 100만원의 비과세 규정이 적용되는 근로자가 지급받는 월 20만원의 식대는 비과세되는지?

국외근로소득 비과세 규정을 적용받는 근로자가 지급받는 식대도 월 20만원 한도 내에서 비과세 적용이 된다.(원천세과-616, 2009.07.16.)

Q 40 비과세되는 국외 근로소득의 범위는?

국외 또는 북한지역에서 근로를 제공하고 받는 보수 중 아래 한도 내의 금액을 비과세 한다.(소득령 16)

① 국외 등의 건설현장 등* : 월 500만원

　* 국외 등의 건설현장 등에는 국외 등의 건설공사 현장과 그 건설공사를 위하여 필요한 장비 및 기자재의 구매, 통관, 운반, 보관, 유지·보수 등이 이루어지는 장소를 포함하며, 해외건설현장 감리·설계업무수행자도 포함됨.

② 원양어업 선박, 국외 등을 항행하는 선박 : 월 300만원

③ 그 밖의 장소 : 월 100만원

【비과세 – 생산직근로자의 연장근로수당 등】

Q 41 아파트 관리사무소의 경비원도 생산직근로자가 받는 연장근로수당 등의 비과세 규정을 적용받는지?

아파트 경비원도 연장근로·야간근로 또는 휴일근로를 하여 통상임금에 더하여 받는 금액에 대한 비과세 규정을 적용한다.

비과세 적용대상인 생산직근로자는 아래와 같다.

① 공장 또는 광산에서 근로를 제공하는 자로서 통계청장이 고시하는 한국표준직업분류에 의한 생산 및 관련종사자 중 「소득세법 시행규칙」 별표 2에 규정된 직종에 종사하는 근로자

② 어업을 영위하는 자에게 고용되어 근로를 제공하는 자로서 어선에 승무하는 선원으로 선장을 제외한 자

③ 통계청장이 고시하는 한국표준직업분류에 따른 운전 및 운송 관련직 종사자, 돌봄·미용·여가 및 관광·숙박시설·조리 및 음식 관련 서비스직 종사자, 매장 판매 종사자, 상품 대여 종사자, 통신 관련 판매직 종사자, 운송·청소·경비·가사·음식·판매·농림·어업·계기·자판기·주차관리 및 기타 서비스 관련 단순 노무직 종사자(소득령 17)

Q 42 건설업체의 건설현장에서 근무하는 일용근로자도 연장근로수당 등에 대해 비과세 적용이 되는지?

2018년부터 건설현장에서 근로를 제공하는 일용근로자가 건축, 토목, 채굴 현장에서 작업반장이나 숙련공의 지시에 따라 수동공구 및 도구를 사용하여 독자적인 판단이나 기술이 필요치 않은 업무를 수행하는 '건설 및 광업 관련 단순 노무직(91)'에 해당할 경우 비과세 적용이 가능함.

Q 43 생산직근로자 연장근로 수당 등 비과세를 적용받기 위해서는 직전 과세기간의 총급여액이 3,000만원 이하이어야 하는데, 올해 신규 취업한 사람은 비과세 규정을 적용받을 수 있는지?

올해 취업자는 직전연도의 총급여액이 0원이므로 총급여액 요건을 충족한다. 따라서 그 외의 다른 요건(월정액급여 210만원 이하, 업종 요건 등)을 충족할 경우 비과세 규정을 적용한다.

Q 44 직전연도의 총급여액이 3,000만원을 초과하였으나 다른 회사에 이직한 경우, 이직한 직장에서는 생산직근로자의 연장근로수당 등에 대해 비과세 적용을 받을 수 있는지?

안된다. 회사를 옮긴 경우에도 직전연도 총급여액 3,000만원 이하 요건을 충족하여야 하는 것으로, 전 직장에서 받은 직전연도 총급여액이 3,000만원을 초과하는 경우 비과세 적용을 받을 수 없다.

Q 45 생산직 일용근로자인 경우에도 직전 과세연도의 총급여액이 3,000만원 이하이어야 하는지?

아니다. 생산직 일용근로자의 연장근로, 야간근로, 휴일근로 수당은 월정액급여, 직전 과세기간 총급여액과 관계없이 비과세 규정을 적용한다.(소득지원과-514, 2015.09.07.)

Q 46 생산직근로자로서 연장근로 수당 등 비과세 규정을 적용받으려면 월정액급여 210만원 이하인 요건을 충족하여야 하는데, 이 때 상여(3개월에 한번씩 지급받음), 연장근로수당 등도 월정액급여에 포함되는지?

아니다. 생산직근로자의 월정액급여를 계산할 때에는 상여 등 부정기적 급여와 연장수당 등은 포함하지 않는다.

Q 47 생산직근로자로서 연장근로수당 등 비과세 규정을 적용받으려면 월정액급여 210만원 이하인 요건을 충족하여야 하는데, 이 때 비과세 식대 20만원도 월정액급여에 포함되는지?

포함하여 계산한다. 월정액급여는 아래와 같이 계산되며, 비과세 식대는 실비변상적 급여에 해당하지 않으므로 비과세되는 식대를 포함하여 월정액급여를 계산한다.

* 월정액급여 = 급여총액(상여 등 부정기적인 급여와 실비변상적 성격의 비과세 급여 및 복리후생적 성질의 비과세 급여 제외) - 연장, 야간, 휴일근로로 통상임금에 추가하여 받는 금액

Q 48 2024.3.15.에 중도 퇴사하는 경우 3월의 월정액급여는 환산하여 계산하는지?

아니다. 퇴직한 달의 근무일수가 1월 미만인 경우에도 월정액급여는 월 단위로 환산하지 않고 실제로 지급받은 금액으로 계산한다.(원천세과-706, 2009.08.28.)

Q 49 생산직근로자가 중도퇴사한 경우, 연장근로 수당 비과세 한도(연 240만원)는 월할계산하는지?

아니다. 생산직근로자 등이 연장근로, 야간근로 또는 휴일근로로 인해 통상 임금에 더하여 받는 급여 중 연 240만원 이하의 금액은 비과세하며, 중도 퇴사한 경우에도 한도액을 월할 또는 일할 계산하지 않는다.

Q 50 월정액급여 210만원 이하인 달에 지급받는 연장수당만 비과세하는 것인지?

월정액급여액이 210만원 이하인 달에 지급받는 연장근로, 야간근로, 휴일근로 수당에 대해서만 비과세 규정을 적용한다.

Q 51 연 240만원 내에서 비과세하는 생산직근로자의 연장근로수당은 월 한도를 20만원으로 하는 것인지?

아니다. 생산직근로자 등이 지급받는 연장근로수당 등은 연 240만원 이내의 금액을 비과세하는 것이며, 연 한도액을 12개월로 분할하여 매월 한도액을 20만원씩으로 적용하는 것은 아니다.

【비과세 - 식대】

Q 52 매월 월정액으로 식대 20만원을 지급하고 있으며, 이와 별개로 위탁급식업체의 식대를 일부는 직원이 부담하고 일부는 회사가 부담하는 경우에도 식대 명목으로 받은 금액을 비과세하는지?

아니다. 식사·기타 음식물을 제공받고 있는 근로자가 별도로 식사대를 지급받는 경우에는 제공받는 식사·기타 음식물에 한하여 비과세되는 급여로 보는 것이다.(서면1팀-1603, 2007.11.22.)

Q 53 급식수당을 받는 근로자가 야간 근무를 하는 경우 별도로 제공되는 식사는 비과세되는지?

다른 근로자와 일률적으로 급식수당을 받고 있는 근로자가 야간 근무 등 시간외 근무를 하는 경우에 야간에 별도로 제공받는 식사 기타 음식물은 비과세되는 급여에 포함된다.(소득법 기본통칙 12-17의 2-1)

Q 54 회사 근처 식당의 식권을 식대로 받는 경우에도 비과세되는지?

사용자가 기업 외부의 음식업자와 식사 제공 계약을 체결하고 현금으로 환급할 수 없는 식권을 임직원에게 교부하는 경우에는 비과세되는 식사·기타 음식물로 본다.

다만, 음식업자가 아닌 편의점 및 커피숍에서 사용하는 식권은 비과세되는 식사·기타 음식물로 보지 않는다.(원천세과-190, 2011.04.04.)

Q 55 임원도 20만원 이하의 식대에 대해 비과세 적용을 받을 수 있는지?

소득세법에서 규정하는 '근로자'에는 법에서 특별히 임원을 제외하고 있는 경우 외에는 임원이 포함되는 것이다.(소득법 기본통칙 12-0…1)

Q 56 연봉계약서나 급여 지급기준에 포함되지 아니한 식대 지급액도 비과세 적용이 가능한지?

안된다. 연봉계약서에 식사대가 포함되어 있지 아니하고, 급여지급 기준에 식사대에 대한 기준이 정하여져 있지 아니한 경우에는 비과세되는 식대에 해당하지 않는다.(서면1팀-1614, 2006.11.30.)

Q 57 근로자가 두 회사에 다니면서 각 회사로부터 식대를 받는 경우 각각 월 20만원씩 비과세를 적용받을 수 있는지?

안된다. 근로자가 2 이상의 회사에 근무하면서 식사대를 매월 각 회사로부터 지급받는 경우 각 회사로부터 받는 식사대를 합한 금액 중 월 20만원 이내의 금액만 비과세한다.(서면1팀-1344, 2005.11.03.)

Q 58 매월 급식수당으로 23만원을 지급받는 경우 월 20만원을 비과세하는 것인지?

20만원은 비과세하고 나머지 3만원은 과세한다.

【비과세 - 출산보육수당】

Q 59 자녀보육수당을 분기별 또는 특정 월에 일괄(소급)지급하는 경우 3개월분 60만원에 대해 비과세를 적용받을 수 있는지?

비과세 적용받을 수 있다. 당초 지급시점을 기준으로 월 20만원 이내의 금액만 비과세(서면1팀-276, 2007.02.23.)하는 것으로 해석하였으나 2021년 1월 세법해석사례 정비를 통하여 관련 해석사례를 삭제하고 출산 보육 수당을 일괄 지급하는 경우도 이를 각각 해당 월의 급여를 기준으로 월 10만원 이내의 금액을 비과세(법인 46013-1841, 1997.07.08)하는 것으로 변경하였다. 따라서 석달치 60만원을 한번에 지급하여도 각각 해당 월의 월 20만원 이내의 금액은 비과세 적용받을 수 있다.

Q 60 동일 직장에서 맞벌이 부부가 6세 이하 자녀의 보육수당을 각각 받는 경우 남편과 아내 두 사람 모두 비과세를 적용받는지?

동일한 직장에서 맞벌이 하는 근로자가 6세 이하의 자녀 1인에 대해 각각 보육수당을 수령하는 경우에는 소득자별로 각각 10만원 이내의 금액을 비과세한다.(서면1팀－1245, 2006.09.12.)

Q 61 6세 이하 자녀의 놀이방, 백화점 문화센터 수강료를 회사에서 지원받고 있는데 해당 보육수당을 비과세 받을 수 있는지?

6세 이하의 보육수당 비과세 규정은 교육비 공제와 같이 공제대상 기관이 별도로 규정되어 있는 것이 아니므로 교육기관의 종류와는 무관하게 사용자로부터 보육과 관련하여 지급받는 금액이면 월 10만원 이내의 금액을 비과세한다.

Q 62 6세 이하의 자녀가 2인인 경우 자녀 1인당 월 10만원씩 20만원을 비과세하는 것인지?

아니다. 자녀의 수에 관계없이 자녀의 보육과 관련하여 지급받는 보수 중 월 10만원 이내의 금액을 비과세한다.

Q 63 두 회사에 다니면서 6세 이하 자녀의 보육수당을 각각 받는 경우 각 회사에서 월 10만원씩을 비과세하는지?

아니다. 근로자가 2 이상의 회사에 근무하면서 6세 이하 자녀 보육수당을 매월 각 회사로부터 지급받는 경우 각 회사의 보육 수당 합계금액 중 월 10만원 이내의 금액에 대해서만 비과세하는 것이다.(서면1팀－1334, 2005.11.03.)

【비과세 － 학자금】

Q 64 회사에서 지원하는 사설어학원 수강료도 비과세되는 학자금에 해당하는지?

해당하지 않는다. 비과세 학자금은 교육법에 의한 학교 및 근로자직업훈련촉진법에 의한 직업능력개발훈련시설의 입학금·수업료·수강료 기타 공납금 중 일정한 요건을 갖춘 학자금에 한하는 것인 바, 사설어학원의 수강을 지원하는 교육훈련비는 이에 해당하지 않는다.(서면1팀－1499, 2004.11.08.)

Q 65 대학교의 자치회비나 교재비를 회사에서 지원해 주는 경우에도 비과세되는 학자금에 해당하는지?

아니다. 입학금, 수업료, 그 밖의 공납금이 비과세 학자금에 해당하는 것이며, 대학교 자치회비나 교재비를 지원하는 경우 비과세되지 않는다.(서면1팀－1673, 2007.12.06.)

Q 66 회사에서 대학교 학자금을 지원받고 비과세 적용을 받고 있는데, 동 지원금에 대해 교육비 세액공제를 받을 수 있는지?

안된다. 비과세되는 학자금에 대해서는 교육비 세액공제를 받을 수 없다.(법인 46013－2380, 19996.06.24.)

Q 67 출자임원인 경우에도 학자금 비과세 적용을 받을 수 있는지?

비과세 학자금 규정이 적용되는 근로자에는 출자임원도 포함된다.

Q 68 회사에서 대학원 학자금을 지원받았는데 비과세를 적용받기 위한 요건은 어떻게 되는지?

근로자가 초, 중등교육법 및 고등교육법에 따른 학교(외국에 있는 이와 유사한 교육기관 포함) 및 근로자 직업능력개발법에 따른 직업능력개발훈련시설에서 받은 교육을 위하여 지급받는 입학금, 수업료, 수강료 그 밖의 공납금으로서 다음의 요건을 갖춘 학자금에 대해서 당해 과세기간에 납입할 금액을 한도로 비과세한다.(소득령 11)

> ① 당해 근로자가 종사하는 사업체의 업무와 관련 있는 교육·훈련을 위하여 받는 것일 것
> ② 당해 근로자가 종사하는 사업체의 규칙 등에 의하여 정하여진 지급기준에 따라 받는 것일 것
> ③ 교육·훈련기간이 6월 이상인 경우 교육·훈련 후 당해 교육기간을 초과하여 근무하지 아니한 때에는 지급받은 금액을 반납할 것을 조건으로 하여 받는 것일 것

【비과세 - 그 밖의 비과세소득】

Q 69 병역의무 수행 중인 현역병이 지급받는 급여는 비과세되는지?

병역의무 수행을 위해 징집, 소득법 집행기준되거나 지원하여 복무 중인 사람으로서 병장 이하의 현역병(지원하지 아니하고 임용된 하사를 포함), 의무경찰, 그 밖에 이에 준하는 사람이 받는 급여는 비과세한다. 다만, 방위산업체에서 복무하는 보충역의 급여는 비과세 근로소득에 해당하지 않는다.(소득법 12 3호 가목)

Q 70 근무 중에 부상을 입게 되어 회사로부터 보상금 명목으로 받은 금액은 비과세소득에 해당하는지?

산업재해보상보험법에 따라 수급권자가 받는 요양급여, 휴업급여, 장해급여, 간병급여, 유족급여, 유족특별급여, 장해특별급여, 장의비 또는 근로의 제공으로 인한 부상·질병·사망과 관련하여 근로자나 그 유족이 받는 배상·보상 또는 위자료 성질이 있는 급여는 비과세한다.(소득법 12 3호 다목)

Q 71 근로자가 근로기준법에 따라 지급받는 요양보상금은 비과세되는 근로소득에 해당하는지?

근로기준법 또는 선원법에 따라 근로자, 선원 및 그 유족이 받는 요양보상금, 휴업보상금, 상병보상금, 일시보상금, 장해보상금, 유족보상금, 행방불명보상금, 소지품유실보상금, 장의비 및 장제비는 비과세한다.(소득법 12 3호 라목)

Q 72 산업재해보상법에 따라 지급받는 장해급여는 비과세소득에 해당하는지?

산업재해보상보험법에 따라 수급권자가 받는 요양급여, 휴업급여, 장해급여, 간병급여, 유족급여, 유족특별급여, 장해특별급여, 장의비 또는 근로의 제공으로 인한 부상·질병·사망과 관련하여 근로자나 그 유족이 받는 배상·보상 또는 위자의 성질이 있는 급여는 비과세한다.(소득법 12 3호 다목)

Q 73 사업주가 우선 지급하고 대위 신청한 출산전후 휴가급여도 비과세 적용이 가능한지?

고용보험법에 따라 근로자가 지급받은 출산전후 휴가급여는 비과세소득에 해당하며, 사업주가 근로자에게 미리 지급하고 대위 신청한 것을 포함한다.(원천-695, 2010.09.06.)

Q 74 출산전후 휴가급여와 육아휴직급여를 받았는데 과세되는 근로소득인지?

고용보험법에 의하여 받는 육아휴직급여, 육아기 근로시간 단축 급여 및 출산전후 휴가급여, 국가공무원법, 지방공무원법에 따른 공무원 또는 사립학교교직원연금법, 별정우체국법의 적용을 받는 자가 관련 법령에 따라 받는 육아휴직수당(「사립학교법」 제70조의2에 따라 임명된 사무직원이 학교의 정관 또는 규칙에 따라 지급받는 육아휴직수당으로서 월 150만원 이하의 것을 포함한다)은 비과세소득에 해당한다.

반면, 근로기준법에 따라 임산부의 보호휴가 기간 중 사용자가 지급하는 출산전후 휴가급여는 과세대상 근로소득에 해당한다.

Q 75 공무원이 공무상 질병으로 공무원연금공단으로부터 휴직기간 중 받는 급여는 비과세되는지?

공무원연금법에 따라 공무원연금공단으로부터 공무상 질병으로 인한 휴직기간 중 지급받는 급여는 비과세 소득에 해당한다.

다만, 공무원보수규정 제28조에 따라 휴직기간 중 소속기관으로부터 지급받는 급여는 과세대상에 해당한다.(소득법 12 3호 사목)

Q 76 공무원연금법에 따라 지급받는 장해보상금은 비과세되는지?

공무원연금법, 공무원재해보상법, 군인연금법, 사립학교교직원연금법 또는 별정우체국법에 따라 받는 급여 중 다음에 해당하는 급여는 비과세한다. 단, 공무원보수규정 제28조에 따라 휴직기간 중 소속기관으로부터 지급받는 급여는 과세대상에 해당한다.(소득법 12 3호 사목)

> 공무상 요양비, 요양급여, 장해일시금, 비공무상 장해일시금, 비직무상 장해일시금, 장애보상금, 사망조위금, 사망보상금, 유족일시금, 퇴직유족일시금, 유족연금일시금, 퇴직유족연금일시금, 유족연금부가금, 퇴직유족연금부가금, 유족연금특별부가금, 퇴직유족연금특별부가금, 순직유족보상금, 직무상 유족보상금, 위험직무순직유족보상금, 재해부조금, 재난부조금 또는 신체·정신상의 장해·질병으로 인한 휴직기간에 받는 급여

Q 77 국가유공자가 지급받는 보훈급여금은 비과세되는지?

국가유공자 등 예우 및 지원에 관한 법률 또는 보훈보상대상자 지원에 관한 법률에 따라 받는 보훈급여금 및 학습보조비는 비과세한다.(소득법 12 3호 카목)

Q 78 외국에 주둔 중인 군인이 받는 급여는 비과세되는지?

작전 임무를 수행하기 위해 외국에 주둔 중인 군인·군무원이 받는 급여는 비과세한다.(소득법 12 3호 파목)

Q 79 전사한 군인이 받는 급여는 비과세되는지?

종군한 군인·군무원이 전사(전상으로 인한 사망 포함)한 경우 그 전사한 날이 속하는 과세기간의 급여는 전액 비과세한다.(소득법 12 3호 하목)

Q 80 국민건강보험료, 고용보험료의 사용자 부담분은 근로소득으로 과세되는지?

아니다. 국민건강보험법, 고용보험법, 노인장기요양보험법에 따라 국가, 지방자치단체 또는 사용

자(회사)가 부담하는 부담금은 비과세소득에 해당한다.(소득법 12 3호 너목)

Q81 국군포로가 지급받는 보수가 비과세되는지?

국군포로의 송환 및 대우 등에 관한 법률에 따라 국군포로가 지급받는 보수 및 퇴직일시금은 비과세된다.(소득법 12 3호 버목)

Q82 대학 재학 중인 학생이 해당 대학에서 일하면서 근로장학금을 수령하는 경우 비과세되는지?

「교육기본법」 제28조 제1항에 따라 받는 장학금 중 대학생이 근로를 대가로 지급받는 장학금(「고등교육법」 제2조 제1호부터 제4호까지의 규정에 따른 대학에 재학하는 대학생에 한함)은 비과세한다.(소득법 12 3호 서목)

Q83 재직 중인 회사에서 받는 직무발명보상금은 비과세되는지?

「발명진흥법」 제2조 제2호에 따른 종업원 등이 사용자등으로부터 받는 보상금 중 연 700만원 이하의 금액은 비과세한다.(소득법 12 3호 어목)

Q84 대학생이 산학협력단으로부터 직무발명으로 받는 보상금은 비과세되는지?

대학의 교직원 또는 대학과 고용관계가 있는 학생이 소속 대학에 설치된 산업교육진흥 및 산학연협력촉진에 관한 법률 제25조에 따른 산학협력단으로부터 받는 보상금은 연 700만원 이하의 금액을 비과세한다.(소득법 12 3호 어목)

Q85 고용보험법에 따라 무급휴업, 휴직자에게 국가가 직접 지급하는 고용유지지원금은 과세소득에 해당하는지?

「고용보험법」 제21조 제1항 후단에 따라 사업주가 무급휴업·휴직을 실시하고 동법에 근거하여 정부가 근로자에게 직접 지급하는 고용유지지원금은 소득세 과세대상에 해당하지 않는 것이다.(소득세제과-407, 2020.08.05.)

제3장

소득공제의
종류 및 한도

	총급여	총급여 (일용근로소득 제외): 급여 + 상여 + 수당 + 인정상여 − 비과세소득
−	근로소득공제	
=	근로소득금액	
−	인적공제	기본공제 : 본인/배우자/부양가족 1인당 연 150만원 공제 추가공제 : 경로우대(100만원)·장애인(200만원)·부녀자(50만원)· 한부모(100만원)
−	연금보험료공제	
−	특별소득공제	보험료공제(건강·고용·노인장기요양) 주택자금공제 기부금(이월분)
−	그 밖의 소득공제	개인연금저축소득공제 　　　　소기업소상공인공제부금공제 벤처투자조합출자등소득공제　신용카드등사용액소득공제 우리사주조합출연금소득공제　고용유지중소기업근로자소득공제 청년형장기집합투자증권저축소득공제 장기집합투자증권저축소득공제
=	종합소득과세표준	
×	기본세율	6%~45%
=	산출세액	
−	세액공제 및 감면	근로소득세액공제 　　　　　　정치자금세액공제 납세조합세액공제 　　　　　　주택자금차입금이자 세액공제 외국납부세액공제 　　　　　　자녀세액공제 연금계좌세액공제 　　　　　　특별세액공제 월세세액공제 　　　　　　　　고향사랑기부금세액공제 중소기업에 취업하는 자에 대한 소득세 감면 등 외국인기술자에 대한 소득세 감면 중소기업 청년근로자 및 핵심인력성과보상금 수령액에 대한 감면등 성과공유제 중소기업의 경영성과급에 대한 감면 내국인 우수인력의 국내복귀에 대한 감면
=	결정세액	
−	기납부세액	매월 급여에 대해 근로소득 간이세액표에 따라 원천징수한 세액의 연간 합계액
=	차감징수세액	• 결정세액 〉 기납부세액 : 차액을 납부 • 결정세액 〈 기납부세액 : 차액을 환급

1단계 총급여액	연간근로소득 (-) 비과세소득 = 총급여액	• 비과세소득 - 자가운전보조비(월 20만원) - 연구보조비(월 20만원) - 월 20만원 이내 식대 - 업무관련 학자금 - 국외근로소득(월 100만원, 300만원, 500만원) - 6세 이하 자녀 보육수당(월 20만원) 등

2단계 근로소득 금액	총급여액 (-) 근로소득공제 = 근로소득금액	• 근로소득 공제금액(공제한도 : 2,000만원)

총급여액	근로소득 공제금액
500만원 이하	총급여액×70%
1,500만원 이하	350만원 + (총급여액 − 500만원)×40%
4,500만원 이하	750만원 + (총급여액 − 1,500만원)×15%
1억원 이하	1,200만원 + (총급여액 − 4,500만원)×5%
1억원 초과	1,475만원 + (총급여액 − 1억원)×2%

3단계 과세표준	근로소득금액 (-) 각종 소득공제 • 인적공제 • 연금보험료공제 • 특별공제 • 그 밖의 소득공제 = 과세표준	• 인적공제 - 기본공제・추가공제 • 연금보험료 공제 - 공적연금 관련법에 따른 기여금 또는 개인부담금 • 특별공제 및 그 밖의 소득공제

특별공제(2개)	
① 건강・고용보험료	② 주택자금

그 밖의 소득공제(8개)	
① 개인연금저축소득공제	② 소기업・소상공인공제부금
③ 벤처투자조합출자등소득공제	④ 고용유지중소기업근로자소득공제
⑤ 신용카드등 사용액소득공제	⑥ 장기집합투자증권저축소득공제
⑦ 우리사주조합소득공제	⑧ 청년형장기집합투자증권저축소득공제

4단계 산출세액	과세표준 (×) 세 율 = 산출세액	

과세표준 구간	세 율
1,400만원 이하	6%
1,400만원 초과 5,000만원 이하	15%
5,000만원 초과 8,800만원 이하	24%
8,800만원 초과 15,000만원 이하	35%
15,000만원 초과 30,000만원 이하	38%
30,000만원 초과 50,000만원 이하	40%
50,000만원 초과 100,000만원 이하	42%
100,000만원 초과	45%

5단계 납부환급 세 액	산출세액 (-) 세액공제 등 = 납부(환급)할세액	• 세액공제・세액감면 - 중소기업취업자소득세감면・외국인기술자소득세감면・중소기업청년근로자 및 핵심인력성과보상금수령액 감면・성과공유제중소기업경영성과급감면・내국인우수인력국내복귀감면 - 근로소득・납세조합・고향사랑기부금・정치자금 세액공제 등 - 자녀세액공제・연금계좌세액공제・특별세액공제・월세세액공제 • 기납부세액

구 분		공 제 요 건				비 고
		나이요건	소득요건 (100만원 이하)	동거 요건		
				주민등록 동거	일시퇴거 허용	
기본공제	본인	×	×	×		
	배우자	×	○	×		
	직계존속	60세 이상	○	△ (주거형편상 별거 허용)		1964.12.31. 이전
	직계비속, 동거입양자	20세 이하	○	×		2004.01.01. 이후
	장애인 직계비속의 장애인 배우자	×	○	×		
	형제자매	60세 이상 20세 이하	○	○	○	1964.12.31. 이전 2004.01.01. 이후
	국민기초생활보장법에 의한 수급자	×	○	○	○	
	위탁아동	18세 미만	○			보호기간 연장시 20세 미만
추가공제	경로우대	• 기본공제대상자 중 70세 이상인 자				1명당 연 100만원
	장애인	• 기본공제대상자 중 장애인				1명당 연 200만원
	부녀자	• 종합소득금액이 3천만원(근로소득만 있는 경우 총 급여액 41,470,588원) 이하 자 중 다음의 자 ① 배우자가 없는 여성근로자로서 기본공제 대상 부양가족이 있는 세대주 ② 배우자가 있는 여성근로자				연 50만원
	한부모	• 배우자가 없는 자로서 기본공제대상자인 직계 비속 또는 입양자가 있는 경우				연 100만원. 단, 한부모와 부녀 자 중복시 한부모 적용
연금보험료공제		• 공적연금보험료의 근로자 본인 불입분만 공제 가능				전액

구 분		기본공제대상자의 요건☆		근로기간 지출한 비용만 공제	비 고
		나이요건	소득요건		
특별 소득 공제	보험료	근로자 본인 부담분만 공제가능(건강・노인장기요양・고용보험료)			
	주택자금 공제	–	–	○	본인만 가능
그 밖의 소득 공제	개인연금 저축	근로자 본인 불입분만 공제 가능(배우자, 부양가족 불입분 제외)			
	주택마련 저축	세대주인 근로자 본인 불입분만 공제 가능			
	신용카드 등	×	○	○	형제자매 제외
	청년형장기 집합투자 증권저축	근로자 본인 불입분만 공제 가능(배우자, 부양가족 불입분 제외)			
고향사랑기부금 세액공제		근로자 본인 기부한 금액만 공제 가능(배우자, 부양가족 기부금 제외)			
자녀세액공제		○	○	–	기본공제대상자 중 8세 이상 자녀 (입양자, 위탁아동, 손자녀 포함)
연금계좌세액공제		근로자 본인 불입분만 세액공제 가능(배우자, 부양가족 불입분 제외)			
특별 세액 공제	① 보험료	○	○	○	
	② 의료비	×	×	○	
	③ 교육비	×	○	○	직계존속 제외☆☆
	④ 기부금	×	○	×	기본공제대상자 (나이요건 배제)☆☆☆
표준세액공제액		특별소득공제, 특별세액공제, 월세 세액공제를 신청하지 아니한 경우 표준세액공제(13만원) 적용			

☆ 본인은 요건 제한 없음, 배우자와 장애인은 나이 요건을 적용하지 않음.
☆☆ 장애인 특수교육비는 소득요건의 제한을 받지 않으며, 직계존속도 공제 가능
☆☆☆ 정치기부금, 우리사주조합기부금은 본인만 가능

| 특별공제 및 그 밖의 소득공제 요약 |

소득공제		공제항목	공제한도액
보험료		건강보험, 고용보험, 장기요양보험의 본인부담 보험료	전 액
주택자금	㉮ 주택마련저축	총급여 7천만원 이하의 무주택 세대주가 청약저축, 주택청약종합저축 등의 납입액의 40% 공제(연 300만원 한도)	연 400만원 [㉮ + ㉯]
	㉯ 주택임차차입금	무주택 세대의 세대주(세대원 포함)가 국민주택규모의 주택(주거용 오피스텔 포함)을 임차하기 위한 차입금의 원리금상환액의 40% 공제	
	㉰ 장기주택저당차입금	무주택 또는 1주택을 보유한 세대의 세대주(세대원 포함)인 근로자가 기준시가 6억원 이하인 주택을 구입하기 위한 차입금의 이자상환액 공제(무주택 세대주인 근로자의 6억원 이하의 주택분양권 포함)	[Min(㉮ + ㉯, 400만원) + ㉰] 한도: 2,000만원, 1,800만원, 800만원, 600만원
개인연금저축		2000.12.31. 이전 가입	납입액의 40%(72만원 한도)
벤처투자조합출자등 공제		투자금액의 10%, 단, 벤처기업투자시 3천만원 이하 100%, 5천만원 이하 70%, 5천만원 초과 30%	종합소득금액의 50%
신용카드 등 사용액 공제		신용카드 등 사용금액이 총급여액의 25% 초과한 사용액의 15%(현금영수증, 직불카드, 선불카드, 도서공연등사용분 30%, 전통시장사용분·대중교통사용분 40%, 2023년보다 초과사용분 10%) 공제	다음의 공제한도 + Min[전통시장 사용분 + 대중교통이용분 + 도서공연사용분(총급여 7천만원 이하만 적용), 300만원(총급여 7천만원 초과 200만원)] + Min[초과사용분, 100만원]
소기업·소상공인 공제		소기업·소상공인으로서 개인사업자 또는 총급여 7천만원 이하인 법인의 대표자가 공제부금에 납입한 금액	사업소득금액(근로소득금액)이 • 4천만원 이하 : 연 500만원 • 1억원 이하 : 연 300만원 • 1억원 초과 : 연 200만원
우리사주조합출연금		자사주취득을 위해 우리사주조합에 출연한 출연금	연 400만원
고용유지중소기업근로자공제		(직전 과세연도의 해당 근로자 연간 임금총액 - 해당 과세연도의 해당 근로자 연간 임금총액) × 50%	연 1,000만원
청년형장기집합투자증권저축소득공제		직전 과세기간의 총급여 5천만원 이하거나 직전 과세기간의 종합소득금액이 3천8백만원 이하인 19세 이상 34세 이상 청년이 청년	저축계약기간이 3년 이상 5년 이하이고 1인당 연 600만원 이내의 금액

신용카드 등 사용액 공제 하위표:

총급여	공제한도
7천만원 이하	300만원
7천만원 초과	250만원

소득공제	공제항목	공제한도액
	형장기 집합투자증권저축에 가입하고 각 과세기간에 납입한 금액의 40%를 종합소득금액에서 공제	
장기집합투자증권 저축소득공제	장기집합투자증권저축 가입자가 가입 당시 직전 과세기간의 총급여액이 5천만원 이하(해당 과세기간 8천만원 이하)인 근로소득자로서 10년간 납입액(연 600만원 한도)의 40%를 근로소득금액에서 공제	2015.12.31.까지 가입자 중 해당 과세기간의 근로소득금액
소득공제 종합한도	주택자금, 소기업·소상공인 공제부금, 주택마련저축, 우리사주조합 출연금, 신용카드 등, 투자조합출자 등(공제율 30%, 70%, 100% 제외), 장기집합투자증권저축의 공제금액 합계액이 소득공제 종합한도 대상	연 2,500만원 한도

| 소득공제신고서 첨부서류 |

공제항목		첨부서류	발 급 처	비 고
인 적 공 제	부양가족 증명	주민등록표 등본	시·군·구청 또는 읍·면·동주민센터	
		가족관계증명서 (주민등록표로 가족관계 확인 어려운 경우)		
	일시퇴거자	일시퇴거자 동거가족 상황표	본인 작성	
		재학증명서(취학의 경우)	학교	
		요양증명서(요양의 경우)	요양기관	
		재직증명서(재직의 경우)	직장	
		사업자등록증사본(사업상 형편)	본인 보관	
	입양자	입양사실확인서 또는 입양증명서	시·군·구청 또는 입양기관	
	수급자	수급자증명서	읍·면·동주민센터	
	위탁아동	가정위탁보호확인서	시·군·구청	
	장애인 / 장애인복지법	장애인증명서·장애인등록증(복지카드) 사본	읍·면·동주민센터	국세청
	상이자	상이자증명서 사본	국가보훈처	
	그 외	장애인증명서(소득세법 시행규칙 서식)	의료기관	국세청
금융회사 등 차입 주택임차자금 차입금		주택자금상환등증명서	금융회사 등	국세청
		주민등록표 등본	읍·면·동주민센터	
		월세액·거주자간 주택임차자금 차입금 원리금상환액 소득·세액공제 명세서	본인 작성	

공제항목		첨부서류	발 급 처	비 고
주택자금	개인간 차입 주택임차자금 차입금	주택자금상환등증명서	대주(貸主)	
		주민등록표 등본	읍·면·동주민센터	
		임대차계약증서 사본	본인 보관	
		금전소비대차계약서 사본	본인 보관	
		원리금 상환 증명서류(계좌이체영수증 및 무통장입금증 등)	본인 보관	
	장기주택 저당차입금	장기주택저당차입금 이자상환증명서	금융회사 등	국세청
		주민등록표 등본	읍·면·동주민센터	
		개별(공동)주택가격확인서	시·군·구청	
		건물등기부등본 또는 분양계약서 사본	등기소, 본인 보관	
		기존 및 신규차입금의 대출계약서 사본 (대환, 차환, 연장 시)	금융회사 등	
개인연금저축		개인연금저축납입증명서 또는 통장사본	금융회사 등 또는 본인 보관	국세청
소기업·소상공인공제		공제부금납입증명서	중소기업중앙회	국세청
주택마련저축		주택마련저축납입증명서 또는 통장사본	금융회사 등 또는 본인 보관	국세청
벤처투자조합출자 등 공제		출자 등 소득공제신청서	본인 작성	
		출자(투자)확인서	투자조합관리자 등	
신용카드 등 사용액		신용카드 등 소득공제 신청서	본인 작성	
		신용카드 등 소득금액 확인서	카드회사	국세청
우리사주조합출연금		우리사주조합출연금액확인서	우리사주조합	
장기집합투자증권저축		장기집합투자증권저축 납입증명서	금융회사 등	국세청
청년형장기집합투자증권저축		청년형장기집합투자증권저축 납입증명서	금융회사 등	국세청

※ 「비고」란에 「국세청」으로 표시된 항목은 국세청 홈택스(www.hometax.go.kr) 연말정산간소화에서 제공(영수증 발급기관에서 국세청에 자료를 제출하지 않은 경우에는 조회가 불가능하며, 이 경우 영수증 발급기관에서 직접 수집해야 함)

※ 소득·세액공제 항목에 따라 필요한 "주민등록표 등본"은 1장만 제출할 수 있음.

※ 동일한 원천징수의무자에게 제출한 증명서류에 변동이 없는 경우 다음연도부터는 제출하지 아니할 수 있음.

※ 인터넷을 이용한 첨부서류 발급
  • 주민등록표 등본 → 정부포털 정부24(www.gov.kr)
  • 건물등기부등본 → 대법원 인터넷등기소(www.iros.go.kr)
  • 개별(공동)주택가격확인 → 국토교통부 부동산공시가격알리미(www.realtyprice.kr)
  • 가족관계등록부 → 대법원 전자가족관계등록시스템(efamily.scourt.go.kr)

01절

근로소득공제 및 인적공제

1 근로소득공제

비거주자를 포함한 모든 근로소득자의 근로소득에 대응하는 필요경비 입증이 어려워 필요경비 성격으로 다음의 금액을 개산공제하는데 이를 근로소득공제라 한다.

> 근로소득금액 = 총급여액$^{☆}$ − 근로소득공제금액
>
> ☆ 총급여액 = 근로소득 − 분리과세·비과세 근로소득

따라서 근로소득공제는 모든 근로소득자에 대하여 적용하며 공제액은 다음의 산식에 의하여 계산한다. 다만, 공제액이 2천만원을 초과하는 경우에는 2천만원을 공제하며 일용근로자는 일 15만원을 공제한다.(소득법 47)

총급여액(인정상여 포함)	근로소득공제금액
500만원 이하	총급여액 × 70%
500만원 초과 1,500만원 이하	350만원 + (총급여액 − 500만원) × 40%
1,500만원 초과 4,500만원 이하	750만원 + (총급여액 − 1,500만원) × 15%
4,500만원 초과 1억원 이하	1,200만원 + (총급여액 − 4,500만원) × 5%
1억원 초과	1,475만원 + (총급여액 − 1억원) × 2%

☆ 총급여액 362,500,000원 초과시 근로소득공제금액은 2천만원임.

참고

○ 근로소득공제 적용시 주의사항

① 2곳 이상에서 급여를 지급받는 때에는 주된 근무지에서 합하여 한번만 계산하여 공제한다.
② 근로기간이 1년 미만이라 하더라도 근로소득공제는 월할 계산하지 아니한다.
③ 원천징수 제외 대상 근로소득 및 비거주자의 근로소득에도 근로소득공제가 적용된다.
④ 법인세법에 의하여 소득처분 된 인정상여도 근로소득공제 대상 총급여액에 포함된다.
⑤ 일용근로자에 대한 공제액은 1일 15만원으로 한다.
⑥ 총급여액이 근로소득공제액에 미달하는 경우 총급여액을 공제액으로 한다.

•• 적용사례

근로자 백두산 씨가 ㈜백두대간에 '24년 3월 입사하여 '24.12.31.까지 받은 급여는 다음과 같다. 이 경우 백두산 씨의 근로소득공제금액 및 근로소득금액은?

• 월급여 200만원(기본급 100만원)   • 상여금은 기본급의 800%
• 인정상여 500만원   • 자녀학자금 지원금액 80만원
• 실비변상적인 비과세 급여 250만원   • 현물 식사 제공

풀이

근로소득공제 : 1,032만원, 근로소득금액 : 2,348만원
(1) 총급여액 계산 (비과세소득 제외) = (200만원 × 10월) + (100만원 × 800%) + 500만원 + 80만원 = 3,380만원
(2) 근로소득공제 계산 = 750만원 + (3,380만원 − 1,500만원) × 15% = 1,032만원
(3) 근로소득금액 계산 = 3,380만원 − 1,032만원 = 2,348만원

 2 기본공제

1. 기본개념

근로자 본인 및 배우자, 생계를 같이하는 부양가족에 대해 당해 근로자의 생계비용 등을 고려하여 기본공제·추가공제 제도를 두고 있으며 이를 총괄하여 "인적공제"라 한다. 인적공제의 합계액이 종합소득금액을 초과하는 경우 그 초과하는 공제액은 이를 없는 것으로 한다.

또한 인적공제는 과세기간 또는 근로기간 및 부양기간이 1년 미만인 경우에도 월할계산하지 아니한다.

> **참고**
>
> ○ **비거주자의 인적공제 적용 여부**(소득법 122)
> 비거주자의 국내원천소득에 해당하는 근로소득에 대한 세액 계산시 비거주자 본인 외의 자에 대한 인적공제는 적용하지 아니한다.

2. 기본공제 개요

종합소득이 있는 거주자(자연인에 한함)는 다음에 해당하는 기본공제대상자 1명당 연 150만원을 곱한 금액을 공제한다.(소득법 50 ①) 이때 근무월수가 1년 미만인 경우에도 월할계산하지 아니한다.

기본공제 대상자	공 제 요 건			
	나이요건[1]	소득요건[2] (100만원 이하)	동거 요건	
			주민등록 동거	일시퇴거 허용[3]
본인	×	×	×	
배우자[4]	×	○	×	
본인 및 배우자의 직계존속	60세 이상	○	△(주거형편상 별거 허용)[5]	
직계비속, 동거입양자	20세 이하	○	×	
장애인 직계비속의 장애인 배우자	×	○	×	
형제자매	60세 이상 20세 이하	○	○	○
국민기초생활보장법에 의한 수급자	×	○	○	○
위탁아동[6]	18세 미만	○		

[1] 장애인의 경우 나이요건 적용하지 아니하며, 당해 과세기간 중 해당하는 날이 있는 경우 공제대상자로 함.
[2] 해당 과세기간 총급여액 500만원 이하의 근로소득만 있는 배우자 또는 부양가족은 기본공제대상자에 포함한다.
[3] 취학, 질병의 요양, 근무상 또는 사업상의 형편으로 주민등록을 일시적으로 옮긴 경우를 말함.
[4] 배우자는 과세기간 종료일 현재 법률혼관계이어야 함. 따라서 연도 중 이혼 또는 사실혼관계인 경우는 공제대상 아니며 외국에 거주하고 있는 배우자도 공제대상임.

⑤ 직계존속이 주거의 형편에 따라 별거하고 있는 경우란 거주자가 결혼으로 인한 분가 또는 취업 등으로 인하여 직계존속과 주민등록표상 동일한 주소에서 생계를 함께 하고 있지 아니하나 직계존속이 독립된 생계 능력이 없어 당해 거주자가 실제로 부양하고 있는 경우를 말함(법인 46013 - 4265, '99.12.10.)

⑥ 「아동복지법」에 따른 가정위탁을 받아 양육하는 위탁아동으로 해당 과세기간에 6개월 이상 직접 양육한 위탁아동(「아동복지법」 제16조의3 제1항에 따라 보호기간이 연장된 경우로서 20세 이하인 위탁아동 포함). 단, 직전 과세기간에 소득공제를 받지 못한 경우에는 직전 과세기간의 위탁기간 포함하여 계산한다.(소득령 106 ⑨)

1. 기본공제 → 1인당 150만원 공제
  ⊙ 본인 → 무조건 공제
  ⊙ 배우자 → 누가?: 법률상 배우자 →소득금액이 100만원 이하
  ⊙ 부양가족 → 범위 → ① 소득금액이 100만원 이하
    ② 생계를 같이 해야 한다.
    ③ 나이 20세 이하 60세 이상
    ⇒ ①~③요건 모두 충족

2. 부양가족의 범위

3. 기본공제 요건

가. 나이요건

거주자, 배우자 및 부양가족의 나이요건은 만(滿) 나이를 의미하며 다음과 같이 적용한다.

① 나이요건은 과세기간 종료일 또는 과세기간 종료일 이전에 사망한 경우 사망일 전일 기준으로 판단한다.
② 장애인과 국민기초생활보장법에 의한 수급자는 나이요건을 적용하지 아니한다.
③ 나이요건 적용시 해당 과세기간 중에 당해 나이에 해당되는 날이 있는 경우에는 해당 과세기간의 공제대상자로 본다.

예규 ●●●

◉ 「소득세법」 제50조 제1항 제3호 나목에 따른 20세 이하의 의미(법제처 22 - 0472, 2022.09.14.)
  「소득세법」 제50조 제1항 제3호 나목에서 규정하고 있는 "20세 이하"는 20세가 되는 날과 그 이전 기간을 의미한다.

나. 소득금액 요건

배우자 및 부양가족에 적용되는 소득금액 요건은 다음과 같이 적용한다.

---

① 기본공제대상자 개인의 연간 소득금액 합계액이 100만원 이하여야 한다. 다만, 해당 과세기간 총
   급여액 500만원 이하의 근로소득만 있는 배우자 또는 부양가족은 기본공제대상자에 포함한다.
② 연간 소득금액 합계액은 종합소득, 퇴직소득, 양도소득의 소득금액을 합하여 계산한다.
③ 비과세소득이나 분리과세소득만 있는 경우 소득금액☆ 요건을 충족한 것으로 본다.
   ☆ 소득금액 = 소득총액 - 비과세소득 - 분리과세소득 - 필요경비
④ 근로소득이 있는 거주자의 배우자에게 사업소득과 부동산임대소득이 있는 경우 해당 배우자의 연
   간 소득금액의 합계액은 부동산임대소득에서 발생한 해당연도 결손금은 합산하고 사업소득에서
   발생한 이월결손금은 합산하지 않는다.(소득법 집행기준 50 - 0 - 2, 원천 - 254, 2010.03.18.)

기본공제 요건 중 소득금액 계산	과세표준 계산시 반영된 결손금 또는 이월결손금	
	결손금	이월결손금
소득금액 계산시 반영여부	포함 (소득금액이 결손금만큼 감소)	제외 (소득금액에 영향이 없음)

┤ Check Point ├

○ 총급여 500만원 이하의 근로소득과 다음의 소득이 있는 경우 사례별로 배우자 및 부양가족공제대
   상자 여부는? (단, 다른 요건은 모두 충족하는 것으로 가정함)
• 총급여 500만원 이하의 근로소득만 있는 경우 : 공제대상자임.
• 추가로 일용근로소득이 200만원 있는 경우 : 공제대상자임.(일용근로소득은 분리과세소득
  이므로 제외됨)
• 총급여 300만원의 근로소득과 사업소득금액이 50만원 있는 경우 : 공제대상자에서 제외(근
  로소득금액이 900,000원(= 300만원 × (1 - 70%))이며 사업소득금액을 포함하여 소득금액
  이 140만원이 되며 100만원 초과하기 때문에 제외됨.
• 총급여 300만원의 근로소득과 기타소득금액이 300만원 있는 경우 : 공제대상자 여부는 다
  음과 같다.
   ☞ 기타소득을 분리과세 선택하는 경우 : 공제대상자임.(기타소득금액은 분리과세소득이므로 제외)
   ☞ 기타소득을 종합과세 선택하는 경우 : 공제대상자에서 제외(근로소득금액이 900,000원(=300만원
     ×(1 - 70%))이며 기타소득금액을 포함하여 소득금액이 390만원이 되며 100만원 초과하기 때문
     에 제외됨)

소득구분		소득금액 요건
근로소득	근로소득 외의 소득	
○	×	총급여 ≤ 500만원
○	○	소득금액 ≤ 100만원
×	○	

소득종류		소득금액 계산	소득금액 100만원 이하 사례
① 종합소득	근로소득	총급여액(연간근로소득 – 비과세소득) – 근로소득공제	• 총급여액 333만원 – 근로소득공제 233만원 = 100만원 • 해당 과세기간 총급여액 500만원 이하의 근로소득만 있는 배우자 또는 부양가족은 기본공제대상자에 포함한다.
	연금소득	총연금액 – 연금소득공제	• 공적연금 : 총연금액 516만원 – 연금소득공제 416백만원 = 100만원 • 2001년 이전 불입액을 기초로 수령하는 공적연금 등(과세제외 소득) • 사적연금 : 총연금액 1,500만원 이하로서 분리과세로 선택한 경우 종합소득금액에서 제외되어 기본공제 가능
	사업소득	총수입금액 – 필요경비	• 총수입금액에서 필요경비를 차감한 금액이 100만원이 되는 경우 • 2,000만원 이하의 주택임대소득만 있는 경우로서 분리과세 신청한 경우
	기타소득	총수입금액 – 필요경비	• 기타소득금액 300만원 이하로 분리과세를 선택한 경우 종합소득금액에서 제외되어 공제 가능
	이자배당소득	총수입금액	• 이자소득과 배당소득의 합계금액이 2천만원 이하인 경우 분리과세소득으로 종합소득금액에서 제외되어 공제 가능
	소 계	위의 소득금액의 합계액이 종합소득금액이 된다.	• 종합소득금액 100만원(단, 비과세 및 분리과세소득은 제외)
② 퇴직소득		퇴직소득 = 퇴직소득금액	• 비과세소득을 제외한 금액이 100만원인 퇴직금
③ 양도소득		양도가액 – 필요경비 – 장기보유 특별공제	• 필요경비와 장기보유특별공제금액을 차감한 금액이 100만원인 양도소득금액 • 비과세 양도소득 제외(기준법령해석소득 2021 – 42, 2021. 03.30.)
연간 소득금액의 합계액 (① + ② + ③)			• 종합소득·퇴직소득·양도소득이 있는 경우 각 소득금액을 합계한 금액으로 함(법인 46013 – 371, 2001.02. 16.)

┤ **Check Point** ├

○ 기본공제대상자를 판정하는 실무적 방법

기본공제대상자 중 배우자 및 부양가족이 해당 과세기간에 다음의 소득이 있는 경우에는 대부분 공제대상자가 될 수 없다.
① 근로소득이 있는 경우   ② 사업소득이 있는 경우
③ 퇴직소득이 있는 경우   ④ 양도소득세를 납부한 실적이 있는 경우

즉, 위의 소득에 대한 소득금액이 100만원 이하(총급여액 500만원 이하의 근로소득만 있는 자 포함)인 경우도 있지만 거의 대부분은 소득금액이 100만원을 초과하기 때문에 공제대상자가 될 수 없다.

 ··· 적용사례

2024년 발생한 소득금액이 다음과 같은 경우 연간 소득금액 합계액은?
총급여 400만원, 강연으로 인한 기타소득 200만원, 퇴직소득 100만원

종합소득금액 120만원 + 퇴직소득금액 100만원 = 연간 소득금액 합계액 220만원
－ 근로소득금액 120만원 = 400만원 － 280만원(근로소득공제)
－ 기타소득금액 80만원 = 200만원 － 120만원(필요경비)
☞ 분리과세 선택시 종합소득금액에서 제외
－ 퇴직소득금액 : 100만원(퇴직소득 = 퇴직소득금액)
※ 기타소득금액 80만원을 종합과세 선택하는 경우 연간 소득금액 합계액은 300만원이 됨.

2024년 발생한 소득금액이 다음과 같은 경우 연간 소득금액 합계액은?
펀드 투자로 발생한 소득 2,100만원, 사적연금소득 연 1,000만원

◇ 사적연금소득은 1,500만원 이하로 분리과세소득으로 종합소득금액에서 제외 가능하며, 펀드 투자로 발생한 소득은 배당소득으로 2,000만원을 초과하였으므로 종합소득금액에 포함되어 연간 소득금액의 합계액은 2,100만원임.

배우자가 2024년 6월 퇴직하면서 퇴직소득금액 90만원 수령, 2024년 1월부터 6월까지의 총급여액이 500만원인 경우 배우자의 2024년 연간 소득금액 합계액은?

◇ 연간소득금액은 240만원(근로소득금액 150만원 + 퇴직소득금액 90만원)
연간소득금액 합계액은 퇴직소득금액과 근로소득금액의 합계임.
근로소득금액 = 총급여(500만원) － 근로소득공제(500만원 × 70%) = 150만원

예규 ●●●

● 부양가족이 기본공제 대상인지 여부 판단을 위한 소득금액 산정시 비과세 양도소득을 포함하여야 하는지
여부(기준법령해석소득 2021 – 42, 2021.03.30.)

해당 과세기간의 소득금액 합계액이 100만원 이하인지를 판단함에 있어 비과세 양도소득은 제외하는 것임.

다. 생계요건

거주자(그 배우자를 포함)와 생계를 같이하는 부양가족은 주민등록표의 동거가족으로서 해당 거주자의 주소 또는 거소에서 현실적으로 생계를 같이 하는 사람으로 한다.(소득법 53 ①) 그에 대한 구체적인 내용은 다음과 같다.

① 직계비속과 입양자는 주민등록표의 동거가족이 아니어도 그 이유와 상관없이 생계를 같이하는 사람으로 본다.
② 거주자 또는 동거가족(직계비속·입양자 제외)이 취학, 질병의 요양, 근무상 또는 사업상의 형편 등으로 본래의 주소 또는 거소에서 일시 퇴거한 경우에도 생계를 같이 하는 사람으로 본다.
③ 거주자의 부양가족 중 거주자(그 배우자를 포함한다)의 직계존속이 주거 형편에 따라 별거하고 있는 경우에는 생계를 같이 하는 사람으로 본다.
④ 영내에 기거하는 군인은 근무상 형편에 의거 일시퇴거한 자로 본다.(소득법 기본통칙 53 – 114 – 1)

기본공제 대상자의 생계 여부		배우자 · 직계비속	직계존속	형제자매
생계를 같이 하는 경우		공제대상	공제대상	공제대상
별거 또는 퇴거한 경우	취학, 질병의 요양, 근무상 또는 사업상의 형편 등 사유로 별거	공제대상	공제대상	공제대상
	그 외 사유	공제대상	주거형편상 별거만 공제대상	공제불가

- **실제부양하지 않은 손자녀에 대한 조부모의 부양가족 공제 적용 여부**(서면법령해석소득 2015 - 807, 2015. 09.24.)

  주민등록표상 동거가족으로 등재되어 있지 않은 직계비속에 대한 부양가족공제는 당해 근로자가 실제로 부양한 경우에 한하여 적용되는 것임.

- **별도세대를 구성한 직계존속의 기본공제 가능 여부**(원천 - 487, 2009.06.04., 법인 46013 - 1934, 1997. 07.14.)

  기본공제를 적용함에 있어 거주자(그 배우자 포함)의 직계존속은 주거의 형편에 따라 별거하고 있는 경우에도 생계를 같이하는 자로 볼 수 있는 것이므로, 주민등록상 동거 여부에 관계없이 실제로 부양하고 있는 자가 당해 직계존속에 대한 부양가족공제를 받을 수 있는 것임.

- **해외에 거주하는 경우**(서면1팀 - 1360, 2007.10.5.)

  해외에 거주하는 직계존속의 경우는 주거의 형편에 따라 별거한 것으로 볼 수 없으므로 부양가족공제를 받을 수 없는 것임.

- **외국인으로 등록되어 있는 거주자의 직계비속이 기본공제대상인지 여부**(제도 46013 - 509, 2000.11.28.)

  종합소득이 있는 거주자가 종합소득과세표준 계산시 생계를 같이하는 20세 이하 직계비속의 연간 소득금액의 합계액이 100만원 이하인 때에는 소득세법 제50조에 규정된 기본공제를 종합소득금액에서 차감하여 계산하는 것임.

- **주거형편에 따라 별거하는 경우란**(법인 46013 - 4265, 1999.12.10.)

  직계존속이 주거의 형편에 따라 별거하고 있는 경우란 거주자가 결혼으로 인한 분가 또는 취업 등으로 인하여 직계존속과 주민등록표상 동일한 주소에서 생계를 함께 하고 있지 아니하나 직계존속이 독립된 생계능력이 없어 당해 거주자가 실제로 부양하고 있는 경우를 말함.

4. 기본공제대상자별 공제범위

가. 거주자 본인공제

거주자 본인(자연인에 한함)은 나이, 소득금액 및 생계요건과 상관없이 기본적으로 연 150만원을 공제한다.

나. 배우자공제

거주자와 법률혼 관계에 있는 배우자로서 해당 과세기간의 소득금액이 없거나 해당 과세기간의 소득금액 합계액이 100만원 이하인(총급여액 500만원 이하의 근로소득만 있는 배우자를 포함한다) 경우 연 150만원을 공제한다.

● **배우자 범위**(서이 46013 – 12014, 2003.11.24.)

근로소득이 있는 거주자와 법률혼이 아닌 배우자는 공제대상 배우자에 해당하지 아니하는 것임.

● **외국에 이주한 배우자의 공제 여부**(법인 46013 – 48, 1999.01.06.)

자녀의 학업 등을 위하여 근로자의 배우자와 자녀가 외국에 이주한 경우에도 연간소득금액의 합계액이 100만원 이하인 배우자와 20세 이하의 직계비속에 대하여는 기본공제를 받을 수 있는 것임.

● **외국인거주자의 본국에 있는 배우자와 자녀에 대한 소득공제 여부**(법인 46013 – 3295, 1996.11.27., 법인 46013 – 1617, 1995.06.14.)

근로소득이 있는 외국인거주자 본국에 생계를 같이하는 공제대상 배우자와 공제대상 부양가족이 있는 경우에는 당해연도의 소득금액에서 배우자공제 및 부양가족공제를 받을 수 있으며 다만, 소득공제신청시 당해 외국인거주자의 배우자 및 부양가족임을 증명할 수 있는 서류와 소득유무를 증명할 수 있는 서류를 제출함.

> * 증명할 수 있는 서류
> ① 외국법에 의한 호적서류 등 배우자 및 부양가족임을 확인할 수 있는 서류
> ② 외국 관계기관의 소득금액 증명원(배우자 및 부양가족의 소득 증명용)
> ③ 실제 부양하고 있음을 입증할 수 있는 증빙(예: 생활비 송금내역)

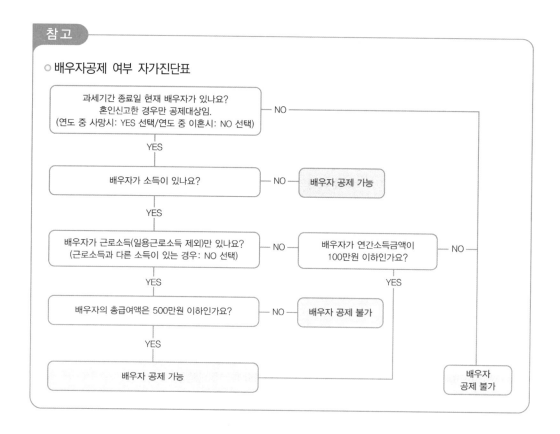

참고

○ 배우자공제 여부 자가진단표

과세기간 종료일 현재 배우자가 있나요?
혼인신고한 경우만 공제대상임.
(연도 중 사망시: YES 선택/연도 중 이혼시: NO 선택) ── NO

YES

배우자가 소득이 있나요? ── NO ── 배우자 공제 가능

YES

배우자가 근로소득(일용근로소득 제외)만 있나요? ── NO ── 배우자가 연간소득금액이 ── NO
(근로소득과 다른 소득이 있는 경우: NO 선택)   100만원 이하인가요?

YES   YES

배우자의 총급여액은 500만원 이하인가요? ── NO ── 배우자 공제 불가

YES

배우자 공제 가능   배우자
                                              공제 불가

다. 부양가족공제

거주자(그 배우자를 포함)와 생계를 같이 하는 다음의 부양가족(장애인의 경우 나이의 제한을 받지 아니한다)으로서 해당 과세기간의 소득금액 합계액이 100만원 이하인(총급여액 500만원 이하의 근로소득만 있는 부양가족을 포함) 경우 1인당 연 150만원을 공제한다.

	거주자와의 관계	나이요건	소득금액 요건
①	거주자의 직계존속	만 60세 이상	연간 소득금액 100만원 이하 (단, 근로소득만 있는 경우에는 총급여액 500만원 이하)
②	배우자의 직계존속		
③	직계비속	만 20세 이하	
④	동거입양자		
⑤	위탁아동	만 18세 미만 (보호기간 연장시 만 20세 이하)	
⑥	본인의 형제자매	만 20세 이하 또는 만 60세 이상	
⑦	배우자의 형제자매		
⑧	국민기초생활보장법상 수급권자	없음	

부양가족공제 대상자의 구체적인 범위는 다음과 같다.

구 분	공제대상자 범위
직계비속	• 자녀, (외)손자녀, (외)증손자녀, 혼인 외의 자로 입적된 자 포함 • 며느리는 공제대상자에서 제외됨 • 직계비속과 그 배우자가 모두 장애인에 해당하는 경우 직계비속의 배우자 포함 • 거주자의 배우자가 재혼한 경우로서 당해 배우자가 종전의 배우자와의 혼인(사실혼을 제외한다) 중에 출산한 자(거주자와 주민등록표상 동거사실이 확인되는 자에 한한다) 포함
동거입양자	• 「민법」 또는 「입양특례법」에 따라 입양한 양자 • 사실상 입양상태에 있는 사람으로서 거주자와 생계를 같이 하는 사람을 말한다. • 동거입양자와 그 배우자가 모두 장애인에 해당하는 경우 동거입양자의 배우자 포함
직계존속	• 부모, (외)조부모, (외)증조부모, 배우자의 직계존속 포함 • 직계존속이 재혼한 때에는 그 배우자로서 직계존속과 혼인(사실혼 제외) 중임이 증명되는 자 포함 • 직계존속이 재혼한 후 직계존속이 사망한 경우에는 해당 직계존속의 사망일 전날을 기준으로 혼인(사실혼 제외) 중에 있었음이 증명되는 사람 포함 • 입양된 경우 양가 또는 생가의 직계존속 포함 • 해외에 이주한 경우는 주거형편상 별거로 보지 아니하므로 공제 대상에서 제외 • 외국인거주자의 직계존속 또는 거주자의 외국인배우자의 직계존속이 해외본국에서 거주하고 있는 경우로서 거주자가 실제 부양하고 있음이 확인되는 경우 공제 대상자에 포함(기획재정부소득 – 84, 2010.02.10.)
형제자매	• 배우자의 형제자매 포함 • 4촌, 6촌 형제자매, 고모, 삼촌, 조카는 제외됨 • 형제자매의 배우자(제수, 형수 등)는 제외됨 • 입양된 경우 친가 또는 양가의 형제자매 포함
위탁아동	• 해당 과세기간에 6개월 이상 직접 양육한 만 18세 미만의 위탁아동(「아동복지법」제16조 제4항에 따라 보호기간이 연장된 경우로서 20세 이하인 위탁아동을 포함한다) • 직전 과세기간에 소득공제를 받지 못한 경우에는 해당 위탁아동에 대한 직전과세기간의 위탁기간 포함하여 계산한다.
수급권자	• 「국민기초생활 보장법」 제2조 제2호의 수급자를 말한다.

○ 기본공제 제외 대상자(예시)

• 이혼한 배우자, 사실혼 관계에 있는 배우자

• 숙부, 고모, 외삼촌, 이모, 조카, 형제자매의 배우자

• 며느리(또는 사위)☆

　☆ 직계비속이 기본공제 대상 장애인이고 그 배우자가 소득금액이 100만원(총급여액 500만원 이하의
　　 근로소득만 있는 자 포함) 이하의 장애인인 경우 해당 직계비속의 장애인 배우자는 공제대상에 해
　　 당됨('08년 귀속부터)

 적용사례

근로자의 부양가족으로 배우자, 자녀 3명(만 20세 자녀 1명과 20세 미만 자녀 2명), 60세 이상
직계존속 2명이 있으며, 근로자 본인 외에는 소득이 없는 경우 기본공제 금액은?

공제대상 가족 수 : 본인, 배우자, 자녀 3명, 직계존속 2명

　☞ 위 근로자의 기본공제 금액은 1,050만원이다. [본인 포함 공제대상가족(7명) × 150만원]

　　 ※ 해당 과세기간 중에 만 20세에 도달하더라도 기본공제 가능

	사　례	공제여부판단
①	결혼식은 안하고 혼인신고만한 경우 (배우자 소득 없음)	12.31.까지 혼인신고한 경우 공제 가능
②	군입대한 아들(만 22세)	영내 기거 군인은 근무상의 형편에 의거 일시퇴거한 자로 보나 나이기준(만 20세) 초과하여 공제 불가능
③	친어머니와 계모(법률혼)를 부양 (모두 소득 없음)	모두 공제 가능
④	부양하던 어머님이 올해 사망 (소득 없음, 나이 65세)	올해 사망한 경우 공제 가능
⑤	이혼한 부부의 자녀	부부가 이혼한 경우 미성년자인 자녀를 실질적으로 부양하고 있으면 이혼한 부 또는 모의 공제대상 부 양가족에 해당(소득 46011 – 1245, 1999.4.2.)
⑥	자녀 학업 등을 위해 외국에 있는 배 우자와 자녀	연간소득금액 1백만원 이하인 배우자와 20세 이하의 직계비속은 기본공제대상에 해당
⑦	가족관계증명서로 확인되지 아니하는 생모	사정을 잘 아는 타인의 증명에 의해 생모임이 확인 되는 경우 공제 가능

○ **주요심판사례**

- 본인 : 여성 근로자로서 수도권 거주(조모와는 주민등록을 같이한 사실이 없음)
- 부모 : 지방에서 조모와 같은 마을에 거주하고 있으며, 과수원 및 대지를 소유하고 있고 종합토지세 및 재산세 납부실적이 있음
- 동생 : 부모와 같은 주소지에 주민등록이 되어 있는 대학생

소득공제 신청현황	결 론	결정 이유
조모에 대한 기본공제	생계를 같이 하는 것으로 볼 수 없어 공제 불가능	• 부모가 경제활동이 있는 것으로 보여지고 부모와 같은 마을에서 거주 • 본인과 사실상 생계를 같이하고 있다고 볼 수 있는 객관적인 증명도 없음 　※ 이런 점을 감안할 때 부모가 청구인의 조모를 부양하고 있다고 보는 것이 합리적임
동생에 대한 교육비 공제		• 부모가 경제활동이 있는 것으로 보여짐 • 부모와 같은 주소지에 주민등록이 되어 있음 • 여동생의 교육비를 부담하였다는 객관적인 증명이 없음
본인에 대한 부녀자공제	부녀자공제대상에 해당하지 않음	• 생계를 같이하는 가족이 없어 부양가족이 있는 여성세대 주가 아님

예규

● **해외 본국거주 외국인 직계존속 등이 기본공제대상자에 해당하는지 여부**(기획재정부소득 – 84, 2010.02.10.)

외국인거주자의 직계존속 또는 거주자의 외국인배우자의 직계존속이 해외본국에서 거주하고 있는 경우로서 거주자가 실제 부양하고 있음이 확인되는 경우에는 기본공제를 적용받을 수 있음.

● **당해연도에 출생하고 사망하여 출생 및 사망신고를 하지 아니한 자녀의 소득공제**(원천 – 251, 2009.03.27.)

당해연도에 출산하여 사망한 자녀에 대해 출생 및 사망신고를 하지 아니한 경우 병원의 기록에 의하여 가족관계 출생 및 사망기록이 확인될 때에는 직계비속에 해당하는 것임.

○ 직계비속의 부양가족 공제여부 자가진단표

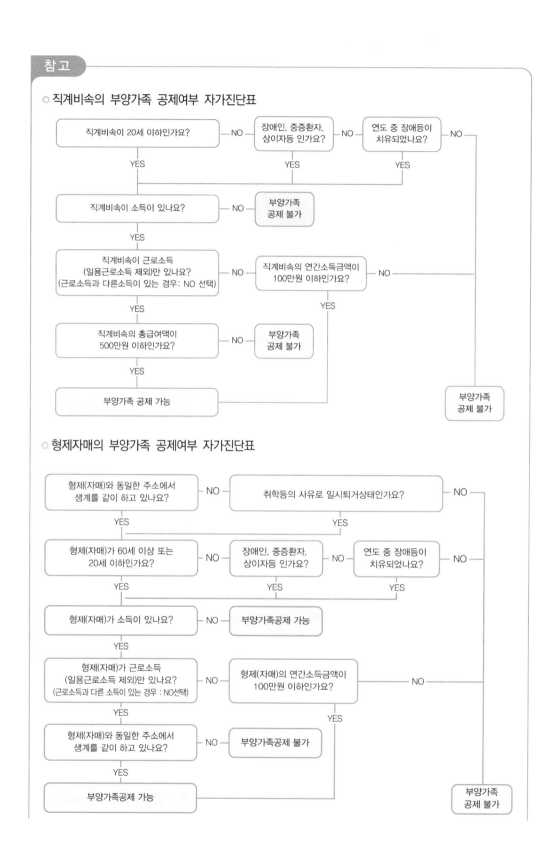

○ 형제자매의 부양가족 공제여부 자가진단표

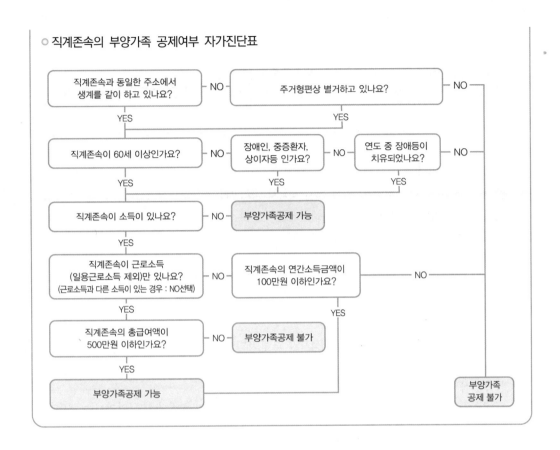

○ 직계존속의 부양가족 공제여부 자가진단표

5. 인적공제대상자 판정기준

가. 원칙

거주자의 인적공제대상자가 동시에 다른 거주자의 인적공제대상 가족에 해당하는 경우에는 과세표준확정신고서, 소득공제신고서 등에 기재된 바에 따라 그 중 1인의 공제대상가족으로 한다.(소득령 106 ①)

나. 중복공제시 적용기준

2 이상의 거주자가 공제대상가족을 서로 자기의 공제대상가족으로 과세표준확정신고서, 소득공제신고서에 기재하거나, 누구의 공제대상가족으로 할 것인지 알 수 없는 경우에는 다음의 순서대로 공제대상가족을 판정한다.

① 배우자 우선
② 직전연도에 부양가족으로 인적공제를 받은 거주자 우선
③ 직전연도에 부양가족으로 인적공제를 받지 않은 경우 해당 연도의 종합소득금액이 가장 많은 거주자 우선

┤ Check Point ├

○ **동일인이 배우자공제와 부양가족공제 동시 적용시 공제방법**

• 장남이 아버지와 어머니 모시고 산다.
• 어머니 연세 60세 이상이고 전업주부이다.
• 아버지 장남 둘 다 근로소득이 있다.
　⇨ 장남의 입장에서 어머니는 부양가족공제 대상이며, 아버지의 입장에서 어머니는 배우자공제 대상일 경우 부양가족공제와 배우자공제 중 적용할 공제는?
　　☞ 둘 중 아무나 한사람이 공제

○ **동일인이 두 소득자의 부양가족공제 대상자일 때 공제방법**

• 형과 동생 전업주부인 어머니 60세 이상 모시고 산다.
• 둘 다 직장인이다.
　⇨ 형의 입장에서 어머니는 부양가족공제 대상이며, 동생의 입장에서도 어머니는 부양가족공제 대상인 경우 누가 부양가족공제를 적용해야 할까?
　　☞ 둘 중 아무나 한사람이 공제

다. 공제대상 판정 시기

(1) 원칙: 과세기간 종료일

공제대상 배우자 · 부양가족 · 장애인 또는 경로우대자에 해당하는지 여부의 판정은 해당 과세기간의 종료일인 12월 31일 현재의 상황에 따른다.(소득법 53 ④)

(2) 예외: 사망 또는 장애가 치유된 경우

공제대상 배우자 · 부양가족 · 장애인 또는 경로우대자 중 과세기간 종료일 전에 사망한 사람 또는 장애가 치유된 사람에 대해서는 사망일 전날 또는 치유일 전날의 상황에 따른다.(소득법 53 ④ 단서)

(3) 나이기준 적용방법

「소득세법」 제50조 제1항 제3호(생계를 같이하는 부양가족) 및 제59조의2(자녀세액공제)에 따라 적용대상 나이가 정해진 경우에는 해당 과세기간 중에 해당 나이에 해당되는 날이 있는 경우에 공제대상자로 본다.(소득법 53 ⑤)

구 분	판정 시기
일반적인 경우	과세기간 종료일(12월 31일)의 상황에 의함
과세기간 종료일 전에 사망 또는 장애가 치유된 경우	사망일 전일 또는 치유일 전일의 상황에 의함
나이기준 적용방법	적용대상 나이가 정해진 경우에는 해당 과세기간 중에 해당 나이에 해당되는 날이 있는 경우에 공제대상자로 본다.

 **적용사례**

2024.1.1. 연세 90인 할아버지 사망시 할아버지를 2024년 기본공제대상자에 해당하는지 여부?

풀이

사망일 전일 → 2023.12.31. 기준으로 2024년 소득금액 0, 직계존속은 생계(0), 나이 60세 이상 → 당연히 공제대상

예규

● 소득법 §50 및 같은 법 §51을 적용함에 있어 1월 1일 사망한 부양가족에 대하여 해당 과세기간에 공제를 적용할 수 있는지 여부(서면법령해석소득 2021-1643, 2021.10.15., 기준법령해석소득 2021-162, 2021.10.15.)

공제대상 배우자, 공제대상 부양가족, 공제대상 장애인 또는 공제대상 경로우대자에 해당하는지 여부의 판정시, 과세기간 종료일 전(1월 1일을 포함)에 사망한 사람 또는 장애가 치유된 사람에 대해서는 사망일 전날 또는 치유일 전날의 상황에 따르는 것임.

라. 사망 또는 출국한 거주자의 공제대상가족

해당 과세기간의 중도에 사망하였거나 외국에서 영주하기 위하여 출국한 거주자의 공제대상가족으로서 상속인 등 다른 거주자의 공제대상가족에 해당하는 사람에 대해서는 피상속인 또는 출국한 거주자의 공제대상가족으로 한다.(소득령 106 ③)

단, 피상속인 또는 출국한 거주자에 대한 인적공제액이 소득금액을 초과하는 경우에는

그 초과하는 부분은 상속인 또는 다른 거주자의 해당 과세기간의 소득금액에서 공제할 수 있다.(소득령 106 ④)

●●● **적용사례**

근로자가 2024.12.21. 결혼한 경우 배우자공제 가능 여부?

풀이

배우자에 대한 기본공제를 할 수 있음.
⇨ 배우자공제 등 인적공제는 해당 과세기간의 과세기간 종료일인 2024.12.31. 현재의 상황에 의하므로 혼인신고를 2024.12.31. 현재 한 경우 결혼한 배우자(사실혼 제외)에 대해서는 배우자공제를 할 수 있으나 2025.1.1. 이후 혼인신고를 한 경우에는 2024.12.31. 현재 법률상 배우자는 없으므로 2024년도 배우자공제는 적용할 수 없다.
☆ 2024.9.2. 국회 기획재정위원회에 제안된 「2024년 세법 개정안」에 의할 경우 2024년에 혼인신고를 하였다면 결혼세액공제(50만원)를 적용받을 수 있을 예정이므로 2024년 12월 정기국회에서 세법개정내용 반드시 확인이 필요함.

근로자가 기본공제대상자인 장인(81세), 장모(76세)를 부양하고 있으며 2024.10.30. 장인이 사망한 경우 장인에 대한 기본공제와 추가공제금액은?

풀이

250만원 공제(기본공제 150만원, 경로우대자 추가공제 100만원)
〈이유〉 연도 중 사망한 경우 사망일 전일(2024.10.29.) 상황에 의해 공제대상 여부를 판단
⇨ 배우자의 직계존속도 생계를 같이하는 부양가족에 해당되면 기본공제와 추가공제를 받을 수 있음.

마. 인적공제 한도 등

인적공제의 합계액이 종합소득금액(근로소득의 경우 총급여액에서 근로소득공제를 차감한 금액)을 초과하는 경우 그 초과하는 공제액은 없는 것으로 한다.

과세기간 및 부양기간이 1년 미만인 경우 「소득세법」 제50조(기본공제) 내지 제51조(추가공제)에서 규정하는 인적공제는 월할 계산하지 아니하고 전액 공제한다.

3 추가공제

1. 추가공제의 요약

거주자의 기본공제대상자가 다음에 해당하는 경우 다음의 금액을 거주자의 종합소득금액에서 추가로 공제한다.(소득법 51) 이때 근무 월수가 1년 미만인 경우에도 월할 계산을 하지 아니한다.

추가공제항목	공제요건	공제금액
① 경로우대자공제	기본공제대상자가 만 70세 이상	1명당 연 100만원
② 장애인공제	기본공제대상자가 장애인	1명당 연 200만원
③ 부녀자공제	종합소득금액이 3천만원(근로소득만 있는 경우 총급여액 41,470,588원) 이하인 다음의 어느 하나에 해당하는 거주자 • 배우자가 있는 여성 거주자 • 배우자가 없는 여성 거주자가 기본공제대상 부양가족이 있는 세대주	연 50만원
④ 한부모소득공제	해당 거주가가 배우자가 없는 사람으로서 기본공제대상자인 직계비속 또는 입양자가 있는 경우	연 100만원

※ ③과 ④에 모두 해당되는 경우에는 ④를 적용한다.

> **참고**
>
> ○ **비거주자의 인적공제 적용 여부**(소득법 122)
> 비거주자의 국내원천소득에 해당하는 근로소득에 대한 세액 계산시 비거주자 본인 외의 자에 대한 인적공제는 적용하지 아니한다.

2. 경로우대자공제

기본공제대상자 중 만 70세 이상인 사람이 있는 경우 1명당 연 100만원을 추가로 공제한다. 이 경우 경로우대자의 수에는 제한이 없고 본인도 만 70세 이상인 경우 적용이 가능하다.

3. 장애인공제

기본공제대상자 중 장애인이 있는 경우 1명당 연 200만원을 공제하며 장애인의 범위와 제출서류는 다음과 같다.

---

① 「장애인복지법」에 의한 장애인 및 「장애아동복지지원법」에 따른 장애아동 중 「장애아동복지지원법」 제21조 제1항에 따른 발달재활서비스를 지원받고 있는 사람 ⇨ 장애인등록증(수첩·복지카드)사본, 장애인증명서 제출

② 「국가유공자 등 예우 및 지원에 관한 법률」에 의한 상이자 및 이와 유사한 사람으로서 근로능력이 없는 자 ⇨ 국가보훈처에서 발급한 상이자증명서

③ 항시 치료를 요하는 중증환자로 취학·취업이 곤란한 상태에 있는 자 ⇨ 의료기관에서 발급한 장애인증명서 제출

☆ 국민건강보험공단이 발급하는 중증진료 등록확인증은 세법상 항시 치료를 요하는 중증환자의 장애인공제 증명서류로 적합하지 않음 ⇨ '항시 치료를 요하는 중증환자'에 해당하여 세법상 장애인공제를 받고자 할 때에는 소득세법 시행규칙에 따른 장애인증명서(별지 제38호 서식)를 제출

> **참고**
>
> ○ **상이자와 유사한 사람의 범위**(소득법 기본통칙 51 – 107 – 1)
>
> 상이자와 유사한 사람이란 「국가유공자 등 예우 및 지원에 관한 법률 시행령」 별표3에 규정된 상이등급 구분표에 게기하는 상이자와 같은 정도의 신체장애가 있는 자를 말한다.
>
> ○ **항시 치료를 요하는 중증환자의 범위**(소득법 기본통칙 51 – 107 – 2)
>
> 항시 치료를 요하는 중증환자라 함은 지병에 의해 평상시 치료를 요하고 취학·취업이 곤란한 상태에 있는 자를 말한다.
>
> ○ **항시 치료를 요하는 중증환자의 장애인증명서**
>
> ① 소득세법에서 정한 「장애인증명서」는 장애인복지법에 의한 「장애인등록증」과는 구별되며, 장애인복지법에 의한 「장애인등록증」을 발급받은 경우에 별도 「장애인증명서」는 필요하지 않음.
>
> ② 국민건강보험공단이 발급하는 중증진료 등록확인증은 세법상 항시 치료를 요하는 중증환자의 장애인공제 증명서류로 적합하지 않음 ⇨ '항시 치료를 요하는 중증환자'에 해당하여 세법상 장애인공제를 받고자 할 때에는 소득세법 시행규칙에 따른 장애인증명서(별지 제38호 서식)를 제출해야 함.
>
> ③ 장애상태가 1년 이상 지속될 것으로 예상될 경우 그 장애기간이 기재된 장애인증명서 등을 이미 제출한 때에는 그 장애기간 동안은 다시 제출하지 아니한다. 다만, 그 장애기간 중 사용자를 달리하게 된 때에는 장애인증명서를 제출하여야 하며, 이 경우 전 원천징수의무자로부터 이미 제출한 장애인증명서를 반환받아 이를 제출할 수 있음.

● **발달재활서비스 이용확인서로 세법상 장애인증명서 대체 가능 여부**(서면원천 2023 - 661, 2023.03.29.)

「장애아동 복지지원법」 제21조 제1항에 따른 발달재활서비스를 지원받고 있는 아동이 장애인공제를 적용받기 위해서는 장애인증명서를 발급받아야 함.

● **항시 치료를 요하는 중증환자의 입증서류**(서면1팀 - 848, 2007.06.20., 서면1팀 - 490, 2007.04.16.)

"항시 치료를 요하는 중증환자"라 함은 지병에 의해 평상시 치료를 요하고 취학 · 취업이 곤란한 상태에 있는 자를 말하는 것이며, 의사 등으로부터 "장애인증명서"를 교부받아 제출함으로써 그 입증을 하는 것임.

● **장애인증명서 [별지 제38호 서식] 작성방법**(서일 46011 - 10490, 2003.04.18.)

「소득세법 시행규칙」 제101조 규정에 의한 장애인증명서[별지 제38호 서식] ① ~ ⑥ 사항은 소득자의 해당사항을 기재하는 것이며, 이 장애인증명서를 의료기관에서 발급받는 때에는 담당의사나 진단이 가능한 의사를 경유하여야 하고 발행자란의 기재는 의료기관명과 직인 및 경유한 의사가 서명 또는 날인을 하여야 함.

● **고엽제후유증환자의 소득세법상 장애인 추가공제 해당 여부**(소득 46011 - 2812, 1997.11.01.)

종합소득금액이 있는 거주자의 기본공제대상자가 고엽제후유의증환자로 판정된 때에는 장애인에 해당되는 것임.

또한 장애인공제는 연도 중에 장애가 치유된 경우에도 치유일 전일 상황에 의하여 해당 연도에 공제한다.

●● 적용사례

근로자의 자녀(만 23세)가 소득세법에서 인정되는 장애인으로 소득이 없는 경우 해당 자녀에 대한 기본공제 및 추가공제금액은?

기본공제 150만원, 추가공제 200만원
☞ 자녀가 연간 소득금액의 합계액 100만원(근로소득만 있는 자는 총급여 500만원) 이하이고, 소득세법에서 인정하는 장애인에 해당하는 경우 나이에 관계없이 기본공제 150만원과 추가공제 200만원을 공제할 수 있음.

■ 소득세법 시행규칙 [별지 제38호 서식] (2020. 3. 13. 개정)

장 애 인 증 명 서

1. 증명서 발급기관

① 상 호		② 사업자등록번호				–			–			
③ 대표자(성명)												
④ 소 재 지												

2. 소득자 (또는 증명서 발급 요구자)

⑤ 성 명		⑥ 주민등록번호						–				
⑦ 주 소												

3. 장 애 인

⑧ 성 명		⑨ 주민등록번호						–				
⑩ 소득자와의 관계	의	⑪ 장애예상기간 (또는 장애기간)	[ ] 영구 (. . .부터) [ ] 비영구(. . .부터 . . .까지)									
⑫ 장애내용	제 호	⑬ 용 도	소득공제 신청용									

위 사람은 「소득세법」 제51조 제1항 제2호 및 같은 법 시행령 제107조 제1항에 따른 장애인에 해당함(또는 소득공제 받으려는 과세기간 중에 장애인이었으나 치유가 되었음)을 증명합니다.

년 월 일

진 료 자   (서명 또는 인)
발 행 자   (서명 또는 인)

귀 하

작 성 방 법

⑪ 장애예상기간(또는 장애기간)란을 작성할 때 비영구적 장애로서 장애예상기간을 예측하기 어려운 경우에는 소득공제를 받으려는 과세기간의 말일을 장애예상기간의 종료일로 적습니다.

⑫ 장애내용란에는 다음의 해당 번호를 적습니다.
  1. 「장애인복지법」에 따른 장애인 및 「장애아동 복지지원법」에 따른 장애아동 중 발달재활서비스를 지원받고 있는 사람: 1
  2. 「국가유공자 등 예우 및 지원에 관한 법률」에 따른 상이자 및 이와 유사한 자로서 근로능력이 없는 자: 2
  3. 그 밖에 항시 치료를 요하는 중증환자: 3

210mm×297mm[백상지80g/㎡ 또는 중질지80g/㎡]

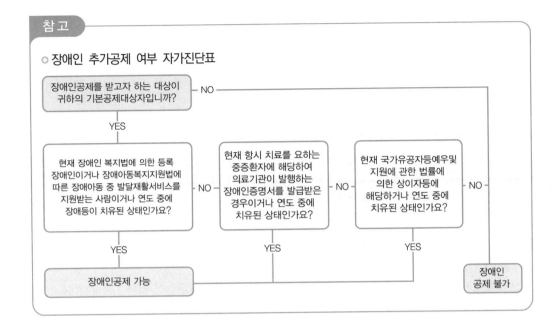

4. 부녀자공제

해당 거주자 본인이 여성으로 해당 과세기간에 종합소득과세표준을 계산할 때 합산하는 종합소득금액이 3천만원(근로소득만 있는 경우 총급여액 41,470,588원) 이하로서 다음에 해당하는 경우 연 50만원을 추가로 공제한다.

① 배우자가 없는 여성으로서 기본공제대상자에 해당하는 부양가족이 있는 세대주
② 배우자가 있는 여성인 경우

부녀자공제 적용의 구체적인 사례는 다음과 같다.(소득법 집행기준 51 -0 -1)

㉠ 부녀자공제가 가능한 경우(종합소득금액이 3천만원 이하인 거주자로 한정)
  • 배우자가 있는 여성인 경우. 이 경우 배우자의 소득유무에 불구하고 추가공제대상이 된다.
  • 미혼여성으로 세대주이면서 기본공제대상자에 해당하는 부양가족이 있는 경우
  • 이혼 또는 사별한 여성으로서 세대주이면서 기본공제대상자에 해당하는 부양가족이 있는 경우
㉡ 부녀자공제가 불가능한 경우
  • 미혼여성으로 기본공제대상자에 해당하는 부양가족이 있으나 세대주가 아닌 경우
  • 배우자가 없는 여성으로서 기본공제대상자인 부양가족이 없는 경우

이 경우 배우자의 유무 및 부양가족이 있는 세대주인지의 여부는 당해 과세기간 종료일 현재의 주민등록표 등본 또는 가족관계등록부 증명서에 의한다.(소득령 108)

예규 ●●●

● **미혼 여성 근로자의 부녀자공제 적용 시 공제 요건**(원천 – 419, 2010.05.20.)

부녀자공제는 배우자가 있는 여성 근로소득자이거나, 배우자가 없는 여성 근로소득자로서 기본공제 대상이 되는 부양가족이 있는 세대주에 한해 적용되며 이 경우 배우자의 유무 및 부양가족이 있는 세대주인지의 여부는 당해 과세기간 종료일 현재의 주민등록표 등본 또는 가족관계등록부 증명서에 의함.

● **배우자가 없는 여성세대주로 기본공제대상이 되는 부양가족이 있는 경우 부녀자추가공제 대상에 해당함**
(서면1팀 – 1159, 2004.08.20.)

당해 거주자가 배우자가 없는 여성 세대주로서 소득세법 제50조의 규정에 의한 기본공제대상이 되는 부양가족이 있는 경우에는 같은 법 제51조 제1항 제3호의 추가공제대상에 해당하는 것이며, 이 때 생계를 같이하는 부양가족의 범위와 그 판정시기는 같은 법 제53조의 규정에 의하는 것임.

● **부녀자공제 해당 여부**(서면1팀 – 887, 2004.07.01.)

부양가족이란 「소득세법」 제50조의 규정에 의한 기본공제대상이 되는 부양가족을 의미하는 것으로, 당해 거주자가 배우자가 없는 여성으로서 「소득세법」 제53조의 생계를 같이하는 부양가족이 있는 세대주는 동법 제51조 제1항 제3호의 추가공제 대상에 해당하는 것임. 다만, 주민등록표상 세대주의 요건을 충족하지 못한 경우에는 공제대상에 해당하지 아니하는 것임.

─┤ Check Point ├─

○ 연말정산 때 소득공제 및 세액공제 적용요건 중 세대주 요건이 있는 소득공제 및 세액공제는 다음과 같다.

① 배우자가 없는 경우 적용되는 부녀자공제
② 주택임차자금 차입금 원리금상환액 공제(세대주가 공제를 받지 아니하는 경우 세대의 구성원이 적용가능)
③ 주택청약종합저축소득공제
④ 장기주택저당차입금이자상환액공제(세대주가 공제를 받지 아니하는 경우 세대의 구성원이 실제 거주하는 경우 적용가능)
⑤ 월세 세액공제(세대주가 주택자금공제를 적용받지 아니한 경우 세대의 세대원이 경우 적용가능)

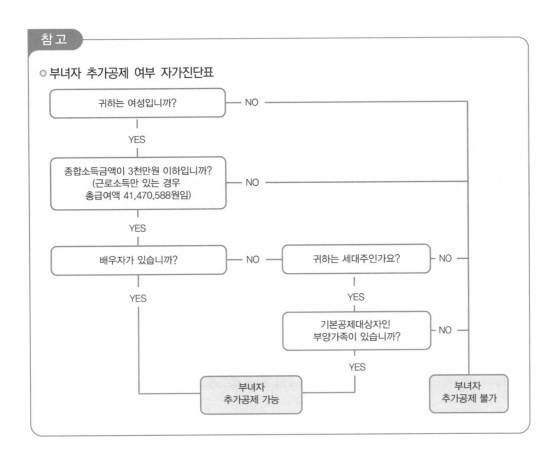

참고

○ 부녀자 추가공제 여부 자가진단표

5. 한부모소득공제

해당 거주자가 배우자가 없는 사람으로서 기본공제대상자인 직계비속 또는 입양자가 있는 경우 연 100만원을 추가로 공제하며 다음과 같이 적용한다.

① 거주자가 여성으로서 부녀자공제와 한부모소득공제에 모두 해당되는 경우에는 한부모소득공제를 적용한다.
② 해당 과세기간에 배우자가 사망한 경우로서 연말정산 때 기본공제대상자로 배우자를 기본공제 신청한 경우에는 한부모 추가공제를 적용받을 수 없다.[8]
③ 한부모소득공제 적용 대상 기본공제대상자 중 위탁아동은 적용되지 아니한다.

---

8) 국세청, 2021 원천징수의무자를 위한 연말정산신고안내, 2021.12. p.109. 참조

○ 배우자(남편)와 별거 중이며, 주민등록상 남편이 자녀와 거주하면서 부양하고 있는 경우 한부모 공제 여부

안된다. 한부모 공제는 배우자가 없는 근로자로서 기본공제대상자인 직계비속 또는 입양자가 있는 경우에 적용하므로, 배우자와 별거 중이더라도 법률상 혼인 관계를 유지하고 있다면 한부모 공제를 받을 수 없다.

○ 아들이 사망하여 할아버지가 손자에 대해 기본공제를 적용받고 있는 경우 한부모 공제 여부

할아버지가 손자에 대해 기본공제를 적용받는 경우로서 할머니(배우자) 없이 홀로 손자를 부양하고 있는 경우라면 한부모 공제를 적용받을 수 있다. 이 경우 할아버지가 손자에 대하여 한부모 공제는 적용 가능하나 자녀세액공제는 적용받을 수 없다.

○ 한부모 추가공제 여부 자가진단표

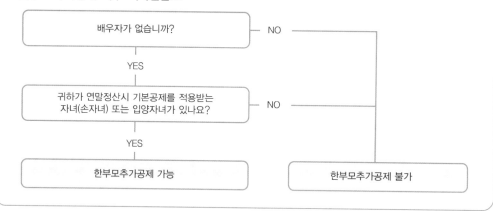

 적용사례

근로자가 부양하고 있는 소득이 없는 아버지가 60세 미만이고 장애인인 경우 아버지에 대한 기본공제 및 추가공제 금액은?

장애인은 소득요건(연간 소득금액 100만원 이하)만 충족하면 나이에 관계없이 인적공제가 가능하며 기본공제(1인당 150만원)와 추가공제(장애인 200만원)를 적용받을 수 있다.
☞ 위 근로자의 기본공제 금액은 150만원, 추가공제 금액은 200만원이다.

단독세대주로 71세인 장애가 있는 여성근로자(총급여 3,000만원 이하)의 경우 기본공제 및 추가공제 금액은?

기본공제 150만원, 추가공제 300만원
☞ 기본공제는 본인공제 150만원이며, 추가공제는 경로우대공제(70세 이상) 100만원과 장애인공제 200만원이 적용된다. 추가공제 중 부녀자공제는 기본공제대상 부양가족이 없

으므로 적용 불가능함.

기본공제대상자 본인, 배우자, 만 18세 장남, 만 60세 부친
☞ 위 근로자의 기본공제 대상자는 4명이다. [본인 포함 공제대상가족(4명)×150만원]
　※ 소득요건 검토 : 해당 과세기간의 소득금액 100만원 초과 사례

□ (근로소득) 근로소득만 있는 자는 총급여(비과세소득 제외) 5백만원, 다른 소득이 있는 근로자로서 총급여(비과세소득 제외) 3,333,334원 초과한 부양가족은 기본공제 불가능
　○ 총급여 333만원 − 근로소득공제 233만원 = 근로소득금액 100만원

□ (사업소득) 사업소득금액 100만원 초과한 부양가족은 기본공제 불가능
　○ 총수입금액 1,000만원 − 필요경비 900만원 = 사업소득금액 100만원

□ (기타소득) 기타소득금액 300만원 초과한 부양가족은 종합소득세 신고대상이며 기본공제 불가능
　○ 총수입금액 1,500만원 − 필요경비 1,200만원 = 기타소득금액 300만원
　　※ 기타소득금액 300만원 이하인 사람은 종합소득 신고 여부를 선택할 수 있으며, 이 경우 종합소득 신고하지 않은 부양가족은 기본공제받을 수 있음(나이 등 다른 요건 충족 필요)

□ (연금소득) 공적연금소득의 총연금액(비과세소득 제외)이 연 5,166,666원(연금소득금액 100만원) 초과하거나, 사적연금소득(연금저축・퇴직연금 등)의 총연금액이 연 1,500만원 초과(종합소득 합산신고대상)한 부양가족은 기본공제 불가능
　※ 공적연금소득의 경우 2001년 12월 31일 이전 불입분은 비과세

□ (금융소득) 이자・배당소득이 2,000만원을 초과하여 종합소득 과세표준 확정신고 대상자인 부양가족은 기본공제 불가능
　※ 금융기관의 이자소득세 원천징수 등으로 과세절차가 종료되는 2,000만원 이하 금융소득자로서 종합소득 신고대상이 아닌 부양가족은 기본공제를 받을 수 있음(나이 등 다른 요건 충족 필요)

□ (양도소득) 양도소득금액 100만원 초과한 부양가족은 기본공제 불가능
　○ 양도차익(= 양도가액 − 취득가액 − 필요경비)
　200만원 − 장기보유특별공제 100만원 = 양도소득금액 100만원(양도소득기본공제 연 250만원 차감 전 금액)

□ (퇴직소득) 퇴직소득금액 100만원 초과한 부양가족은 기본공제 불가능
　○ 퇴직급여액(비과세소득 제외) 100만원 = 퇴직소득금액 100만원
　　※ 공적연금 관련법(국민연금, 공무원연금 등)에 따라 일시금으로 수령 시 퇴직소득에 해당함

사 례		공제여부판단
①	부녀자공제	부녀자공제 시 부양가족이라 함은 당해 여성근로자와 생계를 같이하면서 나이요건 및 소득요건을 모두 충족하여 기본공제를 받는 부양가족을 말함
②	경로우대자인 직계존속이 올해 사망한 경우	올해 사망한 경우 사망일 전일의 상황에 따르므로 기본공제 및 추가공제 가능
③	암환자의 장애인공제 해당 여부	암환자 모두가 장애인공제 대상은 아니며, 지병에 의해 평상시 치료를 요하고 취학·취업이 곤란하여 의료기관에서「소득세법에서 정한 장애인증명서」를 발급받아 제출하는 경우에 공제 가능
④	본인의 경로우대공제 여부	거주자 본인이 경로우대자에 해당하는 경우 본인에 대해서도 경로우대공제 가능
⑤	경로우대 및 장애인공제 중복 여부	기본공제대상자 1인이 경로우대자이면서 장애인인 경우 각각 중복하여 공제가능
⑥	사망한 배우자가 있는 경우	세대주인 배우자가 없는 여성의 기본공제대상 부양가족이 연도 중 사망한 경우 사망일 전일 기준으로 하여 부녀자공제 적용하는 것임
⑦	세대주가 아닌 여성	주민등록표상 세대주가 아닌 미혼여성은 부녀자공제 적용대상이 아님
⑧	세대주인 미혼 여성	세대주인 미혼여성이 별도 세대를 구성하고 있는 부모를 실질적으로 부양하고 있는 경우 부녀자공제를 받을 수 있는 것임

참고

○ 부양가족인 장애인(소득 없음)의 소득·세액공제 적용 여부

공제항목		소득·세액공제	비 고
기본공제		연 150만원	나이제한 없음
장애인공제		연 200만원	장애인공제 적용
한부모소득공제		연 100만원	기본공제대상자인 직계비속 또는 입양자의 경우 장애인은 20세 초과자도 적용가능함
자녀세액공제		1명 15만원, 2명 35만원 2명 초과 1명당 30만원	기본공제대상자인 장애인 자녀는 20세 초과자도 적용
특별세액공제	보험료	납입액(연 100만원 한도)의 15%	장애인전용보장성 보험가입시
	교육비	지출액의 15%	교육비 중 장애인특수교육비는 전액 공제대상
	의료비	공제대상금액의 15%	총급여 3% 초과 의료비 중 장애인의료비는 전액 공제대상

02절

연금보험료공제 및 특별소득공제

1 | 연금보험료공제

1. 연금보험료공제

종합소득이 있는 거주자가 공적연금 관련법에 따른 기여금☆ 또는 개인부담금을 납입한 경우 해당 과세기간의 종합소득금액에서 그 과세기간에 납입한 연금보험료를 공제한다. (소득법 51의3 ①)

☆ 공적연금 관련법에 따른 기여금 또는 부담금은 다음과 같다.(소득법 집행기준 20의3 - 0 - 1)
  ① 「국민연금법」에 따라 본인이 부담하는 연금보험료(사용자부담금은 제외)
  ② 「공무원연금법」·「군인연금법」·「사립학교교직원연금법」 또는 「별정우체국법」 및 「국민연금과 직역연금의 연계에 관한 법률」에 따라 근로자 본인이 부담하는 기여금 또는 부담금

종합소득이 있는 거주자가 지역가입자로서 당해연도에 납부한 국민연금보험료 전액을 종합소득금액에서 공제 가능하다.(소득법 집행기준 51의3 - 0 - 1, 서이 46013 - 10340, 2003.02.17.)

연금보험료 명의자 구분	연금보험료 공제 적용 여부
거주자 본인명의로 불입한 금액	공제(○)
배우자 또는 부양가족 명의로 불입한 금액	공제(×)

2. 연금보험료 공제순서

다음에 해당하는 공제를 모두 합한 금액이 종합소득금액을 초과하는 경우 그 초과하는 금액을 한도로 연금보험료공제를 받지 아니한 것으로 본다.(소득법 51의3 ③)

① 「소득세법」 제51조 제3항에 따른 인적공제
② 「소득세법」 제51조의3 제2항에 따른 연금보험료공제
③ 「소득세법」 제51조의4에 따른 주택담보노후연금 이자비용공제

④「소득세법」제52조에 따른 특별소득공제
⑤「조세특례제한법」에 따른 소득공제

	사 례	공제여부판단
①	부양가족의 국민연금보험료	• 근로자 본인의 부담금만 공제 가능 • 배우자, 부양가족 명의의 불입금은 근로자 본인이 공제 불가능
②	추가 납부한 연금보험료	• 연금보험료 납부의 예외 규정에 따라 국민연금보험료를 납부하지 않던 자가 연금보험료의 추가 납부규정에 따라 추가 납부하는 보험료는 납부한 연도에 소득공제 가능 (서면1팀 – 1418, 2007.10.15.)
③	근로소득자가 지역가입자로서 납부한 국민연금보험료	• 국민연금법의 규정에 따라 지역가입자로서 당해연도에 납부한 국민연금보험료 전액을 근로소득금액에서 공제 가능(소득법 집행기준 51의3 – 0 – 1)
④	두루누리 지원금	• 고용노동부 두루누리 사회보험 사업과 관련하여 근로자 부담할 보험료를 국민연금법 또는 고용보험법에 따라 국가가 지원하는 경우 해당 지원금은 소득세 과세대상에 해당되지 아니하는 것이며 해당 지원금은 특별공제를 적용받을 수 없는 것임.(서면법규 – 1491, 2012.12.14.)

예규

● 공적연금 연계신청 시 퇴직급여를 반납하는 경우 반납금 등의 연금보험료 공제대상 해당 여부(사전법령해석소득 2019 – 60, 2019.02.15., 사전법령해석소득 2018 – 45, 2018.04.06.)

「국민연금과 직역연금의 연계에 관한 법률」제8조에 따라「공무원연금법」에 따른 퇴직급여를 반납하는 반납금 및 이자는 연금보험료 공제대상에 해당되지 않는 것임.

● 공무원연금법에 따라 반납하는 반납금의 소득공제 가능 여부(서면1팀 – 1119, 2007.08.10.)

퇴직한 공무원이 공무원으로 재임용되어「공무원연금법」제24조 제2항의 규정에 따라 공무원연금관리공단에 반납하여야 하는 반납금(퇴직당시에 수령한 퇴직급여액과 이자)은 연금보험료 공제대상에 해당하지 아니하는 것임.

● 「국민연금법」에 의한 추납보험료의 연금보험료공제 여부(서면1팀 – 1338, 2006.09.25.)

종합소득이 있는 거주자가 사업의 중단이나 실직 등으로 인하여「국민연금법」제77조의2의 제1항의 규정에 의하여 납부하지 아니한 2001.1.1. 이후 분의 국민연금보험료를 같은 법 제77조의3의 규정에 의하여 추후 납부하는 경우 당해 추납보험료는 연금보험료로서 이를 납부한 연도의 종합소득금액에서 전액(2001년 분은 100분의 50)공제하는 것임.

● **국민연금보험료 소득공제의 기준**(서이 46013 – 10459, 2003.03.10.)

사업장가입자의 경우 사업장의 사용자가 원천징수의무자 및 연금보험료 납부의무자로서 매월 근로자에게 지급하는 임금에서 연금보험료 등을 원천공제하고 연말정산하게 되므로 사업장가입자의 연금보험료 소득공제는 근로자 임금에서 원천공제 여부를 기준으로 판단하여야 할 것임.

2 특별소득공제

소득공제		공제항목	공제한도액
보험료		건강보험, 고용보험, 장기요양보험의 본인부담 보험료	전 액
주택자금	㉮ 주택마련저축	총급여 7천만원 이하의 무주택 세대주가 청약저축, 주택청약종합저축 등의 납입액의 40% 공제(연 300만원 한도)	[㉮ + ㉯] 한도: 400만원
	㉯ 주택임차 차입금	무주택 세대의 세대주(세대원 포함)가 국민주택규모의 주택(주거용 오피스텔 포함)을 임차하기 위한 차입금의 원리금상환액의 40% 공제	
	㉰ 장기주택 저당차입금	무주택 또는 1주택을 보유한 세대의 세대주(세대원 포함)인 근로자가 기준시가 6억원 이하인 주택을 구입하기 위한 차입금의 이자상환액 공제(무주택 세대주인 근로자의 6억원 이하의 주택분양권 포함)	[Min(㉮ + ㉯, 400만원) + ㉰] 한도: 2,000만원, 1,800만원, 800만원, 600만원

근로소득이 있는 거주자(일용근로자 제외)가 건강·고용보험료 및 주택자금공제를 위하여 지출한 금액에 대해 당해연도의 근로소득금액에서 공제하는 것을 「특별소득공제」라 한다. 특별소득공제를 적용받기 위해서는 근로자가 소득·세액공제 증명서류[9]를 해당 과세기간의 다음연도 2월분의 급여를 받는 날까지 원천징수의무자에게 제출하여야 한다.

다만, 「소득세법」 제52조 제1항에 따른 보험료(「국민건강보험법」, 「고용보험법」 또는 「노인장기요양보험법」에 따라 근로자가 부담하는 보험료)와 원천징수의무자가 급여액에서 일괄공제하는 기부금에 대해서는 관련 소득·세액공제 증명서류를 제출하지 아니할 수 있다.

---

9) 국세청의 연말정산간소화에서 발급하는 서류로 제출가능하다.

항 목	기본공제대상자의 요건		근로기간 지출한 비용만 공제	비 고
	소득요건	나이요건		
① 보험료공제			○	본인 지출분만 적용
② 주택자금공제			○	
특별공제액	①~②의 합계액을 공제			

* 본인은 요건 제한 없음.
* 특별소득공제는 해당 거주자가 소득공제 증빙서류를 갖추어 신청한 경우에만 적용한다.
* 특별소득공제액이 그 거주자의 해당 과세기간의 합산과세 되는 종합소득금액을 초과하는 경우 그 초과하는 금액은 없는 것으로 한다.

참고

○ 비거주자의 특별소득공제 적용 여부

비거주자의 국내원천소득에 해당하는 근로소득에 대한 세액 계산시 비거주자에 대한 특별소득공제는 적용하지 아니한다.(소득법 122)

○ 2 이상의 거주자의 부양가족에 해당하는 경우 특별소득공제 방법

근로자의 부양가족이 동시에 다른 거주자의 부양가족에 해당되어 그 중 1인이 기본공제를 받은 경우 특별공제는 해당 부양가족에 대한 기본공제를 받은 거주자가 공제받을 수 있다.(소득법 집행기준 52-0-2)

○ 2 이상의 사용자로부터 급여를 받는 경우 특별소득공제 방법[10]

① 일용근로자 외의 근로소득자가 2 이상의 사용자로부터 급여를 받는 경우에는 그 주된 근무지의 원천징수의무자가 그 지급하는 근로소득의 범위 안에서 「소득세법」 제52조에 따른 특별소득공제를 하여야 한다.
② 다만, 「소득세법」 제52조 제1항에 따른 보험료(「국민건강보험법」, 「고용보험법」 또는 「노인장기요양보험법」에 따라 근로자가 부담하는 보험료)는 해당 보험료 계산의 기초가 된 급여를 지급하는 원천징수의무자가 이를 공제한다.

1. 보험료공제

가. 공제대상

근로소득이 있는 거주자(일용근로자는 제외)가 해당 과세기간에 「국민건강보험법」, 「고용보험법」 또는 「노인장기요양보험법」에 따라 근로자가 부담하는 보험료를 지급한 경우 그 금액을 해당 과세기간의 근로소득금액에서 공제한다.(소득법 52 ①)

---

10) 국세청, 「원천징수의무자를 위한 연말정산 신고안내」, 국세청, 2020.12., p.120 ~ 121. 참조.

공제대상 보험료	보험료 공제액
건강보험료, 고용보험료 또는 노인장기요양보험료	전액

나. 공제시기

건강보험료 등은 급여에서 지급한 날이 속하는 과세기간의 소득에서 공제한다.(소득법 기본통칙 52-0-1)

	사 례	공제여부판단
①	입사 전 퇴사 후 지출한 보험료	• 근로제공기간이 아닌 취업 전 또는 퇴직 후에 지역가입자로서 납부한 보험료는 공제대상에서 제외됨(소득법 집행기준 59의4-118의4-1)
②	본인부담금을 사용자가 부담하는 경우	• 국민건강보험료 등을 사용자가 지급하여 주는 경우 동 보험료 상당액은 그 근로자의 급여액에 가산하고 보험료공제를 한다.
③	지역가입 국민건강보험료	• 근로자가 근로제공 기간 중에 납부한 국민건강보험료(지역가입자로 지급한 보험료 포함)는 연말정산시 공제대상에 포함 가능 • 단, 부양가족 명의로 납부한 지역 국민건강보험료는 근로자가 공제받을 수 없음
④	국외근로자를 위해 법인의 비용으로 지급한 국외 건강보험료 등	• 국외근로자를 위하여 법인의 비용으로 지급하는 건강보험료(해당 국가의 의무부담분 포함한다)는 근로소득에 해당하는 것임. • 법 제52조의 규정을 적용받을 수 없음.(원천-707, 2011.11.02.)

예규 •••

● **직장가입자가 금융소득으로 추가 부담하게 된 건강보험료의 소득공제 적용 여부**(서면소득 2016-6216, 2017.01.24.)

2011.12.31. 개정된 「국민건강보험법」 제69조 제4항 제2호에 따라 2012.9.1. 이후 직장가입자인 사업주가 추가로 납부하는 국민건강보험료는 필요경비에 산입하는 것이며, 직장가입자인 근로자가 추가로 납부하는 국민건강보험료는 근로소득에서 공제하는 것임.

● **고용보험료 정산차액 보험료의 공제 적용시기**(원천-267, 2012.05.15.)

보험료공제는 근로소득이 있는 거주자가 해당 과세기간에 보험료를 지급하는 경우 그 금액을 해당 과세기간의 근로소득금액에서 공제하는 것으로, 정산으로 인한 차액을 추가로 납부하는 고용보험료는 정산한 연도의 고용보험료로 보는 것임.

● **외국인이 외국보험사에 납부한 보험료의 소득공제 해당하는지 여부**(원천-363, 2009.04.24.)

「국민건강보험법 시행령」 제64조 제4항에 의하여 가입대상에서 제외된 재외국민 또는 외국인이 국내에 근무하는 동안 외국보험회사에 납부한 보험료는 「국민건강보험법」에 따라 근로자가 납부한 보험료에 해당하지 아니하는 것임.

● 국민건강보험법에 의하여 지역가입자로서 납부한 건강보험료를 연말정산시 소득공제대상인지 여부(서면1팀-476, 2004.03.26.)

「국민건강보험법」에 의하여 지역가입자로서 납부하여야 할 건강보험료는 납부한 연도의 근로소득세액에 대한 연말정산시 공제받거나 종합소득 과세표준확정신고시 근로소득금액 범위 내에서 공제받을 수 있는 것임.

● 고용보험료 정산차액 보험료의 공제 적용시기는 정산한 연도임(원천-267, 2012.05.15.)

보험료공제는 근로소득이 있는 거주자가 해당 과세기간에 보험료를 지급하는 경우 그 금액을 해당 과세기간의 근로소득금액에서 공제하는 것으로, 정산으로 인한 차액을 추가로 납부하는 고용보험료는 정산한 연도의 고용보험료로 보는 것임.

● 국외근로자를 위해 법인의 비용으로 지급한 국외 건강보험료 등 비과세 해당 여부(원천-707, 2011.11.02.)

국외근로자를 위하여 법인의 비용으로 지급하는 건강보험료(해당 국가의 의무부담분 포함한다), 의료비, 자녀학자금은 근로소득에 해당하는 것이며, 동 국외근로자가 비과세를 받을 수 있는 금액은 월 100만원(300만원, 500만원) 이내의 금액이고, 동 건강보험료, 의료비는 같은 특별소득공제를 적용받을 수 없음.

● 국민건강보험료의 연말정산방법(법인 46013-2356, 2000.12.11.)

전년도 급여를 근무월수로 나눈 보수액을 기준으로 국민건강보험료를 부과한 후 익년 3월에 정산하는 경우에는 당해연도에 납부한 국민건강보험료를 연말정산시 적용하는 것이며 정산으로 인한 차액은 정산한 연도의 국민건강보험료로 보는 것임.

● 비상근근로자가 지역가입자로 납부한 건강보험료의 보험료 공제대상 여부(원천 46013-30, 2003.01.22.)

비상근 등 사업장에서 상시근로에 종사할 목적으로 고용되지 아니한 근로자가 국민건강보험법상 지역가입자로서 보험료를 부담하는 경우 이는 근로소득금액에서 전액 공제되는 건강보험료에 포함되는 것임.

● 외국에 납부한 의료보험료의 공제대상 여부(법인 46013-3561, 1994.12.27.)

「소득세법」 제52조에서 규정하는 보험료는 「국민건강보험법」, 「고용보험법」 또는 「노인장기요양보험법」에 따라 근로자가 부담하는 보험료를 말하는 것으로 외국의 보험기관에 납부하는 보험료는 이에 해당하지 아니함.(현행규정에 맞게 수정함)

2. 주택자금공제

주택을 소유하지 아니한 세대의 세대주(장기주택저당차입금은 1주택을 보유한 세대주도 가능)로서 근로소득이 있는 거주자(일용근로자는 제외한다)가 주택구입 또는 주택임차를 위해 차입한 차입금의 이자 등을 상환하거나 지급한 경우 소득공제가 가능하다.

주택자금공제는 ① 주택임차자금 차입금 원리금상환액 공제, ② 주택청약종합저축 공제, ③ 장기주택저당차입급 이자상환액 공제로 구분하며 공제한도는 다음과 같다.

공제항목		개별한도	통합한도
특별공제	① 주택임차자금 차입금 원리금상환액 공제	Min[(①＋②)×40%, 400만원]	연 800만원 (또는 2,000만원, 1,800만원, 600만원) 한도[1]
그 밖의 소득공제	② 주택청약종합저축 공제		
특별공제	③ 장기주택저당차입금이자 상환액 공제	이자상환액	

[1] 1) '12.1.1. 이전 장기주택저당차입금의 경우 한도는 다음과 같다.
　① 상환기간 30년 이상 : 연 1,500만원
　② 상환기간 15년 이상 : 연 1,000만원
　2) '12.1.1. 이후(상환기간 15년 이상) 고정금리 또는 비거치식 대출 : 연 1,500만원
　3) '15.1.1. 이후 장기주택저당차입금에 대하여 공제한도는 다음과 같다.
　① 상환기간이 15년 이상이며 고정금리방식이고 비거치식분할상환하는 경우 : 1,800만원
　② 상환기간이 15년 이상이며 고정금리방식이거나 비거치식분할상환하는 경우 : 1,500만원
　③ 상환기간이 15년 이상이며 고정금리방식과 비거치식분할상환방식 이외의 경우 : 500만원
　④ 상환기간이 10년 이상이며 고정금리방식이거나 비거치식분할상환하는 경우 : 300만원
　4) '24.1.1. 이후 장기주택저당차입금에 대하여 공제한도는 다음과 같다.
　① 상환기간이 15년 이상이며 고정금리방식이고 비거치식분할상환하는 경우 : 2,000만원
　② 상환기간이 15년 이상이며 고정금리방식이거나 비거치식분할상환하는 경우 : 1,800만원
　③ 상환기간이 15년 이상이며 고정금리방식과 비거치식분할상환방식 이외의 경우 : 800만원
　④ 상환기간이 10년 이상이며 고정금리방식이거나 비거치식분할상환하는 경우 : 600만원

가. 주택임차자금 차입금 원리금상환액 공제

과세기간 종료일 현재 주택을 소유하지 아니한 세대의 세대주(세대주가 주택자금공제를 받지 아니하는 경우에는 세대의 구성원을 말하며, 일정요건을 갖춘 외국인을 포함한다)로서 근로소득이 있는 거주자(일용근로자는 제외한다)가 국민주택규모 이하의 주택(주거에 사용하는 오피스텔과 주택 및 오피스텔에 딸린 토지를 포함한다)을 임차하기 위하여 주택임차자금 차입금의 원리금상환액을 지급하는 경우에는 그 금액의 100분의 40에 해당하는 금액을 해당 과세기간의 근로소득금액에서 공제한다.

다만, 그 공제하는 금액과 「조세특례제한법」 제87조 제2항(주택청약종합저축 등에 대한 소득공제)에 따른 금액의 합계액이 연 400만원을 초과하는 경우 그 초과하는 금액은 없는 것으로 한다.(소득법 52 ④)

이에 대한 구체적인 내용은 다음과 같다.

(1) 공제대상자

다음에 해당하는 근로자 명의로 임대차계약증서를 작성한 경우 주택임차자금 차입금 원리금상환액 공제를 적용받을 수 있다.

- 과세기간 종료일 현재 무주택 세대의 세대주
- 세대주가 주택임차차입금 원리금상환액, 주택청약종합저축 및 장기주택저당차입금 이자상환액 공제를 받지 아니한 경우에는 세대의 구성원

☆ 주거용 오피스텔만 보유한 근로자의 경우 주택임차차입금 원리금상환액 공제 가능함.

(2) 세대의 요건

세대란 거주자와 그 배우자, 거주자와 동일한 주소 또는 거소에서 생계를 같이하는 거주자와 그 배우자의 직계존비속(그 배우자 포함) 및 형제자매를 모두 포함한 세대를 말한다. 단, 거주자와 그 배우자는 생계를 달리하더라도 동일한 세대로 본다.(소득령 112 ①)

세대의 세대주 및 구성원에는 다음의 요건을 모두 갖춘 외국인거주자를 포함한다.(소득령 112 ⑤)

① 다음의 어느 하나에 해당하는 사람일 것
  ㉮ 「출입국관리법」 제31조에 따라 등록한 외국인
  ㉯ 「재외동포의 출입국과 법적 지위에 관한 법률」 제6조에 따라 국내거소신고를 한 외국국적동포
② 다음의 어느 하나에 해당하는 사람이 「소득세법」 제52조 제4항(주택임차자금 차입금 원리금상환액 공제)·제5항(장기주택저당차입금 이자상환액 공제) 및 「조세특례제한법」 제87조 제2항(주택청약종합저축 등에 대한 소득공제등)에 따른 공제를 받지 않았을 것
  ㉮ 거주자의 배우자
  ㉯ 거주자와 같은 주소 또는 거소에서 생계를 같이 하는 사람으로서 다음의 어느 하나에 해당하는 사람
    ㉠ 거주자의 직계존비속(그 배우자를 포함한다) 및 형제자매
    ㉡ 거주자의 배우자의 직계존비속(그 배우자를 포함한다) 및 형제자매

예규 ●●●

🔵 주민등록표상 세대주와 소득령 §112①의 세대관계에 있지 않은 동거인의 경우, 소득법 §52④의 특별소득 공제를 적용할 수 있는지 여부(사전법령해석소득 2021 – 5, 2021.06.14.)

주민등록표상 세대주와 「소득세법」 제52조 제4항 및 동법 시행령 제112조 제1항에 따른 "대통령령으로 정하는 세대"의 관계에 있지 않은 거주자가 주민등록표상 세대주의 동거인으로 기록된 경우, 그 거주자는 주택임차자금 차입금 원리금상환액 공제 적용상 주민등록표상의 세대주와 별개의 세대로 보는 것임.

(3) 임차 주택의 범위

임차 주택은 주택법에 따른 국민주택규모의 주택을 말한다. 또한 주거에 사용하는 오피스텔☆과 주택 및 오피스텔에 딸린 토지를 포함하며, 그 딸린 토지가 건물이 정착된 면적에 지역별로 배율을 곱하여 산정한 면적을 초과하는 경우 해당 주택 및 오피스텔은 제외한다.(소득령 112 ②)

☆ 오피스텔은 업무를 주로 하며 분양하거나 임대하는 구획 중 일부 구획에서 숙식을 할 수 있도록 한 건축물로서 국토교통부장관이 고시하는 기준에 적합한 것을 말한다.(건축법 시행령 별표1 제14호 나목 2)

이 경우 해당 주택이 다가구주택이면 가구당 전용면적을 기준으로 판단한다.

참고

○ 소득공제 가능한 임차주택의 범위

임차주택의 범위	공제여부	
국민주택규모 초과 주택	공제불가	
국민주택규모 이하 주택	공제가능	
주거용 오피스텔	2013.08.13. 이전	공제불가
	2013.08.13. 이후	공제가능

○ 「주택법」에 따른 국민주택규모의 주택 범위(주택법 제2조 제6호)
① 주거 전용 면적이 1호(戶) 또는 1세대당 85㎡ 이하 주택(다만, 수도권을 제외한 도시지역이 아닌 읍면 지역은 1호(戶) 또는 1세대당 100㎡ 이하 주택)
   – 주택에 부수되는 토지를 포함하며, 부수토지 면적이 건물이 정착된 면적에 지역별로 배율☆을 곱하여 산정한 면적을 초과하는 경우 해당 주택은 제외
     ☆ 「국토의 계획 및 이용에 관한 법률」 제6조에 따른 도시지역의 토지 : 5배, 그 밖의 토지 : 10배
② 해당 주택이 다가구주택이면 가구당 전용면적을 기준으로 판단한다.

제2절 연금보험료공제 및 특별소득공제 | 299

(4) 주택임차차입금 요건

다음의 어느 하나에 해당하는 요건을 모두 충족하는 차입금을 말한다.

① 대출기관[11]으로부터 차입한 경우	• 임대차계약증서의 입주일과 주민등록표 등본의 전입일등(외국인의 경우 외국인등록표의 체류지 등록일 또는 국내거소신고증의 거소 신고일 포함) 중 빠른 날로부터 전후 3개월 이내에 차입한 자금일 것
	
	＊ 차입금 범위 확대(2014.02.21. 이후 지급분부터)
	  －임대차계약을 연장하거나 갱신하면서 차입하는 경우 연장일 또는 차입금 갱신일부터 전후 3개월 이내에 차입한 자금 포함
	  －주택임차차입금 원리금상환액에 대한 소득공제를 받고 있던 사람이 다른 주택으로 이주하는 경우 이주하기 전 주택의 입주일과 주민등록표 등본의 전입일 중 빠른 날부터 전후 3개월 이내 차입한 자금 포함
	
	• 차입금이 대출기관에서 임대인의 계좌로 직접☆ 입금될 것
	  － 전세와 월세 보증금을 위해 차입한 자금
	  ※ 총급여액 요건 없음
	  ☆ 직접이라는 의미는 대출기관과 임대인 사이에 임차인 등 다른 자를 거치지 아니하여야 한다는 의미임

② 대부업 등을 경영하지 아니한 거주자로부터 차입한 경우
(2010.01.01. 이후 상환분부터)
	• 임대차계약증서의 입주일과 주민등록표 등본의 전입일등 중 빠른 날로부터 전후 1개월 이내에 차입한 자금일 것
	
	＊ 차입금 범위 확대(2014.02.21. 이후 지급분부터)
	  －임대차계약을 연장하거나 갱신하면서 차입하는 경우 연장일 또는 차입금 갱신일부터 전후 1개월 이내에 차입한 자금 포함
	  －주택임차차입금 원리금상환액에 대한 소득공제를 받고 있던 사람이 다른 주택으로 이주하는 경우 이주하기 전 주택의 입주일과 주민등록표 등본의 전입일 중 빠른 날부터 전후 1개월 이내 차입한 자금 포함
	
	• 법정이자율(3.5%)보다 낮은 이자율로 차입한 자금이 아닐 것
	• 공제대상자인 근로자가 해당 과세기간의 총급여액이 5천만원 이하인 자

---

11) 주택임차차입금의 대출기관은 다음과 같다.(소득령 별표 1의2)
  가. 한국은행・한국산업은행・한국수출입은행・중소기업은행 및 「은행법」에 따른 은행
  나. 「상호저축은행법」에 따른 상호저축은행과 그 중앙회
  다. 「농업협동조합법」에 따른 농업협동조합과 그 중앙회
  라. 「수산업협동조합법」에 따른 수산업협동조합과 그 중앙회
  마. 「신용협동조합법」에 따른 신용협동조합과 그 중앙회
  바. 「새마을금고법」에 따른 금고와 그 연합회
  사. 「보험업법」에 따른 보험회사
  아. 「우체국예금・보험에 관한 법률」에 따른 체신관서
  자. 「주택도시기금법」에 따른 주택도시기금
  차. 「한국주택금융공사법」에 따른 한국주택금융공사
  카. 「여신전문금융업법」에 따른 여신전문금융회사
  타. 「국가보훈부와 그 소속기관 직제」 제2조 제2항에 따른 지방보훈청 및 보훈지청

| Check Point |

⊙ 전후 3개월(1개월) 이내에 차입한 자금의 기준일 판단

구 분	차입금 기준일
신규로 주택을 임차하는 경우	빠른 날 ┌ ① 임대차계약증서의 입주일 └ ② 주민등록표 등본의 전입일등☆
기존 주택임차 계약 연장 또는 갱신	임대차계약 연장일 또는 갱신일
기존 공제대상 임차주택에서 새로운 임차주택으로 이주	빠른 날 ┌ ① 이주하기 전 주택의 입주일 └ ② 주민등록표 등본의 전입일등☆

☆ 전입일등이란 주민등록표 등본의 전입일, 외국인등록표의 체류지등록일, 국내거소신고증의 거소 신
 고일을 말한다.

⊙ 주택임차자금의 소득공제 요건

구 분	대출기관으로부터 차입금	그 외의 거주자로부터 차입금(대부업 사업자 제외)
원리금상환액 소득공제 여부	가능	가능
차입시점	전입일 전후 3개월 이내	전입일 전후 1개월 이내
임대인계좌로 직접 송금요건	대출기관이 임대인계좌로 직접 송금	송금 요건 없음
근로자의 총급여요건	없음	5천만원 이하
차입금 이자율 요건	없음	법정이자율보다 높은 이자율의 차입금만 적용

＊ 대부업 사업자, 법인, 공제회 등으로부터 차입한 주택임차자금은 소득공제 대상이 아닌 것으로 해석
 됨.(원천 – 527, 2011.08.25.)

⊙ 외국인의 경우 적용방법

임대차계약증서의 입주일과「출입국관리법」에 따른 외국인등록표의 체류지 등록일 또는「재
외동포의 출입국과 법적 지위에 관한 법률」에 따른 국내거소신고증의 거소 신고일 중 빠른
날을 기준으로 적용한다.

⊙ 법정이자율의 변천

법정이자율이 변경되기 전에 차입한 경우에는 변경되기 전의 법정이자율에 따른다.

차입기간	법정이자율	차입기간	법정이자율
2010.04.30. ~ 2011.03.27.	4.3%	2011.03.28. ~ 2012.02.27.	3.7%
2012.02.28. ~ 2013.02.22.	4.0%	2013.02.23. ~ 2014.03.14.	2.9%
2014.03.15. ~ 2015.03.12.	2.9%	2015.03.13. ~ 2016.03.15.	2.5%
2016.03.16. ~ 2017.03.09.	1.8%	2017.03.10. ~ 2018.03.20.	1.6%
2018.03.21. ~ 2019.03.19.	1.8%	2019.03.20. ~ 2020.03.12.	2.1%
2020.03.13. ~ 2021.03.15.	1.8%	2021.03.16. ~ 2023.03.19.	1.2%
2023.03.20. ~ 2024.03.21.	2.9%	2024.03.22. ~ 현재까지	3.5%

(5) 소득공제금액

다음의 금액을 주택임차자금 차입금 원리금상환액 공제액으로 근로소득에서 공제한다.

> 공제금액 = Min[((1) + (2)) × 40%, 400만원]
>   (1) 주택청약종합저축 불입액(연 300만원 한도)
>   (2) 주택임차자금 차입금 원리금상환액

(6) 공제증명서류

주택임차자금 차입금 원리금상환액 공제를 적용받기 위하여 다음의 공제증명서류를 원천징수의무자에게 제출하여야 한다.

> ① 주택자금상환 등 증명서(홈택스의 소득공제증명서류 제출 가능)
> ② 주민등록표 등본
> ③ (거주자로부터 차입한 경우) 임대차계약증서 사본, 금전소비대차계약서 사본, 계좌이체 영수증 및 무통장입금증 등 차입금에 대한 원리금을 상환하였음을 증명할 수 있는 서류

	사 례	공제여부판단
①	주택마련저축에 가입 요건 폐지	• 종전에는 주택마련저축에 가입하고 국민주택규모의 주택을 임차한 경우에만 공제 가능하였으나, '10.1.1.부터 상환하는 주택임차자금 차입금의 경우 주택마련저축 가입 요건이 적용되지 않음.
②	임차기간 만료에 따른 주택임차자금 차입금 이전 시 소득공제 여부	• 당초 소득공제가 가능한 대출기관으로부터 차입한 주택임차자금 차입금으로 거주하다가, 그 이후 다른 주택으로 이사하는 때에 당초 주택임대인으로부터 주택임차자금 차입금을 받아 다른 주택임대인에게 직접 지급하는 경우 주택임차자금 차입금 원리금상환공제 대상 아님.(원천 - 463, 2011.07.29.) • 대출기관에서 차입한 주택임차자금 차입금이 소득공제 대상이 되려면 대출기관을 통해 직접 임대인의 계좌로 지급하여야 하는 조건이 있음.

● **주택임차차입금 원리금상환액 소득공제 요건**(사전법령해석소득 2018 – 835, 2019.04.26.)

금융기관이 주택임차자금 차입금을 착오로 임차인의 계좌로 입금시켰다가 금융기관이 이를 회수하여 임대인의 계좌로 직접 송금한 것은 대출기관에서 임대인의 계좌로 직접 입금한 것에 해당하는 것임.

● **대출기관 소속 근로자만 대출받을 수 있는 차입금의 주택임차자금 차입금 원리금상환액 공제 여부**(법규소득 2014 – 112, 2014.06.02.)

대출기관 소속 근로자가 해당 대출기관으로부터 소속 근로자만이 대출받을 수 있는 주택임차차입금을 저리로 대출받아 해당 주택임차차입금의 원리금을 상환하는 경우 주택임차차입금 원리금상환액 소득공제를 적용할 수 없는 것임.

● **주택임차자금 차입금 대출의 승계가 있는 경우 주택자금공제 가능 여부**(서면법규 – 738, 2013.06.26.)

보험회사의 임직원이 해당 보험회사로부터 주택임차자금을 차입하여 주택자금공제를 받아오던 중 보험회사가 청산하면서 다른 보험회사와 금융위원회의 계약이전 결정과 별도로 임직원의 주택임차차입금에 대한 양수도계약을 체결함에 따라 주택임차자금 대출을 인수한 다른 보험회사에 주택임차자금 원리금을 상환하는 경우 해당 원리금상환액에 대하여는 주택자금공제를 적용받을 수 없는 것임.

● **실제 전용면적과 공부상 전용면적이 다를 경우 국민주택규모 판정 방법**(서면법규 – 1345, 2012.11.16.)

근로소득이 있는 거주자가 장기주택저당차입금 이상상환액에 대한 소득공제를 적용함에 있어서 국민주택규모의 주택이란 「주택법」 제2조 제3호에 따른 주거전용면적이 85㎡ 이하의 주택으로써 같은 법 시행규칙 제2조 제2항 각 호의 면적을 제외한 실제 주거전용면적을 가지고 판단하는 것임.

● **대환방식으로 차입한 주택임차자금을 상환시 주택임차차입금 원리금상환공제 여부**(원천 – 279, 2012.05.18.)

무주택인 세대의 세대주로서 근로소득이 있는 거주자가 대출기관으로부터 주택임차자금을 차입하여 거주하다가 전세 재계약시 대환방식으로 동일한 금액 또는 증액하여 주택임차자금을 차입하면서 당초 주택임차자금 차입금을 상환하고 대환방식으로 차입한 주택임차자금을 상환하는 경우, 주택임차차입금 원리금상환공제를 적용받을 수 없는 것임.

● **법인 또는 공제회로부터 차입한 주택임차자금 차입금의 소득공제 여부**(원천 – 527, 2011.08.25.)

근로소득이 있는 거주자가 주택을 임차하기 위하여 차입한 차입금이 대출기관 및 거주자로부터 차입한 차입금에 해당하지 않는 경우 주택임차차입금 원리금상환액 소득공제를 적용할 수 없는 것임.

● **기존 주택임차자금을 이사 후 새로운 임대인에 지급시 소득공제 여부**(원천 – 463, 2011.07.29., 원천세과 – 400, 2011.07.05.)

무주택 세대의 세대주로서 근로소득이 있는 거주자가 당초 대출기관으로부터 차입한 주택임차자금으로 거주하다가, 그 이후 다른 주택으로 전출하는 때에 당초 주택임대인으로부터 주택임차자금을 받아 그 다른 주택임대인에게 지급하여 주택임차자금을 사용한 후 당초 대출기관에 주택차입금 원리금을 상환하는 경우, 주택임차차입금 원리금상환공제를 적용받을 수 없는 것임.

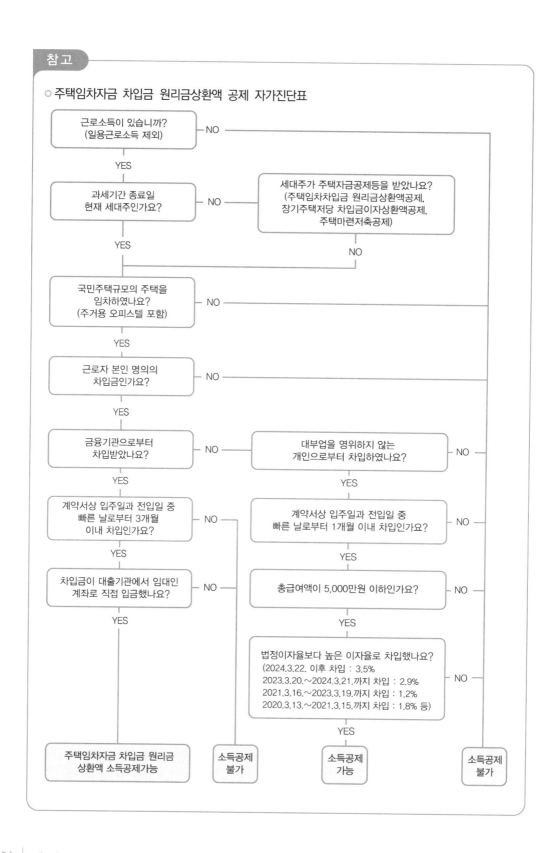

○ 주택임차자금 차입금 원리금상환액 공제 자가진단표

나. 주택청약종합저축 등에 대한 소득공제

근로소득이 있는 거주자(일용근로자는 제외한다)로서 해당 과세기간의 총급여액이 7천만원 이하이며 해당 과세기간 중 주택을 소유하지 않은 세대의 세대주가 2025년 12월 31일까지 해당 과세기간에 「주택법」에 따른 주택청약종합저축에 납입한 금액(연 300만원을 납입한도로 하며, 소득공제 적용 과세기간 이후에 납입한 금액만 해당한다)의 100분의 40에 상당하는 금액을 해당 과세기간의 근로소득금액에서 공제한다.(조특법 87) 다만, 과세기간 중에 주택 당첨 및 주택청약종합저축 가입자가 청년우대형 주택청약종합적축에 가입하는 것 외의 사유로 중도해지할 경우에는 해당 과세기간에 납입한 금액은 공제하지 아니한다.

(1) 공제대상자

주택청약종합저축 소득공제 대상자는 다음의 요건을 모두 충족한 자를 대상으로 한다.

> • 해당 과세기간의 총급여액이 7천만원 이하인 근로소득이 있는 거주자
> • 해당 과세기간 중 주택을 소유하지 않은 세대의 세대주(단독세대주 포함)

※ 세대주 여부는 과세기간 종료일(12.31.) 현재를 기준으로 판단한다.
※ 2014.12.31. 이전 가입자 중 총급여 7천만원 초과자에 대해서는 기존한도(연 120만원)로 2017년 납입분까지 소득공제 가능하였으나 2018년부터는 소득공제가 적용되지 아니한다.

해당 과세기간 중 주택소유 여부에 따른 소득공제 여부는 다음과 같다.

과세기간 중 주택소유 여부	소득공제 여부
• 계속 무주택 상태인 경우	공제가능
• 3개월 미만 주택을 보유하였으나 과세기간 종료일 현재 무주택인 경우	공제불가
• 과세기간 종료일 현재 1주택을 보유한 경우	공제불가
• 세대주는 무주택이지만 세대원이 1주택을 보유한 경우	공제불가
• 세대주가 아파트 분양권을 보유한 경우(분양권 외 주택 없음)	공제가능
• 오피스텔 소유한 경우	공제가능
• 주택을 공동으로 소유하는 경우	공동소유자 모두 공제불가
• 공동으로 소유하고 있는 상속주택이 있는 경우	• 지분이 가장 큰 상속인 공제불가 • 상속지분이 가장 큰 상속인이 2인 이상인 때에는 ① 당해 주택에 거주하는 자, ② 최연장자 보아 공제가능 여부를 판단

◉ **주택자금공제 적용시 주택분양권이 "주택"의 범위에 포함되는지**(서면1팀 – 1740, 2007.12.26.)

「소득세법」 제52조 제2항 및 제3항의 규정에 따른 주택자금공제를 적용함에 있어서 동조 동항에서 규정하는 "국민주택규모의 주택"의 범위에는 "주택을 취득할 수 있는 권리"는 포함되지 아니하는 것임.

(2) 세대의 요건

세대란 거주자와 그 배우자, 거주자와 동일한 주소 또는 거소에서 생계를 같이하는 거주자와 그 배우자의 직계존비속(그 배우자 포함) 및 형제자매를 모두 포함한 세대를 말한다. 단, 거주자와 그 배우자는 생계를 달리하더라도 동일한 세대로 보며 거주자와 배우자가 각각 세대주인 경우에는 어느 한명만 세대주로 본다.(조특령 81 ⑩)

◉ **세대주인지 여부 판단시점**(원천 – 460, 2011.07.29.)

세대주인지 여부는 과세기간 종료일 현재 주민등록표 등본상 기준으로 판단하는 것으로 이 경우 과세기간 종료일 현재 세대주에 해당하지 않아 당해 과세기간 저축 불입액에 대해 주택마련저축공제를 받을 수 없는 것임.

(3) 공제대상 상품과 납입한도

위 공제대상자 본인 명의로 다음의 상품을 가입하고 납입한 금액(연 240만원을 한도)을 공제한다.

> • 주택법에 따른 청약저축   • 주택청약종합저축☆☆
>
> ☆☆ 주택청약종합저축의 경우 주택을 소유하지 아니한 세대의 세대주임을 확인하는 서류인 무주택확인서를 소득공제 적용받으려는 과세기간의 다음연도 2월 말까지 해당 저축 취급기관에 제출하여야 함.

무주택자의 공제대상 상품 가입 유형	소득공제 여부
• 근로소득자인 세대주 명의로 가입	공제가능
• 근로소득자인 세대원 명의로 가입(세대주가 주택자금공제받지 않음)	공제불가
• 사업소득만 있는 세대주 명의로 가입	공제불가
• 근로소득과 사업소득이 있는 세대주 명의로 가입	공제가능

참고

○ **주택법에 따른 청약저축에 대한 소득공제**

근로소득이 있는 거주자로 과세연도 중 주택을 소유하지 않은 세대의 세대주가 해당 과세연도 중 청약저축에 납입한 금액이 소득공제 대상이며, 2009.12.31. 이전 가입한 청약저축의 경우 국민주택규모의 주택으로서 청약저축 가입당시 기준시가가 3억원 이하인 주택을 한 채만 소유한 세대의 세대주도 포함하며, 가입 후 주택을 취득하는 경우에는 취득 당시 주택의 기준시가가 3억원 이하인 경우에 한한다.(2010.01.01. 개정전 조특법 87조) 「부동산 가격공시에 관한 법률」에 따른 개별주택가격 및 공동주택가격이 없는 경우에는 주택마련저축 가입일 이후 부동산 가격공시 및 감정평가에 관한 법률에 따라 최초로 공시된 가격을 말한다.

청약저축 가입시점	주택소유 여부	주택기준시가	소득공제
2009.12.31. 이전 가입	무주택	해당 없음	공제가능
	가입 전 1주택	3억원 이하	공제가능
	1주택	3억원 초과	공제불가
	2주택	모두 3억원 이하	공제불가
	가입 후 취득	3억원 이하	공제가능
		3억원 초과	공제불가
	가입 후 2주택 취득	모두 3억원 이하	공제불가
2010.01.01. 이후 가입	무주택	해당 없음	공제가능
	1주택	3억원 이하	공제불가
	1주택	3억원 초과	공제불가

참고로 가입시기별 소유주택 수의 요건은 아래와 같다.

가입시기	소유주택 수 요건
2010.1.1. 이후	무주택
2008.1.1. ~ 2009.12.31.	① 무주택 또는 ② 국민주택규모 + 저축가입 당시 기준시가 3억원 이하 1주택 (단, 저축가입 후 취득하는 경우 취득 당시 기준시가 3억원 이하)
2006.1.1. ~ 2007.12.31.	① 무주택 또는 ② 국민주택규모 + 저축가입 당시 기준시가 3억원 이하 1주택
2005.12.31. 이전	무주택 또는 국민주택규모 1주택

※ 청약저축은 2015.9.1. 이후 신규 가입이 중단되었음.

반면, 주택청약종합저축은 2009년 5월에 출시되었으며, 주택의 소유 여부나 세대주 여부에 관계없이 가입을 할 수 있으나, ① 무주택 세대의 세대주이어야 하고 ② 금융기관에 무주택확인서를 제출하여야 공제요건을 충족하게 된다.

(4) 소득공제금액

다음의 금액을 주택청약종합저축 소득공제액으로 근로소득에서 공제한다.

공제금액 = Min[((1) + (2)) × 40%, 400만원]
(1) 주택청약종합저축 불입액(연 300만원 한도)
(2) 주택임차자금 차입금 원리금상환액

(5) 소득공제 배제

과세기간 중에 주택 당첨 및 주택청약종합저축 가입자가 청년우대형 주택청약종합저축에 가입하는 것 외의 사유로 중도해지할 경우에는 해당 과세기간에 납입한 금액은 공제하지 아니한다.

(6) 추징세액 납부

주택청약종합저축 납입액에 대하여 소득공제를 받은 사람이 다음의 어느 하나에 해당하는 경우 해당 저축 취급기관은 소득공제 적용 과세기간 이후에 납입한 금액(연 300만원을 한도로 한다)의 누계액에 100분의 6을 곱하여 계산한 "추징세액"을 해당 저축을 해지하는 때에 해당 저축금액에서 추징하여 해지일이 속하는 달의 다음 달 10일까지 원천징수 관할 세무서장에게 납부하여야 한다. 다만, 소득공제를 받은 사람이 해당 소득공제로 감면받은 세액이 추징세액에 미달하는 사실을 증명하는 경우에는 실제로 감면받은 세액 상당액을 추징한다.(조특법 87 ⑦)

① 저축가입일부터 5년 이내에 저축계약을 해지하는 경우. 다만, 저축자의 사망, 해외이주 또는 대통령령으로 정하는 사유로 저축계약을 해지하는 경우는 제외한다.
  ㉠ 「주택법」에 따른 사업계획승인을 받아 건설되는 국민주택규모의 주택에 청약하여 당첨된 경우
  ㉡ 해지 전 6개월 이내에 발생한 천재지변, 저축자의 퇴직, 사업장의 폐업, 저축자의 3개월 이상의 입원치료 또는 요양을 요하는 상해·질병의 발생, 저축취급기관의 영업의 정지, 영업인가

·허가의 취소, 해산결의 또는 파산선고에 해당하는 경우

ⓒ 주택청약종합저축 가입자가 청년우대형 주택청약종합저축에 가입하기 위해 주택청약종합저축을 해지하는 경우

② 「주택법」에 따른 사업계획승인을 받아 건설되는 국민주택규모를 초과하는 주택에 청약하여 당첨된 경우

예규 ●●●

● 전환신규일로부터 5년 이내 해지로 원천징수된 세액이 최근 변경된 해석에 따라 환급 대상인지 여부(서면징세 2023－3377, 2024.05.16.)

기존 해석례(기획재정부 금융세제과－179, 2023.06.01., 기획재정부 금융세제과－241, 2023.07.26.)를 참고하시기 바라며, 원천징수의무자의 환급은 「국세기본법」 제51조 제5항을 참고하기 바람. 「국세기본법」 제52조에 따라 국세환급금을 충당하거나 지급할 때에는 「국세기본법 시행령」 제43조의3 제1항에 따른 국세환급가산금 기산일부터 충당하는 날 또는 지급결정을 하는 날까지의 기간과 금융회사 등의 예금이자율 등을 고려하여 대통령령으로 정하는 이자율에 따라 계산한 금액을 국세환급금에 가산하여야 함.

> ■ 기획재정부금융세제－179, 2023.06.01
> 조세특례제한법 시행령 제81조 제11항 제3호에 따라 주택청약종합저축을 청년우대형 주택청약종합저축으로 전환한 자가 청년우대형 주택청약종합저축을 해지한 경우 조세특례제한법 제87조 제7항 제1호의 저축가입일은 기존 주택청약종합저축 가입일이며, 추징세액을 산정할 때 기존 주택청약종합저축에 가입하여 납입한 금액에 대한 소득공제분도 해당 추징세액의 산정 범위에 포함되는 것임.
>
> ■ 기획재정부금융세제－241, 2023.07.26
> 1. 기획재정부 금융세제과－179호(2023.6.1.)에 따른 주택청약저축 소득공제액 추징에 대한 업무처리와 관련하여 다음과 같이 안내함.
> 2. 위 호에 따른 법령해석은 위 회신일 이전에 청년우대형 주택청약종합저축으로 전환 가입된 건에 대하여도 적용되는 것임.
> 3. 다만, 기존에 해지된 것 중에서 동 법령해석으로 인해 추징세액이 추가로 발생하는 경우에는 「국세기본법」 제18조 제3항에 따라 소급하여 추가로 추징하지는 않는 것임.

● 청약저축을 주택청약종합저축으로 전환가입하는 경우 가입일 및 만료일 등의 판단(기획재정부금융세제－523, 2024.10.08.)

1. 「주택법」(2015.6.22. 법률 제13379호로 개정되기 전의 것)에 따른 청약저축(이하 "청약저축"이라 한다)을 「조세특례제한법」(법률 제19990호, 2024.1.9., 타법개정) 제87조 제2항에 따른 주택청약종합저축(이하 "주택청약종합저축"이라 한다)으로 전환한 자가 주택청약종합저축 계약을 해지하는 경우, 같은 법 제87조 제7항 제1호를 적용할 때 "저축 가입일"은 기존 청약저축의 가입일로 보는 것임.

2. 청약저축을 주택청약종합저축으로 전환한 자가 「조세특례제한법」(법률 제19990호, 2024.1.9., 타법개정) 제87조 제7항 제2호에 해당하는 경우, 같은 항 각 호 외의 부분 본문의 "추징세액"을

산정할 때 주택청약종합저축으로 전환한 이후 납입한 금액에 대한 소득공제분에 대해서만 해당 추징세액의 산정범위에 포함하는 것임.

3. 청약저축을 주택청약종합저축으로 전환한 경우, 「조세특례제한법」(법률 제6538호, 2001.12.29., 일부개정) 부칙 제30조의 "당해 저축계약 만료일"은 주택청약종합저축 전환일로 판단하는 것임.

● **주택청약종합저축을 청년우대형 주택청약종합저축으로 전환시 추징대상 및 범위**(기획재정부금융세제 - 179, 2023.06.01., 사전법규소득 2022 - 1077, 2023.01.26.)

주택청약종합저축을 청년우대형 주택청약종합저축으로 전환한 자가 청년우대형 주택청약종합저축을 해지한 경우 저축가입일은 기존 주택청약종합저축 가입일이며, 추징세액을 산정할 때 기존 주택청약종합저축에 가입하여 납입한 금액에 대한 소득공제분도 해당 추징세액의 산정 범위에 포함되는 것임.

(7) 소득공제 신청서류

소득공제를 받으려는 자는 「근로소득자 소득·세액공제신고서」를 제출할 때 다음 중 하나의 서류를 원천징수의무자에게 제출해야 한다.

> ① 주택저축납입증명서
> ② 주택청약종합저축통장사본 또는 연말정산간소화에서 발급하는 서류

	사 례	공제여부판단
①	연도 중에 중도해지	• 당해연도 불입액은 공제받을 수 없음. • 다만, 청약저축의 경우 주택당첨으로 인하여 해지된 경우에는 공제받을 수 있음.
②	선취판매수수료	• 금융기관이 장기주택마련저축에 해당하는 투자신탁의 수익증권 판매시 일시에 투자자로부터 취득하는 선취판매수수료는 주택마련저축 공제대상 납입금액에 포함되지 않음.
③	주택마련저축 공제 시 상속주택	• 주택마련저축 공제 시 공동상속주택은 상속지분이 가장 큰 상속인의 소유주택으로 보아 공제여부를 판단하며, 상속주택이 재개발된 경우에도 상속주택으로 보아 공제 여부 판단

● **공동상속주택이 있는 경우 주택자금공제**(서면1팀 – 255, 2007.02.20.)

　「소득세법」 제52조 제2항 제1호의 규정에 의한 주택자금공제를 적용함에 있어 상속으로 여러 사람이 공동으로 소유하는 1주택이 있는 경우 당해 공동상속주택은 상속지분이 가장 큰 상속인이 당해 주택을 소유한 것으로 보아 그 공제여부를 판단하며, 이 경우 상속지분이 가장 큰 상속인이 2인 이상인 때에는 ① 당해 주택에 거주하는 자, ② 호주승계인, ③ 최연장자의 순서에 따라 당해 거주자가 당해 공동상속주택을 소유하는 것으로 보아 그 공제여부를 판단하는 것임.

● **선납입한 주택마련저축금액의 특별공제 해당 여부**(서면1팀 – 1414, 2005.11.23.)

　근로소득이 있는 세대주인 거주자가 주택법에 의한 청약저축을 하는 경우에 있어 당해연도에 불입하지 아니한 금액은 「소득세법」 제52조 제2항의 규정에 의해 주택자금공제대상에 포함하지 아니하는 것임.

● **청약저축 가입자가 중도 해지한 경우 당해연도 불입액에 대한 소득공제 여부**(원천 46013 – 84, 2001.12.19.)

　청약저축 가입자가 장기간 당첨되지 않아 중도 해지하거나 해약과 동시에 납입한 금액 범위 내에서 청약예금으로 전환한 경우 중도 해지하거나 해약된 청약저축의 당해연도 불입액은 「소득세법」 제52조 제2항 제1호의 규정에 의한 주택자금공제대상에 포함되지 아니하는 것임.

○ 주택청약종합저축 등에 대한 소득공제 자가진단표

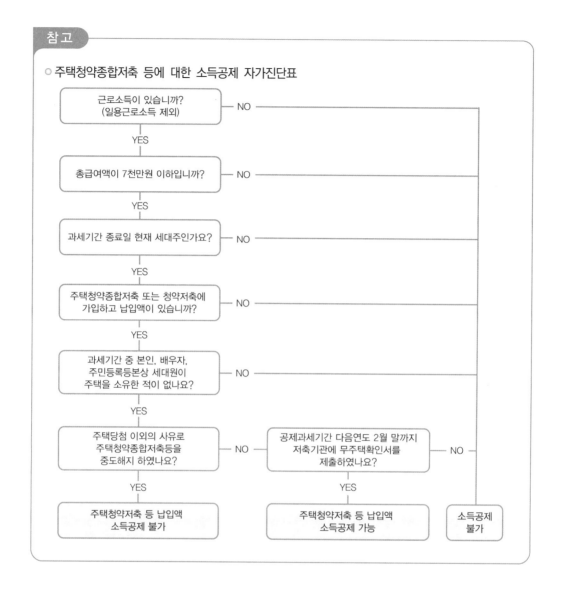

다. 장기주택저당차입금 이자상환액 공제

| 공제요건 검토시 유의사항 |

- 세대주, 국민주택규모 주택 여부는 과세기간 종료일(12.31.) 기준으로 판단
- 기준시가 6억원 이하 여부는 저축가입 당시 또는 주택 취득당시 기준으로 판단
- 연말정산간소화 자료는 금융기관이 제출한 자료를 단순히 보여 주기만 하므로 반드시 근로자 스스로 소득·세액공제 요건 충족 여부를 확인

근로소득이 있는 거주자로서 주택을 소유하지 아니하거나 1주택을 보유한 세대의 세대주(세대주가 주택자금공제를 받지 아니하는 경우에는 세대의 구성원 중 근로소득이 있는 자를 말하며, 일정 요건을 갖춘 외국인을 포함한다)가 취득 당시 주택의 기준시가가 6억원(2023.12.31. 이전 5억원, 2018.12.31. 이전 4억원, 2013.12.31. 이전 3억원) 이하인 주택을 취득하기 위하여 그 주택에 저당권을 설정하고 금융회사등 또는 「주택도시기금법」에 따른 주택도시기금으로부터 차입한 장기주택저당차입금(주택을 취득함으로써 승계받은 장기주택저당차입금을 포함한다)의 이자를 지급하였을 때에는 해당 과세기간에 지급한 이자 상환액을 그 과세기간의 근로소득금액에서 공제한다.

다만, 그 공제하는 금액과 주택임차자금 원리금상환액 공제 및 주택청약종합저축 등에 대한 소득공제 금액의 합계액이 연 800만원(차입금의 상환기간이 15년 이상인 장기주택저당차입금에 대하여 적용한다)을 초과하는 경우 그 초과하는 금액은 없는 것으로 한다.(소득법 52 ⑤) 이에 대한 구체적인 내용은 다음과 같다.

① 공제대상자	• 근로자로서 무주택 또는 1주택을 보유한 세대의 세대주(배우자는 떨어져 있어도 동일세대로 봄) • 세대주가 주택 관련 소득공제를 받지 아니한 경우 세대의 구성원 중 근로자(세대주가 아닌 경우에는 실제 거주 필요)
② 장기주택저당차입금의 요건	• 차입금의 상환기간이 15년 이상일 것 • 주택소유권 이전등기 또는 보존등기일부터 3월 이내에 차입한 장기주택저당차입금 일 것 • 장기주택저당차입금의 채무자가 해당 저당권이 설정된 주택의 소유자일 것 ☆ 위의 요건을 충족하지 못한 경우 그 사유가 발생한 날이 속하는 과세연도에는 해당 소득공제를 적용하지 않음. 다만, "채무자＝소유자" 요건 위반 시 요건 위반일 이후 불공제(이전분 공제)
③ 소득공제 배제	• 세대구성원이 보유한 주택을 포함하여 근로자가 과세기간 종료일 현재 2주택 이상을 보유한 경우 소득공제 배제 ☆ 2014.1.1. 이후 과세기간 중 2주택 이상 보유하는 경우 '3개월 초과 기준' 삭제
④ 세대원인 근로자가 주택을 취득하는 경우 공제요건	• 세대주가 주택자금 공제를 받지 아니할 것 • 취득한 주택에 세대원인 해당 근로자가 실제 거주할 것
⑤ 무주택 세대주인 근로자의 주택분양권을 취득한 경우	• 6억원 이하 주택분양권을 취득하고 주택완공시 장기주택저당차입금 전환조건으로 차입한 경우 • 단, 주택분양권을 2 이상 보유한 경우 그 보유기간이 속하는 과세기간에 모두 적용배제

(1) 공제대상자

근로소득이 있는 거주자로서 다음의 사람이 공제대상자이다.

공제대상자	공제대상 주택의 거주 여부	세대주 판정
① 무주택자인 세대주	거주 여부 상관없이 적용	과세기간 종료일 현재 상황에 따라 판단
② 1주택을 보유한 세대의 세대주		
③ 세대주가 주택 관련 소득공제를 받지 아니한 경우 세대의 구성원	실거주하는 경우만 적용	

(2) 세대의 요건

세대란 거주자와 그 배우자, 거주자와 동일한 주소 또는 거소에서 생계를 같이하는 거주자와 그 배우자의 직계존비속(그 배우자 포함) 및 형제자매를 모두 포함한 세대를 말한다. 이 경우 거주자와 그 배우자는 생계를 달리하더라도 동일한 세대로 본다.

세대주 및 세대원에는 다음의 요건을 모두 갖춘 외국인거주자를 포함한다.

---
① 다음의 어느 하나에 해당하는 사람일 것
  ㉮ 「출입국관리법」 제31조에 따라 등록한 외국인
  ㉯ 「재외동포의 출입국과 법적 지위에 관한 법률」 제6조에 따라 국내거소신고를 한 외국국적동포
② 다음의 어느 하나에 해당하는 사람이 「소득세법」 제52조 제4항(주택임차자금 차입금 원리금상환액 공제)·제5항(장기주택저당차입금 이자상환액 공제) 및 「조세특례제한법」 제87조 제2항(주택청약종합저축 등에 대한 소득공제등)에 따른 공제를 받지 않았을 것
  ㉮ 거주자의 배우자
  ㉯ 거주자와 같은 주소 또는 거소에서 생계를 같이 하는 사람으로서 다음의 어느 하나에 해당하는 사람
    ㉠ 거주자의 직계존비속(그 배우자를 포함한다) 및 형제자매
    ㉡ 거주자의 배우자의 직계존비속(그 배우자를 포함한다) 및 형제자매

> 예규 ●●●

● 주민등록표상 세대주와 소득령 §112①의 세대관계에 있지 않은 동거인의 경우, 소득법 §52④의 특별소득공제를 적용할 수 있는지 여부(사전법령해석소득 2021 – 5, 2021.06.14.)

주민등록표상 세대주와 「소득세법」 제52조 제4항 및 동법 시행령 제112조 제1항에 따른 "대통령령으로 정하는 세대"의 관계에 있지 않은 거주자가 주민등록표상 세대주의 동거인으로 기록된 경우, 그 거주자는 「소득세법」 제52조 제4항의 적용상 주민등록표상의 세대주와 별개의 세대로 보는 것임.

(3) 주택의 요건

1) 주택의 범위

다음의 요건을 갖춘 주택을 말하며 주거용 오피스텔은 제외한다.

구 분	취득시기별 요건				
	2005.12.31. 이전	2006.1.1. ~ 2013.12.31.	2014.1.1. ~ 2018.12.31.	2019.1.1. ~ 2023.12.31.	2024.1.1. 이후
취득당시 기준시가	제한없음	3억원 이하	4억원 이하	5억원 이하	6억원 이하
	※ 주택에 대한 개별주택가격 및 공동주택가격이 공시되기 전에 차입한 경우에는 차입일 이후 최초로 공시된 가격을 해당 주택의 기준시가로 본다. ※ 본인과 배우자 공동명의의 주택 취득시 장기주택저당차입금 이자상환액 공제대상 주택의 가격은 당해 주택의 기준시가를 기준으로 하여 적용 여부를 판단하는 것이다.(서면1 팀-778, 2006.06.13.)				
주택규모요건	국민주택규모 이하		제한 없음		
오피스텔 포함 여부	제외				
주택의 수	2주택 이상시 실 거주주택만 적용	과세기간 종료일 현재 2주택 보유시 배제			

예규 •••

● **장기주택저당차입금 이자 상환액 공제시 주민등록표상 세대원 포함하여 주택 수 판단**(원천-462, 2011. 07.29., 원천-768, 2010.10.01.)

장기주택저당차입금 이자 상환액 공제를 적용함에 있어, 거주자와 그 배우자, 거주자의 주민등록표상 동일 세대원의 주택을 포함하여 과세기간 종료일 현재 2주택 이상을 보유하는 경우 해당 거주자는 동 규정에 따른 소득공제 적용대상자에 해당하지 아니하는 것임. 또한, 「소득세법」 제52조 제5항에 따라 세대 구성원이 보유한 주택을 포함하여 해당 과세기간에 2주택 이상을 보유한 기간이 3개월을 초과한 경우에는 장기주택저당차입금 이자 상환액 공제를 적용받을 수 없는 것임.

● **외국인 배우자가 장기주택저당차입금 이자 상환액 소득공제를 적용받을 수 있는지 여부**(서면법령해석국조 2020-1876, 2021.05.24., 서면법령해석국조 2020-583, 2021.05.07.)

근로소득이 있는 거주자로서 주택을 소유하지 아니하거나 1주택을 보유한 세대의 세대주가 장기주택저당차입금 이자 상환액 소득공제를 적용받지 않은 경우, 해당 세대의 구성원 중 근로소득이 있는 자는 구 「소득세법」(2020.12.29. 법률 제17758호로 개정되기 전의 것) 제52조 제5항에 따라 장기주택저당차입금 이자 상환액 공제를 적용받을 수 있으므로, 외국인 배우자로서 해당 세대의 구성원임이 세대별 주민등록표 등본 등에 의하여 객관적으로 확인되는 근로소득이 있는 거주자는 구 소득세법에 따른 장기주택저당차입금 이자 상환액 공제를 적용받을 수 있음.

● 장기주택저당차입금 이자 상환액 공제와 관련한 주택가격 적용기준(서면1팀 - 778, 2006.06.13.)

근로소득이 있는 거주자(일용근로자를 제외한다)로서 세대주 본인과 배우자 공동명의의 주택취득시 소득세법 제52조 제3항의 규정에 의한 장기주택저당차입금 이자 상환액 공제대상 주택의 가격은 같은 법 제99조 제1항의 규정에 따른 당해 주택의 기준시가를 기준으로 하여 '3억원 이하' 적용여부를 판단하는 것임.

2) 주택의 수 계산(소득법 집행기준 52 - 112 - 1)

① 주택 수의 범위에는 세대 구성원의 무허가 주택을 포함한다.
② 상속으로 여러 사람이 공동으로 소유하는 1주택이 있는 경우 해당 공동상속주택은 상속지분이 가장 큰 상속인이 주택을 소유한 것으로 보아 장기주택저당차입금 등 주택자금공제 여부를 판단한다. 이 경우 상속지분이 가장 큰 상속인이 2인 이상인 때에는 해당 주택에 거주하는 자, 최연장자의 순서에 따라 해당 거주자가 그 공동상속주택을 소유한 것으로 보아 공제가능 여부를 판단한다.
③ 동일자에 1주택을 취득·양도한 경우에는 1주택을 양도한 후 다른 1주택을 취득한 것으로 보아 장기주택저당차입금 규정을 적용한다.
④ 판매목적의 주택을 소유하는 경우 해당 주택은 주택 수에 포함한다.
⑤ 다가구주택은 단독주택으로 보아 국민주택규모를 판단한다. 다만, 다가구주택이 구분 등기된 경우에는 각각을 1개의 주택으로 보고 가구당 전용면적을 기준으로 소득공제 여부를 판단한다.

주택의 종류 구분	주택 수 포함 여부	주택의 종류 구분	주택 수 포함 여부
• 오피스텔	제외	• 무허가주택	포함
• 공동소유(상속 제외)	각자 1주택 (원천 - 464, 2011.07.29.)	• 농가주택	포함
• 거주 불가한 폐가	제외	• 사업용·판매목적 주택	포함
• 2013년 이전 차입금의 경우 다가구주택	단독주택으로 보고 판단	• 동일자 취득 양도한 경우	양도 후 취득한 것으로 봄
• 주택을 취득할 수 있는 권리	제외(서면1팀 - 1740, 2007.12.26.)	• 세대원 소유주택	포함
• 상속공동주택	지분이 큰 상속인 주택*		

* 상속지분이 가장 큰 상속인이 2인 이상인 때에는 ① 해당 주택에 거주하는 자, ② 최연장자의 순서에 따라 해당 거주자가 그 공동상속주택을 소유한 것으로 보아 공제가능 여부를 판단

(4) 장기주택저당차입금 요건

다음의 요건을 모두 갖추어야 하고 그 요건을 충족하지 못한 경우 그 사유가 발생한 해당 과세기간부터 장기주택저당차입금 이자상환액 공제를 받을 수 없다.

① 차입금의 상환기간이 15년 이상일 것
  ☆ 상환기간이 10년 이상이고 이자를 고정금리로 지급하거나 차입금을 비거치식 분할 상환하는 경우 600만원을 한도로 적용가능함.
② 주택소유권 이전등기 또는 보존등기일부터 3월 이내에 차입한 장기주택저당차입금일 것
  ☆ 부동산등기부등본의 「을구」의 근저당설정내역과 「갑구」의 소유권이전등기일과 비교하여 판단할 수 있다.
③ 장기주택저당차입금의 채무자가 해당 저당권이 설정된 주택의 소유자일 것

구 분	2000.11.01. 이전 차입	2000.11.02. 이후 차입
소유권이전등기 또는 보존등기일부터 차입기간 제한	기간제한 없음	3개월 이내 차입분만 적용

> **참고**
>
> ○ **주택의 양수인이 장기주택저당차입금의 채무를 인수하는 경우**(소득령 112 ⑧, ⑪, ⑭)
> ① 차입금의 상환기간을 산정할 때에 해당 주택의 전 소유자가 해당 주택에 저당권을 설정하고 차입한 장기주택저당차입금에 대한 채무를 양수인이 주택 취득과 함께 인수한 경우에는 해당 주택의 전 소유자가 해당 차입금을 최초로 차입한 때를 기준으로 하여 계산한다.
> ② 주택취득과 관련하여 해당 주택의 양수인이 장기주택저당차입금의 채무를 인수하는 경우 주택소유권 이전등기 또는 보존등기일부터 3월 이내에 차입요건을 적용하지 아니한다.
> ③ 주택양수인이 주택을 취득할 당시 주택의 기준시가 6억원('06년부터 '13년까지는 3억원, '14년부터 '18년까지는 4억원, '19년부터 '23년까지는 5억원)을 초과하는 경우 장기주택저당차입금으로 보지 아니한다.
>
> ○ **「조세감면규제법」 제92조의4에 따른 주택자금 차입금 이자세액 공제**(소득령 112 ⑫)
> (구)「조세감면규제법」 제92조의4의 규정에 의한 주택자금 차입금 이자에 대한 세액공제*를 받는 사람에 대하여는 해당 과세기간에 있어서는 해당 주택 취득과 관련된 차입금은 장기주택저당차입금으로 보지 아니한다.
> * 무주택 세대주 또는 1주택만을 소유한 세대주인 근로자가 '95.11.1.~'97.12.31. 기간 중 미분양주택 취득과 직접 관련하여 '95.11.1. 이후 국민주택기금 등으로부터 차입한 대출금의 이자상환액에 대해 세액공제 한다.

(5) 장기주택저당차입금 요건 특례(완화)

위 장기주택저당차입금의 요건을 모두 갖추지 아니하여도 다음에 해당하는 경우 해당 차입금은 장기주택저당차입금으로 본다. 다만, 다음의 ② 또는 ④에 해당하는 경우 기존의 차입금의 잔액을 한도로 한다.(소득령 112 ⑩)

① 「조세특례제한법」 제99조에 따른 양도소득세의 감면대상 신축주택을 최초로 취득하는 자가 금융회사 등 또는 「주택도시기금법」에 따른 주택도시기금으로부터 차입한 차입금으로 해당 주택을 취득하기 위하여 차입한 사실이 확인되는 경우. 이 경우 근로자 본인 명의의 주택에 본인 명의로 저당권을 설정하여 차입하여야 함.

② 장기주택저당차입금의 차입자가 해당 금융회사 등 내에서 또는 다른 금융회사 등으로 장기주택저당차입금을 이전하는 경우.
- 장기주택저당차입금의 이전 횟수는 상관없음
- 이 경우 차입금의 상환기간이 15년 이상인 요건을 갖추어야 함.
- 상환기간을 계산할 때에는 기존의 장기주택저당차입금을 최초로 차입한 날을 기준으로 함.

차입금융기관 변경	공제여부	공제한도
해당 금융기관 등 내에서 이전하는 경우	공제가능	기존 차입금 잔액 한도
다른 금융기관 등으로 이전하는 경우	공제가능	기존 차입금 잔액 한도

- 다음의 경우에 적용이 가능함.
  ㉠ 해당 금융회사 또는 다른 금융회사가 기존의 장기주택저당차입금의 잔액을 직접 상환하고 해당 주택에 저당권을 설정하는 형태로 장기주택저당차입금을 이전하는 경우
  ㉡ 해당 차입자가 신규로 차입한 장기주택저당차입금으로 기존의 장기주택저당차입금의 잔액을 즉시 상환하고 해당 주택에 저당권을 설정하는 형태로 장기주택저당차입금을 이전하는 방식

구분	2022.12.31. 이전	2023.1.1. 이후
거주자가 신규차입 후 기존대출상환시 이자상환액	이자상환액 소득공제 불가	이자상환액 소득공제 가능

- 차입금을 증액하여 이전한 후 장기주택저당차입금을 일부 상환한 경우: 상환된 차입금은 기존의 차입금 잔액과 이전 후 차입금 중 증액분의 비율대로 상환한 것으로 본다.(원천-297, 2011.05.24.)

③ 주택양수자가 금융회사 등 또는 「주택도시기금법」에 의한 주택도시기금으로부터 주택양도자의 주택을 담보로 차입금의 상환기간이 15년 이상인 차입금을 차입한 후 즉시 양도자가 소유권을 주택양수자에게로 이전하는 경우.

④ 주택소유권 이전등기 또는 보존등기일부터 3월 이내 차입한 차입금으로 채무자가 해당 주택에 저당권이 설정된 주택의 소유자 요건을 모두 충족하지만 그 상환기간이 15년 미만인 차입금의 차입자가 그 상환기간을 15년 이상으로 연장하거나 해당 주택에 저당권을 설정하고 상환기간을 15년 이상으로 하여 신규로 차입한 차입금으로 기존 차입금을 상환하는 경우로서 상환기간 연장 당시 또는 신규 차입 당시 주택의 기준시가 또는 주택분양권의 가격이 각각 6억원 이하인 경우.

- 주택소유권 이전등기 또는 보존등기일부터 3월 이내 차입 요건을 적용할 때에는 신규 차입금에 대하여는 기존 차입금의 최초 차입일을 기준으로 함.
⑤ 「조특법」 제98조의3에 따른 양도소득세 과세특례대상 주택을 2009년 2월 12일부터 2010년 2월 11일까지의 기간 중에 최초로 취득하는 자가 해당 주택을 취득하기 위하여 금융회사 등 또는 주택도시기금으로부터 2009년 2월 12일 이후 최초 차입한 차입금으로서 상환기간이 5년 이상인 경우.
  - 주택소유권 이전등기 또는 보존등기일부터 3월 이내 차입한 차입금으로 채무자가 해당 주택에 저당권이 설정된 주택의 소유자일 것

○ 「조세특례제한법」 제99조에 따른 양도소득세의 감면대상 신축주택

주택건설사업자를 제외한 거주자가 다음 어느 하나에 해당하는 신축주택(이에 부수되는 당해 건물의 연면적의 2배 이내의 토지 포함)을 취득하여 그 취득한 날로부터 5년 이내에 양도함으로써 발생하는 소득에 대해서는 양도소득세의 100분의 100에 상당하는 세액을 감면하며, 해당 신축주택을 취득한 날로부터 5년이 지난 후에 양도하는 경우에는 당해 신축주택을 취득한 날부터 5년간 발생한 양도소득금액을 양도소득과세대상소득금액에서 뺀다. 다만, 신축주택이 양도소득세의 비과세대상에서 제외되는 고가주택에 해당하는 경우에는 그러하지 아니한다.

① 자기가 건설한 주택(「주택법」에 따른 「주택조합 또는 도시 및 주거환경정비법」에 따른 정비사업 조합을 통하여 조합원이 취득하는 주택 포함)으로서 신축주택 취득기간에 사용승인 또는 사용검사(임시사용승인 포함)를 받는 주택
  ※ 신축주택 취득기간 : 1998년 5월 22일부터 1999년 6월 30일까지(국민주택의 경우에는 1998년 5월 22일부터 1999년 12월 31일까지로 함)
② 주택건설사업자로부터 취득하는 주택으로서 신축주택 취득기간에 주택건설업자와 최초로 매매계약을 체결하고 계약금을 납부한 자가 취득하는 주택(「주택법」에 따른 「주택조합 또는 도시 및 주거환경정비법」에 따른 정비사업조합을 통하여 취득하는 주택으로서 일정요건을 갖춘 주택 포함)

예규 ●●●

● 증여로 주택의 지분을 취득 후 장기주택저당차입금 차입시 이자상환액 소득공제 가능 여부(사전법규소득 2024-206, 2024.07.09.)

「상속세 및 증여세법」 제4조 제1항 제1호에 따라 취득한 주택에 저당권을 설정하고 차입금을 차입하는 경우 해당 차입금은 장기주택저당차입금에 해당하지 않는 것임.

☞ 저자주 : 증여로 취득시 장기주택저당차입금 이자상환액 소득공제 여부

구분	부담부증여	순수한 증여
장기주택저당차입금 이자상환액 소득공제 여부	소득공제 가능 (원천-538, 2011.08.30.)	소득공제 불가 (사전법규소득 2024-206, 2024.07.09.)

● **차입자가 다른 금융기관등으로부터 대출받아 기존 대출을 상환하는 경우에 장기주택저당차입금 이자상환액 소득공제 적용 여부**(기획재정부소득-6, 2024.01.03., 서면법규소득 2023-648, 2024.01.10.)

장기주택저당차입금 차입자가 해당 주택에 저당권을 설정하여 다른 금융기관으로부터 차입한 장기주택저당차입금으로 기존 금융기관의 장기주택저당차입금을 즉시 상환하는 경우에도 장기주택저당차입금 이자상환액 소득공제가 가능함. 동 해석은 회신일 이후 신고하거나 연말정산하는 분부터 적용됨.

● **소유권이전 등기 전 차입한 장기주택저당차입금이 소득법 §52⑤에 규정된 장기주택저당차입금에 해당하는지 여부**(사전법규소득 2022-434, 2022.04.29.)

주택양수자가 금융회사 등 또는「주택도시기금법」에 따른 주택도시기금으로부터 주택양도자의 주택을 담보로 차입금의 상환기간이 15년 이상인 차입금을 차입한 후 즉시 소유권을 주택양수자에게로 이전하는 경우 해당 차입금은 "대통령령으로 정하는 장기주택저당차입금"으로 보는 것임.

● **부담부증여로 주택 취득 시 장기주택저당차입금 이자상환액 공제 가능 여부**(원천-538, 2011.08.30.)

「상속세 및 증여세법」제47조에 따른 부담부증여로 취득한 주택(국민주택규모의 주택으로서 취득 당시 기준시가 3억원 이하인 주택에 한함)의 증여등기일로부터 3개월 이내에 해당 주택에 저당권을 설정하고 상환기간 15년 이상의 장기주택저당차입금을 금융회사로부터 대출받아 그 증여재산에 담보된 채무를 상환하는 경우 해당 채무액의 범위 내에서는 소득공제를 적용받을 수 있는 것임.

● **장기주택저당차입금을 다른 금융기관으로 이전시 소득공제 가능 여부**(서면1팀-574, 2008.04.25.)

장기주택저당차입금을 차입한 거주자가 당해 차입금의 상환기간 중에 동 차입금을 다른 금융기관으로 증액하여 이전하는 경우(당해 다른 금융기관이 기존의 장기주택저당차입금의 잔액을 직접 상환하고 당해 주택에 저당권을 설정하는 형태로 장기주택저당차입금을 이전하는 경우에 한함), 그 이전한 차입금은 기존 차입금의 잔액을 한도로 하여 장기주택저당차입금으로 보는 것임.

(6) 주택분양권에 대한 차입금

무주택자인 세대주가 취득한 분양권에 대한 차입금이 다음의 요건을 갖춘 경우에는 장기주택저당차입금으로 본다.

공제대상 근로자	무주택 세대의 세대주(세대 구성원은 적용불가)
주택분양권의 범위	주택법에 의한 사업계획승인을 얻어 건설되는 주택을 취득할 수 있는 권리 (주택조합 및 정비사업조합의 조합원이 취득하는 주택 또는 동 조합을 통하여 취득하는 주택 포함)
주택분양권 가격 요건	6억원(23년 이전 5억원, 20년 이전 4억원, 13년 이전 3억원) 이하 (2006.1.1. 이후 대출받는 분부터 적용) ※ 가격 산정 방법 　- 주택분양권 : 분양가격 　- 조합원입주권 : 다음과 같이 계산 | 청산금 납부 시	기존건물과 그 부수토지의 평가액 + 납부한 청산금
청산금 지급 시	기존건물과 그 부수토지의 평가액 - 지급받은 청산금	
차입금의 범위	다음 요건을 충족하는 차입금은 그 차입일(차입요건 변경의 경우에는 그 변경일)부터 해당 주택의 소유권 보존등기일까지 당해 차입금을 장기주택저당차입금으로 봄 • 해당 주택분양권으로 주택을 취득하기 위하여 금융기관 또는 주택도시기금으로부터 차입한 것일 것 • 해당 주택 완공시 장기주택저당차입금으로 전환할 조건으로 차입할 것 (2007.1.1. 이후 완공 전에 해당 차입금의 차입조건을 주택 완공시 장기주택저당차입금으로 전환할 것을 조건으로 변경하는 것을 포함)
공제 배제사유	근로자가 주택분양권을 2 이상 보유하게 된 경우

예규 •••

🔘 **주택분양권에 대한 장기주택저당차입금 이자 상환액 소득공제**(사전법규소득 2024 – 32, 2024.06.26.)

주택분양권에 대한 장기주택저당차입금에 대한 이자를 무주택자인 세대주가 지급한 경우에는 해당 과세기간에 지급한 이자 상환액을 한도액의 범위 내에서 해당 과세기간의 근로소득금액에서 공제할 수 있는 것임. 다만 거주자가 주택분양권을 둘 이상 보유하게 된 경우에는 그 보유기간이 속하는 과세기간에는 적용하지 아니하는 것임.

(7) 공제대상 이자 상환액 범위

장기주택차입금의 이자로서 선급 이자상환액, 연체 이자상환액은 지급한 연도에 공제받을 수 있다. 다만, 연체에 따른 이자는 공제대상 이자상환액에 해당하지 않는다.

구 분	공제 여부	구 분	공제 여부
• 해당연도 발생한 이자 상환액 • 선급 이자 상환액 • 연체된 이자 상환액	지급한 연도에 공제	• 미지급이자 • 연체에 따른 이자	공제불가

예규 ●●●

● **사내근로복지기금으로부터 일부 보조받은 장기주택저당차입금 이자 상환액이 소득공제 대상인지 여부**
(서면법규 – 1302, 2012.11.06.)

근로소득이 있는 거주자가 「사내근로복지기금법」에 따른 사내근로복지기금으로부터 장기주택저당차입금 이자 상환액의 일부를 보조받는 경우 해당 보조금은 근로소득에 해당하지 아니하는 것이며, 해당 이자 상환액은 「소득세법」 제52조 제5항의 장기주택저당차입금 이자 상환액 공제대상에 해당하지 아니하는 것임.

(8) 공제한도

장기주택저당차입금 이자 상환액은 다음의 한도액을 기준으로 공제한다.

공제액 = Min{Min[(① + ②) × 40%, 400만원] + ③, 800만원*}
① 주택청약종합저축불입액(연 300만원 한도)
② 주택임차자금 차입금 원리금상환액
③ 장기주택저당차입금 이자 상환액

* 2016.01.01. 이후 최초 차입(장기주택저당차입금 요건에 해당하나 상환기간이 15년 미만인 차입금의 상환기간을 15년 이상으로 연장하거나 해당 주택에 저당권을 설정하고 상환기간 15년 이상의 신규차입금으로 기존차입금을 상환하는 경우 포함)하는 경우 장기주택저당차입금의 상환기간과 상환방식에 따라 다음의 한도 적용한다.

차입 및 상환기간 연장 시기	상환기간	상환방식	한도금액
2024.1.1. 이후	15년 이상	고정금리 방식이고 비거치식 분할상환방식	2,000만원
		고정금리 방식 또는 비거치식 분할상환방식	1,800만원
		기타	800만원
	10년 이상 15년 미만	고정금리 방식 또는 비거치식 분할상환방식	600만원
2015.1.1. 이후	15년 이상	고정금리 방식이고 비거치식 분할상환방식	1,800만원
		고정금리 방식 또는 비거치식 분할상환방식	1,500만원
		기타	500만원

차입 및 상환기간 연장 시기	상환기간	상환방식	한도금액
2012.1.1.~2014.12.31 .	10년 이상 15년 미만	고정금리 방식 또는 비거치식 분할상환방식	300만원
	15년 이상	차입금의 70% 이상이 고정금리 또는 비거치 식 분할상환방식	1,500만원
	15년 이상	그 외 방식	500만원
2004.1.1.~2011.12.31 .	30년 이상	상환방식 무관	1,500만원
	15년 이상 30년 미만	상환방식 무관	1,000만원
2003.12.31. 이전	15년 이상	상환방식 무관	1,000만원
	10년 이상 15년 미만	상환방식 무관	600만원

참고

○ 상환방식의 고정금리 방식과 비거치식 분할상환방식(소득령 112 ⑨)

① 고정금리 방식 : 차입금의 100분의 70 이상의 금액에 상당하는 분에 대한 이자를 상환기간 동안 고정금리로 지급하는 경우(5년 이상의 기간 단위로 금리를 변경하는 경우를 포함)

② 비거치식 분할상환 방식 : 차입일이 속하는 과세기간의 다음 과세기간부터 차입금 상환기간의 말일이 속하는 과세기간까지 매년 다음 계산식에 따른 금액 이상의 차입금을 상환하는 경우

$$\text{기준금액} = \text{차입금의 100분의 70 / 상환기간 연수}^{☆}$$

☆ 상환기간 연수 중 1년 미만의 기간은 1년으로 본다.

예규

● **장기주택저당차입금 이자상환액 소득공제를 위한 비거치식 분할상환방식의 판단기준**(서면법규소득 2024 - 881, 2024.06.26., 서면법규소득 2024 - 881, 2024.06.26.)

"비거치식 분할상환"이란 차입일이 속하는 과세기간의 다음 과세기간부터 차입금 상환기간의 말일이 속하는 과세기간까지 매년 "차입금의 100분의 70 / 상환기간 연수" 이상의 차입금을 상환하는 경우를 의미하는 것임.

● **장기주택저당차입금 이자상환액 소득공제 한도 변경의 개정규정은 개정일 이후 장기주택저당차입금에 해당하는 경우에만 적용함**(서면법규 - 1489, 2012.12.14.)

2012.1.1. 법률 제11146호로 개정된 「소득세법」 제52조 제5항 단서 규정을 적용함에 있어, 2011년 12월 31일 이전에 차입한 차입금의 상환기간이 15년 미만으로서 장기주택저당차입금에 해당하지 아니하였으나 2012년 1월 1일 이후 상환기간을 연장하는 등으로 같은 법 시행령 제112조 제9항 제4

호의 요건에 해당하는 경우에는 관련 부칙 제7조에 따라 개정된 규정을 적용하는 것이며, 2011년 12월 31일 이전에 차입한 장기주택저당차입금의 금리유형, 상환방식 등을 변경하면서 상환기간을 연장하는 경우에는 관련 부칙 제17조에 따라 종전 규정에 따르는 것임.

☞ 저자주 : 차입시기 및 금리유형 및 상환방식 변경에 따른 공제한도 요약

차입시기	차입시점 상환기간	변경내용	공제한도
2011.12.31. 이전	15년 이상	금리유형·상환방식 변경	종전 규정 한도
	15년 미만	상환기간 15년 이상으로 연장 금리유형·상환방식 변경	변경한 연도 규정에 의한 한도
2012.01.01.~ 2014.12.31.	15년 이상	금리유형·상환방식 변경	당초 차입금 발생시점 기준 변경된 공제한도
	15년 미만	상환기간 15년 이상으로 연장 금리유형·상환방식 변경	
2015.01.01. 이후	10년 미만	상환기간 15년 미만으로 연장 금리유형·상환방식 변경	공제불가
	10년 미만	상환기간 15년 이상으로 연장 금리유형·상환방식 변경	당초 차입금 발생시점 기준 변경된 공제한도
	15년 이상	금리유형·상환방식 변경	
	15년 미만	상환기간 15년 이상으로 연장 금리유형·상환방식 변경	

● **주택의 공동명의 구입 또는 주택자금을 공동차입시 이자상환액 공제 여부**(재소득 46073 - 12, 2001.01.17.)

근로자가 주택을 타인(배우자 또는 제3자)과 공동명의로 구입하거나 공동명의로 주택자금을 차입한 경우 각 사례별로 아래와 같이 장기주택저당차입금 이자상환액 소득공제를 적용함.

상 황	공제 여부
근로자 명의 주택 + 근로자 명의 차입금	공제 대상에 해당됨
근로자 명의 주택 + 배우자 명의 차입금	공제 대상에 해당하지 않음
배우자 명의 주택 + 근로자 명의 차입금	
공동명의 주택 + 근로자 명의 차입금	근로자가 전액 공제 가능
근로자 명의 주택 + 공동명의 차입금	근로자 채무부담 부분에 해당하는 이자상환액 공제(별도 약정이 없는 경우 공동차입자 간 채무분담비율이 균등한 것으로 봄)
공동명의 주택 + 공동명의 차입금	

● **주택 소유자와 차입자에 따른 공제 여부**

주택소유자	차입자	공제 여부
본인	본인	○
본인	배우자	×
본인	본인 + 배우자	본인 부담분만*
본인 + 배우자	본인	○
본인 + 제3자	본인 + 제3자	본인 부담분만*
배우자	본인	×

* 차입금을 타인과 공동으로 차입한 경우 본인의 채무부담분에 해당하는 이자상환액만 공제함, 별도의 약
  정이 없는 경우에는 채무분담비율이 균등한 것으로 봄

(9) 공제신청서류

장기주택저당차입금 이자상환액 공제를 적용받기 위하여 다음의 공제증명서류를 원천
징수의무자에게 제출하여야 한다.

① 해당 금융회사 등이 발행하는 장기주택저당차입금이자상환증명서
② 주민등록표 등본
③ 주택의 가액 또는 주택분양권의 가격을 확인할 수 있는 다음에 해당하는 서류와 건물등기부등본
  또는 분양계약서
  ㉠「부동산가격공시에 관한 법률 시행규칙」제13조에 따른 개별주택가격 확인서
  ㉡ 공동주택가격 확인서(「부동산가격공시에 관한 법률 시행규칙」제16조)
    ※ 부동산 공시가격 알리미(www.kais.kr/realtyprice/main/mainBody.htm) 참조
  ㉢ 그 밖에 주택의 가액 또는 주택분양권의 가격을 확인할 수 있는 서류로서 국세청장이 정하여
    고시하는 서류
④「조세특례제한법」제99조에 따른 양도소득세 감면대상 신축주택에 대해 장기주택저당차입금 이
  자상환액을 공제받는 경우
  ㉠ 자기가 건설한 주택(주택조합 또는 정비사업조합의 조합원이 취득하는 주택 포함) : 사용승인
    서 또는 사용검사서(임시사용승인서 포함) 사본
  ㉡ 주택건설업자가 건설한 주택 : 주택매매계약서 사본, 계약금을 납부한 사실을 입증할 수 있는
    서류 및 주택건설사업자의 확인서
⑤ 장기주택저당차입금의 차입자가 상환기간 연장 등 다음의 경우 : 기존 및 신규차입금의 대출계약
  서 사본
  ㉠ 해당 금융회사 등 내에서 또는 다른 금융회사 등으로 장기주택저당차입금을 이전하는 경우
  ㉡ 상환기간이 15년 미만인 차입금의 차입자가 상환기간을 15년 이상으로 연장하는 경우
  ㉢ 해당 주택에 저당권을 설정하고 상환기간을 15년 이상으로 하여 신규로 차입한 차입금으로
    기존 차입금을 상환하는 경우

○ 장기주택저당차입금 이자상환액공제 요건 중 상환기간 및 소유권이전등기일 3월내 차입, 공제한도 개정연혁

구 분	'00.10.31. 이전 차입분	'00.11.01.~ '03.12.31.차입분	'04.1.1. 이후 차입분	'09.1.1. 이후 상환분
상환기간	규정 없음	10년 이상 (거치기간 포함)	15년 이상 (거치기간이 3년 이하인 경우에 한하며 거치기간 포함)	15년 이상 (거치기간 제한없음)
소유권이전 (보존)등기일 3월 이내 차입	규정 없음	3월 내 차입	3월 내 차입	3월 내 차입
공제한도	300만원	600만원	1,000만원	1,000만원 (1,500만원)

구 분	'15.1.1. 이후 차입분	'24.1.1. 이후 차입분
상환기간	① 10년 이상이면서 상환방식이 고정금리 또는 비거치식 분할상환인 경우 ② 15년 이상이면서 상환방식이 고정금리 또는 비거치식 분할상환 외의 경우 ③ 15년 이상이면서 상환방식이 고정금리 또는 비거치식 분할상환인 경우 ④ 15년 이상이면서 상환방식이 고정금리이면서 비거치식 분할상환인 경우	
소유권이전(보존) 등기일 3월 이내 차입	3월 내 차입	
공제한도	① 300만원　② 500만원 ③ 1,500만원　④ 1,800만원	① 600만원　② 800만원 ③ 1,800만원　④ 2,000만원

○ 장기주택저당차입금으로 보는 경우

특례사항	구체적인 내용	비 고
양도소득세 감면대상 신축주택 취득	「조세특례제한법」 제99조(신축주택의 취득자에 대한 양도소득세 감면) 규정에 의한 양도소득세 감면대상 신축주택을 최초로 취득하는 자가 금융기관 또는 주택도시기금으로부터 차입금을 차입한 경우	1998.5.22. ~ 1999.12.31. 취득 주택
장기주택저당 차입금을 이전	장기주택저당차입금의 차입자가 당해 금융기관 내에서 또는 다른 금융기관으로 당해 차입금을 이전하는 경우 ※ 당해 금융기관 또는 다른 금융기관이 기존의 장기주택저당차입금의 잔액을 직접 상환하고 당해 주택에 저당권을 설정하는 형태로 이전하여야 함 ※ 당해 차입금의 상환기간이 15년 이상이어야 하며, 상환기간은 기존에 최초로 차입한 날을 기준	2003.1.1. 이후
	※ 해당 차입자가 신규로 차입한 장기주택저당차입금으로 기존의 장기주택저당차입금의 잔액을 즉시 상환하고 해당 주택에 저당권을 설정하는 형태로 장기주택저당차입금을 이전하는 방식	2023.1.1. 이후

특례사항	구체적인 내용	비 고
주택양도자의 담보로 주택 취득	주택양수자가 금융기관 또는 주택도시기금으로부터 주택양도자의 담보로 상환기간이 15년 이상인 차입금을 차입한 후 즉시 소유권을 이전받는 경우	
단기 차입금을 장기 차입금으로 상환하거나, 상환기간을 연장	다른 요건은 모두 충족하나 상환기간만 15년 미만이었던 차입금을 상환기간 15년 이상인 신규차입금으로 기존 차입금을 상환하거나, 기존차입금의 상환기간을 15년 이상으로 연장한 경우 ※ 이 경우 주택소유권 이전등기 또는 보존등기일부터 3월 이내 차입기준의 적용은 기존차입금의 최초 차입일을 기준으로 함 ※ 공제금액은 기존 차입금의 잔액을 한도로 함 ※ 전환 또는 연장 당시 기준시가 요건을 충족해야 함.	2007.2.28. 이후 연장분부터 적용
주택양수자 차입금 인수	주택양수인이 소득공제 대상이 되는 장기주택저당차입금을 인수한 경우 • 주택양수인이 잔여 소득공제 기간동안 소득공제 가능	주택양수시 주택 기준시가 5억원 이하 요건 충족

○ **차입시점에 따른 법률개정 경과 조치**

차 입 금	경과 조치
2000.10.31. 이전 차입분	소유권이전등기 또는 보존등기일로부터 3개월 이내 차입 요건 적용하지 않음.
2003.12.31. 이전 차입분	차입금의 상환기간(거치기간 포함)이 10년 이상인 차입금(2004.1.1. 이후 차입분부터 15년 이상) • 상환기간이 10년 이상 15년 미만인 경우 공제한도는 600만원 • 상환기간이 15년 이상이거나 15년 이상으로 전환하는 경우 이자상환액 1,000만원 한도 공제
2005.12.31. 이전 차입분	2주택 이상 보유한 경우 ⇨ 본인이 실제 거주하는 국민주택규모의 주택에 한하여 공제 ⇨ 거주기간 동안 발생한 이자상환액만 공제
	취득 당시 기준시기가 3억원 이하 요건을 충족하지 않아도 국민주택규모의 주택이면 공제 가능
	〈적용사례〉 • 2005.12.31. 이전에 장기주택저당차입금을 차입하고 이자상환액에 대해 소득공제를 받아 오다가 2009년에 세대원인 배우자의 주택 취득으로 인해 과세기간 종료일 현재 2주택 보유자가 된 경우에는 소득공제대상이 아님. • 2005.12.31. 이전 2주택 이상자가 2006.1.1. 이후 주택의 추가 취득이 없는 경우, 본인이 실제 거주한 주택의 장기주택저당차입금 이자상환액은 2주택이라 하더라도 부칙에 따라 계속적으로 소득공제 대상에 해당

	사 례	공제여부판단
①	장기주택저당차입금 일시 상환	• 장기주택저당차입금 상환기간 중 차입금 잔액을 일시에 상환하여 기간 요건을 충족하지 못하게 되는 경우 해당 연도에 상환한 이자상환액에 대해 소득공제 불가능
②	장기주택저당권이 설정된 주택을 양수하면서 차입금 승계	• 주택의 전 소유자가 저당권을 설정하고 차입한 장기주택저당차입금에 대한 채무를 양수인이 주택취득과 함께 인수하는 때에는 전 소유자가 당해 차입금을 최초로 차입한 때를 기준으로 상환기간을 계산 • 승계 당시 기준시가 5억원 이하 요건을 충족하여야 공제 가능
③	공동명의 주택의 기준시가 판단	• 근로소득이 있는 거주자인 세대주가 본인과 배우자 공동명의의 주택 취득시 장기주택저당차입금 이자상환액 공제대상 주택의 가격은 인별로 안분하는 것이 아니라 당해 주택의 기준시가를 기준으로 판단
④	장기주택저당차입금 채무자와 주택의 소유자가 다른 경우	• 장기주택저당차입금은 본인 명의 주택에 본인 명의로 차입한 차입금에 대해 적용 가능하므로, 차입자 및 주택의 소유자가 다른 경우 해당 차입금은 공제받을 수 없음.
⑤	주거용 오피스텔 공제여부	• 오피스텔은 건축법상 업무시설로 주택법상 주택에 해당하지 않으므로 해당 차입금은 공제대상에 해당하지 않음. * 주거용 오피스텔은 월세 세액공제와 주택임차자금 차입금 원리금상환액 공제 대상에는 포함됨.
⑥	2000.10.31. 이전에 소유권 이전등기일로부터 3월이 경과 후 차입한 상환기간 8년을 15년으로 전환한 경우	• 2000.10.31. 이전에 차입한 경우에는 주택소유권이전등기일 또는 보존등기일로부터 3개월 이내에 차입 요건을 적용하지 아니하므로 사례와 같이 전환한 경우 당해 차입금은 공제대상에 해당됨.

> 예규 ●●●

● **주택 취득 전 차입한 장기주택저당차입금 이자상환액 소득공제 여부**(사전법령해석소득 2020-217, 2020.04.06.)

근로소득이 있는 거주자로서 주택을 소유하지 아니하거나 1주택을 보유한 세대의 세대주가 기준시가 5억원 이하의 주택을 취득하기 전에 그 주택에 저당권을 설정하여 금융기관등으로부터 만기 15년 이상의 주택자금을 차입한 후 즉시 본인에게로 소유권을 이전등기(공동소유 포함)하는 경우에는 해당 차입금은 장기주택저당차입금에 해당하는 것임.

● **소득공제 대상 주택 멸실된 경우 소득공제 가능 시점**(기획재정부소득-237, 2016.06.02.)

장기주택저당차입금 이자상환액 소득공제를 적용받은 거주자가 재건축 절차인 관리처분 인가과정에서 저당권이 설정된 주택이 신탁이전 등기 및 주택 저당권 말소로 더 이상 "장기주택저당차입금의 채무자가 저당권이 설정된 주택의 소유자일 것"의 요건을 충족하지 못하게 된 경우, 그 사유가 발생한 날 이후의 이자상환액부터 소득공제를 적용하지 아니하는 것임.

● 장기주택저당차입금을 다른 금융기관으로 3회 이상 대환하는 경우에도 소득공제 가능(원천 – 187, 2012. 04.10.)

법정요건을 갖춘 장기주택저당차입금을 다른 금융회사로 이전하는 경우 최초 장기주택저당차입금의 잔액을 한도로 적용하는 것임.

● 장기주택저당차입금을 다른 금융회사로 증액하여 이전 후 차입금 일부를 상환한 경우 어떤 차입금에서 먼저 상환된 것인지 여부(원천 – 297, 2011.05.24.)

장기주택저당차입금의 차입자가 해당 금융회사 등 내에서 또는 다른 금융회사 등으로 장기주택저당차입금을 증액하여 이전(해당 금융회사 등 또는 다른 금융회사 등이 기존의 장기주택저당차입금의 잔액을 직접 상환하고 해당 주택에 저당권을 설정하는 형태로 장기주택저당차입금을 이전하는 경우만 해당)한 후 일부 차입금을 상환한 경우, 상환된 차입금은 '기존의 차입금 잔액'과 '이전 후 차입금 중 증액분'의 비율대로 상환된 것으로 보고 소득공제대상액을 계산하는 것임.

● 배우자 명의 주택을 부부 공동명의로 변경 및 근로자 명의 차입금으로 변경시 장기주택저당차입금 이자상환액 공제(원천 – 163, 2010.02.23., 원천 – 468, 2009.05.29., 원천 – 453, 2009.05.27.)

장기주택저당차입금 이자상환액공제 대상이 되는 주택은 근로자 본인 명의(공동명의 포함)로 취득한 주택이어야 하며, 부부 공동명의로 주택을 취득하고 배우자 명의로 차입한 장기주택저당차입금의 명의를 근로자 본인 명의로 변경한 경우 소득공제 대상 장기주택저당차입금에 해당하지 않는 것임.

● 상환기간 20년 또는 30년인 장기주택저당차입금 상환 중 일시상환시 소득공제(원천 – 680, 2009.08.11.)

상환기간 20년 이상의 장기주택저당차입금이 있는 근로자가 그 상환기간 중 차입금의 잔액을 15년 경과 후 그 상환기간 만료 전에 일시에 상환하는 경우 당해연도에 지급한 이자상환액은 연 1천만원을 한도로 하여 당해연도 근로소득금액에서 공제할 수 있는 것임.

● 장기주택저당차입금 일시상환액 시 당해연도 이자불입액의 소득공제 해당 여부(원천 – 488, 2009.06.04.)

장기주택저당차입금이 있는 근로자가 차입금의 상환기간 중 차입금의 잔액을 일시에 상환하여 당해연도에는 동 차입금이 요건을 충족하지 못하는 경우, 당해연도에 지급한 당해 차입금의 이자상환액에 대하여는 적용되지 아니하는 것임.

☞ 저자주 : 장기주택저당차입금의 상환시기별 소득공제 여부

구분	조기상환	상환기간 이후 상환
소득공제 여부	소득공제 불가 기 공제분 추징은 안함.	소득공제 가능

● 부부 공동소유의 주택에 설정된 차입금의 채무자 변경 시 이자상환액공제 해당 여부(원천 – 453, 2009. 05.27.)

부부가 공동으로 소유하는 주택이 있는 거주자가 배우자가 차입한 장기주택저당차입금의 상환기간 중에 본인 명의로 당해 주택에 저당권을 설정하고 차입한 상환기간 15년 이상의 신규 차입금(주택소유권이전등기일부터 3월 이내 차입한 경우에는 제외한다)으로 기존의 배우자 명의 차입금을 상환하는 경우 당해 신규 차입금은 장기주택저당차입금에 해당하지 아니하는 것임.

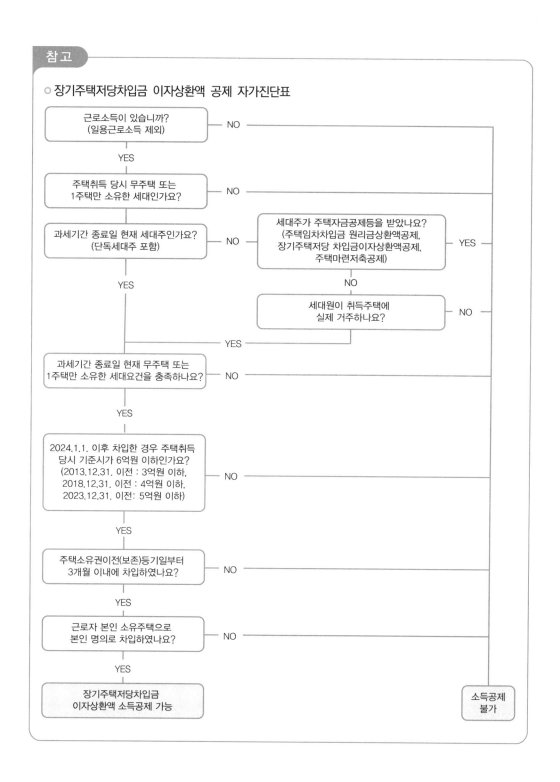

참 고

○ 장기주택저당차입금 이자상환액 공제 자가진단표

근로소득이 있습니까?
(일용근로소득 제외) —— NO

YES

주택취득 당시 무주택 또는
1주택만 소유한 세대인가요? —— NO

과세기간 종료일 현재 세대주인가요?
(단독세대주 포함) —— NO → 세대주가 주택자금공제등을 받았나요?
(주택임차차입금 원리금상환액공제,
장기주택저당 차입금이자상환액공제,
주택마련저축공제) —— YES

YES

NO

세대원이 취득주택에
실제 거주하나요? —— NO

YES

과세기간 종료일 현재 무주택 또는
1주택만 소유한 세대요건을 충족하나요? —— NO

YES

2024.1.1. 이후 차입한 경우 주택취득
당시 기준시가 6억원 이하인가요?
(2013.12.31. 이전 : 3억원 이하,
2018.12.31. 이전 : 4억원 이하,
2023.12.31. 이전: 5억원 이하) —— NO

YES

주택소유권이전(보존)등기일부터
3개월 이내에 차입하였나요? —— NO

YES

근로자 본인 소유주택으로
본인 명의로 차입하였나요? —— NO

YES

장기주택저당차입금
이자상환액 소득공제 가능

소득공제
불가

03절

기타 소득공제 및 공제종합한도

1 개인연금저축공제

조세특례제한법 부칙 법률 제1614호 제40조에 의하여 근로자가 다음의 개인연금저축에 가입하여 해당 연도에 불입한 금액에 대해 근로소득금액에서 공제한다.(조특법 86 : 2013. 1.1.삭제)

구 분	개인연금저축
가입기간	2000.12.31. 이전 가입
가입대상	만 20세 이상
불입금액	분기마다 300만원 이내에서 불입
불입기간	10년 이상
만기 후 지급조건	계약기간 만료 후 만 55세 이후부터 5년 이상 연금으로 지급받는 저축
소득공제비율	연간 불입액의 40%
공제금액한도	연 72만원
연금수령 시 과세방법	과세하지 않음
중도해지·연금 외의 형태 수령시 원천징수	• 이자소득으로 과세
추징제외사유	• 해외이주, 천재지변, 저축자의 퇴직, 저축자 근무사업장의 폐업 • 저축자의 3월 이상의 입원치료 또는 요양을 요하는 상해 질병발생 • 저축기관의 영업정지, 허가의 취소, 해산결의, 파산선고

	사 례	공제여부판단
①	해당 연도에 중도 해지하는 경우	• 해당 연도 저축불입액은 연말정산 소득공제받을 수 없음. • 해지 해당 연도 불입액에 대해 공제받지 않은 연금저축 가입자의 경우 해당 연도 저축불입액은 기타소득으로 과세하지 않음.
②	개인연금저축 가입자가 연금저축에 가입한 경우	• 개인연금저축 소득공제와 함께 연금계좌세액공제도 적용 가능

	사 례	공제여부판단
③	배우자 또는 부양가족 명의로 가입한 개인연금저축	• 근로자 본인 외 부양가족 명의로 가입한 저축은 공제대상에 해당되지 않음.
④	보장성보험과 개인연금저축이 혼용된 보험상품	• 개인연금저축과 보장성 보험이 혼용된 개인연금저축보험의 경우 해당연도 저축불입액을 개인연금저축분과 보장성보험분으로 각각 구분하여 공제 적용 * 보험회사에서 발행하는 납입증명서에 의해 보장성보험 보험료와 연금저축 불입분이 구분되어 있어 확인 가능

2 / 벤처투자조합 출자 등에 대한 소득공제

1. 투자조합 등 출자 또는 투자의 범위

거주자가 2025년 12월 31일까지 다음의 어느 하나에 해당하는 출자 또는 투자를 하는 경우 벤처투자조합출자 등에 대한 소득공제를 적용한다. 다만, 타인의 출자지분이나 투자지분 또는 수익증권을 양수하는 방법으로 출자하거나 투자하는 경우에는 공제대상에 해당하지 아니한다.(조특법 16)

① 벤처투자조합, 민간재간접벤처투자조합, 신기술사업투자조합 또는 전문투자조합에 출자하는 경우. 다만 2024.2.29. 이후 벤처투자조합에 출자하는 경우에는 다음의 금액을 출자액으로 한다.

$$\text{소득공제대상 출자액} = \text{거주가가 벤처투자조합에 출자한 금액} \times \frac{\text{벤처투자조합이 벤처기업등에 투자한 금액}}{\text{벤처투자조합의 출자액 총액}}$$

☆ 2024.2.28. 이전 벤처투자조합의 출자액은 출자액 총액으로 소득공제 가능함.
② 벤처기업투자신탁[12]의 수익증권에 투자하는 경우
③ 개인투자조합에 출자한 금액을 벤처기업 또는 이에 준하는 창업 후 3년 이내의 중소기업으로서 벤처기업등에 투자하는 경우[13]

$$\text{소득공제대상 투자액} = \text{거주가가 개인투자조합에 출자한 금액} \times \frac{\text{개인투자조합이 벤처기업등에 투자한 금액}}{\text{개인투자조합의 출자액 총액}}$$

④ 「벤처기업육성에 관한 특별법」에 따라 벤처기업등에 투자하는 경우
⑤ 창업·벤처전문사모집합투자기구에 투자하는 경우
⑥ 「자본시장과 금융투자업에 관한 법률」 제117조의10에 따라 온라인소액투자중개의 방법으로 모집하는 창업 후 7년 이내의 중소기업으로서 일정요건을 갖춘 기업[14]의 지분증권에 투자하는 경우

12) 벤처기업투자신탁이란 다음의 요건을 갖춘 신탁을 말한다.(조특령 14 ①) ③ 각 목 외의 부분 후단 및 ④에 따른 요건의 충족 여부를 판단할 때 벤처기업투자신탁이 ③ 가목 1) 또는 2) 중 어느 것에 따라 취득한 주식인지 여부가 불분명한 주식을 매도하는 경우에는 벤처기업투자신탁의 재산총액에서 각각의 주식의 평가액이 차지하는 비율에 비례하여 해당 주식을 각각 매도한 것으로 본다.(조특령 14 ⑬)
   ① 「자본시장과 금융투자업에 관한 법률」에 의한 투자신탁(같은 법 제251조에 따른 보험회사의 특별계정을 제외한다)으로서 계약기간이 3년 이상일 것.
   ② 통장에 의하여 거래되는 것일 것
   ③ 투자신탁의 설정일부터 6개월(「자본시장과 금융투자업에 관한 법률」 제9조 제19항에 따른 사모집합투자기구에 해당하지 않는 경우에는 9개월) 이내에 투자신탁 재산총액에서 다음 각 목에 따른 비율의 합계가 100분의 50 이상일 것. 이 경우 투자신탁 재산총액에서 가목1)에 따른 투자를 하는 재산의 평가액이 차지하는 비율은 100분의 15 이상이어야 한다.
      가. 벤처기업에 다음의 투자를 하는 재산의 평가액의 합계액이 차지하는 비율
         1) 「벤처투자 촉진에 관한 법률」 제2조 제1호에 따른 투자
         2) 타인 소유의 주식 또는 출자지분을 매입에 의하여 취득하는 방법으로 하는 투자
      나. 벤처기업이었던 기업이 벤처기업에 해당하지 않게 된 이후 7년이 지나지 않은 기업으로서 「자본시장과 금융투자업에 관한 법률」에 따른 코스닥시장에 상장한 중소기업 또는 중견기업에 가목 1) 및 2)에 따른 투자를 하는 재산의 평가액의 합계액이 차지하는 비율
   ④ ③의 요건을 갖춘 날부터 매 6개월마다 같은 호 각 목 외의 부분 전단 및 후단에 따른 비율(투자신탁 재산의 평가액이 투자원금보다 적은 경우로서 같은 후단에 따른 비율이 100분의 15 미만인 경우에는 이를 100분의 15로 본다)을 매일 6개월 동안 합산하여 같은 기간의 총일수로 나눈 비율이 각각 100분의 50 및 100분의 15 이상일 것. 다만, 투자신탁의 해지일 전 6개월에 대해서는 적용하지 아니한다.
13) 개인투자조합에 출자한 금액을 벤처기업 또는 이에 준하는 창업 후 3년 이내의 중소기업으로서 벤처기업등에 투자하는 경우란 「벤처투자 촉진에 관한 법률」 제2조 제8호에 따른 개인투자조합이 거주자로부터 출자받은 금액을 해당 출자일이 속하는 과세연도의 다음 과세연도 종료일까지 다음의 어느 하나에 해당하는 기업에 같은 법에 따라 투자하는 것을 말한다.(조특령 14 ③)
   ① 벤처기업
   ② 창업 후 3년 이내의 중소기업으로서 「벤처기업육성에 관한 특별법」 제2조의2 제1항 제2호 다목에 따른 기업
   ③ 창업 후 3년 이내의 중소기업으로서 개인투자조합으로부터 투자받은 날(법 제16조의5의 경우에는 산업재산권을 출자받은 날을 말한다)이 속하는 과세연도의 직전 과세연도에 법 제10조 제1항에 따른 연구·인력개발비를 3천만원 이상 지출한 기업. 다만, 직전 과세연도의 기간이 6개월 이내인 경우에는 법 제10조 제1항에 따른 연구·인력개발비를 1천5백만원 이상 지출한 중소기업으로 한다.
   ④ 창업 후 3년 이내의 중소기업으로서 「신용정보의 이용 및 보호에 관한 법률」 제2조 제8호의3 다목에 따른 기술신용평가업무를 하는 기업신용조회회사가 평가한 기술등급(같은 목에 따라 기업 및 법인의 기술과 관련된 기술성·시장성·사업성 등을 종합적으로 평가한 등급을 말한다)이 기술등급체계상 상위 100분의 50에 해당하는 기업
14) 일정요건을 갖춘 기업이란 다음의 기업을 말한다.
   ① 창업 후 7년 이내의 중소기업으로서 「벤처기업육성에 관한 특별법」 제2조의2 제1항 제2호 다목에 따른 기업
   ② 창업 후 7년 이내의 중소기업으로서 개인투자조합으로부터 투자받은 날(법 제16조의5의 경우에는 산업재산권을 출자받은 날을 말한다)이 속하는 과세연도의 직전 과세연도에 법 제10조 제1항에 따른 연구·인력개발비를 3천만원 이상 지출한 기업. 다만, 직전 과세연도의 기간이 6개월 이내인 경우에는 법 제10조 제1항에 따른 연구·인력개발비를 1천5백만원 이상 지출한 중소기업으로 한다.
   ③ 창업 후 7년 이내의 중소기업으로서 「신용정보의 이용 및 보호에 관한 법률」 제2조 제8호의3 다목에 따른 기술신용평가업무를 하는 기업신용조회회사가 평가한 기술등급(같은 목에 따라 기업 및 법인의 기술과 관련된 기술성·시장성·사업성 등을 종합적으로 평가한 등급을 말한다)이 기술등급체계상 상위 100분의 50에 해당하는 기업

2. 소득공제액 및 한도

벤처투자조합 출자등에 대한 소득공제액은 다음과 같다.

구 분	소득공제액		소득공제 한도
• 벤처투자조합, 민간재간접벤처투자조합, 신기술사업투자조합 또는 전문투자조합에 출자하는 경우 • 창업·벤처전문사모집합투자기구에 투자하는 경우	출자·투자액 × 10%		해당 과세연도의 종합소득금액 × 50%
• 벤처기업투자신탁의 수익증권에 투자하는 경우 ＊ 투자액은 거주자 1명당 3천만원을 한도함			
• 개인투자조합에 출자한 금액을 벤처기업 또는 이에 준하는 창업 후 3년 이내의 중소기업으로서 벤처기업등에 투자하는 경우 • 「벤처기업육성에 관한 특별법」에 따라 벤처기업등에 투자하는 경우 • 「자본시장과 금융투자업에 관한 법률」 제117조의10에 따라 온라인소액투자중개의 방법으로 모집하는 창업 후 7년 이내의 중소기업으로서 일정요건을 갖춘 기업의 지분증권에 투자하는 경우	출자·투자액 중	공제율 (초과누진율)	
	3천만원 이하	100%	
	3천만원 초과 5천만원 이하	70%	
	5천만원 초과	30%	

 적용사례

근로자(근로소득금액 5,000만원)가 2024.6.30. A벤처기업의 유상증자시 3,500만원을 투자하여 2024년 귀속 연말정산시 소득공제를 신청한 경우 투자조합출자 등 소득공제금액은?

2,500만원

☞ ① 공제대상금액 : 3,000만원 + (3,500만원 − 3,000만원) × 70% = 3,350만원
  ② 공제한도액 : 5,000만원(근로소득금액) × 50% = 2,500만원
  ③ 소득공제금액 : 2,500만원 (①과 ② 중 적은 금액)

근로자(근로소득금액 1억원)가 2024.6.30. A벤처투자조합에 5억원을 출자하였으며 A벤처투자조합의 총출자액은 100억원이며 2024년에 벤처기업에 투자한 금액은 80억원일 때 2024년 귀속 연말정산시 소득공제를 신청한 경우 투자조합출자 등 소득공제금액은?

4,000만원

☞ ① 소득공제 대상 출자금액 : 50,000만원 × (80억원 ÷ 100억원) = 40,000만원

② 공제대상금액 : 40,000만원 × 10% = 4,000만원
③ 공제한도액 : 10,000만원(근로소득금액) × 50% = 5,000만원
④ 소득공제금액 : 4,000만원 (①과 ② 중 적은 금액)

3. 소득공제 시기

가. 일반적인 공제시기

거주자가 벤처투자조합 등에 출자 또는 투자한 경우 그 출자일 또는 투자일이 속하는 과세연도부터 출자 또는 투자 후 2년이 되는 날이 속하는 과세연도까지 1과세연도를 선택하여 공제시기 변경을 신청하는 경우에는 신청한 과세연도의 종합소득금액에서 공제한다.

나. 예외적 공제시기

투자 당시에는 다음의 기업에 해당하지 아니하였으나 투자일부터 2년이 되는 날이 속하는 과세연도까지 다음의 기업에 해당하게 된 경우 그날이 속하는 과세연도의 종합소득금액에서 공제한다.(조특법 16 ③)

- 개인투자조합에 출자한 금액을 벤처기업 또는 이에 준하는 창업 후 3년 이내의 중소기업으로서 벤처기업등에 투자하는 경우
- 「벤처기업육성에 관한 특별법」에 따라 벤처기업등에 투자하는 경우
- 「자본시장과 금융투자업에 관한 법률」 제117조의10에 따라 온라인소액투자중개의 방법으로 모집하는 창업 후 7년 이내의 중소기업으로서 일정 요건을 갖춘 기업의 지분증권에 투자하는 경우

4. 소득공제 추징

가. 소득공제 추징사유

벤처투자조합 출자 등에 대한 소득공제를 적용받은 거주자가 출자일 또는 투자일부터 3년이 지나기 전에 다음에 해당하게 되면 거주자가 이미 공제받은 소득금액에 해당하는 세액을 추징한다.

> ① 출자지분 또는 투자지분을 이전하거나 회수하는 경우
> ② 벤처기업투자신탁의 수익증권을 양도하거나 환매(일부 환매 포함)하는 경우

다만, 출자자 또는 투자자의 사망 등 다음의 사유로 인한 경우에는 세액을 추징하지 아니한다.

> ① 사망
> ② 「해외이주법」에 의한 해외이주로 세대전원이 출국하는 경우
> ③ 천재·지변으로 재산상 중대한 손실이 발생하는 경우
> ④ 벤처투자조합, 신기술사업투자조합, 기업구조조정조합, 전문투자조합 또는 「자본시장과 금융투자업에 관한 법률」에 의한 집합투자업자가 해산하는 경우

나. 추징방법

(1) 출자지분등변경통지서 제출

투자조합관리자 등이 원천징수의무자·납세조합·국세청장 또는 납세지 관할 세무서장에게 출자지분등변경통지서를 제출한다.

(2) 세액추징

원천징수의무자·납세조합·국세청장 또는 납세지 관할 세무서장이 소득공제받은 금액에 대한 세액을 추징한다. 다만, 벤처기업투자신탁 소득공제를 받은 경우 추징사유가 발생한 경우 벤처기업투자신탁을 취급하는 금융기관이 연 300만원 한도로 투자금액의 3.5%를 직접 추징하여 관할 세무서에 납부한다.(소득령 14 ⑪)

5. 소득공제 신청 시 제출서류

벤처투자조합 출자 등에 대한 소득공제를 받고자 하는 근로자는 출자 등 소득공제신청서에 출자 또는 투자확인서(조특칙 별지 제5호 서식)를 첨부하여 해당 과세기간의 다음연도 2월분의 급여를 받는 날(퇴직한 경우 당해 퇴직일이 속하는 달의 급여를 받는 날)까지 원천징수의무자에게 신청하여야 한다.

참고

○ **출자 또는 투자확인서 발급방법**

① 근로자(개인투자조합)가 벤처기업등에 직접 출자(투자)한 경우
  - 투자한 벤처기업 등을 통하여 중소기업청 또는 지방중소기업청에 일괄 발급신청
  - 신청시 제출서류 : 투자실적확인요청서(공문), 투자 또는 출자확인서 2부, 벤처기업의 법
    인등기부등본 1부, 투자자명세표 1부, 주금납입증명서(투자자 개인별명세표 첨부) 1부
② 투자조합 및 벤처기업증권투자신탁 수익증권에 투자한 경우
  - 투자조합관리자(투자회사) 등에 확인서 발급 신청

예규 ●●●

● **2년 만기 전환사채의 취득에 따라 만기시점에 보통주로 전환하는 경우, 벤처투자조합 출자 등에 대한 소득공제 사후관리 위반에 해당하는지 여부**(사전법규소득 2023 – 893, 2024.07.29.)

주식회사가 발행한 무담보전환사채를 인수하는 방법으로 「벤처기업육성에 관한 특별법」에 따라 벤처기업등에 투자한 후 전환권을 행사하는 경우는 사후관리 위반사항에 해당하지 않는 것임.

● **환매금지형집합투자기구인 벤처기업투자신탁 수익자에게 중도상환금 지급시 벤처투자조합 출자 등 소득공제 추징사유에 해당하는지 여부**(서면법규소득 2023 – 3588, 2024.04.05.)

환매금지형집합투자기구로 설정된 벤처기업투자신탁의 수익증권의 투자자로서 소득공제를 적용받은 거주자가 투자일부터 3년이 지나기 전에 신탁계약서상 관련 규정에 따라 투자신탁원본을 상환받는 등으로 수익증권을 환매하는 경우에는 이미 공제받은 소득금액에 해당하는 세액이 추징되는 것임.

● **조세특례제한법 제16조에 따른 소득공제 대상 투자액 산정방법**(서면법규소득 2022 – 3683, 2023.09.21., 기획재정부금융세제 – 295, 2023.09.15.)

개인투자조합의 조합원 및 출자액의 변동이 있는 경우에 벤처투자조합 출자 등 소득공제의 적용을 위한 투자액은 투자시점을 기준으로 조세특례제한법 시행령 제14조 제4항을 적용하되, 이미 소득공제가 적용된 개별거주자의 출자액을 차감함.

● **소득공제시기 변경의 기산점**(기획재정부금융세제 – 220, 2023.07.04.)

조세특례제한법 제16조 제1항에 따른 소득공제를 적용함에 있어 투자일부터 2년이 되는 날이 속하는 과세연도까지 법정된 기업에 해당하게 된 경우에 법정기업 해당 시점을 기준으로 적용함.

● **벤처기업등에 해당하기 전에 투자한 금액이 조특법 §16에 따른 소득공제 대상에 해당하는지**(사전법령해석소득 2021 – 1697, 2021.11.24.)

「조세특례제한법」 제16조 제1항에 따른 소득공제는 투자 당시에는 같은 항 제4호에 따른 기업에 해당하지 아니하였으나, 투자일부터 2년이 되는 날이 속하는 과세연도까지 같은 호에 따른 기업에 해당하게 된 경우에도 「조세특례제한법」 제16조 제3항에 따라 적용하는 것임.

● 벤처기업이 보유한 자기주식을 양수하는 경우 중소기업창업투자조합 출자 등에 대한 소득공제 여부(서면법령해석소득 2020‒539, 2020.12.18.)

거주자가 벤처기업이 보유한 자기주식을 양수하는 방법으로 취득한 경우 「조세특례제한법」 제16조의 소득공제 대상에 해당하지 않는 것임.

● 크라우드펀딩을 통하여 벤처기업이 발행한 무담보 전환사채·신주인수권부사채에 투자한 경우 소득공제 여부(서면법령해석소득 2019‒486, 2019.10.17.)

온라인소액투자중개의 방법으로 투자자를 모집한 경우에도 투자자가 벤처기업 또는 이에 준하는 창업 후 3년 이내의 중소기업에 「벤처기업육성에 관한 특별법」에 따라 직접 투자하는 경우 소득공제를 적용받을 수 있는 것임.

☆ 크라우드펀딩 : 후원, 기부, 대출, 투자 등을 목적으로 수요자가 플랫폼(웹, 모바일 네트워크 등)을 통해 불특정 다수로부터 자금을 모으는 방식을 말하는 것으로 크라우드펀딩은 자본시장법상의 온라인소액투자중개의 방법에 따른 자금조달방식에 해당함.

● 벤처기업 임직원이 부여받은 주식매수선택권을 행사한 경우 조특법 §16의 소득공제가 가능한지 여부(서면법령해석소득 2019‒462, 2019.10.17.)

벤처기업 임원 또는 종업원이 부여받은 주식매수선택권을 행사하여 신주를 인수받은 것이 「벤처기업육성에 관한 특별법」에 따른 투자에 해당하는 경우에는 소득공제를 받을 수 있는 것임.

● 특정금전신탁의 형태로 개인투자조합에 출자한 금액을 벤처기업등에 투자하는 경우 소득공제 여부(사전법령해석소득 2019‒436, 2019.09.11.)

거주자가 본인의 의사에 따라 투자대상 및 투자비중 결정등을 행하는 특정금전신탁을 통하여 「조세특례제한법」 제16조 제1항 제3호에 해당하는 투자를 한 경우 같은 규정에 따라 소득공제를 받을 수 있는 것임.

● 벤처기업 확인 전에 투자한 금액이 「조특법」 제16조에 따른 소득공제대상에 해당하는지 여부(사전법령해석소득 2018‒154, 2018.05.04.)

「조세특례제한법」 제16조 제1항 제4호의 규정에 의한 벤처기업 투자 소득공제 대상에는 벤처기업으로 확인받기 전에 투자한 경우는 포함되지 아니하는 것임.

● 복수의 투자처에 투자하는 경우 벤처투자조합 출자 등 공제 적용방법(서면법령해석소득 2016‒2842, 2016.11.01.)

「조세특례제한법」 제16조에 따른 소득공제를 적용함에 있어 거주자가 동일 과세연도 내에 중소기업창업투자조합 및 벤처기업 등 다른 투자처에 각각 출자 및 투자를 한 경우 투자처가 다른 각 투자분마다 공제연도를 선택할 수 있는 것임.

● 채무 출자전환시 벤처투자조합 출자 등에 대한 소득공제 적용 여부(서면법령해석소득 2015‒832, 2015.11.19.)

거주자가 「벤처기업육성에 관한 특별법」에 따른 벤처기업에 자금을 대여하였다가 이를 출자전환하는 경우 벤처투자조합 출자 등에 대한 소득공제를 받을 수 있는 것임.

■ 조세특례제한법 시행규칙 [별지 제5호 서식] (2022. 3. 18. 개정)

출자 등 소득공제 신청서

접수번호		접수일		처리기간	즉시
① 성 명			② 생년월일		
③ 주 소					
			(전화번호:		)

출자(투자) 금액 명세

④ 출자일 (투자일)	⑤ 투자 구분 (벤처 등, 조합 등)	⑥ 벤처 등 또는 조합 등의 명칭 (위탁회사 · 벤처기업명 · 투자신탁명)	⑦ 벤처 등 또는 조합 등의 사업자 등록번호	⑧ 금융기관 · 계좌번호	⑨ 출자금액 (투자금액)	⑩ 공제대상금액 [⑨×10(30,50, 70,100)%]	⑪ 한도액 (종합소득금 액×50%)	⑫ 공제금액 (⑩ · ⑪ 중 적은 금액)
. . .								
. . .								
. . .								
계								

신청인은 「조세특례제한법 시행령」 제14조 제6항에 따라 출자 등 소득공제신청서를 제출하며, 위 내용을 충분히 검토하였고 신청인이 알고 있는 사실 그대로를 정확하게 적었음을 확인합니다.

년   월   일

신청인   (서명 또는 인)

세 무 서 장 귀하

첨부서류	출자 또는 투자확인서(별지 제5호 서식 부표)	수수료 없음

작 성 방 법

1. ⑤ 투자 구분란은 「조세특례제한법」 제16조 제1항 제3호, 제4호 및 제6호의 경우에는 '벤처 등'으로, 같은 항 제1호, 제2호 및 제5호의 경우에는 '조합 등' 으로 적습니다.
2. ⑦ 벤처 등 또는 조합 등의 사업자등록번호란에는 투자 대상 '벤처 등' 또는 '조합 등'의 해당 사업자등록번호를 적습니다.
3. ⑨ 출자금액(투자금액)란에는 다음의 금액을 적습니다.
   가. 벤처투자조합, 신기술사업투자조합 또는 전문투자조합에 출자하는 경우: 출자액
   나. 벤처기업투자신탁의 수익증권에 투자한 경우: 투자액
   다. 개인투자조합을 통해 벤처기업등에 투자한 경우: 다음 계산식에 따라 계산한 금액

$$\text{거주자가 개인투자조합에 출자한 금액} \times \frac{\text{개인투자조합이 벤처기업등에 투자한 금액}}{\text{개인투자조합의 출자액 총액}}$$

   라. 벤처기업등에 직접 투자한 경우: 투자액
   마. 창업 · 벤처전문사모집합투자기구에 투자하는 경우: 투자액
   바. 온라인소액투자중개의 방법으로 모집하는 창업 후 7년 이내의 중소기업으로서 「조세특례제한법 시행령」 제14조 제3항 제2호부터 제4호까지 기업의 지분증권에 투자하는 경우: 투자액
4. ⑩ 공제대상금액란에는 2018.1.1. 이후 「조세특례제한법」 제16조 제1항 제3호 · 제4호 또는 제6호에 해당하는 출자 또는 투자한 금액 중 3천만원 이하의 금액은 100%, 3천만원 초과부터 5천만원 이하 금액은 70%, 5천만원 초과 금액은 30% (2015.1.1.~ 2017.12.31. 기간 중 「조세특례제한법」 제16조 제1항 제3호 또는 제4호에 해당하는 출자 또는 투자한 금액 중 1천5백만원 이하의 금액은 100%, 1천5백만원 초과부터 5천만원 이하 금액은 50%, 5천만원 초과 금액은 30%)를 적용하고, 그 외의 경우 출자 또는 투자한 금액의 10%를 적용합니다.
5. ⑪ 한도액란에는 해당 과세연도의 종합소득금액의 50/100에 상당하는 금액을 적습니다. 다만, 「조세특례제한법」 제16조 제1항 제2호의 벤처기업투자신탁 투자에 대한 1인당 소득공제액은 최대 3백만원입니다.

210mm× 297mm[백상지 80g/㎡ 또는 중질지 80g/㎡]

■ 조세특례제한법 시행규칙 [별지 제5호 서식 부표(1)] (2020.03.13. 개정)

출자 또는 투자확인서

출자자 (투자자)	① 성 명		② 생년월일	
	③ 주 소 (☎ :)			

제출처		④ 법인명(상호)		
	☐ 원천징수 의무자 ☐ 납세자조합	⑤ 대표자(성명)		⑥ 사업자등록번호
		⑦ 소재지(주소)		
	☐ 세무서장	⑧ 주소지관할서	세무서장	

투자조합관리자등	⑨ 법인명(상호) (☎ :)

출자(투자)금액명세

	출자(투자)내역					벤처기업투자내역		
⑩ 출자일 (투자일)	투자조합(위탁회사) 또는 투자신탁				⑮ 출자금액 (투자금액)	⑯ 투자일	⑰ 투자기업명	⑱ 투자금액
	⑪ 투자 구분	⑫ 조합명 (위탁회사명) 또는 투자신탁명	⑬ 계좌 번호	⑭ 출자 총액				
・ ・ ・						・ ・ ・		
・ ・ ・						・ ・ ・		
・ ・ ・						・ ・ ・		
계						계		

「조세특례제한법 시행령」 제14조 제7항에 따라 위와 같이 출자(투자)하였음을 확인합니다.

년   월   일

확인자   (서명 또는 인)

세무서장   귀하

작 성 방 법

1. ⑪ 투자 구분란은 벤처 등(「조세특례제한법」 제16조 제1항 제3호 ・제4호 ・제6호)과 조합 등(「조세특례제한법」 제16조 제1항 제1호 ・제2호 ・제5호)으로 구분하여 적습니다.
2. 벤처기업투자신탁의 수익증권에 투자하는 경우에는 ⑭란은 적지 않습니다.
3. ⑯ ~ ⑱란은 개인투자조합 ・개인이 벤처기업에 투자한 내역을 적습니다.

210mm×297mm[백상지 80g/㎡ 또는 중질지 80g/㎡]

3 소기업·소상공인 공제부금 소득공제(노란우산공제)

거주자가 「중소기업협동조합법」에 따른 소기업·소상공인 공제부금에 가입하고 공제부금을 불입하는 경우 다음의 요건을 충족할 때 소득공제 한다.(조특법 86의3)

1. 소득공제대상자

소기업·소상공인 공제부금 소득공제대상자는 다음에 해당하는 소기업 및 소상공인의 대표자이다.

☆ 가입제한 업종: 일반유흥주점(한국표준산업분류코드: 56211), 무도유흥주점(한국표준산업분류코드: 56212), 식품위생법 시행령 제21조에 따른 단란주점, 무도장 운영업(한국표준산업분류코드: 91291), 카지노 운영업(한국표준산업분류코드: 91249), 기타 사행시설 관리 및 운영업(한국표준산업분류코드: 91249), 마사지업(한국표준산업분류코드: 96122)

가. 소상공인의 범위

소상공인은 「소상공인기본법」 제2조에 의하여 「중소기업기본법」 제2조 제2항에 따른 소기업 중 상시근로자 수가 10명 미만으로서 다음의 요건을 갖춘 자를 말한다.

광업·제조업·건설업·운송업을 주된 사업으로 하는 경우	상시근로자 10명 미만 사업자
기타 업종을 주된 사업으로 하는 경우	상시근로자 5명 미만 사업자

* 소상공인이 그 규모의 확대 등으로 소상공인에 해당하지 아니하게 된 경우 그 사유가 발생한 연도의 다음 연도부터 3년간은 소상공인으로 본다. 다만, 소기업 외의 기업과 합병하거나 그 밖에 대통령령으로 정하는 사유로 소상공인에 해당하지 아니하게 된 경우에는 그러하지 아니하다.(소상공인기본법 2 ②)

나. 소기업의 범위

소기업은 「중소기업기본법」 제2조 제2항에 따른 기업으로 중소기업 중 해당 기업이 영위하는 주된 업종별 평균매출액등이 다음의 기준에 맞는 기업을 말한다. 이 경우 평균매출액등은 직전 3개 사업연도의 총매출액을 3으로 나눈 금액을 의미한다.

해당 기업의 주된 업종	분류기호	규모 기준	해당 기업의 주된 업종	분류기호	규모 기준
식료품 제조업	C10		펄프, 종이 및 종이제품 제조업	C17	
음료 제조업	C11		인쇄 및 기록매체 복제업	C18	
의복, 의복액세서리 및 모피제품 제조업	C14		고무제품 및 플라스틱제품 제조업	C22	
가죽, 가방 및 신발 제조업	C15		의료, 정밀, 광학기기 및 시계 제조업	C27	평균매출액등 80억원 이하
코크스, 연탄 및 석유정제품 제조업	C19		그 밖의 운송장비 제조업	C31	
화학물질 및 화학제품 제조업(의약품 제조업은 제외한다)	C20		그 밖의 제품 제조업	C33	
			건설업	F	
의료용 물질 및 의약품 제조업	C21		운수 및 창고업	H	
비금속 광물제품 제조업	C23		금융 및 보험업	K	
1차 금속 제조업	C24	평균매출액등 120억원 이하	도매 및 소매업	G	평균매출액등 50억원 이하
금속가공제품 제조업(기계 및 가구 제조업은 제외한다)	C25		정보통신업	J	
전자부품, 컴퓨터, 영상, 음향 및 통신장비 제조업	C26		수도, 하수 및 폐기물 처리, 원료재생업(수도업은 제외한다)	E (E36 제외)	
전기장비 제조업	C28		부동업	L	평균매출액등 30억원 이하
그 밖의 기계 및 장비 제조업	C29		전문과학 및 기술 서비스업	M	
자동차 및 트레일러 제조업	C30		사업시설관리 및 사업지원 및 임대서비스업	N	
가구 제조업	C32				
전기, 가스, 증기 및 공기조절 공급업	D		예술, 스포츠 및 여가 관련 서비스업	R	
수도업	E36		숙박 및 음식점업	I	
농업, 임업 및 어업	A		교육 서비스업	P	평균매출액등 10억원 이하
광업	B		보건업 및 사회복지 서비스업	Q	
담배 제조업	C12	평균매출액등 80억원 이하			
섬유제품 제조업(의복 제조업 제외)	C13		수리 및 기타 개인 서비스업	S	
목재 및 나무제품 제조업 (가구 제조업 제외)	C16				

※ 비고 : 해당 기업의 주된 업종의 분류 및 분류기호는 「통계법」 제22조에 따라 통계청장이 고시한 한국표준산업분류에 따른다.

2. 소득공제 대상자 및 공제대상소득금액

공제부금 가입시기	소기업 소상공인 범위	공제할 대상소득금액
2015.12.31. 이전 가입*	모든 대표자	종합소득금액
2016.1.1. 이후 가입	개인사업자 대표	사업소득금액***
	법인대표**	근로소득금액

* 단, 2015.12.31 이전에 가입한 경우라도 2015.12.31까지 신청하는 경우에는 개정규정 적용 가능.
** 법인의 대표자로 해당 과세기간의 총급여액이 7천만원 이하인 거주자의 경우에 한한다.
*** 2019.1.1. 이후 가입분부터 부동임대업 소득은 제외한다.

3. 불입액 및 공제 한도

소기업·소상공인 대표자가 분기별로 300만원 이하의 공제부금을 불입하는 경우 해당 연도의 공제부금 납부액과 다음의 금액 중 적은 금액을 해당 과세연도의 사업소득금액(부동임대업 소득은 제외)에서 소득공제 한다.

사업소득금액	소득공제 할 금액	
4천만원 이하	Min[납부액, 500만원]	$\times \dfrac{\text{사업소득금액 - 부동산임대업의 소득금액}}{\text{사업소득금액}}$
1억원 이하	Min[납부액, 300만원]	
1억원 초과	Min[납부액, 200만원]	

단, 법인의 대표자로서 해당 과세기간의 총급여액이 7천만원 이하인 거주자의 경우에는 근로소득금액에서 공제한다.

근로소득금액	4천만원 이하	4천만원 초과 1억원 이하	1억원 초과
공제한도	500만원	300만원	200만원

소기업 소상공인 대표자 구분	소득공제 여부
개인사업자의 대표자	종합소득세 신고할 때 사업소득금액에서 소득공제
법인의 대표자	연말정산 대상소득인 근로소득금액에서 소득공제

다음의 어느 하나에 해당하는 시기에 공제부금을 불입하는 경우 해당 분기의 공제부금을 납입한 것으로 본다.(조특령 80의3 ②)

① 마지막 납입일이 속하는 달의 말일부터 1년 6개월이 경과하기 전에 그 기간 동안의 공제부금을 납입한 경우

② 분기 이전에 해당 연도에 납부하여야 할 공제부금 중 6개월분에 해당하는 공제부금을 먼저 납입한 경우

참고

○ 2019.01.01. 이전 소기업·소상공인 공제에 가입한 경우 소득공제금액

이 법 시행(2019.1.1.) 전에 소기업·소상공인 공제에 가입한 자에 대해서는 제86조의3 제1항의 개정규정에도 불구하고 종전의 규정에 따른다.(조특법 부칙 2018.12.14. 법률 제16009호 제44조) 개정전 규정은 다음과 같다.

거주자가 「중소기업협동조합법」 제115조에 따른 소기업·소상공인 공제로서 대통령령으로 정하는 공제(이하 이 조에서 "소기업·소상공인 공제"라 한다)에 가입하여 납부하는 공제부금에 대해서는 해당 연도의 공제부금 납부액과 다음 각 호의 구분에 따른 금액 중 적은 금액을 해당 과세연도의 사업소득금액(법인의 대표자로서 해당 과세기간의 총급여액이 7천만원 이하인 거주자의 경우에는 근로소득금액으로 한다. 이하 이 항에서 같다)에서 공제한다.

1. 해당 과세연도의 사업소득금액이 4천만원 이하인 경우 : 500만원
2. 해당 과세연도의 사업소득금액이 4천만원 초과 1억원 이하인 경우 : 300만원
3. 해당 과세연도의 사업소득금액이 1억원 초과인 경우 : 200만원

---

4. 제출서류

소득공제를 받으려는 자는 종합소득 과세표준 확정신고 시 또는 연말정산 시 공제부금 납입증명서를 주소지 관할 세무서장 또는 원천징수의무자에게 제출하여야 한다. 다만 납입증명서를 제출한 날이 속하는 연도의 다음연도부터는 해당 공제의 납입액을 증명할 수 있는 통장사본으로 갈음할 수 있다.

「소득세법 시행령」 제216조의3에 따라 소득공제증명서류가 국세청장에게 제출되는 경우 공제부금 납입내역을 일괄적으로 기재하여 국세청장이 연말정산간소화 서비스에서 발급하는 서류로 제출 가능하다.

참고

○ 소기업·소상공인공제에서 발생하는 소득의 종류

소기업·소상공인 공제에서 발생하는 소득은 소기업·소상공인 공제 가입자가 실제로 그 소득

을 받을 때 발생한 것으로 보며 폐업등의 사유로 발생한 소득의 종류는 다음과 같이 분류한다.

가입시점별 구분	과세소득의 종류
2014.12.31. 이전 가입분으로 개정규정 적용신청을 안한 경우	이자소득
2014.12.31. 이전 가입분으로 개정규정 적용신청을 한 경우	퇴직소득
2015.01.01. 이후 가입분	퇴직소득

※ 퇴직소득 = 공제금 − 실제 소득공제받은 금액을 초과하여 납입한 금액의 누계액

■ 폐업 등 정당한 사유로 해지한 경우

1. 폐업 등 정당한 사유

① 소기업·소상공인이 폐업(개인사업자의 지위에서 공제에 가입한 자가 법인을 설립하기 위하여 현물출자를 함으로써 폐업한 경우와 개인사업자의 지위에서 공제에 가입한 자가 그 배우자 또는 자녀에게 사업의 전부를 양도함으로써 폐업한 경우를 포함한다) 또는 해산(법인에 한한다)한 때

② 공제 가입자가 사망한 때

③ 법인의 대표자의 지위에서 공제에 가입한 자가 그 법인의 대표자의 지위를 상실한 때

④ 60세 이상으로 공제부금 납입월수가 120개월 이상인 공제 가입자가 공제금의 지급을 청구한 때

⑤ 「중소기업협동조합법 시행령」 제37조 제1항 제5호부터 제8호까지의 어느 하나에 해당하는 사유

  ㉠ 「재난 및 안전관리 기본법」에 따른 자연재난 또는 사회재난(특별재난지역으로 선포된 지역의 사회재난으로 한정한다)으로 사업장에 다음의 어느 하나에 해당하는 피해를 입은 소기업·소상공인공제 가입자가 소기업·소상공인공제금의 지급을 청구한 경우

    ㉮ 주된 사업장이 파손되거나 유실되어 해당 사업장에서 영업이 불가능한 경우

    ㉯ 주요 시설 및 자재 등이 파손되어 수리·구매하지 않으면 영업이 불가능한 경우

    ㉰ 「재난 및 안전관리 기본법」에 따라 사업장 주변 지역이 위험구역으로 설정되어 법에 따른 조치로 영업이 불가능한 경우

  ㉡ 질병이나 부상으로 6개월 이상 요양을 필요로 하는 소기업·소상공인공제 가입자가 소기업·소상공인공제금의 지급을 청구한 경우

  ㉢ 「채무자 회생 및 파산에 관한 법률」에 따른 회생절차개시의 결정, 간이회생절차개시의 결정 또는 개인회생절차개시의 결정을 받은 소기업·소상공인공제 가입자가 소기업·소상공인공제금의 지급을 청구한 경우

  ㉣ 「채무자 회생 및 파산에 관한 법률」에 따라 파산선고를 받은 소기업·소상공인공제 가입자가 소기업·소상공인공제금의 지급을 청구한 경우

⑥ 해지 전 6개월 이내 발생한 다음의 사유로 해지하는 경우

  ㉠ 천재·지변의 발생

  ㉡ 공제가입자의 해외이주

  ㉢ 공제가입자의 3월 이상의 입원치료 또는 요양을 요하는 상해·질병의 발생

  ㉣ 「중소기업협동조합법」에 따른 중소기업중앙회의 해산

  ㉤ 공제 가입자가 「재난 및 안전관리 기본법」 제66조 제1항 제2호의 재난으로 15일 이상

의 입원 치료가 필요한 피해를 입은 경우

2. 퇴직소득으로 구분하는 공제금

위 ①부터 ⑥까지의 사유가 발생하여 소기업·소상공인 공제에서 공제금을 지급받는 경우에는 다음과 같이 계산한 금액을 퇴직소득으로 보아 소득세를 부과한다. 이 경우 근속연구는 소기업·소상공인 공제의 가입기간을 고려하여 공제부금 납입월수를 12로 나누어 계산한 연수(1년 미만 기간은 1년)로 한다.(조특법 86의3 ③)

> 퇴직소득 = 공제금 −실제 소득공제받은 금액을 초과하여 납입한 금액의 누계액

3. 기타소득으로 구분하는 공제금

위 ①부터 ⑤까지의 사유에 의하지 않고 중도에 해지하는 경우 다음 금액을 기타소득으로 보아 소득세 과세

> 기타소득 = 해지로 인하여 받은 환급금 − 실제 소득공제받은 금액을 초과하여 납입한 금액의 누계액

예규 ●●●

● **소기업·소상공인 공제부금에 가입한 이후 한도 규정이 변경된 경우 적용할 한도 규정**(사전법령해석소득 2020 − 1085, 2020.12.03.)

2016.1.1. 전에 소기업·소상공인 공제부금에 가입한 자는 2020년 귀속 종합소득금액을 계산함에 있어 2016.12.20. 법률 제14390호로 개정된 「조세특례제한법」 제86조의3 제1항에 따른 소득공제 한도를 적용하는 것임.

● **소기업·소상공인 공제부금에 대한 소득공제 적용방법**(서면소득 2016 − 6247, 2017.02.17.)

거주자가 법인의 대표자로서 2016.1.1. 이후에 소기업·소상공인공제에 가입하여 납부하는 공제부금에 대해서는 해당 과세기간의 총급여액이 7천만원 이하인 경우에는 근로소득금액에서 소득공제할 수가 있으나, 총급여액이 7천만원을 초과하는 경우에는 소득공제할 수가 없는 것임.
거주자가 2016.1.1. 전에 소기업·소상공인 공제에 가입하여 공제부금을 납부하던 2016년 과세기간 중에 폐업 등의 사유가 발생하여 소기업·소상공인 공제에서 공제금을 지급받고, 같은 연도 중에 다시 사업을 개시하여 소기업·소상공인공제에 새로 가입하여 공제부금을 납부한 경우에는 공제금을 지급받은 소기업·소상공인 공제에 납부한 공제부금에 대해서는 소득공제를 적용할 수가 없는 것임.

● **중소기업중앙회 소상공인 대상의 노란우산공제회 수급권의 압류대상 여부**(징세 − 882, 2011.09.01.)

중소기업중앙회가 「중소기업협동조합법」에 따라 소기업·소상공인을 대상으로 운영하는 공제사업(노란우산공제)의 공제금을 받을 권리(수급권)는 압류할 수 없는 것이나, 해당 공제금이 수급권자(체납자)의 예금계좌에 입금된 후에는 압류금지의 효력이 미치지 아니하는 것임.

4 | 신용카드 등 사용액 소득공제

근로소득이 있는 거주자(일용근로자는 제외)가 법인(외국법인의 국내사업장 포함) 또는 사업자 (비거주자의 국내사업장 포함)로부터 재화나 용역을 제공받고 신용카드 등을 사용하여 지출한 금액에 대해 총급여액의 25%(이하 「최저사용액」이라 한다)를 초과하는 경우 일정금액을 근로 소득에서 공제한다.(조특법 126의2)

1. 공제대상 신용카드 등의 범위

신용카드 등 사용액 소득공제를 적용받을 수 있는 신용카드의 범위는 다음과 같다.

- 신용카드
- 현금영수증
- 직불카드
- 기명식선불카드
- 기명식선불전자지급수단
- 기명식 전자화폐

참고

○ **현금영수증의 범위**

현금영수증을 교부받지 못한 경우에 거래일로부터 3년 이내에 현금거래확인신청·현금영수 증발급거부 등 신고서에 거래사실을 객관적으로 입증할 수 있는 거래 증명을 첨부하여 세무 서장·지방국세청장 또는 국세청장에게 제출하여 현금거래 사실에 관하여 관할 세무서장의 확인을 받은 것을 포함한다.

○ **기명식선불카드·기명식선불전자지급수단·기명식전자화폐의 실지명의가 확인되는 것의 의미**

① 신청에 의하여 발급받은 선불카드·전자화폐·선불전자지급수단으로 사용자 명의가 확 인되는 것
② 무기명선불카드·무기명선불전자지급수단·무기명전자화폐(=무기명선불카드등)의 경 우에는 다음의 어느 하나에 해당하는 것
  ㉠ 실제사용자가 최초로 사용하기 전에 해당 무기명선불카드등을 발행한 신용카드업자, 전자금융거래업자 및 금융기관에 주민등록번호 또는 무기명선불카드등을 등록하여 사용자 인증을 받은 것
  ㉡ 실제사용자가 최초로 사용하기 전에 금융기관에 개설한 실제사용자 본인의 예금계좌 와 연결한 것

2. 공제대상 신용카드 등 사용금액

근로자 본인과 기본공제대상자인 다음의 자가 사용한 신용카드 사용금액을 공제대상 신용카드 등 사용금액으로 한다.

사용자의 범위	요 건		
	나이	소득금액	비고
배우자	제한 없음	연간소득금액이 100만원(근로소득만 있는 경우 총급여액 500만원) 이하	다른 거주자의 기본공제 대상자가 아닐 것
직계존속			
배우자의 직계존속			
직계비속·동거입양자			

① 혼인 전 배우자가 사용한 금액은 공제대상이 아님(서이 46013 - 10828, 2001.12.01.)
② 형제자매가 사용한 신용카드 등 사용금액은 공제대상이 아님
③ 장애인 직계비속의 장애인 배우자가 사용한 신용카드등 사용금액은 공제대상이 아님(기획재정부소득 - 190, 2009.03.24.)
④ 동거입양자란 「민법」 또는 「입양촉진 및 절차에 관한 특례법」에 의하여 입양한 양자 및 사실상 입양상태에 있는 사람으로서 거주자와 생계를 같이 하는 사람을 말한다.
⑤ 배우자의 신용카드 등 사용금액은 당해 배우자의 연간소득금액(종합소득금액, 퇴직소득금액, 양도소득금액, 산림소득금액의 합계액으로, 비과세·분리과세소득은 제외됨)의 합계액이 100만원 이하인 경우에 한하여 다른 배우자(근로소득자)의 공제대상 신용카드 등 사용금액에 포함시킬 수 있는 것임.(서이 46013 - 12306, 2002.12.23.)

3. 공제금액 계산

신용카드 등 소득공제 금액은 다음과 같이 계산한다.

신용카드 등 소득공제 금액 = 기본공제 금액 + 추가공제한도

• 기본공제 금액 = Min[㉮, ㉯]

총급여액	공제가능금액(㉮)	공제한도(㉯)
7천만원 이하	①+②+③+④+⑤ - ⑥+⑦	300만원
7천만원 초과	①+②+④+⑤ - ⑥+⑦	250만원

• 추가공제한도
　(1) 총급여 7천만원 이하인 경우 : Min{Min(㉠+㉡+㉢, 300만원)+Min(㉣, 100만원)], 한도초과액*}

㉠ 전통시장사용분	㉡ 대중교통이용분	㉢ 도서등사용분	㉣ 초과사용분

---

(2) 총급여 7천만원 초과인 경우 : Min{Min(㉠+㉡, 200만원)+Min(㉢, 100만원)], 한도초과액*}

| ㉠ 전통시장사용분 | ㉡ 대중교통이용분 | ㉢ 초과사용분 |

* 한도초과액 = [(공제가능금액 – 공제한도), 0]

① 전통시장사용분(신용카드·현금영수증·직불카드·선불카드) × 40%
② 대중교통이용분(신용카드·현금영수증·직불카드·선불카드) × 40%
③ 도서등사용분[15] × 30%(총급여액 7천만원 이하 자만 적용)
  * 도서등사용분 = 도서·신문·공연사용분 + 박물관·미술관·영화상영관사용분
④ 직불카드등* 사용분(현금영수증·직불카드·선불카드) × 30%

구분	해당과세연도의 총급여액 수준	
	7천만원 이하	7천만원 초과
직불카드등 사용분 제외금액	전통시장사용분·대중교통이용분 및 도서등사용분에 포함된 금액은 제외	전통시장사용분 및 대중교통 이용분에 포함된 금액은 제외

  * 직불카드등은 현금영수증·직불카드·기명식선불카드·기명식전불전자지급수단 또는 기명식전
    자화폐를 의미한다.

⑤ 신용카드사용분 × 15%
  * 신용카드사용분 = 신용카드등 사용금액 합계액 – 전통시장사용분·대중교통이용분·직불카드등
    사용분(총급여 7천만원 이하: 도서등 사용분을 추가로 차감한 금액을 의미함)
⑥ 다음의 어느 하나에 해당하는 금액
  ㉠ 최저사용금액(총급여액의 25%) ≦ 신용카드사용분 : 최저사용금액 × 15%
  ㉡ 신용카드사용분 〈 최저사용금액(총급여액의 25%) ≦ (신용카드사용분 + 직불카드등 사용분 +
    총급여액 7천만원 이하인 도서등사용분) :
    신용카드사용분 × 15% + (최저사용금액 – 신용카드사용분) × 30%
  ㉢ (신용카드사용분 + 직불카드등 사용분 + 전통시장사용분) 〉 최저사용금액 :
    ⓐ 총급여액이 7천만원 이하인 경우 : 신용카드사용분 × 15% + (직불카드등사용분 + 도서등사
       용분) × 30% + (최저사용금액 – 신용카드사용분 – 직불카드등사용분 – 도서등사용분) ×
       40%
    ⓑ 총급여액이 7천만원 초과하는 경우 : 신용카드사용분 × 15% + 직불카드등사용분 × 30% +
       (최저사용금액 – 신용카드사용분 – 직불카드등사용분) × 40%
⑦ 초과사용분 = Max[2024년 신용카드사용금액 연간합계액 – 2023년 신용카드사용금액 연간합계
   액 × 105%, 0] × 10%

---

15) 도서등 사용분은 다음의 도서·신문·공연사용분과 박물관·미술관·영화상영관사용분의 금액을 말한다.
    가. 「출판문화산업 진흥법」 제2조 제3호에 따른 간행물(같은 조 제8호에 따른 유해간행물은 제외한다)
       을 구입하거나 「신문 등의 진흥에 관한 법률」 제2조 제1호에 따른 신문을 구독하거나 「공연법」 제2
       조 제1호에 따른 공연을 관람하기 위하여 문화체육관광부장관이 지정하는 법인 또는 사업자에게 지
       급한 금액(= "도서·신문·공연사용분"). 이 경우 법인 또는 사업자의 규모(문화체육관광부장관이
       기획재정부장관과 협의하여 정하는 매출액 등의 기준에 따른다)에 따른 도서·신문·공연사용분의

● **신용카드로 구매한 선불전자지급수단을 사용하여 재화와 용역을 구입할 때 적용되는 소득공제율**(서면법령 해석소득 2015 – 22599, 2015.10.04.)

근로소득이 있는 거주자(일용근로자 제외)가 신용카드로 구입한 「조세특례제한법」 제126조의2 제1항의 기명식선불전자지급수단을 사용하여 재화나 용역을 제공받고 그 대가로 지급하는 금액에 대하여 같은 조에 따른 소득공제를 받으려는 경우 소득공제율은 같은 조 제2항 제3호(직불카드등 사용분)에 따라 30%를 적용받는 것임.

4. 신용카드 등 사용금액 중 소득공제대상에서 제외되는 경우

구 분	내 용
사업관련비용	사업소득과 관련된 비용 또는 법인의 비용을 근로자의 신용카드 등으로 결제한 경우
비정상적 사용액	물품의 판매 또는 용역의 제공을 가장하는 등 신용카드 · 직불카드 · 직불전자 지급수단 · 기명식선불카드 · 기명식선불전자지급수단 · 기명식전자화폐 또는 현금영수증의 비정상적인 사용행위☆에 해당하는 경우 ☆ 비정상적인 사용행위 • 물품 또는 용역의 거래 없이 이를 가장하거나 실제 매출금액을 초과하여 신용카드 등에 의한 거래를 하는 행위 • 신용카드 등을 사용하여 대가를 지급하는 자가 다른 신용카드 등 가맹점 명의로 거래가 이루어지는 것을 알고도 신용카드 등에 의한 거래를 하는 행위. 이 경우 상호가 실제와 달리 기재된 매출전표 등을 교부받은 때에는 그 사실을 알고 거래한 것으로 본다.
자동차구입비용	자동차를 신용카드 · 직불카드 · 직불전자지급수단 · 기명식선불카드 · 기명식선불전자지급수단 · 기명식전자화폐 또는 현금영수증으로 구입하는 경우 (단, 중고자동차를 신용카드 등으로 구입한 경우 구입금액의 10%는 사용금액에 포함)
자동차 리스료	「여객자동차운수사업법」에 의한 자동차대여사업의 자동차대여료를 포함한 리스료
보험료 및 공제료	「국민건강보험법」 또는 「노인장기요양보험법」, 「고용보험법」에 따라 부담하는 보험료, 「국민연금법」에 의한 연금보험료 및 각종 보험계약(생명보험, 손해보험, 우체국보험, 군인 공제회 등)의 보험료 또는 공제료

인정방법 등에 관하여는 대통령령으로 정한다.
나. 「박물관 및 미술관 진흥법」 제2조 제1호 및 제2호에 따른 박물관 및 미술관이나 「영화 및 비디오물의 진흥에 관한 법률」 제2조 제10호에 따른 영화상영관에 입장하기 위하여 문화체육관광부장관이 지정하는 법인 또는 사업자에게 지급한 금액(= "박물관 · 미술관 · 영화상영관사용분"). 이 경우 법인 또는 사업자의 규모(문화체육관광부장관이 기획재정부장관과 협의하여 정하는 매출액 등의 기준에 따른다)에 따른 박물관 · 미술관 · 영화상영관사용분의 인정방법 등에 관하여는 대통령령으로 정한다.

구 분	내 용
교 육 비	「유아교육법」, 「초·중등교육법」, 「고등교육법」 또는 「특별법」에 의한 학교(대학원 포함) 및 영유아보육법에 의한 어린이집에 납부하는 수업료·입학금·보육비용, 기타 공납금 ☆ 어린이집 입소료 제외(원천세과 – 245, 2011.4.21.)
공 과 금	정부·지방자치단체에 납부하는 국세·지방세, 전기료·수도료·가스료·전화료(정보사용료, 인터넷이용료 등을 포함)·아파트관리비·텔레비전시청료(「종합유선방송법」에 의한 종합유선방송의 이용료 포함) 및 도로통행료
유가증권구입	상품권 등 유가증권 구입비
자산의 구입비용	「지방세법」에 의하여 취득세 또는 등록면허세가 부과되는 재산의 구입비용(주택 등)
국가·지자체에 지급하는 수수료 등	「부가가치세법 시행령」 제46조 제1호 및 제3호에 해당하는 업종 외의 업무를 수행하는 국가·지방자치단체 또는 지방자치단체조합(「의료법」에 따른 의료기관 및 「지역보건법」에 따른 보건소는 제외한다)에 지급하는 사용료·수수료 등의 대가
금융용역관련 수수료	차입금 이자상환액, 증권거래수수료 등 금융·보험용역과 관련한 지급액, 수수료, 보증료 및 이와 비슷한 대가
가상자산사업자에게 지급하는 대가	「특정 금융거래정보의 보고 및 이용 등에 관한 법률」 제2조 제2호 라목의 가상자산거래에 대하여 같은 조 제1호 하목의 가상자산사업자에게 지급하는 대가
정치자금기부금	「정치자금법」에 따라 정당(후원회 및 각급 선거관리위원회 포함)에 신용카드, 직불카드, 기명식선불카드, 직불전자지급수단, 기명식선불전자지급수단 또는 기명식전자화폐로 결제하여 기부하는 정치자금(세액공제를 적용받은 경우에 한함)
고향사랑기부금	「고향사랑 기부금에 관한 법률」에 따른 고향사랑 기부금(세액공제를 적용받은 경우만 해당한다)
특례·일반기부금	기부금단체에 신용카드로 기부하는 경우
월세 세액공제	「조특법」 제95조의2에 따라 세액공제를 적용받은 월세액
면세물품 구입비용	「관세법」 제196조에 따른 보세판매장, 법 제121조의13에 따른 지정면세점, 선박 및 항공기에서 판매하는 면세물품의 구입비용

> **참고**
>
> ○ **원천징수 등 납부지연가산세 적용에 대하여**
>
> 원천징수의무자가 「근로자소득공제신고서」 및 「신용카드소득공제신청서」에 기재된 신용카드등사용금액에 대한 소득공제금액에 「신용카드 등 사용금액 배제금액」이 포함되어 있음을 근로소득세액의 연말정산시까지 확인할 수 없는 경우로 원천징수하여야 할 세액에 미달하게 세액을 납부한 경우에는 「국세기본법」 제47조의5 제1항에 따른 원천징수 등 납부지연가산세를 부과하지 아니한다.(조특법 126의2 ⑤)
>
> ○ **연말정산 간소화에 제공되는 신용카드 등 사용금액에 대하여**
> - 중고자동차 구입금액은 구입금액의 10%가 소득공제 대상에 추가되며, 중고자동차 구입금액의 10%를 일반사용금액에 포함하여 제공한다. 만약 중고자동차판매사업장이 전통시장 내에 있는 경우 전통시장 사용분에 포함하여 제공한다.
> - 중고차와 신차를 동시에 취급하여 중고차 판매분을 구분할 수 없거나 리스 후 차량을 매도하는 리스회사의 경우 중고차 구입금액이 간소화 자료에서 제외될 수 있으며 이 경우 카드사로부터 「신용카드등 사용금액 확인서」를 재발급받아 공제받을 수 있다.
> - 공제대상금액은 신용카드 등 사용금액에서 보험료, 국세·지방세, 공과금등 공제제외 대상 금액이 차감된 금액이다.
> - 월세를 신용카드 등으로 결제한 경우 소득공제대상금액에 포함되어 조회되나 월세 세액공제를 받는 경우에는 소득공제대상에서 제외하여야 한다.

5. 소득공제신청서류

근로자는 원천징수의무자에게 신용카드 등 소득공제신청서 및 신용카드 등 사용금액 확인서를 함께 제출하여야 한다.

신용카드 등 사용금액확인서는 연말정산간소화에서 발급한 서류로 갈음할 수 있다.

6. 소득공제신청시 유의사항

> ① 사업관련 경비로 처리된 종업원 명의의 신용카드 등 사용금액은 공제대상 금액에 해당되지 않으므로 원천징수의무자는 종업원의 신용카드 등 공제 신청금액에 법인(사업)경비로 처리된 금액을 제외하여야 한다.
> ② 법인이 「여신전문금융업법」에 의한 신용카드업자로부터 종업원이 사용자로 지정된 법인신용카드를 발급받아 종업원별로 일정한도를 정하여 복리후생목적으로 사용하게 하더라도 그 사용대가는 해당 종업원의 "신용카드 등 사용금액"에 포함되지 않는다.

| Check Point |

○ 휴직기간에 사용한 신용카드도 공제여부(서이 46013 – 10091, 2002.01.16.)

휴직기간은 근로를 제공한 기간에 포함되기 때문에 휴직기간 중에 사용한 신용카드 사용액은 공제대상이다.

근무여부	입사 전	근무기간	휴직기간	퇴사 후
신용카드소득공제여부	공제불가	공제가능	공제가능	공제불가

○ 입사 전 또는 퇴사 후 지출한 비용의 소득·세액공제 여부(소득법 집행기준 52 – 0 – 1)

근로제공기간 동안 지출한 비용에 대해서만 공제가능한 항목	해당 과세기간 중 지출한 금액에 대해 공제가능한 항목
• 보험료 세액공제 • 의료비 세액공제 • 교육비 세액공제 • 월세 세액공제 • 주택자금 소득공제 • 신용카드 등 사용금액에 대한 소득공제 • 주택청약종합저축 소득공제 • 장기집합투자증권저축 소득공제	• 기부금 세액공제 • 고향사랑기부금 세액공제 • 국민연금보험료 소득공제 • 개인연금저축 소득공제 • 연금계좌 세액공제 • 벤처투자조합출자 등 소득공제 • 소기업·소상공인 공제부금 소득공제 • 청년형장기집합투자증권저축 소득공제

○ 신용카드 등 사용금액 소득공제와 특별세액공제 중복 적용 여부(조특법 집행기준 126의2 – 0 – 3)

구 분		특별세액공제 항목	신용카드공제
신용카드로 결제한 의료비		의료비 세액공제 가능	신용카드공제 가능
신용카드로 결제한 보장성보험료		보험료 세액공제 가능	신용카드공제 불가
신용카드로 결제한 학원비	취학전 아동	교육비 세액공제 가능[*1]	신용카드공제 가능
	그 외	교육비 세액공제 불가	
신용카드로 결제한 교복구입비		교육비 세액공제 가능	신용카드공제 가능
신용카드로 결제한 기부금		기부금 세액공제 가능	신용카드공제 불가

*1) 취학전 아동의 경우에는 주 1회 이상 월 단위로 교습받는 학원, 체육시설 등의 수강료에 대하여 교육비 세액공제를 받을 수 있다.

	사 례	공제여부판단
①	가족카드 사용분	• 가족카드는 대금지급자(결제자) 기준이 아닌 카드명의기준으로 사용금액을 판단
②	입사 전 사용한 신용카드 금액	• 근로제공 기간(재직기간)에 지출한 비용에 대해서만 해당 근로소득에서 공제 가능
③	맞벌이 부부의 신용카드 사용금액	• 연간소득금액 합계액이 100만원 초과하는 맞벌이 부부는 각자의 사용금액을 각자가 공제(서이 46013 – 12306, 2002.12.23.)

● 학교 외의 기관이 운영하는 온라인 학점인정 교육과정에 지급한 교육비의 신용카드등사용금액 소득공제 적용 여부(서면법규소득 2024 - 341, 2024.09.25.)

「학점인정 등에 관한 법률」 제3조 제1항에 따라 교육부장관이 평가인정한 학점인정학습과정을 위하여 「고등교육법」 또는 특별법 등에 의한 학교(대학원 포함)에 해당하지 않는 기관에 지급한 교육비는 「소득세법」에 따라 교육비 세액공제를 받는 경우에도 신용카드등사용금액등에서 제외되는 금액에 해당하지 않는 것임.

● 가상자산거래수수료에 대해 신용카드 등 사용금액 소득공제를 적용가능 여부(기획재정부소득 - 690, 2023.08.02., 서면법규소득 2022 - 557, 2023.08.09.)

현금영수증을 수취한 가상자산 거래수수료가 금융・보험용역과 관련한 수수료 및 이와 비슷한 대가로서 신용카드 등 사용금액에 포함됨.

☞ 저자주 : 2024.2.29.이 속하는 과세기간의 신용카드 등 사용금액에서 제외됨.(조특령 121의2 ⑥ 9의2호) 따라서 본 해석은 삭제될 것으로 판단됨.

● 생년월일 등 확인을 통하여 예금계좌와 연결된 무기명 선불전자지급수단이 조세특례제한법 시행령 제121조의2 제1항 제2호에 해당하는지(기획재정부소득 - 221, 2022.05.16., 기준법무소득 2021 - 209, 2022.05.16.)

실제 사용자가 최초로 사용하기 전 본인의 예금계좌와 연결되어 발행된 선불카드의 경우 2022. 2.15. 개정된 영 시행일 이후 최초로 연말정산하거나 종합소득과세표준 신고, 결정 또는 경정하는 분부터 신용카드 등 소득공제 대상에 해당함.

● 신용카드사용분에 대해 같은 과세기간 중 매출 취소가 발생한 경우 차감하여야 할 신용카드사용분의 산정방식(서면법령해석소득 2020 - 4953, 2021.08.17.)

신용카드사용분 중 같은 과세연도에 매출이 취소된 사용금액이 발생한 경우, 해당 매출이 취소된 사용금액은 매출이 취소된 월의 신용카드사용분에서 차감하는 것임.

● 다회용컵 보증금 신용카드 결제시 신용카드 등 사용금액에 대한 소득공제 적용 여부(서면법령해석소득 2021 - 3180, 2021.06.29.)

근로소득이 있는 거주자의 다회용컵의 회수를 보장하기 위하여 받는 보증금은 신용카드 등 사용금액에 해당하지 않는 것임.

● 신용카드를 사용하고 국가로부터 지급받은 포인트로 결제하는 경우 소득공제대상에 해당하는지(서면법령해석소득 2020 - 4086, 2020.12.03.)

근로소득이 있는 거주자가 법인 또는 사업자로부터 재화나 용역을 제공받고 신용카드를 사용하여 그 대가로 지급하는 금액은 신용카드 등 사용금액에 포함하지 아니하는 것으로 규정하고 있지 않은 경우에는 국가로부터 지급받은 포인트로 결제하여도 신용카드 등 사용금액에 대한 소득공제 대상에 해당하는 것임.

● 공무원복지포인트로 사용된 금액이 현금영수증 소득공제 대상에 해당하는지 여부(서면법령해석소득 2019 - 4162, 2020.11.27., 기획재정부소득 - 570, 2020.11.16.)

공무원이 직원 전용 온라인 쇼핑몰에서 공무원 복지포인트로 재화 또는 용역을 구매하면서 현금영수증을 발급받은 경우, 해당 현금영수증 사용액에 대해 신용카드 등 사용금액에 대한 소득공제를 적용받을 수 있는 것임.

● **재난긴급생활비로 지급된 모바일상품권 사용금액의 소득공제 대상 여부**(사전법령해석소득 2020-359, 2020. 05.28., 기획재정부소득-244, 2020.05.22.)

재난긴급생활비로 지급된 모바일상품권이「전자금융거래법」제2조에 따른 선불전자지급수단(「조세특례제한법 시행령」제121조의2 제1항에 따라 실지명의가 확인되는 것에 한함)에 해당하는 경우, 재화나 용역을 제공받고 해당 모바일상품권으로 지급하는 대가는 신용카드 등 사용금액에 대한 소득공제 대상에 해당되는 것임.

● **보험사에서 정비업소에 지급한 대가에 대해 차량소유자의 신용카드 등 사용금액에 대한 소득공제 가능 여부**(서면법령해석소득 2015-915, 2015.12.10.)

근로소득이 있는 거주자가 자동차 정비업소에서 소유차량을 수리하고 그 대가 중 일부를 보험회사에서 지급한 경우 보험회사에서 지급한 부분에 대하여 해당 거주자는 신용카드 등의 사용금액에 대한 소득공제를 받을 수 없는 것임.

● **비과세되는 농가부업소득에 비용 지출한 경우에도 신용카드 등 사용금액에서 제외함**(서면법규-184, 2013. 02.18.)

거주자가「소득세법」제12조(비과세) 제2호 다목에 따른 농가부업소득이 발생하는 축산업을 경영하면서 해당 축산업과 관련한 사료구입비용을 지출하고 현금영수증을 교부받은 경우 해당 현금영수증 사용금액은 신용카드 등 사용금액에 포함하지 아니하는 것임.

● **종업원이 사용자로 지정된 법인신용카드 사용금액이 소득공제대상에 포함되는지 여부**(서면1팀-348, 2007. 03.14.)

법인이「여신전문금융업법」에 의한 신용카드업자로부터 종업원이 사용자로 지정된 법인신용카드를 발급받아 종업원별로 일정한도를 정하여 복리후생적 목적으로 사용하게 하고 그 대금을 당해 법인이 지급하는 경우 그 사용대가는 당해 종업원의 "신용카드 등 사용금액"에 포함되지 아니하는 것임.

● **결혼 또는 이혼으로 기본공제대상자에 해당하지 않는 경우 소득공제 여부**(서이 46013-10376, 2003.02.24.)

근로자의 배우자 또는 직계존비속이 결혼 또는 이혼으로 과세기간 종료일 현재 기본공제대상자에 해당되지 않는 경우 당해 배우자 또는 직계존비속을 위하여 지출한 금액을 소득공제를 받을 수 없는 것임.

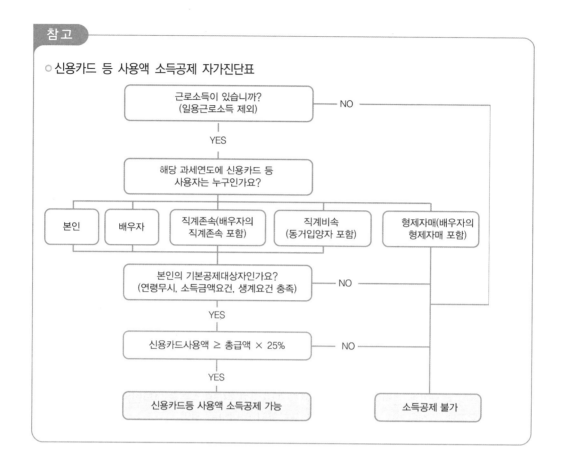

참고

○ 신용카드 등 사용액 소득공제 자가진단표

근로소득이 있습니까?
(일용근로소득 제외)
— NO

YES

해당 과세연도에 신용카드 등
사용자는 누구인가요?

본인 / 배우자 / 직계존속(배우자의 직계존속 포함) / 직계비속(동거입양자 포함) / 형제자매(배우자의 형제자매 포함)

본인의 기본공제대상자인가요?
(연령무시, 소득금액요건, 생계요건 충족)
— NO

YES

신용카드사용액 ≥ 총급액 × 25%
— NO

YES

신용카드등 사용액 소득공제 가능

소득공제 불가

---

5 ## 우리사주조합 출연금 소득공제

「근로복지기본법」에 따른 우리사주조합원이 우리사주를 취득하기 위하여 같은 법에 따른 우리사주조합에 출자하는 경우에는 다음의 금액을 해당 연도의 근로소득금액에서 공제한다.(조특법 88의4)

Min[① 해당 연도의 출자금액, ② 400만원(벤처기업등[16]의 우리사주조합원의 경우 1,500만원)]

---

16) 벤처기업 등은 다음의 어느 하나에 해당하는 기업을 말한다.(조특법 16 ① 제3호, 조특령 14 ③)
　① 벤처기업
　② 창업 후 3년 이내의 중소기업으로서 「벤처기업육성에 관한 특별법」 제2조의2 제1항 제2호 다목에 따른 기업
　③ 창업 후 3년 이내의 중소기업으로서 개인투자조합으로부터 투자받은 날(조특법 제16조의5의 경우에

● **증권금융회사에 과세대상주식으로 통보하지 아니한 출자금에 대하여 소득공제가 가능한지 여부**(기획재정부소득-374, 2019.06.21.)

우리사주조합이 증권금융회사에 자사주를 예탁한 때 우리사주조합원에게 배정한 과세대상 주식을 과소하게 통보하더라도, 「조세특례제한법」 제88조의4에 따라 우리사주조합원이 우리사주를 취득하기 위하여 우리사주조합에 출자하는 경우에는 해당 연도의 출자금액과 400만원(벤처기업등의 우리사주조합원의 경우에는 1천500만원) 중 적은 금액을 해당 연도의 근로소득금액에서 공제할 수 있는 것이다. 과세대상으로 통보하지 아니한 자사주 중 연말정산 시 실제로 소득공제를 받은 금액에 상당하는 자사주가 있는 경우에는 「조세특례제한법 시행령」 제82조의4 제10항에 따라 우리사주조합은 증권금융회사에 다시 통보하여야 하는 것임.

● **관계회사의 근로자가 지배회사의 우리사주조합에 출연한 경우 소득공제 해당 여부**(원천-189, 2010.03.05.)

「근로자복지기본법」 제29조에 따른 우리사주조합원 자격 요건을 충족하여 지배회사의 우리사주조합에 가입한 관계회사의 근로자가 지배회사의 주식을 취득하기 위하여 우리사주조합에 출연하는 경우 출연금액을 400만원을 한도로 근로소득금액에서 공제 가능한 것임.

● **금융지주회사의 우리사주조합에 출연하는 금품의 소득공제 여부**(서이 46013-11660, 2003.09.17.)

근로자복지기본법에 의하여 금융지주회사의 자회사 및 손자회사에 소속된 종업원이 지주회사의 우리사주조합원으로 가입하여 지주회사의 주식을 취득하기 위하여 우리사주조합에 금품을 출연하는 경우 당해연도의 출연금액과 240만원 중 적은 금액을 당해연도의 근로소득금액에서 공제하는 것임.

는 산업재산권을 출자받은 날을 말한다)이 속하는 과세연도의 직전 과세연도에 조특법 제10조 제1항에 따른 연구·인력개발비를 3천만원 이상 지출한 기업. 다만, 직전 과세연도의 기간이 6개월 이내인 경우에는 조특법 제10조 제1항에 따른 연구·인력개발비를 1천5백만원 이상 지출한 중소기업으로 한다.
④ 창업 후 3년 이내의 중소기업으로서 「신용정보의 이용 및 보호에 관한 법률」 제2조 제8호의3 다목에 따른 기술신용평가업무를 하는 기업신용조회회사가 평가한 기술등급(같은 목에 따라 기업 및 법인의 기술과 관련된 기술성·시장성·사업성 등을 종합적으로 평가한 등급을 말한다)이 기술등급체계상 상위 100분의 50에 해당하는 기업

6 고용유지 중소기업 근로자 소득공제

「중소기업기본법」 제2조에 따른 중소기업이 근로시간 단축으로 일자리를 나누는 중소기업의 사업주와 근로자 대표간 합의에 의하여 임금을 감소하여 고용을 유지하는 경우 해당 고용유지 중소기업에 근로를 제공하는 상시근로자에 대하여 2026년 12월 31일까지 다음의 금액을 해당 과세연도의 근로소득금액에서 공제한다. 이 경우 공제할 금액이 1천만원을 초과하는 경우에는 그 초과하는 금액은 없는 것으로 한다. (조특법 30의3 ③)

$$\left(\frac{직전\ 과세연도의}{해당\ 근로자\ 연간\ 임금총액} - \frac{해당\ 과세연도의}{해당\ 근로자\ 연간\ 임금총액} \right) \times 50\%$$

1. 고용유지중소기업의 범위

고용유지중소기업은 다음의 요건을 모두 갖춘 기업을 말한다.

① 중소기업 : 「중소기업기본법」 제2조에서 규정하는 중소기업(업종특성, 평균매출액, 소유와 경영의 독립성 등을 고려)이 대상이다. 단, 다음의 위기지역 내 「조세특례제한법」 제4조 제1항에 따른 중견기업의 사업장에 대하여 위기지역으로 지정 또는 선포된 기간이 속하는 과세연도에도 적용한다.

> ① 「고용정책 기본법」 제32조 제1항에 따라 지원할 수 있는 지역으로서 고용노동부장관이 지정·고시하는 지역
> ② 「고용정책 기본법」 제32조의2 제2항에 따라 선포된 고용재난지역
> ③ 「국가균형발전 특별법」 제17조 제2항에 따라 지정된 산업위기대응특별지역

② 1인당 시간당 임금이 감소하지 아니하는 경우 : 해당 과세연도의 상시근로자(해당 과세연도 중에 근로관계가 성립한 상시근로자는 제외한다) 1인당 시간당 임금이 직전 과세연도에 비하여 감소하지 아니한 경우

> 1인당 시간당 임금 = 임금총액 ÷ 근로시간 합계
> ※ 임금총액 : 직전 또는 해당 과세연도에 상시근로자에게 지급한 통상임금과 정기상여금 등 고정급 성격의 금액을 합산한 금액
> ※ 근로시간 합계 : 직전 또는 해당 과세연도의 상시근로자의 근로계약상 근로시간(「근로기준법」 제2조 제1항 제9호에 따른 단시간근로자로서 1개월 간의 소정근로시간이 60시간 이상인 경우에는 실제 근로시간)의 합계

③ 고용유지 : 해당 과세연도의 상시근로자 수가 직전연도의 상시근로자 수와 비교하여 감소하지 않

은 경우

④ 임금감소 : 상시근로자(해당 과세연도 중에 근로관계가 성립한 상시근로자는 제외한다) 1인당 연간 급여 총액이 직전 과세연도에 비하여 감소된 경우

2. 상시근로자의 범위

「근로기준법」에 따라 근로계약을 체결한 근로자로 다음에 해당하는 자는 제외한다.

① 근로계약기간이 1년 미만인 자. 다만, 근로계약의 연속된 갱신으로 인하여 그 근로계약의 총기간이 1년 이상인 자는 상시근로자로 본다.
② 「법인세법 시행령」제40조 제1항의 어느 하나에 해당하는 임원
- 법인의 회장, 사장, 부사장, 이사장, 대표이사, 전무이사 및 상무이사 등 이사회의 구성원 전원과 청산인
- 합명회사, 합자회사 및 유한회사의 업무집행사원 또는 이사
- 유한책임회사의 업무집행자
- 감사
- 그 밖에 위에 준하는 직무에 종사하는 자
③ 해당 기업의 최대주주 또는 최대출자자(개인사업자의 경우에는 대표자)와 그 배우자
④ ③에 해당하는 자의 직계존비속과 그 배우자
⑤ 「소득세법 시행령」제196조에 따른 근로소득원천징수부에 의하여 근로소득세를 원천징수한 사실이 확인되지 아니하고, 국민연금 및 국민건강보험의 보험료 등의 납부사실도 확인되지 아니하는 자
⑥ 「근로기준법」제2조 제1항 제9호에 따른 단시간근로자로서 1개월 간의 소정 근로시간이 60시간 미만인 근로자

3. 연간 임금총액 계산

연간 임금총액은 통상임금과 정기상여금 등 고정급 성격의 금액을 합산한 금액으로 한다. 이 경우 직전 또는 해당 과세연도 중 근로관계가 성립하거나 종료된 상시근로자의 연간 임금총액은 다음의 구분에 따라 산정한다.(조특령 27의3 ⑩)

① 직전 과세연도 중에 근로관계가 성립한 상시근로자의 해당 과세연도의 연간 임금총액은 다음 산식에 따라 계산한다.

$$\text{해당 과세연도의 통상임금과 고정급 성격의 금액의 합산액} \times \frac{\text{직전 과세연도의 총 근무일수}}{\text{해당 과세연도의 총 근무일수}}$$

② 해당 과세연도 중에 근로관계가 종료된 상시근로자의 직전 과세연도의 연간 임금총액은 다음 산식에 따라 계산한다.

$$\text{직전 과세연도의 통상임금과 고정급 성격의 금액의 합산액} \times \frac{\text{해당 과세연도의 총 근무일수}}{\text{직전 과세연도의 총 근무일수}}$$

③ ① 및 ②에도 불구하고 직전 또는 해당 과세연도 중에 기업의 합병 또는 분할 등에 의하여 근로관계가 승계된 상시근로자의 직전 또는 해당 과세연도의 연간 임금총액은 종전 근무지에서 지급받은 임금총액을 합산한 금액으로 한다.

4. 소득공제 신청서류

고용유지중소기업에 대한 과세특례를 적용받으려는 기업은 소득세 또는 법인세 과세표준신고와 함께 「고용유지중소기업 소득공제신청서」(조특칙 별지 제11호의4 서식)에 경영상 어려움, 사업주와 근로자 대표간 합의를 증명하는 서류 등을 첨부하여 납세지 관할 세무서장에게 제출하여야 한다.

예규 • ● ●

● **고용유지중소기업 과세특례 질의에 대한 회신**(법인 – 1330, 2009.11.27.)

「조세특례제한법」 제30조의3에 따른 과세특례는 임금감소(회사가 인건비로 계상하여 정상적으로 지급한 후 반납된 금액은 이에 해당하지 않음)를 통한 고용유지 중소기업을 지원하기 위한 것으로, 동 규정을 적용함에 있어서의 '임금총액'은 「근로기준법」에 의한 통상임금에 정기상여금 등 고정급 성격의 금액을 합산한 것을 말하며, '총근무일수'란 실제 근로관계가 지속적으로 유지된 기간의 일수를 뜻하는 것임.

또한, 근로관계가 직전 과세연도 중에 성립되어 해당 과세연도 중에 종료된 상시근로자의 '연간 임금총액 산정방법'은, 각각의 과세연도 총근무일수를 비교하여 직전 과세연도의 총근무일수가 적은 경우에는 같은 법 시행령 제27조의4 제6항 제1호를 적용하며, 반대로 해당 과세연도의 총근무일수가 적은 경우에는 같은 규정 제2호를 적용하는 것임.

청년형장기집합투자증권저축에 대한 소득공제

소득기준을 충족하는 거주자인 청년이 청년형장기집합투자증권저축에 2024년 12월 31일까지 가입하는 경우 계약기간 동안 각 과세기간에 납입한 금액의 100분의 40에 해당하는 금액을 해당 과세기간의 종합소득금액에서 공제한다.(조특법 91의20)

1. 소득공제 대상 청년의 범위

청년형장기집합투자증권저축에 대한 소득공제 적용대상인 청년은 청년형장기집합투자증권저축의 가입일 현재 19세 이상 34세 이하인 사람을 말한다. 단, 병역을 이행한 경우에는 그 기간(6년을 한도)을 가입일 현재 연령에서 빼고 계산한 연령이 34세 이하인 사람을 포함한다.(조특령 93의6 ①)

구 분	청년의 범위
병역* 이행 전	19세 ≤ 가입일 현재 연령 ≤ 34세
병역 이행 후	19세 ≤ 가입일 연령 - 병역이행기간(6년 한도) ≤ 34세

* 병역이란 다음을 말한다.
  ① 「병역법」 제16조 또는 제20조에 따른 현역병(같은 법 제21조·제24조·제25조에 따라 복무한 상근예비역 및 경비교도·전투경찰순경·의무소방원을 포함)
  ② 「병역법」 제26조 제1항 제1호 및 제2호에 따른 공익근무요원
  ③ 「군인사법」 제2조 제1호에 따른 현역에 복무하는 장교, 준사관 및 부사관
    ※ 「병역법」 제36조에 따른 전문연구요원·산업기능요원은 병역을 이행한 자로 보지 않음.

2. 소득기준 요건

청년형장기집합투자증권저축에 대한 소득공제를 적용하고자 하는 청년은 다음의 소득기준을 충족하여야 한다.

① 직전 과세기간의 총급여액이 5천만원 이하일 것(직전 과세기간에 근로소득만 있거나 근로소득과 종합소득과세표준에 합산되지 아니하는 종합소득만 있는 경우로 한정하고 비과세소득만 있는 경우는 제외한다)
② 직전 과세기간의 종합소득과세표준에 합산되는 종합소득금액이 3천8백만원 이하일 것(직전 과세기간의 총급여액이 5천만원을 초과하는 근로소득이 있는 경우 및 비과세소득만 있는 경우는 제외한다)

○ 청년형장기집합투자증권저축 가입 청년의 제출서류

다음의 자료를 청년형장기집합투자증권저축을 취급하는 "저축취급기관"에 제출해야 한다.
(조특령 93의6 ②)

① 세무서장으로부터 발급받은 소득확인증명서

② 「병역법 시행령」 제155조의7 제2항에 따른 병적증명서(가입일 현재 연령이 35세 이상인 경우로 한정한다)

3. 청년형장기집합투자증권저축의 요건

청년형장기집합투자증권저축은 다음의 요건을 모두 갖춘 저축을 말한다.

① 자산총액의 100분의 40 이상을 「자본시장과 금융투자업에 관한 법률」 제9조 제15항 제3호에 따른 주권상장법인의 주식에 투자하는 집합투자기구(「소득세법」 제17조 제1항 제5호에 따른 집합투자기구로 한정한다)의 집합투자증권을 취득하기 위한 저축일 것

② 계약기간이 3년 이상 5년 이하일 것

③ 적립식 저축으로서 1인당 납입금액이 연 600만원(해당 거주자가 가입한 모든 청년형장기집합투자증권저축의 합계액을 말한다) 이내일 것

4. 소득공제 배제

가. 소득기준 초과시 배제

청년형장기집합투자증권저축에 가입한 거주자가 다음의 어느 하나에 해당하는 경우에는 해당 과세기간에 소득공제를 하지 아니한다.

① 해당 과세기간에 근로소득만 있거나 근로소득과 종합소득과세표준에 합산되지 아니하는 종합소득만 있는 경우로서 총급여액이 8천만원을 초과하는 경우

② 해당 과세기간의 종합소득과세표준에 합산되는 종합소득금액이 6천7백만원을 초과하는 경우

③ 해당 과세기간에 근로소득 및 종합소득과세표준에 합산되는 종합소득금액이 없는 경우

④ 2024년 4월 1일 이후 청년형장기집합투자증권저축을 해지하고 다음 요건을 갖추어 다른 청년형장기집합투자증권저축에 전환가입한 경우. 이 경우 소득공제 대상에서 제외되는 금액은 그 다른 청년형장기집합투자증권저축에 납입된 금액 중 전환가입에 따라 종전의 청년형장기집합투자증권저축에서 이체된 금액으로 한정한다.

> ㉠ 기존 청년형장기집합투자증권저축의 해지일이 속하는 달의 다음 달 말일까지 다른 청년형장기집합투자증권저축에 가입할 것(저축취급기관이 동일한 경우로 한정한다)
> ㉡ 기존 청년형장기집합투자증권저축을 해지함으로써 지급받은 금액 전액을 다른 청년형장기집합투자증권저축에 납입할 것

나. 계약 해지시 소득공제 배제

가입자가 해당 계약을 해지한 경우(해당 저축의 가입일부터 3년이 경과하기 전에 해당 저축으로부터 원금·이자·배당·주식 또는 수익증권 등의 전부 또는 일부를 인출하거나 제3자에게 양도한 경우를 포함한다)에는 해당 과세기간부터 소득공제를 하지 아니한다. 다만, 2024년 4월 1일 이후 전환가입을 하기 위하여 해지한 경우 해지 전의 청년형장기집합투자증권저축에 납입한 금액은 해당 과세기간의 종합소득금액에서 공제한다.

다. 비과세등의 소득공제 배제

조세특례제한법에 따른 비과세 등 조세특례 또는 소득세법 제20조의3 제1항 제2호[17]를 적용받는 저축 등(연금저축계좌, 퇴직연금계좌)의 경우에는 소득공제를 적용하지 아니한다.

5. 해지로 인한 추징세액 납부

저축취급기관은 가입자가 가입일부터 3년 미만의 기간 내에 청년형장기집합투자증권저축을 해지하는 경우 해당 저축에 납입한 금액의 총 누계액에 100분의 6을 곱한 금액(= 추징세액)을 추징하여 저축 계약이 해지된 날이 속하는 달의 다음 달 10일까지 원천징수 관할 세무서장에게 납부하여야 한다.

다만, 다음의 사유로 해지된 경우에는 추징하지 아니하며, 소득공제를 받은 자가 해당 소득공제로 감면받은 세액이 추징세액에 미달하는 사실을 증명하는 경우에는 실제로 감면받은 세액상당액을 추징한다.

---

17) 소득세법 제20조의3 제1항 제2호는 다음 각 목에 해당하는 금액을 그 소득의 성격에도 불구하고 연금계좌["연금저축"의 명칭으로 설정하는 대통령령으로 정하는 계좌(이하 "연금저축계좌"라 한다) 또는 퇴직연금을 지급받기 위하여 설정하는 대통령령으로 정하는 계좌(이하 "퇴직연금계좌"라 한다)를 말한다. 이하 같다]에서 대통령령으로 정하는 연금형태 등으로 인출(이하 "연금수령"이라 하며, 연금수령 외의 인출은 "연금외수령"이라 한다)하는 경우의 그 연금을 말한다.

① 다른 청년형장기집합투자증권저축에 전환가입한 경우로서 다음의 요건을 모두 충족하는 경우
　　㉠ 기존 청년형장기집합투자증권저축의 해지일이 속하는 달의 다음 달 말일까지 다른 청년형장기집합투자증권저축에 가입할 것(저축취급기관이 동일한 경우로 한정한다)
　　㉡ 기존 청년형장기집합투자증권저축을 해지함으로써 지급받은 금액 전액을 다른 청년형장기집합투자증권저축에 납입할 것
　　㉢ 기존 청년형장기집합투자증권저축과 다른 청년형장기집합투자증권저축의 가입기간을 합산한 기간이 3년 이상일 것
② 가입자의 사망·해외이주
③ 계약 해지일 전 6개월 이내에 발생한 다음의 사유
　　㉠ 천재지변　　　　　　　㉡ 가입자의 퇴직　　　　　　　㉢ 사업장의 폐업
　　㉣ 가입자의 3개월 이상의 입원치료 또는 요양이 필요한 상해·질병의 발생
　　㉤ 저축취급기관의 영업의 정지, 영업인가·허가의 취소, 해산결의 또는 파산선고
　　㉥ 청년형장기집합투자증권저축의 최초 설립일 또는 설정일부터 1년이 지난 날에 집합투자기구의 원본액이 50억원에 미달하거나 최초 설립일 또는 설정일부터 1년이 지난 후 1개월 간 계속하여 집합투자기구의 원본액이 50억원에 미달하여 집합투자업자가 해당 집합투자기구를 해지하는 경우

예 규 ●●●

● **분리과세 공모부동산펀드 가입시 전환기간의 투자기간 산입 여부**(기획재정부금융세제 – 204, 2024.04.02.)

「조세특례제한법」 제87조의7(공모부동산집합투자기구의 집합투자증권의 배당소득 등에 대한 과세특례) 제4항 제1호 및 동법 제91조의20(청년형장기집합투자증권저축 소득공제) 제5항 제1호에 따른 전환가입에 소요된 기간은 「조세특례제한법 시행령」 제81조의4 제3항 제3호의 투자기간을 합산한 기간 및 동 시행령 제93조의6 제11항 제2호의 기간을 합산한 기간에 포함되는 것임.

● **청년형장기집합투자증권저축에 대한 소득공제의 적용이 배제되는 "해지"의 의미**(기획재정부금융세제 – 259, 2023.08.09., 서면법규소득 2023 – 914, 2023.08.17.)

가입자가 최소계약기간인 3년 이후 계약을 해지한 경우에도 쟁점소득공제의 적용이 배제됨(계약기간 중 해지하는 경우 전부를 의미).

6. 제출서류

소득공제를 받으려는 가입자는 근로소득세액의 연말정산 또는 종합소득과세표준확정신고를 하는 때에 소득공제를 받기 위하여 필요한 해당 연도의 저축금 납입액이 명시된 청년형장기집합투자증권저축 납입증명서를 청년형장기집합투자증권저축을 취급하는 금융회사로부터 발급받아 원천징수의무자 또는 주소지 관할 세무서장에게 제출하여야 한다.

8 장기집합투자증권저축에 대한 소득공제

1. 소득공제 적용대상

근로소득이 있는 거주자(일용근로자는 제외한다)가 다음 각 호의 요건을 모두 갖춘 장기집합투자증권저축에 2015년 12월 31일까지 가입하는 경우 가입한 날로부터 10년 동안 각 과세기간에 납입한 금액의 100분의 40에 해당하는 금액을 해당 과세기간의 근로소득금액에서 공제(해당 과세기간의 근로소득금액을 한도로 한다)한다.(조특법 91의16)

① 장기집합투자증권저축 가입자가 가입 당시 직전 과세기간의 총급여액이 5천만원 이하인 근로소득이 있는 거주자일 것(직전 과세기간에 근로소득만 있거나 근로소득 및 종합소득과세표준에 합산되지 않는 종합소득이 있는 경우로 한정한다)[18]
② 자산총액의 100분의 40 이상을 국내에서 발행되어 국내에서 거래되는 주식(「자본시장과 금융투자업에 관한 법률」에 따른 증권시장에 상장된 것으로 한정한다)에 투자하는 「소득세법」 제17조 제1항 제5호에 따른 집합투자기구의 집합투자증권 취득을 위한 저축일 것
③ 장기집합투자증권저축 계약기간이 10년 이상이고 저축가입일부터 10년 미만의 기간 내에 원금·이자·배당·주식 또는 수익증권 등의 인출이 없을 것
④ 적립식 저축으로서 1인당 연 600만원 이내(해당 거주자가 가입한 모든 장기집합투자증권저축의 합계액을 말한다)에서 납입할 것

2. 소득공제 배제

위 규정에도 불구하고 장기집합투자증권저축에 가입한 거주자가 다음의 어느 하나에 해당하는 경우에는 해당 과세기간에 소득공제를 하지 아니한다.

① 해당 과세기간에 근로소득만 있거나 근로소득 및 종합소득과세표준에 합산되지 않는 종합소득이 있는 경우로서 총급여액이 8천만원을 초과하는 경우
② 해당 과세기간에 근로소득이 없는 경우

또한 장기집합투자증권저축 가입자가 해당 저축의 가입일부터 10년 미만의 기간 내에 해당 저축으로부터 원금·이자·배당·주식 또는 수익증권 등의 전부 또는 일부를 인출하

---

18) 직전 과세기간에 비과세 근로소득만 있는 근로자는 소득확인증명서를 발급받을 수 없으므로 저축가입 대상에서 제외된다.

거나 해당 계약을 해지 또는 제3자에게 양도한 경우 해당 과세기간부터 장기집합투자증권저축에 대한 소득공제를 하지 아니한다.

3. 소득공제시 제출서류

소득공제를 받으려는 자는 근로소득세액의 연말정산하는 때에 「근로소득자 소득·세액공제신고서」와 함께 저축취급기관으로부터 발급받은 「장기집합투자증권저축 납입증명서」를 원천징수의무자에게 제출하되, 국세청장이 제공하는 연말정산간소화에서 발급하는 서류로 갈음할 수 있다.

---

9 / 소득세 소득공제 종합한도

거주자의 종합소득에 대한 소득세를 계산할 때 다음에 해당하는 필요경비 및 공제금액의 합계액이 2천500만원을 초과하는 경우에는 그 초과하는 금액은 없는 것으로 한다.(조특법 132의2)

① 「소득세법」 제52조에 따른 특별소득공제. 다만, 건강보험료, 고용보험료, 노인장기요양보험료는 포함하지 아니한다.
② 벤처투자조합 출자 등에 대한 소득공제(조특법 제16조 제1항)
  • 2014년 이후 투자분 중 공제율 30%·70%·100% 적용분은 종합한도 제외
③ 소기업·소상공인 공제부금에 대한 소득공제(조특법 제86조의3)
④ 청약저축·주택청약종합저축에 대한 소득공제(조특법 제87조)
⑤ 우리사주조합 출자에 대한 소득공제(조특법 제88조의4 제1항)
⑥ 장기집합투자증권저축에 대한 소득공제(조특법 제91조의16)
⑦ 신용카드 등 사용금액에 대한 소득공제(조특법 제126조의2)

질문 및 답변

---

19) 국세청, 2023년 연말정산 Q&A(게시용) 일부 인용 및 개정세법 반영하여 수정함.

【인적공제 - 연간소득금액 100만원】

Q01 배우자가 이자소득만 1,900만원이 있는데 배우자공제가 가능한지?

이자·배당소득은 합계액 2,000만원 이하까지는 분리과세되며, 기본공제 대상자의 소득요건인 연간 소득금액이 100만원 이하인지 여부를 계산할 때 비과세, 분리과세 소득은 제외하고 판단한다. 따라서, 금융소득(이자·배당소득)이 2,000만원 이하이면서 원천징수된 경우 배우자공제를 받을 수 있다.

Q02 배우자가 이자소득만 2,100만원이 있는 경우 배우자공제가 가능한지?

안된다. 원천징수된 이자·배당소득의 합계액이 2,000만원 이하인 경우는 분리 과세되어 기본공제 대상자의 소득요건(100만원 이하)을 판단할 때 제외되지만, 이자·배당소득이 2천만원을 초과하는 경우 전액 종합과세 대상이며 이자소득의 경우 필요경비가 인정되지 않아 이자수입금액 2,100만원 전액이 이자소득이 되므로 해당 연도의 소득금액 합계액이 100만원을 초과하여 배우자공제를 받을 수 없다.

Q03 사업을 하던 배우자가 11월에 폐업한 경우 배우자공제 가능한지?

과세기간(올해)의 사업소득금액이 100만원 이하이면 공제 가능하다.

> (tip) 사업소득금액은 총수입금액에서 필요경비를 차감하여 계산하는데, 장부를 기장하는지, 추계에 의해 신고하는지에 따라 소득금액이 달라지므로 다음 해 5월 종합소득세 확정신고를 하기 전까지는 정확한 금액을 파악하기 어렵다.
> 따라서, 이런 경우에는 연말정산 시에는 우선 배우자공제를 적용받지 않고 종합소득세 확정신고한 배우자의 사업소득금액을 확인하여 배우자의 종합소득금액이 100만원 이하인 경우면 본인이 종합소득세 신고 또는 경정청구를 통해 추가로 배우자공제를 적용받는 것이 유리한다.(과다공제의 경우 가산세 부담이 있기 때문)

Q04 배우자가 프리랜서로 일하면서 3.3%로 원천징수되어 지급받는 사업소득이 있는 경우 배우자공제를 받을 수 있는지?

과세기간(올해)의 사업소득금액이 100만원 이하인 경우라면 배우자공제가 가능하다.

> (tip) 사업소득금액은 총수입금액에서 필요경비를 차감하여 계산하는데, 장부를 기장하는지, 추계에 의해 신고하는지에 따라 소득금액이 달라지므로 다음 해 5월 종합소득세 확정신고를 하기 전까지는 정확한 금액을 파악하기 어렵다.
> 따라서, 이런 경우에는 연말정산 시에는 우선 배우자공제를 적용받지 않고 종합소득세 확정신고한 배우자의 사업소득금액을 확인하여 배우자의 종합소득금액이 100만원 이하인 경우면 본인이 종합소득세 신고 또는 경정청구를 통해 추가로 배우자공제를 적용받는 것이 유리한다.(과다공제의 경우 가산세 부담이 있기 때문)

Q05 부모님이 분리과세되는 주택임대소득만 있는 경우 기본공제를 받을 수 있는지?

연간 2,000만원 이하의 분리과세되는 주택임대소득만 있는 경우 기본공제를 받을 수 있다.

기본공제 대상자의 소득요건인 연간 소득금액이 100만원 이하인지 여부를 계산할 때 비과세, 분리과세 소득은 제외하고 판단한다.

Q 06 배우자가 근로소득만 있는 경우 총급여액이 500만원 이하이면 배우자공제가 가능한지?

근로소득만 있는 경우 총급여액 500만원 이하인 경우 배우자공제가 가능하다.

기본공제 대상자의 소득요건은 원칙적으로 연간소득금액 100만원 이하인 경우에 충족되는 것이나 근로소득만 있는 경우에는 총급여액 500만원 이하인 경우를 포함한다.

Q 07 배우자가 일용근로소득만 있는 경우 배우자공제가 가능한지?

일용근로소득은 일당을 받을 때 원천징수로 납세의무가 종결되는 분리과세소득이다.

기본공제 대상자의 소득요건인 연간 소득금액이 100만원 이하인지 여부를 계산할 때 비과세, 분리과세소득은 제외하고 판단하기 때문에 일용근로소득자는 소득의 크기에 상관없이 배우자공제가 가능하다.

Q 08 배우자가 1월부터 3월까지는 일용직(총급여액 600만원)으로 근무하다가 12월부터 다른 회사에 정직원으로 입사하여 총급여액 200만원이 발생한 경우 배우자공제가 가능한지?

일용근로소득은 소득의 크기에 상관없이 연간 소득금액(100만원 이하)을 계산할 때 제외하며, 정직원으로 입사하여 받은 근로소득금액이 총급여액 500만원 이하이므로 배우자공제를 받을 수 있다.

Q 09 대학원생인 배우자가 2024년 6월에 연구용역비로 2,000만원을 받은 경우 배우자공제가 가능한지?

안된다. 대학원생이 받은 연구용역비는 기타소득 과세대상이다.

기타소득금액은 기타소득 수입금액에서 필요경비를 차감하여 계산하며, 연구용역비의 필요경비 개산공제율은 60%이다.

따라서 배우자의 기타소득금액은 800만원(2,000만원 −2,000만원×60%)이므로 연간 소득금액이 100만원을 초과한다.

또한, 분리과세 여부를 선택할 수 있는 기타소득금액 300만원을 초과하기 때문에 무조건 종합과세 대상에 해당하여 배우자공제를 받을 수 없다.

Q 10 대학원생인 배우자가 2024년 6월에 연구용역비로 200만원을 받은 경우 배우자공제가 가능한지?

대학원생이 받은 연구용역비는 기타소득 과세대상이다.

기타소득금액은 기타소득 수입금액에서 필요경비를 차감하여 계산하며, 연구용역비의 필요경비 개산공제율은 60%이다.

따라서 배우자의 기타소득금액은 80만원(200만원 − 200만원×60%)이므로 연간 소득금액이 100만원 이하에 해당하여 배우자공제가 가능하다.

Q 11 대학원생인 배우자가 2024년 6월에 연구용역비로 500만원을 받은 경우 배우자공제가 가능한지?

소득자의 선택에 따라 달라진다.

대학원생이 받은 연구용역비는 기타소득 과세대상이다.

기타소득금액은 기타소득 수입금액에서 필요경비를 차감하여 계산하며, 연구용역비의 필요경비 개산공제율은 60%이다.

따라서 배우자의 기타소득금액은 200만원(500만원 − 500만원×60%)이므로 연간 소득금액이 100만원을 초과한다.

그러나, 기타소득금액은 연간합계액이 300만원 이하이면서 원천징수된 소득인 경우 분리과세와 종합과세를 거주자가 선택할 수 있다.

배우자가 분리과세를 선택한 경우에는 연간 소득금액 100만원 이하 여부를 판단할 때 분리과세소득은 제외하므로 소득요건을 충족하게 되어 배우자공제가 가능하고, 반면, 배우자가 종합과세를 선택한 경우에는 종합소득금액(기타소득금액)이 200만원이므로 연간 소득금액이 100만원을 초과하여 배우자공제를 받을 수 없다.

Q12 아버지가 2000년에 퇴직하여 공무원연금을 수령하는 경우(연금소득만 있는 경우) 기본공제를 받을 수 있는지?

공적연금소득은 2002.1.1. 이후 납입된 연금기여금 및 사용자 부담금을 기초로 하거나 2002.1.1. 이후 근로의 제공을 기초로 하여 받는 연금소득만 과세대상이다.

따라서 2001.12.31. 이전에 퇴직하여 공무원 연금만을 수령하고 다른 소득이 없는 경우라면 기본공제를 적용받을 수 있다.

Q13 아버지가 2010년에 퇴직하여 공무원연금으로 월 200만원을 지급받고 있는데 아버지에 대해 기본공제를 받을 수 있는지?

과세대상 연금 소득금액을 연금소득원천징수영수증을 통하여 확인한 후 공제여부를 판단하여야 한다.

공적연금소득은 2001.12.31. 이전에 납입된 연금기여금과 사용자 부담금을 기초로 한 연금수령액은 과세 제외되는 반면, 2002.1.1. 이후에 불입한 공무원연금은 연금소득으로 과세된다.

따라서 아버지가 받으시는 연금 중 2002.1.1. 이후 부담금에 대한 연금소득이 얼마인지에 따라 공제 여부가 달라진다.

연금소득금액이 100만원 이하인 경우 기본공제를 받을 수 있다.

Q14 어머니가 국민연금으로 연 500만원을 지급받고 다른 소득이 없는 경우 기본공제를 받을 수 있는지?

연금소득금액은 총연금수령액에서 연금소득공제를 차감하여 계산되며, 총연금수령액이 5,166,667원일 때 연금소득공제액은 4,166,667원으로 연금소득금액은 100만원이 된다.

따라서 어머니의 경우처럼 연 500만원을 지급받는 경우 연간 소득금액이 100만원 이하이므로 기본공제를 받을 수 있다.

Q15 아버지가 순직하시고 어머니가 공무원 연금공단으로부터 유족연금을 수령하고 있는데, 어머니에 대해 기본공제를 받을 수 있는지?

예, 공적연금 관련법에 따라 받는 유족연금, 퇴직유족연금, 장해유족연금, 순직유족연금, 직무상유족연금, 위험직무순직유족연금, 장애연금, 장해연금, 비공무상 장해연금, 비직무상 장해연금, 상이연금(傷痍年金), 연계노령유족연금 또는 연계퇴직유족연금은 비과세소득에 해당하며, 기본공제 대상자의 소득요건인 연간 소득금액이 100만원 이하인지 여부를 계산할 때 비과세, 분리과세 소득은 제외하고 판단하므로 어머니가 타 소득이 없는 경우라면 기본공제를 받을 수 있다.

Q 16 어머니가 은행의 연금저축계좌에 가입하여 연금으로 연간 1,700만원을 받고 있는데 어머니에 대해 기본공제를 받을 수 있는지?

안된다.

연금저축 계좌에 가입하여 수령하는 소득은 사적 연금소득에 해당하며, 이러한 사적 연금소득은 연 1,500만원을 초과하는 경우 무조건 종합과세대상에 해당하며, 연금소득금액이 100만원을 초과하는 경우 기본공제를 적용받을 수 없다.

총연금액이 1,700만원일 때의 연금소득금액은 1,040만원*이다.

* 연금소득금액 : 총연금액 1,700만원 − 연금소득공제 660만원 = 1,040만원

Q 17 어머니가 기초생활 수급금을 받고 있는데 기본공제를 적용받을 수 있는지?

기초생활 수급금 및 기초연금은 연금소득 과세대상이 아니므로 타 소득 없이 기초생활 수급금만 지급받는 경우라면 기본공제를 적용받을 수 있다.

Q 18 어머니가 은행의 연금저축계좌에 가입하여 연간 700만원의 연금을 받고 있는데 어머니에 대해 기본공제를 받을 수 있는지?

소득자의 선택에 따라 달라진다.

사적연금 수령액이 1,500만원 이하인 경우 분리과세와 종합과세 중 선택이 가능하다.

① 종합과세를 선택하는 경우 : 연금소득금액은 210만원(총연금액 700만원 − 연금소득공제 490만원)으로 기본공제를 받을 수 없다.

② 분리과세를 선택하는 경우 : 기본공제 대상자의 소득요건인 연간 소득금액이 100만원 이하인지 여부를 계산할 때 비과세, 분리과세 소득은 제외하고 판단하므로 어머니가 타 소득이 없는 경우라면 기본공제를 받을 수 있다.

Q 19 어머니가 은행의 연금저축 계좌에 가입하여 연금으로 연간 500만원을 받고 있는데 기본공제를 받을 수 있는지?

어머니가 다른 소득금액이 없는 경우라면 기본공제를 받을 수 있다.

사적연금 수령액이 1,500만원 이하인 경우 분리과세와 종합과세 중 선택이 가능하다.

① 종합과세를 선택하는 경우 : 연금소득금액은 90만원(총연금액 500만원 − 연금소득공제 410만원). 즉, 연간 소득금액이 100만원 이하이므로 기본공제를 받을 수 있다.

② 분리과세를 선택하는 경우 : 기본공제 대상자의 소득요건인 연간 소득금액이 100만원 이하인지 여부를 계산할 때 비과세, 분리과세 소득은 제외하고 판단하므로 기본공제를 받을 수 있다.

Q 20 어머니가 국민연금으로 연 800만원을 지급받고 다른 소득이 없는 경우 기본공제를 받을 수 있는지?

과세대상 연금 소득금액이 얼마인지 확인한 후 공제여부를 판단하여야 한다.

공적연금소득은 2001.12.31. 이전에 납입된 연금기여금과 사용자 부담금을 기초로 한 연금수령액은 과세 제외되는 반면, 2002.1.1. 이후에 불입한 국민연금은 연금소득으로 과세된다.

따라서 어머니가 받는 국민연금 중 2002.1.1. 이후 부담금에 대한 연금소득이 얼마인지에 따라 공제 여부가 달라진다.

연금소득금액이 100만원 이하인 경우 기본공제를 받을 수 있다.

Q 21 배우자가 1월에 퇴사를 하였고, 1월까지의 급여는 100만원이며, 퇴직금을 50만원 지급받은 경우 배우자공제가 가능한지?

가능하다. 연도 중에 퇴사한 경우에는 근로소득금액과 퇴직소득금액을 합산하여 100만원 이하여 야 하며 배우자의 근로소득금액은 30만원(총급여 100만원 − 근로소득공제 70만원)이며, 퇴직소득 금액은 50만원이므로 합계 80만원으로 연간 소득금액이 100만원 이하이다. 따라서 배우자공제가 가능하다.

Q 22 배우자가 2월에 퇴사를 하였고 2월까지의 급여는 200만원이며, 퇴직금을 200만원 지급받은 경우 배우자공제가 가능한지?

안된다. 연도 중에 퇴사한 경우에는 근로소득금액과 퇴직소득금액을 합산하여 100만원 이하여야 하며 퇴직금은 전액을 소득금액으로 보기 때문에 퇴직금이 100만원을 초과하면 배우자공제를 적 용받을 수 없다.

Q 23 배우자가 부동산 임대수입 200만원과 총급여액 400만원이 있는 경우 배우자공제가 가능한지?

안된다. 근로소득만 있는 경우에는 총급여액 500만원 이하일 때 소득요건을 충족하지만, 근로소득 외의 다른 소득이 있는 경우에는 근로소득금액과 타 소득금액을 합산하여 판단한다.

총급여액이 400만원인 경우 근로소득금액은 120만원으로 연간 소득금액이 100만원을 초과하므로 기본공제 대상자에 해당하지 않는다.

만약 부동산임대업 총수입수입금액(200만원)에 대응되는 필요경비가 220만원 이상인 경우 부동 산임대업에서 발생한 결손금과 근로소득금액을 합산한 소득금액이 100만원 이하이므로 기본공제 대상자에 해당한다.

Q 24 배우자가 부동산 임대수입 200만원과 총급여액 200만원이 있는 경우 배우자공제가 가능한지?

소득금액을 합산하여 판단한다.

근로소득만 있는 경우에는 총급여액 500만원 이하일 때 소득요건을 충족하지만, 근로소득 외의 다른 소득이 있는 경우에는 근로소득금액과 타 소득금액을 합산하여 판단한다.

총급여액이 200만원인 경우 근로소득금액(총급여액−근로소득공제)은 60만원이며, 여기에 총수 입금액에서 필요경비를 차감하여 계산한 부동산 임대소득 금액을 합산하여 배우자의 연간 소득금 액이 100만원을 초과하는지 여부를 확인한다.

Q 25 배우자가 1세대 1주택 비과세 요건을 충족하는 주택을 양도한 경우 배우자공제가 가능한지?

가능하다. 기본공제 대상자의 소득요건인 연간 소득금액이 100만원 이하인지 여부를 계산할 때 비과세, 분리과세 소득은 제외하고 판단하므로 배우자가 타 소득이 없는 경우라면 기본공제를 받 을 수 있다.

Q 26 배우자가 상가 건물을 양도하여 양도소득이 있는 경우 배우자공제가 가능한지?

양도소득금액이 100만원 이하여야 배우자공제를 받을 수 있다.

* 양도소득금액 = 양도가액 − 필요경비 − 장기보유특별공제

Q 27 아버지가 농지를 양도하였는데 8년 자경으로 양도소득세를 감면받은 경우 기본공제가 가능한지?

양도소득금액에 따라 공제 가능 여부가 달라진다.

토지를 양도하여 양도소득이 발생한 경우에는 양도소득금액이 100만원 이하여야 한다.

8년 자경으로 감면받은 농지의 양도소득금액이 100만원을 초과하는 경우에는 기본공제를 적용받을 수 없다.

* 양도소득금액 = 양도가액 – 필요경비 – 장기보유특별공제

【인적공제 – 배우자】

Q 28 결혼식은 안하고 혼인신고만 한 경우에도 배우자공제가 가능한지?

해당연도 12월 31일까지 혼인신고를 한 경우에는 배우자의 연간 소득금액이 100만원 이하인 요건을 충족하면 배우자공제가 가능하다.

Q 29 사실혼 관계(실제 동거)에 있는 배우자도 공제 대상인지?

아니다. 법률상 배우자가 아닌 사실혼 관계의 배우자는 공제 대상이 아니다.

Q 30 학업을 위해 해외에 이주한 자녀와 배우자에 대하여 소득공제를 받을 수 있는 것인지?

자녀 학업 등을 위해 배우자와 자녀가 외국에 이주한 경우에도 배우자와 자녀의 연간 소득금액이 각각 100만원 이하이고, 자녀의 연령이 20세 이하인 경우 기본공제를 적용할 수 있다.

Q 31 외국인거주자가 본국에 거주하는 배우자에 대한 기본공제를 받을 수 있는지?

본국에 거주하는 배우자의 연간소득금액이 100만원 이하이면 기본공제를 받을 수 있다.

Q 32 외국인거주자가 본국에 거주하는 외국인 배우자에 대한 기본공제를 받고자 할 때 제출하여야 하는 증빙서류는?

1. 본인과 배우자의 가족관계증명서(본인과 배우자의 관계 확인)
2. 외국 관계기관의 소득금액증명원(배우자의 소득 확인)

Q 33 연도 중에 결혼 · 이혼 · 사망한 배우자에 대해 당해연도에 기본공제를 받을 수 있는지?

과세연도 중에 결혼(사실혼 제외)한 경우에는 과세기간 종료일 현재 배우자에 해당하므로 배우자의 연간 소득금액 합계액이 100만원 이하인 경우에는 기본공제 대상이 해당되나, 과세연도 중에 이혼한 배우자에 대하여는 기본공제를 받을 수 없다.

배우자가 과세기간 중에 사망한 경우에는 기본공제를 적용받을 수 있다. 단, 소득금액 요건(연간 소득금액의 합계액이 100만원 이하)을 충족한 경우에 한한다.

【인적공제 – 직계존속】

Q 34 따로 사는 부모님을 인적공제(기본공제) 받을 수 있는지?

주거 형편상 따로 거주하나 본인이 실제로 부양하고 있으며 다른 형제자매가 부모님에 대해 기본

공제를 받지 않는 경우, 따로 사는 부모님(시부모, 장인·장모 포함)도 공제요건(소득금액 100만원 이하, 60세 이상)을 충족하는 경우 기본공제가 가능하다.

※ 실제 부양*한 자녀 1인만 기본공제받을 수 있다. 다만, 실제 부양한 자녀(공제신청자)가 둘 이상인 경우 공제 순위는 다음과 같다.(소득령 106 ②)

> 1. 직전 과세기간에 부양가족으로 인적공제를 받은 거주자
> 2. 다만, 직전 과세기간에 부양가족으로 인적공제를 받은 사실이 없는 때에는 해당 과세기간의 종합소득금액이 가장 많은 거주자
> * 실제로 부양하는 경우
>   ⇒ 직계존속이 독립생계 능력이 없어 주로 당해 근로자의 소득에 의존하여 생활하는 경우를 말함

Q 35 친어머니와 계모(법률혼) 두 분을 함께 부양하는 경우 두 분 모두 기본공제를 적용받을 수 있는지?

두 분 모두 공제 가능하다. 또한, 직계존속이 재혼한 후 사망한 경우 계부·계모를 직계존속 사후에도 근로자가 부양하는 경우 기본공제대상에 해당한다.

Q 36 호적상 확인되지 않는 생모에 대한 부양가족 공제가 가능한지?

호적상 확인되지 않는 생모를 주민등록표상 동거인으로 등록하여 부양하고 있는 경우 근로자의 실질적인 직계존속임이 확인되고 실제 부양하고 있는 경우 부양가족으로 공제가 가능하다.
이 때 생모에 대한 판단은 그러한 관계를 잘 아는 타인의 증명에 의하여도 가능한 것이다.(서이 46013-12301, 2002.12.23.)

Q 37 생모가 재가한 경우에도 기본공제가 가능한지?

생모가 재가(再嫁)한 경우에도 실질적으로 부양하고 있는 경우이고, 나이요건과 소득요건을 충족하면 기본공제가 가능하다.(소득 22601-1044, 1991.05.27.)
* 나이요건 : 만 60세 이상, 소득요건 : 100만원(총급여액 500만원) 이하

Q 38 입양된 경우 양가뿐만 아니라 생가의 직계존속과 형제자매도 기본공제할 수 있는지?

입양된 경우 양가 또는 생가의 직계존속과 형제자매는 공제대상 부양가족의 범위에 포함된다.(소득법 기본통칙 50-106…1)

Q 39 부양하던 어머님이 올해 사망한 경우 기본공제가 가능한지?

소득 및 연령요건을 충족하는 경우 사망한 연도까지는 기본공제 가능하다.
* 나이요건 : 만 60세 이상, 소득요건 : 100만원(총급여액 500만원) 이하

Q 40 아버지가 60세 미만이고 장애인인 경우 기본공제가 가능한지?

장애인은 소득요건(연간 소득금액 100만원 이하)만 충족하면 나이에 관계없이 기본공제 대상이다.

Q 41 시골에 살고 계신 부모님에 대해 기본공제를 받을 수 있는지?

주거의 형편상 따로 거주하고 있으나 실제로 부양하고 있고, 다른 형제자매가 부모님(장인·장모 포함)에 대해 기본공제를 받지 않고, 부모님이 소득요건(연간 소득금액 100만원 이하)과 나이요건

(만 60세 이상)을 충족하는 경우에는 기본공제를 받을 수 있다.

Q 42 해외에 이주하여 거주하고 있는 직계존속을 부양하는 경우 기본공제를 적용받을 수 있는지?

안된다. 해외에 거주하고 있는 직계존속은 주거의 형편에 따라 별거하고 있다고 볼 수 없으므로 기본공제를 적용받을 수 없다.(서면1팀－1360, 2007.10.05.)

Q 43 외국인거주자가 본국에 거주하는 직계존속에 대한 기본공제를 받을 수 있는지?

외국인거주자의 직계존속 또는 거주자의 외국인 배우자의 직계존속이 해외본국에서 거주하고 있는 경우로서 거주자가 실제 부양하고 있음이 확인되는 경우에는 기본공제를 적용받을 수 있다.(기획재정부 소득세제과－84, 2010.02.10.)

Q 44 외국인거주자가 본국에 거주하는 직계존속에 대한 기본공제를 받을 때 제출하여야 하는 증빙서류는?

1. 외국법에 의한 호적서류 등 직계존속임을 확인할 수 있는 서류
2. 외국 관계기관의 소득금액 증명원(직계존속의 소득 증명용)
3. 실제 부양하고 있음을 입증할 수 있는 증빙(예 : 생활비 송금내역)

Q 45 형제 중 부모님에 대한 기본공제는 국민건강보험증에 부모님이 등재된 자가 반드시 받아야 하는지?

아니다. 나이 및 소득기준 등 기본공제 요건을 갖춘 부모님에 대해 실제 부양하는 거주자 1인이 공제받을 수 있는 것이며, 국민건강보험증 등재 여부가 실제 부양 여부를 의미하는 것은 아니다. 직계존속을 실제로 부양하는 경우란 동 직계존속이 독립적인 생계 능력이 없어 주로 당해 근로자의 소득에 의존하여 생활하는 경우를 말한다.(법인 46013－1053, 1999.03.23.)

Q 46 부모님(장인·장모 포함)에 대해 다수의 자녀가 인적공제를 신청한 경우 누가 공제를 받을 수 있는지?

다수의 근로자가 공제대상자로 신청하였거나, 누구의 공제대상자로 할 것인지 알 수 없는 경우 아래의 순서에 의해 판단한다.

> 1. 실제 부양하였다는 사실을 입증하는 사람
> 2. 실제 부양하였다는 사실을 입증하는 사람이 둘 이상인 경우
>   ① 직전 과세기간에 부양가족으로 인적공제를 받은 거주자
>   ② 직전 과세기간에 부양가족으로 인적공제를 받은 사실이 없는 때에는 해당 과세기간의 종합소득금액이 가장 많은 사람

Q 47 연말정산을 할 때마다 매년 주민등록표 등본을 제출해야 하는지?

부양가족에 대한 증빙서류로 주민등록표 등본, 가족관계증명서 등을 제출하여야 하나 원천징수의무자에게 이를 제출한 후 변동사항이 없는 경우 다음연도부터 다시 제출하지 아니할 수 있다. 다만, 주민등록표 등본은 기본공제 뿐만 아니라 주택자금공제 등의 증빙으로도 사용되므로, 공제항목에 따라 추가로 제출하여야 하는 경우가 있을 수 있다.

【인적공제 – 직계비속】

Q 48 재혼한 경우 전 남편(a) 소생의 자녀(b)에 대해 현재 배우자(c)가 기본공제를 받을 수 있는지?

예, 기본공제 대상인 직계비속에는 근로자(c)의 배우자가 재혼한 경우로서 당해 배우자가 종전 배우자(a)와의 혼인(사실혼 제외) 중에 출생한 자(b)를 포함하며, 소득 및 나이요건을 충족할 경우 기본공제를 적용받을 수 있다.

* 나이요건 : 만 20세 이하, 소득요건 : 100만원(총급여액 500만원) 이하

Q 49 군대에 입대한 아들(만 22세)에 대해 기본공제를 받을 수 있는지?

안된다. 직계비속과 입양자는 주소 또는 거소에 관계없이 생계를 같이하는 것으로 보는 것이나 연령기준(만 20세 이하)을 초과하고 있으므로 기본공제를 받을 수 없다.

Q 50 학업을 위해 해외에 이주한 자녀에 대해 기본공제를 받을 수 있는 것인지?

직계비속과 입양자는 주소 또는 거소에 관계없이 생계를 같이하는 것으로 보며 해외에 이주한 자녀의 연령·소득요건이 충족되는 경우 기본공제를 받을 수 있다.

* 나이요건 : 만 20세 이하, 소득요건 : 100만원(총급여액 500만원) 이하

Q 51 며느리, 사위에 대해서도 기본공제를 적용받을 수 있는지?

안된다. 다만, 기본공제 대상 직계비속(아들, 딸)과 그 직계비속의 배우자(사위, 며느리)가 모두 장애인이면서 소득요건을 충족하면 기본공제 및 추가공제(장애인공제)를 받을 수 있다.

* 소득요건 : 100만원(총급여액 500만원) 이하

Q 52 이혼한 부부의 자녀에 대한 기본공제는 누가 적용받는 것인지?

자녀를 실제 부양하고 있는 부(父) 또는 모(母)가 받는다.(소득세법 집행기준 50 – 106 – 2)

Q 53 출생 신고 전에 사망한 자녀의 기본공제가 가능한지?

당해연도에 출산하여 사망한 자녀에 대해 출생 및 사망신고를 하지 않는 경우 병원기록에 의해 가족관계, 출생, 사망기록이 확인되면 기본공제가 가능하다.

【인적공제 – 형제자매】

Q 54 형이 25세인 장애인인데 기본공제를 적용받을 수 있는지?

생계를 같이하는 형제자매가 장애인인 경우 소득요건을 충족하면 나이에 상관없이 기본공제, 추가공제(장애인공제)를 받을 수 있다.

* 소득요건 : 100만원(총급여액 500만원) 이하

Q 55 동생과 같이 살다가 동생이 다른 지방에 있는 대학교에 입학하기 위해 퇴거한 경우 동생에 대해 기본공제를 받을 수 있는지?

형제자매에 대해 기본공제를 받기 위해서는 주민등록표상 동거가족으로 근로자의 주소 또는 거소에서 현실적으로 생계를 같이 하여야 하나 취학, 질병의 요양, 근무상 또는 사업상의 형편으로 본

래의 주소 또는 거소를 일시 퇴거한 경우에도 동생이 나이요건과 소득요건을 충족한 경우 기본공제를 받을 수 있다.

* 나이요건 : 만 20세 이하, 소득요건 : 100만원(총급여액 500만원) 이하

Q 56 4촌 형제와 같이 거주하면서 실제 부양하고 있는데 기본공제가 가능한지?

안된다. 4촌 형제자매에 대해서는 기본공제를 받을 수 없다.

【인적공제 – 위탁아동, 수급자】

Q 57 국민기초생활보장법에 따른 수급자인 이모와 동일한 주소에 거주하면서 부양하고 있는 경우 기본공제가 가능한지?

국민기초생활보장법에 따른 수급자를 동일 주소에 거주하면서 부양하고 있는 경우라면 기본공제를 적용받을 수 있다.

Q 58 2024.10.1.부터 2025.4.30.까지 가정위탁을 받아 직접 양육한 아동에 대해서 기본공제를 적용받을 수 있는지?

안된다. 소득공제를 받고자 하는 연도에 6개월 이상 직접 양육하여야 하는 것으로 2024년에는 기본공제를 받을 수 없다.

다만, 2024년에 소득공제를 받지 못한 경우의 위탁기간(3개월)은 2025년의 위탁기간에 포함하여 계산할 수 있는 것으로, 2025년에 6개월 이상 양육한 경우에 해당하므로 2025년에는 기본공제를 적용받을 수 있다.

Q 59 위탁아동은 18세 미만인 경우에만 기본공제가 가능한지?

「아동복지법」에 따라 가정위탁을 받아 양육하는 아동(이하 "위탁아동"이라 함)은 기본공제 대상자에 해당한다.(「소득세법」 제50조)
 – 아동복지법상 위탁아동이란 원칙적으로 18세 미만을 의미하나, 보호기간 연장*된 20세 이하인 위탁아동도 기본공제가 가능하다.
  * 학원에 다니는 20세 미만자, 장애·질병 아동, 지능지수가 낮아 자립이 어려운 25세 미만자 등
  (「아동복지법」 제16조의3, 같은 법 시행령 제22조)

【인적공제 – 기타 친족】

Q 60 형제자매의 배우자(제수, 형수, 매형, 매부 등)도 부양가족 공제를 받을 수 있는지?

안된다. 형제자매의 배우자(제수, 형수 등)는 부양가족 공제의 대상이 아니다.

Q 61 배우자의 형제자매(처제, 처남, 시동생, 시누이)도 부양가족 공제를 받을 수 있는지?

배우자의 형제자매도 생계를 같이하고 나이요건(20세 이하 또는 60세 이상)과 소득요건을 모두 충족하는 경우 기본공제대상 부양가족에 포함된다.

Q62 조카도 기본공제를 받을 수 있는지?

안된다. 조카는 생계를 같이하여도 기본공제 대상자에 해당하지 않는다.

다만, 사실상 입양상태에 있는 자로서 거주자와 생계를 같이하는 자(나이 및 소득금액 요건 충족)에 해당하는 경우에는 기본공제 대상이 될 수 있으며, 이에 해당하는지 여부는 부양할 다른 직계존속이나 친족이 있는지 여부 또는 당해 거주자가 계속 부양할 것인지 여부 등을 종합적으로 사실판단할 사항이다.(법인 46013-2511, 1999.07.02.)

【추가공제 - 경로우대자 공제】

Q63 경로우대자 공제를 받기 위한 나이는?

70세 이상이어야 한다. 2024년 귀속 연말정산시 경로우대자 공제를 받으려면 1954.12.31. 이전에 출생한 경우라야 한다.

Q64 모친이 올해 7월에 사망하신 경우에도 경로우대자 공제를 받을 수 있는지?

70세 이상의 나이요건과 연간 소득금액 100만원 이하의 소득요건을 충족하면, 연도 중에 사망한 경우에도 기본공제 150만원과 경로우대자 공제 100만원을 소득공제받을 수 있다.

Q65 근로자 본인이 70세 이상인 경우 경로우대자 공제가 가능한지?

본인도 70세 이상인 경우 경로우대자 공제를 적용한다.

Q66 장남이 어머니에 대한 기본공제를, 차남이 경로우대자 공제를 각각 적용받을 수 있는지?

안된다. 기본공제를 적용받은 사람이 경로우대자 공제도 적용받을 수 있다.

Q67 경로우대자 공제와 장애인공제는 중복적용이 가능한지?

경로우대자 공제와 장애인공제는 중복공제 가능하다.

Q68 기본공제 대상인 아버지가 장애인이면서 경로우대자에 해당되면 장애인 추가공제와 경로우대자 추가공제를 모두 받을 수 있는지?

모두 적용된다. 추가공제는, 기본공제대상자인 경우 해당 사유별로 공제하는 것이므로 기본공제(150만원)와 장애인 추가공제(200만원), 경로우대자 추가공제(100만원)를 모두 받을 수 있다.

【추가공제 - 장애인공제】

Q69 장애인공제 대상 장애인의 범위와 공제신청 시 제출할 서류는?

장애인의 범위

> ① 장애인복지법에 따른 장애인 및 장애아동 복지지원법에 따른 장애아동 중 같은 법 제21조 제1항에 따른 발달재활서비스를 지원받는 사람
> ② 국가유공자 등 예우 및 지원에 관한 법률에 의한 상이자 및 이와 유사한 사람으로서 근로능력이 없는

사람

③ ①, ② 외의 항시 치료를 요하는 중증환자로서 취학·취업이 곤란한 상태에 있는 자

- 제출서류 : 장애인 추가공제를 받으려는 때에는 장애인증명서를 첨부하여 제출하여야 한다. 다만, 국가유공자 등 예우 및 지원에 관한 법률에 따른 상이자의 증명을 받은 사람 또는 장애인복지법에 따른 장애인등록증을 받은 사람에 대해서는 해당 증명서, 장애인등록증 사본, 그 밖의 장애사실을 증명하는 서류로써 갈음할 수 있다.

> (ex) 장애인등록증, 장애인수첩, 복지카드 사본(읍·면·동사무소), 국가유공자증, 국가유공자 확인원, 5·18민주유공자 확인서, 고엽제 후유의증 환자 등 확인서(국가보훈처)

Q70 아버지가 월남전 참전용사로 고엽제 피해 환자인 경우 장애인공제를 적용받을 수 있는지?

국가유공자 등 예우 및 지원에 관한 법률 시행령 별표 3에 규정한 상이등급 구분표에 게기하는 상이자와 같은 정도의 신체장애가 있는 자로서 근로능력이 없는 자는 장애인공제가 가능한 것으로 국가보훈처에서 고엽제후유의증 환자 등 확인서를 발급받아 제출하면 장애인공제가 가능하다.

Q71 암환자의 경우 장애인공제를 적용받을 수 있는지?

암환자 모두가 장애인공제 대상은 아니다.
항시 치료를 요하는 중증환자에 해당하여 의료기관에서 장애인증명서를 발급받은 경우라면 장애인공제를 받을 수 있다.

Q72 치매환자의 경우 장애인공제를 적용받을 수 있는지?

치매환자 모두가 장애인공제 대상은 아니다.
항시 치료를 요하는 중증환자에 해당하여 의료기관에서 장애인증명서를 발급받은 경우라면 장애인공제를 받을 수 있다.

Q73 건강보험공단으로부터 건강보험료 산정특례를 적용받고 있으면 장애인공제를 받을 수 있는지?

건강보험료 산정특례자가 모두 장애인공제 대상은 아니다.
장애인공제의 적용을 받으려면 ① 장애인복지법에 따라 장애인으로 등록되었거나 ② 항시 치료를 요하는 중증환자에 해당하여 의료기관에서 장애인증명서를 발급받은 경우라야 한다.
다만, 건강보험 산정특례 대상자로 등록(재등록)된 사람에 대한 의료비는 한도(연 700만원) 적용 없이 전액을 의료비 세액공제 대상으로 한다.

Q74 장애인증명서를 어떻게 발급받는지?

의료기관에서 발급하는 것으로, 담당의사나 진단이 가능한 의사를 경유하여야 하고, 발행자 란에는 의료기관명, 의료기관의 직인 및 경유한 의사의 서명 또는 날인이 있어야 한다.(서일 46011-10490, 2003.04.18.)

Q75 2024년 중에 사망한 사람도 장애인공제를 적용받을 수 있는지?

과세기간 종료일 전에 사망한 사람 또는 장애가 치유된 사람에 대해서는 사망일 전날 또는 치유일 전날의 상황에 따르므로 사망한 연도에는 인적공제를 받을 수 있다.

Q76 장애인인 형(25세)과 같이 살고 있는데, 형에 대해 장애인공제를 적용받을 수 있는지?

주민등록상 같은 주소지에서 살고 있는 생계를 같이 하는 형이 장애인인 경우 연간소득금액 100만원 이하의 소득요건을 충족하면 나이에 상관없이 인적공제(기본공제, 장애인공제)를 받을 수 있다.

Q77 장애인증명서는 매년 제출해야 하는지?

아니다. 장애인증명서를 이미 제출했다면 증명서에 기재된 장애기간 동안은 다시 제출하지 않아도 된다.
다만, 장애기간이 경과하였거나 회사가 변경된 경우에는 장애인 증명서를 다시 제출해야 한다.

【추가공제 - 부녀자공제】

Q78 미혼여성으로서 기본공제대상자는 있으나 세대주가 아닌 경우 추가공제(부녀자공제)가 가능한지?

세대주가 아닌 미혼여성은 부녀자공제를 받을 수 없다.
부녀자공제는 종합소득금액 3천만원(근로소득만 있는 경우 총급여액 41,470,588원) 이하로서 다음에 해당하는 경우 추가공제한다.
① 배우자가 있는 여성
② 배우자가 없는 여성으로서 기본공제대상자인 부양가족이 있는 세대주

Q79 미혼여성인 세대주로서 기본공제 대상 부양가족이 없는 경우 부녀자공제를 받을 수 있는지?

부양가족이 없는 미혼여성인 세대주는 부녀자공제를 받을 수 없다.
부녀자공제는 종합소득금액 3천만원(근로소득만 있는 경우 총급여액 41,470,588원) 이하로서 다음에 해당하는 경우 추가공제한다.
① 배우자가 있는 여성
② 배우자가 없는 여성으로서 기본공제대상자인 부양가족이 있는 세대주
* 근로소득만 있는 사람은 총급여액이 41,470,588원 이하이면 종합소득금액 3천만원 이하에 해당

Q80 미혼여성인 단독세대주인데, 시골에 계신 부모를 부양하고 기본공제를 적용받고 있는 경우 추가공제(부녀자공제)가 가능한지?

종합소득금액 3천만원(근로소득만 있는 경우 총급여액 41,470,588원) 이하인 미혼여성이 세대주이고, 기본공제 대상자인 부양가족이 있는 경우(주거의 형편상 부모와 동거하고 있지 않더라도) 부녀자공제 적용대상에 해당한다.

Q81 기혼 여성근로자인 경우에는 세대주가 아닌 경우에도 부녀자공제가 가능한지?

배우자가 있는 기혼여성으로 종합소득금액이 3천만원(근로소득만 있는 경우 총급여액 41,470,588원) 이하이면 세대주가 아니어도 공제가 가능하다.

Q 82 남편이 소득이 있는 경우에도 부녀자공제를 받을 수 있는지?

배우자가 있는 여성으로서 종합소득금액 3천만원(근로소득만 있는 경우 총급여액 41,470,588원) 이하이면 남편의 소득 유무에 상관없이 부녀자공제가 적용된다.

Q 83 근로장려금 수령자도 부녀자공제가 가능한지?

2017년도 근로장려금 신청분('16년 귀속)부터는 근로장려금 수급자도 부녀자공제를 적용받을 수 있다.(조특법 100의6 ⑨, 2016.12.20. 삭제)

Q 84 부녀자공제와 한부모 공제는 중복 적용이 가능한지?

안된다. 부녀자공제(연 50만원)와 한부모 공제(연 100만원)가 중복될 때는 한부모 공제를 적용한다.(소득법 51 ① 단서)

【추가공제 – 한부모 공제】

Q 85 배우자(남편)와 별거 중이며, 주민등록상 남편이 자녀와 거주하면서 부양하고 있는 경우 한부모 공제가 가능한지?

안된다. 한부모 공제는 배우자가 없는 근로자로서 기본공제대상자인 직계비속 또는 입양자가 있는 경우에 적용하므로, 배우자와 별거 중이더라도 법률상 혼인 관계를 유지하고 있다면 한부모 공제를 받을 수 없다.

Q 86 아들이 사망하여 할아버지가 손자에 대해 기본공제를 적용받고 있는 경우 한부모 공제가 가능한지?

할아버지가 손자에 대해 기본공제를 적용받는 경우로서 할머니(배우자) 없이 홀로 손자를 부양하고 있는 경우라면 한부모 공제를 적용받을 수 있다.
* 이 경우 할아버지는 한부모 공제는 적용 가능하나 자녀세액 공제는 불가

【(공적)연금보험료 공제 – 국민연금, 공무원연금 등】

Q 87 직장가입자의 경우 월급에서 원천 공제된 시점을 기준으로 공제받는 것인지?

직장가입자의 경우에는 급여에서 원천 공제된 날이 속하는 과세기간에 공제받을 수 있다.
* 연말정산 간소화 자료 제공 서비스는 직장가입자의 경우 공단에서 고지한 금액을 기준으로 자료를 제공하고 있어 근로자의 급여에서 원천 공제한 금액과 일치하지 않을 경우가 있다. ⇒ 금액에 차이가 있는 경우에는 소속회사에 문의하면 된다.

Q 88 국민연금보험료는 연말정산 간소화에서 조회되는 금액을 기준으로 공제하는 것인지?

국민연금보험료는 직장가입자는 급여에서 원천공제한 시점을 기준으로 공제를 받고, 지역가입자는 납부한 시점을 기준으로 공제를 받아야 한다.
연말정산 간소화 서비스에서 제공되는 자료는 ① 직장가입자는 고지금액, ② 지역가입자는 납부금액으로 자료를 제공하고 있어 실제 연금보험료 적용대상 금액과 차이가 있을 수 있다. 금액에 차이가 있는 경우에는 소속회사에 문의하시기 정확한 공제대상 금액을 확인하셔야 한다.
* 지역가입자의 납부내역이 실제 납부액과 차이가 있는 경우 국민연금공단에 문의하면 된다.(소득법 기본통칙 52 – 0…1)

Q 89 지역 국민연금보험료를 미납하다가 취직 후 납부한 경우 공제받을 수 있는지?

미납한 보험료는 납부한 연도에 공제한다.(서면1팀-1338, 2006.09.25.)

Q 90 근로자가 회사에 입사하기 전에 지역가입자로 납부한 국민연금보험료도 공제가 가능한지?

국민연금법의 규정에 따라 지역가입자로서 입사 전에 납부한 금액을 포함하여 당해연도에 납부한 국민연금보험료 전액을 근로소득금액에서 공제한다.(소득세법 집행기준 51의3-0-1)

Q 91 추가 납부한 연금보험료도 공제가 가능한지?

연금보험료 납부의 예외규정에 따라 국민연금보험료를 납부하지 않던 사람이 연금보험료 추가 납부 규정에 따라 추가로 납부하는 보험료는 납부한 연도에 소득공제 한다.(서면1팀-1338, 2006.09.25.)

Q 92 실업급여 수급기간 중 납부한 실업크레딧 납부액도 공제 가능한지?

실업크레딧 납부액은 납부한 날이 속하는 과세연도에 공제한다.

* 실업크레딧 : 실업급여 수급기간 중 국민연금보험료의 75%를 국가가 지원하고 25%를 본인이 부담하는 제도

Q 93 재임용공무원이 공무원연금공단에 반납한 연금보험료도 소득공제 가능한지?

안된다. 퇴직한 공무원이 재임용되어 공무원연금공단에 반납하여야 하는 반납금(퇴직당시에 수령한 퇴직급여액과 이자)은 연금보험료 공제대상에 해당하지 않는다.(원천세과-205, 2009.03.16.)

Q 94 부양가족의 국민연금 보험료도 공제 가능한지?

안된다. 근로자 본인의 부담금만 공제 가능하고 배우자, 부양가족 명의의 불입금은 근로자 본인이 공제받을 수 없다.

Q 95 국외 이주로 국민연금 반환일시금을 받은 후 자격을 재취득하기 위하여 국민연금법에 따라 반납한 국민연금 반납금은 소득공제를 받을 수 있는지?

안된다. 국외에 이주함에 따라 국민연금 반환일시금을 지급받은 후 그 자격을 재취득하고 자격을 상실한 날 이전 기간을 가입기간으로 합산하기 위하여 국민연금법에 따라 2001.1.1. 이후 납부하는 국민연금 반납금은 공제대상에 해당하지 않는다.(국제세원관리담당관실-537, 2010.12.01.)

【보험료 공제 - 건강보험, 고용보험, 노인장기요양보험】

Q 96 '보수월액 보험료'는 급여에서 원천공제된 시점을 기준으로 공제하는 것인지?

직장가입자의 보수월액 보험료는 급여에서 원천공제된 날이 속하는 과세기간에 공제받을 수 있다.

Q 97 '소득월액 보험료'는 건강보험공단에서 고지된 시점을 기준으로 공제하는 것인지?

아니다. 소득월액 보험료인 경우 납부시점을 기준으로(납부일이 속하는 과세연도에) 공제받을 수 있다.

Q98 2023년 귀속 국민건강보험료에 대해 2024년 3월에 정산 납부한 보험료는 2024년 귀속 연말정산 시 공제받는 것인지?

정산보험료의 납부 시점인 2024년 3월이 속한 과세기간인 2024년 귀속 연말정산시 공제받을 수 있다.

Q99 직장가입자의 '보수월액 보험료'는 연말정산 간소화에서 조회되는 금액대로 공제받으면 되는 것인지?

직장가입자의 '보수월액 보험료'는 급여에서 원천 공제한 시점을 기준으로 공제를 받는데, 연말정산간소화자료는 공단에서 회사에 고지한 금액을 기준으로 조회가 되므로 실제 건강보험료 공제대상금액과 차이가 있을 수 있다.

따라서 회사에서 원천 공제한 내역을 확인하여 공제받을 금액을 정확히 신고하여야 한다.(소득법 기본통칙 52-0…1)

Q100 직장가입자의 '소득월액 보험료'가 연말정산 간소화에서 조회되는 금액대로 공제받으면 되는 것인지?

직장가입자의 '소득월액 보험료'는 납부시점을 기준으로 공제받으며 연말정산 간소화 자료는 납부금액을 기준으로 제공되므로 해당 금액을 공제받으면 된다.(소득법 기본통칙 52-0…1)

Q101 입사 전 지역가입자로 납부한 건강보험료도 공제대상인지?

안된다. 건강보험료는 근로 제공 기간 중에 납부한 것에 한하여 공제가 가능하므로 입사 전에 지역가입자로 납입한 보험료는 공제대상이 아니다.(서면1팀-468, 2006.04.12.)

Q102 근로자가 부담할 건강보험료를 회사가 대신 지급한 경우에도 공제 가능한지?

건강보험료를 사용자가 지급해 주는 경우 건강보험료 상당액은 근로자의 급여액에 가산하고 해당 보험료는 소득공제를 받을 수 있다.

Q103 부양가족 명의로 납부한 지역건강보험료도 특별소득공제가 가능한지?

안된다. 본인 명의로 납부한 건강보험료만 공제대상 보험료에 해당하므로 부양가족 명의로 납부한 지역 국민건강보험료는 공제받을 수 없다.

Q104 직장가입자인 근로자가 추가 납부하는 소득월액 보험료도 공제 가능한지?

직장가입자인 근로자가 추가로 납부하는 소득월액 보험료는 건강보험료로 소득공제하거나 사업소득이 있는 경우 필요경비로 산입할 수 있다.

* 2012년 9월부터 근로소득 외 종합소득금액이 7,200만원 이상(2018.7.1. 이후 3,400만원 이상, 2022.11.1. 이후 2,000만원 이상)인 경우 직장 가입자에게도 소득월액 보험료가 부과되고 있음.(서면법규-182, 2013.02.18.)

Q105 외국 보험회사에 납부한 보험료도 건강보험료 공제가 가능한지?

안된다. 국민건강보험법에 의해 가입대상에서 제외된 재외국민 또는 외국인이 국내에 근무하는 동안 외국의 보험회사에 납부한 보험료는 「소득세법」 제52조의 국민건강보험료에 해당하지 않는다.(원천세과-363, 2009.04.24.)

【주택자금공제 - 주택임차차입금 원리금상환액】

Q106 주택을 취득할 수 있는 권리(아파트 당첨권 등)를 보유하고 있는 경우 주택임차차입금 원리금상환액 공제가 가능한지?

주택을 취득할 수 있는 권리는 주택의 범위에 포함하지 않는다.(서면1팀-1740, 2007.12.26.)

* 주택임차차입금 원리금상환액 공제는 과세기간 종료일 현재 주택을 소유하지 아니한 경우 적용

Q107 주거용 오피스텔만 보유하고 있는 근로자의 경우 주택임차차입금 원리금상환액 공제의 적용이 가능한지?

주거용 오피스텔은 주택법상 주택에 포함되지 않는다.

Q108 주소지가 다른 별도 세대인 배우자가 주택을 소유하고 있는 경우 본인은 주택임차차입금 원리금상환액 공제를 받을 수 있는지?

안된다. 주택임차차입금 원리금상환액 공제를 적용받기 위해서는 과세기간 종료일(12.31.) 현재 무주택 세대의 세대주이어야 한다.

이 때, 배우자는 주소지를 달리하여도 동일한 세대로 보기 때문에 배우자가 주택을 소유하고 있는 경우 무주택 세대주의 요건을 충족하지 못하므로 주택임차차입금 원리금상환액 공제 적용대상자가 아니다.

Q109 주택을 형님과 공동으로 매입하여 소유하고 있고, 그 주택이 본인이 세대주인 세대의 유일한 주택인 경우에 주택임차차입금 원리금상환액 공제를 적용받을 수 있는지?

안된다. 주택을 공동으로 소유하는 경우에는 공동소유자가 각각 1주택을 소유하는 것으로 보기 때문에 무주택 세대에 해당하지 않는다.(서면1팀-1501, 2005.12.08.)

Q110 공동으로 소유하고 있는 상속주택(본인 60%, 동생 40%)이 있는 경우 주택임차차입금 원리금상환액 공제를 받을 수 있는지?

안된다. 상속주택은 지분이 가장 큰 상속인이 주택을 소유하고 있는 것으로 본다. 따라서 무주택 세대에 해당하지 않는다.(원천세과-455, 2009.05.27.)

> ※ 상속주택의 주택 소유자 판단
> 1) 상속지분이 가장 큰 자
> 2) 상속지분이 가장 큰 상속인이 2인 이상인 경우
>   ① 당해 주택에 거주하는 자   ② 최연장자

Q111 주택임차차입금 원리금상환액 공제에서 다가구주택을 임차한 경우 국민주택규모의 판단은 어떻게 하는지?

가구당 전용면적을 기준으로 국민주택규모 여부를 판단한다.

Q112 주거용 오피스텔을 임차하면서 전세자금 대출을 받은 경우 주택임차차입금 원리금상환액 공제가 가능한지?

주거용 오피스텔을 임차하기 위해 임차자금을 차입하고 주택임차차입금의 원리금상환액을 지급하는 경우에도 소득공제받을 수 있다.

Q113 주택을 임차한 지 3개월이 경과한 후 은행에서 대출을 받은 경우 주택임차차입금 원리금상환액 공제를 적용받을 수 있는지?

안된다. 주택임차차입금 원리금상환액에 대한 소득공제를 받기 위해 대출기관으로부터 차입한 차입금은 임대차 계약증서의 입주일과 주민등록표 등본의 전입일 중 빠른 날부터 전후 3개월 이내에 차입한 자금이어야 그 원리금상환액에 대해 공제받을 수 있다.(소득령 112 ④ 1호 가목)

Q114 주택전세자금을 마련하기 위해 은행에서 대출을 받아 본인의 계좌로 이체한 후 그 금액을 다시 임대인에게 입금한 경우 주택임차차입금 원리금상환액 공제가 가능한지?

안된다. 주택임차차입금 원리금 상환에 대한 소득공제를 적용받기 위해서는 은행에서 임대인의 계좌로 직접 입금되어야 하는 것으로, 은행에서 대출금을 받아 본인의 계좌로 입금하였다가 다시 임대인의 계좌로 이체한 경우에는 법정 요건을 미비하여 소득공제를 받을 수 없다.(소득령 112 ④ 1호 나목)

Q115 금융기관 소속 직원이 직원전용 저리 주택임차차입금을 대출받을 경우 주택임차차입금 원리금상환액 공제를 받을 수 있는지?

안된다. 대출기관 소속 근로자가 해당 대출기관으로부터 소속 근로자만이 대출 받을 수 있는 주택임차차입금을 저리로 대출받아 상환하는 경우에는 주택임차차입금 원리금상환액 공제를 적용할 수 없다.(법규소득 2014-112, 2014.06.02.)

Q116 임대차계약을 갱신하면서 추가로 전세자금을 대출하는 경우에도 주택임차차입금 원리금상환액 공제가 가능한지?

임대차 계약을 연장하거나 갱신하면서 차입하는 경우에도 공제 가능하다.
다만, 금융기관 차입시 임대차 계약 연장일 또는 갱신일로부터 전후 3개월(대부업을 영위하지 않는 개인으로부터 차입시 1개월) 이내에 차입하는 요건을 충족하여야 한다.

Q117 주택임차차입금 원리금상환액에 대해 소득공제를 받던 사람이 다른 주택으로 이주한 경우에도 공제가 가능한지?

다른 주택으로 이주하는 경우에는 이주하기 전 주택의 입주일과 주민등록표 등본의 전입일 중 빠른 날부터 전후 3개월(대부업 등을 경영하지 아니하는 거주자로부터 차입한 경우 1개월) 이내에 차입한 자금이고, 다른 법정 요건(금융기관에서 임대인의 계좌로 직접 입금, 대부업 등을 경영하지 않는 거주자로부터 연 3.5% 보다 낮은 이자율로 차입한 자금이 아닐 것)을 충족하는 경우 공제가 가능하다.

Q118 금융기관에서 대출받은 후 원금은 갚지 않고 이자만 상환하고 있는 경우 주택임차차입금 원리금상환액 공제가 가능한지?

주택임차차입금에 대한 원금 및 이자상환액의 합계액에 대해 공제를 적용하는 것으로 원금 상환 없이 이자만 상환하는 경우에도 공제가 가능하다.

Q119 주택전세자금을 금융기관에서 차입한 후 소득공제를 적용받고자 하는데, 총급여액이 5천만원 이하여야 하는지?

아니다. 금융기관으로부터 주택임차 자금을 차입할 경우에는 근로자의 총급여액 요건이 적용되지 않는다.
대부업을 영위하지 않는 개인으로부터 차입금을 차입한 경우에만 총급여액 5천만원 이하인 요건이 적용된다.

【주택청약종합저축 납입액 소득공제】

Q120 부양가족이 없는 무주택 단독 세대주도 주택마련저축 납입액 소득공제를 받을 수 있는지?

부양가족이 없는 단독세대주라도 무주택인 경우 소득공제를 적용받을 수 있다.

Q121 무주택 세대의 세대원도 주택마련저축 납입액 소득공제를 받을 수 있는지?

안된다. 주택마련저축은 무주택 세대의 세대주 요건을 반드시 충족하여야 하며, 세대원은 공제대상자가 아니다.

Q122 2024년도 중에 주택을 취득한 후 양도한 경우, 2024년도 저축 납입액은 주택마련저축 소득공제를 받을 수 있는지?

안된다. 해당 연도 중에 무주택인 경우에만 소득공제의 대상이 되며, 연도 중에 주택을 보유한 사실이 있는 경우 소득공제를 적용받을 수 없다.

Q123 배우자와 세대를 분리하여 거주하고 있고, 배우자가 주택을 소유하고 있는 경우 본인은 주택마련저축 공제가 가능한지?

안된다. 주택마련저축 공제를 받기 위해서는 과세연도 중 주택을 소유하지 아니한 세대의 세대주 요건을 충족해야 하는 것이며, 이 때, 배우자는 생계를 달리 하더라도 거주자와 배우자를 동일 세대로 보며, 두 사람이 각각 세대주인 경우에는 둘 중 한사람만 세대주로 보기 때문이다.

Q124 주택을 취득할 수 있는 권리(아파트 당첨권 등)를 보유하고 있는 경우 주택마련저축 납입액 소득공제가 가능한지?

주택을 취득할 수 있는 권리는 "주택"에 포함하지 않는다.

Q125 동일 세대원인 부모님이 지방에 1주택을 소유하고 있는 경우 주택마련저축 납입액 소득공제가 가능한지?

안된다. 과세기간 중 무주택 세대인지 여부는 거주자와 그 배우자, 거주자와 동일한 주소 또는 거소에서 생계를 같이하는 거주자와 배우자의 직계존비속(그 배우자 포함) 및 형제자매의 주택을 모두 포함하여 판단한다.

Q126 주거용 오피스텔만 보유하고 있는 근로자의 경우 주택마련저축 납입액 공제가 가능한지?

주거용 오피스텔은 주택에 포함되지 않으므로 무주택자 요건을 충족한다.

Q127 주택을 형님과 공동으로 소유하고 있고 이 주택이 본인 세대의 유일한 주택인 경우 주택마련저축 소득공제가 가능한지?

안된다. 주택을 공동으로 소유하는 경우에는 각각이 1주택을 소유하는 것으로 보기 때문에 무주택 세대에 해당하지 않아 주택마련저축 납입액 소득공제를 적용받을 수 없다.(서면1팀-1501, 2005.12.08.)

Q128 공동으로 소유하고 있는 상속주택(본인 지분 60%, 동생 지분 40%)이 있는 경우 주택마련저축 공제를 받을 수 있는지?

안된다. 주택마련저축 납입액 소득공제를 적용함에 있어 상속으로 여러 사람이 공동으로 소유하는 1주택이 있는 경우 당해 공동상속주택은 상속지분이 가장 큰 상속인이 주택을 소유한 것으로 보아 그 공제여부를 판단하며, 상속지분이 가장 큰 상속인이 2인 이상인 때에는 ① 당해 주택에 거주하는 자, ② 최연장자의 순서에 따라 당해 거주자가 그 공동상속주택을 소유한 것으로 보아 공제가능 여부를 판단하는 것이다.(원천세과-455, 2009.05.27.)

Q129 배우자가 주택신축판매업을 영위하여 판매용 주택을 소유하고 있는 경우 주택마련저축 소득공제가 가능한지?

안된다. 배우자가 판매용 주택을 소유하고 있는 경우, 동 주택은 해당 세대가 보유한 주택 수에 포함되므로 무주택자 요건을 충족하지 못한 경우에 해당한다.

Q130 주택마련저축 공제를 받는 세대주인지 여부는 언제를 기준으로 판단하는 것인지?

세대주 여부는 과세기간 종료일(12.31.) 현재를 기준으로 판단한다.(원천세과-450, 2011.07.29.)

Q131 다음연도 이후에 불입할 주택청약종합저축 금액을 미리 선납한 경우, 선납한 금액도 올해에 소득공제가 가능한지?

선납한 금액을 포함하여 당해연도에 실제 불입한 금액을 기준으로 연 240만원의 40%에 해당하는 금액을 소득공제 한다.

Q132 주택청약종합저축에 가입하여 소득공제를 받아오던 중 올해 주택을 취득하였으면 취득 전 불입액은 소득공제가 가능한지?

2010.1.1. 이후 가입하는 주택마련저축은 당해연도 어느 한 때라도 주택을 소유하게 되면 소득공제를 받을 수 없는 것이므로, 주택 취득 전에 납입한 금액을 소득공제받을 수 없다.
다만, 과세연도 중에 주택 당첨 및 주택청약종합저축 가입자가 청년우대형 주택청약종합저축에 가입하는 사유로 중도 해지하는 경우에는 당해연도에 납입한 금액은 공제받을 수 있다.(조특령 81 ⑬)

Q133 소득이 없는 배우자나 부양가족 명의로 가입한 주택마련저축도 공제받을 수 있는지?

근로자 본인 명의로 가입한 경우에만 주택마련저축의 공제대상이 될 수 있다.

Q134 주택마련저축을 연도 중에 중도 해지하는 경우 해지 전 불입액은 소득공제가 가능한지?

안된다. 청약저축에 가입하여 연도 중에 중도 해지하는 경우 당해연도 불입액은 주택마련저축 공제대상에 포함하지 않는다.

다만, 과세연도 중에 주택 당첨 및 주택청약종합저축 가입자가 청년우대형 주택청약종합저축에 가입하는 사유로 중도해지하는 경우에는 당해연도에 납입한 금액은 공제받을 수 있다.(조특법 시행령 제81조 제⑬항)

Q135 주택청약종합저축을 중도 해지하는 경우 불이익이 있는지?

주택청약종합저축의 경우는 가입일로부터 5년 이내에 중도 해지하거나 국민주택규모를 초과하는 주택에 청약하여 당첨된 경우에는 소득공제 적용을 받아 감면받은 세액에 대해 해지추징세액을 징수하도록 규정하고 있다.

* 해지추징세액 : 납입금액 누계액×6% (단, 소득공제로 감면받은 세액이 추징세액에 미달하는 사실을 증명하는 경우에는 실제로 감면받은 세액을 추징함)

다만, 아래의 해지추징세액 징수 제외 사유에 해당하는 경우에는 추징하지 않는다.

---
① 저축자의 사망, 해외이주
② 국민주택 규모의 주택에 청약하여 당첨된 경우
③ 해지 전 6개월 이내에 천재지변/ 저축자의 퇴직/ 사업장의 폐업/ 저축자의 3월 이상의 입원치료 또는 요양을 요하는 상해·질병의 발생/ 저축취급기관의 영업의 정지, 영업인가·허가의 취소, 해산결의 또는 파산선고의 사유가 발생한 경우
④ 주택청약종합저축 가입자가 청년우대형 주택청약종합저축에 가입하기 위해 주택청약종합저축을 해지하는 경우

Q136 주택청약종합저축에 납입한 금액을 소득공제받으려면 무주택확인서는 언제까지 제출해야 하는지?

무주택 세대의 세대주인 근로자가 무주택확인서를, 소득공제를 신청하는 최초 연도의 다음연도 2월 말까지 저축취급기관에 제출한 경우 소득공제를 받을 수 있는 것이다.

Q137 2009년 청약저축에 가입하였고, 가입 당시에는 무주택이었으나 2016년에 배우자 명의로 주택을 취득(취득당시 기준시가 3억원, 국민주택)한 경우 주택마련저축 납입액 소득공제를 받을 수 있는지?

청약저축에 가입할 2009년 당시 소유 주택 수에 관한 공제 요건은 무주택자이거나 국민주택규모의 1주택을 소유한 경우였으므로, 본인이 세대주인 경우 청약저축에 대해 소득공제가 가능하다. 참고로 가입시기별 소유주택수의 요건은 아래와 같다.

가입시기	소유주택 수 요건
2010.1.1. 이후	무주택
2008.1.1. ~ 2009.12.31.	① 무주택 또는 ② 국민주택규모 + 저축가입 당시 기준시가 3억원 이하 1주택 (단, 저축가입 후 취득하는 경우 취득 당시 기준시가 3억원 이하)
2006.1.1. ~ 2007.12.31.	① 무주택 또는 ② 국민주택규모 + 저축가입 당시 기준시가 3억원 이하 1주택
2005.12.31. 이전	무주택 또는 국민주택규모 1주택

Q138 2009년 이전에 청약저축에 가입할 당시에는 아파트 기준시가가 3억원 이하였는데 이후 기준시가가 상승하여 3억원을 초과하는 경우에도 소득공제가 가능한지?

예, 2009.12.31. 이전 청약저축 가입당시 기준시가가 3억원 이하인 주택을 한 채만 소유하여 가입요건을 충족한 경우에는 이후 기준시가의 상승으로 3억원을 초과하는 경우에도 소득공제 가능하다. 이 때, 연도 중에 국민주택규모를 초과하는 주택을 구입하거나 양도한 사실 또는 2주택 이상을 보유한 사실이 없어야 한다.

Q139 청약저축과 주택청약종합저축은 가입요건과 공제요건이 어떻게 다른지?

청약저축은 저축가입 시기별로 아래 요건을 충족하는 세대주가 공제 가능하다.

가입시기	소유주택 수 요건
2010.1.1. 이후	무주택
2008.1.1. ~ 2009.12.31.	① 무주택 또는 ② 국민주택규모 + 저축가입 당시 기준시가 3억원 이하 1주택 　(단, 저축가입 후 취득하는 경우 취득 당시 기준시가 3억원 이하)
2006.1.1. ~ 2007.12.31.	① 무주택 또는 ② 국민주택규모 + 저축가입 당시 기준시가 3억원 이하 1주택
2005.12.31. 이전	무주택 또는 국민주택규모 1주택

* 청약저축은 2015.9.1. 이후 신규 가입이 중단되었음.
　반면, 주택청약종합저축은 2009년 5월에 출시되었으며, 주택의 소유 여부나 세대주 여부에 관계없이 가입을 할 수 있으나, ① 무주택 세대의 세대주이어야 하고, ② 금융기관에 무주택확인서를 제출하여야 공제요건을 충족하게 된다.

Q140 외국인근로자도 주택청약종합저축 공제를 받을 수 있는지?

안된다. 외국인의 경우 주민등록법상 세대주가 될 수 없으므로, 세대주 요건을 갖추어야 공제가 되는 주택청약종합저축공제는 적용받을 수 없다.
그러나 주택자금공제인 주택임차차입금원리금상환액공제, 월세 세액공제, 장기주택저당차입금 이자상환액 공제는 다음의 요건을 갖춘 외국인도 적용받을 수 있다.

① 다음의 어느 하나에 해당하는 사람일 것
　㉮ 「출입국관리법」 제31조에 따라 등록한 외국인
　㉯ 「재외동포의 출입국과 법적 지위에 관한 법률」 제6조에 따라 국내거소신고를 한 외국국적동포
② 다음의 어느 하나에 해당하는 사람이 「소득세법」 제52조 제4항(주택임차자금 차입금 원리금상환액 공제)·제5항(장기주택저당차입금 이자상환액 공제) 및 「조세특례제한법」 제87조 제2항(주택청약종합저축 등에 대한 소득공제등)에 따른 공제를 받지 않았을 것
　㉮ 거주자의 배우자
　㉯ 거주자와 같은 주소 또는 거소에서 생계를 같이 하는 사람으로서 다음의 어느 하나에 해당하는 사람
　　㉠ 거주자의 직계존비속(그 배우자를 포함한다) 및 형제자매
　　㉡ 거주자의 배우자의 직계존비속(그 배우자를 포함한다) 및 형제자매

【주택자금공제 - 장기주택저당차입금 이자상환액】

Q141 장기주택저당차입금 이자상환액 공제대상자 요건은?

근로소득이 있는 거주자(일용근로자 제외)로서 무주택 또는 1주택을 보유한 세대주(세대주가 주택임차차입금 원리금상환액, 주택마련저축 및 장기주택저당차입금 이자상환액 공제를 받지 아니한 경우에는 근로소득이 있는 세대원으로서 실제 거주하는 자)가 다음의 요건을 갖춘 장기주택저당차입금에 대해 해당연도에 지급한 이자상환액은 한도 범위 내에서 근로소득금액에서 공제받을 수 있다.

> - 취득당시 주택의 기준시가가 5억원(2013년 이전 3억원, 2014 ~ 2018년 4억원) 이하인 주택(2013년 이전은 국민주택규모 주택에 한함)을 취득하기 위하여
> - 해당 주택에 저당권을 설정하고 금융회사 등 또는 주택도시기금으로부터
> - 아래 요건을 갖추어 차입한 장기주택저당차입금에 대해
>
>> ① 주택소유권이전등기 또는 보존등기일부터 3월 이내에 차입할 것
>> ② 장기주택저당차입금의 채무자가 해당 저당권이 설정된 주택의 소유자일 것

차입금의 상환기간과 상환방식에 따라 아래의 공제한도를 적용한다.

상환방식	상환기간	
	15년 이상	10년 ~ 14년
고정금리방식이고 비거치식 분할상환방식	2,000만원	600만원
고정금리방식 또는 비거치식 분할상환방식	1,800만원	
기 타	800만원	-

다만, 세대구성원이 보유한 주택을 포함하여 거주자가 과세기간 종료일 현재 2주택 이상을 보유하는 경우에는 그 보유기간이 속하는 과세기간에 지급한 이자상환액은 공제할 수 없다.

Q142 주거용 오피스텔을 보유하고 있던 중 새로 주택을 구입하면서 대출을 받은 경우 장기주택저당차입금 이자상환액 공제가 가능한지?

주거용 오피스텔은 주택법상 주택으로 보지 않으므로 다른 공제 요건을 충족한다면 장기주택저당차입금 이자상환액 공제를 적용받을 수 있다.(소득세법 집행기준 52 - 112…1)

* 장기주택저당차입금 이자상환액 공제는 주택을 소유하지 아니하거나 1주택을 소유한 경우 적용

Q143 주택분양권을 보유하고 있던 중 새로 주택을 구입하면서 대출을 받은 경우 장기주택저당차입금 이자상환액 공제가 가능한지?

분양권(부동산을 취득할 수 있는 권리)은 주택 수 계산 시 포함되지 않으므로 다른 공제요건을 충족한다면 장기주택저당차입금 이자상환액 공제를 적용받을 수 있다.(소득세법 집행기준 52 - 112…1)

Q144 소득이 없는 아내가 세대주이고, 아내 명의로 장기주택저당차입금이 있는 경우 남편이 이자상환액 공제를 받을 수 있는지?

배우자가 소득이 없는 경우에도, 배우자(아내) 명의의 장기주택저당차입금 이자상환액에 대해서는 근로자 본인(남편)이 공제받을 수는 없다.

Q 145 공동 소유로 취득한 주택이 있는데, 세대주인 근로자가 주택을 추가로 구입하면서 대출을 받는 경우 장기주택저당차입금 이자상환액 공제를 받을 수 있는지?

안된다. 주택을 공동으로 소유하는 경우에도 지분에 상관없이, 보유하고 있는 주택 수에 포함되며 추가로 취득한 주택을 포함하여 12월 31일 현재 2주택을 보유한 경우 장기주택저당차입금 이자상환액 공제를 적용받을 수 없다.(소득세법 집행기준 52-112…1)

Q 146 아내 명의로 1주택을 보유 중인데 세대주인 남편이 추가로 주택을 구입하면서 대출을 받는 경우 장기주택저당차입금 이자상환액 공제를 적용받을 수 있는지?

안된다. 세대란 거주자와 그 배우자, 거주자와 같은 주소 또는 거소에서 생계를 같이 하는 거주자와 그 배우자의 직계존비속(그 배우자를 포함) 및 형제자매를 모두 포함한 세대를 말하며, 거주자와 그 배우자는 생계를 달리하더라도 동일한 세대로 본다.
따라서 아내 명의의 1주택과 남편 명의의 추가 구입 주택을 합해 동일 세대가 2주택을 보유하고 있어 소득공제를 받을 수 없다.

Q 147 주민등록상 동일 세대원인 어머니가 주택을 보유 중인데, 세대주인 근로자가 주택을 추가로 구입하면서 대출을 받는 경우 장기주택저당차입금 이자상환액 공제를 적용받을 수 있는지?

안된다. 세대란 거주자와 그 배우자, 거주자와 같은 주소 또는 거소에서 생계를 같이 하는 거주자와 그 배우자의 직계존비속(그 배우자를 포함) 및 형제자매를 모두 포함한 세대를 말하며, 거주자와 그 배우자는 생계를 달리하더라도 동일한 세대로 본다.
따라서 어머니 명의의 1주택과 본인 명의의 추가 구입 주택을 합해 동일 세대가 2주택을 보유하고 있어 소득공제를 받을 수 없다.(원천세과-768, 2010.10.01.)

Q 148 장기주택저당차입금에 대해 소득공제를 받던 중 무허가 주택을 보유한 어머니와 합가하여 어머니가 세대원이 된 경우 소득공제를 계속 적용받을 수 있는지?

안된다. 주택 수를 계산할 때 주택의 범위에는 세대구성원의 무허가 주택을 포함하는 것이므로 2주택자에 해당되어 공제대상에서 제외된다. 다만, 모친의 무허가 주택을 양도하여 12월 31일 현재 1주택자가 되는 경우에는 소득공제를 받을 수 있다.(소득세법 집행기준 52-112…1)

Q 149 공동소유하고 있는 상속주택(본인 지분 60%, 동생 지분 40%)이 있는 근로자가 주택을 추가로 구입하면서 대출을 받는 경우 장기주택저당차입금 이자상환액 공제를 받을 수 있는지?

안된다. 상속주택은 지분이 가장 큰 상속인의 소유로 보아 주택 수를 판단하므로 12월 31일 현재 2주택자에 해당하여 장기주택저당차입금 이자상환액 공제를 받을 수 없다.(원천세과-455, 2009.05.27.)

> ※ 상속주택의 주택 소유자 판단
> 1) 상속지분이 가장 큰 자
> 2) 상속지분이 가장 큰 상속인이 2인 이상인 경우
>   ① 당해 주택에 거주하는 자　　　　② 최연장자

Q150 공동으로 상속받은 주택(본인 지분 50%, 형 지분 50%)에 형이 거주하고 있는데, 근로자가 주택을 추가로 구입하면서 대출을 받는 경우 장기주택저당차입금 이자상환액 공제를 받을 수 있는지?

상속주택의 소유지분이 동일한 경우에 ① 당해 주택에 거주하는 자, ② 최연장자 순으로 주택을 소유한 것으로 보아 소유하고 있는 주택의 수를 계산하여 공제 여부를 판단하므로, 상속받은 주택에 거주하고 있는 형이 상속주택을 소유하는 것으로 보며, 따라서 본인은 다른 요건을 충족하는 경우 공제가 가능하다.(원천세과-455, 2009.05.27.)

Q151 판매 목적의 주택을 보유하는 자(주택신축판매업자)가 거주 목적으로 주택을 구입할 경우 장기주택저당차입금 이자상환액 공제 가능한지?

안된다. 판매 목적의 주택을 소유한 경우도 주택 수를 계산할 때 소유하고 있는 주택에 포함하여 계산하므로 12월 31일 현재 2주택 이상을 소유한 경우에 해당하면 공제를 받을 수 없다.(소득세법 집행기준 52-112…1)

Q152 임대사업용 주택 1채를 보유하고 있고, 사업자등록을 할 예정임. 이 때 주거용으로 주택을 추가로 구입하면 장기주택저당차입금 이자상환액 공제의 대상이 되는지?

안된다. 임대사업용 1주택을 포함하여 12월 31일 현재 2주택을 보유할 경우 소득공제를 받을 수 없다.

Q153 1주택을 보유한 근로자가 '24년도 중 새로운 주택을 취득하면서 장기주택저당차입금을 차입하고, 기존 주택을 양도한 경우 차입금 이자상환액에 대해 소득공제가 가능한지?

'14.1.1. 이후 차입분부터는 1주택자가 대체 주택을 취득한 경우에도 장기주택저당차입금 이자상환액 공제의 적용을 받을 수 있다.
즉, 새로이 취득한 주택으로 인해 2주택 상태였다가 기존 주택을 양도하여 12월 31일 현재 1주택인 경우 소득공제가 가능하다.(소득법 52 ⑤, 법률 제12169호(2014.01.01.) 부칙 제4조)

Q154 오피스텔을 구입하여 주거용으로 사용하는 경우 오피스텔 구입을 위해 금융기관으로부터 차입한 저당차입금에 대해 장기주택저당차입금 이자상환액 공제를 적용받을 수 있는지?

안된다. 오피스텔은 건축법상 업무시설로 장기주택저당차입금 이자상환액 공제 대상 주택에 해당하지 않는다.(서면인터넷방문상담1팀-567, 2004.04.19.)

Q155 장기주택저당차입금 이자상환액 공제 요건을 갖추었으나 해당 주택에 실제로 거주하지 않는 경우에도 소득공제가 가능한지?

주택의 소유주가 세대주인 경우에는 해당 주택에 거주하지 않아도 장기주택저당차입금 이자상환액 공제를 받을 수 있으나, 세대주가 아닌 세대원인 근로자인 경우에는 해당 주택에 실제 거주하는 경우에만 소득공제를 받을 수 있다.(소득법 52 ⑤ 3호)

Q156 1주택을 보유하고 있는 사람이 아파트 분양권을 담보로 대출을 받은 경우 장기주택저당차입금 이자상환액 공제가 가능한지?

안된다. 주택분양권 등에 대한 장기주택저당차입금 이자상환액 공제는 무주택자만 공제 대상이

다.(소득법 52 ⑤ 4호)

Q157 주택분양권을 취득하고 중도금 대출을 받을 때 추후 주택 완공시 장기주택저당차입금으로 전환할 것을 조건으로 차입하면 장기주택저당차입금으로 보는지?

무주택 세대주가 6억원(23년 이전 5억원, 18년 이전 4억원, 13년 이전 3억원) 이하인 주택분양권 또는 조합입주권을 취득하고 당해 주택 완공시 장기주택저당차입금으로 전환할 것을 조건으로 금융회사 등 또는 주택도시기금법에 따른 주택도시기금으로부터 차입한 경우 그 차입일(차입조건을 새로 변경한 경우에는 그 변경일)부터 그 주택의 소유권 보존등기일까지 그 차입금을 장기주택저당차입금으로 보는 것이다.

다만, 주택분양권을 둘 이상 보유하게 된 경우에는 그 보유기간이 속하는 과세기간에는 이를 적용하지 않는다.(소득법 52 ⑤ 4호)

Q158 기준시가가 공시되기 전에 차입금을 차입한 경우 취득한 주택의 기준시가는 어떻게 판단하는지?

부동산 가격공시에 관한 법률에 따른 개별주택가격 및 공동주택가격이 공시되기 전에 차입한 경우에는 차입일 이후 같은 법에 따라 최초로 공시된 가격을 해당 주택의 기준시가로 보는 것이다.

Q159 공동명의 주택의 기준시가는 인별로 안분하는 것인지?

아니다. 공동명의의 주택 취득시 장기주택저당차입금 이자상환액 공제대상 주택의 가격은 인별로 안분하는 것이 아니라 당해 주택의 기준시가를 기준으로 하여 6억원 이하 적용 여부를 판단한다.(서면1팀 - 778, 2006.06.13.)

Q160 주택취득 당시의 기준시가는 6억원 이하였으나 이후 가격이 상승하여 6억원을 초과하게 된 경우에도 계속 장기주택저당차입금 이자상환액 공제를 받을 수 있는지?

주택의 취득 당시 기준시가를 기준으로 6억원 이하인지 여부를 판단하므로 주택취득 당시의 기준시가가 5억원 이하이고 다른 요건을 갖추면 취득일 이후의 기준시가가 상승하였는지 여부에 관계없이 계속 소득공제를 적용받을 수 있다.

Q161 장기주택저당차입금 이자상환액 공제 규정이 2023년 세법 개정으로 기준시가 6억원 이하의 주택으로 확대된 부분을 소급하여 적용할 수 있는지?

아니다. 개정규정은 '24.1.1. 이후 차입분부터 적용하며, '23.12.31. 이전 차입분은 기존 법령에 따라 요건을 충족하여야 하는 것이다.

※ 세법개정이력
- '13.12.31. 이전 차입분 : 국민주택규모 + 기준시가 3억원 이하
- '14.1.1. ~ '18.12.31. 차입분 : 기준시가 4억원 이하
- '19.1.1. ~ '23.12.31. 차입분 : 기준시가 5억원 이하
- '24.1.1. 이후 차입분 : 기준시가 6억원 이하

Q162 6억원 초과 분양권을 취득하고 주택완공시 장기주택저당차입금으로 전환할 것을 조건으로 차입한 후 전환시 주택의 기준시가가 6억원 이하인 경우 장기주택저당차입금 이자상환액 공제가 가능한지?

예, 전환일 이후부터 소득공제가 가능하다.

6억원을 초과하는 분양권을 취득한 경우라도, 전환 당시 동 주택의 기준시가가 6억원 이하에 해당하고 전환된 차입금이 요건을 충족하는 경우에는 전환일 이후부터 소득공제가 적용된다.

이 경우 주택의 기준시가가 고시되지 아니한 경우 최초로 고시되는 기준시가를 취득 당시의 기준시가로 본다.(원천세과-514, 2009.06.16.)

Q 163 주택을 소유한 사람과 차입금을 차입한 사람이 다를 경우에도 장기주택저당차입금 이자상환액 공제를 적용받을 수 있는지?

주택소유자와 차입자에 따른 공제 여부는 아래와 같다.

주택소유자	차입자	공제 여부
본인	본인	○
본인	배우자	×
본인	본인 + 배우자	본인 부담분만*
본인 + 배우자	본인	○
본인 + 제3자	본인 + 제3자	본인 부담분만*
배우자	본인	×

* 차입금을 타인과 공동으로 차입한 경우 본인의 채무부담분에 해당하는 이자상환액만 공제함. 별도의 약정이 없는 경우에는 채무분담비율이 균등한 것으로 봄

Q 164 부부 공동명의 주택에 배우자 명의로 차입금을 차입했다가 근로자 명의로 변경시 장기주택저당차입금 이자상환액 공제가 가능한지?

주택의 소유권 이전 등기일로부터 3개월 이내에 차입금을 본인 명의로 전환하는 경우에는 공제가 가능하나, 그 외의 경우는 소득공제를 적용받을 수 없다.(원천세과-453, 2009.05.27., 원천세과-468, 2009.05.29.)

Q 165 부부 공동명의 주택을 남편이 장기주택저당차입금 이자상환액 공제를 받을 수 있는지?

근로자 본인과 배우자 공동명의로 주택을 취득하고, 남편 명의로 공제요건*을 갖춘 장기주택저당차입금을 금융회사로부터 차입한 경우에는 남편이 이자상환액에 대해 소득공제를 받을 수 있다.

* 공제요건 : 상환기간 15년(10년) 이상, 기준시가 5억원 이하, 소유권이전등기일로부터 3개월 이내 차입, 채무자와 소유자가 동일

Q 166 부담부 증여로 주택 취득시 장기주택저당차입금 이자상환액 공제가 가능한지?

증여등기일로부터 3개월 내에 해당 주택에 저당권을 설정하고 상환기간이 15년 이상인 장기주택저당차입금을 대출받아 증여재산에 담보된 채무를 상환하는 경우 해당 채무액의 범위 내에서 이자 상환액 소득공제가 가능하다.(원천세과-538, 2011.08.30.)

Q 167 부친의 장기주택저당차입금을 아들이 주택과 함께 상속받은 경우 상속받은 장기주택저당차입금에 대한 이자상환액도 공제 가능한지?

예, 아버지의 장기주택저당차입금을 자녀가 주택과 함께 상속받은 경우 상속 시점에서 상속받은 사람이 장기주택저당차입금 이자상환액 공제대상자에 해당하고, 동 차입금이 공제요건을 충족하는 경우 공제대상 차입금에 해당하는 것이다.(서이 46013－12211, 2002.12.10.)

Q168 인수받은 장기주택저당차입금의 명의를 변경하기 전에 양수인이 이자를 상환한 경우, 동 이자는 공제가능한지?

안된다. 주택양수인의 채무자 명의 변경 전 이자상환액은 "장기주택저당차입금의 채무자가 당해 저당권이 설정된 주택의 소유자일 것"이라는 요건을 충족하지 않아 공제받을 수 없다.(서이 46013－10190, 2003.01.27.)

Q169 저당권이 설정된 주택과 장기주택저당차입금 채무를 같이 인수한 경우 공제가 가능한지?

전 소유자가 당해 차입금을 최초로 차입한 때를 기준으로 상환기간을 계산하고, 소유권 이전등기일, 보존등기일부터 3개월 이내 요건을 적용하지 않으며, 승계 당시의 기준시가가 6억원(2023 ~ 2019년 차입분 5억원, 2014 ~ 2018년 차입분 4억원, 2013년 이전 차입분 3억원) 이하 요건을 충족하면 공제가 가능하다.(소득세법 시행령 제112조 제8항, 제11항)

Q170 공무원연금공단이나 국가보훈처로부터 차입한 주택저당차입금도 장기주택저당차입금 이자상환액 공제 적용대상인지?

아니다. 금융회사 또는 주택법에 의한 국민주택기금으로부터 차입한 것에 한하므로, 공무원 연금 공단이나 국가보훈처로부터 차입한 경우에는 공제를 받을 수 없다.
※ 국가보훈처와 그 소속기관 직제 제2조 제2항에 따른 지방보훈청 및 보훈지청의 경우 "주택임차차입금 원리금상환액" 공제대상 대출기관에는 포함됨.(2017.1.1. 이후 상환하는 분부터 적용)

Q171 보험회사에서 차입한 장기주택저당차입금도 이자상환액에 대해 공제 가능한지?

금융회사 또는 주택법에 의한 국민주택기금으로부터 차입한 것에 한하며, 금융회사에는 보험업법에 의한 보험사업자도 포함된다.

Q172 한도 내에서 자유롭게 입출금이 가능한 차입금도 공제대상 장기주택저당차입금에 해당하는지?

아니다. 대출약관에 의해 한도액을 설정하고 약정된 한도액 범위 내에서 차입과 상환을 반복할 수 있는 한도거래방식으로 차입한 한도대출방식 차입금은 장기주택저당차입금에 해당하지 않는다.(서면1팀－1243, 2006.09.12.)

Q173 일정기간 임차 후 분양받으면서 대출받는 경우에도 장기주택저당차입금에 대한 이자상환액 공제 대상인지?

예, 임대기간 만료 후 소유권이 이전되는 시점에 신규로 차입하면서 소득공제 요건에 부합하는 대출을 받는 경우에는 장기주택저당차입금 소득공제를 받을 수 있다.(서면1팀－412, 2006.03.31.)

Q174 장기주택저당차입금의 경우 원리금 상환방식으로 납부하는 경우 상환금액(원금과 이자) 모두를 공제받는 것인지?

아니다. 장기주택저당차입금에 대해 당해연도에 지급한 이자 상환액만이 공제대상이므로 원금 부분은 공제받을 수 없다.

Q175 장기주택저당차입금 상환 지연으로 인해 발생한 연체이자도 소득공제 대상에 포함되는지?

안된다. 장기주택저당차입금에 대한 소득공제와 관련하여 공제대상 이자상환액은 연체이자를 포함하지 아니하는 정상이자만 해당된다.(제도 46013-436, 2000.11.22.)

Q176 장기주택저당차입금 이자를 미납하여 다음연도에 상환한 경우 상환한 연도에 공제를 받는 것인지?

실제 이자를 상환한 연도에 공제받을 수 있다. 다만, 정상이자 외의 연체이자 상당액은 공제되지 않는다.

Q177 선지급 장기주택저당차입금 이자상환액도 지급한 연도에 공제를 받는 것인지?

선지급한 이자상환액은 지급한 연도에 공제받을 수 있다.

Q178 장기주택저당차입금을 7년 만에(당초 상환기간은 15년) 조기 상환하는 경우 이자상환액 공제가 가능한지?

안된다. 차입금 상환기간 중에 차입금의 잔액을 일시에 상환하여 해당 과세기간에는 동 차입금이 상환기간 요건을 충족하지 못한 경우, 해당 과세기간에 지급한 해당 차입금 이자상환액에 대하여는 소득공제를 적용하지 않는다.(원천세과-488, 2009.06.04.)
※ 상환기간 15년을 경과한 후 조기 상환한 경우에는 상환기간 요건을 충족하고 있으므로 조기 상환한 연도에 지출한 이자상환액을 공제받을 수 있음.

Q179 장기주택저당차입금을 상환기간 경과 전에 조기 상환한 경우 이전에 공제받은 금액을 추징하는 건지?

아니다. 이전 연도까지 적법하게 소득공제받은 부분은 추가 징수하지 않는다.

Q180 장기주택저당차입금을 차입한 금융회사에서 다른 금융회사로 이전하기 위해 차입금을 대환한 경우에도 이자상환액 공제를 계속 적용받을 수 있는지?

장기주택저당차입금의 차입자가 해당 금융회사 등 내에서 또는 다른 금융회사 등으로 장기주택저당차입금을 이전하는 경우 또는 다른 금융회사 등이 기존의 장기주택저당차입금의 잔액을 직접 상환하고 해당 주택에 저당권을 설정하는 형태로 장기주택저당차입금을 이전하는 경우, 기존의 장기주택저당차입금을 최초로 차입한 날로부터 새로 차입한 차입금의 상환일까지의 기간이 15년 이상이면 기존 차입금의 잔액 범위 내에서 소득공제를 계속 적용받을 수 있다.(소득령 112 ⑩ 2호)

Q181 공제요건을 갖춘 장기주택저당차입금을 3회 이상 대환하는 경우에도 이자상환액 공제를 받을 수 있는지?

대환횟수에 관계없이 「소득세법 시행령」 제112조 제10항 제2호에 규정된 방식으로 대환하는 경우에는 공제가 가능하다.

> ※ 「소득세법 시행령」 제112조 제10항 제2호
> ⑩ 다음 각 호의 어느 하나에 해당하는 경우 해당 차입금은 (중략) 장기주택저당차입금으로 본다. 다만,

제2호 또는 제4호에 해당하는 경우에는 기존의 차입금의 잔액을 한도로 한다.

2. 제8항에 따른 장기주택저당차입금의 차입자가 해당 금융회사 등 내에서 또는 다른 금융회사 등으로 장기주택저당차입금을 이전하는 다음의 경우. 이 경우 해당 차입금의 상환기간은 15년 이상이어야 하며, 상환기간을 계산할 때에는 기존의 장기주택저당차입금을 최초로 차입한 날을 기준으로 한다.

㉠ 해당 금융회사 또는 다른 금융회사가 기존의 장기주택저당차입금의 잔액을 직접 상환하고 해당 주택에 저당권을 설정하는 형태로 장기주택저당차입금을 이전하는 경우

㉡ 해당 차입자가 신규로 차입한 장기주택저당차입금으로 기존의 장기주택저당차입금의 잔액을 즉시 상환하고 해당 주택에 저당권을 설정하는 형태로 장기주택저당차입금을 이전하는 방식

Q 182 장기주택저당차입금을 타 금융기관으로 3회 이상 이전 하면서 최초 차입금 잔액과 2차, 3차 증액된 차입금의 잔액이 각각 있는 경우 증액된 금액에 대해서도 이자상환액 공제가 가능한지?

안된다. 여러 차례 차입금을 증액하여 최초 장기주택저당차입금 잔액과 2차, 3차 증액된 차입금의 잔액이 혼재해 있는 경우 최초 장기주택저당차입금의 잔액을 한도로 적용하는 것이다.(원천세과 −187, 2012.04.10.)

Q 183 차입금을 증액하여 다른 금융회사로 이전한 후, 일부 차입금을 상환한 경우 먼저 대출받은 금액을 먼저 상환한 것으로 보는지?

아니다. 차입자가 해당 금융회사 등 내에서 또는 다른 금융회사 등으로 장기주택저당차입금을 증액하여 이전한 후 일부 차입금을 상환한 경우, 상환된 차입금은 '기존의 차입금 잔액'과 '이전 후 차입금 중 증액분'의 비율대로 상환된 것으로 본다.(원천세과−297, 2011.05.24.)

Q 184 사내근로복지기금으로부터 일부 보조받은 장기주택저당차입금 이자상환액이 소득공제 대상인지?

아니다. 사내근로복지기금으로부터 장기주택저당차입금의 이자상환액의 일부를 보조받는 경우 해당 보조금은 근로소득에 해당하지 않는 것이며, 또한 소득공제 대상도 아니다.(서면법규−1302, 2012.11.06.)

Q 185 분양권을 취득하고 그 주택의 완공 시 장기주택저당차입금으로 전환할 것을 조건으로 금융기관으로부터 중도금을 대출하였는데, 중도금 대출이자를 시행사가 대출자 명의로 납부 후 주택 완공 시 시행사가 대납한 차입금 이자를 일시불로 납부할 경우 시행사가 대납한 이자상환액은 소득공제가 가능한지?

시행사가 장기주택저당차입금 이자를 대위변제하고, 개별등기 후 입주자로부터 되돌려 받는 이자는 근로소득공제 대상 장기주택저당차입금에 해당하지 않는다.(원천세과−258, 2009.03.30.)

Q 186 장기주택저당차입금 이자상환액 소득공제 시 제출서류는?

소득공제신고서의 장기주택저당차입금 이자상환액 공제란을 기재하고 아래 서류를 첨부한다. ②~⑤의 서류는 제출 후 변동사항이 없는 경우 그 다음연도부터는 제출하지 않을 수 있다.

① 장기주택저당차입금 이자상환증명서
☞ 대환 및 기존차입금 차입기간 변경의 경우 : 기존 및 신규 차입금의 대출계약서 사본을 추가 제출

② 주민등록표 등본
③ 건물등기부등본 또는 분양계약서 사본
④ 개별주택가격확인서 또는 공동주택가격확인서
⑤ 「조특법」 제99조 신축주택 관련 차입금 상환의 경우
 – 자기가 건설한 주택 : 사용승인서 또는 사용검사서(임시사용승인서 포함) 사본
 – 주택건설업자가 건설한 주택 : 주택매매계약서(분양계약서) 사본, 계약금 납부증명 서류, 조특법 §99 ①
  2 단서에 해당하지 않음을 확인하는 주택건설사업자의 확인서

Q187 외국인근로자도 장기주택저당차입금 이자상환액 공제를 적용받을 수 있는지?

주택자금공제인 주택임차차입금 원리금상환액 공제, 월세 세액공제, 장기주택저당차입금 이자상환액 공제는 다음의 요건을 갖춘 외국인도 적용받을 수 있다.

① 다음의 어느 하나에 해당하는 사람일 것
 ㉮ 「출입국관리법」 제31조에 따라 등록한 외국인
 ㉯ 「재외동포의 출입국과 법적 지위에 관한 법률」 제6조에 따라 국내거소신고를 한 외국국적동포
② 다음의 어느 하나에 해당하는 사람이 「소득세법」 제52조 제4항(주택임차자금 차입금 원리금상환액 공제)
 · 제5항(장기주택저당차입금 이자상환액 공제) 및 「조세특례제한법」 제87조 제2항(주택청약종합저축 등
 에 대한 소득공제등)에 따른 공제를 받지 않았을 것
 ㉮ 거주자의 배우자
 ㉯ 거주자와 같은 주소 또는 거소에서 생계를 같이 하는 사람으로서 다음의 어느 하나에 해당하는 사람
  ㉠ 거주자의 직계존비속(그 배우자를 포함한다) 및 형제자매
  ㉡ 거주자의 배우자의 직계존비속(그 배우자를 포함한다) 및 형제자매

Q188 소유권 취득 전 타인 명의의 주택에 저당권을 설정하고 주택자금을 차입한 후 즉시 본인 명의로 소유권을 이전등기하는 경우 장기주택저당차입금 이자상환액 공제를 적용받을 수 있는지?

근로소득이 있는 거주자로서 주택을 소유하지 아니하거나 1주택을 보유한 세대의 세대주가 기준시가 5억원 이하의 주택을 취득하기 전에 그 주택에 저당권을 설정하여 금융기관등으로부터 만기 15년 이상의 주택자금을 차입한 후 즉시 본인에게로 소유권을 이전등기(공동소유 포함)하는 경우에는 공제가 가능하다.(법령해석 소득-217, 2020.04.06.)

【개인연금저축 소득공제】

Q189 개인연금저축을 해지한 연도에도 소득공제가 가능한지?

안된다. 개인연금저축을 중도 해지한 경우 당해연도 저축 불입액에 대해서는 소득공제를 받을 수 없다.(서면1팀-104, 2005.01.24.)

Q190 개인연금저축과 연금저축에 둘 다 가입하여 납입하고 있는 경우 중복 공제가 가능한지?

개인연금저축은 소득공제, 연금저축은 연금계좌 세액공제를 각각 적용받을 수 있다.

Q191 기본공제를 적용받는 배우자의 개인연금저축 납입액에 대해서도 소득공제를 받을 수 있는지?

안된다. 근로자 본인의 납입액에 대해서만 공제가 가능하다.(서이 46013-10157, 2002.01.24.)

【소기업·소상공인 공제부금(노란우산공제) 소득공제】

Q192 소기업·소상공인 공제(노란우산공제)란?

소규모 사업자가 매월 일정 부금을 적립하여 폐업, 사망, 노령 시 생활안정과 사업재기를 도모할 수 있도록 국가가 지원하는 목돈(퇴직금)마련 공제 제도로 중소기업중앙회가 운영하고 있다. 소기업·소상공인 대표자로 개인사업자 또는 법인의 대표자, 공동사업자가 가입할 수 있으며, 그 직위가 중복되는 경우에는 그 중 어느 하나를 정하여 가입한다.(여러 사업체가 있는 대표자의 경우 1개의 사업장을 택일)

Q193 근로자도 노란우산공제 부금 소득공제를 적용받을 수 있는지?

해당 과세기간의 총급여액 7천만원 이하인 법인의 대표자만 가능하다.(조특법 제86조의 3)

Q194 소기업·소상공인 공제부금 소득공제의 한도는?

해당 연도의 공제부금 납부액과 아래의 한도액 중 적은 금액을 공제한다.

사업소득 (법인 대표자의 근로소득금액)	한도액
4천만원 이하	500만원
4천만원 초과 1억원 이하	300만원
1억원 초과	200만원

Q195 개인사업장도 운영하고 있는 법인의 대표자인 경우 개인사업자 직위로 가입한 공제부금을 근로소득금액에서 공제받을 수 있는지?

안된다. 해당 직위에서 가입한 소득금액(개인사업자→사업소득)에서 공제받는다.

【벤처투자조합(중소기업창업투자조합) 출자 등에 대한 소득공제】

Q196 벤처기업 확인 전에 설립한 법인에 출자하는 경우에도 벤처투자조합 출자 등 소득공제를 적용받을 수 있는지?

벤처기업 확인 전에 설립한 법인에 투자하는 경우에도 투자일부터 2년이 되는 날이 속하는 과세연도까지 벤처기업에 해당하게 된 경우 그 날이 속하는 과세연도의 종합소득금액에서 공제한다.

Q197 벤처기업에 자금을 대여하였다가 이를 출자 전환하는 경우 벤처투자조합 출자 등 소득공제의 적용 대상이 되는지?

거주자가 벤처기업 육성에 관한 특별조치법에 따른 벤처기업에 자금을 대여하였다가 이를 출자 전환한 경우에도 소득공제가 가능하다.(법령해석소득-0832, 2015.11.19.)

Q 198 개인투자조합을 통해 벤처기업에 투자한 경우에도 벤처투자조합 출자 등 소득공제의 적용을 받을
수 있는지?

이 경우 소득공제금액은 아래와 같이 계산한다.

* 소득공제액 = 개인투자조합에 출자한 금액 × 개인투자조합이 벤처기업 등에 투자한 금액 / 개인투자조합
의 출자액 총액

Q 199 벤처투자조합에 출자한 타인으로부터 출자지분을 양수한 경우에도 소득공제가 가능한지?

타인의 출자지분을 양수하는 방법으로 출자하는 경우에는 중소기업창업투자조합 출자 등 소득공
제 대상이 아니다.

Q 200 벤처투자조합 출자 등 소득공제를 적용받을 수 있는 투자의 범위는?

중소기업창업투자조합 출자 등 소득공제 적용대상 투자의 범위는 아래와 같다.

① 벤처투자조합, 민간재간접벤처투자조합, 신기술사업투자조합 또는 전문투자조합에 출자하는 경우
② 벤처기업투자신탁의 수익증권에 투자하는 경우
③ 개인투자조합에 출자한 금액을 벤처기업 또는 이에 준하는 창업 후 3년 이내의 중소기업으로서 벤처기업
등에 투자하는 경우
④ 「벤처기업육성에 관한 특별법」에 따라 벤처기업등에 투자하는 경우
⑤ 창업·벤처전문사모집합투자기구에 투자하는 경우
⑥ 「자본시장과 금융투자업에 관한 법률」 제117조의10에 따라 온라인 소액투자 중개의 방법으로 모집하는
창업 후 7년 이내의 중소기업으로서 일정 요건을 갖춘 기업의 지분증권에 투자하는 경우

Q 201 직전연도에 벤처투자조합에 출자하고 소득공제를 받은 후 올해 출자지분을 회수하게 되면 세액을
추징하는지?

출자(투자)일로부터 3년 내에 아래의 추징사유가 발생할 경우 이미 공제받은 세액을 추징한다.

〈추징사유〉
① 출자(투자)지분을 이전하거나 회수하는 경우
② 벤처기업투자신탁의 수익증권을 양도 또는 환매(일부환매 포함)하는 경우

〈추징제외 사유〉
① 출자자 또는 투자자의 사망
② 해외이주로 세대 전원이 출국
③ 천재·지변으로 재산상 중대한 손실이 발생하는 경우
④ 조합이나 자산운용회사가 해산하는 경우

Q 202 벤처기업에 투자한 후 출자한 날로부터 3년이 경과하기 전에 공제한도액을 초과한 일부 금액을
회수한 경우 추징되는지?

아니다. 출자한 날로부터 3년이 경과하기 전에 회수하더라도 잔여 출자금액이 소득공제받은 출자금
액보다 많은 경우에는 소득공제받은 금액을 추가 징수하지 않는다.(법인 46013-166, 2001.01.17.)

Q 203 벤처기업투자신탁의 수익증권에 투자하는 경우 소득공제가 가능한가요?

거주자가 벤처기업투자신탁의 수익증권에 투자를 하는 경우에는 출자 또는 투자한 금액의 100분의 10에 상당하는 금액(해당 과세연도의 종합소득금액의 100분의 50을 한도)을 그 출자일 또는 투자일이 속하는 과세연도의 종합소득금액에서 공제한다.

만일, 거주자가 출자일 또는 투자일이 속하는 과세연도부터 출자 또는 투자 후 2년이 되는 날이 속하는 과세연도까지 1과세연도를 선택하여 공제시기 변경을 신청하는 경우에는 신청한 과세연도의 종합소득금액에서 공제한다.

다만, 타인의 출자지분이나 투자지분 또는 수익증권을 양수하는 방법으로 출자하거나 투자하는 경우에는 공제를 받을 수 없다.

Q 204 근로자가 「조세특례제한법」 제16조 제1항 제2호에 따른 벤처기업투자신탁 수익증권 투자에 대해 소득공제를 받고자 하는 경우 신청 방법은?

소득공제를 받고자 하는 거주자는 소득공제신청서에 「자본시장과 금융투자업에 관한 법률」에 따른 벤처기업투자신탁의 집합투자업자 또는 그 투자신탁을 취급하는 금융회사로부터 출자 또는 투자확인서를 발급받아 이를 첨부하여 당해연도의 다음연도 1월분 급여를 받는 날까지 원천징수의무자에게 신청하여야 한다.

Q 205 「조세특례제한법」 제16조 제1항 제2호에 따른 벤처기업투자신탁의 수익증권에 투자한 경우 출자 또는 투자확인서는 어떻게 발급받는지?

벤처기업투자신탁의 수익증권을 취급하는 금융회사를 통해 투자확인서를 발급받아야 하며, 연말정산간소화에서 자료를 제공하고 있다.

Q 206 2024년에 코스닥벤처펀드에 가입한 경우 납입금액에 대해 2024년 귀속 연말정산 시 소득공제를 받아야 하는지?

출자 또는 투자일이 속하는 과세연도(2024년)에 소득공제를 받는 것이 원칙이나, 본인이 투자 후 2년이 되는 날이 속하는 과세연도(2025년 ~ 2026년) 중 1과세연도를 선택하여 공제시기 변경신청을 한 경우에는 신청한 연도에 공제받을 수 있다. 단, 소득공제 시기를 출자 또는 투자일이 속하는 과세연도(2024년) 이외의 연도로 선택하는 경우 연말정산 간소화 자료제공 서비스를 받을 수 없다. 따라서 이 경우에는 금융회사에서 투자확인서를 발급받아 회사에 제출하여야 한다.

【신용카드 등 사용금액 소득공제】

Q 207 배우자(아내)의 연간 소득금액이 100만원을 초과하여 남편의 기본공제 대상자에 해당하지 않음. 이 때 가족카드를 사용하는 경우 남편이 배우자 명의의 카드대금을 결제하면 배우자가 사용한 카드 사용금액을 남편이 소득공제받을 수 있는지?

안된다. 가족카드는 대금 지급자(결제자)가 아닌 카드 명의자(사용자)가 신용카드 등 사용금액 소득공제를 받을 수 있다.

Q 208 맞벌이 부부의 신용카드 사용금액은 합산하여 한사람이 공제받을 수 있는지?

안된다. 연간소득금액 합계액이 100만원(근로소득만 있는 사람은 총급여액 500만원)을 초과하는 맞벌이 부부는 각자의 사용금액을 각자 공제받을 수 있다.

Q 209 맞벌이 부부의 경우, 남편이 기본공제를 받은 자녀의 신용카드 사용액을 아내가 소득공제받을 수 있는지?

안된다. 남편의 기본공제를 받은 자녀의 신용카드 등 사용액은 본인(아내)이 공제받을 수 없고, 남편이 공제받아야 한다.

Q 210 올해 결혼한 배우자의 혼인 전 신용카드 사용금액을 남편이 공제받을 수 있는지?

안된다. 배우자의 연간 소득금액이 100만원(근로소득만 있는 경우 총급여액 500만원) 이하인 경우 결혼 이후에 사용한 금액만 공제대상이며, 배우자가 결혼 전에 사용한 신용카드 사용금액은 공제대상에 해당하지 않는다.(서이 46013-10858, 2001.12.28.)

Q 211 아내가 올해 4월에 직장을 그만 두어 현재 전업주부임. 아내가 사용한 신용카드 금액을 근로자인 남편이 공제받을 수 있는지?

배우자(아내)의 연간소득금액에 따라 공제 여부가 달라진다.

아내가 연도 중에 퇴직하였고 다른 소득이 없다면, 퇴직할 때까지 발생한 근로소득금액(총급여액 － 근로소득공제액 ＝ 근로소득금액)과 퇴직소득금액의 합계액이 100만원 이하인 경우에만 남편이 공제받을 수 있다.

아내의 연간 소득금액 합계액이 100만원을 초과하는 경우 남편의 근로소득에서 공제받을 수 없으며, 이 경우 아내가 퇴직하기 전에 사용한 신용카드 금액에 한하여 아내 자신의 근로소득금액에서 공제받을 수 있다.

Q 212 올해 결혼한 딸의 결혼 전 신용카드 사용금액을 친정 아버지가 공제받을 수 있는지?

자녀가 결혼으로 과세기간 종료일 현재 기본공제대상자에 해당되지 않는 경우 해당 자녀의 신용카드 사용액은 공제대상이 아니다.(서이 46013-10376, 2003.02.24.)

Q 213 자녀가 2024년 3월에 취업하였는데, 자녀가 취업하기 전에 사용한 신용카드 사용액에 대해 아버지가 공제를 받을 수 있는지?

자녀의 연간소득금액에 따라 공제 여부가 달라진다.

취업한 자녀의 연간 소득금액이 100만원 이하(근로소득만 있는 경우 총급여액 500만원 이하)인 경우에만 공제받을 수 있다.

※ 연도 중 혼인·이혼·별거·취업 등의 사유로 인해 기본공제대상자에 해당되지 않게 된 종전의 기본공제대상자를 위해 사유가 발생한 날까지 이미 지출한 보험료, 의료비, 교육비는 세액공제가 가능한 것이나, 신용카드 등 사용금액은 자녀의 소득요건이 충족되는 경우가 아니면 이미 지출한 금액에 대해 아버지가 공제받을 수 없다.

Q 214 아들과 며느리가 모두 장애인이며 기본공제 대상자에 해당하는 경우 며느리가 사용한 신용카드 등 사용금액이 소득공제 대상인지?

아니다. 장애인 직계비속(아들)의 장애인 배우자(며느리)가 기본공제 대상자에 해당한다 하더라도, 직계비속의 배우자(며느리)가 사용한 신용카드 등 사용금액은 소득공제 적용대상이 아니다. (원천세과-338, 2009.04.15.)

Q 215 20세를 초과한 소득이 없는 자녀가 쓴 체크카드나 현금영수증 발행금액도 소득공제 대상인지?

연령이 20세를 초과하여 기본공제 대상자에 해당하지 않더라도 소득금액이 연간 100만원 이하(근로소득만 있는 경우 총급여액 500만원 이하)인 경우, 자녀의 체크카드, 현금영수증, 신용카드 등 사용금액은 근로자의 신용카드 등 사용금액에 합산하여 공제할 수 있다.

Q 216 60세 미만이고 소득이 없는 부모님의 신용카드 사용액도 소득공제 대상인지?

연령이 60세 미만으로 기본공제 대상자에 해당하지 않더라도 소득금액이 연간 100만원(근로소득만 있는 경우 총급여액 500만원) 이하인 생계를 같이 하는 직계존속이 사용한 신용카드 사용액은 근로자의 신용카드 등 사용금액에 합산하여 공제할 수 있다.

Q 217 형제자매 등이 사용한 신용카드 사용액은 공제대상인지?

형제자매가 사용한 신용카드 등 사용액은 기본공제대상자라 하더라도 신용카드 소득공제 대상 사용금액에 포함되지 않는다.

Q 218 회사에 입사하기 전이나 퇴사한 후에 사용한 신용카드 등 사용금액도 공제대상인지?

아니다. 신용카드 등 사용금액은 근로제공 기간 중에 지출한 금액에 대해서만 소득공제가 가능하다.(소득세법 집행기준 52-0-1)

※ 입사 전 또는 퇴사 후 지출한 비용의 소득·세액공제 여부 : 소득세 집행기준 52-0-1

근로제공 기간 동안 지출한 비용에 대해서만 공제가능한 항목	해당 과세기간 중 지출한 금액에 대해 공제가능한 항목
• 보험료 세액공제	• 기부금 세액공제
• 의료비 세액공제	• 고향사랑기부금 세액공제
• 교육비 세액공제	• 국민연금보험료 소득공제
• 월세 세액공제	• 개인연금저축 소득공제
• 주택자금 소득공제	• 연금계좌 세액공제
• 신용카드 등 사용금액에 대한 소득공제	• 투자조합출자 등 소득공제
• 주택마련저축 소득공제	• 소기업·소상공인 공제부금 소득공제
• 장기집합투자증권저축 소득공제	• 청년형장기집합투자증권저축 소득공제

Q 219 휴직기간에 사용한 신용카드도 공제받을 수 있는지?

휴직기간은 근로를 제공한 기간에 포함되기 때문에 휴직기간 중에 사용한 신용카드 사용액은 공제대상이다.(서이 46013-10091, 2002.01.16.)

Q 220 신용카드 등 사용금액에 대한 소득공제와 특별세액공제가 중복적용될 수 있는지?

항목에 따라 다르며, 중복공제 가능 여부는 아래와 같다.

구 분		특별세액공제 항목	신용카드공제
신용카드로 결제한 의료비		의료비 세액공제 가능	신용카드공제 가능
신용카드로 결제한 보장성 보험료		보험료 세액공제 가능	신용카드공제 불가
신용카드로 결제한 학원비	취학 전 아동	교육비 세액공제 가능	신용카드공제 가능
	그 외	교육비 세액공제 불가	
신용카드로 결제한 교복구입비		교육비 세액공제 가능	신용카드공제 가능
신용카드로 결제한 기부금		기부금 세액공제 가능	신용카드공제 불가

* 취학 전 아동의 경우에는 주 1회 이상 월 단위로 교습받는 학원, 체육시설 등의 수강료에 대하여 교육비 세액공제를 받을 수 있다.

Q 221 2024.11.30.에 신용카드로 물품을 사고 6개월 할부로 결제하였음. 이 경우 할부금은 언제 공제를 받는 것인지?

신용카드 할부구입의 경우, 구입시점을 기준으로 소득공제를 적용한다. 따라서 2024.11.30.에 할부로 구입한 물품가격은 전액 2024년 귀속 연말정산시 공제를 받을 수 있다.

Q 222 학원의 교육비를 신용카드로 납부하였는데 신용카드 등 사용액에 대한 소득공제가 가능한지?

학원비를 신용카드를 이용하여 결제한 금액은 신용카드 등 사용금액에 대한 소득공제 대상이다. 다만, 취학 전 아동의 경우에는 주 1회 이상 월 단위로 교습받는 학원, 일정한 체육시설 등의 교육비를 신용카드로 지출하였을 경우 신용카드 등 사용금액에 대한 소득공제와 교육비 세액공제를 모두 적용받을 수 있다.

Q 223 외국에서 사용한 신용카드 금액도 소득공제 대상인지?

아니다. 외국에서 사용한 금액은 제외된다. (조특법 126의2 ①)

Q 224 근로자 본인의 신용카드로 회사 경비를 지출한 경우 근로자는 신용카드 등 사용금액에 대한 소득공제를 적용받을 수 있는지?

안된다. 회사경비로 처리되는 신용카드 사용액은 공제대상에 해당하지 않는다.

※ 신용카드 소득공제 신청서 작성시 「⑥신용카드 ~ ⑨직불카드 등」란의 금액에는 사업관련 비용 등을 차감한 금액을 기재하여 공제받지 않도록 하여야 한다.

Q 225 신용카드로 자동차(신차 또는 중고차)를 구입한 경우 소득공제가 가능한지?

지방세법에 의하여 취득세 및 등록세가 부과되는 재산의 구입비용은 신용카드 등 사용금액에 대한 소득공제 대상에서 제외된다.

다만, 2017년 이후 중고자동차 구입금액의 10%에 해당하는 금액에 대하여는 신용카드 등 사용금액 소득공제를 받을 수 있다. (조특법 126의2 ④, 조특령 121의2 ⑥ 2호)

Q 226 중고차를 신용카드로 구입하였으나, 중고자동차 구입금액의 10%가 신용카드 등 사용금액에 포함되어 있지 않다. 어떻게 해야 소득공제를 받을 수 있는지?

중고차(이륜자동차 포함)와 신차를 동시에 취급하여 중고차를 구분할 수 없거나 리스 후 차량을 매도하는 리스회사의 경우에는 중고차 구입금액이 간소화 자료에서 제외될 수 있다.

 – 이 경우, 카드사에 중고차 구입 사실을 확인*받아 '신용카드 등 사용금액확인서'를 재발급 받아 회사에 제출하면 소득공제를 받을 수 있다.

  ※ 자동차 매매계약서, 차량등록증 사본 등으로 확인

Q 227 중고자동차를 현금으로 구입하고 현금영수증을 발급받지 못했는데 소득공제를 받으려면 어떻게 하여야 하는지?

중고자동차를 구입하고 10만원 이상 현금거래 후 현금영수증을 발급받지 못했을 경우에는 홈택스* 또는 세무서에 현금영수증 미발급신고서를 작성하여 제출하시면 신고내용을 확인한 후 현금영수증이 발급 처리된다.

* 국세청 홈택스 〉 상담·불복·고충·제보·기타 〉 탈세제보·현금영수증/신용카드제보 〉 현금영수증 미발급 신고

Q 228 신용카드로 골드바를 구매한 경우 신용카드 등 사용금액에 대한 소득공제를 받을 수 있는 대상인가요?

근로자가 법인 등 사업자로부터 금, 귀금속 등의 재화를 제공받고 신용카드 등을 사용하여 그 대가를 지급한 경우 신용카드 등 사용금액에 대한 소득공제를 받을 수 있는 것이나, 실물거래가 없는 투자의 경우 공제대상에 해당하지 아니하는 것이다. 따라서, 개별적인 거래가 소득공제 대상인지 여부는 구체적인 거래내용, 대금지급방식 및 증빙서류 등을 종합적으로 사실 판단하여야 하는 것이다.

Q 229 유치원이나 어린이집에 납부하는 수업료, 입학금, 보육비용은 신용카드 결제 시 소득공제가 가능한지?

안된다. 유아교육법, 초·중등교육법, 고등교육법 또는 특별법에 의한 학교(대학원 포함) 및 영유아교육법에 의한 보육시설에 납부하는 수업료, 입학금, 보육비용 기타 공납금은 신용카드 등 사용금액에 대한 소득공제가 불가한다.

Q 230 도시가스 요금을 신용카드로 결제한 경우, 신용카드 등 사용금액에 대한 소득공제를 받을 수 있는지?

안된다. 한국표준산업분류체계에 의한 가스제조 및 공급업(가스집단공급업 포함)에 해당하는 도시가스 요금은 사용금액에 대한 소득공제를 적용받을 수 없는 것이며, 다만, 한국표준산업분류체계에 의한 소매업(가정용 연료소매업)은 「소득세법 시행령」 별표 3의2에 규정하는 소비자 상대 업종에 해당되어 신용카드 등 사용금액에 대한 소득공제를 적용받을 수 있다.(전자세원과 –1973, 2008.12.15.)

Q 231 하이패스 신용카드로 결제한 도로교통료는 연말정산시 신용카드 등 사용금액 소득공제를 받을 수 있는지?

안된다. 정부·지방자치단체에 납부하는 국세, 지방세, 전기료·수도료·가스료·전화료(정보사

용료, 인터넷이용료 등 포함)·아파트관리비·텔레비전시청료(종합유선방송법에 의한 종합유선 방송의 이용료 포함) 및 도로통행료 등은 신용카드 등 사용금액 소득공제 대상에서 제외된다.

Q 232 주택을 분양받으면서 발코니 확장, 새시 설치 공사분에 대하여 발급받은 현금영수증은 신용카드 등 사용금액에 대한 소득공제 대상인지?

아니다. 근로자가 주택을 분양받고 주택신축판매업자를 통해 발코니 확장 및 새시 설치 공사를 하고 그 대가를 현금으로 지급하여 현금영수증을 발급받았어도, 그 대가가 등록세 과세표준에 포함된 경우에는 소득공제를 받을 수 없다.(서면3팀-903, 2006.05.17.)

Q 233 기부금 단체에 신용카드로 기부할 경우 신용카드 등 사용금액에 대한 소득공제를 받을 수 있는지?

안된다. 근로소득이 있는 거주자가 기부금 단체에 신용카드를 이용하여 기부하는 경우 해당 신용카드 결제금액은 소득공제의 대상이 아니다.(원천세과-305, 2011.05.25.)

Q 234 면세점에서 신용카드로 물품을 구입한 경우에도 신용카드 등 소득공제 혜택을 받을 수 있는지?

「조세특례제한법」의 개정으로 2019.2.12. 이후 면세점에 지출한 금액*에 대해서는 소득공제를 받을 수 없다.
* 「관세법」 제196조에 따른 보세판매장, 「조세특례제한법」 제121조의13에 따른 지정면세점, 선박 및 항공기에서 판매하는 면세물품의 구입비용

Q 235 면세점에서 현금으로 물품을 구입한 경우 현금영수증을 발급받아 소득공제를 받을 수 있는지?

「조세특례제한법」 제126조의2 및 같은 법 시행령 제121조의2 제6항에 따라 면세점에서 지출한 금액에 대해서는 소득공제가 배제되므로 현금영수증 발행 대상에 해당하지 않는다. 따라서 현금영수증을 발급받을 수 없으며, 발급받은 경우에도 소득공제에서 제외된다.

Q 236 도서구입, 공연티켓 구입을 위해 지출한 금액은 구입 장소와 관계없이 소득공제율과 추가공제가 적용되는지?

아니다. 근로소득자가 온·오프라인 도서·공연비 소득공제 전용 가맹점(매장, 시설, 온라인 웹사이트 등)이 갖춰진 사업자*로부터 도서와 공연티켓을 구매할 경우에 한하여 도서·공연비 소득공제 적용을 받을 수 있다.
* 이하 '도서·공연비 소득공제 제공 사업자': 사업자가 도서·공연비 소득공제 전용 가맹점을 갖추고 문체부(한국문화정보원)에 '도서·공연비 소득공제 제공 사업자' 신청·접수를 하여 문체부로부터 소득공제 제공 사업자로 확정을 받은 자
※ 문화체육관광부(한국문화정보원) 누리집(www.culture.go.kr/deduction)에서 도서·공연비 소득공제 제공 사업자 현황을 조회, 검색할 수 있다.

Q 237 도서·공연비 소득공제와 관련하여 공제대상 '도서'란?

소득공제 도서의 범위는 저자, 발행인, 발행일, 출판사, 국제표준도서번호(ISBN, 전자책은 ECN)가 기록된 간행물로 종이책(학술서, 만화, 학습참고서 포함), 전자책(오디오북, 웹툰, 웹소설 포함), 외국에서 발행된 도서, 중고책이 포함된다. 또한, 도서 구매에 수반되는 국내배송료는 도서구입비에 포함된다.

Q 238 핸드폰 소액결제로 도서나 공연티켓을 구입하거나 박물관·미술관 입장료를 지불하는 경우에도 도서공연비 등의 소득공제율이 적용되는지?

19.1.1.부터 휴대전화(통신3사, 알뜰폰 포함) 소액결제분에 대해서도 도서·공연비, 박물관·미술관 입장료에 대해 30%의 소득공제율을 적용받을 수 있다.

Q 239 종이책이 아닌 전자책을 구입하여도 도서·공연비 소득공제의 적용대상이 되는지?

종이책과 마찬가지로 저자, 발행인, 발행일, 출판사, 국제표준도서번호(ISBN)가 기록된 전자책은 도서에 포함된다.

※ 전자책은 국제표준도서번호로 ISBN(국립중앙도서관에서 발급하는 국제표준자료번호) 외에 ECN(한국전자출판물인증센터에서 발급하는 인증번호)도 포함

Q 240 도서 대여를 위해 지출한 금액도 도서구입비 소득공제 대상인지?

「조세특례제한법」제126조의2 제2항 제3호에 따르면 근로자가 「출판문화산업 진흥법」제2조 제3호 간행물을 구매하기 위해 사용한 금액을 소득공제하는 것으로 도서를 구매하지 않고 대여를 위해 신용카드 등으로 지출한 금액은 소득공제 대상이 아니다.

※ 「정기간행물 진흥에 관한 법률」을 적용받는 잡지(주·월·계간지) 등 구입비와 도서대여 비용은 도서공연비에 해당하지 않음.(신용카드 일반사용분에 해당함)

Q 241 잡지를 구입해도 도서·공연비 소득공제가 적용되는지?

안된다. 잡지 등 정기간행물의 진흥에 관한 법률에 의해 발행되는 주·월·계간지 등 잡지 및 정기간행물은 적용 대상에 포함되지 않는다.

Q 242 중고책을 구입하면 도서·공연비 소득공제가 적용되는지?

안된다. 중고책은 재판매 목적이 아니라, 독서나 학습 등의 목적으로 최종 소비자에게 판매되었던 도서를 판매사업자가 다시 판매하는 도서를 말한다.

다만, 저자, 발행인, 발행일, 출판사, 국제표준도서번호(ISBN, 전자책의 경우 ECN)가 표기된 중고책은 도서·공연비 소득공제 적용대상이다.

Q 243 도서와 문구를 결합하여 판매하는 도서상품이 도서·공연비 소득공제 적용대상인지?

도서와 문구를 결합한 상품이 국립중앙도서관이 발급한 ISBN을 부착한 상품(일종의 세트/결합 도서상품)이면 도서·공연비 소득공제 대상이나, 도서와 문구를 단순 결합하여 판매하는 상품(도서에만 ISBN 발급)은 도서·공연비 소득공제 대상이 아니다.

Q 244 소득공제 대상 공연비에서 말하는 '공연'이란 무엇이며, 공연비로 인정되는 범위는 어디까지인지?

공연이란 음악·무용·연극·연예·국악·곡예 등 예술적 관람물을 실연에 의해 공중에게 관람하도록 하는 행위를 말하고, 상품 판매나 선전에 부수한 공연은 제외한다.(공연법 제2조 제1항)

공연은 배우, 무용수, 연주자 등 출연자가 무대에서 실제 연기하는 등 '실연'에 의한 것이다. 공연티켓 구입 가격에 포함되거나 수반되는 예매 및 취소 수수료, 배송료도 공연비에 포함된다.

Q 245 공연장 등에서 상영하는 공연 녹화영상 및 실황 중계물을 보기 위해 공연티켓을 구입한 경우, 소득공제 적용 대상으로 볼 수 있는지?

공연장에서 연극, 뮤지컬, 오페라, 교향악 등 공연 녹화영상이나 실황 중계물을 관람하기 위해 공연티켓의 형태로 판매되는 경우, 이를 구입하기 위해 지출한 금액은 소득공제 적용 대상에 포함된다.
ex) 국립극장 NT라이브, 예술의전당 싹온 스크린 등의 경우 소득공제 대상임

Q 246 사업자등록 없이 고유번호증만 보유한 공연단체(비영리단체) 등과 사업자가 아닌 개인에게 구입한 도서, 공연티켓 등도 공제되는지?

신용카드 등 소득공제는 사업자로부터 재화나 용역을 제공받은 경우 소득공제가 가능하므로 사업자가 아닌 개인이나 비영리단체로부터 구입한 경우 소득공제 대상이 아니다.

Q 247 박물관·미술관 입장료에 대한 신용카드 등 소득공제는 어떤 경우 받을 수 있는지?

총급여액 7천만원 이하인 근로소득자가 2019.7.1. 이후 박물관·미술관에 입장하기 위해 지출한 금액은 소득공제 가능하다.

Q 248 박물관·미술관에서 신용카드로 구매한 입장권 구입액은 모두 도서·공연·박물관·미술관 사용분으로 소득공제가 가능한지?

문화체육관광부장관이 지정하는 사업자(박물관·미술관 입장료 소득공제 제공사업자)에게 지급한 금액이 박물관·미술관 이용분(도서·공연·박물관·미술관 사용분)으로 소득공제 가능하다. 따라서, 박물관·미술관 입장료 소득공제 제공 사업자로 등록되지 않은 사업자로부터 구매한 입장권 비용은 박물관·미술관 이용분(공제율 30%)에 해당하지 않으며, 일반 신용카드 등 사용금액(공제율 15%)으로 공제받으실 수 있다.

Q 249 어떤 사업자가 박물관·미술관 소득공제 제공 사업자인지 어떻게 확인할 수 있는지?

한국문화정보원 운영 문화포털(www.culture.go.kr/deduction/)에서 박물관·미술관 소득공제 제공 사업자 현황을 조회 및 검색할 수 있으며, 문화비 소득공제 제도 안내 콜센터(1688-0700)에서도 안내받을 수 있다.
또한, 박물관·미술관 소득공제 제공 사업자는 온·오프라인 전용 가맹점(매장, 시설, 온라인 웹사이트 등)에 식별표식(스티커, 온라인 배너 등)을 부착하여 이용자가 소득공제 적용 대상인지 여부를 알 수 있다.

Q 250 박물관·미술관 입장료 소득공제 대상 '입장료'의 범위는?

'입장료'는 박물관·미술관의 전시 및 관람, 교육·체험프로그램*에 참여하기 위한 관람권, 입장권 등의 구입비용을 의미하며, 입장권 예매 및 취소 수수료, 배송료 등도 입장권 비용에 포함된다.
* 교육·체험비는 당일 입장에 유효한 일회성 비용(1일권)만 인정

Q 251 박물관·미술관에서 진행하는 장기 교육강좌 수강료도 소득공제 대상인지?

「조세특례제한법」 제126조의2에서는 박물관·미술관에 입장하기 위해 사용한 금액을 소득공제 대상으로 규정하고 있으므로, '당일 입장하는 행위' 자체에 지불하는 비용만을 의미하는 것이다.

따라서, 장기 교육강좌를 등록하여 수강하는 행위는 박물관이나 미술관에 입장하기 위함이 아닌 강의 수강이 주목적이므로, 도서·공연·박물관·미술관 사용분 소득공제 대상에 해당하지 않는다.

Q 252 박물관·미술관 내에 있는 카페나 기념품점에서 지출한 비용도 문화비 소득공제 대상인지?

박물관·미술관에 입점한 카페나 기념품점에서 지출한 비용은 전시관람 등을 위한 입장에 지출한 비용이 아니므로 도서·공연·박물관·미술관 사용분으로 신용카드 등 소득공제를 받을 수 없다.

Q 253 온라인 상품 중 박물관·미술관 입장권에 부가상품, 서비스가 포함된 경우 소득공제 적용대상인지?

온라인으로 판매되는 박물관·미술관 입장권에 부가상품, 서비스가 포함된 경우(예시 : 입장권+문화상품, 입장권+음료 등)에는 해당 부가상품·서비스의 가격이 입장권 가격보다 낮은 경우에만 소득공제를 받을 수 있다.

Q 254 온·오프라인 상품 중 박물관·미술관 입장권과 다른 시설(관광지 등) 입장권을 결합하여 판매하는 경우 소득공제 적용대상인지?

박물관·미술관 입장권과 다른 시설(관광지 등)의 입장권이 결합 판매되는 상품은 순수한 박물관·미술관 입장료로 보기 어려워 소득공제 적용대상이 아니다.

Q 255 박물관·미술관이 다른 시설(수목원, 공원 등)의 내부에 위치한 상황에서, 외부 시설 입장권만 유료이고 박물관·미술관은 무료인 경우 외부시설 입장권 지출액도 소득공제 적용대상인지?

외부시설 입장권 지출액은 박물관·미술관에 입장하기 위한 금액이 아니므로 소득공제 적용대상이 아니다.

Q 256 박물관·미술관 멤버십(연간 회원권 등)도 소득공제 대상인지?

박물관·미술관 멤버십(연간 회원권 등)이 100% 입장권 금액만 포함하는 경우에는 소득공제 적용 대상이나, 입장료 외 식음료, 문화상품 등 기타 재화를 결제(멤버십 금액의 사용에 따라 차감되는 형태)할 수 있는 멤버십은 소득공제 적용대상이 아니다.

Q 257 간편 결제를 이용해도 소득공제 혜택을 볼 수 있는지?

간편 결제 서비스는 종류가 매우 다양하고, 간편 결제사별로 소득공제 서비스의 제공 여부도 다르다. 간편 결제를 이용하시기 전에 해당 쇼핑몰 또는 간편 결제사에 문의하시기를 권장한다.

Q 258 물건을 구입하고 제로페이로 결제한 경우 해당 지출액에 대해 소득공제가 가능한지요?

제로페이* 사용금액에 대해 공제율 30%를 적용하여 신용카드 등 사용금액 소득공제를 적용한다.
* 중간단계 없이 모바일 계좌이체 방식의 결제를 통해 자영업자 및 소상공인의 수수료 부담을 덜어주는 간편 결제시스템

Q 259 주택 월세에 대해 현금영수증을 받으려면 어떻게 해야 하는지?

인터넷으로 신고할 경우에는 '국세청 홈택스 〉상담·불복·고충·제보·기타 〉탈세제보·현금영수증/신용카드제보 〉주택임차료(월세)현금영수증 발급 신청'에서 임대차계약서를 스캔·첨부하

여 주택 월세 신고를 할 수 있다.

우편 또는 서면으로 신고할 경우에는 현금거래 확인신청 신고서를 작성하고 임대차계약서 사본을 첨부하여 가까운 세무관서에 제출하여야 한다.

Q 260 주택 월세에 대한 현금영수증은 언제까지 신고 가능한지?

월세 지급일로부터 3년 이내에 신고하여야 한다.

Q 261 주택 월세에 대해 현금영수증을 발급받으려면 매월 신고해야 하는지?

아니다. 최초 신고 후, 임대차계약서의 계약기간 동안 월세 지급일에 국세청에서 현금영수증을 발급하므로 매월 별도의 신고를 할 필요가 없다. 다만, 임대계약이 연장 등으로 변경된 경우에는 신고를 하여야 한다.

Q 262 주택 월세에 대한 현금영수증 신고시 임대인의 동의를 받아야 하는지?

아니다. 임대인의 동의는 필요 없으며, 임대차계약서를 첨부하여 신고하면 된다.

Q 263 전입신고를 하지 않은 경우에도 주택 월세에 대해 현금영수증을 받을 수 있는지?

예, 전입신고 여부에 관계없이 임대차계약서에 따라 현금영수증이 발급되며 신용카드 등 사용금액 소득공제 대상이 된다.

반면, 월세 세액공제를 적용받고자 하는 경우에는 주민등록표상 주소지와 임대차계약서의 주소가 일치하여야 한다.

Q 264 주택 월세에 대한 현금영수증 발급이 제3자 명의로 가능한지?

안된다. 반드시 임대차계약서상 임차인의 명의로만 발급되는 것이므로 제3자 명의로 현금영수증을 발급할 수는 없다.

Q 265 임대인이 임대사업자가 아닌 경우 주택 월세에 대한 현금영수증 신고가 가능한지?

예, 임대인의 사업자 등록 여부와 관계없이 신고가 가능하다.

Q 266 주택 월세에 대한 현금영수증을 발송해 주는지?

아니다. 최초 신고 후 월세지급일에 국세청에서 현금영수증을 발급하며, 현금영수증 발급내역은 국세청 홈택스의 현금영수증 코너에서 조회가 가능하고, 별도로 현금영수증을 보내주지는 않는다.

Q 267 현금영수증 조회 및 발급 방법은?

국세청 홈택스(www.hometax.go.kr → 전자(세금)계산서·현금영수증·신용카드 → 현금영수증)에 현금영수증 발급수단 등록(휴대전화번호, 카드번호) 후 현금영수증 사용내역 조회 또는 연말정산간소화에서 일괄조회 할 수 있다.

Q 268 현금영수증을 발급받지 못한 경우 어떻게 소득공제를 받을 수 있는지?

현금영수증을 발급받지 못한 경우 피신고자 사업장 관할 세무서에 관련 증빙자료를 첨부하여 미발급 신고하거나, 국세청 홈택스(상담·불복·고충·제보·기타 〉탈세제보·현금영수증/신용카드제보 〉현금영수증 미발급 신고)를 통해 신고할 수 있다. 신고 접수후, 관할 세무서에서 현지확인 등을 통하여 발급거부 사실을 확인하면 해당 건에 대하여 소득공제를 받을 수 있다.

Q 269 전통시장에서 발급받은 현금영수증은 어떻게 구분하는지?

전통시장 사용 여부는 지방자치단체로부터 전통시장 주소를 통보 받아 사용내역을 구분하여 간소화자료를 제공하고 있다.

해당 사업자의 전통시장 내 가맹점 여부를 홈페이지에서 확인한 후 전통시장 및 사업자가 누락된 경우 지방자치단체 또는 전통시장 사업자 관할 세무서에 문의하기 바란다.

* 전통시장 조회 : 홈택스 〉상담·불복·고충·제보·기타 〉기타 〉전통시장 〉전통시장 정보조회

Q 270 체크카드로 물건을 구입한 경우 현금영수증을 발급받을 수 있는지?

안된다. 체크카드는 별도의 매출전표가 발행되므로 현금영수증을 발급받을 수 없으며, 현금영수증이 아닌 체크카드(직불카드 등)로서 신용카드 등 사용금액 소득공제를 적용하는 것이다.

Q 271 물건을 사면서 기프트카드를 사용하였는데 소득공제가 가능한지?

선불카드의 경우 기명식 선불카드, 즉 실지명의가 확인된 것으로 대가를 지출한 경우 소득공제 대상이다.

따라서 무기명 선불카드의 경우 실제 사용자가 최초로 사용하기 전에 해당 무기명 선불카드를 발행한 신용카드업자, 전자금융거래업자 및 금융기관에게 주민등록번호, 무기명 선불카드 번호 등을 등록하여 사용자 인증을 받아야 한다.

해당 카드회사 홈페이지에서 소득공제 등록하여야 하며 사용자 인증을 받기 전에 사용한 금액은 소득공제 불가한다.

Q 272 물건을 사면서 마일리지로 결제한 경우 현금영수증을 발급받아 소득공제가 가능한지?

안된다. 현금영수증 가맹점에서 재화나 용역을 공급받고, 마일리지로 결제하는 경우 당해 마일리지(적립금, 포인트, 사이버 머니, 쿠폰) 결제금액은 현금영수증 교부대상이 아니다.

Q 273 의료비 현금영수증은 환자와 납부자 중 누구에게 발행하는지?

환자에게 발행한다. 현금영수증은 재화나 용역을 공급하고 그 대금을 현금으로 받는 때에 재화나 용역을 공급받는 자에게 발행하는 것으로, 의료비의 경우 현금 지급자가 아닌 환자에게 현금영수증을 발행하는 것이다.(서면3팀 – 1746, 2005.10.11.)

Q 274 재난긴급생활비로 지급된 모바일상품권이 신용카드 등 사용금액 소득공제에 해당하는지?

재난긴급생활비로 지급된 모바일상품권(실지명의가 확인되는 것에 한함)으로 지급하는 대가는 신용카드 등 사용금액에 대한 소득공제 대상에 해당된다.(기획재정부 소득세제과 – 244, 2020.05.22.)

【우리사주조합 출연금 소득공제】

Q 275 우리사주조합원이 우리사주 취득을 위해 600만원을 조합에 출자한 경우 전액 소득공제받을 수 있는지?

우리사주조합원 출연금 소득공제는 400만원을 한도로 공제한다.

다만, 「조세특례제한법」 제16조 제1항 제3호의 벤처기업 등의 우리사주조합원의 경우에는 1,500만원을 한도로 한다.

> ※ 「조세특례제한법」 제16조 제1항 제3호의 벤처기업 등
> ① 벤처기업
> ② 창업 후 3년 이내의 중소기업으로서 「벤처기업육성에 관한 특별법」 제2조의2 제1항 제2호 다목에 따른 기업
> ③ 창업 후 3년 이내의 중소기업으로서 개인투자조합으로부터 투자받은 날(법 제16조의5의 경우에는 산업재산권을 출자받은 날을 말한다)이 속하는 과세연도의 직전 과세연도에 법 제10조 제1항에 따른 연구·인력개발비를 3천만원 이상 지출한 기업. 다만, 직전 과세연도의 기간이 6개월 이내인 경우에는 법 제10조 제1항에 따른 연구·인력개발비를 1천5백만원 이상 지출한 중소기업으로 한다.
> ④ 창업 후 3년 이내의 중소기업으로서 「신용정보의 이용 및 보호에 관한 법률」 제2조 제8호의3 다목에 따른 기술신용평가업무를 하는 기업신용조회회사가 평가한 기술등급(같은 목에 따라 기업 및 법인의 기술과 관련된 기술성·시장성·사업성 등을 종합적으로 평가한 등급을 말한다)이 기술등급체계상 상위 100분의 50에 해당하는 기업

Q 276 우리사주조합 출연금 소득공제를 적용받기 위해 제출해야 하는 서류는?

우리사주조합이 발행하는 "우리사주조합 출연금 확인서"를 제출한다.

【고용유지중소기업 근로자 소득공제】

Q 277 고용유지 중소기업 근로자 소득공제를 적용받을 수 있는 사람은?

고용유지 중소기업에서 근로는 제공하는 상시근로자를 대상으로 한다.

Q 278 고용유지 중소기업 근로자 소득공제를 적용받기 위해 해당 중소기업이 갖추어야 하는 요건은?

「중소기업기본법」 제2조에 따른 중소기업으로서 아래의 요건을 모두 충족하여야 한다.

> ① 상시근로자 1인당 시간당 임금이 감소하지 않을 것 ⇒ 해당연도 1인당 시간당 임금이 전년대비 감소하지 않을 것
> ② 고용유지 : 해당연도 상시근로자수가 직전연도 대비 감소하지 않을 것
> ③ 임금감소 : 해당연도 상시근로자 1인당 연간 임금총액이 전년대비 감소될 것

Q 279 고용유지 중소기업 근로자 소득공제의 적용대상인 상시근로자란?

상시근로자는 근로기준법에 따라 근로계약을 체결한 자로 아래의 자를 제외한다.

Q 280 고용유지 중소기업 근로자에 대한 소득공제 금액은?

소득공제금액 = (직전 과세연도의 해당 근로자 연간 임금총액 − 해당 과세연도의 해당 근로자 연간 임금총액) × 50%(공제한도 : 1천만원)

Q 281 고용유지 중소기업 근로자 소득공제를 적용받기 위해서는 상시 근로자의 연간 임금총액이 전년보다 감소해야 하는데, 이 때의 연간 임금총액은 어떻게 계산하는지?

연간 임금총액은 통상임금과 정기상여금등 고정급 성격의 금액을 합산한 금액으로 계산한다. 다만, 직전 또는 해당연도에 근로관계가 성립 또는 종료된 경우 아래와 같이 계산한다.

    ① 직전연도 중 근로관계 성립한 상시근로자 :
        해당연도 연간임금총액=(해당연도 통상임금+고정급)×(직전연도 총근무일수 / 해당연도 총근무일수)
    ② 해당연도 중 근로관계 종료된 상시근로자 :
        직전연도 연간임금총액=(직전연도 통상임금+고정급)×(해당연도 총근무일수 / 직전연도 총근무일수)

【장기집합투자증권저축 소득공제】

Q 282 올해의 연봉이 1억원인 경우 장기집합투자증권저축 소득공제를 적용받을 수 있는지?

안된다. 해당 과세기간에 근로소득만 있거나 근로소득 및 종합소득 과세표준에 합산되지 않는 종합소득이 있는 경우로서, 총급여액이 8천만원을 초과하는 경우에는 해당 과세기간에는 장기집합투자증권저축에 대한 소득공제를 하지 않는다.

Q 283 장기집합투자증권저축 가입일로부터 9년이 지난 시점에 해당 저축으로부터 일부를 인출한 경우 소득공제가 가능한지?

안된다. 장기집합투자증권이 가입자가 해당 저축의 가입일부터 10년 미만의 기간 내에 해당 저축으로부터 원금·이자·배당·주식 또는 수익증권 등의 전부 또는 일부를 인출하거나 해당 계약을 해지 또는 제3자에게 양도한 경우 해당 과세기간부터 장기집합투자증권저축에 대한 소득공제를 하지 않는다.

Q 284 장기집합투자증권저축 가입자로 불입하다가 해지한 경우, 해지한 연도에는 소득공제를 받을 수 있는지?

해지한 연도의 납입액은 소득공제를 받을 수 없다. 다만, 해당 저축의 만기로 인하여 해지한 경우에는 공제받을 수 있다.

Q 285 2024년 10월에 퇴사하였는데, 퇴사일 이후에 불입한 장기집합투자증권저축 납입액에 대해 소득공제가 가능한지?

안된다. 장기집합투자증권저축에 대한 소득공제는 근로를 제공하고 있는 기간 동안에 납입한 금액만 소득공제가 가능하다.

Q 286 기본공제대상자인 배우자가 장기집합투자증권저축에 가입하여 납입한 금액은 공제가능한지?

안된다. 장기집합투자증권저축 납입액에 대한 소득공제는 본인 납입분에 한하여 공제 가능하다.

Q 287 2024년 중 장기집합투자증권저축에 납입한 금액이 500만원임. 소득공제 금액은 얼마인지?

소득공제액 : 500만원 × 40% = 200만원이다.
* 장기집합투자증권저축 소득공제 = 해당 과세기간 납입금액 × 40% (한도 240만원)

Q 288 장기집합투자증권저축 가입 후 5년 이내에 해지하는 경우 추징되는지?

가입일부터 5년 미만의 기간 내 해지하는 경우 납입금액 합계액의 6%의 금액이 추징된다.
다만, 사망, 해외이주 등 부득이한 사유로 해지된 경우에는 그러하지 아니하며, 소득공제로 감면받은 세액이 추징세액에 미달하는 사실을 증명하는 경우에는 실제로 감면받은 세액상당액이 추징된다.

Q 289 장기집합투자증권저축 가입일로부터 5년 미만의 기간 내에 해지하였는데, 해지한 당해연도의 납입분에 대해서도 추징하는지?

아니다. 장기집합투자증권저축을 해지하여 저축취급기관이 해당 저축에 납입한 금액의 총 누계액에 6%를 곱한 금액을 추징하는 경우 해지한 연도에 납입한 금액은 해당 저축에 납입한 금액의 총 누계액에 포함하지 않는 것이다.(서면법규-988, 2014.09.15.)

Q 290 장기집합투자증권저축 납입액에 대한 소득공제를 적용받기 위해 제출해야 하는 서류는?

가입한 금융기관에서 '장기집합투자증권저축 납입증명서'를 발급받아 제출하면 되며, 연말정산간소화에서 조회되는 경우에는 이 서류로 갈음할 수 있다.

Q 291 청년형장기집합투자증권저축 납입액에 대한 소득공제를 적용받으려면 어떻게 해야 하는지?

만 19세 ~ 만 34세의 청년으로서 직전 과세기간 총급여 5천만원 또는 종합소득금액 3,800만원 이하인 자가 계약기간이 3년 이상 5년 이하인 청년형장기집합투자증권저축에 '24.12.31.까지 가입하여 납입한 금액(연 600만원 한도)의 40%가 소득공제 대상입니다.(조특법 91의20)

제4장

산출세액과
세액공제 · 감면

01절

산출세액 및 외국인근로자의 과세특례

1 종합소득세율

근로소득금액에서 종합소득공제 금액을 차감한 금액을 과세표준이라 하며 과세표준에 다음의 기본세율을 적용하여 근로소득 산출세액을 계산한다.

과세표준 \ 귀속연도	종합소득세		지방소득세	
	세율	누진공제액	세율	누진공제액
1,400만원 이하	6%		0.6%	
1,400만원 초과 5,000만원 이하	15%	126만원	1.5%	126천원
5,000만원 초과 8,800만원 이하	24%	576만원	2.4%	576천원
8,800만원 초과 1억 5천만원 이하	35%	1,544만원	3.5%	1,544천원
1억 5천만원 초과 3억원 이하	38%	1,994만원	3.8%	1,994천원
3억원 초과 5억원 이하	40%	2,594만원	4.0%	2,594천원
5억원 초과 10억원 이하	42%	3,594만원	4.2%	3,594천원
10억원 초과	45%	6,594만원	4.5%	6,594천원

2 근로소득 결정세액

1. 근로소득 결정세액

근로소득 산출세액에서 소득세법·조세특례제한법상 세액공제 및 세액감면세액을 차감하여 결정세액을 계산한다.

소득세의 감면에 관한 규정과 세액공제에 관한 규정이 동시에 적용되는 경우 그 적용순서는 다음과 같다.(소득법 60 ①)

① 해당 과세기간의 소득에 대한 소득세의 감면
② 이월공제가 인정되지 아니하는 세액공제
③ 이월공제가 인정되는 세액공제. 이 경우 해당 과세기간 중에 발생한 세액공제와 이전 과세기간에서 이월된 미공제액이 함께 있을 때에는 이월된 미공제액을 먼저 공제함

2. 외국인근로자의 근로소득 과세특례

가. 외국인근로자의 범위

해당 과세연도 종료일 현재 대한민국의 국적을 가지지 아니한 사람으로 외국인인 임원 또는 사용인을 말하며 일용근로자는 제외한다.(조특령 16의2 ④)

고용당시의 국내거주 여부에 관계없이 모든 외국인근로자가 대상이 되며 일용근로자는 제외한다.(서면2팀-141, 2005.01.20.)

나. 외국인근로자에 대한 단일세율 과세특례

(1) 과세특례

외국인근로자가 2026년 12월 31일 이전에 국내에서 근무(외국인투자기업[☆]을 제외한 특수관계기업^{☆☆}에게 근로를 제공하는 경우는 제외)함으로써 받는 근로소득으로서 국내에서 최초로 근로를 제공한 날부터 20년 이내에 끝나는 과세기간까지 받은 근로소득에 대한 소득세는 「소득세법」 제55조 제1항에도 불구하고 해당 근로소득에 19%를 곱한 금액을 그 세액으로 할 수 있다.(조특법 18의2)

☆ 외국인투자기업이란 해당 과세연도 종료일 현재 「조세특례제한법」 제121조의2(외국인투자에 대한 조세감면)에 따라 법인세, 소득세, 취득세 및 재산세를 각각 감면받는 기업 또는 「조세특례제한법」 제116조의2(조세감면의 기준 등) 제3항부터 제10항까지의 규정에 따른 감면요건을 갖춘 기업을 말한다.(조특령 16의2 ①)

☆☆ 특수관계기업이란 해당 과세연도 종료일 현재 외국인근로자가 근로를 제공하는 기업과 「국세기본법 시행령」 제1조의2 제1항 및 제3항에 따른 친족관계 또는 경영지배관계에 있는 경우의 해당 기업을 말한다. 다만, 경영지배관계에 있는지를 판단할 때 같은 조 제4항 제1호 나목의 요건은 적용하지 아니한다. (조특령 16의2 ②)

☞ 저자주 : 특수관계기업 판단시점

구분	2024.2.29. 이전 근로제공	2024.2.29. 이후 근로제공
특수관계기업 판단시점	해당 과세연도 종료일 현재 기준	근로제공 기간 동안

다만, 외국인근로자가 「외국인투자 촉진법 시행령」 제20조의2 제5항 제1호에 따른 지역 본부☆에 근무함으로써 받는 근로소득의 경우에는 국내에서 최초로 근로를 제공한 날부터 20년 이내에 끝나는 과세기간까지 받는 근로소득에 대한 소득세에 대하여 「소득세법」 제 55조 제1항에도 불구하고 해당 근로소득에 100분의 19를 곱한 금액을 그 세액으로 할 수 있다.

☆ 「외국인투자 촉진법 시행령」 제20조의2 제5항 제1호에 따른 지역본부란 2개 이상의 해외법인에 대하여 생산, 판매, 물류, 인사 등 기업의 핵심기능에 대한 지원 및 조정의 기능을 수행하는 국내법인으로서 상시 근로자, 모기업의 요건 등 산업통상자원부령으로 정하는 기준 및 절차를 충족하는 지역본부를 국내에 설립하는 경우를 말한다.

참고

○ 외국인근로자의 근로소득 과세특례 적용기간 개정 관련 부칙

구 분	2022.12.31. 이전	2023.01.01. 이후
과세특례 적용기간	5년 이내 끝나는 과세기간	20년 이내 끝나는 과세기간

이 법 시행(2023.01.01.) 당시 국내에서 최초로 근로를 제공한 날부터 20년이 지나지 아니한 외국인근로자에 대해서도 적용한다.(조특법 부칙 10, 법률 제19199호, 2022.12.31.)

따라서 2022.12.31. 이전 과세특례 적용기간(5년)이 경과하였지만 2023.01.01. 이후 과세특례 적용기간(20년)이 지나지 아니한 경우에도 2023.01.01. 이후부터 추가기간 동안 과세특례를 적용받을 수 있다.

○ 국내에서 최초로 근로를 제공한 날의 의미

「조세특례제한법」(법률 제19199호, 2022.12.31.) 제18조의2 제2항의 개정규정을 적용함에 있어 2013년 이전에 국내에서 근로를 제공하였던 외국인근로자가 출국하였다가 2014년 이후 재입국하여 국내에 근로를 제공한 경우 '국내에서 최초로 근로를 제공한 날'은 2014년 1월 1일 이후에 최초로 재입국하여 근로를 제공한 날을 의미하며, 2014년 1월 1일 현재 근로를 제공하고 있는 외국인근로자의 경우에는 2014년 1월 1일을 '국내에서 최초로 근로를 제공한 날'로 보는 것임.(기획재정부소득-135, 2023.02.21.)

👉 저자주 : 국내에서 최초로 근로를 제공한 날 계산사례

구분	고용현황(국내 근무 가정)	국내에서 최초로 근로를 제공한 날
사례1	2011.05.02. 입사 이후 국내에서 계속 근무	2014.01.01.
사례2	2011.05.02. 입사 → 2012.05.30. 출국 → 2013.10.02. 입국 후 국내 근무	2014.01.01.
사례3	2011.05.02. 입사 → 2013.05.30. 출국 → 2014.10.02. 입국 후 국내 근무	2014.10.02.
사례4	2014.05.02. 입사 이후 국내에서 계속 근무	2014.05.02.

구분	고용현황(국내 근무 가정)	국내에서 최초로 근로를 제공한 날
사례5	2014.05.02. 입사 → 2016.05.30. 출국 → 2017.10.02. 입국 후 국내 근무	2014.05.02.

○ 20년 이내 끝나는 과세기간의 의미

국내에서 최초로 근로를 제공한 날부터 20년 이내에 끝나는 과세기간까지 과세특례를 적용할 수 있으며 20년 이내에 끝나는 과세기간의 의미는 최초로 근로를 제공한 날부터 20년이 되는 날이 속하는 과세기간의 직전 과세기간을 말하며 다음과 같이 적용된다.(서면국제세원 2015 – 1409, 2015.10.04.)

☞ 저자주 : 20년 이내 끝나는 과세기간 계산사례

구분	최초로 근로를 제공한 날	20년이 되는 날이 속하는 과세기간	과세특례 적용기한
사례1	2016.05.02.	2036.05.01.이 속하는 과세기간	2035.12.31.
사례2	2023.06.05.	2043.06.04.이 속하는 과세기간	2042.12.31.

예규 ●●●

● 「조세특례제한법」(법률 제19199호) 제18조의2 제2항 개정규정 적용(서면국제세원 2023 – 1002, 2023. 06.09.)

「조세특례제한법」(2022.12.31., 법률 제19199호) 제18조의2 제2항의 개정규정은 부칙 제1조 및 제2조에 따라 이 법 시행일(2023.01.01.) 이후 개시하는 과세연도부터 적용하는 것임.

● 조세특례제한법 제18조의2 제2항에 따른 외국인근로자 단일세율 과세특례 적용 시 '국내에서 최초로 근로를 제공한 날'을 언제로 볼 것인지 여부(기획재정부소득 – 135, 2023.02.21., 서면국제세원 2023 – 193, 2023.02.27., 기획재정부소득 – 243, 2022.05.30.)

「조세특례제한법」(법률 제19199호(2022.12.31.)) 제18조의2 제2항의 개정규정을 적용함에 있어 2013년 이전에 국내에서 근로를 제공하였던 외국인근로자가 출국하였다가 2014년 이후 재입국하여 국내에 근로를 제공한 경우 '국내에서 최초로 근로를 제공한 날'은 2014년 1월 1일 이후에 최초로 재입국하여 근로를 제공한 날을 의미하며, 2014년 1월 1일 현재 근로를 제공하고 있는 외국인근로자의 경우에는 2014년 1월 1일을 '국내에서 최초로 근로를 제공한 날'로 보는 것임.

● 「조특법」 제18조의2 「외국인근로자에 대한 과세특례」에서 "5년 이내에 끝나는 과세기간"의 의미(범위) (서면국제세원 2015 – 1409, 2015.10.04.)

외국인근로자가 국내에서 근무함으로써 받는 근로소득으로서 국내에서 최초로 근로를 제공한 날이 2010.9.1.인 경우에는 5년 이내에 끝나는 과세기간인 2014.12.31.까지 받는 근로소득에 대하여 「외국인근로자에 대한 과세특례」를 적용할 수 있는 것임.

(2) 비과세 등 적용배제

외국인근로자에 대한 단일세율 과세특례를 적용받는 경우 「소득세법」 및 「조세특례제한법」에 따른 소득세와 관련된 비과세, 공제, 감면 및 세액공제에 관한 규정은 적용하지 아니하며, 해당 근로소득은 종합소득과세표준에 합산하지 아니하고 분리과세 한다.(조특법 18의2 ③)

다만, 소득세와 관련된 비과세 중 「소득세법」 제12조 제3호 저목의 복리후생적 성질의 급여 중 다음에 해당하는 사람이 사택을 제공받음으로써 얻은 이익은 비과세배제에서 제외한다. 이는 외국인근로자에 대한 단일세율 과세특례를 적용할 때 외국인근로자의 근로소득에서 사택을 제공받음으로써 얻은 이익은 제외된다는 의미이다.

---

① 주주 또는 출자자가 아닌 임원
② 소액주주인 임원
③ 임원이 아닌 종업원(비영리법인 또는 개인의 종업원을 포함한다)
④ 국가 또는 지방자치단체로부터 근로소득을 지급받는 사람

참고

○ 복리후생적 급여의 외국인근로자의 근로소득 과세특례 적용 여부

2021.02.17. 소득세법 시행령 개정 전 근로소득에서 제외된 소득이 시행령 개정으로 근로소득에 포함되고 2024년 1월 1일 전에 발생한 소득 중 복리후생적 급여 등으로 비과세되는 소득은 조세특례제한법 제18조의2 외국인근로자의 근로소득 과세특례를 적용할 때 개정 전 규정을 적용한다. 이는 과세특례 적용시 근로소득에서 제외하여 과세유예한다는 의미이다.(2021.02.17. 소득령 부칙 제31442호 19 ②, 재소득-224, 2004.06.09.)

2024년 1월 1일부터 조세특례제한법 제18조의2 외국인근로자의 과세특례(단일세율 과세특례)를 적용할 때 복리후생적 급여 중 사택을 제공받음으로써 얻은 이익은 근로소득에서 제외한다. 즉 사택을 제공받음으로써 얻는 이익은 과세소득에서 제외한다는 의미로 기간의 제한이 없다.

외국인근로자가 연말정산 시 단일세율 특례를 신청한 경우 연말정산 결정세액은?
① 총급여액 : 15,000만원
② 비과세 소득 : 식대 200만원, 자가운전보조금 200만원, 사택제공이익 1,000만원

결정세액 : 2,945만원
☞ 〈결정세액 계산〉
　　• 총급여(연간 근로소득) = 총급여액 + 비과세소득 = 종합소득 과세표준

$$= 15,000만원 + 400만원 = 15,400만원$$

- 결정세액 = 총급여 × 19% = 15,400만원 × 19% = 2,926만원

⇨ 단일세율 특례 신청시 사택제공이익을 제외한 비과세, 소득공제 및 각종 세액공제·감면을 적용하지 않음

○ 사용자가 부담하는 외국인근로자의 본국 가입 연금보험료에 대한 과세특례 적용

외국인근로자가 내국법인에 근로를 제공하면서 외국과의 사회보장에 관한 협정에 따라 그를 파견한 국가의 연금제도에 가입하고 파견근로를 하는 국가의 연금제도에서는 가입을 면제받도록 되어 있는 경우 외국인근로자가 본국의 법에 따라 납부하여야 할 연금보험료 중 내국법인이 부담하는 본국 연금의 사용자부담금에 대해서는 종합소득과세표준에 합산하지 아니하는 것이나, 외국인근로자에 대한 과세특례를 적용할 때에는 과세대상에 포함하는 것임.(조특법 집행기준 18의2－16의2－2)

다. 외국인근로자에 대한 단일세율 과세특례 적용신청

(1) 매월분 근로소득에 대한 적용신청

원천징수의무자는 외국인근로자에게 매월분의 근로소득을 지급할 때 해당소득의 100분의 19를 곱한 금액을 원천징수 할 수 있다. 해당 규정을 적용받으려는 외국인근로자(원천징수 신청일 현재 대한민국 국적을 가지지 아니한 사람만 해당)는 근로를 제공한 날이 속하는 달의 다음 달 10일까지 「단일세율적용 원천징수신청서」를 원천징수의무자를 거쳐 원천징수 관할 세무서장에게 제출하여야 한다.(조특령 16의2 ⑤)

이후 「단일세율적용 원천징수신청서」를 제출한 외국인근로자가 「단일세율적용 원천징수포기신청서」를 제출한 경우에는 제출일이 속하는 과세기간의 다음 과세기간부터 해당 규정을 적용하지 아니한다.

(2) 연말정산시 적용신청

외국인근로자에 대한 단일세율 과세특례 규정을 적용받고자 하는 외국인근로자(해당 과세연도 종료일 현재 대한민국의 국적을 가지지 않은 사람만 해당)는 근로소득세액의 연말정산을 하는 때에 근로소득자 소득·세액공제신고서에 「외국인근로자 단일세율적용신청서」를 첨부하여 원천징수의무자 관할 세무서장에게 제출하여야 한다.(조특령 16의2 ④)

○ 외국인근로자의 근로소득 과세특례의 선택

외국인근로자는 외국인근로자의 근로소득 과세특례(단일세율 적용방식)과 내국인 근로자의
연말정산 방법 중 선택 가능하다.

●● 적용사례

외국인근로자가 연말정산 시 단일세율 특례를 신청한 경우 연말정산 결정세액은?
① 총급여액 : 15,000만원
② 비과세 소득 : 500만원(건강보험료 사용자부담분 50만원 포함)

결정세액 : 2,945만원
☞ 〈결정세액 계산〉
- 총급여(연간 근로소득) = 총급여액 + 비과세소득 = 종합소득 과세표준
  = 15,000만원 + 500만원 = 15,500만원
- 결정세액 = 총급여 × 19% = 15,500만원 × 19% = 2,945만원
  ⇨ 단일세율 특례 신청시 비과세, 소득공제 및 각종 세액공제를 적용하지 않음

내국인 연말정산방식 적용시 결정세액 : 30,887,500원
☞ 〈결정세액 계산〉
- 과세표준 = 총급여 − 근로소득공제 − 본인 기본공제 − 보험료공제(건강보험료)
  = 15,000만원 − 15,750,000원 − 1,500,000원 − 500,000원 = 132,250,000원
- 산출세액 = 132,250,000원 × 35% − 1,544만원 = 30,847,500원
- 근로소득 세액공제 = 200,000원
- 결정세액 = 30,847,500원 − 200,000원 = 30,647,500원

예규 ●●●

● 2014.1.1. 이후 재차 입국하여 국내 근무를 다시 시작한 경우, 2014.1.1. 개정된 「조세특례제한법」 제18조
의2 제2항의 외국인근로자에 대한 단일세율 적용대상에 해당하는지 여부(조심 2021서6008, 2022.09.14.)

외국인근로자가 국내에서 근무함으로써 받는 근로소득에 대해 소득세 단일세율을 적용하도록 하다
가 2014.1.1. 이후로는 국내에서 최초로 근로를 제공한 날부터 5년 이내에 끝나는 과세기간까지 받
는 근로소득에 대하여만 단일세율을 적용하는 것으로 법률을 개정하였는바, 개정법 부칙 제59조에
서 2014.1.1. 전에 국내에서 근무를 시작한 외국인근로자에 대해서는 개정규정에도 불구하고 종전
의 규정에 따른다고 규정하고 있는 점에 비추어 2014.1.1. 전에 국내에서 근무를 시작하였다가
2014.1.1. 전에 종료하고 2014.1.1. 이후 다시 국내에서 근무를 시작한 자의 경우는 2014.1.1. 이후

국내에서 최초로 근로를 제공한 날부터 5년 이내에 끝나는 과세기간까지 받는 근로소득에 대해 소득세 단일세율이 적용되는 것이라고 해석함이 합리적이라 할 것임.

● **외국인기술자 소득세 감면을 적용받았던 외국인이 재입국한 경우 외국인근로자 과세특례 적용 여부**(사전법령해석국조 2017 – 593, 2017.10.12.)

2009년 5월부터 5년간 「조세특례제한법」 제18조(2010.1.1. 법률 제9921호로 개정되기 전의 것)에서 규정하고 있는 소득세 감면을 적용받았던 외국인기술자가 2017년도 중 재입국하여 국내에서 근로를 제공하고 지급받는 근로소득은 같은 법 제18조의2 제2항(2016.12.20. 법률 제14390호로 개정된 것) 및 법률 제14390호 같은 법 일부개정법률(2016.12.20.) 부칙 제10조 제1항에 따른 외국인근로자에 대한 과세특례가 적용되지 않는 것임.

● **외국인근로자에 대한 과세특례 경과조치 적용 여부 및 단일세율 과세특례 적용 기간 기산일**(기획재정부소득 – 224, 2016.05.25.)

법률 제12173호 조세특례제한법 일부개정법률(2014.1.1.) 부칙 제59조는 2014년 1월 1일 전에 국내에서 근무를 시작하여 법률 시행일인 2014년 1월 1일 현재 국내에서 근무를 하고 있는 외국인근로자에게 적용되는 것이며, 같은 법(법률 제12173호) 제18조의2 제2항의 외국인근로자에 대한 과세특례 적용기간 5년은 외국인근로자가 입국하여 국내에서 최초로 근로를 제공한 날부터 기산하여 연속적으로 계산하는 것임.

● **외국인근로자 과세특례 적용방법 경정청구**(기획재정부조세정책 – 382, 2010.04.08.)

근로소득세액의 연말정산 또는 종합소득과세표준확정신고를 하는 때에 외국인근로자에 대한 과세특례방법(단일세율 적용방법, 비과세 적용방법) 중 어느 하나에 대한 과세특례를 적용받은 외국인근로자는 다른 과세특례방법을 적용받기 위하여 경정청구를 할 수 있는 것임.

● **국내에서 근무하는 근로의 범위에 대한 회신**(서면1팀 – 796, 2007.06.13.)

외국인근로자가 국외에서 내국법인에게 근로를 제공하고 지급받는 근로소득에 대하여는 외국인근로자에 대한 과세특례가 적용되지 아니함.

● **외국인근로자에 대한 과세특례 적용**(서면2팀 – 147, 2006.01.18.)

외국인근로자가 국외에서 내국법인에게 근로를 제공하고 지급받는 근로소득에 대해서는 조세특례제한법상 외국인근로자에 대한 과세특례 규정이 적용되지 아니함.

● **외국인근로자 과세특례 적용시 근로소득의 범위**(재소득 – 224, 2004.06.09.)

외국인근로자에 대한 과세특례에 규정된 「근로소득」의 범위에는 조세특례제한법 제15조의 규정에 의하여 근로소득으로 보지 아니하는 주식매수선택권 행사이익과 소득세법 시행령 제38조 제1항 제6호·제8호 및 제12호의 규정에 의하여 근로소득의 범위에서 제외하고 있는 사택제공이익·연구보조비·단체순수보장성보험 보험료 등은 포함되지 않는 것임.

👉 저자주 : 본 해석은 소득세법이나 조세특례제한법에서 근로소득으로 보지 아니하는 소득은 외국인근로자 과세특례에서 규정된 근로소득이 아닌점을 확인하고 있으며 현행 세법의 근로소득으로 보지 아니하는 소득의 범위가 해석과는 다르므로 적용시 주의가 필요하다.

■ 조세특례제한법 시행규칙 [별지 제8호 서식] (2019. 3. 20. 개정)

외국인근로자 단일세율적용신청서

❶ 신청인	성명		외국인등록번호	
	국적		직책	
	주소			

❷ 단일세율 적용신청 근로소득(과세기간: 년도)

근 무 처	사업자등록번호	소 재 지	근 로 소 득

위의 근로소득에 대하여 「조세특례제한법」 제18조의2 제2항 및 같은 법 시행령 제16조의2 제4항에 따라 외국인근로자 단일세율의 적용을 신청합니다.

년   월   일

신청인(소득자)

(서명 또는 인)

귀하

210mm×297mm[백상지 80g/㎡ 또는 중질지 80g/㎡]

■ 조세특례제한법 시행규칙 [별지 제8호의2 서식] (2024. 3. 22.개정)

외국인근로자 단일세율적용 원천징수(포기)신청서

❶ 원천징수 의무자	법인명(상호)		대표자(성명)	
	사업자등록번호		주민등록번호	
	소재지(주소)			

❷ 소득자	성 명		외국인등록번호 또는 여권번호	
	국 적			
	주 소			

❸ 구 분	[ ] 단일세율적용 신청 [ ] 단일세율적용 포기

위의 소득자에 대하여 「조세특례제한법」 제18조의2 제5항 및 같은 법 시행령 제16조의2 제6항 또는 제7항에 따라 매월분의 근로소득을 지급할 때 단일세율의 적용(포기)을 신청합니다.

년   월   일

신청인(소득자)   (서명 또는 인)

세 무 서 장 귀하

210mm×297mm[백상지 80g/㎡ 또는 중질지 80g/㎡]

02절

세액감면

 외국인기술자에 대한 소득세 감면

1. 일반적인 경우

대한민국의 국적을 가지지 아니한 사람으로서 다음에 해당하는 외국인기술자가 국내에서 내국인에게 근로를 제공하고 받는 근로소득으로서 그 외국인기술자가 국내에서 최초로 근로를 제공한 날(2026년 12월 31일 이전인 경우만 해당한다)부터 10년이 되는 날이 속하는 달까지 발생한 근로소득에 대해서는 소득세의 100분의 50에 상당하는 세액을 감면한다.(조특법 18 ①)

---

① 「엔지니어링산업 진흥법」 제2조 제5호에 따른 엔지니어링기술의 도입계약(계약금액이 30만달러 이상인 도입계약으로 한정한다)에 의하여 국내에서 기술을 제공하는 자
② 다음의 요건을 갖춘 사람
   ☆ 개정규정은 2021.02.17. 이후 외국인기술자가 최초로 국내에서 근로계약을 체결하는 경우부터 적용한다.
   ㉠ 자연계·이공계·의학계 분야의 학사 학위 이상을 소지한 사람일 것
   ㉡ 국외연구기관등에서 5년(박사 학위를 소지한 사람의 경우에는 박사 학위취득 전 경력을 포함하여 2년) 이상 연구개발 및 기술개발 경험이 있을 것
      ☆ 국외연구기관등이란 외국의 대학과 그 부설연구소, 국책연구기관 및 기업부설연구소를 말한다.
      ☆☆ 국외연구기관등에서 연구원(행정 사무만을 담당하는 사람은 제외한다)으로 근무한 기간이 합산하여 5(2)년(학위취득 기간 및 휴직 등으로 인해 실제로 연구원으로 근무하지 않은 기간을 제외한다) 이상인 경우에는 연구개발 및 기술개발 경험이 있는 것으로 본다.
   ㉢ 근로를 제공하는 기업과 「국세기본법 시행령」 제1조의2 제1항에 따른 친족관계 또는 같은 조 제3항에 따른 경영지배관계에 있지 않을 것. 다만, 경영지배관계에 있는지를 판단할 때 「국세기본법 시행령」 제1조의2 제4항 제1호 나목의 요건은 적용하지 않는다.
      ☞ 저자주 : 근로제공기업과 친족관계등 판단시점

구분	2024.2.29. 이전 근로제공	2024.2.29. 이후 근로제공
친족관계등 판단시점	해당 과세연도 종료일 현재 기준	근로제공기간 동안

ⓔ 다음의 어느 하나에 해당하는 사람

　　　㉮ 기업부설연구소 또는 연구개발전담부서 등[20])에서 연구원(행정 사무만을 담당하는 사람은 제외한다)으로 근무하는 사람일 것

　　　㉯ 2024년 2월 29일 속하는 과세연도에 근로를 제공하는 경우부터 「출입국관리법 시행령」 별표 1의2 제14호의 교수(E−1) 체류자격에 해당하는 사람으로서 「연구개발특구의 육성에 관한 특별법」 제2조 제1호의 연구개발특구 또는 「첨단의료복합단지 육성에 관한 특별법」 제2조 제1호의 첨단의료복합단지에 소재한 제16조의3 제2항 제4호의 기관에서 전문 분야의 교육 또는 지도 활동에 종사하는 사람

참고

○ 2021.2.17. 이전 외국인기술자

① 「엔지니어링산업 진흥법」 제2조 제5호에 따른 엔지니어링기술의 도입계약(30만달러 이상의 도입계약에 한함)에 의하여 국내에서 기술을 제공하는 자

② 독립된 연구시설을 갖추고 있을 것 등 아래 요건을 갖춘 외국인투자기업의 연구개발시설에서 연구원으로 근무하는 자

　−자연계분야 학사학위 소지자로서 3년 이상의 연구경력이 있거나 자연계분야의 석사 이상의 학위를 가진 연구전담인력 5명 이상을 상시 고용하고 있을 것

　−독립된 연구시설을 갖추고 있을 것

　−연구개발을 위한 시설투자금액이 1억원 이상일 것

　−해당 연구개발시설 또는 연구개발시설을 설치한 외국인투자기업이 발행한 의결권 있는 주식총수나 출자총액의 100분의 30 이상을 외국인이 소유할 것

○ 외국인기술자에 대한 소득세의 감면기간 개정 관련 부칙

구분	2022.12.31. 이전	2023.01.01. 이후
감면 적용기간	5년이 되는 날이 속하는 달까지	10년이 되는 날이 속하는 달까지

① 이 법 시행(2023.01.01.) 당시 국내에서 최초로 근로를 제공한 날부터 5년이 지나지 아니

---

20) 기업부설연구소 또는 연구개발전담부서 등은 다음의 기관 또는 부서를 말한다.
　① 「기초연구진흥 및 기술개발지원에 관한 법률」 제14조의2 제1항에 따라 과학기술정보통신부장관의 인정을 받은 기업부설연구소 또는 연구개발전담부서
　② 「정부출연연구기관 등의 설립·운영 및 육성에 관한 법률」 제2조에 따른 정부출연연구기관 및 「과학기술분야 정부출연연구기관 등의 설립·운영 및 육성에 관한 법률」 제2조에 따른 과학기술분야 정부출연연구기관과 그 부설 연구기관
　③ 「특정연구기관 육성법」 제2조에 따른 특정연구기관 및 그 부설 연구기관
　④ 「고등교육법」 제2조에 따른 대학, 산업대학, 전문대학 또는 기술대학 및 그 부설 연구기관
　⑤ 「한국해양과학기술원법」에 따라 설립된 한국해양과학기술원
　⑥ 「국방과학연구소법」에 따라 설립된 국방과학연구소
　⑦ 「산업기술혁신 촉진법」 제42조에 따른 전문생산기술연구소
　⑧ 「산업기술연구조합 육성법」에 따라 설립된 산업기술연구조합

한 외국인기술자에 대해서도 적용한다.(조특법 부칙 9, 법률 제19199호, 2022.12.31.)
따라서 2022.12.31. 이전 감면기간(5년)이 미경과한 경우에도 2023.01.01. 이후 개정된 감
면기간(10년) 중 추가기간 동안 감면을 적용받을 수 있다.
② 외국인기술자가 국내에서 내국인에게 근로를 제공하는 경우의 소득세 감면기간은 동 외
국인이 국내에서 최초로 근로를 제공한 날로부터 기산하여 연속적으로 감면기간이 속하
는 달까지로 계산하는 것으로, 퇴직 후 재입사시 근로를 제공하지 아니한 퇴직기간도 동
감면기간에 포함된다.(조특법 집행기준 18-16-2)

2. 소재·부품·장비 관련 외국인기술자의 경우

외국인기술자 중 소재·부품·장비 관련 외국인기술자☆의 경우에는 국내에서 내국인에
게 근로를 제공하고 받는 근로소득으로서 그 외국인기술자가 국내에서 최초로 근로를 제
공한 날(2022년 12월 31일 이전인 경우만 해당한다☆☆)부터 3년이 되는 날이 속하는 달까지 발
생한 근로소득에 대해서는 소득세의 100분의 70에 상당하는 세액을 감면하고, 그 다음 달
1일부터 2년이 되는 날이 속하는 달까지 발생한 근로소득에 대해서는 소득세의 100분의
50에 상당하는 세액을 감면한다.(조특법 18 ① 단서)

☆ 소재·부품·장비 관련 외국인기술자는 「소재·부품·장비산업 경쟁력강화를 위한 특별조치법」 제16조에
따른 특화선도기업등에서 근무하는 사람을 말한다.
☆☆ 2022.12.31. 이전 국내에서 최초로 근로를 제공한 경우에 적용되며 2023.01.01. 이후 최초로 근로를 제
공하는 경우에는 감면이 배제됨.

구분	외국인기술자	소재·부품·장비관련 외국인기술자
감면기간	최초 근로제공일(2023.12.31. 이전인 경우에 한함)부터 5년간	최초 근로제공일(2022.12.31. 이전인 경우에 한함)부터 5년간
감면율	50%	3년이 되는 날이 속하는 달까지 : 70%
		그 다음 달 1일부터 2년 : 50%

$$\text{감면세액} = \text{근로소득 산출세액} \times \frac{\text{감면대상 근로소득금액}}{\text{근로소득금액}} \times 50\%(\text{부품등은 최초 3년 } 70\%)$$

3. 제출서류

소득세를 감면받고자 하는 자는 근로를 제공한 날이 속하는 달의 다음 달 10일까지 「외
국인기술자의 근로소득세 감면신청서」를 원천징수의무자를 거쳐 원천징수 관할 세무서장
에게 제출하여야 한다.

● **외국인기술자 감면 적용시 최초 근로제공일의 의미**(국제세원 – 137, 2012.03.21.)

구 「조세특례제한법」 제18조 제2항에 따라 소득세를 면제받았던 외국인기술자가 재입국하여 구 「조세특례제한법」 제18조 제1항에 따라 소득세를 면제받는 경우에 "국내에서 최초로 근로를 제공한 날"이란 구 「조세특례제한법」 제18조 제2항에 따라 소득세를 면제받기 위해 최초로 국내에 근로를 제공한 날을 말하는 것임.

● **외국인기술자에 대한 소득세 감면 적용시 최초로 근로를 제공한 날과 감면대상기간**(법규소득 2012 – 229, 2012.06.19.)

대한민국 국적을 갖지 아니한 외국인이 국내에서 2003.7.1.~ 2007.9.30.까지 「조세특례제한법」 제18조 제1항에 따른 외국인기술자가 아닌 자격으로 근무를 하다 2007.10.1.부터 「조세특례제한법 시행령」 제16조 제1항 제2호의2에 해당하는 연구기관에서 외국인기술자로 연구개발과제물의 수행 기간마다 근로를 제공하는 계약직 연구원으로 계속 근무하는 경우 해당 외국인기술자가 국내에서 최초로 근로를 제공한 날은 2007.10.1.인 것이며, 2006.12.30. 법률 제8146호로 개정된 「조세특례제한법」 제18조 제1항에 따라 최초로 근로를 제공한 날부터 5년이 되는 날이 속하는 달까지 발생한 근로소득에 대하여 소득세 100%를 면제받을 수 있는 것임.

● **외국법인의 국내지점에 파견되어 용역을 수행하는 외국인기술자의 소득세 감면**(국제세원 – 423, 2011.09.02.)

외국법인이 내국법인과 엔지니어링기술도입계약을 체결하고, 해당 외국법인 소속의 외국인기술자 가 외국법인의 국내지점에 파견되어 국내에서 내국법인에게 기술을 제공하고 외국법인의 국내지점 으로부터 지급받는 급여는 외국인기술자에 대한 소득세가 감면되는 것임.

● **외국인기술자 소득세 감면 관련 소득의 범위**(서면2팀 – 994, 2008.05.21.)

외국인기술자가 「조세특례제한법 시행령」 제16조 제1항 제3호 각 목에 해당하는 사업을 영위하는 사업자와의 고용계약에 의하여 근무하고 지급받는 근로소득에 대하여는 해당 사업이 사업자의 주 된 사업에 해당하지 않는 경우에도 소득세 면제가 가능한 것이나, 동 외국인기술자가 영업, 기획 등 해당 기술 분야와 직접 관련이 없는 업무를 수행하고 지급받는 근로소득에 대하여는 소득세가 면제되지 않는 것임.

● **외국인기술자에 대한 소득세 감면기간**(법인 46017 – 118, 1996.03.08.)

외국인기술자에 대한 소득세 감면기간은 외국인기술자가 입국하여 국내에서 최초로 근로를 제공한 날로부터 연속된 5년간을 의미함.

● **국내에서 최초로 근로를 제공한 날의 의미**(국조 22601 – 116, 1992.09.18.)

외국인기술자의 소득세 면제에서 "국내에서 최초로 근로를 제공한 날"이라 함은 해당 기술용역계약 건별로 그와 관련한 국내 근로계약일을 의미하는 것이 아니라 "입국하여 국내에서 최초로 근로를 제공한 날"을 의미함.

■ 조세특례제한법 시행규칙 [별지 제7호 서식] (2021. 3. 16. 개정)

외국인기술자의 근로소득세 감면신청서

※ [　]에는 해당되는 곳에 √표를 합니다.

접수번호		접수일자		처리기간	즉시

소득자	① 성 명				
	② 주 소			(전화번호:)	
	③ 외국인등록번호 또는 여권번호			④ 국 적	

입국 후의 근무처	⑤ 입국 목적		⑥ 입국 연월일	
	⑦ 업 태		⑧ 업 태(종목)	
	⑨ 주 소		⑩ 사업자등록번호	
	⑪ 대표자 성명			

⑫ 근로계약기간 또는 체재기간	년　　월　　일부터 년　　월　　　일까지
⑬ 근로소득세 감면근거	[　] 「조세특례제한법 시행령」 제16조 제1항 제1호 [　] 「조세특례제한법 시행령」 제16조 제1항 제2호
⑭ 연구기관 유형 (근로소득세 감면근거가 영 제16조 제1항 제2호인 경우)	[　] 「조세특례제한법 시행령」 제16조의3 제2항 제1호 [　] 「조세특례제한법 시행령」 제16조의3 제2항 제2호 [　] 「조세특례제한법 시행령」 제16조의3 제2항 제3호 [　] 「조세특례제한법 시행령」 제16조의3 제2항 제4호 [　] 「조세특례제한법 시행령」 제16조의3 제2항 제5호 [　] 「조세특례제한법 시행령」 제16조의3 제2항 제6호 [　] 「조세특례제한법 시행령」 제16조의3 제2항 제7호 [　] 「조세특례제한법 시행령」 제16조의3 제2항 제8호

「조세특례제한법 시행령」 제16조 제3항에 따라 위와 같이 외국인기술자의 근로소득세 감면을 신청합니다.

년　　　월　　　일

신 청 인　　　　　　　　　　　　　　　　　(서명 또는 인)

세무서장　　귀하

첨부서류	「조세특례제한법 시행령」 제16조 제1항 제2호에 따라 감면을 받는 경우 1. 학위증명서 2. 국외의 대학 및 연구기관 등에서 5년(박사 학위 소지자의 경우 2년) 이상 연구개발 및 기술개발 경험이 있음을 증명할 수 있는 서류로서 「조세특례제한법 시행규칙」 제9조 제5항에 따른 내용이 포함된 증명서 3. 과학기술정보통신부장관이 발행하는 기업부설연구소 인정서 또는 연구개발전담부서 인정서 등	수수료 없 음

210mm× 297mm[백상지 80g/㎡]

2 / 중소기업 취업자에 대한 소득세 감면

1. 개념

근로계약 체결일 현재 감면대상근로자가 「중소기업기본법」 제2조에 따른 중소기업(비영리기업을 포함)으로서 일정한 중소기업체에 취업한 경우 취업일로부터 3년(청년의 경우에는 5년☆)이 되는 날이 속하는 달까지 발생한 근로소득세를 70%(청년의 경우에는 90%) 감면(과세기간별로 200만원을 한도로 한다)한다.(조특법 30)

☆ 청년으로서 병역을 이행한 후 1년 이내에 병역 이행 전에 근로를 제공한 중소기업체에 복직하는 경우에는 복직한 날부터 2년이 되는 날을 말하며, 그 복직한 날이 최초 취업일부터 5년이 지나지 아니한 경우에는 최초 취업일부터 7년이 되는 날을 말한다.

이 경우 소득세 감면기간은 소득세를 감면받은 사람이 다른 중소기업체에 취업하거나 해당 중소기업체에 재취업하는 경우 또는 합병·분할·사업양도 등으로 다른 중소기업체로 고용이 승계되는 경우와 관계없이 소득세를 감면받은 최초 취업일부터 계산한다.

2. 감면대상 근로자(외국인 포함)

다음의 자를 감면대상 근로자(외국인 포함)로 한다.

① 청년 : 근로계약 체결일 현재 연령이 15세 이상 34세 이하인 사람. 단, 병역을 이행한 경우에는 그 기간(6년을 한도)을 근로계약 체결일 현재 연령에서 빼고 계산한 연령이 34세 이하인 사람을 포함한다.

구 분	청년의 범위
병역☆ 이행 전	15세 ≤ 근로계약 체결일 현재 연령 ≤ 34세
병역 이행 후	15세 ≤ 근로계약 체결일 현재 연령 − 병역이행기간(6년 한도) ≤ 34세

☆ 병역이란 다음을 말한다.
　① 「병역법」 제16조 또는 제20조에 따른 현역병(같은 법 제21조·제24조·제25조에 따라 복무한 상근예비역 및 경비교도·전투경찰순경·의무소방원을 포함)
　② 「병역법」 제26조 제1항 제1호 및 제2호에 따른 공익근무요원
　③ 「군인사법」 제2조 제1호에 따른 현역에 복무하는 장교, 준사관 및 부사관
　　※ 「병역법」 제36조에 따른 전문연구요원·산업기능요원은 병역을 이행한 자로 보지 않음.

○ 「병역법」 제36조에 따른 전문연구요원·산업기능요원의 청년 적용기준

「병역법」 제36조에 따른 전문연구요원·산업기능요원은 조세특례제한법 제30조 규정에 의한 병역을 이행한 자로 보지 않는다. 따라서 전문연구요원·산업기능요원이 감면대상 중소기업체에 취업하고, 취업 시 연령이 15세 이상 34세 이하인 경우에만 중소기업 취업자 소득세 감면을 적용받을 수 있다.

예규

● 34세 이하의 의미(기획재정부 소득세제과 - 163, 2013.04.01.)

중소기업에 취업하는 사람의 연령이 근로계약 체결일 현재 만 35세 미만(병역 이행기간 차감)인 경우 "34세 이하"에 포함되는 것임.

② 60세 이상의 사람 : 근로계약 체결일 현재 연령이 60세 이상인 사람

③ 장애인 : 다음에 해당하는 사람을 말한다.

- 장애인은 「장애인복지법」의 적용을 받는 장애인
- 「국가유공자 등 예우 및 지원에 관한 법률」에 따른 상이자
- 「5·18민주유공자예우 및 단체설립에 관한 법률」 제4조 제2호에 따른 5·18민주화운동부상자
- 「고엽제후유의증 등 환자지원 및 단체설립에 관한 법률」에 따른 고엽제후유의증환자로서 장애등급 판정을 받은 사람
  ☆ 추가공제 적용대상자인 중증환자로서 의사가 발급한 장애인증명서가 있는 사람은 제외됨.

④ 경력단절여성 : 다음의 요건을 모두 충족하는 여성을 말한다.

㉠ 해당 중소기업 또는 해당 중소기업과 한국표준산업분류상의 중분류를 기준으로 동일한 업종의 중소기업에서 1년 이상 근무하였을 것(해당 중소기업이 경력단절 여성의 근로소득세를 원천징수하였던 사실이 확인되는 경우로 한정한다)
㉡ 다음 어느 하나에 해당하는 결혼·임신·출산·육아·자녀교육의 사유로 해당 중소기업에서 퇴직하였을 것
  ⓐ 퇴직한 날부터 1년 이내에 혼인한 경우(가족관계기록사항에 관한 증명서를 통하여 확인되는 경우로 한정한다)
  ⓑ 퇴직한 날부터 2년 이내에 임신하거나 난임시술을 받은 경우(의료기관의 진단서 또는 확인서

를 통하여 확인되는 경우에 한정한다)

    ⓒ 퇴직일 당시 임신한 상태인 경우(의료기관의 진단서를 통하여 확인되는 경우로 한정한다)

    ⓓ 퇴직일 당시 8세 이하의 자녀가 있는 경우

    ⓔ 퇴직일 당시 「초·중등교육법」 제2조에 따른 학교에 재학 중인 자녀가 있는 경우

ⓒ 해당 중소기업에서 퇴직한 날부터 2년 이상 15년 미만의 기간이 지났을 것

ⓔ 해당 중소기업의 최대주주 또는 최대출자자(개인사업자의 경우에는 대표자를 말한다)나 그와 특수관계인이 아닐 것

3. 감면 제외대상 근로자

다음의 어느 하나에 해당하는 사람은 감면대상 근로자에서 제외한다.

① 법인세법 규정에 해당하는 다음에 해당하는 임원

    ㉠ 법인의 회장, 사장, 부사장, 이사장, 대표이사, 전무이사 및 상무이사 등 이사회의 구성원 전원과 청산인

    ㉡ 합명회사, 합자회사 및 유한회사의 업무집행사원 또는 이사

    ㉢ 유한책임회사의 업무집행자

    ㉣ 감사

    ㉤ 그 밖에 ㉠부터 ㉣까지의 규정에 준하는 직무에 종사하는 자

② 해당 기업의 최대주주 또는 최대출자자(개인사업자의 경우에는 대표자를 말한다)와 그 배우자

③ ②에 해당하는 자의 직계존속·비속(그 배우자를 포함한다) 및 국세기본법 시행령에 따른 친족관계☆인 사람

    ☆ 친족관계의 범위는 다음과 같다.

      ① 4촌 이내의 혈족   ② 3촌 이내의 인척

      ③ 배우자(사실상의 혼인관계에 있는 자를 포함한다)

      ④ 친생자로서 다른 사람에게 친양자 입양된 자 및 그 배우자·직계비속

      ⑤ 본인이 「민법」에 따라 인지한 혼인 외 출생자의 생부나 생모(본인의 금전이나 그 밖의 재산으로 생계를 유지하는 사람 또는 생계를 함께하는 사람으로 한정한다)

④ 소득세법에 따른 일용근로자

⑤ 다음에 해당하는 보험료 등의 납부사실이 확인되지 아니하는 사람. 다만, 「국민연금법」 제6조 단서에 따라 국민연금 가입 대상이 되지 아니하는 자와 「국민건강보험법」 제5조 제1항 단서에 따라 건강보험 가입자가 되지 아니하는 자는 제외한다.

    ㉠ 국민연금법에 따른 부담금 및 기여금

    ㉡ 국민건강보험법에 따른 직장가입자의 보험료

● **외국인의 국민연금 납부 면제된 경우 감면 적용 여부**(기획재정부소득-663, 2019.12.12.)

「국민연금법」제126조 제1항 단서 규정 및 동법 제127조에 따른 사회보장협정 체결에 따라 국내 체류 외국인의 국민연금 납부가 면제된 경우, 중소기업에 취업한 동 외국인근로자는「조세특례제한법」제30조에 따른 중소기업 취업자에 대한 소득세 감면을 적용받을 수 있는 것임.

4. 감면대상 중소기업체 및 감면업종

가. 감면대상 중소기업 및 감면업종 범위

(1) 감면대상 중소기업

취업대상 중소기업이란「중소기업기본법」제2조에 따른 중소기업과 비영리기업으로 중소기업은 다음의 기업 또는 조합 등을 말한다. 다만,「독점규제 및 공정거래에 관한 법률」에 따른 공시대상기업집단에 속하는 회사 또는 공시대상기업집단의 소속회사로 편입·통지된 것으로 보는 회사는 제외한다.

① 다음 각 목의 요건을 모두 갖추고 영리를 목적으로 사업을 하는 기업
　㉮ 다음 각 목의 요건을 모두 갖춘 기업일 것
　　㉠ 해당 기업이 영위하는 주된 업종과 해당 기업의 평균매출액 또는 연간매출액(이하 "평균매출액등"이라 한다)이 별표 1의 기준에 맞을 것
　　㉡ 자산총액이 5천억원 미만일 것
　㉯ 소유와 경영의 실질적인 독립성이 다음의 어느 하나에 해당하지 아니하는 기업일 것
　　㉠ 자산총액이 5천억원 이상인 법인(외국법인을 포함하되, 비영리법인 및 중소기업창업투자회사등[21]은 제외한다)이 주식등의 100분의 30 이상을 직접적 또는 간접적으로 소유한 경우로서 최다출자자인 기업. 이 경우 최다출자자는 해당 기업의 주식등을 소유한 법인 또는 개인으로서 단독으로 또는 다음의 어느 하나에 해당하는 자와 합산하여 해당 기업의 주식등을 가장 많이 소유한 자를 말하며, 주식등의 간접소유 비율에 관하여는「국제조세조정에

---

21) 중소기업창업투자회사등은 다음의 회사를 말한다.(중기령 3의2 ③)
　1.「벤처투자 촉진에 관한 법률」제2조 제10호에 따른 중소기업창업투자회사
　2.「여신전문금융업법」에 따른 신기술사업금융업자
　3.「벤처기업육성에 관한 특별법」에 따른 신기술창업전문회사
　4.「산업교육진흥 및 산학연협력촉진에 관한 법률」에 따른 산학협력기술지주회사
　5. 그 밖에 제1호부터 제4호까지의 규정에 준하는 경우로서 중소기업 육성을 위하여 중소벤처기업부장관이 정하여 고시하는 자

관한 법률 시행령」 제2조 제3항을 준용한다.

1) 주식등을 소유한 자가 법인인 경우 : 그 법인의 등기된 이사(사외이사 제외), 무한책임사원 및 업무집행자

2) 주식등을 소유한 자가 1)에 해당하지 아니하는 개인인 경우 : 그 개인의 배우자(사실혼 포함), 6촌 이내 혈족, 4촌 이내 인척

ⓛ 관계기업에 속하는 기업의 경우에는 제7조의4에 따라 산정한 평균매출액등이 별표 1의 기준에 맞지 아니하는 기업

② 다음의 관련법에 따른 기업으로서 요건을 갖춘 기업 등

관련법에 따른 기업의 종류	요 건
•「사회적기업 육성법」 제2조 제1호에 따른 사회적기업으로 영리를 주된 목적으로 하지 않는 사회적기업	다음의 요건을 모두 갖춘 기업 • ①의 ㉮의 요건을 모두 갖출 것 • ①의 ㉯의 ㉠에 해당하지 않을 것
•「협동조합 기본법」 제2조에 따른 협동조합, 협동조합연합회, 사회적협동조합, 사회적협동조합연합회, 이종(異種)협동조합연합회(「중소기업기본법」 제2조 제1항 각 호에 따른 중소기업을 회원으로 하는 경우로 한정한다)	
•「소비자생활협동조합법」 제2조에 따른 조합, 연합회, 전국연합회	
•「중소기업협동조합법」 제3조에 따른 협동조합, 사업협동조합, 협동조합연합회	

| 주된 업종별 평균매출액등의 규모 기준(제3조 제1항 제1호 가목 관련) |

해당 기업의 주된 업종	분류기호	규모 기준
1. 의복, 의복액세서리 및 모피제품 제조업	C14	평균매출액등 1,500억원 이하
2. 가죽, 가방 및 신발 제조업	C15	
3. 펄프, 종이 및 종이제품 제조업	C17	
4. 1차 금속 제조업	C24	
5. 전기장비 제조업	C28	
6. 가구 제조업	C32	
7. 농업, 임업 및 어업	A	평균매출액등 1,000억원 이하
8. 광업	B	
9. 식료품 제조업	C10	
10. 담배 제조업	C12	
11. 섬유제품 제조업(의복 제조업은 제외한다)	C13	
12. 목재 및 나무제품 제조업(가구 제조업은 제외한다)	C16	
13. 코크스, 연탄 및 석유정제품 제조업	C19	
14. 화학물질 및 화학제품 제조업(의약품 제조업은 제외한다)	C20	

해당 기업의 주된 업종	분류기호	규모 기준
15. 고무제품 및 플라스틱제품 제조업	C22	
16. 금속가공제품 제조업(기계 및 가구 제조업은 제외한다)	C25	
17. 전자부품, 컴퓨터, 영상, 음향 및 통신장비 제조업	C26	
18. 그 밖의 기계 및 장비 제조업	C29	
19. 자동차 및 트레일러 제조업	C30	
20. 그 밖의 운송장비 제조업	C31	
21. 전기, 가스, 증기 및 공기조절 공급업	D	
22. 수도업	E36	
23. 건설업	F	
24. 도매 및 소매업	G	
25. 음료 제조업	C11	
26. 인쇄 및 기록매체 복제업	C18	
27. 의료용 물질 및 의약품 제조업	C21	
28. 비금속 광물제품 제조업	C23	
29. 의료, 정밀, 광학기기 및 시계 제조업	C27	평균매출액등 800억원 이하
30. 그 밖의 제품 제조업	C33	
31. 수도, 하수 및 폐기물 처리, 원료재생업(수도업은 제외한다)	E(E36 제외)	
32. 운수 및 창고업	H	
33. 정보통신업	J	
34. 산업용 기계 및 장비 수리업	C34	
35. 전문, 과학 및 기술 서비스업	M	
36. 사업시설관리, 사업지원 및 임대 서비스업(임대업은 제외한다)	N(N76 제외)	평균매출액등 600억원 이하
37. 보건업 및 사회복지 서비스업	Q	
38. 예술, 스포츠 및 여가 관련 서비스업	R	
39. 수리(修理) 및 기타 개인 서비스업	S	
40. 숙박 및 음식점업	I	
41. 금융 및 보험업	K	평균매출액등 400억원 이하
42. 부동산업	L	
43. 임대업	N76	
44. 교육 서비스업	P	

비고 :
1. 해당 기업의 주된 업종의 분류 및 분류기호는 「통계법」 제22조에 따라 통계청장이 고시한 한국표준산업 분류에 따른다.
2. 위 표 제19호 및 제20호에도 불구하고 자동차용 신품 의자 제조업(C30393), 철도 차량 부품 및 관련 장 치물 제조업(C31202) 중 철도 차량용 의자 제조업, 항공기용 부품 제조업(C31322) 중 항공기용 의자 제 조업의 규모 기준은 평균매출액등 1,500억원 이하로 한다.

(2) 유예기간 적용 중인 중소기업

중소기업이 그 규모의 확대 등으로 중소기업에 해당하지 아니하게 된 경우 그 사유가 발생한 연도의 다음연도부터 3년간은 중소기업으로 본다. 따라서 이 기간 동안은 중소기업취업자에 대한 소득세 감면을 적용할 수 있다.

다만, 중소기업 외의 기업과 합병하거나 그 밖에 다음의 사유로 중소기업에 해당하지 아니하게 된 경우에는 감면을 적용할 수 없다.

> ㉠ 중소기업이 중소기업으로 보는 기간 중에 있는 기업을 흡수·합병한 경우로서 중소기업으로 보는 기간 중에 있는 기업이 당초 중소기업에 해당하지 아니하게 된 사유가 발생한 연도의 다음연도부터 3년이 지난 경우
> ㉡ 중소기업이 「독점규제 및 공정거래에 관한 법률」에 따라 다음에 해당하게 된 경우
> • 공시대상기업집단에 속하는 회사
> • 공시대상기업집단의 소속회사로 편입·통지된 것으로 보는 회사
> ㉢ 중소기업으로 보았던 기업이 중소기업이 되었다가 그 평균매출액등의 증가 등으로 다시 중소기업에 해당하지 아니하게 된 경우

─── 예규 ●●●

● **독립성 기준을 충족하지 못한 법인이 유예기간을 적용받아 소속직원들이 중소기업 취업자 소득세 감면을 받을 수 있는지 여부**(서면원천 2024 – 1456, 2024.05.09., 원천 – 471, 2013.09.06.)

중소기업은 중소기업기본법 제2조에 따른 중소기업이며, 같은 법 같은 조 제3항에 따라 중소기업이 그 규모의 확대 등으로 중소기업에 해당하지 아니하게 된 경우 그 사유가 발생한 연도의 다음연도부터 3년간은 중소기업으로 보는 것입니다. 다만, 중소기업 외의 기업과 합병하거나 같은 법 시행령 제9조(유예 제외)에 해당하는 사유로 중소기업에 해당하지 아니하게 된 경우에는 유예기간을 적용하지 않는 것임.

● **중소기업취업자 소득세 감면 적용 대상 소득의 범위에 관한 질의**(서면원천 2024 – 150, 2024.02.22.)

조세특례제한법 제30조에 따라 중소기업은 「중소기업기본법」 제2조에 따른 중소기업으로 명시하고 있고, 같은 조 제3항에 따르면 사유가 발생한 연도(2020년)의 다음연도부터 3년간은 중소기업으로 본다고 명시하고 있으므로 소득세 감면적용기간은 2023.12.31.까지임.

☞ 저자주 : 중소기업기본법 시행령 제3조의3 제1항에서 중소기업 여부의 적용기간은 직전 사업연도 말일에서 3개월이 경과한 날부터 1년간으로 규정하고 있고 조특법 제30조의 중소기업취업자 소득세 감면 적용대상 중소기업의 범위를 중소기업기본법상 중소기업으로 규정한 이상 위 사례의 경우 2024년 3월 31일까지 적용될 것으로 판단되므로 기획재정부 및 조세심판원의 결정을 확인할 필요가 있음.

● **사회복지서비스업을 영위하는 비영리법인의 적용 여부**(서면원천 2022 – 2765, 2023.02.27.)

「조세특례제한법 시행령」 제27조 제3항에 열거된 사업 중 사회복지서비스업을 주된 사업으로 영위하고, 「중소기업기본법」 제2조의 중소기업에 해당하는 경우, 해당 비영리법인에게 근로를 제공하는 자는 중소기업 취업자에 대한 소득세 감면을 적용받을 수 있음.

● **비영리법인이 조특법 §30①의 적용대상 기업인지**(사전법령해석소득 2021 – 194, 2021.02.18.)

비영리기업이 「조세특례제한법 시행령」 제27조 제3항에 열거된 사업을 주된 사업으로 영위하고, 「중소기업기본법 시행령」 제3조 제1항의 중소기업 요건을 충족하는 경우 동 비영리기업은 중소기업 취업자에 대한 소득세 감면 적용대상 기업에 해당하는 것임.

● **비영리법인의 적용 여부**(서면원천 2020 – 1316, 2020.03.25.)

비영리기업이 「조세특례제한법 시행령」 제27조 제3항에 열거된 사업을 주된 사업(「통계법」 제22조에 따라 통계청장이 고시하는 한국표준산업분류)으로 영위하고, 「중소기업기본법 시행령」 제3조 제1항의 중소기업 요건을 충족하는 경우 중소기업 취업자에 대한 소득세 감면 적용이 가능함.

● **중소기업 유예기간 중에 있는 경우 적용 여부**(원천 – 307, 2012.06.01.)

취업일이 속하는 과세연도에는 「조세특례제한법」 제30조 제1항에서 규정하는 중소기업체에 해당하였으나 해당 중소기업체가 그 규모의 확대 등으로 그 다음연도부터 중소기업체에 해당하지 아니하게 된 경우라도 유예기간까지는 중소기업으로 보고 있으므로 중소기업으로 보는 유예기간까지는 중소기업체로 보아 감면규정을 적용받을 수 있는 것임.

(3) 감면업종의 범위

중소기업체란 「중소기업기본법」 제2조에 따른 중소기업(비영리기업을 포함한다)으로서 다음의 사업을 주된 사업으로 영위하는 기업을 말한다.
① 농업, 임업 및 어업
② 광업
③ 제조업
④ 전기·가스·증기 및 공기조절 공급업
⑤ 수도·하수 및 폐기물처리·원료재생업
⑥ 건설업
⑦ 도매 및 소매업
⑧ 운수 및 창고업
⑨ 숙박 및 음식점업(주점 및 비알콜 음료점업은 제외)
⑩ 정보통신업(비디오물 감상실 운영업은 제외)
⑪ 부동산업
⑫ 연구개발업

⑬ 광고업

⑭ 시장조사 및 여론조사업

⑮ 건축기술·엔지니어링 및 기타 과학기술서비스업

⑯ 기타 전문·과학 및 기술 서비스업

⑰ 사업시설관리·사업지원 및 임대 서비스업

⑱ 기술 및 직업훈련 학원

⑲ 컴퓨터학원(2024.1.1. 이후 발생소득부터)

⑳ 사회복지 서비스업

㉑ 개인 및 소비용품 수리업

㉒ 창작 및 예술 관련 서비스업

㉓ 도서관·사적지 및 유사 여가 관련 서비스업

㉔ 스포츠 서비스업

나. 감면제외 공기업 등

국가, 지방자치단체(지방자치단체조합을 포함), 「공공기관의 운영에 관한 법률」에 따른 공공기관 및 「지방공기업법」에 따른 지방공기업은 감면대상 중소기업(비영리법인 포함)에서 제외한다.

다. 감면업종 제외업종 예시

중소기업 또는 비영리법인 중 다음에 열거하는 업종은 중소기업취업자에 대한 소득세 감면을 배제한다.

- 전문·과학 및 기술서비스업종 중 전문서비스업(법무관련 서비스업, 회계 및 세무관련 서비스업, 회사본부 및 경영컨설팅 서비스업, 기타 전문서비스업)
- 음식점 중 주점 및 비알콜음료점업(일반유흥주점업, 무도유흥주점업, 생맥주전문점, 기타주점업, 커피전문점, 기타비알콜올 음료점업)
- 보건업(병원, 의원 등) • 금융 및 보험업
- 비디오물감상실 운영업(예시 : 비디오방, DVD방)
- 교육서비스업(기술 및 직업훈련 학원 및 2024.1.1.부터 컴퓨터학원 제외)
- 협회 및 단체 • 유원지 및 기타 오락관련 서비스업
- 국제 및 외국기관
- 기타 개인 서비스업(미용, 욕탕 및 유사 서비스업, 세탁업, 장례식장 및 관련 서비스업 등)

● **본점은 도·소매업이나, 지점의 업종이 유흥주점업이 포함되었을 경우 중소기업취업자 소득세 감면 여부** (서면원천 2024-618, 2024.05.03.)

조세특례제한법 제30조 제1항의 "대통령령으로 정하는 기업"은 같은 법 시행령 제27조 제1항 각 호에서 규정하고 있는 어느 하나에 해당하는 사업을 주된 사업(신고수입금액이 가장 큰 사업)으로 영위하는 기업을 말하는 것으로, 해당 기업의 주된 사업이 도·소매업에 해당하면 본·지점 구분 없이 소속 근로자는 소득세 감면을 적용받을 수 있는 것임.

☞ 저자주 : 감면업종과 비감면업종 겸영사업자의 감면 대상 근로자 범위

감면대상업종	비감면대상업종	감면대상 근로자 범위
50억원	10억원	모든 근로자 감면대상
20억원	30억원	모든 근로자 감면제외

● **중소기업취업자 소득세 감면대상이 되는 공공기관 및 업종에 해당되는지 여부**(서면원천 2023-3914, 2024.02.22)

국립○○○○○이 국가, 지방자치단체, 공공기관의 운영에 관한 법률에 따른 공공기관 및 지방공기 업법에 따른 지방공기업에 해당하지 않고, 중소기업기본법 제2조에 따른 중소기업에 해당하는 경우 조세특례제한법 제30조의 규정에 따른 소득세 감면을 적용받을 수 있으며, 박물관 운영업(표준산업 분류코드:90221)은 감면대상 업종에 해당함

● **조세특례제한법 §30에 규정된 "중소기업체" 해당 여부 판단시 적용될 기준**(사전법규소득 2022-520, 2022. 05.31.)

중소기업 취업자에 대한 소득세 감면을 받기 위해서는 「중소기업기본법」 제2조(같은 조 제3항에 따라 중소기업으로 보는 경우를 포함)에 따른 중소기업으로서 「조세특례제한법 시행령」 제27조 제 3항 각 호의 어느 하나에 해당하는 사업을 주된 사업으로 영위하는 기업에 취업하는 등 법정된 요 건을 충족하여야 하는 것임.

● **관세사업이 중소기업 취업자에 대한 소득세 감면 적용대상 업종인지 여부**(서면소득 2015-1265, 2015. 07.23.)

관세사업은 운수업에 포함되어 중소기업 취업자에 대한 소득세 감면 적용대상 업종에 해당함.

● **출판물 교정 교열업의 적용 여부**(서면소득 2015-636, 2015.05.12.)

감면대상 중소기업의 업종을 열거하고 있는 바, 서비스업(출판물 교정·교열업)은 한국표준산업분 류상 「사업시설관리 및 사업지원 서비스업(75911)」으로 분류되어 열거된 업종과 일치함.

5. 취업시기 및 감면율 등

가. 취업시기 및 감면율

중소기업취업자에 대한 소득세 감면규정은 취업시기별 감면대상자와 감면율 및 감면한도는 다음과 같다.

감면 대상자	취업기간	감면율	감면한도
청 년	'16 ~ '17년	70% 단, '18년 이후 90%	200만원 단, 2022년까지 150만원
	'18 ~ '26년	90%	
60세 이상자, 장애인	'14 ~ '26년	70%	
경력단절여성	'17 ~ '26년	70%	

나. 감면기간

중소기업취업자에 대한 소득세 감면을 적용받을 수 있는 대상자는 다음과 같이 최초 취업일부터 다음의 감면기간을 적용한다.

대 상 자			감면기간
60세 이상자, 장애인, 경력단절여성			3년
청년☆	군 복무 전		5년
	군 복무 후 1년 이내 동일 기업 복직한 경우	최초 취업일부터 복직한 날까지 5년이 지난 경우	2년
		최초 취업일부터 복직한 날까지 5년이 지나지 아니한 경우	최초 취업일부터 7년

☆ 청년으로서 병역을 이행한 후 1년 이내에 병역 이행 전에 근로를 제공한 중소기업체에 복직하는 경우에는 복직한 날부터 2년이 되는 날을 말하며, 그 복직한 날이 최초 취업일부터 5년이 지나지 아니한 경우에는 최초 취업일부터 7년이 되는 날을 말한다.

다. 재취업의 경우 감면기간 기산일[22]

재취업 이전에는 감면신청을 하지 않았고, 재취업 이후 최초로 감면을 신청하고자 하는 경우에 해당하는 근로자가 기존회사 입사일 기준으로도, 재취업 회사 입사일 기준으로도 감면요건이 충족된다면 근로자가 감면을 적용받고자 하는 회사를 선택하여 그 회사의 근로계약 체결일 기준 연령으로 계산하면 된다.

즉, 감면기간은 근로자가 다른 중소기업에 취업하거나 해당 중소기업에 재취업하는 경

---

22) 국세청, 2020년 귀속 연말정산종합안내의 「Q&A모음집」 중 「중소기업취업자에 대한 세액감면」편 참조.

우에 관계없이 최초 감면신청한 회사의 취업일부터 계산한다. 따라서, 이직 후 재취업한 중소기업에 처음 감면신청서를 제출했다면 재취업한 회사의 취업일부터 감면기간을 적용받게 된다.

예) 2021.7.1. A회사 입사 후 이직, 2024.4.1. B회사 입사한 경우(현재 만 34세 이하)

감면 적용할 회사	감면기간 기산일	비 고
A회사	A회사 입사일(2021.7.1.)부터	감면기간 기산일은 근로자의 선택에 의한다.
B회사	B회사 입사일(2024.4.1.)부터	

① A회사 입사시 감면요건 충족, B회사 입사시 감면요건 미충족 : A회사 입사일부터 적용신청. 만약 A회사에서 감면신청을 하지 아니한 경우에는 경정청구를 통하여 감면을 받을 수 있음.
② A회사, B회사 모두 감면요건 충족 : 근로자가 유리한 방향으로 선택. B회사의 급여수준이 A회사의 급여수준보다 높다면 B회사 입사일부터 신청하는 것이 바람직할 것으로 판단됨.
③ A회사 입사시 감면을 적용받았다면 B회사 입사시 연령은 고려할 필요없이 A회사에서 적용한 감면시작 시점부터 감면기간을 계산하여 남은 기간 동안 B회사에서 감면을 적용받을 수 있음.

6. 감면신청 절차

가. 근로자의 감면신청

감면신청을 하려는 근로자는 「중소기업 취업 청년 소득세 감면신청서」(조특칙 별지 제11호 서식)에 병역복무기간을 증명하는 서류 등을 첨부하여 취업일이 속하는 달의 다음 달 말일까지 원천징수의무자에게 제출하여야 한다. 다만, 퇴직한 근로자의 경우 해당 근로자의 주소지 관할 세무서장에게 감면신청을 할 수 있다.

예규 ●●●

● 감면신청기한 경과 후 신청서 제출시 중소기업 취업 청년에 대한 소득세 감면 적용 가능(원천-428, 2012.08.17.)

「조세특례제한법」 제30조 및 같은 법 시행령 제27조에 따른 청년이 중소기업체에 취업한 후 원천징수의무자에게 중소기업 취업 청년 소득세 감면신청서를 신청기한까지 제출하지 아니하고 신청기한 경과 후 제출하는 경우에도 「조세특례제한법」 제30조에 따른 중소기업에 취업하는 청년에 대한 소득세 감면을 적용받을 수 있는 것임.

나. 원천징수의무자의 감면대상 명세서 제출

근로자로부터 감면신청을 받은 경우 그 신청을 한 근로자의 명단을 신청을 받은 날이 속하는 달의 다음 달 10일까지 원천징수 관할 세무서장에게「중소기업 취업 청년에 대한 소득세 감면 대상명세서」(조특칙 별지 제11호의2 서식)를 제출하여야 한다.

이 경우 원천징수의무자는 감면신청서를 제출받은 달의 다음 달부터 매월분의 근로소득에 대한 소득세를 원천징수하지 아니한다.

다. 원천징수 관할 세무서장의 통지

감면신청을 한 근로자의 명단을 받은 경우 해당 근로자가 감면요건에 해당하지 아니하는 사실이 확인되는 때에는 원천징수의무자에게 그 사실을 통지하여야 한다.

라. 원천징수방법

원천징수의무자는 감면신청서를 제출받은 달의 다음 달부터「소득세법」제134조 제1항에도 불구하고 감면율을 적용하여 매월분의 근로소득에 대한 소득세를 원천징수할 수 있다.(조특령 27 ⑤)

다만, 감면에 해당하는 경우에도 원천징수이행상황신고서의 '인원'과 '총지급액'에는 포함하여 신고한다.

7. 부적격 감면 사후관리

가. 계속 근로자

감면신청을 한 근로자가 감면 요건을 갖추지 못한 사실을 통지받은 원천징수의무자는 그 통지를 받은 날 이후 근로소득을 지급하는 때에 당초 원천징수하였어야 할 세액에 미달하는 금액의 합계액에 100분의 105를 곱한 금액을 해당 월의 근로소득에 대한 원천징수세액에 더하여 원천징수하여야 한다.

나. 퇴직 근로자

원천징수의무자는 해당 근로자가 퇴직한 사실을 '중소기업 취업 청년 소득세 감면 부적격 대상 퇴직자 명세서'(조특칙 별지 제11호의3 서식)에 의해 원천징수 관할 세무서장에게 통지를 하여야 하고, 해당 근로자의 주소지 관할 세무서장이 감면으로 과소징수된 금액에 100분의 105를 곱한 금액을 해당 근로자에게 소득세로 즉시 부과·징수하여야 한다.

8. 감면적용 배제

2011.12.31. 이전에 중소기업체에 취업한 자(경력단절 여성은 제외한다)가 2012.1.1. 이후 계약기간 연장 등을 통해 해당 중소기업체에 재취업하는 경우에는 해당 소득세 감면을 적용하지 아니한다.

9. 감면세액 계산 등

가. 감면세액

중소기업체로부터 받는 근로소득(감면소득)과 그 외의 종합소득이 있는 경우 감면세액은 다음과 같이 계산한다.

$$\text{종합소득 산출세액} \times \frac{\text{근로소득금액}}{\text{종합소득금액}} \times \frac{\text{감면대상 중소기업체로부터 받는 총급여액}}{\text{해당 근로자의 총급여액}} \times \text{감면율}$$

☆ 취업자의 감면세액은 2016년 이후 과세기간 별로 150만원, 2023년 이후 200만원을 한도로 함.

나. 감면세액 적용시 근로소득세액공제

근로소득세액공제를 적용할 때 감면소득과 다른 근로소득이 있는 경우(감면소득 외에 다른 근로소득이 없는 경우를 포함)에는 다음 계산식에 따라 계산한 금액을 근로소득세액공제액으로 한다.

$$\text{세액공제액} = \text{「소득세법」 제59조 제1항에 따라 계산한 근로소득세액공제액} \times (1 - \text{감면비율}^{☆})$$

☆ 감면비율 = 중소기업 취업자 소득세 감면액 ÷ 산출세액

> **참 고**
>
> ○ 중소기업 취업자에 대한 소득세 감면 홈택스(My홈택스) 조회 서비스 추가
> - 근로자 : '19. 1월부터 신청내역 조회 가능
> - 원천징수의무자 : '19. 4월부터 명세서 조회 가능

예규 ●●●

● **퇴직과 입사의 절차가 형식적인 절차에 의한 경우 감면 여부**(서면원천 2022-4912, 2023.04.10.)

조세특례제한법 제30조 제8항의 "계약기간 연장 등을 통해 중소기업에 재취업하는 경우 소득세 감면을 적용하지 않는다"라는 규정은 반드시 계약기간 연장을 통해 중소기업에 재취업한 경우에 한정하여 해당 규정을 적용하는 것은 아니며,(사전-2019-법령해석소득-0062, 2019.5.10.) 퇴직금 정산 및 신규 입사의 절차를 거쳤다고 하더라도 이는 근로형태를 변경하는 과정에서 이루어진 형식적인 절차에 불과한 것이라면 근로관계가 실질적으로 단절되었다고 볼 수 없음.

● **청년으로 중소기업 취업자 소득세 감면을 적용받은 자가 경력단절 여성으로 해당 감면을 적용받을 수 있는지**(서면법규소득 2021-5836, 2022.11.09.)

중소기업 취업자에 대한 소득세 감면을 적용함에 있어서 "청년" 및 "경력단절 여성"에 모두 해당하는 경우에는, "청년"으로 감면을 적용받은 기간을 제외한 나머지 기간에 대해서는 "경력단절 여성"으로 감면을 적용받을 수 있는 것임.

● **상호출자제한기업집단에 지정되어 중소기업에 해당하지 아니하게 된 경우, 중소기업 취업자에 대한 소득세 감면 적용 범위**(사전법령해석소득 2021-866, 2021.12.23.)

「중소기업기본법」제2조에 따른 중소기업(이하 '중소기업')에 해당하던 기업(이하 '본 건 기업')이 같은 조 제1항 각 호 외의 부분 단서에 따라 그 사유가 발생한 날부터 중소기업에 해당하지 않게 된 경우(이 경우 같은 법 제2조 제3항 단서 및 같은 법 시행령 제9조 제2호에 따라 같은 법 제2조 제3항 본문에 따른 유예기간의 적용 없음), 「조세특례제한법」제30조에 따른 소득세 감면은 본 건 기업이 중소기업에 해당하는 기간 동안 지급받은 근로소득에 적용되는 것임.

● **최대주주였던 청년이 주식양도를 통해 최대주주가 아니게 된 경우 조특법 §30에 따른 소득세 감면 적용 여부**(사전법령해석소득 2021-351, 2021.08.20.)

중소기업체에 해당하는 기업에 취업한 청년이 최대주주 또는 최대출자자와 그 배우자에 해당하여 중소기업 취업자에 대한 소득세 감면을 적용받지 못하던 최대주주등에 해당하지 않게 된 경우에는, 감면요건이 충족된 이후 소득세를 감면받은 최초 취업일부터 계산하여 5년이 되는 날이 속하는 달까지 발생한 소득에 대해서는 소득세의 100분의 90에 상당하는 세액을 감면하는 것임.

● **중소기업에서 중견기업으로 변경된 법인이 다시 중소기업으로 변경된 경우, 조특법 §30에 따른 소득세 감면 적용 여부**(사전법령해석소득 2021-697, 2021.06.30.)

중소기업체에 해당하는 기업에 취업한 청년이 소득세를 감면받던 중 위 기업이 중소기업체에 해당하지 않게 되어 소득세 감면의 적용이 배제되었으나 이후 다시 중소기업체에 해당하게 되었다면, 위 기업이 다시 중소기업체에 해당하게 된 날부터 해당 기업에 취업하여 소득세를 감면받은 최초 취업일로부터 5년이 되는 날이 속하는 달까지 발생한 소득에 대해서는 소득세의 100분의 90에 상당하는 세액을 감면하는 것임.

● **법인으로 전환한 법인에 재취업하는 경우 중소기업 취업자에 대한 소득세 감면 여부**(서면법령해석소득 2020-3171, 2020.12.01.)

개인인 중소기업체에 취업한 60세 이상인 자가 '16.12월 위 중소기업체에서 퇴사한 후 '17.1.1 위 개인인 중소기업체가 전환한 법인에 취업한 경우가 계약기간 연장 등을 통해 해당 중소기업체에 재취업하는 경우에 해당하는 지는 사실판단할 사항임.

● **2012.1.1 이후 계약기간 연장 등에 의한 해당 중소기업에 재취업 여부**(사전법령해석소득 2019-62, 2019. 05.10.)

2011.12.31. 이전에 중소기업인 A사에 취업하였다가 퇴사 후 B사로 이직하고 다시 B사에서 퇴사하여 2012.1.1. 이후 중소기업인 A사에 재취업한 경우 해당 A사 재취업이 계약기간 연장 등을 통해 해당 중소기업에 재취업한 것에 해당하지 아니하는 경우에는 「조세특례제한법」 제30조 제1항의 감면을 적용받을 수 있는 것임.

● **「조세특례제한법」 제30조의 감면을 적용받는 중소기업 취업 청년이 중소기업으로 이직하는 경우 나이제한 적용 여부**(기획재정부소득-510, 2016.12.20.)

「조세특례제한법」 제30조 제1항 및 동법 시행령 제24조 제1항의 요건을 충족하여 중소기업 취업자에 대한 소득세 감면을 적용받은 청년이 다른 중소기업체로 이직하는 경우에 그 이직 당시의 연령에 관계없이 소득세를 감면받은 최초 취업일로부터 3년이 속하는 달까지 발생한 소득에 대하여 감면을 적용받을 수 있는 것임.

● **최다출자자 변동으로 법인의 '중소기업체' 해당 여부가 변경되는 경우 중소기업 취업청년 소득세 감면 적용방법**(서면법령해석소득 2015-22597, 2015.10.04.)

2012년 1월 1일부터 2013년 12월 31일까지의 기간 중 중소기업체에 취업하여 중소기업 취업청년에 대한 소득세 감면을 받던 근로자가 2014.8.1. 법인분할에 의하여 분할신설된 중소기업체에 고용이 승계되어 계속하여 근무하는 경우에는 「조세특례제한법」(2014.1.1. - 12169호로 개정되기 전의 것) 제30조 제1항에 따라 근로소득세의 100분의 100에 상당하는 세액을 감면받을 수 있는 것임.

● **일용근로자에서 상용근로자로 전환된 경우 중소기업취업자 감면 적용 여부**(서면법령해석소득 2015-22603, 2015.07.17.)

건설업체에 일용근로자로 고용된 후 근무기간이 1년을 경과하여 일용근로자에서 제외(상용근로자로 전환)되는 경우에는 그 일용근로자에서 제외되는 때를 취업일로 하여 중소기업 취업자 해당 여부를 판단하거나 감면기간을 계산하는 것임.

● **분할신설된 법인에 고용승계된 근로자에 대한 소득세 감면 여부**(사전법령해석소득 2015-22500, 2015. 05.15.)

중소기업체에 취업한 청년은 최초 취업일부터 3년간 같은 조에 따른 중소기업 취업자에 대한 소득세 감면을 적용받는 것이나 감면기간 중 해당 중소기업체가 「중소기업기본법 시행령」 제3조에 따른 중소기업 요건을 미충족하는 등의 사유로 중소기업체에서 제외되었다가 다시 중소기업체에 해당하게 된 경우 중소기업체에서 제외된 기간 중에 근로자가 지급받은 근로소득에 대하여는 중소기업취업자에 대한 소득세 감면을 적용할 수 없는 것임.

● **파견근로자에서 정규직 근로자로 채용된 청년이 중소기업 취업 청년 소득세 감면대상인지 여부**(서면법규 -42, 2013.01.16.)

「조세특례제한법」 제30조 제1항 전단의 대통령령으로 정하는 청년이 「파견근로자보호 등에 관한 법률」에 따라 파견사업주에 고용되어 「중소기업기본법」 제2조에 따른 중소기업으로서 중소기업에 파견근무를 하다가 퇴직한 후 2012.1.1부터 2013.12.31까지 해당 중소기업의 정규직 근로자로 취업하여 근무하는 경우 그 해당 중소기업의 취업일로부터 3년간 중소기업에 취업하는 청년에 대한 소득세 감면을 적용받을 수 있는 것임.

■ 조세특례제한법 시행규칙 [별지 제11호 서식] (2023. 3. 20. 개정)

중소기업 취업자 소득세 감면신청서

※ [ ]에는 해당되는 곳에 √ 표를 합니다.

1. 신청인	① 성 명		② 주민등록번호		
	③ 주 소		④ 취업자 유형		[ ] 청년(15세~34세) [ ] 60세 이상 사람 [ ] 장애인 [ ] 경력단절여성

2. 취업 시 연령

⑤ 중소기업에 취업한 날 연령	년 월 일 (취업일: , 생년월일:)
⑥ 병역근무기간* (6년을 한도로 함)	년 월 일 (입대일·소집일: , 전역일·소집해제일:)
⑦ 병역근무기간 차감 후 연령*(⑤ - ⑥)	년 월 일

* ⑥ 및 ⑦은 '청년'만 작성합니다.

3. 감면기간

⑧ 시작일*: 년 월 일 * 2012. 1. 1. 이후 소득세 감면을 받은 최초 취업일	⑨ 종료일*: 년 월 일 * 시작일부터 3년(청년 5년)이 되는 날(병역이행 후 1년 이내 동일 중소기업에 복직하는 경우 복직한 날부터 2년이 되는 날을 말하며, 그 복직한 날이 최초 취업 일부터 5년이 지나지 아니한 경우에는 최초 취업일부 터 7년이 되는 날을 말합니다)이 속하는 달의 말일

「조세특례제한법」 제30조 제1항 및 같은 법 시행령 제27조 제5항에 따라 위와 같이 중소기업 취업자에 대한 소득세 감면을 신청합니다.

년   월   일

신청인   (서명 또는 인)

원천징수의무자   귀하

첨부서류	1. 병역복무기간을 증명하는 서류 1부 2. 장애인등록증(수첩, 복지카드) 사본 1부 3. 「소득세법」 제143조에 따라 발급받은 근로소득 원천징수영수증 1부(「조세특례제한법」 제30조에 따라 중소기업 취업 감면을 적용받은 청년 등이 다른 중소기업체에 취업하거나 해당 중소기업체에 재취업하는 경우로 한정합니다)	수수료 없 음

유 의 사 항

1. 감면신청서를 사실과 다르게 신청하는 경우에는 부당하게 감면받은 세액에 가산세를 가산하여 추징하게 됩니다.
2. 장애인은 「장애인복지법」에 따른 장애인과 「국가유공자 등 예우 및 지원에 관한 법률」에 따른 상이자를 말합니다.
3. 2013. 12. 31. 이전에 취업한 청년이 해당 중소기업체에 계속하여 근무하는 경우 취업일부터 3년간 해당 중소기업체에서 받는 근로소득의 소득세 100%를 감면받을 수 있습니다.
4. 2014. 1. 1.부터 2015. 12. 31. 까지 중소기업체에 최초 취업자는 취업일부터 3년간, 재취업자는 소득세 감면기간 종료일까지 해당 중소기업체에서 받는 근로소득의 소득세 50%를 감면받을 수 있습니다
5. 2016. 1. 1. 이후 중소기업체에 최초 취업자는 취업일부터 3년간 해당 중소기업체에서 받는 근로소득의 소득세 70%를 감면(한도 200만원)받을 수 있습니다.
6. 청년의 경우 2018년 이후 귀속 근로소득부터는 취업일로부터 5년간 감면이 적용되며, 근로소득의 소득세 90%를 감면(한도 200만원)받을 수 있습니다.
7. 중소기업체 재취업자의 소득세 감면기간 ⑧ 시작일과 ⑨ 종료일은 최초 감면신청서상 감면기간의 시작일과 종료일을 적습니다.
8. 경력단절여성은 「조세특례제한법」 제29조의3에서 규정하고 있는 여성을 말합니다(동종업종 기업에서 1년 이상 근무하다가 결혼, 임신, 출산, 육아, 자녀교육의 사유로 퇴직하고 2년 이상 15년 이내의 기간이 경과한 후 동종업종 중소기업에 재취업하는 여성으로서 최대주주 또는 최대출자자나 그와 특수관계인이 아닌 경우).
9. 「조세특례제한법 시행령」 제27조 제3항 각 호에 따른 사업을 주된 사업으로 영위하는 중소기업으로부터 받은 근로소득만 감면대상입니다.

210mm× 297mm[백상지 80g/㎡ 또는 중질지 80g/㎡]

■ 조세특례제한법 시행규칙 [별지 제11호의2 서식] (2021. 3. 16. 개정)

중소기업 취업자 소득세 감면 대상 명세서

1. 원천징수의무자	상 호		사업자등록번호
	사업장소재지 (전화번호 :)		주업종코드

2. 감면 적용 대상자 명단

성 명	주민 등록번호	취업일	취업자 유형	중소기업 취업 시 연령	병역근무기간 (6년을 한도로 함)	병역근무기간 차감 후 연령	감면기간	
							시작일	종료일
							시작일	종료일
							시작일	종료일
							시작일	종료일

「조세특례제한법」 제30조 제3항 및 같은 법 시행령 제27조 제6항에 따라 중소기업 취업자 소득세 감면 대상 명세서를 제출합니다.

년   월   일

원천징수의무자   (서명 또는 인)

세무서장   귀하

작성방법

1. "취업자 유형"은 '청년', '60세 이상 사람', '장애인', '경력단절여성' 으로 구분하여 적습니다.
2. "병역근무기간"과 "병역근무기간 차감 후 연령"은 취업자 유형이 '청년'인 경우 적습니다.
3. "감면기간"란에는 「조세특례제한법 시행규칙」 별지 제11호 서식 「중소기업 취업자 소득세 감면신청서」의
   ⑧·⑨란의 시작일과 종료일을 적습니다.
4. "주업종코드" 란에는 원천징수의무자의 주업종코드를 기재합니다.(「조세특례제한법 시행령」 제27조 제3항 각 호에
   따른 사업을 주된 사업으로 영위하는 중소기업으로부터 받은 근로소득만 감면대상입니다.)

210mm× 297mm[백상지 80g/㎡ 또는 중질지 80g/㎡]

■ 조세특례제한법 시행규칙 [별지 제11호의3 서식] (2015. 3. 13. 개정)

중소기업 취업자 소득세 감면 부적격 대상 퇴직자 명세서

1. 원천징수의무자	상 호		사업자등록번호
	사업장 소재지		
	(전화번호 :)		

2. 감면 적용 부적격 대상 퇴직자 명세

성 명	주민등록번호	입사일	퇴직일	비 고

「조세특례제한법」 제30조 및 같은 법 시행령 제27조 제7항에 따라 중소기업 취업자 소득세 감면 부적격 대상자가 같은 법 제30조 제4항에 따른 통지일 이전에 퇴직하였음을 같은 법 제30조 제5항 단서에 따라 통지합니다.

년   월   일

원천징수의무자   (서명 또는 인)

세무서장 귀하

첨부서류	퇴직소득 지급명세서 1부	수수료 없 음

210mm× 297mm[백상지 80g/㎡ 또는 중질지 80g/㎡]

1. 개요

「중소기업 인력지원 특별법」제35조의2에 따른 중소기업 청년근로자 및 핵심인력 성과보상기금의 공제사업(일명「내일채움공제」와「청년재직자 내일채움공제」)에 2024년 12월 31일까지 가입한 중소기업 또는 중견기업의 근로자가 공제납입금을 5년☆ 이상 납입하고 그 성과보상기금으로부터 공제금을 수령하는 경우에 해당 공제금 중 해당 기업이 부담한 기여금 부분에 대해서는 근로소득으로 보아 소득세를 부과하되, 소득세의 일정한 세액을 감면한다.(조특법 29의6 ①)

☆ 중소기업 또는 중견기업의 청년근로자를 대상으로 하는 공제사업에 가입하여 만기까지 납입한 후에 핵심인력을 대상으로 하는 공제사업에 연계하여 납입하는 경우에는 해당 기간을 합산하여 5년으로 한다.

2. 공제대상 기업의 범위

가. 중소기업의 범위

중소기업은「중소기업기본법」제2조 제1항에 의한 중소기업으로서 다음 업종의 중소기업에 대하여는 적용하지 아니한다.(중소기업인력령 2) 2021년 6월 8일 이후부터 부동산업도 가입이 가능하다.

① 일반유흥 주점업   ② 무도유흥 주점업   ③ 기타 주점업
④ 기타 사행시설관리 및 운영업   ⑤ 무도장 운영업

나. 중견기업의 범위

중견기업이란 다음의 요건을 모두 갖춘 기업을 말한다.(조특령 6의4 ①)

☆ 2018.1.1. 이후 중견기업 근로자가 성과보상기금으로부터 공제금을 수령하는 분부터 적용한다.(조특법 부칙 15, 법률 제15227호 2017.12.19.)

① 중소기업이 아닐 것
② 「중견기업 성장촉진 및 경쟁력 강화에 관한 특별법 시행령」제2조 제1항 제1호(「공공기관의 운영에 관한 법률」제4조에 따른 공공기관) 또는 제2호(「지방공기업법」에 따른 지방공기업)에 해당하

는 기관이 아닐 것

③ 다음의 어느 하나에 해당하는 업종을 주된 사업으로 영위하지 아니할 것. 이 경우 둘 이상의 서로 다른 사업을 영위하는 경우에는 사업별 사업수입금액이 큰 사업을 주된 사업으로 본다.

　가. 다음에 해당하는 소비성서비스업

- 호텔업 및 여관업(관광진흥법에 따른 관광숙박업은 제외)
- 주점업(일반유흥주점업, 무도유흥주점업 및 「식품위생법 시행령」 제21조에 따른 단란주점 영업만 해당하되, 「관광진흥법」에 따른 외국인전용유흥음식점업 및 관광유흥음식점업은 제외한다)
- 그 밖에 오락·유흥 등을 목적으로 하는 사업으로서 다음의 사업☆
  ☆ 2024.03.22. 이후 개시하는 과세연도부터 소비성서비스업에 포함됨(조특칙 부칙 2024.03. 22. 기획재정부령 제1042호 제3조)
  　㉠ 무도장 운영업
  　㉡ 기타 사행시설 관리 및 운영업(「관광진흥법」 제5조 또는 「폐광지역 개발 지원에 관한 특별법」 제11조에 따라 허가를 받은 카지노업은 제외한다)
  　㉢ 유사 의료업 중 안마를 시술하는 업
  　㉣ 마사지업

　나. 금융업, 보험 및 연금업, 금융 및 보험관련 서비스업(중견기업령 2 ② 2호)

④ 소유와 경영의 실질적인 독립성이 「중견기업 성장촉진 및 경쟁력 강화에 관한 특별법 시행령」 제2조 제2항 제1호에 적합할 것

⑤ 직전 3개 과세연도의 매출액(매출액은 「조세특례제한법 시행령」 제2조 제4항에 따른 계산방법으로 산출하며, 과세연도가 1년 미만인 과세연도의 매출액은 1년으로 환산한 매출액을 말한다)의 평균금액이 3천억원 미만인 기업일 것

참고

○ 성과보상기금 가입기업의 유형변경시 감면 적용 여부

중소기업 청년근로자 및 핵심인력 성과보상금 수령에 대한 소득세 감면은 성과보상기금에 가입한 시점의 기업의 유형에 따라 공제금 수령시 감면율을 적용한다.(사전법규소득 2024 – 111, 2024.04.01., 사전법규소득 2023 – 723, 2024.03.14.)

가입당시 기업유형	가입 후 기업유형변경	공제금 수령시 감면 여부
중소기업	중소기업	중소기업으로 감면
중소기업	중견기업	중소기업으로 감면
중소기업	일반기업	중소기업으로 감면
중견기업	중소기업	중견기업으로 감면
중견기업	일반기업	중견기업으로 감면

3. 중소기업 청년근로자 및 핵심인력의 범위

가. 중소기업 청년근로자

중소기업의 청년근로자는 성과보상기금 가입일 현재 15세 이상 34세(병역을 이행한 사람의 경우에는 6년을 한도로 병역을 이행한 기간을 현재 연령에서 빼고 계산한 연령을 말한다) 이하인 사람 중 다음에 해당하는 사람을 제외한 사람을 말한다.(조특령 29의6 ②, 조특령 26의8 ③ 1호)

① 「기간제 및 단시간근로자 보호 등에 관한 법률」에 따른 기간제근로자 및 단시간근로자
② 「파견근로자 보호 등에 관한 법률」에 따른 파견근로자
③ 「청소년 보호법」에 따른 청소년유해업소에 근무하는 같은 법에 따른 청소년

나. 핵심인력의 범위

핵심인력이란 직무 기여도가 높아 해당 중소기업의 대표자가 장기재직이 필요하다고 지정하는 근로자를 말한다. 다만, 중소기업 또는 중견기업의 근로자로서 다음의 사람을 제외한 사람을 말한다.(조특령 26의6 ①)

① 해당 기업의 최대주주 또는 최대출자자(개인사업자의 경우에는 대표자를 말한다)와 그 배우자
② ①에 해당하는 사람의 직계존비속(그 배우자를 포함한다) 또는 제1호에 해당하는 사람과 「국세기본법 시행령」 제1조의2 제1항에 따른 친족관계☆에 있는 사람
　☆ 「국세기본법 시행령」 제1조의2 제1항에 따른 친족관계는 다음과 같다.
　　① 4촌 이내의 혈족　　② 3촌 이내의 인척
　　③ 배우자(사실상의 혼인관계에 있는 자를 포함한다)
　　④ 친생자로서 다른 사람에게 친양자 입양된 자 및 그 배우자·직계비속
　　⑤ 본인이 「민법」에 따라 인지한 혼인 외 출생자의 생부나 생모(본인의 금전이나 그 밖의 재산으로 생계를 유지하는 사람 또는 생계를 함께하는 사람으로 한정한다)

4. 성과보상기금의 범위와 납입기간

「중소기업 인력지원 특별법」 제35조의2에 따른 중소기업 핵심인력 성과보상기금으로 중소기업 사업주와 핵심인력이 5년 이상 다음과 같이 공동 납입하여야 한다. 이 경우 중소기업 또는 중견기업의 청년근로자를 대상으로 하는 공제사업에 가입하여 만기까지 납입한 후에 핵심인력을 대상으로 하는 공제사업에 연계하여 납입하는 경우에는 해당 기간을 합산하여 5년을 계산한다.

구 분	납 입 액		정부
	핵심인력(근로자)	사업주	
내일채움공제	핵심인력과 사업주가 1:2 이상의 비율로 매월 34만원 이상, 1만원 단위로 공동납입		없음
청년재직자내일채움공제	5년 이상 720만원 (최소 월 12만원)	5년 이상 1,200만원 (최소 월 20만원)	3년간 1,080만원 (7회 분할)

> **참고**
>
> ○ **중소기업 청년근로자 및 핵심인력 성과보상기금의 공제사업 가입 혜택**
> ① 중소기업 및 중견기업이 부담하는 기여금은 전액 비용인정 된다.
> ② 중소기업 및 중견기업이 부담하는 기여금은 연구 및 인력개발비 세액공제(당해연도 발생액의 25% 또는 직전연도 대비 증가액의 50%)가 적용된다.
> ③ 중소기업 및 중견기업의 핵심인력이 받는 성과보상기금 중 기업 기여금에 대한 소득세가 감면된다.

5. 감면세액 계산

중소기업 또는 중견기업의 근로자가 공제납입금을 5년 이상 납입하고 그 성과보상기금으로부터 공제금을 수령하는 경우에 해당 공제금 중 해당 기업이 부담한 기여금 부분에 대해서는 근로소득으로 보아 소득세를 부과하되, 다음과 같이 세액을 감면한다.(조특법 29의6 ①)

가. 감면세액

$$\text{종합소득 산출세액} \times \frac{\text{근로소득금액}}{\text{종합소득금액}} \times \frac{\text{중소기업 등이 부담한 기여금}}{\text{해당 근로자의 총급여액}} \times \text{감면율}$$

나. 감면율

구 분	중소기업 근로자	중견기업 근로자
청년 근로자	90%	50%
청년 외의 근로자	50%	30%

6. 농어촌특별세 비과세

근로자가 감면받는 세액은 농어촌특별세 비과세대상이다.

7. 제출서류

소득세를 감면받고자 하는 근로자는 공제금을 수령하는 날이 속하는 달의 다음 달 말일까지「중소기업 핵심인력 성과보상기금 수령액에 대한 소득세 감면신청서」(조특칙 별지 제10호의6 서식)를 원천징수의무자에게 제출하여야 한다.

원천징수의무자는 신청을 받은 달의 다음 달 10일까지「중소기업 핵심인력 성과보상기금 수령액에 대한 소득세 감면 대상 명세서」(조특칙 별지 제10호의7 서식)를 원천징수 관할 세무서장에게 제출하여야 한다.

> 예규 ●●●

● **내일채움공제 만기 수령금에 대한 소득세 감면 적용 시, 감면 적용의 기준시점**(사전법규소득 2024-111, 2024.04.01.)

중소기업의 근로자로서 내일채움공제사업에 가입하여 공제납입금을 납입하던 중 소속 기업이 중견기업으로 전환된 후 공제금을 수령하는 경우에, 가입시점의 기업유형(중소기업)에 의한 감면율에 의하는 것임.

● **내일채움공제계약 성립일 이후 대기업 전환시 성과보상기금 수령액 소득세 감면 적용 여부**(사전법규소득 2023-723, 2024.03.14.)

중견기업의 근로자로서 내일채움공제사업에 가입하여 공제금을 적립하던 중 소속 기업이 중견기업에서 제외되는 경우에도 가입시점에「조세특례제한법」제29조의6 제1항의 요건을 충족하여 만기까지 납입한 후 그 공제금을 수령하는 경우에는 세액감면을 적용받을 수 있는 것임.

● **내일채움공제 지자체 연계지원금 및 청년재직자 내일채움공제 만기공제금 소득세 과세 여부에 대한 회신**(기획재정부소득-463, 2019.08.09.)

근로자가「중소기업 인력지원 특별법」제35조의2에 따른 성과보상기금으로부터 공제금을 수령하는 경우로서 그 성과보상기금의 재원이 국가 또는 지방자치단체의 지원금인 경우에는 그 지원금에 해당하는 부분은 소득세가 과세되지 아니하는 것이나, 그 밖에 그 재원이 공기업 등의 지원금인 경우에는 과세대상 근로소득에 해당하는 것임. 또한, 근로자가 수령하는 공제금 중 공기업 등이 부담한 기여금 부분에 대해서는 소득세 감면을 적용하지 않는 것임.

● **고용노동부가 주관하는 청년내일채움공제 만기환급금 중 정부지원금 및 기업기여금으로 적립한 부분의 소득세 과세대상 해당 여부**(서면법령해석소득 2018-3289, 2019.03.14.)

「고용정책기본법」제25조, 「고용보험법」제25조 및 「청년고용촉진특별법」제7조 등에 근거하여 고용노동부가 주관하는 청년내일채움공제에 가입한 거주자가 해당 공제의 만기에 지급받는 공제금 중 정부가 부담하는 정부지원금 및 정부가 지급하는 채용 유지지원금에서 기업기여금으로 적립한 부분은 소득세 과세대상에 해당하지 않는 것임.

8. 질문과 답변 사례모음[23]

질문 및 답변

Q01 (법 시행일) 2016년 1월 1일 이전에 가입한 사람도 소득세 감면이 가능한지?

소득세 감면이 가능하다. 조세특례제한법 부칙 제13조에 따르면 세금감면 조항은 법 시행 이후 공제금을 수령하는 경우부터 적용하게 되기 때문에 시행일 이전에 가입한 사람도 소득세 감면이 가능하다.

> ※ 부칙 〈법률 제13560호, 2015.12.15.〉
> 제13조 (중소기업 핵심 인력 성과보상기금 수령액에 대한 소득세 감면 등에 관한 적용례)
> 제29조의6의 개정 규정은 이 법 시행 이후 공제금을 수령하는 경우부터 적용한다.

Q02 근로자 만기 시 공제금 소득세 감면에 해당하는 '대통령령으로 정한 청년의 경우'의 기준이 어떻게 되나요?

조세특례제한법 제29조의6 제1항 제1호 각 목 외의 부분에서 "대통령령으로 정하는 청년"이란 조세특례제한법 시행령 제26조의8 제3항 제1호에 해당하는 사람을 말한다.

---

23) 중소벤처기업진흥공단, 2023년 내일채움공제 세제혜택 안내 자료집 참조

※ 중소기업 청년근로자 및 핵심인력 성과보상기금 수령액에 대한 소득세 감면 적용 시 청년은 만 15세 이상 34세 이하인 자를 말하는 것이다. 이 경우 청년 판단은 성과보상기금 가입일을 기준으로 판단한다. 「중소기업 인력지원 특별법」 제35조의2에 따른 중소기업 청년근로자 및 핵심인력 성과보상기금의 공제사업에 2024년 12월 31일까지 가입한 중소기업 또는 중견기업의 근로자 (해당 기업의 최대주주 등 대통령령으로 정하는 사람은 제외)가 대상이다.

※ 조세특례제한법 시행령 제26조의8 제3항 제1호
1. 15세 이상 34세(제27조 제1항 제1호 각 목의 어느 하나에 해당하는 병역을 이행한 사람의 경우에는 6년을 한도로 병역을 이행한 기간을 현재 연령에서 빼고 계산한 연령을 말한다) 이하인 사람 중 다음 각 목에 해당하는 사람을 제외한 사람
   가. 「기간제 및 단시간근로자 보호 등에 관한 법률」에 따른 기간제근로자 및 단시간근로자
   나. 「파견근로자 보호 등에 관한 법률」에 따른 파견근로자
   다. 「청소년 보호법」에 따른 청소년유해업소에 근무하는 같은 법에 따른 청소년

Q 03 근로자 만기 시 공제금 소득세 감면과 관련하여 2025년 이후 가입자는 감면이 불가한가요?

조세특례제한법 제29조의6 제1항 따르면 "공제사업에 2024년 12월 31일까지 가입한 중소기업 또는 중견기업의 근로자"를 대상으로 하고 있으므로 2024년 12월 31일까지 가입한 근로자를 대상으로 가능하다.

☞ 저자주 : 2024.09.02. 국회 기획재정위원회에 제안된 정부 「2024년 세법개정안」에 의하면 2027.12.31. 까지 연장될 예정임.

Q 04 공제사업간 연계가입자(청년 – 일반, 청년 – 연계형) 소득세 감면과 관련하여 만기 공제금의 수령 여부가 소득세 감면에 영향이 있나요?

청년내일채움공제 가입자가 만기 후 내일채움공제에 연계가입하여 만기 수령할 경우 내일채움공제에 가입한 이후 기업이 납부한 기업기여금에 대한 근로소득세 50%(청년 90%), 중견기업 30% (청년 50%) 감면이 가능하다. 다만, 3년 또는 4년형으로 연계가입 하는 경우 청년내일채움 공제 만기 공제금을 수령하지 않고 연계가입하여 5년 이상 납입해야 한다.

〈근로소득세 감면요건〉

연계가입 기간	수령방법
3년	미수령
4년	미수령
5년	일괄수령(미수령 불필요)

Q 05 만기공제금 지급에 따른 4대보험에 영향이 있나요?

소득세법상 핵심인력이 수령한 공제금 중 기업기여금은 근로소득으로 과세하고 있다. 따라서 만기 수령시 기업과 핵심인력의 4대보험료 증가분이 있다.

○ 4대보험료 산정 방식
  • 4대 보험료는 근로자의 전년도 보수총액을 월단위로 나눈 보수월액에 보험요율을 곱하여 산정

구분		근로자	사업주	비고
국민연금		4.5%	4.5%	보수월액 590만원 상한
건강보험		3.545%	3.545%	보수월액 780만원 상한
	장기요양	6.405%	6.405%	건강보험료에 계산
고용보험		0.9%	1.15%	150인 미만 기준
산재보험		없음	업종별 상이	0.7%~18.6%

○ 보험료 부과 및 정산
  • 적용기간: 전년도 보수총액의 적용기간은 국민연금은 당해 7월부터, 나머지는 4월부터 적용됨
  • 정산: 전년도 보수총액과 당해연도 실제 보수총액이 다른 경우 건강·고용·산재보험은 다음 해 4월 일괄정산, 국민연금 12개월 균등 납부

구분	국민연금	건강보험	고용보험	산재보험
적용기간	당해 7월 ~ 다음연도 6월	당해 4월 ~ 다음연도 3월		
정산여부	일괄정산 없음	매년 3월 10일까지 신고 후 4월 일괄정산	매년 3월 15일까지 신고 후 4월 일괄 정산	

Q 06 만기공제금 예상 수령액 예시

(예시) 평균 연봉 3,600만원인 중소기업 청년 핵심인력이 근로자 납입금 총 600만원 중소기업 기여금 총 1,440만원 가정

○ 내일채움공제 가입 전과 후 비교

(2023년 07월 01일 기준)

구 분	내일채움공제 가입 전	내일채움공제 가입 후(만기)
평균연봉	36,000,000	36,000,000
근로자 납입금		6,000,000(비과세)
(+) 중소기업 기여금		14,400,000
총급여	36,000,000	50,400,000
(−) 소득공제	10,650,000	12,700,000
(−) 인적공제	1,500,000	1,500,000
과세표준	23,850,000	36,630,000
기본세율	15%	15%
산출세액	2,317,500	4,234,500

구 분	내일채움공제 가입 전	내일채움공제 가입 후(만기)
(−) 근로소득세 90% 감면*	0	1,088,870
(−) 근로소득 세액공제	716,000	660,000
(−) 표준세액공제	130,000	130,000
근로소득세 납부액	1,471,500	2,355,630

* 90% 감면세액: 4,234,500 × (14,400,000 / 50,400,000) × 90%
    1. 청년의 범위: 15세 ~ 34세(공제금 가입시 충족 나이)
    2. 중소기업 청년에 해당할 경우 근로소득세 90% 감면
    3. 중소기업 외에 해당할 경우 근로소득세 50% 감면

○ 만기공제금 예상 수령액

구 분	금 액	비 고
만기 공제금(5년)	20,400,000	(근로자 월 10만원 기업부담금 월 24만원)
(+) 이자수익	1,836,000	복리 3% 가정
세전 공제금	22,236,000	
(−) 이자수익의 원천징수	282,744	원천징수 15.4% 공제
원천징수 후 지급액	21,953,256	
(−) 근로소득세 추가납부액	884,130	청년 90% 감면
(−) 4대보험 추가납부액	1,871,088	근로자 부담금 9.172%
최종 실수령액	19,198,038	

* 이자수익은 근로자마다 계약일자, 만기 일자에 따라 다르게 산정되므로 수령금액 다를 수 있음.

Q 07   연말정산에 기업기여금을 근로소득으로 신고해야 하는 근로자는?

만기공제금을 수령(세액감면 대상)하거나, 기업귀책으로 중도해지하여 기업기여금을 수령한 근로자(감면대상 아님)는 근로소득으로 신고하여야 한다.

○ 원천징수 영수증상 근로소득 총지급액에 근로자가 수령한 기업기여금을 합산하여 신고.
○ 감면 적용시 감면코드는 T40 ~ T43을 ⑱−34란에 기재함.

Q 08   청년내일채움공제 만기자의 내일채움공제 연계가입 시 세액혜택(비용인정+세액공제)

청년내일채움공제 가입자가 만기 후 내일채움공제에 연계가입하여 만기 수령할 경우 기업이 납부한 기업기여금에 대해 근로소득세 50%(청년 90%), 중견기업 30%(청년 50%)감면이 가능하다. 다만, 3년 또는 4년형으로 연계가입 하는 경우 청년내일채움공제 만기공제금을 수령하지 않고 연계 가입하여 5년 이상 납입해야 근로소득세 감면이 가능하다.(최초 공제가입 나이 기준으로 청년, 그 외 대상으로 감면 적용됨)

〈근로소득세 감면요건〉	
연계가입 기간	수령방법
3년	미수령
4년	미수령
5년	일괄수령(미수령 불필요)

예시) 청년내일채움공제 2년 만기(미수령) + 내일채움공제 3년 연계가입 → 근로소득세 감면대상 금액 = 5년 간 기업이 부담한 기업납입금

Q 09 내일채움공제 만기 시 공제금을 분할 수령할 수 있나요?

만기수령자에 대한 혜택으로 기업납부금에 대한 소득세 중소기업 50%(청년 90%), 중견기업 30%(청년 50%) 감면을 받기 위해 일시수령은 1회 제출하면 되나, 분할 지급은 청년근로자, 중소기업 담당자는 관련 서식을 작성하여 매월 관할 세무서에 제출하여야 한다.(미제출시 소득세 감면 불가)

분할 수령 후 일시수령으로 공제금 지급은 가능하나 분할 지급 청구일 이후로는 중도해지 이율이 적용됨.

1. 분할 수령은 36개월 간 원금균등분할 방식 수령으로 기간 조정 등이 불가능
2. 분할 지급 청구일까지 기업납부금, 근로자납입금, 만기이자, 만기 후 이자가 합산되어 분할 수령 원금이 되며, 월별수령금액을 제외한 그 이자 등은 최종 분할 지급 기일에 지급됨.

■ 조세특례제한법 시행규칙 [별지 제10호의6 서식] (2023. 3. 20. 개정)

중소기업 청년근로자 및 핵심인력 성과보상기금 수령액에 대한 소득세 감면신청서

1. 신청인	① 성명		② 주민등록번호	
	③ 주소		④ 근로자 유형	[ ] 청년(15세~34세) [ ] 그 외

2. 중소기업 청년근로자 및 핵심인력 성과보상기금 가입 기간(5년)

⑤ 가 입 일	년 월 일
⑥ 종 료 일	년 월 일

3. 중소기업 청년근로자 및 핵심인력 성과보상기금에서 만기 시 수령한 공제금

⑦ 총 수 령 금 액	원
– ⑧ 기업이 부담한 기여금(감면대상)	원
– ⑨ 근로자가 납부한 공제납입금(旣 과세)	원
– ⑩ 그 외 금액(이자소득세 과세)	원

「조세특례제한법」 제29조의6 제1항 및 같은 법 시행령 제26조의6 제4항에 따라 위와 같이 중소기업 청년근로자 및 핵심인력 성과보상기금 수령액에 대한 소득세 감면을 신청합니다.

년   월   일

신청인

(서명 또는 인)

원천징수의무자 귀하

첨부서류	중소기업 청년근로자 및 핵심인력 성과보상기금에서 공제납입금을 수령하였다는 것을 증명하는 서류 1부	수수료 없 음

유 의 사 항

1. 감면신청서를 사실과 다르게 신청하는 경우에는 부당하게 감면받은 세액에 가산세를 가산하여 추징하게 됩니다.

2. 감면을 신청한 경우 청년근로자 및 핵심인력 성과보상기금 만기 시 수령한 공제금 중 기업이 부담한 기여금에 대해 중소기업의 경우 소득세의 50%(청년근로자 90%), 중견기업의 경우 30%(청년근로자 50%)를 감면받을 수 있습니다.

210mm× 297mm[백상지 80g/㎡ 또는 중질지 80g/㎡]

■ 조세특례제한법 시행규칙 [별지 제10호의7 서식] (2023. 12. 29. 개정)

중소기업 청년근로자 및 핵심인력 성과보상기금 수령액에 대한 소득세 감면 대상 명세서

1. 원천징수의무자	상 호		사업자등록번호		
	사업장소재지		원천징수의무자 유형	[ ] 중소기업	
	(전화번호 :)			[ ] 중견기업	

2. 감면 적용 대상자 명단

성 명	주민 등록번호	중소기업 청년근로자 및 핵심인력 성과보상 기금 가입일	중소기업 청년근로자 및 핵심인력 성과보상 기금 종료일	만기 시 수령한 공제금 중 기업이 부담한 기여금	근로자 유형 1. 청년(15세~34세) 2. 그 외

「조세특례제한법」 제29조의6 제1항 및 같은 법 시행령 제26조의6 제5항에 따라 중소기업 청년근로자 및 핵심인력 성과보상기금 수령액에 대한 소득세 감면 대상 명세서를 제출합니다.

년   월   일

원천징수의무자   (서명 또는 인)

세무서장   귀하

작성방법

1. 만기 시 수령한 공제금 중 기업이 부담한 기여금란에는 기업이 해당 청년근로자 및 핵심인력을 위하여 성과보상기금 가입일부터 종료일까지 성과보상기금에 부담한 기여금 총액을 적습니다.

2. 근로자 유형란에는 청년(15세~34세)에 해당하는 경우는 '1'을 적고, 그 외의 경우는 '2'를 적습니다.

210mm× 297mm[백상지 80g/㎡ 또는 중질지 80g/㎡]

4 성과공유제 중소기업의 경영성과급에 대한 소득세 감면

1. 개요

「중소기업 인력지원 특별법」 제27조의2 제1항에 따른 성과공유 중소기업의 근로자가 해당 중소기업으로부터 2024년 12월 31일까지 경영성과급을 지급받는 경우 그 경영성과급에 대한 소득세의 100분의 50에 상당하는 세액을 감면한다.(조특법 19)

> **참고**
>
> ○ 성과공유 중소기업이 지급한 경영성과급에 대한 혜택
> 성과공유 중소기업이 상시근로자에게 지급한 경영성과급의 15%를 사업소득세에 대한 소득세 또는 법인세에서 공제

2. 성과공유 중소기업의 범위

성과공유 중소기업이란 「중소기업 인력지원 특별법」 제27조의2 제1항에 따라 중소기업에 근무하는 근로자의 임금 또는 복지 수준을 향상시키기 위하여 다음의 성과공유 유형 중 어느 하나에 해당하는 방법으로 근로자와 성과를 공유하고 있거나 공유하기로 약정한 중소기업을 말한다.

여기서 중소기업이란 「중소기업기본법」 제2조 제1항에 따른 중소기업을 의미한다.(기준법령해석법인 2021 - 90, 2021.10.15.)

> ① 중소기업과 근로자가 경영목표 설정 및 그 목표 달성에 따른 성과급 지급에 관한 사항을 사전에 서면으로 약정하고 이에 따라 근로자에게 지급하는 성과급(우리사주조합을 통하여 성과급으로서 근로자에게 지급하는 우리사주를 포함한다) 제도의 운영
> ② 「중소기업 인력지원 특별법」 제35조의5 제1호에 따른 중소기업 청년근로자 및 핵심인력에 대한 성과보상공제사업의 가입
>   ▷ **성과보상공제사업은 내일채움공제, 청년재직자내일채움공제, 청년내일채움공제 등을 말하며, 공제사업 중 어느 하나에 1명 이상 가입하여야 한다.**
> ③ 다음 각 목의 어느 하나의 요건에 해당하는 임금수준의 상승
>   가. 근로자의 해당연도 평균임금 증가율이 직전 3개 연도 평균임금 증가율의 평균보다 클 것
>   나. 근로자의 해당연도 평균임금 증가율이 전체 중소기업의 임금증가율을 고려하여 중소벤처기업부장관이 정하여 고시하는 비율보다 클 것

④ 「근로복지기본법」 제32조·제50조 또는 제86조의2에 따른 우리사주제도·사내근로복지기금 또는 공동근로복지기금의 운영
⑤ 「상법」 제340조의2·제542조의3 또는 「벤처기업 육성에 관한 특별법」 제16조의3에 따른 주식 매수선택권의 부여
⑥ 그 밖에 성과공유 활성화를 위하여 중소벤처기업부장관이 정하여 고시하는 유형
    ㉠ 인재육성형 중소기업   ㉡ 직무발명보상 우수기업   ㉢ 인적자원개발 우수기업
    ㉣ 가족친화 인증기업   ㉤ 노사문화 우수기업   ㉥ 청년친화 강소기업
    ㉦ 복지지원 중소기업   ㉧ 여가친화 인증기업
⑦ 위 ①, ②, ④, ⑤의 유형에 해당하는 성과공유기업은 다음의 요건을 충족하여야 한다.
    ㉠ 상시근로자 1인당 성과급을 제외한 연간 임금총액이 전년보다 감소하지 아니할 것. 다만, 근로계약 기간이 1년 미만인 신규 근로자의 경우 성과급을 제외한 임금총액이 근로계약으로 정한 임금보다 감소하지 아니할 것
    ㉡ 사업주가 성과공유를 위하여 지급 또는 출연한 금액이 성과공유 대상 근로자 1인당 연간 35만 원 이상일 것. 다만, ④ 및 ⑤에 따른 유형은 제외한다.

3. 세액감면 대상 근로자의 범위

성과공유 중소기업의 근로자 중 다음에 해당하는 사람을 제외한 근로자가 세액감면대상이다.

① 해당 과세기간의 총급여액이 7천만원을 초과하는 사람
② 해당 기업의 최대주주 또는 최대출자자(개인사업자의 경우에는 대표자를 말한다)와 그 배우자
③ ②에 해당하는 자의 직계존비속(그 배우자를 포함한다) 또는 ②에 해당하는 사람과 「국세기본법 시행령」 제1조의2 제1항에 따른 친족관계☆에 있는 사람
    ☆ 「국세기본법 시행령」 제1조의2 제1항에 따른 친족관계는 다음과 같다.
        ① 4촌 이내의 혈족
        ② 3촌 이내의 인척
        ③ 배우자(사실상의 혼인관계에 있는 자를 포함한다)
        ④ 친생자로서 다른 사람에게 친양자 입양된 자 및 그 배우자·직계비속
        ⑤ 본인이 「민법」에 따라 인지한 혼인 외 출생자의 생부나 생모(본인의 금전이나 그 밖의 재산으로 생계를 유지하는 사람 또는 생계를 함께하는 사람으로 한정한다)

4. 경영성과급의 범위

경영성과급이란 「중소기업 인력지원 특별법 시행령」 제26조의2 제1항 제1호에 따른 성과급을 말한다.(조특령 17 ②)

중소기업과 근로자가 경영목표 설정 및 그 목표 달성에 따른 성과급 지급에 관한 사항을 사전에 서면으로 약정하고 이에 따라 근로자에게 지급하는 성과급(우리사주조합을 통하여 성과급으로서 근로자에게 지급하는 우리사주를 포함한다)으로 다음의 요건을 모두 충족하여야 한다.(중소벤처기업부고시 제2023-24호 제3조)

① 사업주와 근로자 간에 근로계약, 취업규칙, 단체협약, 미래성과공유협약 등을 통해 매출액, 영업이익 등의 경영목표와 목표 달성에 따른 성과급 지급기준을 사전에 서면으로 약정하여야 한다.

② ①에 따른 서면 약정은 성과급 지급일을 기준으로 3개월 이전에 이루어져야 한다.

③ 성과급은 다음 각 목과 같이 현금 또는 주식으로 지급하여야 한다.
    ㉠ 현금 : 경영목표 달성에 따른 성과를 근로자와 공유하기 위해 사업주가 성과급으로 지급하는 성과공유 상여금
    ㉡ 주식 : 우리사주제도 실시회사 또는 그 주주 등이 우리사주조합기금에 출연한 금전과 물품으로 지급하는 성과급으로 우리사주조합을 통해 근로자에게 지급하는 우리사주

5. 감면세액 계산

세액감면을 받으려는 자가 중소기업 취업자에 대한 소득세 감면을 받는 경우 다음 계산식에 따라 계산 금액을 감면한다.(조특령 17 ⑧)

$$\left[\left(\text{종합소득 산출세액} \times \frac{\text{근로소득금액}}{\text{종합소득금액}} \right) - \text{중소기업 취업자 소득세 감면세액} \right] \times \frac{\text{경영성과급}}{\text{해당 근로자의 총급여액}} \times 50\%$$

☆ 총급여액에 중소기업 청년근로자 및 핵심인력 성과보상금 수령액에 대한 소득세 감면 규정에 의하여 수령하는 공제금 중 해당 기업이 부담한 기여금이 포함됨.(사전법규소득 2024-13, 2024.05.30.)

6. 제출서류

가. 근로자

세액감면을 받으려는 자는 경영성과급을 지급받은 날이 속하는 달의 다음 달 말일까지 「성과공유 중소기업 경영성과급 소득세 감면신청서」(조특칙 별지 제8호의4서식)를 원천징수의무자에게 제출해야 한다.

나. 원천징수의무자

원천징수의무자는 「성과공유 중소기업 경영성과급 소득세 감면 대상 명세서」(조특칙 별

지 제8호의5서식)를 신청받은 날이 속하는 달의 다음 달 말일까지 원천징수 관할 세무서장에게 제출해야 한다.

예규 ●●●

● 조특법 §19의 적용에 있어서 "총급여액"에 내일채움공제 만기지급금 중 근로소득 과세대상인 기여금은 포함되지 아니하는 것인지 여부(사전법규소득 2024 – 13, 2024.05.30.)

「조세특례제한법」 제19조 제2항 제1호 및 같은 법 시행령 제17조 제1항 제7호의 "해당 과세기간의 총급여액"에는 「조세특례제한법」 제29조의6(중소기업 청년근로자 및 핵심인력 성과보상금 수령액에 대한 소득세 감면 등) 제1항에 따른 "기여금"이 포함되는 것임.

● 성과공유 중소기업의 경영성과급에 대한 세액공제가 적용 가능한지 여부(서면법령해석법인 2020 – 1920, 2020.12.14.)

「중소기업 인력지원 특별법」 제27조의2 제1항에 따른 중소기업이 「조세특례제한법」 제19조의 성과공유 중소기업의 경영성과급에 대한 세액공제를 적용함에 있어 같은 조 제1항 및 같은 법 시행령 제17조에서 규정하는 요건을 충족하는 경우에는 성과공유기업 확인서를 발급받지 아니하였더라도 해당 세액공제 대상에 해당하는 것임.

성과공유 중소기업 경영성과급 소득세 감면 신청서

1. 신청인	① 성 명		② 주민등록번호	
	③ 주 소			

2. 감면 요건

적용 요건	여	부
④ 총급여액 7천만원 이하		
⑤ 최대주주 및 특수관계인		

3. 감면대상 성과급

⑥ 지급확정일	년 월 일
⑦ 지 급 금 액	원

「조세특례제한법」 제19조 제2항 및 같은 법 시행령 제17조 제9항에 따라 위와 같이 성과공유 중소기업 경영성과급 수령액에 대한 소득세 감면을 신청합니다.

년   월   일

신청인

(서명 또는 인)

원천징수의무자   귀하

유 의 사 항

1. 공제신청서를 사실과 다르게 신청하는 경우에는 부당하게 감면받은 세액에 가산세를 가산하여 추징하게 됩니다.

2. 감면을 신청한 경우 수령한 경영성과급에 대한 소득세의 50%를 감면받을 수 있습니다.

3. 지급확정일은 계량적 요소에 따라 성과급을 지급하는 경우는 계량적 요소가 확정된 날을 말하며, 계량적 · 비계량적 요소로 평가하여 그 결과에 따라 지급하는 경우 개인별 지급액이 확정되는 날을 말합니다.

4. "⑤ 최대주주 및 특수관계인"이란 해당 기업의 최대주주 또는 최대출자자(개인사업자의 경우 대표자)와 그 배우자 및 그 직계존속, 친족관계에 있는 사람을 의미합니다.

210mm× 297mm[백상지 80g/㎡ 또는 중질지 80g/㎡]

■ 조세특례제한법 시행규칙 [별지 제8호의5 서식] (2019. 3. 20. 신설)

성과공유 중소기업 경영성과급 소득세 감면 대상 명세서

1. 원천징수의무자	상 호		사업자등록번호
	사업장소재지		
	(전화번호 :)		

2. 감면 적용 대상자 명단

성 명	주민 등록번호	경영성과급 서면약정여부	총급여액 7천만원 이하 여 부	최대주주, 특수관계인 해당 여부	경영성과급 금액
		여, 부	여, 부	여, 부	
		여, 부	여, 부	여, 부	
		여, 부	여, 부	여, 부	
		여, 부	여, 부	여, 부	

「조세특례제한법」 제19조 제2항 및 같은 법 시행령 제17조 제10항에 따라 성과공유 중소기업 경영성과급 수령액에 대한 소득세 감면 대상 명세서를 제출합니다.

년   월   일

원천징수의무자   (서명 또는 인)

세무서장   귀하

작성방법

1. "성과공유 중소기업"이란 「중소기업 인력지원 특별법」 제27조의2 제1항에 따른 성과공유 중소기업을 말합니다.
2. "최대주주 및 특수관계인"이란 해당 기업의 최대주주 또는 최대출자자(개인사업자의 경우 대표자)와 그 배우자 및 그 직계존속, 친족관계에 있는 사람을 의미합니다.

210mm× 297mm[백상지 80g/㎡ 또는 중질지 80g/㎡]

내국인 우수인력의 국내복귀에 대한 소득세 감면

1. 개요

학위취득 후 국외에서 5년 이상 거주하면서 연구개발 및 기술개발 경험을 가진 사람으로서 내국인 우수인력이 국내에 거주하면서 연구기관등에 2020년 1월 1일 이후 취업하여 받는 근로소득으로서 취업일(2025년 12월 31일 이전인 경우만 해당한다)부터 10년이 되는 날이 속하는 달까지 발생한 근로소득에 대해서는 소득세의 100분의 50에 상당하는 세액을 감면한다. 이 경우 소득세 감면기간은 소득세를 감면받은 사람이 다른 연구기관등에 취업하는 경우와 관계없이 소득세를 감면받은 최초 취업일부터 계산한다.(조특법 18의3)

> **참고**
>
> ○ 내국인 우수인력의 국내복귀에 대한 소득세의 감면기간 개정 관련 부칙
>
> | 구분 | 2022.12.31. 이전 | 2023.01.01. 이후 |
> | --- | --- | --- |
> | 감면 적용기간 | 5년이 되는 날이 속하는 달까지 | 10년이 되는 날이 속하는 달까지 |
>
> 이 법 시행(2023.01.01.) 당시 국내에서 최초로 근로를 제공한 날부터 5년이 지나지 아니한 내국인 우수인력에 대해서도 적용한다.(조특법 부칙 11, 법률 제19199호, 2022.12.31.)
> 따라서 2022.12.31. 이전 감면기간(5년)이 미경과한 경우에도 2023.01.01. 이후 개정된 감면기간(10년) 중 추가기간 동안 감면을 적용받을 수 있다.

2. 내국인 우수인력의 범위

내국인 우수인력은 다음의 요건을 모두 갖춘 사람을 말한다.(조특령 16의3 ①)

> ① 자연계·이공계·의학계 분야의 박사학위를 소지한 사람일 것
> ② 기업부설연구소 또는 연구개발전담부서 등[24]의 기관 또는 부서에 취업한 날 또는 소득세를 최초로 감면받는 날이 속하는 과세기간의 직전 5개 과세기간 동안 국외에서 거주했을 것. 이 경우 1개 과세기간에 183일 이상 국외에서 체류한 경우 해당 과세기간에는 국외에서 거주한 것으로 본다.
> ③ 국외연구기관등☆에서 5년 이상 연구개발 및 기술개발 경험☆☆이 있을 것☆☆☆
> > ☆ 국외연구기관등이란 외국의 대학과 그 부설연구소, 국책연구기관 및 기업부설연구소를 말한다.(조특칙 10 ②)
> > ☆☆ 5년 이상 연구개발 및 기술개발 경험이 외국의 대학과 그 부설연구소, 국책연구기관 및 기업부설연구소에서 이루어진 경우를 의미하는 것임.(사전법규소득 2024－356, 2024.06.10.)

☆☆☆ 국외연구기관등에서 연구원(행정 사무만을 담당하는 사람은 제외한다)으로 근무한 기간이 합산하여 5년(휴직 등으로 인해 실제로 연구원으로 근무하지 않은 기간을 제외한다) 이상인 경우에는 연구개발 및 기술개발 경험이 있는 것으로 본다.(조특칙 10 ③)

④ 근로를 제공하는 기업과 「국세기본법 시행령」 제1조의2 제1항에 따른 친족관계 또는 같은 조 제3항에 따른 경영지배관계에 있지 않을 것. 다만, 경영지배관계에 있는지를 판단할 때 「국세기본법 시행령」 제1조의2 제4항 제1호 나목의 요건은 적용하지 않는다.

☞ 저자주 : 근로제공기업과 친족관계 등 판단시점

구분	2024.2.29.전 근로제공	2024.2.29. 이후 근로제공
친족관계등 판단시점	해당 과세연도 종료일 현재 기준	근로제공기간 동안

⑤ 해당 과세기간 종료일 현재 대한민국의 국적을 가진 사람일 것

⑥ 기업부설연구소 또는 연구개발전담부서 등에서 연구원(행정 사무만을 담당하는 사람은 제외한다) 으로 근무하는 사람일 것

3. 감면세액 계산

내국인 우수인력이 국내에 거주하면서 연구기관등에 취업하여 받는 근로소득으로서 취업일(2025년 12월 31일 이전인 경우만 해당한다)부터 10년이 되는 날이 속하는 달까지 발생한 근로소득에 대해서는 다음과 같이 계산한 상당하는 세액을 감면한다.

$$\left[종합소득 \atop 산출세액 \times \frac{근로소득금액}{종합소득금액} \right] \times \frac{감면대상\ 근로소득금액}{근로소득금액} \times 50\%$$

---

24) 기업부설연구소 또는 연구개발전담부서 등은 다음의 기관 또는 부서를 말한다.(조특령 16의3 ②)
   ① 「기초연구진흥 및 기술개발지원에 관한 법률」 제14조의2 제1항에 따라 과학기술정보통신부장관의 인정을 받은 기업부설연구소 또는 연구개발전담부서
   ② 「정부출연연구기관 등의 설립·운영 및 육성에 관한 법률」 제2조에 따른 정부출연연구기관 및 「과학기술분야 정부출연연구기관 등의 설립·운영 및 육성에 관한 법률」 제2조에 따른 과학기술분야 정부출연연구기관과 그 부설 연구기관
   ③ 「특정연구기관 육성법」 제2조에 따른 특정연구기관 및 그 부설 연구기관
   ④ 「고등교육법」 제2조에 따른 대학, 산업대학, 전문대학 또는 기술대학 및 그 부설 연구기관
   ⑤ 「한국해양과학기술원법」에 따라 설립된 한국해양과학기술원
   ⑥ 「국방과학연구소법」에 따라 설립된 국방과학연구소
   ⑦ 「산업기술혁신 촉진법」 제42조에 따른 전문생산기술연구소
   ⑧ 「산업기술연구조합 육성법」에 따라 설립된 산업기술연구조합

4. 제출서류

소득세를 감면받으려는 사람은 근로를 제공한 날이 속하는 달의 다음 달 10일까지 원천 징수의무자를 거쳐 원천징수 관할 세무서장에게 다음이 내용이 포함된 증명서를 함께 세 액감면신청서를 제출해야 한다.

① 감면신청자의 이름
② 국외연구기관등의 명칭 및 주소
③ 국외연구기관등에서 근무한 기간, 근무부서, 연구분야 및 해당 부서 책임자의 확인

예 규 ●●●

● 내국인 우수인력 국내 복귀 소득세 감면을 위한 조특법 §18의3 ①의 "연구개발 경험"의 기준(사전법규소득 2024 – 356, 2024.06.10.)

「조세특례제한법 시행령」 제16조의3 제1항 제3호의 요건은 5년 이상 연구개발 및 기술개발 경험이 외국의 대학과 그 부설연구소, 국책연구기관 및 기업부설연구소에서 이루어진 경우를 의미하는 것임.

● 「조세특례제한법」 제18조의3 제1항의 "학위취득 후"의 의미(서면법규소득 2023 – 416, 2023.09.26., 서면법 규소득 2022 – 5425, 2023.09.26.)

「조세특례제한법」 제18조의3 제1항의 "학위취득 후"란 같은 법 시행령 제16조의3 제1항 제1호에 따른 박사학위 취득 후를 의미하는 것임.

내국인 우수인력의 국내복귀에 대한 소득세 감면신청서

※ [　]에는 해당되는 곳에 √표를 합니다.

1. 소득자	① 성 명		② 주민등록번호
	③ 주 소 (전화번호:　　　　　　　)		
2. 국외 거주기간	④ 국외거주 시작일 또는 시작 과세기간		⑤ 국외거주 종료일 또는 종료 과세기간
3. 원천징수 의무자	⑥ 업 태		⑦ 업 태(종목)
	⑧ 소재지		⑨ 사업자등록번호
	⑩ 감면기간 　　　시작일 :　　년　　월　　일 　　　종료일 :　　년　　월　　일 　　(시작일부터 10년이 되는 날이 속하는 달까지 감면 가능)		
	⑪ 연구기관 유형 [　]「조세특례제한법 시행령」제16조의3 제2항 제1호 [　]「조세특례제한법 시행령」제16조의3 제2항 제2호 [　]「조세특례제한법 시행령」제16조의3 제2항 제3호 [　]「조세특례제한법 시행령」제16조의3 제2항 제4호 [　]「조세특례제한법 시행령」제16조의3 제2항 제5호 [　]「조세특례제한법 시행령」제16조의3 제2항 제6호 [　]「조세특례제한법 시행령」제16조의3 제2항 제7호 [　]「조세특례제한법 시행령」제16조의3 제2항 제8호		

「조세특례제한법」제18조의3 및 같은 법 시행령 제16조의3 제3항에 따라 위와 같이 내국인 우수 인력의 국내복귀에 대한 소득세 감면을 신청합니다.

년　　월　　일

신 청 인　　　　　　　　　　　　　　　(서명 또는 인)

세무서장 귀하

첨부서류	1. 박사학위증명서 2. 국외에서 5년 이상 거주하였음을 증명할 수 있는 서류(예시 : 해외거주사실증명서, 재외국민등록부 등) 3. 국외의 대학 및 연구기관 등에서 5년 이상 연구개발 및 기술개발 경험이 있음을 증명할 수 있는 서류 4. 과학기술정보통신부장관이 발행하는 기업부설연구소 인정서 또는 연구개발전담부서 인정서 등	수수료 없음

작성방법

1. 내국인 우수 인력의 국내복귀에 대한 소득세 감면 신청은 취업한 날 또는 최초 감면받은 날이 속하는 과세기간의 직전 5개 과세기간동안 국외에서 거주하여야 합니다.
2. "연구기관 유형"은 소득자가 국내에 취업한 연구기관 등이 해당하는 항목을 표시합니다.
3. "감면기간"란에는 소득세 감면을 받은 최초 취업일을 시작일로 기재하고 시작일부터 10년이 되는 날이 속하는 달의 말일을 종료일로 기재합니다.

210mm× 297mm[백상지 80g/㎡]

03절

세액공제

| 세액공제 및 특별세액공제 요약 |

세액공제	공제항목	세액공제 대상금액 한도		세액공제율
근로소득 세액공제	• 근로소득이 있는 거주자	산출세액	세액공제액	
		130만원 이하	산출세액 × 55%	
		130만원 초과	715천원 + (산출세액 – 130만원) × 30%	

* 총급여 수준에 따라 다음의 금액을 초과하는 금액은 없는 것으로 한다.

총급여	세액공제한도	총급여	세액공제한도
3,300만원 이하	74만원	7,000만원 이하	66만원
1억 2천만원 이하	50만원	1억 2천만원 초과	20만원

세액공제	공제항목	세액공제 대상금액 한도 / 세액공제율
납세조합 세액공제	• 원천징수 제외대상 근로소득이 있는 자가 조직한 납세조합에 의하여 세액이 원천징수 되는 경우	산출세액 × 5% (연간 100만원 한도)
주택자금차입금이자 세액공제	• 무주택 세대주 또는 1주택만을 소유한 세대주인 거주자가 1995.11.1.~1997.12.31. 기간 중 미분양주택 취득과 직접 관련한 국민주택기금등으로부터 차입한 차입금에 대한 이자	이자상환액 × 30% (농어촌특별세 과세)

세액공제	공제항목	고향사랑 기부금	세액공제액
고향사랑기부금 세액공제	거주자가 고향사랑기부금에 관한 법률에 따라 고향사랑 기부금을 지방자치단체에 기부한 금액	10만원 이하	고향사랑기부금 × 100/110
		5백만원 이하	90,909 + (고향사랑기부금 – 10만원) × 15%

☆ 세액공제받은 고향사랑기부금은 특별세액공제 중 기부금세액공제를 적용하지 아니함.

세액공제		공제항목	세액공제 대상금액 한도	세액공제율
정치자금 세액공제		거주자가 정치자금법에 따라 정당(같은 법에 따른 후원회 및 선거관리위원회 포함한다)에 기부한 정치자금	<table><tr><td>정치자금</td><td>세액공제액</td></tr><tr><td>10만원 이하</td><td>정치자금×100/110</td></tr><tr><td>3천만원 이하</td><td>90,909 + (정치자금 − 10만원) × 15%</td></tr><tr><td>3천만원 초과</td><td>4,575,909 + (정치자금 − 3천만원) × 25%</td></tr></table>	
결혼세액공제		2024년~2026년 동안 혼인신고한 거주자에 대하여 혼인신고를 한 해	50만원	
		👉 저자주 : 2024.09.02. 국회 기획재정위원회에 제안된 정부 『2024년 세법개정안』에 의하면 결혼세액공제를 신설하여 2025.1.1. 이후 신고하는 분부터 적용할 예정임. 따라서 실무적용시 2024년 12월 정기국회에서 세법개정내용을 반드시 확인이 필요함.		
외국납부 세액공제		• 국외원천소득이 있는 근로자	세액공제 = Min[①, ②] ① 외국소득세액 ② 산출세액 × $\left(\dfrac{\text{국외원천소득금액}}{\text{종합소득금액}}\right)$	
자녀 세액 공제	기본자녀 세액공제	• 기본공제대상자인 자녀·입양자·위탁아동·손자녀 중 8세 이상의 사람	• 1명 : 연 15만원, 2명 : 연 35만원 • 3명 이상 : 연 35만원 + 초과 1명당 연 30만원	
	출생·입양 세액공제	• 해당과세기간에 출생·입양한 자녀	첫째 연 30만원, 둘째 연 50만원, 셋째 이상 연 70만원	
연금 계좌 세액 공제	㉮ 연금저축 납입액	• 연금저축납입액 + 납입의제금액☆ + 연금주택차액 중 납입액	Min{Min[㉮, 연 600만원] + ㉯, 900만원} + ㉰ Min(전환금 × 10%, 300만원)	총급여☆☆ • 5천5백만 원 이하 : 15% • 초과 : 12%
	㉯ 퇴직연금 납입액	• DC형퇴직연금, 중소기업퇴직연금기금, IRP에 추가납입한 연금납입액 + 납입의제금액☆ + 연금주택차액 중 납입액		
	㉰ ISA계좌 잔액 전환금액	• 개인종합자산관리계좌(ISA)의 계약이 만료되고 해당 계좌잔액의 전부 또는 일부를 연금계좌로 납입한 경우 그 납액한 금액(전환금액)		
☆ 이전 과세기간에 연금계좌 세액공제를 받지 아니한 금액이 있는 경우로서 그 금액의 전부 또는 일부를 해당 과세기간에 연금계좌로 납입한 금액으로 연금계좌 취급자에게 전환신청한 금액 ☆☆ 종합소득금액이 4천5백만원 이하 또는 근로소득만 있는 경우에는 총급여액 5천500만원 이하 자만 적용				

세액공제	공제항목	세액공제 대상금액 한도	세액공제율
월세 세액공제	무주택 세대의 세대주로 해당 과세기간의 총급여액이 8천만원 이하인 근로자가 국민주택규모 또는 기준시가 4억원 이하의 주택☆을 임차하기 위하여 지급하는 월세액	Min[①, ②] ① 월세액 ② 1,000만원	총급 5.5천만원☆☆ 이하 : 17% 초과 : 15%
	☆ 다중 생활주택인 오피스텔과 고시원 포함 ☆☆ 근로소득자 중 종합소득금액이 4천5백만원 기준 포함		

| 세액공제신고서 첨부서류 요약 |

공제항목		첨부서류	발 급 처		비 고
연금 보험료	퇴직연금계좌	연금납입확인서	연금계좌취급자		국세청
	연금저축계좌	연금납입확인서	연금계좌취급자		국세청
보험료	보장성보험	보험료납입증명서 또는 보험료납입영수증	보험사업자		국세청
의 료 비	의료비명세서	의료비지급명세서	본인 작성		
	의료기관·병원	계산서·영수증, 진료비(약제비)납입확인서	병의원, 약국		국세청
	난임시술비	진료비(약제비)납입확인서	병의원, 약국		
	미숙아·선청성 이상아의료비	진료비(약제비)납입확인서	병의원, 약국		
	안경(콘택트렌즈)	사용자의 성명과 시력교정용임을 안경사가 확인한 영수증	구입처	신용카드등 사용분	국세청
				그 외 사용분	
	보청기, 장애인보장구	사용자의 성명을 판매자가 확인한 영수증	구입처		
	의료기기	의사·치과의사·한의사의 처방전	병의원		
		판매자 또는 임대인이 발행한 의료기기명이 기재된 의료비영수증	구입처		
	노인장기요양	장기요양급여비 납부확인서	요양기관		국세청
	건강보험산정 특례대상자	장애인증명서 등 건강보험 산정특례 대상자로 등록된 자임을 증명할 수 있는 서류	의료기관 등		
	산후조리원비용	이용자의 성명과 이용대가를 확인한 영수증	산후조리원		국세청
	실손의료보험료 수령액 자료	실손의료보험료 수령액 자료	보험회사 등		국세청

공제항목		첨부서류	발급처		비고
교육비	수업료, 등록금 등	교육비납입증명서	교육기관		국세청
	취학전아동 학원비	교육비납입증명서	학원		
	교복구입비	교육비납입증명서	구입처	신용카드등 사용분	국세청
				그 외 사용분	
	학교 외 도서구입비	방과후 학교 수업용 도서 구입 증명서	교육기관		
	장애인특수교육비	교육비납입증명서	사회복지시설 등		국세청
		장애인 특수 교육시설 해당 입증 서류	사회복지시설 등		
	학자금대출상환액	교육비납입증명서	한국장학재단외		국세청
	국외교육비	교육비납입을 증명할 수 있는 서류	국외 교육기관		
		재학증명서			
		부양가족의 유학자격 입증 서류 (근로자가 국내 근무하는 경우)	교육기관 등		
기부금		기부금명세서	본인 작성		
		정치자금기부금 영수증	중앙선관위 또는 기부처		국세청
		고향사랑기부금	지방자치단체		국세청
		기부금 영수증	기부처		국세청
주택자금 차입금 이자세액공제		미분양주택확인서(근로자는 주택자금이자 세액공제 신청서 작성) 금융기관이 발행한 차입금이자 상환증명서 매매계약서 및 등기부등본	지방자치단체		
외국인기술자 세액감면		외국인기술자의 근로소득세 감면신청서	본인 작성		
외국인근로자 세액감면		외국인 근로소득세액감면신청서	본인 작성		
중소기업 취업자 소득세 감면		중소기업 취업자 소득세 감면신청서	본인 작성		
외국납부세액공제		외국납부세액공제(필요경비산입)신청서	본인 작성		
월세액		월세액·거주자 간 주택임차자금 차입금 원리금상환액 소득·세액공제 명세서	본인 작성		국세청(공공주 택임대사업자)
		주민등록표 등본	읍·면·동주민센터		
		임대차계약증서 사본	본인 보관		
		월세액 지급 증명서류(현금영수증, 계좌이체 영수증, 무통장입금증 등)	본인 보관		국세청
중소기업핵심인력 성과보상 기금 수령액에 대한 소득세 감면		중소기업핵심인력 성과보상기금 수령액에 대한 소득세 감면신청서	본인 작성		

공제항목	첨부서류	발 급 처	비 고
성과공유 중소기업의 경영 성과급에 대한 소득세 감면	성과공유 중소기업 경영성과급 소득세 감 면신청서	본인 작성	
외국인근로자 단일세율적용	외국인근로자 단일세율적용신청서	본인 작성	
외국인근로자 등	외국인등록사실증명(주민등록표등본에 갈음)	출입국관리사무소	
	재외국민등록부등본(국내 주민등록 없는 재외국민)	재외공관	

※ 실손의료보험료 수령액 자료를 연말정산 간소화 자료로 2025년 1월 제공예정임.
※ 국세청이 안경점 명단을 카드사 등에 통보하여 안경구입비 명세를 카드사·등으로부터 직접 수집하여 연말
정산 간소화 자료로 2025년 1월 제공예정임.
※ 행정안전부와 근로복지공단으로부터 긴급재난지원금 관련 기부금 자료를 일괄 제출받아 연말정산 간소화
자료로 2025년 1월 제공예정임.
※ 월세 내역을 전산으로 관리하는 한국토지주택공사, 공무원연금공단, 지방자치단체 산하 공사 등으로부터
월세액 자료를 일괄 제출받아 연말정산 간소화 자료로 제공할 예정임.

 근로소득 세액공제

근로소득이 있는 거주자는 당해 근로소득에 대한 산출세액에서 다음의 금액을 공제한
다.(소득법 59 ①)

산출세액	세액공제액
130만원 이하	근로소득 산출세액 × 55%
130만원 초과	71만 5천원 + (근로소득 산출세액 − 130만원) × 30%

공제세액이 다음의 구분에 따른 금액을 초과하는 경우에 그 초과하는 금액은 없는 것으
로 한다.

총급여액	세액공제 금액 한도
• 3,300만원 이하	74만원
• 3,300만원 초과 7천만원 이하	74만원 − [(총급여액 − 3,300만원) × 0.8%] 다만, 위 금액이 66만원보다 적은 경우에는 66만원
• 7천만원 초과 1억 2천만원 이하	66만원 − [(총급여액 − 7천만원) × 50%] 다만, 위 금액이 50만원보다 적은 경우에는 50만원
• 1억 2천만원 초과	50만원 − [(총급여액 − 1억 2천만원) × 50%] 다만, 위 금액이 20만원보다 적은 경우에는 20만원

근로소득 세액공제 적용시 「조세특례제한법」 제30조의 중소기업 취업자에 대한 소득세 감면이 있는 경우 다음의 금액을 근로소득 세액공제액으로 한다.

근로소득 세액공제액 = 근로소득 세액공제액 × (1 − 감면급여비율☆)

☆ 감면급여비율 = 중소기업 취업자에 대한 소득세 감면액 ÷ 산출세액

 적용사례

근로소득 산출세액과 총급여액이 다음과 같은 경우 근로소득 세액공제 금액은?
① 90만원(총급여액 3천만원)   ② 200만원(총급여액 6천만원)

① 49만 5천원   ② 66만원

〈계산〉
① 산출세액이 90만원(총급여액 3천만원)인 경우
   (90만원 × 55%) = 49만 5천원(공제한도 74만원 내)
② 산출세액이 200만원인(총급여액 6천만원) 경우
   (130만원 × 55%) + {(200만원 − 130만원) × 30%} = 92만 5천원이나
   ⇨ 공제한도가 66만원*이므로 66만원이 세액공제금액임
      * Max[66만원, 74만원 − (총급여액 − 3,300만원) × 0.008]

2. 납세조합 세액공제

다음에 해당하는 근로소득이 있는 자가 조직한 납세조합에 가입된 근로소득자가 종합소득과세표준 확정신고를 하거나 연말정산을 하는 경우에는 해당 납세조합에 의하여 원천징수된 근로소득에 대한 종합소득산출세액의 100분의 5에 해당하는 금액을 산출세액에서 공제한다.(소득법 150 ③) 세액공제액은 연간 100만원☆을 한도로 한다.(소득법 150 ④)

☆ 해당 과세기간이 1년 미만이거나 해당 과세기간의 근로제공기간이 1년 미만인 경우에는 100만원에 해당 과세기간의 월수 또는 근로제공 월수를 곱하고 이를 12로 나누어 산출한 금액을 말한다.

① 외국기관 또는 우리나라에 주둔하는 국제연합군(미군은 제외한다)으로부터 받는 근로소득
② 국외에 있는 비거주자 또는 외국법인(국내지점 또는 국내영업소는 제외한다)으로부터 받는 근로소득. 다만, 다음의 어느 하나에 해당하는 소득은 제외한다.
    ㉠ 비거주자의 국내사업장과 「법인세법」에 따른 외국법인의 국내사업장의 국내원천소득금액을 계산할 때 필요경비 또는 손금으로 계상되는 소득
    ㉡ 국외에 있는 외국법인(국내지점 또는 국내영업소는 제외한다)으로부터 받는 근로소득 중 외국법인 소속 파견근로자의 소득에 대한 원천징수 특례에 따라 소득세가 원천징수되는 파견근로자의 소득

구 분		세액공제액	세액공제액 한도
세액공제액	매월 징수	매월 징수하는 세액의 5%	연 100만원
	연말정산	산출세액의 5%(연말정산시 재정산)	연 100만원

예규 ●●●

◉ 납세조합에 미신고한 소득 또는 가입 전 소득의 세액공제 배제(서면2팀 - 192, 2005.01.27.)

납세조합에 의하여 연말정산된 근로소득을 연말정산하거나, 종합소득과세표준확정신고를 하는 경우에도 당해 납세조합의 가입 전에 발생한 소득 또는 납세조합에 신고하지 아니한 소득에 대하여는 납세조합공제를 적용하지 아니하는 것임.

◉ 외국인근로자에 대한 과세특례시 납세조합공제 적용 여부(서면2팀 - 1742, 2004.08.19.)

조세특례제한법 제18조의2 제2항의 외국인근로자에 대한 과세특례(19% 단일세율 과세특례) 적용 시 소득세법 제150조 제3항의 납세조합공제 규정은 적용하지 않음.

3 주택자금차입금 이자세액공제

무주택 세대주 또는 1주택만을 소유한 세대주인 거주자가 1995년 11월 1일부터 1997년 12월 31일 기간 중에 미분양주택 취득과 직접 관련하여 1995년 11월 1일 이후 국민주택기금 등으로부터 차입한 대출금의 이자상환액의 30%에 상당하는 금액을 세액공제 한다.

1. 공제대상 주택의 범위

서울특별시 이외의 지역에 소재하는 다음의 요건을 모두 갖춘 국민주택규모의 주택을 말한다.

① (구) 주택건설촉진법에 의하여 건설교통부장관의 사업계획승인을 얻어 건설하는 주택(임대주택 제외)으로서 당해 주택의 소재지 관할시장·군수·구청장이 1995년 10월 31일 현재 미분양주택임을 확인한 주택
② 주택건설업자로부터 최초로 분양받은 주택으로서 당해 주택이 완공된 후 다른 자가 입주한 사실이 없는 주택

2. 차입금의 범위

국민주택기금으로부터 차입하는 금액 또는 한국주택은행이 미분양주택의 취득자에게 특별 지원하는 대출금을 말한다.

> **참고**
>
> ○ **미분양주택을 양도하거나 다른 주택을 취득한 경우 제외**
> 미분양주택의 취득('97.12.31.까지 계약 후 계약금을 납부한 경우 포함) 후 당해 주택을 양도(매매계약 해지 포함)하거나, 다른 주택을 취득한 경우 당해 미분양주택의 양도일, 매매계약의 해지일 또는 다른 주택의 취득일 현재 상환되지 아니한 차입금은 공제대상에서 제외됨.
>
> ○ **2 이상의 미분양주택의 차입금이 동시에 있는 경우 적용방법**
> 2 이상의 미분양주택에 대한 차입금이 동시에 있는 경우에는 최초로 취득한 주택 1개를 제외한 나머지 주택에 대한 차입금은 공제 대상에서 제외됨.

3. 세액공제금액 및 공제기한

세액공제금액	농어촌특별세 대상 여부	공제기한
주택자금차입금에 대한 당해연도 이자상환액 × 30%	납부대상	차입금 상환완료 시까지

4. 유의사항

① 무주택 세대주 등의 해당 여부는 미분양주택 취득시기(소득세법 시행령 제162조 제1항)를 기준으로 판단하며, 1주택만을 소유하는 세대주는 대체취득(미분양주택의 취득일로부터 1년 이내에 종전의 주택을 양도하는 경우)하는 경우에 한하여 공제 가능
② '97.12.31.까지 매매계약을 체결하고 계약금을 납부한 경우에는 미분양주택을 '95.11.1. ~ '97. 12.31. 기간 중에 취득한 것으로 본다.
③ 주택자금 차입금 이자에 대한 세액공제를 받는 사람의 차입금은 장기주택저당차입금으로 보지 아니함(중복공제 불가)

5. 제출서류

① 주택자금이자세액공제신청서(근로자가 작성)
② 지방자치단체의 장이 발행한 미분양주택확인서
   당해 주택의 소재지를 관할하는 시장·군수 또는 구청장이 발행한 확인서 또는 분양 건설업체에서 발급한 원본 대조필한 사본
③ 당해 금융기관장(지점, 대리점, 영업소 포함)이 발행한 차입금이자상환 증명서
④ 매매계약서 및 등기부등본

6. 농어촌특별세 부과

주택자금차입금 이자세액공제를 받은 근로자는 주택자금차입금 이자세액공제 금액의 20%를 농어촌특별세로 납부하여야 하며, 원천징수의무자는 소득세법의 원천징수의 예에 따라 징수하여 신고·납부한다.

농어촌특별세는 별도로 납부하지 않고 본세(소득세) 납부서상의 농어촌특별세란에 기재하여 함께 납부하며, 농어촌특별세의 과오납 등으로 인하여 환급할 세액이 발생한 경우에는 소득세와 같은 방법으로 조정 환급한다.

 적용사례

무주택 세대주인 근로자가 '95.12월에 구 「조세감면규제법」 제67조의2 규정의 "미분양주택"을 취득하고 당해 주택과 관련하여 "국민주택기금"으로부터 1,500만원을 융자받아 2024년도 중 매월 125천원씩 이자를 납입하고 2024년도 연말정산시 주택자금차입금 이자세액공제를 받는 경우 납부할 농어촌특별세는 얼마인가?

90,000원
- 과세표준(세액공제액) : (125,000원 × 12월) × 30% = 450,000원
- 농어촌특별세 계산 : 450,000원 × 20%(세율) = 90,000원

4 / 정치자금 세액공제

1. 공제대상 및 세액공제금액

거주자가 「정치자금법」에 따라 정당(같은 법에 따른 후원회 및 선거관리위원회 포함)에 기부한 정치자금은 이를 지출한 해당 과세연도의 소득금액에서 10만원까지는 그 기부금액의 110분의 100에 상당하는 금액을 세액공제하고, 10만원을 초과한 금액에 대해서는 해당 금액의 100분의 15(해당 금액이 3천만원을 초과하는 경우 그 초과분에 대해서는 100분의 25)에 해당하는 금액을 종합소득산출세액에서 공제한다.(조특법 76)

정치자금기부금	세액공제액
10만원 이하	정치자금기부금 × 100 / 110
10만원 초과 3천만원 이하	90,909 + (정치사금기부금 − 10만원) × 15%
3천만원 초과	4,575,909 + (정치자금기부금 − 3천만원) × 25%

예규 ●●●

● **기부정치자금 세액 공제시 부양가족 명의 기부금의 공제 가능 여부**(서면1팀−207, 2007.02.07.)

「조세특례제한법」제76조의 [정치자금의 손금산입 특례 등] 규정은 거주자가 「정치자금법」에 따라 정당(동법에 의한 후원회 및 선거관리위원회를 포함)에 본인 명의로 기부한 정치자금에 한하여 적용되는 것임.

2. 제출서류

기부정치자금 영수증은 관련 법률에서 정하고 있으므로 해당 정치자금영수증을 제출한다. 다만, 연말정산 간소화 자료로 갈음할 수 있다.

- 무정액영수증(정치자금사무관리규칙 별지 제16호)
- 정액영수증(정치자금사무관리규칙 별지 제17호)
- 기탁금수탁증(정치자금사무관리규칙 별지 제25호 서식)
- 당비영수증(정치자금사무관리규칙 별지 제2호 서식)

5 고향사랑기부금 세액공제

1. 공제대상 및 세액공제금액

거주자가 「고향사랑 기부금에 관한 법률」에 따라 고향사랑 기부금☆을 지방자치단체에 기부한 경우 다음 의 계산식에 따라 계산한 금액을 이를 지출한 해당 과세연도의 종합소득산출세액에서 공제한다.(조특법 58 ①) 세액공제받은 금액은 해당 과세기간의 종합소득산출세액을 한도로 한다.(조특법 58 ②)

☆ 개인별 고향사랑기부금의 연간 상한액은 500만원으로 한다.(고향사랑기부금법 8 ③)

고향사랑기부금	세액공제액
10만원 이하	고향사랑기부금 × 100 / 110
10만원 초과 5백만원 이하	90,909 + (고향사랑기부금 − 10만원) × 15%

2. 특별세액공제 중 기부금세액공제와의 관계

고향사랑기부금으로 세액공제 받은 고향사랑기부금에 대해서는 특별세액공제 중 기부금세액공제를 적용하지 아니한다.(조특법 58 ③)

---| Check Point |---

○ **결혼 세액공제 신설**(조특법 95 개정안)

2024년부터 2026년까지 혼인신고를 한 거주자에게 혼인신고를 한 해(생애 1회)에 50만원의 세액공제 제도를 신설할 예정이다.

☞ 저자주 : 2024.09.02. 국회 기획재정위원회에 제안된 정부 「2024년 세법개정안」에 의하면 결혼 세액공제를 신설하여 2025.1.1. 이후 신고하는 분부터 적용할 예정임. 따라서 실무적용시 2024년 12월 정기국회에서 세법개정 내용을 반드시 확인이 필요함.

6   외국납부세액공제

1. 개요

거주자의 종합소득금액에 국외원천소득이 합산되어 있는 경우로서 그 국외원천소득에 대하여 외국에서 외국소득세액을 납부하였거나 납부할 것이 있는 때에는 외국소득세액을 해당 과세기간의 종합소득 산출세액에서 공제할 수 있다.(소득법 57 ①)

2. 국외원천소득의 범위와 공제대상 외국소득세액

가. 국외원천소득의 범위

국외원천소득은 국외에서 발생한 소득으로서 거주자의 종합소득금액의 계산에 관한 규정을 준용해 산출한 금액을 말한다.(소득령 117 ②)

> 예규 •••
>
> ● **국외원천소득의 범위**(소득법 기본통칙 57-0-1)
> 국외원천소득이라 함은 우리나라 세법에 의하여 계산한 과세소득으로서 국외에서 발생된 소득을 말함.
>
> ● **국내·국외근로소득이 함께 있는 경우 국외원천소득의 범위**(국제세원-381, 2012.08.23.)
> 국내근로소득과 국외근로소득이 있는 거주자가 국외근로소득에 대한 외국납부세액공제를 적용하는 경우, 세액공제한도 계산을 위한 국외근로소득은 근로소득공제액 중 국외근로소득에 대응되는 근로소득공제액을 해당 국외근로소득에서 차감하여 계산하는 것임.

나. 공제대상 외국소득세액

(1) 외국소득세액

외국소득세액이란 외국정부에 납부했거나 납부할 다음의 세액(가산세는 제외한다)을 말한다. 다만, 해당 세액이 조세조약에 따른 비과세·면제·제한세율에 관한 규정에 따라 계산한 세액을 초과하는 경우에는 그 초과하는 세액은 제외하되, 2023년 8월 8일 이후 납부했거나 납부할 외국소득세액부터 러시아연방 정부가 비우호국과의 조세조약 이행중단을 내용으로 하는 자국 법령에 근거하여 조세조약에 따른 비과세·면제·제한세율에 관한 규정에 따라 계산한 세액을 초과하여 과세한 세액은 포함한다.(소득령 117 ①, 소득령 제34265호 부칙 9, 2024.02.29.)

> ① 개인의 소득금액을 과세표준으로 하여 과세된 세액과 그 부가세액
> ② ①과 유사한 세목에 해당하는 것으로서 소득 외의 수입금액 기타 이에 준하는 것을 과세표준으로 하여 과세된 세액

국외원천소득이 종합소득·퇴직소득 또는 양도소득으로 구분하여 과세되지 아니한 외국납부세액에 대한 세액공제액은 종합소득금액·퇴직소득금액 또는 양도소득금액에 의하여 안분계산한다.(소득칙 60 ①)

또한 국외원천소득이 있는 거주자가 조세조약의 상대국에서 그 국외원천소득에 대하여 소득세를 감면받은 세액 상당액은 그 조세조약에서 정하는 범위에서 세액공제 대상이 되는 외국소득세액으로 본다.(소득법 57 ③)

(2) 적용 환율

외국납부세액의 원화환산은 외국세액을 납부한 때의 외국환거래법에 의한 기준환율 또는 재정환율에 의한다.(소득칙 60 ②)

3. 세액공제금액 계산

거주자의 종합소득금액에 국외원천소득이 합산되어 있는 경우로서 그 국외원천소득에 대하여 외국에서 외국소득세액을 납부하였거나 납부할 것이 있는 때에는 다음 계산식에 따라 계산한 공제한도금액 내에서 외국소득세액을 해당 과세기간의 종합소득 산출세액에서 공제한다.

$$공제한도금액 \ = \ 종합소득\ 산출세액\ \times\ \left[\cfrac{국외원천소득금액^{☆}}{종합소득금액}\right]$$

☆ 국외원천소득금액 = 국외원천소득$^{☆☆}$ − 국외원천소득대응비용$^{☆☆☆}$

☆☆ 국외원천소득에서 「조세특례제한법」이나 그 밖의 법률에 따라 세액감면 또는 면제를 적용받는 경우에는 세액감면 또는 면제 대상 국외원천소득에 세액감면 또는 면제비율을 곱한 금액은 제외한다.

☆☆☆ 국외원천소득대응비용은 다음의 비용을 말한다.(소득령 117 ②)
1. 직접비용 : 해당 국외원천소득에 직접적으로 관련되어 대응되는 비용. 이 경우 해당 국외원천소득과 그 밖의 소득에 공통적으로 관련된 비용은 제외한다.
2. 배분비용 : 해당 국외원천소득과 그 밖의 소득에 공통적으로 관련된 비용 중 기획재정부령으로 정하는 배분방법에 따라 계산한 국외원천소득 관련 비용

4. 이월공제

외국소득세액을 종합소득 산출세액에서 공제할 때 외국정부에 납부하였거나 납부할 외국소득세액이 해당 과세기간의 공제한도금액을 초과하는 경우 그 초과하는 금액은 해당 과세기간의 다음 과세기간 개시일부터 10년 이내에 끝나는 과세기간으로 이월하여 그 이월된 과세기간의 공제한도금액 내에서 공제받을 수 있다.(소득법 57 ②)

> **참 고**
>
> ○ **외국납부세액공제에 관한 적용례**(소득세법 부칙 법률 제17757호 제11조)
>
> 외국정부에 납부하였거나 납부할 외국소득세액이 공제한도를 초과하여 2021년 1월 1일 이후 개시하는 과세기간 직전까지 공제되지 아니하고 남아있는 금액에 대해서는 이 법 시행 이후 개시하는 과세기간에 대한 과세표준 및 세액을 계산할 때 이월공제기간을 5년에서 10년을 적용한다.

5. 제출서류

외국납부세액의 공제를 받으려는 사람은 외국납부세액공제신청서를 국외원천소득이 산입된 과세기간의 연말정산을 할 때에 납세지 관할 세무서장 또는 원천징수의무자에게 제출하여야 한다.(소득령 117 ③)

외국정부의 국외원천소득에 대한 소득세의 결정통지 지연이나 과세기간의 상이 등의 사유로 외국납부세액공제신청서를 과세표준확정신고와 함께 제출할 수 없는 때에는 그 결정통지를 받은 날로부터 3개월 이내에 이를 제출할 수 있다. 또한 외국정부가 국외원천소득

에 대한 소득세의 결정을 경정함으로써 외국납부세액에 변동이 생긴 경우에도 이를 준용한다.(소득령 117 ④, ⑤)

📖 • • 적용사례

다음에 해당하는 근로자의 외국납부세액공제 금액은?
① 기본공제대상자 3명(본인, 배우자, 자)
② 국내근로소득 1,300만원
③ 국외근로소득 1,800만원(비과세 600만원 포함)
④ 국외원천소득 관련 외국에서 납부한 세액 80만원

331,200원
① 과세대상 근로소득 : 13,000,000원 + 18,000,000원 − 6,000,000원(비과세) = 25,000,000원
② 근로소득금액 계산 : 25,000,000원 − 9,000,000원(근로소득공제금액) = 16,000,000
③ 국외근로소득금액(근로소득금액에 포함된 국외근로소득) 계산

$$(18,000,000원 − 6,000,000원) − \left(9,000,000원 \times \frac{12,000,000원}{25,000,000원} \right) = 7,680,000원$$

④ 외국납부세액 공제한도액 계산

$$690,000원 \times \frac{7,680,000원}{16,000,000원} = 331,200원$$

※ 근로소득 산출세액 계산 : {16,000,000원 − 4,500,000원(기본공제)} × 6%(기본세율) = 690,000원
⇨ 외국납부세액 공제액은 한도액(331,200원)을 초과할 수 없으므로 공제한도 초과액(468,800원)은 다음연도부터 10년간 이월하여 이월된 연도의 공제한도액 범위 안에서 공제받을 수 있음.

예규 ● ● ●

● 해외 파견 근로자가 국내에서 수취한 국외 원천 근로소득에 대하여 외국납부세액공제가 가능한지 여부
(서면국제세원 2022 − 3878, 2023.02.23., 국제세원 − 490, 2010.11.02., 원천 − 4, 2010.01.04.)

거주자의 국외원천소득에 대하여 외국에서 외국소득세액을 납부하였거나 납부할 것이 있는 때에는 외국납부세액공제를 하는 것이며 국외원천소득에는 국내에서 지급받는 국외근로소득을 포함하는 것임.

● 외국정부와 과세기간이 상이한 경우 외국납부세액공제를 적용할 외국납부세액의 범위(서면국제세원 2020 − 2623, 2020.08.26.)

거주자의 국외원천소득이 발생한 외국의 과세기간('19.8.1.~'20.7.31.)이 우리나라와 상이한 경우, 외국납부세액공제 대상 외국소득세액은 해당 과세기간('19. 8.1. ~ '20.7.31.)의 국외원천소득 중 우리나라의 과세기간에 해당하는 기간('19.8.1. ~ '19.12.31.)에 발생한 국외원천소득이 차지하는 비율을 반영하여 계산하는 것임.

● **해외 파견 근로자의 외국납부세액공제 적용 여부**(국제세원-366, 2014.10.01.)

해외 파견 직원에 대한 국외원천소득에는 국내에서 지급하는 급여를 포함하는 것이며, 해외에서 납부한 소득세에 대하여는 외국납부세액공제를 적용받을 수 있는 것임. 외국정부로부터 외국납부세액의 변동을 부과제척기간이 지난 이후에 결정통지를 받은 경우 외국정부로부터 국외원천소득에 대한 법인세 결정통지를 받은 날로부터 2월 이내에 경정청구를 할 수 있음.

7 / 자녀세액공제

1. 기본공제대상 자녀

종합소득이 있는 거주자의 기본공제대상자에 해당하는 자녀(입양자 및 위탁아동을 포함) 및 손자녀로서 8세 이상의 사람에 대해서는 다음의 구분에 따른 금액을 종합소득산출세액에서 공제한다.(소득법 59의2)

> ① 1명인 경우 : 연 15만원   ② 2명인 경우 : 연 35만원
> ③ 3명 이상인 경우 : 연 35만원 + 2명을 초과하는 1명당 연 30만원

또한 거주자의 기본공제대상자인 장애인 자녀(소득금액요건, 생계요건 충족)로서 20세를 초과한 경우에도 자녀세액공제를 적용받을 수 있다.

구분	장애인 여부	기본공제대상자인 자녀 중 세액공제 요건			
		소득금액	생계	연령	공제여부
① 자녀·입양자· 위탁아동·손자녀	×	충족	충족	8세 ≤ 자녀의 연령 ≤ 20세 이하	공제
	○	충족	충족	8세 ≤ 자녀의 연령	공제
② 위 ①외의 직계 비속	×	세액공제 불가			
	○				

- 자녀를 기본공제대상자로 공제받는 거주자가 자녀세액공제를 받을 수 있으므로 맞벌이 부부가 기본공제와 자녀세액공제를 나눠서 공제받을 수 없다.
- 「조세특례제한법」 제100조의28의 요건을 충족하여 자녀장려금을 신청하는 경우에는 자녀세액공제와 중복하여 적용할 수 없다.(조특법 100의30 ②)
- 2024년 1월 1일 이후 연말정산하거나 신고하는 분부터 손자녀도 자녀세액공제를 적용하는 것으로 세법이 개정되었다.

2022.12.31. 이전	2023.1.1. 이후
손자녀 세액공제 불가	손자녀 세액공제 가능

예규

● **거주자의 손자·손녀가 자녀세액공제 대상 자녀에 해당 여부**(원천−210, 2014.06.11.)

종합소득이 있는 거주자의 기본공제대상자인 손자·손녀는 「소득세법」 제59조의2에 따른 자녀세액공제 대상 자녀에 해당하지 아니하는 것임.

☆ 2024.1.1. 이후 신고하거나 연말정산하는 분부터 손자녀도 자녀세액공제 대상임.

2. 출생·입양 세액공제

종합소득이 있는 거주자의 기본공제대상자에 해당하는 자녀 중 해당 과세기간에 출생하거나 입양 신고한 공제대상 자녀가 있는 경우 첫째는 연 30만원, 둘째는 연 50만원, 셋째 이상인 경우에는 연 70만원을 종합소득 산출세액에서 공제한다.(소득법 59의2 ③)

구 분	기본공제대상 자녀 수	세액공제액
기본자녀 세액공제	1명	연 15만원
	2명	연 35만원
	3명 이상	연 35만원 + (자녀 수 − 2명) × 연 30만원
출생·입양세액공제		• 출생·입양 자녀가 첫째: 연 30만원 • 출생·입양 자녀가 둘째: 연 50만원 • 출생·입양 자녀가 셋째 이상: 연 70만원

○ 비거주자의 자녀세액공제 적용 여부(소득법 122)

비거주자의 국내원천소득에 해당하는 근로소득에 대한 세액 계산시 비거주자에 대한 자녀세액공제는 적용하지 아니한다.

예규 ●●●

● **출산·입양세액공제 적용순서**(기획재정부소득 – 523, 2019.09.18.)

「소득세법」 제59조의2 제3항에 따라 출산·입양 신고한 공제대상 자녀에 대하여 세액공제를 적용하는 경우 나이 순서와 관계없이 사망한 자녀를 포함하여 출산·입양신고한 순서를 기준으로 적용하는 것이며, 세액공제 대상 자녀의 범위는 가족관계등록부상의 자녀를 기준으로 판단하는 것임.

적용사례

3자녀(22세, 10세, 3세)가 있는 경우 자녀세액 공제금액은?

종합소득이 있는 거주자의 기본공제대상 자녀 중 8세 이상 자녀의 수가 1명인 경우 연 15만원을 공제한다.
☞ 위 근로자의 자녀세액공제금액은 15만원이다.
　*22세 자녀는 기본공제대상 아님

4자녀(5세, 8세, 10세, 13세)가 있는 경우 자녀세액 공제금액은?

기본공제가 적용되는 자녀 중 8세 이상이 3명으로 계산하여 공제한다.
☞ 위 근로자의 자녀세액 공제금액은 65만원(35만원 + (3명 – 2명) × 30만원)이다.

1자녀(5세)가 있는 사람이 2024년도에 둘째 자녀를 출산한 경우 자녀세액 공제금액은 얼마인가요?

기본공제대상 자녀(8세 이상)는 없으나 둘째 자녀가 출산 공제대상이므로
☞ 위 근로자의 자녀세액 공제금액은 50만원이다.

현재 2자녀(14세, 6세)가 있는 사람이 2024년에 쌍둥이로 셋째와 넷째를 출산했을 경우 자녀세액공제액은?

자녀세액공제액 = ① + ② = 155만원이다.
☞ ① (기본공제 대상) : 기본공제가 적용되는 자녀 중 8세 이상 자녀 수가 1명이므로 15만원
　② (출산·입양공제) : 140만원

- 공제대상 자녀가 첫째인 경우 : 연 30만원
- 공제대상 자녀가 둘째인 경우 : 연 50만원
- 공제대상 자녀가 셋째 이상인 경우 : 연 70만원
  * 출산한 자녀가 셋째와 넷째이므로 각각 70만원씩 140만원 공제

맞벌이 부부이고, 자녀의 나이가 13세, 6세, 3세(24년 입양)일 때 '24년도 자녀세액공제액은?

[사례 1] 남편이 자녀 모두를 공제받는 경우
자녀세액공제액 = ① + ② = 85만원이다.
① (기본공제 대상) : 기본공제가 적용되는 자녀 중 8세 이상 자녀 수가 1명이므로 15만원
② (출산·입양공제) : 70만원
- 공제대상 자녀가 첫째인 경우 : 연 30만원
- 공제대상 자녀가 둘째인 경우 : 연 50만원
- 공제대상 자녀가 셋째 이상인 경우 : 연 70만원

[사례 2] 남편이 첫째와 둘째를 공제받고, 부인이 입양자녀를 공제받는 경우
[남편] 자녀세액공제액 = ① + ② = 15만원이다.
① (기본공제 대상) : 기본공제가 적용되는 자녀 중 8세 이상 자녀 수가 1명이므로 15만원
② (출산·입양공제) : 0원

[부인] 자녀세액공제액 = ① + ② = 70만원이다.
① (기본공제 대상) : 기본공제가 적용되는 자녀 중 8세 이상 자녀 수가 0명이므로 0원
② (출산·입양공제) : 공제대상 자녀가 셋째이므로 70만원

[사례 3] 남편이 첫째를 공제받고, 부인이 둘째와 셋째(입양자녀)를 공제받는 경우
[남편] 자녀세액공제액 = ① + ② = 15만원이다.
① (기본 – 다자녀공제) : 기본공제가 적용되는 자녀 중 8세 이상 자녀 수가 1명이므로 15만원
② (출산·입양공제) : 0원

[부인] 자녀세액공제액 = ① + ② = 70만원이다.
① (기본 – 다자녀공제) : 기본공제 적용되는 자녀 중 8세 이상 자녀 수가 0명이므로 0원
② (출산·입양공제) : 공제대상 자녀가 셋째이므로 70만원

근로자가 기본공제대상자인 장남(장애인, 25세, 소득없음)과 차남(17세, 소득없음)을 부양하고 있는 경우 자녀세액공제 가능 여부?

자녀세액공제는 기본공제대상자인 자녀 수를 판단하므로 다음과 같다.
① 장애인인 장남은 나이와 상관없이 다른 요건을 충족한 경우로 기본공제대상자에 해당하므로 자녀세액공제 대상인 자녀에 해당한다.
② 차남은 나이요건 등 모든 요건을 충족하였으므로 기본공제대상자에 해당하므로 자녀세액공제 대상인 자녀에 해당한다.
  ⇨ 따라서 자녀세액공제대상 자녀가 2명이며 연 35만원의 자녀세액공제를 받을 수 있다.

근로자의 가족관계등록부상의 자녀는 다음과 같을 때 출생·입양세액공제 적용 여부?		
자녀	나이	비고
장남	30세	2015년 사망
장녀	25세	
차남	17세	
차녀	0세	2024년 출생

70만원 공제

〈이유〉출생·입양세액공제 대상 자녀는 나이 순서와 관계없이 사망한 자녀를 포함하여 출산·입양신고한 순서를 기준으로 적용하므로(기획재정부소득-523, 2019.09.18.) 차녀는 4째 자녀이므로 출산·입양신고한 공제대상자녀가 셋째 이상이므로 70만원으로 세액공제한다.

---

8 / 연금계좌 세액공제

종합소득이 있는 거주자가 다음의 연금계좌(= 연금저축계좌 + 퇴직연금계좌)에 납입한 금액에 공제율을 적용한 금액을 해당 과세기간의 종합소득 산출세액에서 공제한다.(소득법 59의3)

① 연금저축계좌 : 금융회사 등과 체결한 계약에 따라 「연금저축」이라는 명칭으로 설정하는 계좌 (2013.1.1. 전에 가입한 연금저축 포함)
② 퇴직연금계좌 : 「근로자퇴직급여 보장법」에 따른 확정기여형퇴직연금제도(DC형)와 개인형퇴직연금제도(IRP)에 따라 설정하는 계좌, 「근로자퇴직급여 보장법」에 따른 중소기업퇴직연금기금제도에 따라 설정하는 계좌, 또는 「과학기술인공제회법」에 따라 퇴직연금을 지급받기 위해 설정하는 계좌

1. 연금계좌 납입액의 범위

종합소득이 있는 거주자가 연금계좌에 납입한 금액은 연금계좌 납입액과 개인종합자산관리계좌 만기시 연금계좌 추가 납입액인 전환금액의 합계액을 말한다.

가. 연금계좌 납입액

연금계좌에서 다음의 금액을 제외한 금액을 연금계좌 납입액이라 한다.

> ① 과세이연에 따라 소득세가 원천징수되지 아니한 퇴직소득 등 과세가 이연된 소득
> ② 연금계좌에서 다른 연금계좌로 계약을 이전함으로써 납입되는 금액

퇴직연금구분	세액공제여부	
	기업이 납부한 퇴직금상당액	근로자 본인 추가납입액
확정기여형(DC형)	세액공제 불가	세액공제 가능
확정급여형(DB형)	세액공제 불가	추가납입 불가
중소기업퇴직연금기금	세액공제 불가	세액공제 가능
개인형퇴직연금(IRP)	세액공제 불가	세액공제 가능

연금계좌의 가입자가 다음의 요건을 모두 갖춘 경우 연금계좌 납입액(제118조의3에 따라 연금계좌에 납입한 것으로 보는 금액을 포함하며, "연금보험료"라 한다)으로 볼 수 있다.(소득령 40의2 ②)

> ① 다음 금액을 합한 금액 이내(연금계좌가 2개 이상인 경우에는 그 합계액)의 금액을 납입할 것☆
>   ☆ 이 경우 해당 과세기간 이전의 연금보험료는 납입할 수 없으나, 보험계약의 경우에는 최종납입일이 속하는 달의 말일부터 3년 2개월이 경과하기 전에는 그 동안의 연금보험료를 납입할 수 있다.
>   ㉠ 연간 1,800만원
>   ㉡ 개인종합자산관리계좌의 계약기간 만료일 기준 잔액을 한도로 개인종합자산관리계좌에서 연금계좌로 납입한 금액(전환금액)☆
>   ☆ 다만, 직전 과세기간과 해당 과세기간에 걸쳐 납입한 경우에는 개인종합자산관리계좌의 계약기간 만료일 기준 잔액에서 직전 과세기간에 납입한 금액을 차감한 금액을 한도로 개인종합자산관리계좌에서 연금계좌로 납입한 금액을 말한다.
>   ㉢ 2023년 7월 1일부터 연금주택양도대금을 연금계좌로 납입한 금액☆
>   ☆ 2023년 7월 1일 전에 주택을 양도한 경우에도 적용함.(소득령 제233267호 부칙 4, 2023.02.28.)
> ② 연금수령 개시를 신청한 날(연금수령 개시일을 사전에 약정한 경우에는 약정에 따른 개시일을 말한다) 이후에는 연금보험료를 납입하지 않을 것

나. 개인종합자산관리(ISA)계좌 만기 시 연금계좌 추가 납입액(전환금액)

개인종합자산관리계좌(ISA)의 계약기간이 만료되고 해당 계좌 잔액의 전부 또는 일부를 개인종합자산관리계좌의 계약기간이 만료된 날부터 60일 이내에 해당 계좌 잔액의 전

부 또는 일부를 납입한 경우 그 납입한 금액("전환금액")을 납입한 날이 속하는 과세기간의 연금계좌 납입액에 포함한다.(소득법 59의3 ③)

예 규 ●●●

● 중소기업퇴직연금기금제도 가입자부담금 지원금의 근로자의 연금계좌세액공제 대상 여부(서면법규소득 2023 – 3940, 2024.04.12.)

「근로자퇴직급여 보장법」 제23조의14에 따라 국가가 중소기업퇴직연금기금제도를 운용하는 기업의 근로자의 연금계좌로 지급하는 가입자부담금 지원금은 해당 근로자의 연금계좌세액공제 대상에 해당하지 않는 것임.

2. 연금주택차액을 연금계좌로 납입한 금액

가. 납입요건

국내에 소유한 연금주택을 양도하고 이를 대체하여 다른 축소주택을 취득하거나 취득하지 않은 거주자로서 다음의 요건을 모두 충족하는 거주자가 주택차액 중 연금계좌로 납입하는 금액을 말한다.(소득령 40의2 ② 다목)

이 경우 1주택을 둘 이상의 거주자가 공동으로 소유하고 있는 경우에는 지분비율만큼 각각 1주택을 소유한 것으로 본다.(소득령 40의2 ⑪) 다만, 1주택을 거주자와 그 배우자가 공동으로 소유하고 있는 경우에는 함께 1주택을 소유한 것으로 본다.(소득령 40의2 ⑫)

① 연금주택 양도일 현재 거주자 또는 그 배우자가 60세 이상일 것
② 연금주택 양도일 현재 거주자 및 그 배우자가 국내에 소유한 주택을 합산했을 때 연금주택 1주택만 소유하고 있을 것. 다만, 연금주택을 양도하기 전에 축소주택을 취득한 경우로서 축소주택을 취득한 날부터 6개월 이내에 연금주택을 양도한 경우에는 연금주택 양도일 현재 연금주택 1주택만 소유하고 있는 것으로 본다.
③ 연금주택 양도일 현재 연금주택의 기준시가가 12억원 이하일 것
④ 축소주택의 취득가액이 연금주택의 양도가액 미만일 것(축소주택을 취득한 경우에만 해당한다)
⑤ 연금주택 양도일부터 6개월 이내에 주택차액을 연금주택 소유자의 연금계좌로 납입할 것

나. 주택차액의 계산

연금주택에 대한 주택차액은 다음과 같이 계산한다.

주택차액 = Max[①, ②]

① 연금주택 양도가액 − 축소주택 취득가액 (취득하지 않은 경우는 0원) ② 0원

다. 연금계좌로 납입하는 주택차액의 한도

거주자가 연금계좌로 납입하는 주택차액의 총 누적 금액은 1억원을 한도로 한다.

라. 연금계좌로 납입하는 주택차액의 연금보험료 배제

거주자가 주택차액을 연금계좌에 납입한 후 다음의 어느 하나에 해당하게 된 경우에는 그 납입일부터 연금계좌에 납입한 금액 전액을 연금보험료로 보지 않는다.(소득령 40의2 ⑧)

① 주택차액을 연금계좌에 납입할 당시 '가. 납입요건'의 요건을 충족하지 못한 사실이 확인된 경우
② 주택차액을 연금계좌에 납입한 날부터 5년 이내에 주택을 새로 취득한 경우로서 연금주택의 양도가액에서 새로 취득한 주택의 취득가액을 뺀 금액이 연금계좌에 납입한 금액보다 작은 경우

마. 제출서류

거주자는 주택차액을 연금계좌에 납입하려는 경우 주택차액 연금계좌 납입신청서(조특칙 별지 제3호의3 서식)에 다음의 서류를 첨부하여 연금계좌취급자에게 제출해야 한다.(소득령 40의2 ⑦)

① 연금주택매매계약서
② 축소주택 매매계약서(축소주택을 매입한 경우만 해당한다)
③ 조특칙 별지 제3호의4 서식의 1주택 확인서
④ 매매계약서를 제출할 수 없는 경우에는 연금주택의 양도가액 또는 축소주택의 취득가액을 확인할 수 있는 서류

바. 공제시기

① 거주자가 2023년 7월 1일부터 연금주택양도대금을 연금계좌로 납입한 금액부터 적용한다.
② 거주자가 2023년 7월 1일 전에 주택을 양도한 경우에도 적용한다.

3. 연금계좌 세액공제 한도액 초과납입금 등의 해당연도 납입금으로의 전환 특례

연금계좌 가입자가 이전 과세기간에 연금계좌에 납입한 연금보험료 중 연금계좌 세액공제(연금보험료 공제 등 포함)를 받지 아니한 금액이 있는 경우로서 그 금액의 전부 또는 일부를 해당 과세기간에 연금계좌에 납입한 연금보험료로 전환하여 줄 것을 연금계좌취급자에게 신청한 경우에는 그 전환 신청한 금액을 연금계좌에서 가장 먼저 인출하여 그 신청 한 날에 다시 해당 연금계좌에 납입한 연금보험료로 본다.(소득령 118의3) (2014.5.1. 이후 신청하는 분부터 적용) 이 경우 전환을 신청한 금액은 그 신청한 날에 연금계좌에 납입한 연금보험료로 보아 위의 '1. 연금계좌 납입액의 범위'의 '가. 연금계좌납입액' 요건을 충족하여야 한다.

예규 ●●●

◉ 소득법 §59의3 ③에 따른 개인종합자산관리계좌 전환금액 중 연금계좌 세액공제를 받지 아니한 금액은 이후 과세연도 소득령 §118의3에 따른 전환 특례 적용대상에 해당하는지 여부(서면법규소득 2024 – 1973, 2024.09.25., 서면법규소득 2024 – 720, 2024.08.29.)

이전 과세기간의 「소득세법」 제59조의3 제3항에 따른 전환금액은 같은 법 시행령 제118조의3 제1항 "연금계좌 가입자가 이전 과세기간에 연금계좌에 납입한 연금보험료"에 포함되는 것임.

☞ 저자주 : 연금계좌 세액공제 한도액 초과납입금 등의 해당연도 납입금으로의 전환 특례 적용이 가능한 것으로 해석됨.

4. 세액공제대상 연금계좌 납입액 한도 및 세액공제율

가. 연금계좌 납입액 한도 및 세액공제율

종합소득금액(근로소득만 있는 경우 총급여액)을 기준으로 세액공제대상 연금계좌 납입액의 15% 또는 12%를 적용한 금액을 해당 과세기간의 종합소득 산출세액에서 공제한다.

다만, 세액 감면액과 세액공제액의 합계액이 해당 과세기간의 종합소득 산출세액을 초과하는 경우, 그 초과하는 금액을 한도로 연금계좌 세액공제를 받지 않은 것으로 한다.

종합소득금액 (근로소득만 있는 경우 총급여액)	납입한도액	공제율
4천5백만원(5천5백만원) 이하	• 연금저축계좌 : 600만원	15%
4천5백만원(5천5백만원) 초과	• 연금저축계좌와 퇴직연금계좌를 합한 금액 : 900만원	12%

나. ISA계좌 만기 시 연금계좌 추가납입액(전환금액)의 추가한도

개인종합자산관리(ISA) 계좌 만기 시 연금계좌로 추가 납입한 금액이 있는 경우에는 다음의 금액을 연금계좌 납입한도액에 추가해서 공제율(12% 또는 15%)을 적용한다. 이 경우 전환금에 대한 추가납입액은 연금계좌로 전환한 연도에만 적용한다.(소득법 59의3 ④)

Min [① 전환금액의 10%, ② 300만원[☆]]

☆ 직전 과세기간과 해당 과세기간에 걸쳐 납입한 경우에는 300만원에서 직전 과세기간에 적용된 금액을 차감한 금액

> 참고

○ 연금계좌 세액공제 대상금액

연금저축불입액	퇴직연금불입액	공제대상금액		
		연금저축	퇴직연금	공제총액
0원	1,000만원	0원	900만원	900만원
200만원	500만원	200만원	500만원	700만원
700만원	300만원	600만원	300만원	900만원
500만원	500만원	500만원	500만원	900만원
700만원	0원	600만원	0원	600만원

○ 2020.01.01.부터 2022.12.31.까지 연금계좌 납인한도 및 세액공제율(조특법 86의4)

가. 거주자가 50세 미만이거나 금융소득금액이 2천만원을 초과하는 경우

거주자가 50세 미만인 경우와 종합소득이 있으며 금융소득금액이 2천만원을 초과하는 50세 이상인 거주자의 연금계좌 납입액 한도와 세액공제율은 다음과 같다.

종합소득금액 (근로소득만 있는 경우 총급여액)	납입한도액	공제율
4천만원(5천5백만원) 이하	• 연금저축계좌 : 400만원	15%
1억원(1억 2천만원) 이하	• 연금저축계좌와 퇴직연금계좌 합한 금액 : 700만원	
1억원(1억 2천만원) 초과	• 연금저축계좌 : 300만원 • 연금저축계좌와 퇴직연금계좌 합한 금액 : 700만원	12%

나. 거주자가 50세 이상이고 금융소득금액이 2천만원 이하인 경우

　　종합소득이 있으며 금융소득금액이 2천만원을 초과하지 않는 50세 이상인 거주자의 연금계좌납입액 한도와 세액공제율은 다음과 같다.

종합소득금액 (근로소득만 있는 경우 총급여액)	납입한도액	공제율
4천만원(5천5백만원) 이하	• 연금저축계좌 : 600만원 • 연금저축계좌와 퇴직연금계좌 합한 금액 : 900만원	15%
1억원(1억 2천만원) 이하		
1억원(1억 2천만원) 초과	• 연금저축계좌 : 300만원 • 연금저축계좌와 퇴직연금계좌 합한 금액 : 700만원	12%

 적용사례

근로자 A는 2023년도 초에 연금저축에 가입하고 연도 중 600만원을 납입하고 연말정산 시 400만원에 대해 연금보험료 공제를 받았음. 2024년도에는 여유자금이 없어 연금저축에 납입한 금액이 없어 2024.10.20. 저축취급기관에 연금계좌 세액공제 한도액 초과납입금에 대해 최대로 해당연도 납입금으로 전환을 신청한 경우, 2024년 연말정산 시 연금계좌 세액공제금액은? (근로자 A의 총급여액은 56백만원임)

공제한도 초과납입금 200만원(600만원 – 400만원)에 대해 2024년 연말정산 시 연금계좌 세액공제를 적용받을 수 있음 ⇨ 200만원 × 12% = 240,000원

5. 연금계좌 세액공제 신청방법

　　근로자가 연금계좌 세액공제를 적용받고자 하는 경우 「연금납입확인서」(소득칙 별지 38호의2 서식)를 해당연도의 다음연도 2월분의 급여를 받는 날, 퇴직한 경우에는 퇴직한 날이 속하는 달의 급여를 받는 날까지 원천징수의무자·납세조합에게 제출하여야 한다.

　　또한 국세청 홈택스의 연말정산 간소화에서 발급하는 서류로 갈음할 수 있다.

예규 ●●●

● 이전 과세기간에 연금계좌에 납입한 연금보험료에 대해 소득령 §118의3에 따른 특례를 적용하여 해당 과세기간 연금계좌 세액공제를 받을 수 있는지(사전법규소득 2021 – 1909, 2022.03.20.)

연금계좌 가입자가 이전 과세기간에 연금계좌에 납입한 연금보험료 중 연금계좌 세액공제를 받지 아니한 금액이 있는 경우로서 그 금액의 전부 또는 일부를 해당 과세기간에 연금계좌에 납입한 연금보험료로 전환하여 줄 것을 연금계좌취급자에게 신청하고, 그 신청한 금액이 그 신청을 한 날에

연금계좌에 납입한 연금보험료로 보아 소득세법 시행령 제40조의2 제2항 각 호의 요건을 충족하는 경우에는 「소득세법」 제118조의3 제1항의 특례가 적용되는 것이고, 그 신청한 금액에 대해 해당 과세기간에 연금계좌 세액공제를 적용받을 수 있는 것임.

● **연금계좌 상호 이체시 연금계좌 세액공제 공제한도 적용방법**(기획재정부소득 - 107, 2017.02.23.)

「소득세법 시행령」 제40조의4 제2항에 따라 연금계좌 간 이체 된 경우에는 과세기간 종료일 현재 이체받아 보유하는 연금계좌를 기준으로 연금계좌 세액공제의 공제한도를 적용하는 것임.

● **납입면제보험료의 연금계좌 세액공제 적용 여부**(서면소득 2015 - 2645, 2016.02.19.)

보험료 납입면제 특별약관에 따라 납입된 것으로 간주된 보험료(납입면제보험료)는 「소득세법」 제59조의3의 규정을 적용할 수 없는 것이며, 향후 연금 지급 시 연금계좌 세액공제를 적용받지 아니한 연금에 대하여는 연금소득에 해당하지 않는 것임.

● **연금저축 납입액 중 일부 인출 시 연금보험료 공제 가능 여부**(서면법규 - 1212, 2013.11.05.)

「소득세법 시행령」 제40조의2(연금계좌)에 따라 가입한 연금계좌에서 해당 과세기간에 불입한 금액 중 일부 인출 시 해당 과세기간 납입잔액에 대하여 연금보험료 공제가 가능한 것임.

---

9 월세액에 대한 세액공제

과세기간 종료일 현재 주택을 소유하지 아니한 세대의 세대주로서 해당 과세기간의 총급여액이 8천만원 이하인 근로소득이 있는 거주자가 국민주택규모의 주택 또는 기준시가 4억원 이하 주택(주거용 오피스텔, 고시원 포함)을 임차하기 위하여 지급하는 월세액(1,000만원 한도)의 17% 또는 15%에 해당하는 금액을 해당 과세기간의 종합소득산출세액에서 공제한다.(조특법 95의2)

1. 공제대상자

월세 세액공제는 다음의 요건을 모두 충족하는 근로소득이 있는 거주자에게 적용한다.

① 과세기간 종료일(12월 31일) 현재 주택을 소유하지 아니한 세대의 세대주(세대주가 주택마련저축, 주택임차자금 차입금 원리금상환액 및 장기주택저당차입금 이자상환액 공제를 받지 아니하는 경우에는 세대의 구성원을 말한다)
② 해당 과세기간의 총급여액이 7천만원 이하인 근로소득이 있는 거주자(해당 과세기간에 종합소득 과세표준을 계산할 때 합산하는 종합소득금액이 6천만원을 초과하는 사람은 제외한다)

2. 세대주 또는 세대의 구성원

가. 세대 및 세대의 구성원 범위

과세기간 종료일 현재 주택을 소유하지 아니한 세대란 다음의 사람을 모두 포함한 세대를 말한다. 이 경우 거주자와 그 배우자는 생계를 달리하더라도 동일한 세대로 본다.(조특령 95 ①)

> ① 거주자와 그 배우자
> ② 거주자와 동일한 주소 또는 거소에서 생계를 같이하는 사람으로 다음의 어느 하나에 해당하는 사람
> ㉠ 거주자의 직계존비속(그 배우자 포함) 및 형제자매
> ㉡ 거주자의 배우자의 직계존비속(그 배우자 포함) 및 형제자매

나. 외국인의 세대주 및 세대의 구성원 포함 여부

다음의 요건을 모두 갖춘 거주자인 외국인은 세대주 및 세대의 구성원에 포함한다.(소득령 95 ④)

> ① 다음의 어느 하나에 해당하는 사람일 것
> ㉮ 「출입국관리법」제31조에 따라 등록한 외국인
> ㉯ 「재외동포의 출입국과 법적 지위에 관한 법률」제6조에 따라 국내거소신고를 한 외국국적동포
> ② 다음의 어느 하나에 해당하는 사람이 「조세특례제한법」제87조 제2항(주택청약종합저축 등에 대한 소득공제등), 제95조의2 제1항(월세액에 대한 세액공제) 및 「소득세법」제52조 제4항(주택임차자금 차입금 원리금상환액 공제)·제5항(장기주택저당차입금 이자상환액 공제)에 따른 공제를 받지 않았을 것
> ㉮ ①에 해당하는 사람의 배우자
> ㉯ ①에 해당하는 사람과 같은 주소 또는 거소에서 생계를 같이하는 사람으로서 다음의 어느 하나에 해당하는 사람
> ㉠ ①에 해당하는 사람의 직계존비속(그 배우자를 포함한다) 및 형제자매
> ㉡ ①에 해당하는 사람의 배우자의 직계존비속(그 배우자를 포함한다) 및 형제자매

3. 월세 세액공제 요건

다음의 요건을 충족하는 주택(주거용 오피스텔☆, 고시원업의 시설☆☆ 포함)을 임차하기 위하여 지급하는 월세액(사글세액 포함)을 말한다.(조특령 95 ②)

☆ 오피스텔은 업무를 주로 하며 분양하거나 임대하는 구획 중 일부 구획에서 숙식을 할 수 있도록 한 건축물로서 국토교통부장관이 고시하는 기준에 적합한 것을 말한다.(주택법 시행령 제4조)

☆☆ 고시원업의 시설이란 다중생활시설(「다중이용업소의 안전관리에 관한 특별법」에 따른 다중이용업 중 고시원업의 시설로서 국토교통부장관이 고시하는 기준과 그 기준에 위배되지 않는 범위에서 적정한 주거환경을 조성하기 위하여 건축조례로 정하는 실별 최소 면적, 창문의 설치 및 크기 등의 기준에 적합한 것을 말한다)로서 같은 건축물에 해당 용도로 쓰는 바닥면적의 합계가 500제곱미터 미만인 것을 말한다.

① 다음 중 어느 하나에 해당하는 주택일 것. 이 경우 해당 주택이 다가구주택이면 가구당 전용면적을 기준으로 한다.
　㉠ 「주택법」 제2조 제6호에 따른 국민주택규모의 주택(주택의 기준시가와 상관없음)
　㉡ 기준시가 4억원 이하인 주택☆(주택의 규모와 상관없음)
　　☆ 2019.02.12.이 속하는 과세기간부터 2022.12.31.까지 3억원 이하, 2023.01.01. 이후 4억원 이하인 주택에 지급하는 월세분부터 적용함.
　　☆ 기준시가는 임대차계약 체결일 기준으로 판단함(서면법규소득 2023 – 2540, 2024.04.30.)
② 주택에 딸린 토지가 다음의 구분에 따른 배율을 초과하지 아니할 것
　㉠ 「국토의 계획 및 이용에 관한 법률」 제6조 제1호에 따른 도시지역의 토지 : 5배
　㉡ 그 밖의 토지 : 10배
③ 임대차계약증서의 주소지와 주민등록표 등본의 주소지(외국인의 경우에는 「출입국관리법」에 따른 국내 체류지 또는 「재외동포의 출입국과 법적 지위에 관한 법률」에 따라 신고한 국내거소를 말한다)가 같을 것
④ 해당 거주자 또는 해당 거주자의 기본공제 대상자가 임대차계약을 체결하였을 것

이 경우 월세액은 임대차계약증서상 주택임차 기간 중 지급하여야 하는 월세액의 합계액을 주택임대차 계약기간에 해당하는 일수로 나눈 금액에 해당 과세기간의 임차일수를 곱하여 산정한다.(조특령 95 ③)

$$월세액 \;=\; 주택임차기간 \text{ 중 지급하여야 하는 월세액 합계액} \;\times\; \frac{\text{해당 과세기간의 임차일수}}{\text{임대차계약기간 총일수}}$$

4. 세액공제액

근로소득이 있는 거주자가 지급한 월세액에 대하여 총급여 또는 종합소득금액을 기준으로 공제율을 적용한 다음의 세액공제액을 공제한다.

총급여(종합소득금액) 기준	세액공제액
5천 5백만원 이하(근로소득자 중 종합소득금액 4천 5백만원 이하인 자)	Min(월세액, 1,000만원)×17%
5천 5백만원 초과 8천만원 이하(근로소득자 중 종합소득금액 4천 5백만원 초과 7천만원 이하인 자)	Min(월세액, 1,000만원)×15%

5. 공제증명서류

- 주민등록표 등본
- 임대차계약증서 사본
- 주택임대인에게 월세액을 지급하였음을 증명하는 서류(현금영수증, 계좌이체 영수증, 무통장입금증 등)

 적용사례

> 총급여 9천만원 근로자가 기준시가 2억원인 아파트를 임차하기 위하여 지급한 비용이 연 700만원일 경우 월세 세액공제금액은?

월세 세액공제는 총급여액 8천만원 이하의 근로자에게 적용되므로,
☞ 위 근로자의 월세 세액공제금액은 없다.

> 총급여 6천만원 근로자가 주거용 오피스텔(기준시가 2억원)을 임차하기 위하여 지급한 비용이 연 800만원일 경우 월세액 세액공제금액은? (주택 소유 요건 등은 충족한 것으로 가정)

월세 세액공제 대상에는 주거용 오피스텔과 고시원을 포함하며, 연간 월세액 한도액 1,000만원 한도로 15%(총급여 5,500만원 초과에서 8천만원 이하 자) 세액 공제
- 공제대상 월세액 : 800만원
- 월세 세액공제액 : 1,200,000원(800만원 × 15%)
  ☞ 위 근로자의 월세 세액공제금액은 1,200,000원이다.

> 총급여 4천만원 근로자가 주거용 오피스텔(기준시가 2억원)을 임차하기 위하여 지급한 비용이 연 800만원일 경우 월세 세액공제금액은? (주택 소유 요건 등은 충족한 것으로 가정)

연간 월세액 한도액 1,000만원 한도로 17%(총급여 5천 5백만원 이하 자) 세액 공제
- 공제대상 월세액 : 800만원
- 월세 세액공제액 : 1,360,000원(800만원 × 17%)
  ☞ 위 근로자의 월세 세액공제금액은 1,360,000원이다.

● **월세액 세액공제시 임차주택 기준시가 판단기준**(서면법규소득 2023 - 2540, 2024.04.30.)

「조세특례제한법 시행령」 제95조 제2항 제1호의 적용상 주택의 기준시가가 4억원을 초과하는지 여부는 임대차계약 체결일을 기준으로 판단하는 것임.

● **임대차계약증서와 주민등록표 등본의 주소지가 서로 다른 경우 월세액 세액공제 적용 가부**(서면법규소득 2023 - 1355, 2023.11.07.)

월세액 세액공제는 임대차계약증서의 주소지와 주민등록표 등본의 주소지가 같을 것 등 법정된 요건을 충족하는 주택을 임차하기 위하여 지급하는 월세액에 대하여 적용되는 것임.

● **세대구분형 공동주택의 경우 월세액 세액공제 판단의 국민주택규모 기준**(기획재정부소득 - 433, 2023. 05.19.)

임차인이 세대구분형 공동주택의 세대별로 구분된 공간을 임차한 경우 국민주택규모의 주택 여부는 임차한 부분에 해당하는 전용면적을 기준으로 판단하는 것임.

● **경락 배당금에서 미지급 월세액을 공제하는 경우 월세액 세액공제 적용 여부**(사전법령해석소득 2021 - 1120, 2021.11.25.)

보증금이 수수된 주택에 대한 강제집행절차에 따른 배당에서 임차인이 연체한 월세액 상당액을 공제한 보증금을 수령한 경우에도 월세액에 대한 세액공제를 적용받을 수 있는 것임.

● **과세기간 종료일 현재 공동상속주택의 최고지분 소유 시 월세액에 대한 세액공제 적용 여부**(사전법령해석소득 2018 - 370, 2018.10.29.)

공동상속주택 상속 이후 다른 상속인 지분을 취득하여 과세기간 종료일 현재 최고지분자가 된 경우는 월세액에 대한 세액공제 적용대상에 해당하지 않는 것이며, 월세액에 대한 세액공제는 근로자가 근로제공 기간 동안 지출한 월세액에 한하여 적용받을 수 있는 것임.

○ 월세액에 대한 세액공제 자가진단표

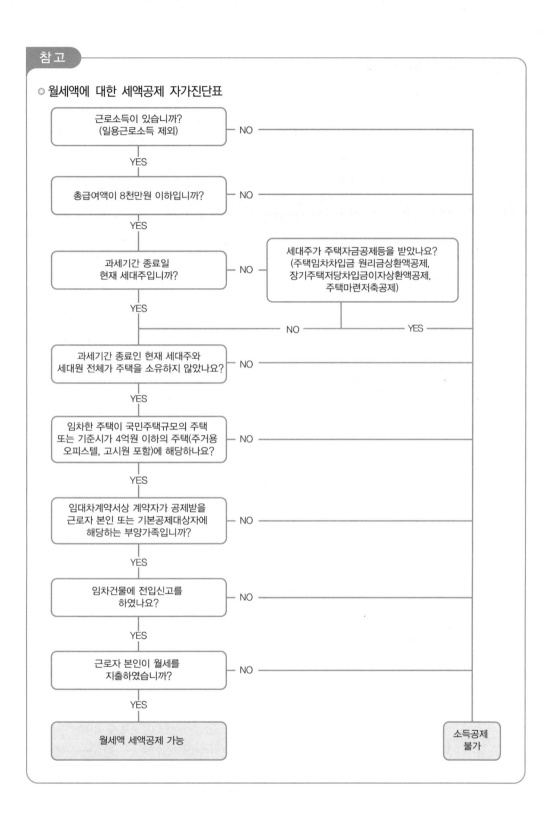

근로소득이 있습니까?
(일용근로소득 제외) ──NO──┐

YES

총급여액이 8천만원 이하입니까? ──NO──┐

YES

과세기간 종료일
현재 세대주입니까? ──NO── 세대주가 주택자금공제등을 받았나요?
(주택임차입금 원리금상환액공제,
장기주택저당차입금이자상환액공제,
주택마련저축공제)

──────NO────────────YES──

YES

과세기간 종료인 현재 세대주와
세대원 전체가 주택을 소유하지 않았나요? ──NO──┐

YES

임차한 주택이 국민주택규모의 주택
또는 기준시가 4억원 이하의 주택(주거용
오피스텔, 고시원 포함)에 해당하나요? ──NO──┐

YES

임대차계약서상 계약자가 공제받을
근로자 본인 또는 기본공제대상자에
해당하는 부양가족입니까? ──NO──┐

YES

임차건물에 전입신고를
하였나요? ──NO──┐

YES

근로자 본인이 월세를
지출하였습니까? ──NO──┐

YES

월세액 세액공제 가능   소득공제
                          불가

10 특별세액공제

세액공제		공제항목	세액공제 대상금액 한도	세액공제율
보험료 세액공제	보장성보험	• 생명보험, 상해보험 등의 보장성보험료	연 100만원	12%
	장애인전용 보장성보험	• 장애인을 피보험자 또는 수익자로 하는 장애인전용보장성보험료	연 100만원	15%

의료비
세액공제
	㉮ 난임시술비
	㉯ 미숙아 및 선천성
	   이상아 의료비
	㉰ 본인·과세기간개
	   시일 현재 6세 이하
	   자·장애인·과세기
	   간 종료일 현재 만
	   65세 이상자·건강
	   보험산정 특례자
	㉱ 그 외 부양가족
		• 의료비, 의약품, 안경 구입비
		  (50만원 이내) 등
		• 미용·성형수술을 위한 비용
		  및 건강증진을 위한 의약품
		  구입비용 제외
		• 보험회사등으로부터 지급받
		  은 실손의료보험금 제외
			총급여 3% 초과분 공제
			㉮ 한도 제한 없음
			㉯ 한도 제한 없음
			㉰ 한도 제한 없음
			㉱ 연 700만원 한도
				㉮ 30%
				㉯ 20%
				㉰ 15%
				㉱ 15%

교육비 세액공제	본 인	• 대학원, 시간제과정 • 직업능력개발훈련시설 등 • 든든학자금과 일반상환 학자 금대출의 원리금상환액	전 액	15%
	취학전 아동	• 보육시설, 학원, 체육시설	1명당 연 300만원	
	초·중·고등학생	• 등록금, 입학금, 급식비 등 • 수능응시수수료, 입학전형료	1명당 연 300만원	
	대 학 생	• 등록금, 입학금 단, 든든학자금등 제외 • 수능응시수수료, 입학전형료	1명당 연 900만원	
	장 애 인	• 장애인 재활교육비	전 액	

기부금
세액공제
	정치자금기부금	• 정당기부 등	소득금액 전액	• 10만원 이하:
				  100/110
				• 10만원 초과:
				  15%(25%☆)

	☆ 10만원 초과 금액이 3천만원을 초과하는 경우 그 초과분에 대하여 25%를 적용한다.			
	특례기부금	• 국방헌금, 위문금품 등	특례기부금 전액	15%, 1천만원 초과분 : 30% , 3천만원 초과분: 40%

	우리사주조합기부금	• 우리사주조합원이 아닌 사람
		  이 우리사주조합에 지출하는
		  기부금
			소득금액의 30%	

520   제4장 산출세액과 세액공제·감면

세액공제		공제항목	세액공제 대상금액 한도	세액공제율
	일반기부금	• 종교단체 외	소득금액의 30%	
		• 종교단체	소득금액의 10%	
표준세액공제		• 특별세액공제를 신청하지 아니한 경우 • 세액공제액이 13만원보다 작은 경우		13만원

> **참 고**
>
> ○ 비거주자의 특별세액공제 적용 여부(소득법 122)
> 비거주자의 국내원천소득에 해당하는 근로소득에 대한 세액 계산시 비거주자에 대한 특별세액공제는 적용하지 아니한다.

1. 개 요

거주자가 기본공제대상자를 위하여 지출한 보험료·의료비·교육비·기부금세액공제를 적용하는 항목별 세액공제와 특별소득공제·항목별 세액공제·월세 세액공제를 신청하지 않은 근로소득이 있는 거주자가 적용하는 표준세액공제로 구분된다.

가. 특별소득공제 및 특별세액 공제시 기본공제대상자 판정

구 분		기본공제대상자 판정요건			지출기간	지출자 범위
		소득금액	나이	생계		
기본공제		○	○	○	무관	
기본공제 - 장애인		○	×	○	무관	
보험료 세액공제	일반	○	○	○	근로제공기간	
	장애인	○	×	○		
의료비 세액공제		×	×	○		
교육비 세액공제		○	×	○		직계존속×
기부금 세액공제		○	×	○	무관	
건강·고용보험료공제					근로제공기간	근로자 본인
주택자금공제						근로자 본인
신용카드등 사용액 소득공제		○	×	○		형제자매×

나. 표준세액공제

근로소득자로서 특별소득공제, 특별세액공제 및 월세 세액공제를 신청하지 아니한 사람에 대해서는 연 13만원을 종합소득 산출세액에서 공제한다.

따라서 정치자금기부금, 우리사주조합기부금 세액공제는 표준세액공제와 중복적용 가능하다.

구분		공제받을 세액공제액	적용할 소득공제·세액공제	정치자금기부금 및 우리사주 조합기부금 세액공제 적용 여부
특별소득공제 특별세액공제 월세 세액공제	신청(○)	13만원 이상	신청한 세액공제 적용	세액공제 적용
		13만원 미만	표준세액공제 적용	세액공제 적용
	신청(×)		표준세액공제 적용	세액공제 적용

다. 연도 중 혼인·이혼·별거·취업 등의 사유가 발생한 경우

보장성보험료, 의료비, 교육비 세액공제를 적용할 때, 과세기간 종료일 이전에 혼인·이혼·별거·취업 등의 사유로 기본공제대상자에 해당되지 아니하게 되는 종전의 배우자·부양가족·장애인 또는 과세기간 종료일 현재 65세 이상인 사람을 위하여 이미 지급한 금액이 있는 경우에는 그 사유가 발생한 날까지 지급한 금액을 해당 과세기간의 종합소득 산출세액에서 공제한다.(소득법 59의4 ⑤)

따라서 기부금과 신용카드 등 사용금액은 위의 규정 적용대상이 아니므로 소득·세액공제를 적용할 수 없다.

구 분	거주자의 기본공제대상자가 혼인·이혼·별거·취업 등의 사유발생일	
	이전 지출분 적용 여부	이후 지출분 적용 여부
보험료 세액공제	○	×
의료비 세액공제	○	×
교육비 세액공제	○	×
기부금 세액공제	×	×
신용카드등 사용액 소득공제	×	×

○ 입사 전 또는 퇴사 후 지출한 비용의 소득·세액공제 여부(소득법 집행기준 52-0-1)

근로제공기간 동안 지출한 비용에 대해서만 공제가능한 항목	해당 과세기간 중 지출한 금액에 대해 공제가능한 항목
• 보험료 세액공제 • 의료비 세액공제 • 교육비 세액공제 • 월세 세액공제 • 주택자금 소득공제 • 신용카드 등 사용금액에 대한 소득공제 • 주택청약종합저축 소득공제 • 장기집합투자증권저축 소득공제	• 기부금 세액공제 • 고향사랑기부금 세액공제 • 연금계좌 세액공제 • 국민연금보험료 소득공제 • 개인연금저축 소득공제 • 투자조합출자 등 소득공제 • 소기업·소상공인 공제부금 소득공제 • 청년형장기집합투자증권저축 소득공제

○ 휴직기간에 사용한 신용카드도 공제 여부(서이 46013-10091, 2002.1.16.)

휴직기간은 근로를 제공한 기간에 포함되기 때문에 휴직기간 중에 사용한 신용카드 사용액은 공제대상이다.

구분	입사 전	근무기간	휴직기간	퇴사 후
근로제공기간 포함 여부	제외	포함	포함	제외

2. 보험료 세액공제

근로소득이 있는 거주자(일용근로자는 제외한다)가 해당 과세기간에 만기에 환급되는 금액이 납입보험료를 초과하지 아니하는 보험의 보험계약에 따라 지급하는 다음의 보험료를 지급한 경우 다음 한도액 내의 납입액에 세액공제율을 적용한 금액을 해당 과세기간의 근로소득 산출세액에서 공제한다. 다만, 다음의 보험료별로 그 합계액이 각각 연 100만원을 초과하는 경우 그 초과하는 금액은 각각 없는 것으로 한다.

구 분	기본공제대상자 판정요건			공제대상금액한도	세액공제율
	나이	소득금액	생계		
일반보장성보험료	○	○	○	연 100만원 한도	12%
장애인전용보장성보험료	×	○	○	연 100만원 한도	15%

가. 일반보장성보험의 보험료

근로소득이 있는 거주자가 기본공제대상자를 피보험자로 하는 보험 중 만기에 환급되는 금액이 납입보험료를 초과하지 아니하는 보험으로서 보험계약 또는 보험료납입영수증에 보험료 공제대상임이 표시된 보험에 따라 지급하는 다음의 보험료(장애인전용보장성보험료 제외)를 말한다. 이 경우 보험료의 합계액이 연 100만원을 초과하는 경우에는 그 초과하는 금액은 이를 없는 것으로 한다.

> • 생명보험, 상해보험
> • 화재·도난이나 그 밖의 손해를 담보하는 가계에 관한 손해보험
> • 「수산업협동조합법」·「신용협동조합법」 또는 「새마을금고법」에 따른 공제
> • 「군인공제회법」·「한국교직원공제회법」·「대한지방행정공제회법」·「경찰공제회법」 및 「대한소방공제회법」에 따른 공제
> • 주택 임차보증금의 반환을 보증하는 것을 목적으로 하는 보험·보증(보증대상 임차보증금이 3억원을 초과하는 경우 제외)

나. 장애인전용보장성보험의 보험료

근로소득이 있는 거주자가 기본공제대상자 중 장애인을 피보험자 또는 수익자로 하는 보험 중 만기에 환급되는 금액이 납입보험료를 초과하지 아니하는 장애인전용보장성보험의 보험계약에 따라 지급하는 다음의 보험료(보험·공제 계약 또는 보험료·공제료 납입영수증에 장애인전용보험으로 표시된 것을 말한다)를 말한다. 이 경우 보험료의 합계액이 연 100만원을 초과하는 경우에는 그 초과하는 금액은 없는 것으로 한다.

> • 생명보험, 상해보험
> • 화재·도난이나 그 밖의 손해를 담보하는 가계에 관한 손해보험
> • 「수산업협동조합법」·「신용협동조합법」 또는 「새마을금고법」에 따른 공제
> • 「군인공제회법」·「한국교직원공제회법」·「대한지방행정공제회법」·「경찰공제회법」 및 「대한소방공제회법」에 따른 공제
> • 주택 임차보증금의 반환을 보증하는 것을 목적으로 하는 보험·보증(보증대상 임차보증금이 3억원을 초과하는 경우 제외)

사 례		공제여부판단
①	맞벌이 부부의 보험료세액공제	본인과 배우자 모두 근로소득이 있어 서로 공제대상 배우자가 아닌 경우 본인이 계약자이고 피보험자인 경우 본인만 공제가능하며 본인이 계약자이고 피보험자가 배우자인 경우에는 모두 공제 안된다.
②	부부공동인 보장성 보험료세액공제	맞벌이 부부인 근로자 본인이 계약자이고 피보험자가 부부공동인 보장성 보험의 보험료는 근로자의 연말정산시 보험료공제가 가능하다.
③	입사 전 또는 퇴사 후 지출한 보험료	입사 전 또는 퇴사 후 지출한 보험료는 공제 안됨

| 맞벌이 부부 등의 보험료세액공제 적용 여부(본인과 배우자 서로 공제대상 배우자가 아닌 경우) |

계약자	피보험자	적용여부	이 유
본 인	배우자	모두 적용불가	피보험자인 배우자가 기본공제대상자가 아님
배우자	본 인	모두 적용불가	본인이 보험료 납부하지 않아 적용불가
본 인	본인·배우자	본인 적용가능	본인이 보험료 납부하고 피보험자가 기본공제대상자인 본인이므로 공제 가능
본 인	21세 자녀	적용 불가	피보험자인 자녀가 기본공제대상자가 아님
59세 모친	본 인	적용 불가	본인이 보험료를 납부하지 않아 적용불가 다만, 기본공제대상자 명의로 계약을 하고 본인이 보험료를 실제 납부한 경우 적용가능(서면1팀-65, 2006.01.18.)

☞ 계약자 및 피보험자가 기본공제대상자가 아닌 경우 적용 불가함

 적용사례

연말정산시 기본공제 대상자인 배우자가 계약자인 자동차종합보험(피보험자 본인)의 보험료 납입영수증(보험료 110만원)을 회사에 제출하였을 경우 보험료 세액공제액은?

- 세액공제 대상금액 : 100만원(한도 100만원)
- 보험료 세액공제액 : 100만원 × 12% = 12만원
☞ 위 근로자의 보험료 세액공제액은 12만원이다.

기본공제 대상자인 자녀 A에 대한 보장성보험료 납입액 120만원과 자녀 B(장애인)의 장애인전용 보장성보험료 납입액이 200만원인 경우 보험료 세액공제액은?

- 세액공제 대상금액 : 200만원 = 100만원(일반보장성보험) + 100만원(장애인전용보장성보험료 100만원)

- 보험료 세액공제액 : (100만원 × 12%) + (100만원 × 15%) = 27만원

☞ 위 근로자의 보험료 세액공제액은 27만원이다.

참고

○ **보장성보험료 등의 세액공제 여부**(소득법 집행기준 59의4 – 118의4 – 1)

① 공제대상 보장성보험료를 사용자가 지급해 주는 경우 동 보험료 상당액은 그 근로자의 급여액에 가산한 보험료를 세액공제 한다.

② 보장성보험에 대한 보험료 세액공제는 근로자 본인 또는 소득이 없는 가족명의로 계약하고 피보험자가 기본공제대상자(근로자 본인, 공제대상 배우자, 공제대상 부양가족)인 보험으로서 근로자가 실제로 납입한 금액을 세액공제 한다.

③ 맞벌이 부부인 근로자 본인(남편)이 계약자이고 피보험자가 부부공동인 보장성보험의 보험료는 근로자(남편)의 연말정산시 보험료 세액공제 대상에 해당한다.

④ 근로자 본인과 배우자가 모두 근로소득이 있어 서로 공제대상 배우자가 아닌 경우 근로자 본인이 계약자이고 피보험자인 보장성보험에 대한 보험료는 근로자 본인만이 보험료 세액공제를 받을 수 있으나, 계약자가 근로자 본인이고 피보험자가 배우자인 경우에는 본인 및 배우자 모두 보험료에 대한 세액공제를 받을 수 없다.

⑤ 보험계약자가 연령 또는 소득금액의 요건을 충족하지 않아 해당 근로자의 기본공제대상자에 해당하지 않는 경우에는 해당 근로자가 보험료 세액공제를 받을 수 없다.

⑥ 재외국민 또는 외국인이 국내에 근무하는 동안 외국보험회사에 납부한 보험료는 세액공제대상 보험료에 해당하지 않는다.

⑦ 근로자가 근로제공기간 중에 납부한 국민건강보험료(지역가입자 포함)는 연말정산시 보험료 세액공제대상에 포함되는 것이나 근로제공기간 외의 기간에 납부한 국민건강보험료는 세액공제대상에 포함되지 않는다.

예규

● **보장성보험인 여행보험에 가입한 피보험자의 보험료 납입증명서 발급 가능 여부**(서면법규 – 33, 2013. 01.14.)

보험회사가 여행사 또는 유학원을 보험계약자로 하고 여행객 또는 유학생을 피보험자로 하는 보장성보험계약을 체결하고 여행객 등이 부담한 보험료를 여행사 등으로부터 수취하는 경우 보험회사는 해당 피보험자에게 소득공제용 보험료 납입증명서를 발급하는 것임.

● **배우자의 기본공제대상자인 자녀를 종피보험자로 하는 보험도 보험료공제 가능**(원천 – 268, 2012.05.15.)

근로자 본인이 보험계약자이고 주피보험자가 근로자 본인, 종피보험자가 배우자의 기본공제대상 자녀로 하는 보장성보험에 가입하고 당해연도에 본인이 지급하는 보험료는 공제대상 보험료에 해당하는 것임.

● **맞벌이 부부로 소득이 있는 배우자를 주피보험자로 하는 보장성보험의 소득공제 여부**(원천 - 181, 2010. 03.03.)

맞벌이 부부인 근로자 본인(남편)이 계약자이고 피보험자가 부부공동인 보장성보험의 보험료는 근로자(남편)의 연말정산시 보험료공제 대상에 해당하는 것임.

● **장애인보장성보험과 일반보장성보험의 보험료 공제한도**(원천 - 762, 2009.09.16.)

하나의 보험상품에 장애인전용보장성보험과 일반보장성보험이 동시에 적용될 경우 그 중 하나만을 선택하여 적용하는 것이며 장애인전용보장성보험은 일반보장성 보험과 구분하여 보험료 공제한도를 적용하는 것임.

● **외국인이 외국보험사에 납부한 보험료의 소득공제 해당하는지 여부**(원천 - 363, 2009.04.24., 법인 46013 - 3561, 1994.12.27)

국민건강보험법에 의하여 가입대상에서 제외된 재외국민 또는 외국인이 국내에 근무하는 동안 외국보험회사에 납부한 보험료는 「국민건강보험법」에 따라 근로자가 납부한 보험료에 해당하지 아니하는 것임.

● **기본공제대상 부양가족 명의로 납부한 보험료의 공제 여부**(서면1팀 - 1290, 2007.09.17., 서면1팀 - 65, 2006.01.18.)

보험료공제를 적용받기 위하여는 원칙적으로 근로자 본인이 계약을 하고 보험료를 지급하여야 하는 것이나, 기본공제대상인 부양가족의 명의로 계약한 경우에도 당해 근로자가 보험료를 실제로 납입한 경우에는 공제대상임. 따라서, 보험계약자가 연령 또는 소득금액의 요건을 충족하지 않아 당해 근로자의 기본공제대상자에 해당하지 않는 경우는 당해 근로자가 보험료공제를 받을 수 없는 것임.

● **근로자가 리스료에 포함하여 납부한 보험료를 공제받을 수 있는지 여부**(원천 46013 - 148, 2002.04.30.)

리스이용자(근로자)가 리스료의 세부요금항목 중 자동차보험료를 별도 표시하여 부담하더라도 이는 리스계약에 의한 리스료의 일부로 특별공제대상 보험료에 해당하지 않는 것임.

● **피보험자의 범위**(법인 46013 - 2497, 2000.12.29.)

「소득세법」 제52조 제1항 제2호에 규정하고 있는 피보험자에는 주피보험자 또는 종피보험자를 포함하는 것이므로, 맞벌이 부부의 경우 근로자 본인이 보험계약자이고 주피보험자를 배우자, 종피보험자를 본인으로 하는 보장성보험에 가입하고 당해연도에 본인이 지급하는 보험료는 공제대상 보험료에 해당되는 것임.

3. 의료비 세액공제

근로소득이 있는 거주자가 기본공제대상자(나이 및 소득의 제한을 받지 아니한다)☆를 위하여 해당 과세기간에 의료비(지급받은 실손의료보험금 제외)를 지급한 경우 다음의 금액을 해당 과세기간의 근로소득 산출세액에서 공제한다.(소득법 59의4 ②)

☆ 생계를 같이하는 부양가족임에도 소득요건 또는 나이요건을 갖추지 못해 인적공제를 받지 못한 부양가족

을 위해 지출한 의료비도 공제 가능하나 동일 부양가족을 타인이 기본공제대상자로 한 경우 그 부양가족을 위해 지출한 의료비는 공제 불가능하다.

가. 세액공제액

(1) 난임시술비

> 공제액 = (난임시술비[☆] − (2), (3), (4)의 의료비 지출액이 총급여액의 3%에 미달하는 경우 그 미달금액) × 30%
> ☆ 난임시술비에는 난임시술과 관련하여 처방을 받은 「약사법」 제2조에 따른 의약품 구입비용을 포함한다.

(2) 미숙아 및 선천성이상아 의료비

> 공제액 = (미숙아 및 선천성이상아 의료비 − (3), (4)의 의료비 지출액이 총급여액의 3%에 미달하는 경우 그 미달금액) × 20%

(3) 본인 등 의료비

> 공제액 = (본인 등 의료비 − (4)의 의료비 지출액이 총급여액의 3%에 미달하는 경우 그 미달금액) × 15%
> ☆ 본인 등 의료비는 다음에 해당하는 사람을 위하여 지급한 의료를 말한다.
> ① 해당 거주자
> ② 과세기간 개시일 현재 6세 이하인 사람
> ③ 과세기간 종료일 현재 65세 이상인 사람
> ④ 장애인
> ⑤ 중증질환자, 희귀난치성질환자 또는 결핵환자 등 건강보험 산정 특례대상자

(4) (1), (2), (3) 외의 공제대상자 의료비

> 공제액 = Min[(1), (2), (3) 외의 공제대상자 의료비 − 총급여액 × 3%, 700만원] × 15%

○ **난임시술의 범위**(소득령 118의5 ⑥)

난임시술이란 「모자보건법」에 따른 보조생식술을 말한다.

○ **미숙아 및 선천성이상아 의료비 범위**(소득령 118의5 ⑤)

미숙아 및 선천성이상아를 위하여 지출한 의료비란 다음의 의료비를 말한다.
① 「모자보건법」에 따른 미숙아의 경우: 보건소장 또는 의료기관의 장이 미숙아 출생을 원인으로 미숙아가 아닌 영유아와는 다른 특별한 의료적 관리와 보호가 필요하다고 인정하는 치료를 위하여 지급한 의료비
② 「모자보건법」에 따른 선천성이상아의 경우: 해당 선천성이상 질환을 치료하기 위하여 지급한 의료비

○ **중증질환자, 희귀난치성질환자 또는 결핵환자 등 건강보험 산정 특례 대상자의 범위**(소득령 118의5 ④, 소득칙 61의4)

① 「국민건강보험법 시행령」 제19조 제1항에 따라 보건복지부장관이 정하여 고시하는 기준에 따라 중증질환자, 희귀난치성질환자 또는 결핵환자 산정특례 대상자로 등록되거나 재등록된 자를 말한다.
② 회사에 제출하여야 하는 증빙서류 : 장애인증명서 등 건강보험 산정특례자로 등록된 자임을 입증할 수 있는 서류

○ **난임시술비의 연말정산 간소화에서 제공 여부**

의료비 중 난임시술비는 별도로 구분하여 제공하지 않으므로 의료비 내역에 난임시술비가 포함된 경우 의료기관으로부터 의료비 영수증 등 난임시술비임을 확인할 수 있는 서류를 발급받아 원천징수의무자에게 제출하여 의료비 세액공제를 적용받아야 한다.

예규

● **맞벌이 부부의 경우 의료비에 대한 소득공제 가능여부 등**(서면1팀-1730, 2006.12.20.)

근로자의 부양가족이 동시에 다른 거주자의 부양가족에 해당되어 그 중 1인이 기본공제를 받은 경우 보험료 공제 또는 의료비 공제는 당해 부양가족에 대한 기본공제를 받은 거주자가 공제받을 수 있는 것이다. 근로소득이 있는 맞벌이 부부의 경우 배우자를 위해 지출한 의료비는 의료비 공제를 적용받을 수 있음.

● **거주자의 인적공제대상자가 다른 거주자의 공제대상에 해당되는 경우, 특별공제 가능 여부**(재소득-649, 2006.10.25.)

보험료 및 의료비 공제는 기본공제대상자를 위하여 지출한 경우에 적용되는 것이며, 「조세특례제한법」 제126조의2에 따른 「신용카드등 사용금액에 대한 소득공제」는 동법 시행령 제121조의2 제2항에 해당되는 자의 사용금액에 대하여도 적용되는 것임.

나. 공제대상 의료비

(1) 공제대상 의료비

의료비 세액공제대상은 당해 근로자가 근로제공기간 동안 직접 부담한 다음의 의료비로 한다.(소득령 118의5 ①) 다만, 미용·성형수술을 위한 비용 및 건강증진을 위한 의약품 구입비용은 의료비공제대상에 포함하지 아니한다.(소득령 118의5 ②)

① 진찰·치료·질병예방을 위하여 「의료법」 제3조에 따른 의료기관(종합병원·병원·치과병원·한방병원·요양병원·의원·치과의원·한의원 및 조산원)에 지급한 비용
② 치료·요양을 위하여 「약사법」 제2조에 따른 의약품(한약 포함)을 구입하고 지급하는 비용
③ 장애인보장구(「조특령」 제105조의 규정에 의한 보장구)를 직접 구입 또는 임차하기 위하여 지출한 비용
   ☆ 기본공제 대상자가 해당연도의 과세기간 종료일 현재 장애인 증명을 발급받지 아니한 경우 장애인 보장구 구입을 위하여 지출한 비용은 장애인 의료비가 아닌 일반 기본공제대상자의 의료비 지출로 보아 의료비 공제가 가능하며 이 경우 의료비명세서 첨부서류로 사용자의 성명을 판매자가 확인한 영수증을 첨부해야 한다.(소득령 집행기준 59의4 - 118의5 - 2)
④ 의사·치과의사·한의사 등의 처방에 따라 의료기기(「의료기기법」 제2조 제1항에 따른 의료기기)를 직접 구입 또는 임차하기 위하여 지출한 비용
⑤ 시력보정용 안경 또는 콘택트렌즈 구입을 위하여 지출한 비용으로서 근로자의 기본공제대상자(나이 및 소득의 제한을 받지 않음) 1명당 연 50만원 이내의 금액
⑥ 보청기 구입을 위하여 지출한 비용
⑦ 「노인장기요양보험법」 제40조 제1항 및 같은 조 제3항 제3호에 따른 장기요양급여에 대한 비용으로서 실제 지출한 본인부담금
⑧ 「장애인활동 지원에 관한 법률」 제33조 제1항 및 같은 조 제2항 제2호에 따른 활동지원급여☆에 대한 비용으로서 실제 지출한 본인부담금
   ☆ 「장애인활동 지원에 관한 법률」에 따라 수급자에게 제공되는 월활동보조, 방문목욕, 방문간호 등 서비스를 의미함.
⑨ 「모자보건법」 제2조 제10호에 따른 산후조리원에 산후조리 및 요양의 대가로 지급하는 비용으로서 출산 1회당 200만원 이내의 금액

2023.12.31. 이전 지출비용	2024.1.1. 이후 지출비용
총급여액이 7천만원 이하 근로자	총급여액에 상관없이 모든 근로자

 **적용사례**

> 총급여액 5천만원 근로자가 배우자를 위해 산후조리원 비용으로 300만원을 지출한 경우 의료비 세액공제금액은?

의료비는 총급여액의 3%을 초과하여 지출한 금액에 대해 15%(난임시술비 20%)의 공제율을 적용하여 계산한 금액을 세액공제한다.

일반 기본공제대상자인 배우자를 위해 지출한 의료비는 7백만원까지만 지출액으로 인정한다.

- 총급여액의 3% = 50,000,000 × 3% = 1,500,000원
- 공제대상 의료비 = 2,000,000원 (산후조리원 비용은 2백만원 한도)
- 세액공제 대상금액 = 2,000,000원 - 1,500,000원 = 500,000원
- ☞ 위 근로자의 의료비 세액공제금액은 500,000원 × 15% = 75,000원이다.

> 총급여액 8천만원 근로자가 배우자를 위해 산후조리원 비용으로 300만원을 지출한 경우 의료비 세액공제금액은?

2024.1.1. 이후 산후조리원 비용은 총급여액과 상관없이 근로자가 산후조리원에 지출하는 비용으로서 출산 1회당 200만원을 한도로 의료비에 포함하여 세액공제를 한다.

☞ 다만, 2023.12.31. 이전에는 총급여액 요건으로 인하여 근로자의 총급여액이 7천만원을 초과하므로 다른 의료비 지출액이 없다면, 의료비 세액공제를 받을 금액은 없다.

참고

○ **장애인보장구**(조특령 105, 별표 9의2)

「장애인·노인 등을 위한 보조기기 지원 및 활용촉진에 관한 법률」제3조 제2호에 따른 보조기기 또는 「의료기기법」제2조에 따른 의료기기로서 다음의 것을 말한다.

① 「장애인·노인등을 위한 보조기기 지원 및 활용촉진에 관한 법률」제3조 제2호 및 같은 법 시행규칙 제2조에 따른 보조기기로서 장애인용으로 특별히 제작된 다음의 것

> 팔 의지(義肢)·다리 의지(義肢)·수동휠체어·전동휠체어·청각보조기기(청각보조기용 액세서리를 포함한다)·점자 교육용 보조기기·점자 읽기자료·휴대용 점자 기록기·프린터(점자프린터로 한정한다)·표준 네트워크 전화기(청각 장애인용 골도전화기로 한정한다)·특수 출력 소프트웨어·특수키보드·컴퓨터 포인팅용 장치·다리 보조기·척추 및 머리보조기·팔 보조기·보행용 막대기 및 지팡이·촉각 막대기 또는 흰 지팡이·팔꿈치 목발·아래팔 목발·겨드랑이 목발·양팔 조작형 보행용 보조기기·욕창방지 방석 및 커버·욕창 예방용 등받이 및 패드·와상용 욕창 예방 보조기구·침대 및 침대장비(욕창방지용으로 한정한다)·대소변 흡수용 보조기구·비디오 자막 및 자막 텔레비전 해독기(국가·지방자치단체 또는 「방송법」제90조의2에 따라 설립된 시청자미디어재단이 시·청각장애인에게 무료로 공급하기 위하여 구매하는 것으로 한정한다)·시각 신호 표시기·음성 출력 읽기 자료·영상 확대 비디오 시스템

② 「의료기기법」제2조에 따른 의료기기로서 장애인용으로 특수하게 제작되거나 제조된 다

음의 것

> 보청기·인공달팽이관장치(연결사용하는 외부 장치 및 배터리를 포함한다)·인공후두

○ 의료기기(의료기기법 2 ①)

사람 또는 동물에게 단독 또는 조합하여 사용되는 기구·기계·장치·재료 또는 이와 유사한 제품으로서 다음에 해당하는 제품을 말한다. 다만 「약사법」에 의한 의약품 및 「장애인복지법」 제65조에 의한 장애인 보조기구 중 의지·보조기는 제외한다.
- 질병의 진단·치료·경감·처치 또는 예방할 목적으로 사용되는 제품
- 상해 또는 장애를 진단·치료·경감 또는 보정할 목적으로 사용되는 제품
- 구조 또는 기능을 검사·대체 또는 변형할 목적으로 사용되는 제품
- 임신조절의 목적으로 사용되는 제품

○ 안경구매정보의 의료비 공제

① 시력보정용 안경 또는 콘택트렌즈 구입비용은 의료비 세액공제 대상이지만 시력보정 기능이 없는 선글라스, 미용 목적의 콘택트렌즈 등의 구입비용은 연말정산 간소화에서 「안경구매내역」에서 조회되더라도 의료비 세액공제 적용대상이 아니다.
② 안경점에서 신용카드·현금 등으로 지출한 경우 「안경구매내역」에서 조회할 수 있다. 조회되는 내역이 시력보정용 안경·콘택트렌즈 구입비용인 경우 「구매자」를 선택하면 의료비자료에 반영된다. 이 경우 해당 안경점에서 안경구입비 자료를 국세청에 제출한 경우 의료비 내역에 이미 반영되어 있다. 이 경우 구매자를 선택하여 추가하게 되면 이중으로 공제받게 되므로 의료비 내역에 안경구입비가 조회되는지 반드시 먼저 확인하여야 한다.

○ 의료비 세액공제 관련 주요 문의사항[25]

① 의료기관에서 받는 건강진단을 위한 비용은 공제대상 의료비에 해당한다.
② LASIK(레이저각막절삭술) 수술비용은 공제대상 의료비에 해당한다.(소득 46073-203, 2000.12.28.)
③ 임신 중 초음파·양수검사비, 출산관련 분만비용, 질병예방을 위한 근시 교정시술비·스케일링비용은 공제대상 의료비에 해당되며, 불임으로 인한 인공수정시술을 받은 경우에는 그에 따른 검사료, 시술비 등도 공제대상 의료비에 포함한다.(원천-162, 2011.03.22.)
④ 의안은 '장애의 보정'에 사용하는 제품으로 의료기기에 해당한다.
⑤ 질병을 원인으로 유방을 절제한 후 이를 재건하기 위하여 의료기관에 지급한 비용은 공제대상 의료비에 해당한다.(기획재정부소득-86, 2013.02.13.)
⑥ 시력보정용 안경의 안경테 구입비용은 소득공제대상 의료비에 해당한다.(원천-739, 2010.09.16.)

---

25) 국세청, 앞의 책, p.166. 참조.

(2) 실손의료보험금의 세액공제 배제

다음의 어느 하나에 해당하는 자로부터 지급받은 실손의료보험금은 해당 의료비를 지출한 과세연도의 의료비에서 제외한다.(소득령 118의5 ①)

① 「보험업법」에 따른 보험회사
② 「수산업협동조합법」, 「신용협동조합법」 또는 「새마을금고법」에 따른 공제사업을 하는 자
③ 「군인공제회법」, 「한국교직원공제회법」, 「대한지방행정공제회법」, 「경찰공제회법」 및 「대한소방공제회법」에 따른 공제회
④ 우정사업본부

참고

○ 실손의료보험금 수령한 경우 실무 적용방법[26]

① 2023년에 의료비를 지출하고 2024년에 실손의료보험금을 수령한 경우 의료비 지출금액에서 차감해야 할 연도는?
  • 실손의료보험금 수령액은 보험금 수령의 원인이 된 해당연도 의료비에서 차감한다. 2023년 지출된 의료비에 대해서 2023년 연말정산할 때 의료비 세액공제를 적용받고 2023년 지출한 의료비에 대한 실손의료보험료를 2024년에 수령하였다면 해당 보험금은 의료비 세액공제를 적용받은 2023년 의료비에서 차감하여 수정신고하여야 한다.
  이 경우 수령한 연도(2024년)의 종합소득세확정신고시(2025년 5월 31일)까지 수정신고하는 경우 가산세가 면제된다.(국기법 48 ① 3호, 국기령 28 ① 3호)

  > ◎ 국세기본법 제48조(가산세의 감면등) 제1항 제3호 및 같은 법 시행령 제28조 제1항 제3호
  > 「소득세법 시행령」 제118조의5 제1항에 따라 실손의료보험금(같은 영 제216조의3 제7항 각호의 어느 하나에 해당하는 자로부터 지급받은 것을 말한다)을 의료비에서 제외할 때에 실손의료보험금 지급의 원인이 되는 의료비를 지출한 과세기간과 해당 보험금을 지급받은 과세기간이 달라 해당 보험금을 지급받은 후 의료비를 지출한 과세기간에 대한 소득세를 수정신고하는 경우(해당 보험금을 지급받은 과세기간에 대한 종합소득 과세표준 확정신고기한까지 수정신고하는 경우로 한정하여 해당 가산세를 부과하지 아니한다.

② 실손의료보험금의 수령인과 수익자가 상이한 경우 누구의 의료비에서 차감하나요?
  • 실손의료보험금 지급자료는 실수령인이 아닌 계약서상 수익자를 기준으로 연말정산 의료비 공제에 반영한다.
③ 의료비 세액공제 시 차감할 실손의료보험금 자료를 연말정산 할 때 제출하여야 하나요?
  • 공제대상에서 차감할 금액이므로 별도의 증빙서류는 제출하지 않으며, 근로자가 홈택스를 통해 실손의료보험금 수령금액을 정확히 파악하여 연말정산 의료비 세액공제 시 차감하면 된다.

---

26) 국세청, 2023 원천징수의무자를 위한 연말정산 신고안내, 2023.12. p.168. 참조

④ 실손의료보험금 수령내역을 어디에서 확인할 수 있나요?
  • 해당 보험회사를 통해 확인하여야 한다. 다만, 근로자 본인의 실손의료보험금 자료는 홈택스의 연말정산 간소화에서 조회할 수 있다.
⑤ 부양가족의 실손의료보험금 수령내역은 어떻게 확인하는지?
  • 해당 보험회사를 통해 확인하여야 한다.
    - 다만, 부양가족 본인이 홈택스에 로그인하여 연말정산 간소화에서 조회할 수 있다.
    - 미성년자의 경우 해당 보험회사를 통해 확인하여야 하며, 가족관계를 증명하는 서류를 지참하여 세무서를 방문하면 보험금 수령내역을 확인할 수 있다.

 적용사례

> 총급여 4천만원 근로자가 본인 등 의료비 1천만원, 일반 기본공제 대상자 의료비 100만원일 경우 의료비 세액공제액은? (당해연도 지출한 의료비 중 실손의료보험금 200만원을 수령한 경우)

근로자가 직접 부담하는 의료비를 말하므로, 본인과 기본공제 대상자를 위해 지출한 의료비 (1,100만원)에서 실손보험금 수령액(200만원)을 차감하여 세액공제 대상 의료비를 계산한다.
• 실손보험금 수령액 차감 후 세액공제 대상 의료비 : 900만원(본인 등 의료비)
• 총급여액의 3% 해당금액 : 120만원(총급여액의 3%, 4천만원 × 3%)
• 본인 등 의료비 공제 대상 : 780만원(900만원 − 120만원)
• 의료비 세액공제액 : 117만원(780만원 × 15%)
 ☞ 위 근로자의 의료비 세액공제금액은 117만원이다.

> 총급여 4천만원 근로자가 본인 등 의료비 1천만원, 일반 기본공제 대상자 의료비 100만원일 경우 연도별 의료비 세액공제액은?
> ① 2023년 총급여 4천만원 본인 등 의료비 6백만원만 있음
> ② 2023년에 지출한 의료비 중 실손의료보험금 100만원을 2024년 5월에 수령
> ③ 2024년에 지출한 의료비 중 실손의료보험금 200만원을 2024년 5월에 수령

근로자가 직접 부담하는 의료비를 말하므로, 본인과 기본공제 대상자를 위해 지출한 의료비에서 실손보험금 수령액을 차감하여 세액공제 대상 의료비를 계산한다.

① 2023년 당초 의료비 세액공제액
  • 2023년 의료비 세액공제 당시에는 실손의료보험금을 수령한 내역이 없으므로 지출한 의료비에 대하여 전액 세액공제 적용받을 수 있다.
  • 총급여액의 3% 해당금액 : 120만원(총급여액의 3%, 4천만원 × 3%)
  • 본인 등 의료비 공제대상 : 480만원(600만원 − 120만원)
  • 의료비 세액공제액 : 72만원(480만원 × 15%)
  ☞ 위 근로자의 의료비 세액공제금액은 72만원이다.

② 2024년 당초 의료비 세액공제액
- 실손보험금 수령액 차감 후 세액공제 대상 의료비 : 900만원(본인 등 의료비)
- 총급여액의 3% 해당금액 : 120만원(총급여의 3%, 4천만원 × 3%)
- 본인 등 의료비 공제대상 : 780만원(900만원 - 120만원)
- 의료비 세액공제액 : 117만원(780만원 × 15%)
- ☞ 위 근로자의 의료비 세액공제금액은 117만원이다.

③ 2023년 당초 의료비 세액공제액의 수정신고
- 실손보험금 수령액 차감 후 세액공제 대상 의료비 : 500만원(600만원 - 100만원)
- 총급여액의 3% 해당금액 : 120만원(총급여의 3%, 4천만원 × 3%)
- 본인 등 의료비 공제대상 : 380만원(500만원 - 120만원)
- 의료비 세액공제액 : 57만원(380만원 × 15%)
- 추가납부할 세액 = 72만원 - 57만원 = 15만원(지방소득세 별도)
- ☞ 근로자는 실손보험금을 수령한 연도(2023년)의 다음연도 5월 말일(2025.5.31.)까지 수정신고하면 가산세등의 불이익은 없다.

(3) 의료비 공제시 유의사항

① 사내근로복지기금으로부터 지급받은 의료비는 공제대상 의료비에 포함되지 않는다.(소득법 집행기준 59의4 - 118의5 - 1 ③)
② 근로자가 당해연도에 지급한 의료비 중 근로자가 가입한 상해보험 등에 의하여 보험회사에서 수령한 보험금으로 지급한 의료비는 공제대상에 해당하지 않는다.(서면1팀 - 1334, 2005.11.03.)
③ 「의료법」 제3조에서 규정하는 의료기관에 해당되지 아니하는 외국의 의료기관에 지출한 비용은 공제대상 의료비에 해당하지 않는다.(법인 46013 - 2952, 1996.10.24.)
④ 실제 부양하지 아니하는 직계존속이나 생계를 같이하지 아니하는 형제자매를 위해 지출한 의료비는 공제대상에 해당하지 않는다.
⑤ 건강기능식품에 관한 법률에 의한 건강기능식품을 구입하고 지급하는 비용은 소득공제대상 의료비에 포함되지 않는다.(서면1팀 - 1085, 2007.07.30.)
⑥ 의료비 세액공제를 적용함에 있어, 의료기관의 진단서 발급비용은 포함되지 않는다.
⑦ 국민건강보험공단으로부터 지원받는 출산 전 진료비지원금으로 지급한 의료비는 세액공제 대상 의료비에 포함되지 않는다.(소득법 집행기준 59의4 - 118의5 - 1 ②)
⑧ 국민건강보험공단으로부터 '본인부담금상한제 사후환급금☆'을 받는 경우 그 해당 의료비는 세액공제대상 의료비에 포함되지 않는다.
   ☆ 본인부담금상한제 사후환급금이란 연간 보험적용 본인부담금이 상한액을 초과한 경우 그 초과금액을 공단에서 부담함으로써 건강보험 본연의 보장성을 확보하고 가계안정을 도모하는 제도를 말한다.
⑨ 「의료법」에 따른 의료기관에 해당하지 않는 곳에 지출한 비용 및 외국에 소재한 의료기관에 지출한 의료비는 의료비 공제를 적용받을 수 없다.(소득법 집행기준 59의4 - 118의5 - 1 ④)

> **참고**
>
> ○ 의료비 세액공제 적용방법
> ① 근로소득자가 소득금액 100만원(근로소득만 있는 자는 총급여 500만원)을 초과하여 기본공제받지 못한 배우자를 위해 지출한 의료비도 근로자 본인이 의료비 세액공제 가능하다.(서면1팀−1752, 2006.12.27.)
> ② 맞벌이 부부의 경우 자녀의 의료비는 자녀에 대한 기본공제를 받은 자가 지출한 것만 공제가능하다.(재소득−649, 2006.10.24.)
> ③ 생계를 같이하는 부양가족임에도 소득요건 또는 나이요건을 갖추지 못해 인적공제를 받지 못한 부양가족을 위해 지출한 의료비도 공제 가능하다.
> ④ 동일 부양가족을 타인이 기본공제대상자로 한 경우 그 부양가족을 위해 지출한 의료비는 공제 불가능하다.

(4) 신용카드 등 사용 의료비

신용카드 등으로 사용한 의료비의 경우 의료비 세액공제와 신용카드 등 사용 소득공제는 중복공제 가능하다.

다. 의료비 세액공제 증명서류

의료비 항목	증명서류		국세청 제공여부☆
	영수증 명칭	발급처	
의료기관에 지급한 의료비	진료비 영수증(계산서) 또는 진료비 납입확인서	의료기관	○ (해당 의료기관 및 약국이 제출한 자료에 한해 제공)
약국에 지급한 의료비	약제비 영수증(계산서) 또는 약제비 납입확인서	약국	
노인장기요양보험법에 의한 본인부담금	장기요양급여비용 명세서 또는 장기요양급여비 납부확인서	장기요양 기관	
안경·콘택트렌즈 구입비	구입영수증(사용자 성명 및 시력교정용임을 안경사가 확인)	안경점	×
보청기·장애인 보장구 구입비	구입영수증(사용자의 성명을 판매자가 확인)	판매처	
의료기기 구입·임차비	처방전, 의료비영수증	판매처 (임대처)	

☆ 국세청 제공 자료는 국세청 홈택스 연말정산 간소화(www.hometax.go.kr)에서 확인 가능

○ 의료비 세액공제와 연말정산 간소화

① 의료비 내역이 조회되지 않는 경우 의료기관에서 자료를 제출하였는지 확인하고, 의료기관에서 자료를 제출하지 않은 경우 의료기관으로부터 직접 영수증을 발급받아 원천징수의무자에게 제출하여야 한다.

② 출생신고를 하지 않은 신생아 또는 출생신고 후 병원에 주민등록번호를 알려주지 않은 경우에는 병원에서 자료를 제출할 수 없어 간소화에서 제공되지 않으므로 해당 의료기관에서 직접 영수증을 발급받아 원천징수의무자에게 제출하여야 한다.

라. 「의료비 지급명세서」 제출

(1) 의료비 공제를 받고자 하는 근로자

소득공제신고서 제출시 「의료비 지급명세서」와 의료비 소득공제 증명서류를 회사에 제출하여야 한다.

(2) 회사

의료비 세액공제를 받는 근로자는 원천징수 관할 세무서장에게 전산처리된 「의료비 지급명세서」를 제출하여야 하며 의료비 지급명세서 작성시 국세청 연말정산 간소화에서 발급받은 의료비 영수증은 의료기관 및 약국의 사업자등록번호를 기재하지 않고 의료비공제대상자별로 해당 금액만 기재한다.

○ 의료비 세액공제 적용 여부 판단기준(서면1팀 – 1721, 2006.12.19., 재소득 – 649, 2006.10.25.)

의료비 세액공제는 의료비지출자와 진료를 받은 자의 기본공제대상자 여부를 기준으로 세액공제 여부를 판단한다. 진료를 받은 자를 기준으로 적용하는 것이 아님.

○ 맞벌이 부부의 자녀에 대한 의료비 세액공제 적용방법

의료비 지출자	자녀의 기본공제 적용여부	의료비 세액공제 가능여부
남편	남편의 기본공제대상자로 적용	세액공제 가능
	아내의 기본공제대상자로 적용	타인의 기본공제대상자를 위해 지출한 의료비로 세액공제 불가
아내	남편의 기본공제대상자로 적용	
	아내의 기본공제대상자로 적용	세액공제 가능

○ 부모에 대한 의료비 지출액을 장남과 차남이 분담한 경우 근로소득자별 의료비 세액공제 적용방법

의료비 지출자	부모의 기본공제 적용여부	의료비 세액공제 가능여부
장남(100만원)과 차남(50만원)이 공동 분담	장남의 기본공제대상자로 적용	• 기본공제대상자로 공제받은 사람(장남)이 부담한 의료비(100만원)에 대하여만 세액공제 가능 • 기본공제대상자로 공제받지 못한 사람(차남)은 부담한 의료비(50만원)에 대하여 세액공제 불가 ⇨ 타인의 기본공제대상자를 위해 지출한 의료비에 해당됨.

	사 례	공제여부판단
①	근로자 본인을 위해 지출한 의료비만 있는 경우	• 근로자 본인을 위해 지출한 의료비만 있는 경우에도 총급여액의 3%를 초과하는 금액만 의료비 공제 가능
②	카드매출전표는 의료비 증명서류로 사용 불가능	• 카드매출전표 또는 신용카드 사용내역서는 의료비 증명서류로 사용할 수 없음
③	생계를 같이하는 부양가족을 위해 지출한 의료비	• 기본공제 대상 나이에 해당하지 않거나, 소득금액이 100만원을 초과하여 기본공제를 받지 못한 부양가족과 생계를 같이하고 있다면, 근로자가 이들을 위해 지출한 의료비는 의료비 공제대상에 해당됨
④	맞벌이 배우자를 위해 지출한 의료비	• 근로자가 소득금액이 100만원을 초과하는 맞벌이 배우자를 위해 지출한 의료비는 의료비 공제대상에 포함됨(서면1팀－1752, 2006.12.27.)
⑤	맞벌이 부부의 자녀 의료비	• 맞벌이 부부의 경우 자녀의 의료비는 자녀에 대한 기본공제를 받은 자가 지출한 것만 공제 가능함(서면1팀－1562, 2006.11.17.)
⑥	형님이 부양하는 아버지를 위해 지출한 의료비	• 형제들이 아버지의 수술비를 나누어 부담하였다고 하여도 다른 형제들은 부담한 수술비를 의료비 공제받을 수 없음 • 또한, 아버지를 모시고 있는 형님은 본인이 아버지를 위해 지출한 의료비만 공제 가능
⑦	일반응급환자이송업체 소속 구급차 이용비	• 의료기관이 아닌 일반응급환자이송업체 소속 구급차 이용료는 공제대상에 해당하지 않음
⑧	의료기관이 아닌 특수교육원	• 언어치료사 자격증 소지자 등이 운영하는 특수교육원에 지출한 비용이라도 의료법에 의한 의료기관에 해당되지 않은 경우 의료비 공제대상에 해당하지 않음(법인 46013－3172, 1998.10.28.)
⑨	외국 병원에 지출한 의료비	• 외국에 소재한 병원(「의료법」제3조에 따른 의료기관에 해당하지 않음)에 지출한 의료비는 의료비 공제대상에 해당하지 않음(법인 46013－2952, 1996.10.24.)

	사 례	공제여부판단
⑩	간병인에게 개인적으로 지급되는 비용	• 의료기관에 대한 지출이 아니므로 공제대상에 해당하지 않음
⑪	건강기능식품 구입비용	• 건강기능식품에 관한 법률에 의한 건강기능식품 구입비용은 의료비 공제대상에 해당하지 않음(서면1팀 - 1085, 2007. 07.30.)

예 규 •••

● **회사가 근로자 및 근로자 가족에게 지원하는 건강검진비가 의료비 공제대상인지 여부**(원천 - 390, 2024. 03.28.)

회사에서 소속 근로자 및 근로자 가족의 건강검진비를 지원하는 금액은 해당 근로자의 근로소득 수입금액과 의료비 공제대상에 포함됨.

● **건강검진 결과에 따라 복부 지방흡입수술을 실시한 의료비가 연말정산시 의료비 세액공제대상에 해당하는지 여부**(사전법규소득 2021 - 1872, 2022.01.18.)

「소득세법」 제59조의4 제2항에 따른 의료비 세액공제의 적용대상이 되는 의료비는 「동법 시행령」 제118조의5 제1항 각 호의 어느 하나에 해당하는 의료비의 경우를 의미하는 것이나, 같은 조 제2항에 따라 미용·성형수술을 위한 비용 및 건강증진을 위한 의약품 구입비용은 이에 포함하지 아니하는 것임.

● **부양가족이 연도말 사망하여 의료비가 익년 수납된 경우 사망연도에 의료비 세액공제 가능 여부**(사전법령해석소득 2019 - 46, 2019.02.15.)

12월 31일 사망한 기본공제대상자였던 부양가족의 의료비를 익년에 지출한 경우 해당 의료비는 지출한 과세연도 귀속 근로소득에 대한 연말정산시 공제대상 의료비에 포함하는 것임.

● **장애인 증명없이 구입한 장애인보장구 비용의 의료비공제 여부**(소득법 집행기준 59의4 - 118의5 - 2)

기본공제 대상자가 해당연도의 과세기간 종료일 현재 장애인 증명을 발급받지 아니한 경우 장애인보장구 구입을 위하여 지출한 비용은 장애인 의료비가 아닌 일반 기본공제대상자의 의료비 지출로 보아 의료비 공제가 가능하며 이 경우 의료비명세서 첨부서류로 사용자의 성명을 판매자가 확인한 영수증을 첨부해야 함.

● **앰블런스 비용의 의료비 공제 여부**(법규소득 2014 - 43, 2014.04.11.)

근로소득이 있는 거주자가 「응급의료에 관한 법률」 제2조 제1호에 따른 응급환자가 아닌 거동이 불편한 기본공제대상자를 위하여 「의료법」 제3조에 따른 의료기관에서 운영하는 구급차를 이용하고 그 비용을 해당 의료기관에 지급하는 경우 해당 구급차 이송비용은 「소득세법」(2014.1.1. 개정되기 이전 것) 제52조 제2항 및 같은 법 시행령(2014.2.21.삭제되기 이전 것) 제110조에 따른 소득공제 대상 의료비에 해당하지 않는 것임.

● **국민건강보험공단에 납부하는 기타징수분의 의료비 등 소득공제 여부**(서면법규 - 382, 2013.04.03.)

근로소득이 있는 거주자가 교통사고로 자신이 직접 부담하여야 할 의료비를 착오로 국민건강보험공단에 보험급여를 부당청구하여 해당 보험급여에 상당하는 금액을 「국민건강보험법」 제57조에 따라 기타징수금으로 납부하는 경우 기타징수금은 의료비 공제는 가능한 것이나, 신용카드 등 사용금액에 대한 소득공제는 받을 수 없는 것임.

● **외국에서 구입한 보청기의 의료비 공제 여부**(서면법규 - 327, 2013.03.21.)

근로소득이 있는 거주자가 기본공제 대상 자녀를 위해 외국에서 구입한 보청기 구입비용에 대하여는 의료비공제를 받을 수 없는 것임.

● **유방절제수술 후 재건수술비용의 소득공제 대상 의료비여부**(기획재정부소득 - 86, 2013.02.13.)

질병을 원인으로 유방을 절제한 후 이를 재건하기 위하여 의료기관에 지급한 비용은 의료비 공제 대상에 해당함.

● **부정교합으로 인한 치아 교정비용의 의료비공제 해당 여부**(원천 - 162, 2011.03.22.)

의료기관에 지출한 보철, 틀니 및 질병예방차원의 스케일링 비용은 의료비 공제가 가능하나, 치열교정비는 의사의 "저작기능장애" 진단서가 첨부된 경우에 한해서만 공제대상 의료비에 해당하는 것임.

● **시력보정용 안경의 안경테 구입비용은 소득공제대상 의료비해당 여부**(원천 - 739, 2010.09.16.)

시력보정용으로 사용하는 안경의 안경테 구입비용은 소득공제대상 의료비에 포함되는 것임.

● **법인이 종합건강검진비 지급시 지출증빙 수취 여부**(서면2팀 - 881, 2007.05.08.)

종합건강검진비 등 급여 성격의 비용을 당해 거래상대방에게 직접 지출할 의무없이 당해 법인이 대신 지급하고 이를 급여로 보아 원천징수를 하는 경우, 법인이 직접 사업자와 사업상이 거래를 한 것이 아니므로 지출증빙서류의 수취 및 보관규정이 적용되지 아니하는 것임.

● **응급의료에 관한 법률에 의한 응급처치료의 의료비공제 가능 여부**(서면1팀 - 15, 2007.01.04.)

근로소득이 있는 거주자(일용근로자를 제외한다)가 기본공제대상자(연령 및 소득금액의 제한을 받지 아니한다)를 위하여 「소득세법 시행령」 제110조 제1항 각 호의 의료비를 지출한 경우 「소득세법」 제52조 제1항 제3호의 특별공제가 가능한 것이므로 응급의료에 관한 법률에 의하여 응급환자 이송업을 영위하면서 응급환자 이송 후 관련법에 의하여 이송처치료 영수증을 발급한 경우 동 건에 대한 의료비공제는 받을 수 없음.

● **맞벌이 부부의 경우 의료비에 대한 소득공제 가능여부 등**(서면1팀 - 1730, 2006.12.20.)

근로소득이 있는 맞벌이 부부의 경우 배우자를 위해 지출한 의료비는 「소득세법」 제52조 제1항 제3호의 규정에 의한 의료비공제를 적용받을 수 있음.

● **거주자의 인적공제대상자가 다른 거주자의 공제대상에 해당되는 경우, 특별공제 가능 여부**(재소득 - 649, 2006.10.25.)

「소득세법」 제52조 제1항에 따른 보험료 및 의료비 공제는 기본공제대상자를 위하여 지출한 경우에 적용되는 것이므로 다른자(예:父)로부터 기본공제를 적용받은 부양가족을 위해 다른 일방(예:母)이 지출한 의료비는 공제대상이 아님을 의미하는 것임.

4. 교육비 세액공제

근로자가 해당 연도에 기본공제대상자(소득금액 제한 있으나 나이요건 제한을 받지 아니하며, 장애인의 기능향상과 행동발달을 위한 발달재활서비스를 제공하는 기관에 대해서는 과세기간 종료일 현재 18세 미만인 사람만 해당한다)를 위해 지출한 교육비 중 다음의 금액의 15%에 해당하는 금액을 해당 과세기간의 근로소득 산출세액에서 공제한다. 다만, 소득세 또는 증여세가 비과세되는 교육비는 공제하지 아니한다.

구 분	세액공제 대상금액
근로자 본인	전액 공제가능 (대학원교육비, 직업능력개발훈련시설 수강료, 시간제 과정등록, 든든학자금과 일반상환 학자금대출의 원리금상환액)
장애인 특수교육비 ☆ ①, ③: 소득·나이 제한 없음 ☆ ②: 소득 제한 없음, 과세기간 종료일 현재 18세 미만 사람	전액 공제가능 ① 사회복지시설 및 비영리법인 ② 장애인의 기능향상과 행동발달을 위한 발달재활서비스를 제공하는 기관 ③ 위의 시설 및 법인과 유사한 것으로서 외국에 있는 시설 또는 법인
기본공제대상자인 (나이제한 없음) 배우자·직계비속·형제자매·입양자 및 위탁아동	① 유치원아·보육시설의 영유아·취학전 아동, 초·중·고등학생 → 1명당 Min[지급액, 연 300만원] ② 대학생 → 1명당 Min[지급액, 연 900만원] 　※ 직계비속이 든든학자금 등 대출로 지급한 교육비 제외 ③ 대학원생 → 공제대상 아님

☆ 직계존속은 교육비 공제대상이 아님(장애인 특수교육비는 공제가능)

> **참 고**

○ **학자금 대출(등록금에 대한 대출만 공제 가능)의 범위**

① 「한국장학재단 설립 등에 관한 법률」 제2조 제2호에 따른 취업 후 상환 학자금대출 및 같은 조 제3호에 따른 일반 상환 학자금 대출
② 「농어업인 삶의 질 향상 및 농어촌지역 개발촉진에 관한 특례법 시행령」 제17조 제1항 제4호에 따른 학자금 융자지원 사업을 통한 학자금 대출
③ 「한국주택금융공사법」에 따라 한국주택금융공사가 금융기관으로부터 양수한 학자금 대출
④ 「한국장학재단 설립 등에 관한 법률」 제2조 제3호의2에 따른 전환대출
⑤ 「한국장학재단 설립 등에 관한 법률」 제2조 제4호의2에 따른 구상채권 행사의 원인이 된 학자금 대출
⑥ 법률 제9415호 한국장학재단 설립에 관한 법률 부칙 제5조에 따라 승계된 학자금 대출

◦ 공제대상에서 제외되는 학자금 대출 원리금상환액

① 학자금 대출의 원리금 상환의 연체로 인하여 추가로 지급하는 금액
② 학자금 대출의 원리금 중 감면받거나 면제받은 금액
③ 학자금 대출의 원리금 중 지방자치단체 또는 공공기관 등으로부터 학자금을 지원받아 상환한 금액

◦ 교육비공제 중 든든학자금과 일반상환 학자금대출의 원리금상환액

① 본인의 학자금 대출 원리금상환액에 대하여 '17.1.1. 이전에 직계존속 또는 배우자 등이 교육비 공제를 받은 경우 교육비 공제대상에서 제외
② 상환하여야 하는 학자금 대출 원리금상환액이 직계존속 등이 교육비 공제를 받은 금액보다 큰 경우 먼저 상환하였거나 상환할 학자금 대출의 원리금을 직계존속 등이 교육비 공제를 받은 금액에 상당하는 금액으로 보아 공제 배제
  ⇨ 교육비공제를 받은 금액을 초과하는 금액의 상환액은 직계비속 등이 세액공제 가능
③ 2017년부터 직계비속 명의로 든든학자금 등을 대출받아 대학 등록금을 납부한 경우
  ⇨ 부모의 근로소득에서 교육비 세액공제 불가
  ⇨ 직계비속 자녀가 대학 졸업 후 대출금원리금 상환시 교육비 세액공제 적용
  ⇨ 다만 거주자인 본인이 학자금 대출을 받아 교육비를 지급하는 경우 교육비 세액공제 가능(이 경우 학자금 대출 상환시에는 공제 안됨)
④ 학자금 대출 상환액의 연말정산 간소화자료 제공
  • 「한국장학재단」 등으로부터 수집한 학자금 대출 상환액은 대출받은 본인의 소득·세액공제자료로 연말정산 간소화에서 제공
  • 학자금 대출은 상환할 때 공제받으므로 연말정산 간소화에서는 대학교 교육비 납입금액에 학자금 대출로 납부한 교육비를 제외하고 제공

> ＊ 든든학자금과 일반상환 학자금대출의 원리금상환액의 세액공제 적용특례와 관련하여 소득세법 부칙(제14389호, 2016.12.30.) 제11조【학자금 대출 원리금상환액의 교육비 세액공제 적용에 관한 특례】규정은 다음과 같다.
>   ① 거주자가 제59조의4 제3항 제2호 라목의 개정규정에 따른 학자금 대출의 원리금 상환에 지출한 교육비에 대하여 이 법 시행일 이전에 그 거주자 또는 그 거주자를 기본공제대상자(나이의 제한을 받지 아니한다)로 두고 있는 직계존속 또는 배우자 등(이하 이 조에서 "직계존속등"라 한다)이 제59조의4 제3항 제1호 및 제2호에 따른 교육비 공제를 받은 경우에는 그 공제를 받은 금액에 상당하는 금액에 대해서는 같은 개정규정을 적용하지 아니한다.
>   ② 제1항에 따른 거주자가 상환하여야 하는 학자금 대출의 원리금상환액이 직계존속등이 교육비 공제를 받은 금액에 상당하는 금액보다 큰 경우에는 그 거주자가 먼저 상환하였거나 상환할 학자금 대출의 원리금을 직계존속등이 교육비 공제를 받은 금액에 상당하는 금액으로 보아 제1항을 적용한다.

○ 2017.1.1. 이후 학생인 본인이 든든학자금 등 상환시 세액공제자 판정

지출시기	학자금대출로 교육비 지출 시 세액공제 적용여부			2017년 이후 학자금상환액에 대한 세액공제 적용 가능 여부
	소득자	기본공제자	소득자의 세액공제여부	
2017.1.1. 이전	부친	자녀	적용가능	• 원금 : 적용불가 • 초과액 : 적용가능
	부친	자녀	적용불가	• 자녀 적용가능
2017.1.1. 이후	부친	자녀	적용불가	• 자녀 적용가능
	본인	본인	적용가능	• 세액공제 불가

○ 학자금 대출을 받아 등록금을 납부한 경우 세액공제 방법

학자금 대출을 받아 등록금을 납부한 경우에는 등록금 납입하는 때가 아닌 학자금 대출의 원리금을 상환하는 때의 상환액이 교육비 세액공제 대상이다.

학자금 대출 상환액의 경우 연말정산 간소화에서 대출받은 본인(학생)의 교육비 세액공제 자료로 조회되며 등록금 납입 시에는 대학교 교육비 납입금액에서 학자금 대출로 납부한 교육비가 차감되어 조회된다.

〈사례〉

대학등록금 100
근로자 父 40 납입
학자금 대출로 60 납입

→

등록금 납부연도
교육비 40으로 조회 (소득공제자 : 父)

→

학자금 대출 상환연도
상환금액 조회 (소득공제자 : 대출자 본인)

가. 공제가능 교육기관

공제가능한 교육비를 지급하는 다음의 교육과정 등을 말한다.

교육대상자	교육기관
• 배우자 • 직계비속 • 형제자매 • 입양자 • 위탁아동 (직계존속제외)	① 「유아교육법」, 「초·중등교육법」, 「고등교육법」 및 「특별법」에 따른 학교 ※ 대학원에 지급하는 비용 제외 ② 「평생교육법」에 따른 고등학교졸업 이하의 학력이 인정되는 학교형태의 평생 교육시설, 전공대학, 원격대학 ③ 학위취득과정 – 「학점인정 등에 관한 법률」 제3조 제1항에 따라 교육부장관이 학점인 정학습과정으로 평가 인정한 교육과정

교육대상자	교육기관
	– 「독학에 의한 학위취득에 관한 법률 시행령」 제9조 제1항 제4호에 따른 교육과정 　※ 대학이 실시하는 공개강좌, 기능대학이 실시하는 기능장 양성과정, 정부출연연구기관등이 실시하는 교육과정 및 기업체가 실시하는 연수과정 중 원장이 지정하는 강좌 또는 연수과정 ④ 국외교육기관 – 국외에 소재하는 교육기관으로서 우리나라의 「유아교육법」에 따른 유치원, 「초·중등교육법」 또는 「고등교육법」에 따른 학교에 해당하는 교육기관 ⑤ 초등학교 취학전 아동(입학연도 1월~2월 포함)을 위하여 「영유아보육법」에 따른 어린이집, 「학원의 설립·운영 및 과외교습에 관한 법률」에 따른 학원 또는 체육시설에 지급한 교육비 ＊ 학원 및 체육시설의 경우 월단위로 실시하는 교육과정(1주 1회 이상 실시하는 과정만 해당)의 교습을 받고 지출한 수강료만 공제대상 교육비임. ＊ 체육시설 – 「체육시설의 설치·이용에 관한 법률」에 따른 체육시설업자가 운영하는 체육시설 – 국가, 지방자치단체 또는 「청소년활동진흥법」에 따른 청소년수련시설로 허가·등록된 시설을 운영하는 자가 운영(위탁운영 포함)하는 체육시설
• 본인	① 위 ①에서 ④의 교육기관 ② 대학(원격대학 및 학위취득 과정 포함) 또는 대학원의 1학기 이상에 해당하는 교육과정과 「고등교육법」 제36조에 따른 시간제 과정 ③ 「국민 평생 직업능력 개발법」 제2조에 따른 직업능력개발훈련시설
• 기본공제대상자 인 장애인 (직계존속 포함)	① 「사회복지법」에 따른 사회복지시설 ② 「민법」에 따라 설립된 비영리법인으로서 보건복지부장관이 장애인재활교육을 실시하는 기관으로 인정한 법인 ③ 위의 사회복지시설 또는 비영리법인과 유사한 것으로서 외국에 있는 시설 또는 법인 ④ 「장애아동복지지원법」 제21조 제3항에 따라 지방자치단체가 지정한 발달재활서비스 제공기관(과세기간 종료일 현재 18세 미만인 사람만 해당)

참고

○ 한국방송통신대학교 및 「특별법」에 따른 학교

한국방송통신대학교는 고등교육법상의 학교에 해당하며, 과학기술대학, 경찰대학, 육·해·공군사관학교, 국군간호사관학교, 한국예술종합학교, 기능대학, 제주국제학교(KIS JEJU 및 NLCS JEJU) 등은 특별법에 의한 학교에 해당함.

○ **직업능력개발훈련시설**

① 「국민 평생 직업능력 개발법」 제2조 규정에 의한 직업능력개발훈련시설의 종류
- 공공직업훈련시설 : 국가·지방자치단체 및 공공단체가 직업능력개발훈련을 실시하기 위하여 고용노동부장관과 협의하거나 고용노동부장관의 승인을 받아 설치한 시설
- 지정직업훈련시설 : 직업능력개발훈련을 실시하기 위하여 설립·설치된 직업전문학교·실용전문학교 등의 시설로서 고용노동부장관이 지정한 시설

② 확인방법
- 당해 훈련시설에 문의 (시설지정서 확인)
- 고용노동부 직업능력지식포털 (http://www.hrd.go.kr → 고객센터 → 훈련기관 찾기)
- 해당 시설 관할 지방노동사무소 문의

나. 주요 교육비 공제 대상

구 분	공제대상기관	공제대상 교육비
취학전 아동	• 유치원·보육시설·학원·체육시설	• 수업료, 입학금, 보육비용, 그 밖의 공납금 및 학원·체육시설 수강료(1주 1회 이상 이용) ※ 유치원 종일반 운영비 포함
초·중·고등학생	• 초·중·고등학교 • 인가된 외국인학교☆ • 인가된 대안학교 • 외국교육기관 ☆ 학교로 인가받지 않은 국내 외국인학교는 교육비 공제대상 교육기관에 해당하지 않음	• 수업료, 입학금, 방과 후 학교 수강료·교재비 • 학교급식법에 의한 급식비(우유급식 포함) • 학교에서 구입한 교과서대(초·중·고등학교의 학생만 해당) • 교복(체육복 포함)구입비용 (중·고생 1인당 연 50만원 이내) • 체험학습비(한도 : 학생 1인당 연 30만원) • 어린이집 및 유치원 방과후 수업료(특별활동비) 및 교재비 (학교 등에서 구입하는 경우에 한함) • 초등학교에서 실시하는 방과 후 과정의 일환으로 교육과학기술부장관 고시에 의해 실시하고 있는 돌봄교실 수강료 (서면법규 - 933, 2013.08.29.) • 대학수학능력시험 응시수수료 • 대학 입학전형료
대학생	• 대학교 • 특수학교☆ • 특별법에 의한 학교 ☆ 경찰대, 육군·해군·공군사관학교, 한국예술종합학교 등이 해당됨.	• 수업료, 입학금 등 • 대학수학능력시험 응시수수료 • 대학 입학전형료 ※ 단, 직계비속이 든든학자금 등 대출을 받아 지급한 교육비 제외
본 인	든든학자금과 일반상환 학자금대출의 원리금상환액으로 지출하는 금액(등록금에 대한 대출로 한정함) 단, 대출금의 상환연체로 인하여 추가로 지급하는 금액은 제외	

○ 교육비 세액공제 대상이 아닌 대표 항목

구 분	공제제외 대상 항목
어린이집	입소료, 현장학습비, 차량운행비, 앨범비, 특별활동비 중 재료비(원천-245, 2011.04.21.)
유치원	현장학습비, 차량운행비, 앨범비, 방과후과정 중 재료비
초등학교	차량운행비, 앨범비, 방과후 학교의 재료비
중·고교	차량운행비, 앨범비, 실기실습비, 방과후 학교의 재료비
대학교·대학원	기숙사비, 대학원의 논문심사료, 국외대학교의 예비교육과정·어학연수비용 등
	부양가족의 대학원관련 모든 비용

○ 교복구입비의 교육비 세액공제 적용을 위한 제출 서류

① 학교에서 공동 구매한 경우 해당 학교에서 교육비 자료로 일괄 제출된 경우에는 연말정산 간소화 자료에서 조회가 된다.

② 교복매장 직접 구매하고 신용카드 결제 또는 현금영수증을 교부받은 경우 해당 교복매장에서 간소화 자료를 제출한 경우
   ☞ 홈택스 ⇨ 장려금·연말정산·전자기부금 ⇨ 연말정산 간소화 ⇨ 근로자 - 연말정산 간소화 자료 ⇨ 3. 근로자 소득·세액공제 자료 조회 ⇨ 교육비 ⇨ 교복구입비 ⇨ 교복구매정보 ⇨ '학생명' 선택하고 등록하기

③ 연말정산 간소화자료에서 교복구입 내역이 조회되지 않는 경우에는 해당 교복구매처에서 '교육비납입증명서'를 발급받아 제출한다.

다. 국외 교육비

국외에 소재하는 교육기관으로서 우리나라의 유아교육법에 의한 유치원, 초·중등교육법 또는 고등교육법에 의한 학교(대학 등)에 해당하는 기관에 지출한 교육비의 경우 국내에서 지출한 교육비와 함께 공제한도액 범위 내에서 공제한다.(소득령 118의6 ④)

구 분		국외에서 지출한 교육비 공제대상
국외근무자		근로자 본인과 국외에서 함께 동거하는 기본공제대상자(나이제한 없음) ☆ 취학 전 아동에게 지출한 학원교육비는 공제대상이 아님
국내근무자[☆]	초등학교 취학 전 아동과 초등학생·중학생의 경우	다음 중 어느 하나의 국외유학자격요건에 해당하는 경우 • 국외유학에관한규정 제5조에 의해 자비유학자격이 있는 학생[☆☆] • 국외유학에관한규정 제15조에 의해 유학을 하는 자로서 부양의무자와 국외에서 동거한 기간이 1년 이상인 학생
	고등학생 대학생의 경우	• 별도의 국외유학자격요건이 없음

☆ 국내근무자의 경우 해당 과세기간 종료일 현재 대한민국 국적을 가진 거주자가 교육비를 지급하는 교육비만 공제대상이 된다.

☆☆ 자비유학자격이 있는 학생은 다음의 어느 하나에 해당하는 자를 말한다.
• 중학교 졸업이상의 학력 소지자

※ '중학교 졸업이상 학력'이라 함은 유학을 떠날 당시 국내중학교 졸업이상의 학력이 있거나 이와 동등 이상의 학력이 있다고 인정되는 자를 의미
• 교육장 또는 국제교육진흥원장의 유학인정을 받은 자

> **참고**
>
> ○ **국외교육비 세액공제 관련 환율 적용방법**
>
> ① 국내에서 송금 : 해외송금일의 대고객 외국환매도율을 적용
> ② 국외에서 직접 납부 : 납부일의 외국환거래법에 의한 기준환율 또는 재정환율

라. 공제대상 제외 교육비

소득세 또는 증여세가 비과세되는 장학금·학자금 등으로서 다음의 금액은 교육비 공제대상에서 제외된다.

> ① 「근로복지기본법」에 의한 사내근로복지기금으로부터 받은 장학금 등
> ② 재학중인 학교로부터 받은 장학금 등
> ③ 근로자인 학생이 직장으로부터 받은 장학금 등
> ④ 국외근무공무원에게 지급되는 자녀학자금 등
> ⑤ 그 밖에 각종 단체로부터 받은 장학금 등
> ⑥ 직계비속 등이 학자금 대출을 받아 지급하는 교육비
> ⑦ 본인의 학자금 대출 원리금상환액에 대하여 '17.1.1. 이전에 직계존속 또는 배우자 등이 교육비 공제를 받은 경우 교육비 공제대상에서 제외('16.12.20. 소득세법 부칙 제1조, 제11조, 제1항)
> 이 경우 상환하여야 하는 학자금 대출 원리금상환액이 직계존속 등이 교육비 공제를 받은 금액보다 큰 경우 먼저 상환하였거나 상환할 학자금 대출의 원리금을 직계존속 등이 교육비 공제를 받은 금액에 상당하는 금액으로 보아 공제 배제

마. 교육비 공제시기

교육비 항목	공제시기
일반적인 경우	지출하는 연도에 교육비 세액공제 적용
재학 중 선납교육비 (예) 9월 ~ 익년 8월분	지출하는 연도에 교육비 세액공제 적용

교육비 항목	공제시기
고등학교 재학시 납부한 대학교 수시입학 등록금	대학생이 된 연도에 교육비 세액공제 적용(서이 46013 - 10624, 2001.11.28.)
연말정산 후 사내근로복지 기금으로부터 수령한 장학금	당초 연말정산시 공제받은 교육비 중 동 장학금을 차감한 금액을 교육비 세액공제금액으로 하여 근로소득세 재정산

바. 공제신청시 제출서류

(1) 교육비납입증명서

① 법령에 따라 자녀학비보조수당을 받는 경우 자녀학비보조수당금액의 범위 안에서 해당 법령이 정하는 바에 따라 소속기관장에게 이미 제출한 취학자녀의 재학증명서로 교육비납입증명서를 갈음할 수 있다.
② 연말정산 간소화(www.hometax.go.kr → 장려금·연말정산·전자기부금 → 연말정산 간소화)에서 발급받은 소득·세액공제 증명서류 : 기본내역 [교육비]를 교육비영수증으로 갈음할 수 있다.
③ 학교 외에서 구입한 초·중·고등학교의 방과 후 학교 수업용 도서는 학교장의 확인을 받은 '방과 후 학교 수업용 도서 구입 증명서'를 별도로 제출해야 한다.

(2) 추가 제출서류

① 국외교육비의 경우 국외교육비공제 적용 대상자임을 입증할 수 있는 서류 첨부
  ㉮ 국외교육비납입영수증
  ㉯ 국외교육기관임을 증명하는 서류
  ㉰ 「국외유학에 관한 규정」 제5조에 따른 자비유학 자격이 있는 학생의 경우 다음 서류
    ㉠ 중학교 졸업이상의 학력이 있거나 이와 동등이상의 학력이 있다고 인정되는 자는 학력인정 서류(졸업장 사본 등)
    ㉡ 교육장으로부터 유학인정을 받은 자는 교육장이 발급하는 국외유학인정서
    ㉢ 국립국제교육원장의 유학인정을 받은 자는 국제교육진흥원장이 발급하는 국외유학 인정서
  ㉱ 「국외유학에 관한 규정」 제15조에 따라 유학을 하는 자로서 부양의무자와 국외에서 동거한 기간이 1년 이상인 학생을 입증할 수 있는 서류(재외국민등록부등본 등)
② 장애인특수교육비의 경우 「소득세법」 제59조의4 제3항에 해당하는 시설 또는 법인임을 해당 납입증명서를 발급한 자가 입증하는 서류 첨부

○ 「학점인정 등에 관한 법률」에 따른 학위취득과정

① 「고등교육법」에 따른 대학, 전문대학 및 이에 준하는 학교에서 이수하는 교육과정의 경우
   에는 해당 학교가 발행하는 교육비납입증명서
② "①"에 규정된 학교 외의 교육기관에서 이수하는 교육과정의 경우 해당 교육기관이 발행
   하는 교육비납입증명서(단, 해당교육기관이 해산 등으로 발행할 수 없는 경우에는 국가
   평생교육진흥원에서 발행하는 교육비납입증명서)

○ 「독학에 의한 학위취득에 관한 법률」에 따른 학위취득과정

• 해당 교육기관이 발행하는 교육비납입증명서

 적용사례

근로자가 자녀 및 생계를 같이하고 있는 형제자매(소득 없음)를 위해 아래의 교육비를 지출한
경우 해당 연도 교육비 세액공제금액은?

구 분	내 용	금 액
본 인	대학원 (1학기 이상의 교육과정)	교육비 800만원
자 녀	초등학교 취학 전 자녀(1명)	보육료 120만원
	초등학생(1명)	학원 및 체육시설 수강료 120만원
	중학생(1명)	중학교 수업료 300만원
형제자매 (3명)	대학원생(처남, 26세)	1,000만원
	대학생(처남, 22세)	900만원
	대학생(동생, 25세)	750만원

교육비 세액공제 대상금액(① + ② + ③) = 800만원 + 420만원 + 1,650만원 = 2,870만원

① 본인교육비 : 800만원
② 자녀 교육비 : 420만원(120만원 + 300만원)
  * 취학전 자녀의 영유아 보육료 120만원은 공제 대상이나, 초등학생의 학원·체육 시설 수강료는 공
    제 대상이 아님
③ 형제자매 교육비 : 1,650만원
  * 대학생 처남(공제한도 900만원), 동생 750만원 공제가능하나 대학원생 처남의 교육비는 공제 대
    상이 아님
    ☞ 위 근로자의 교육비 세액공제금액은 4,305,000원이다.
      * 교육비 세액공제금액 = 2,870만원 × 15% = 4,305,000원

사 례		공제여부판단
①	직계존속을 위해 지출한 교육비	• 장애인 특수교육비에 한하여 공제 가능 • 노인대학 수강료 등 직계존속을 위한 교육비는 공제되지 않음
②	학원비 및 학습지 교육비 공제 여부	• 학원비는 취학 전 아동에 한하여 공제 가능하며, 초·중·고등학생의 학원비는 공제 대상이 아님 • 학습지는 교육비 공제 대상에 해당하지 않음
③	입사 전·퇴사 후에 지출한 교육비	• 근로자 본인이 입사 전이나 퇴사 후에 지출한 교육비는 근로 제공기간동안 지출한 교육비가 아니므로 소득공제 해당 없음(사전법령해석소득 2018 – 338, 2018.05.29.)
④	외국 대학부설 어학연수 과정	• 외국 대학부설 어학연수 과정은 교육비 공제대상에 해당 하지 아니함(법인 46013 – 3984, 1998.12.19.)
⑤	외국 대학원 과정 교육비	• 대학원 과정은 본인에 한하여 공제가능
⑥	초등학교 입학 전에 지출한 교육비	• 해당 연도 초등학교에 입학한 자녀에 대해 입학 전에 지 급한 교육비가 있다면, 입학 전 교육비를 포함하여 300 만원 한도 내에서 공제
⑦	예능학교 실기 지도비	• 예능학교의 정규 교과과정에 해당하는 실기 교육을 위한 실기 지도비는 교육비 공제대상에 해당됨
⑧	회사가 근로자의 6세 이하 자녀 의 교육비를 실비로 지원	• 사용자가 근로자의 6세 이하 자녀의 교육비를 실비로 지 원하는 금액 중 월 10만원 이내의 금액을 비과세한 경우에 도 교육비 공제를 받을 수 있음(원천 – 451, 2010.06.01.)
⑨	학교에 근무 중인 근로자의 자녀에 대해 면제한 학비	• 근로자의 근로소득에 합산하고, 해당 등록금 및 학비상 당액을 교육비 공제(법인 46013 – 3351, 1996.12.03.)
⑩	취업전 자녀를 위해 지출한 대학교 등록금	• 연도 중 혼인·이혼·별거·취업 등의 사유로 인하여 기 본공제대상자에 해당되지 않게 된 종전의 기본공제대상 자를 위해 해당 사유가 발생된 날까지 이미 지출한 특별 공제금액은 소득공제 가능 • 따라서 해당 연도에 취업한 자녀를 위해 취업 전에 근로 자가 교육비를 지출하였다면 소득공제 가능
⑪	소득공제 대상인 영유아 보육 비용	• 「영유아보육법」 제38조에서 정하고 있는 보육료만 소득 공제 대상으로 그 밖의 필요경비(입소료, 현장학습비, 특별 활동비)는 공제대상 아님(원천 – 245, 2011.04.21.)

예 규 ●●●

● **대안교육기관법에 따라 등록한 대안교육기관에 지급한 교육비가 세액공제 대상이 되는지 여부**(서면법규소득 2022-5472, 2023.06.27.)

「대안교육기관에 관한 법률」 제5조 제1항에 따라 등록한 대안교육기관에 지급한 교육비는 특별법에 따른 학교에 지급한 교육비에 해당하지 않는 것임.

　☞ 저자주 : 대안교육기관이란 「초·중등교육법」 제4조에 따른 인가를 받지 아니하고 「대안교육기관에 관한 법률」 제5조에 따라 등록하여 대안교육을 실시하는 시설·법인 또는 단체를 말한다. 비인가된 대안교육기관에 지급한 교육비는 교육비 세액공제 대상에서 제외되지만 「초·중등교육법」 제4조에 따른 인가를 받은 대안학교에 지급하는 교육비는 교육비 세액공제 대상에 해당한다.

● **반납하는 군 가산복무 지원금의 세액공제 대상 여부**(서면법령해석소득 2019-4311, 2021.11.11.)

「군 가산복무 지원금 지급 대상자 규정」에 따라 군 가산복무 지원금을 지급받은 자가 동 규정 제15조에 따라 해당 지원금을 반납하는 경우, 그 반납하는 군 가산복무 지원금은 교육비 세액공제 대상에 해당하지 아니하는 것임.

● **지정직업훈련시설에 납부한 수강료의 교육비공제 대상여부**(서면법령해석소득 2020-5326, 2021.04.20.)

「근로자직업능력 개발법」 제2조 제3호에 따른 직업능력개발훈련시설에서 같은 법 제2조 제1호에 따른 직업능력개발훈련에 참여하여 납부한 수업료는 특별세액공제를 적용받을 수 있는 것임.

● **이미 납입한 미입사 기간의 기숙사비 상당액의 장학금이 교육비 세액공제 대상인지 여부**(사전법령해석소득 2020-812, 2020.11.23.)

해당 과세기간에 재학 중인 대학으로부터 지급받은 미입사 기간의 기숙사비 상당액의 장학금은 교육비 세액공제 대상에 해당하지 아니하는 것임.

● **취업 이전 지출한 교육비의 특별세액공제 대상 해당여부**(사전법령해석소득 2018-159, 2018.05.03.)

교육비 특별세액공제는 근로자가 근로제공기간 동안 해당 과세기간에 지출한 교육비에 대하여 적용받을 수 있는 것이므로 입사 전에 지출한 교육비는 교육비 특별세액공제를 받을 수 없는 것임.

● **학교운동부의 학부모 부담금이 방과후 학교 등의 수업료 및 특별활동비에 해당하는지 여부**(서면법령해석소득 2017-782, 2017.06.30.)

「초·중등교육법」에 따라 운영되는 학교운동부의 학부모 부담금은 방과후 학교나 방과후 과정 등의 수업료 및 특별활동비에 해당되지 아니하는 것임.

● **학·석사 통합과정 치의학전문대학원에 진학한 자녀의 학사과정을 위해 지출한 교육비가 세액공제 대상인지**(서면소득 2016-5616, 2016.11.04.)

성실신고확인대상사업자로서 성실신고확인서를 제출한 자가 해당 과세기간에 자녀를 위해 지출한 치의학전문대학원의 교육비에 대해서는 해당 과세기간의 소득세에서 세액공제를 적용받을 수가 없는 것임.

● 사내근로복지기금으로부터 받을 장학금 등의 교육비 세액공제 대상 여부(서면법령해석소득 2015 – 2074, 2016.05.26.)

특별세액공제 대상이 되는 교육비를 지급한 과세기간에 장학금 등을 지급받지 않더라도 해당 교육비에 대응하여 장학금이 지급될 것이 확정되어 있는 경우 교육비에서 동 장학금을 차감한 금액을 교육비공제 대상금액으로 하는 것임. 사내근로복지기금으로부터 실제 지급받은 장학금이 교육비에서 차감한 당초 장학금과 차이가 발생하는 경우 그 차액을 정산하여 경정청구 또는 수정신고하여야 하는 것임.

● 항공운항과 비행실습비의 교육비 공제대상 해당여부(서면법규 – 282, 2014.03.26.)

대학교에 납부하는 항공운항과 비행실습비는 교육비공제 대상 교육비에 해당하지 않는 것임.

● 방과 후 초등돌봄교실 수강료의 교육비 공제여부(서면법규 – 933, 2013.08.29.)

근로자가 직계비속의 자녀를 위하여 「초·중등교육법」에 따른 초등학교에서 교육과정 이후에 이루어지는 방과후 학교, 방과후 과정 등의 수업료 및 특별활동비(학교에서 구입한 교재의 구입비와 학교 외에서 구입한 방과후 학교 수업용 도서의 구입비를 포함)에 대하여는 교육비공제대상에 해당하는 것임.

● 비인가대안학교에 재학 중 자녀를 위해 지출한 학원비의 소득공제 여부(서면법규 – 291, 2013.03.15.)

「초·중등교육법」 제13조에 따른 초등학교 취학의무가 있는 자녀가 비인가 대안학교에 입학한 경우 동 자녀를 위하여 지출하는 학원비는 공제대상 교육비에 해당하지 아니하는 것임.

● 외국에서 수료한 중학교 졸업이상의 학력이 자비유학의 자격이 있는 자에 해당 여부(원천 – 139, 2012. 03.16.)

국내에 근무하는 근로자가 기본공제대상자를 위하여 국외교육기관에 지급한 교육비는 「국외유학에 관한규정」 제5조의 규정에 의한 자비유학자격이 있는 학생과 제15조의 규정에 의하여 유학을 하는 자로서 부양의무자와 국외에서 동거한 기간이 1년 이상인 학생을 위하여 지급한 경우에 교육비로 공제하는 것이며 자비유학 자격과 관련하여 「국외유학에 관한 규정」 제5조 제1항 제1호는 유학을 떠날 당시 국내중학교 졸업이상의 학력이 있거나 이와 동등이상의 학력이 있다고 인정되는 자를 의미하는 것임.

● 비과세 학자금을 의무 불이행으로 반납하는 경우 교육비 공제 가능 여부 및 공제 시기(원천 – 211, 2010. 03.11.)

「소득세법」 제12조에 따른 비과세 학자금을 근무 회사로부터 지원받아 교육비 소득공제를 하지 아니한 거주자가 의무복무기간 불이행으로 회사의 규정에 따라 이를 반납한 경우에도 해당 학교에 지급한 교육비는 소득공제를 적용할 수 없는 것임.

● 국내 휴학 중인 대학생 자녀의 2009년 대학 교육비를 2010년 납입시 공제시기(원천 – 75, 2010.01.26.)

근로소득이 있는 거주자가 기본공제대상자인 대학생을 위하여 지급한 교육비(휴학 중 타 대학에 합격하여 납입한 교육비를 포함함)는 교육비를 지급한 연도의 근로소득금액에서 공제하는 것임.

● 당해연도에 고등학생에서 대학생이 된 경우의 교육비공제(서면1팀 – 317, 2004.03.02.)

자녀가 외국유학 중 당해 과세연도에 고등학생에서 대학생이 된 경우 지출한 교육비 중 당해 과세연도 중에 지출한 교육비를 소득공제 대상으로 하되 고등학생과 대학생 중 소득공제 한도액이 많은 대학생을 기준으로 공제한도액을 계산하는 것이며, 이 때 공제한도액 계산방법은 각 학생 신분에 해당하는 각각의 한도를 따라야 하는 것으로 ① 고등학생으로서 지출한 금액 중 300만원 한도내의 금액과 ② 대학생으로서 지출한 금액 중 900만원 한도내의 금액을 계산한 후 각각의 한도내의 금액 합계액(①＋②)중 전체 공제한도인 900만원을 한도로 교육비 공제하는 것임.

※ 교육비 공제대상 금액 한도 적용 사례

(단위 : 만원)

	실제지출액			학교별 한도액 적용 후 금액(1)			최종학교 한도(900)적용 (2)
	고교	대학	합계①	고교한도 (3백)	대학한도 (9백)	합계②	
사례1	400	400	800	300	400	700	700
사례2	400	700	1,100	300	700	1,000	900
사례3	200	1,000	1,200	200	900	1,100	900

* (1) 고교생일때와 대학생일 때 지출한 금액에 대해 각각 고교 한도 3백만원, 대학 한도 9백만까지만 인정한 금액을 합계(②)한 후
  (2) 고등학생과 대학생 중 공제 한도액이 많은 대학생의 한도 900만원의 범위내에서 전체 공제금액을 계산하는 것임.

● **정규수업이외의 시간에 실시하는 실기지도비의 교육비공제대상 여부**(법인 22601 – 2355, 1990.12.13.)

각 급 학교가 수업료와는 별도로 정규수업이외의 시간에 실시하는 실기지도에 따른 강사의 보수를 지급하기 위하여 지도받는 학생이 학교에 납부하게 하는 실기지도비는 교육비공제대상이 아님. 학교버스이용료, 기숙사비, 어학연수 등 정규교과과정에 해당하지 않는 비용은 공제대상에 해당하지 아니함.

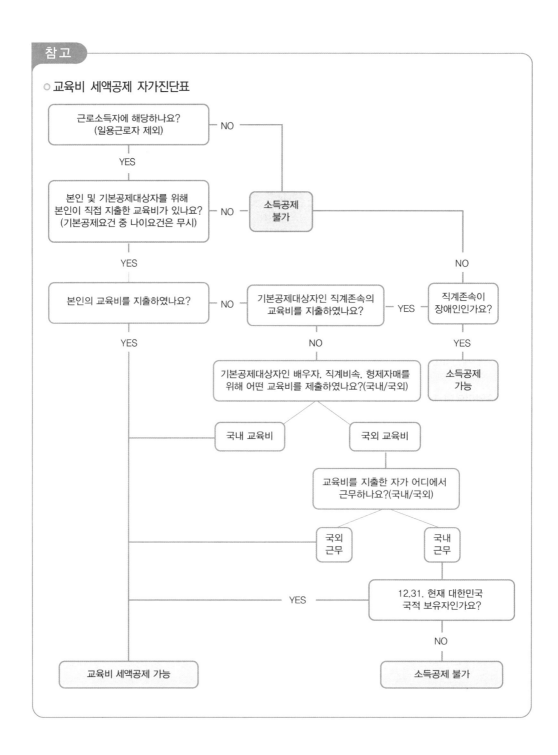

○ 교육비 세액공제 자가진단표

```
┌─────────────────────────┐
│  근로소득자에 해당하나요?     │──NO──┐
│  (일용근로자 제외)          │      │
└─────────────────────────┘      │
            │YES                  │
            │                     │
┌─────────────────────────┐      │      ┌──────────┐
│  본인 및 기본공제대상자를 위해  │──NO──┼──────│ 소득공제  │
│  본인이 직접 지출한 교육비가 있나요?│      │      │ 불가     │
│  (기본공제요건 중 나이요건은 무시)│      │      └──────────┘
└─────────────────────────┘      │                    │
            │YES                  │                    │NO
            │                     │                    │
┌─────────────────────┐          │  ┌──────────────────┐   ┌──────────┐
│ 본인의 교육비를 지출하였나요?│──NO──│  │ 기본공제대상자인 직계존속의 │─YES─│ 직계존속이 │
└─────────────────────┘       │  │ 교육비를 지출하였나요?   │   │ 장애인인가요?│
            │YES               │  └──────────────────┘   └──────────┘
            │                  │            │NO                │YES
            │         ┌────────────────────────────────┐  ┌──────────┐
            │         │ 기본공제대상자인 배우자, 직계비속, 형제자매를  │  │ 소득공제  │
            │         │ 위해 어떤 교육비를 제출하였나요?(국내/국외)   │  │ 가능     │
            │         └────────────────────────────────┘  └──────────┘
            │                   │
            │      ┌─────────┐  │  ┌─────────┐
            ├──────│ 국내 교육비 │  │  │ 국외 교육비 │
            │      └─────────┘  │  └─────────┘
            │                   │        │
            │         ┌──────────────────────┐
            │         │ 교육비를 지출한 자가 어디에서  │
            │         │ 근무하나요?(국내/국외)     │
            │         └──────────────────────┘
            │              │                │
            │         ┌────────┐        ┌────────┐
            ├─────────│ 국외   │        │ 국내   │
            │         │ 근무   │        │ 근무   │
            │         └────────┘        └────────┘
            │                                 │
            │      ┌───────────────────────────────┐
            ├──YES─│ 12.31. 현재 대한민국            │
            │      │ 국적 보유자인가요?              │
            │      └───────────────────────────────┘
            │                                 │NO
            │                                 │
┌─────────────────┐              ┌──────────────┐
│ 교육비 세액공제 가능   │              │ 소득공제 불가   │
└─────────────────┘              └──────────────┘
```

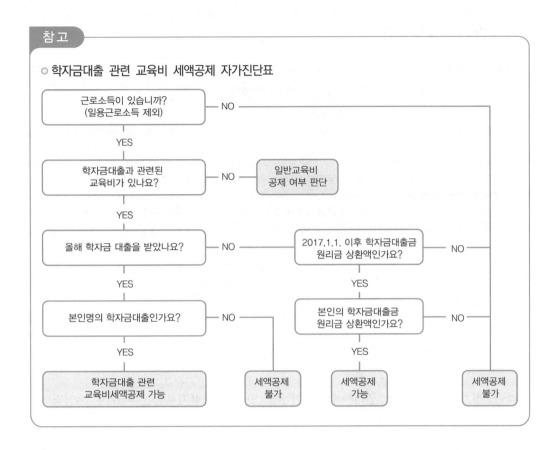

참고

○ 학자금대출 관련 교육비 세액공제 자가진단표

근로소득이 있습니까?
(일용근로소득 제외) ── NO

YES

학자금대출과 관련된
교육비가 있나요? ── NO ── 일반교육비
공제 여부 판단

YES

올해 학자금 대출을 받았나요? ── NO ── 2017.1.1. 이후 학자금대출금
원리금 상환액인가요? ── NO

YES   YES

본인명의 학자금대출인가요? ── NO   본인의 학자금대출금
원리금 상환액인가요? ── NO

YES   YES

학자금대출 관련
교육비세액공제 가능   세액공제
불가   세액공제
가능   세액공제
불가

5. 기부금세액공제

👉 저자주 : 소득세법상 기부금의 명칭이 다음과 같이 변경되었다

2020.12.29. 이전 명칭	2020.12.29. 이전 명칭	2022.12.31. 이후 명칭
법정기부금	「소득세법」 제34조 제2항 제1호의 기부금	특례기부금
지정기부금	「소득세법」 제34조 제3항 제1호의 기부금	일반기부금

거주자 및 기본공제를 적용받는 부양가족(나이의 제한을 받지 않음)이 해당 과세기간에 지급한 공제한도 내의 기부금의 15%(1천만원 초과분 30%, 정치자금기부금은 3천만원 초과분 25%)은 해당 과세기간의 합산과세되는 종합소득산출세액에서 공제한다.(2013년 기부금액 중 이월된 기부금액은 소득공제 적용)

가. 기부금 지출자 범위

기부금공제 대상 기부금의 지출자는 거주자(사업소득만 있는 자는 제외, 연말정산대상 사업소득자☆는 포함한다) 본인과 다음에 해당하는 자를 말한다.

☆ 간편장부대상자에 해당하는 다음의 사업자를 말한다.
　① 독립된 자격으로 보험가입자의 모집 및 이에 부수되는 용역을 제공하고 그 실적에 따라 모집수당 등을 받는 자
　② 「방문판매 등에 관한 법률」에 의하여 방문판매업자를 대신하여 방문판매업무를 수행하고 그 실적에 따라 판매수당 등을 받거나 후원방문판매조직에 판매원으로 가입하여 후원방문판매업을 수행하고 후원수당 등을 받는 자
　③ 독립된 자격으로 일반 소비자를 대상으로 사업장을 개설하지 않고 음료품을 배달하는 계약배달 판매용역을 제공하고 판매실적에 따라 판매수당 등을 받는 자

기본공제대상자☆	요 건		
	연 령	소득금액	생 계
배우자	제한없음	소득금액 100만원 (근로소득만 있는 경우 총급여액 500만원) 이하	○
부양가족			○

☆ 다른 거주자의 기본공제를 적용받은 사람은 제외한다.

다만, 정치자금기부금과 우리사주조합기부금 및 고향사랑기부금은 거주자 본인명의로 지출한 경우에만 공제가능하다.

종 류	지출자별 세액공제 여부	
	근로자 본인	기본공제대상자인 배우자 및 부양가족
정치자금기부금	○	×
고향사랑기부금	○	×
특례기부금	○	○
우리사주조합기부금	○	×
일반기부금	○	○

나. 기부금의 종류

(1) 기부금의 종류

기부금세액공제가 적용되는 기부금의 종류는 다음과 같다.

구　분	비　교
① 정치자금기부금(조특법 제76조)	지출액 중 10만원 초과분
② 고향사랑기부금(조특법 제58조 제2항)	지출액 중 10만원 초과분
③ 우리사주조합원기부금(조특법 제88조의4 제13항)	우리사주조합원이 지출한 기부금 제외
④ 특례기부금(소득법 제59조의4 제4항 제1호)	
⑤ 일반기부금(소득법 제59조의4 제4항 제2호)	

(2) 정치자금기부금

정치자금기부금이란 거주자가 「정치자금법」에 따라 정당(같은 법에 따른 후원회 및 선거관리위원회를 포함한다)에 기부한 금액을 말한다.(조특법 76 ①)

(3) 고향사랑기부금

거주자가 「고향사랑 기부금에 관한 법률」에 따라 고향사랑 기부금을 지방자치단체에 기부한 금을 말한다.(조특법 58 ②)

(4) 우리사주조합원기부금

거주자가 「근로복지기본법」에 따른 우리사주조합에 지출하는 기부금을 말한다. 이 경우 우리사주조합원이 지출하는 기부금은 제외한다.(조특법 88의4 ⑬) 이는 대주주의 우리사주조합에 대한 출연을 촉진하기 위한 세제 지원제도이다.

(5) 특별재해(재난)지역의 복구를 위한 자원봉사의 특례기부금(소득령 81 ⑤)

① 「재난 및 안전관리 기본법」에 따른 특별재난지역을 복구하기 위하여 자원봉사☆를 한 경우 그 용역의 가액을 말하며, 특별재해(재난)지역 자원봉사용역 등에 대한 기부금 확인서(지방자치단체장·지방자치단체장의 위임을 받는 단체의 장·자원봉사센터장이 발행)에 의해 특례기부금으로 분류한다.
　☆ 특별재난지역으로 선포되기 이전에 같은 지역에서 행한 자원봉사용역을 포함한다.
② 기부금액은 자원봉사 8시간당 1일로 환산하며 봉사일수에 8만원☆을 곱한 금액으로 한다.(봉사일수 환산시 소수점 이하는 1일로 보아 계산)
　예) 자원봉사시간 50시간 ÷ 8 = 6.25일 ⇨ 7일 (기부금액 : 56만원)
　☆ 2024.2.29. 전에 제공한 자원봉사용역의 가액은 5만원임(소득령 제34265호 부칙 18, 2024.02.29.)
③ 해당 자원봉사용역에 부수되어 발생하는 유류비(자원봉사용역 제공 장소로의 이동을 위한 유류비는 제외한다)·재료비 등은 제공할 당시의 시가 또는 장부가액에 의해 기부금에 포함한다.

(6) 단위노동조합등에 납부한 조합비의 일반기부금

「노동조합 및 노동관계조정법」, 「교원의 노동조합 설립 및 운영 등에 관한 법률」 또는 「공무원의 노동조합 설립 및 운영 등에 관한 법률」에 따라 설립된 단위노동조합등☆으로서 다음의 요건을 모두 갖춘 단위노동조합등에 가입한 조합원이 해당 단위노동조합등에 납부한 조합비는 일반기부금에 해당한다.(소득령 80 ① 2호 가목)

☆ 단위노동조합등은 단위노동조합 또는 해당 단위노동조합의 규약에서 정하고 있는 산하조직을 말한다.

---

① 해당 과세기간에 단위노동조합등의 회계연도 결산결과가 「노동조합 및 노동관계조정법 시행령」에 따라 공표되었을 것. 이 경우 단위노동조합등의 직전 과세기간 종료일 현재 조합원 수가 1천명 미만인 경우에는 전단의 요건을 갖춘 것으로 본다.

② ①에 따른 단위노동조합등으로부터 해당 단위노동조합등의 조합비를 재원으로 하여 노동조합의 규약에 따라 일정 금액을 교부받은 연합단체인 노동조합이나 다른 단위노동조합등이 있는 경우에는 해당 과세기간에 그 연합단체인 노동조합과 다른 단위노동조합등의 회계연도 결산결과도 「노동조합 및 노동관계조정법 시행령」에 따라 공표되었을 것. 이 경우 그 교부받은 다른 단위노동조합등의 직전 과세기간 종료일 현재 조합원 수가 1천명 미만인 경우에는 전단의 요건을 갖춘 것으로 본다.

참고

○ 조합비 세액공제 요건 충족 여부 판단 예시[27)]

○ (예시1) 아무 상급단체에도 가맹하지 않은 A 노동조합(조합원 수 1,500명)의 경우
  • A는 1,000인 이상의 단위노동조합이므로 A가 공시하여야 A의 조합원에 조합비 세액공제 적용

○ (예시2) 아무 상급단체에도 가맹하지 않은 B 노동조합(조합원 수 500명)의 경우:
  • B는 1,000인 미만의 단위노동조합이므로 B의 공시여부에 관계 없이 B의 조합원에 조합비 세액공제 적용

○ (예시3) C 산업별 단위노동조합(조합원 수 1,500명)이 甲 총연합단체(10,000명)에 가맹하였고, C가 산하조직으로 D 지부(1,000명)와 E 지부(500명)를 둔 경우

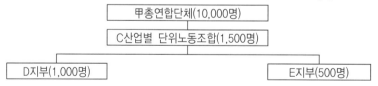

  ① C, 甲, D가 공시하면 D의 조합원에 세제혜택 부여
  ② C, 甲이 공시하면 E의 조합원에 세제혜택 부여
    – E는 1,000인 미만의 산하조직이므로 공시 불필요

● **특별재난지역으로의 이동을 위한 유류비가 소득령 §81⑤⑵에 따른 직접비용으로서 기부금 해당여부**(서면법규소득 2022 - 3657, 2023.02.28.)

「재난 및 안전관리 기본법」에 따른 특별재난지역을 복구하기 위하여 자원봉사를 하는 경우로서 특별재난지역 외의 지역에서 특별재난지역으로 자차로 이동함에 따라 소요된 유류비는직접비용에 포함되는 것임.

● **공무원이 특별재난지역으로 선포된 지역의 복구를 위하여 자원봉사한 경우**(기획재정부소득 - 502, 2008. 01.31.)

「국가공무원법」 및 「지방공무원법」에 의한 공무원이 복무규정에 따른 근무시간 중에 「재난 및 안전관리기본법」에 따라 특별재난지역으로 선포된 지역의 복구를 위하여 자원봉사한 경우 당해 복구활동은 특례기부금에 해당되지 않음.

다. 기부금세액공제 대상금액 한도 및 세액공제율

기부금 종류		소득·세액공제 대상금액 한도	세액공제율
① 정치자금 기부금	㉠ 10만원 이내	10만원 이내 정치자금기부금	10만원 이하 : 100/110
	㉡ 10만원 초과분	10만원 초과 정치자금기부금	10만원 초과 : 15%(3천만원 초과분 25%)
② 고향사랑 기부금	㉠ 10만원 이내	10만원 이내 고향사랑기부금	10만원 이하 : 100/110
	㉡ 10만원 초과분	10만원 초과 고향사랑기부금	10만원 초과 5백만원 이하: 15%
③ 특례기부금		(종합소득금액 - ①, ②)×100%	
④ 우리사주조합기부금		(종합소득금액 - ①, ②, ③)×30%	
⑤ 일반기부금 (종교단체에 기부한 금액이 있는 경우)		[종합소득금액 - ①, ②, ③, ④]× 10% + [(종합소득금액 - ①, ②, ③, ④)의 20%와 종교단체 외에 지급한 금액☆ 중 적은 금액] ☆ 당해연도 종교단체 외 일반기부금 + 이월된 종교단체 외 일반기부금	특례기부금 + 일반기부금 : 구분 / 공제율 1천만원 이하 / 15% 1천만원 초과분 / 30% 3천만원 초과분 / 40%
⑥ 일반기부금 (종교단체에 기부한 금액이 없는 경우)		(종합소득금액 - ①, ②, ③, ④)× 30%	

☆ 2013.12.31. 이전 기부금액 중 기부금 공제대상 한도 내의 이월 기부금액은 종전 규정에 따라 소득공제를 적용한다.

---

27) 국세청, 2023 원천징수의무자를 위한 연말정산 신고안내, 2023.12. p.184. 참조

라. 기부금세액공제와 기부금필요경비산입의 관계

거주자가 사업소득금액과 사업소득이외의 종합소득금액이 있는 경우 기부금세액공제와 기부금필요경비산입은 다음과 같은 방법으로 적용한다.

> ① 기부금세액공제와 기부금필요경비산입은 거주자가 선택하여 적용할 수 있으며 일부는 세액공제를 적용하고 나머지는 필요경비산입방법도 적용할 수 있다.
> ② 기부금세액공제 대상 기부금은 해당 과세연도에 지출한 기부금에서 사업소득금액을 계산할 때 필요경비에 산입한 기부금을 뺀 금액을 의미한다.
> ③ 기부금세액공제를 적용하는 종합소득산출세액은 필요경비에 산입한 기부금이 있는 경우 사업소득에 대한 산출세액은 제외한다.

마. 일반기부금한도초과액 및 기부금세액공제의 이월공제

자녀세액공제·연금계좌 세액공제·특별세액공제액·정치자금기부금·우리사주조합원 기부금에 따른 세액공제액의 합계액이 그 거주자의 해당 과세기간의 종합소득산출세액을 초과하는 경우 그 초과금액은 없는 것으로 한다.(소득법 61)

다만, 그 초과하는 금액에 기부금 세액공제액이 포함되어 있는 경우 해당 기부금과 기부금 공제한도액을 초과하여 공제받지 못한 일반기부금은 해당 과세기간의 다음 과세기간의 개시일부터 10년 이내에 끝나는 각 과세기간에 이월하여 기부금세액공제액을 계산하여 그 금액을 종합소득산출세액에서 공제한다. 다만, 조세특례제한법에 따른 정치자금기부금과 우리사주조합기부금은 이월공제가 허용되지 않는다.

기부금종류	이월공제기간
특례기부금	10년
일반기부금	10년
정치자금기부금, 고향사랑기부금	-
우리사주조합기부금	-

이월된 기부금액은 다음과 같이 기부금세액공제를 적용한다.

> ① 이월공제되는 기부금은 다음의 기부금 합계액을 말한다.
>   ㉠ 기부금 한도액을 초과한 기부금
>   ㉡ 기부금 한도내의 기부금으로서 타 세액공제로 인하여 기부금 세액공제를 적용받지 못한 기부금
> ② 이월된 기부금액에 대해 소득·세액공제를 받고자 하는 근로소득자는 전년도의 기부금명세서를 제

출하여야 하며, 계속 근로 등으로 원천징수의무자 변동이 없는 경우에는 제출하지 아니할 수 있다.

③ 다음연도로 이월된 기부금은 해당 과세기간 이후 기본공제대상자의 변동에 영향을 받지 않는다. 즉 다음연도로 이월된 기부금의 경우 당초 기부금 지출자가 공제시점에 거주자의 기본공제대상자가 아닌 경우에도 거주자가 세액공제를 받을 수 있다는 의미이다.

소득자	기본공제대상자 변동			2024년 기부금세액공제 여부
홍길동	2023년	⇨	2024년	이월된 기부금 3백만원은 소득자 홍길동이 이월기간 동안 세액공제 적용할 수 있음
	배우자, 자녀		자녀	
	① 2023년 배우자가 기부금 1,000만원 지출 ② 기부금한도초과액 3백만원 발생 ③ 2024년 소득금액 1백만원 초과로 배우자는 기본공제대상자에서 제외됨			

바. 기부금 소득·세액공제 적용순서

① 해당 과세기간에 지출한 기부금은 다음 순서에 따라 소득공제·세액공제한다.

> 정치자금기부금 → 고향사랑기부금 → 특례기부금 → 우리사주조합기부금
> → 종교단체 외 일반기부금 → 종교단체 일반기부금

② 같은 유형의 기부금 중 이월된 분과 당해연도 분이 동시에 있는 경우 다음 순서에 따라 공제한다.

> • 이월된 기부금 우선공제 → 해당연도 기부금 공제
> • 이월된 기부금에 대해서는 기부연도가 빠른 기부금부터 공제를 적용
> 다만, 2013년 이전 기부금액 중 이월된 기부금은 해당연도 기부금보다 우선하여 공제 적용

③ 이월된 특례기부금과 해당연도 일반기부금이 있는 경우 다음 순서에 따라 공제한다.

> • 이월된 특례기부금 → 해당연도 특례기부금 → 이월된 종교단체 외 일반기부금 → 해당 연도 종교단체 외 일반기부금 → 이월된 종교단체 일반기부금 → 해당 연도 종교단체 일반기부금
> ※ 이월된 특례기부금을 해당연도 특례기부금과 같이 우선 공제하고 해당연도 특례기부금과 이월된 특례기부금을 차감한 소득금액으로 일반기부금 소득·공제 한도 계산

참고

○ 이월된 기부금에 대한 세액공제시 유의사항

근로자가 직전연도 근로소득이외의 소득이 있는 경우 다음의 순서에 따라 이월된 기부금이 변경된다.

① 먼저 근로소득에 대한 연말정산을 통하여 근로소득금액을 기준으로 기부금세액공제를 적용하며 이월된 기부금이 계산된다.

② 이후 종합소득에 대한 확정신고시 종합소득금액을 기준으로 기부금세액공제를 다시 적용하고 이월된 기부금이 확정된다.

따라서 기부금세액공제시 기부금한도초과로 인하여 「해당연도에 공제받지 못한 금액」 중 「이월금액」은 연말정산시점의 금액과는 달라질 수밖에 없다.

따라서 당해연도 근로소득에 대한 연말정산시 기부금세액공제 적용 대상 기부금은 당해연도 지출한 기부금과 「이월된 기부금」의 합계이다. 이때 「이월된 기부금」은 반드시 직전연도 종합소득 확정신고시 「이월금액」을 확인하여 당해연도 연말정산시 반영하여야 한다.

예규 ●●●

▶ 일반기부금 한도초과액 이월공제시 기부금 세액공제와 필요경비 산입 가능(서면법규 – 1267, 2014.12.02.)

부동산임대소득과 근로소득이 있는 거주자가 일반기부금을 지출한 경우 소득세법 제59조의4 제4항 제2호에 따른 기부금 세액공제액을 종합소득산출세액에서 공제 하거나 같은 법 제34조 제1항에 따른 금액을 해당 과세기간의 사업소득금액을 계산할 때 필요경비에 산입하는 것임. 또한, 소득세법 제59조의4 제8항에 따라 기부금 세액공제를 받지 못한 지정 기부금은 해당 과세기간의 다음 과세기간 개시일부터 5년(현행 10년) 이내에 끝나는 각 과세기간에 이월하여 기부금 세액공제를 할 수 있는 것이며, 같은 법 제34조 제1항에 따른 필요경비 산입한도액을 초과하여 필요경비에 산입하지 아니한 기부금의 금액(소득세법 제59조의4 제4항에 따라 세액공제를 적용받은 기부금의 금액 제외)은 해당 과세기간의 다음 과세기간 개시일부터 5년(현행 10년) 이내에 끝나는 각 과세기간에 이월하여 필요경비에 산입 할 수 있는 것임.

구 분	처리방법
세액공제받지 못한 이월기부금	이월기간동안 기부금세액공제만 적용
필요경비한도초과로 이월기부금	이월기간동안 필요경비에 산입

근로자의 직전 과세연도의 종합소득금액과 일반기부금내용은 다음과 같다. 이 경우 당해 과세연도의 근로소득 연말정산시 적용할 수 있는 이월기부금은 얼마인가?

1. 직전 과세연도의 소득금액

구 분	사업소득금액	근로소득금액	종합소득금액
금 액	20,000,000	10,000,000	30,000,000

2. 직전 과세연도에 지출한 일반기부금액: 10,000,000원
3. 직전 과세연도에 지출한 일반기부금은 전액 세액공제 신청함.

당해 과세연도에 기부금 세액공제를 적용받을 수 있는 이월기부금은 1,000,000원이다.
연말정산할 때 기부금세액공제는 근로소득금액을 기준으로 계산하지만 근로소득금액 이외에 다른 종합소득금액이 있는 경우 종합소득과세표준 신고시 기부금세액공제금액을 종합소득금액기준으로 다시 계산하기 때문에 이월기부금은 달라진다.

① 연말정산할 때 기부금세액공제 및 이월기부금
   기부금세액공제 적용한도 = 10,000,000원 × 30% = 3,000,000원
   기부금한도초과액 = 10,000,000원 − 3,000,000원 = 7,000,000원
   ⇨ 근로소득이 있는 경우 10년간 이월하여 세액공제 가능함
② 종합소득금액 신고할 때 기부금세액공제 및 이월기부금
   기부금세액공제 적용한도 = 30,000,000원 × 30% = 9,000,000원
   기부금한도초과액 = 10,000,000원 − 9,000,000원 = 1,000,000원
   ⇨ 사업소득이 있는 경우 10년간 이월하여 세액공제 가능함

근로자의 직전 과세연도의 종합소득금액과 일반기부금내용은 다음과 같다. 이 경우 당해 과세연도의 근로소득 연말정산시 적용할 수 있는 이월기부금은 얼마인가?

1. 직전 과세연도의 소득금액

구 분	사업소득금액	근로소득금액	종합소득금액
금 액	△5,000,000	10,000,000	5,000,000

2. 직전 과세연도에 지출한 일반기부금액: 10,000,000원
3. 직전 과세연도에 지출한 일반기부금은 전액 세액공제 신청함.

당해 과세연도에 기부금 세액공제를 적용받을 수 있는 이월기부금은 8,500,000원이다.
연말정산할 때 기부금세액공제는 근로소득금액을 기준으로 계산하지만 근로소득금액 이외에 다른 종합소득금액이 있는 경우 종합소득과세표준 신고시 기부금세액공제금액을 종합소득금액기준으로 다시 계산하기 때문에 이월기부금은 달라진다.

① 연말정산할 때 기부금세액공제 및 이월기부금
   기부금세액공제 적용한도 = 10,000,000원 × 30% = 3,000,000원
   기부금한도초과액 = 10,000,000원 − 3,000,000원 = 7,000,000원

> ⇨ 근로소득이 있는 경우 10년간 이월하여 세액공제 가능함
> ② 종합소득금액 신고할 때 기부금세액공제 및 이월기부금
> 기부금세액공제 적용한도 = 5,000,000원 × 30% = 1,500,000원
> 기부금한도초과액 = 10,000,000원 − 1,500,000원 = 8,500,000원
> ⇨ 사업소득이 있는 경우 10년간 이월하여 세액공제 가능함

사. 기부금 과다공제 방지를 위한 제도 도입

> ① 100만원 이상 기부금 소득공제받은 근로자의 0.1%에 해당하는 인원에 대해 과세기간 종료일부터 2년 이내 표본조사 실시
> ② 근로자가 허위 기부금영수증으로 공제를 받은 경우 부당과소신고가산세(부당세액의 40%) 및 납부지연가산세 부과
> ③ 기부금영수증을 발급하는 자가 기부금영수증을 사실과 다르게 적어 발급(기부금액 또는 기부자의 인적사항 등 주요사항을 적지 아니하고 발급하는 경우를 포함)하거나 기부자별 발급명세를 작성·보관하지 아니한 경우에는 기부금영수증 불성실 가산세☆를 결정세액에 가산하며, 이 경우 산출세액이 없는 경우에도 적용한다.
> ☆ 1억원 한도. 다만, 해당 의무를 고의적으로 위반한 경우에는 한도규정을 적용하지 않음.

아. 공제신청시 제출서류

근로자는 다음의 영수증 또는 명세서를 원천징수의무자에게 제출한다. 다만, 원천징수의무자가 기부금을 일괄 징수하는 경우 기부금영수증을 원천징수의무자에게 제출하지 아니할 수 있다.

> ① 기부처에서 발행한 기부금영수증
> ② 정치자금기부금영수증
> ③ 기부금명세서
> ④ ①, ②의 영수증은 연말정산 간소화에서 발급한 서류로 갈음할 수 있음
> ⑤ 개별 종교단체는 소속한 교파의 총회 또는 중앙회 등이 주무관청에 등록되어 있음을 증명하는 서류를 회사에 제출(개별 종교단체가 적격 기부금 단체인지 판단기준은 세무서에서 발급받은 고유번호증 여부가 아님)

1. 기부금 종류별 필요경비 및 세액공제 적용대상 기부금액

기부금종류	필요경비산입	세액공제대상 기부금 금액
정치자금☆	소득금액 기준한도내의 금액	정치자금 전액
고향사랑기부금☆	소득금액 기준한도내의 금액	
특례기부금	소득금액 기준한도내의 금액	특례기부금 전액
일반기부금	소득금액 기준한도내의 금액	소득금액 기준한도내의 금액

☆ 정치자금 및 고향사랑기부금 중 10만원을 초과하는 금액을 의미함

2. 기부금 종류별 이월공제 여부

종 류	공제대상 기부금		이월공제	
	근로자 본인	기본공제대상 배우자, 직계존속, 직계비속, 형제자매 등	가능 여부	이월공제 기 간
정치자금기부금	○	×	×	–
고향사랑기부금	○	×	×	–
특례기부금	○	○	○	10년
우리사주조합기부금	○	×	×	–
일반기부금	○	○	○	10년

 적용사례

근로자가 해당 과세기간에 정치자금기부금으로 20만원을 기부한 경우 기부금 세액공제금액은?

정치자금기부금에 대한 세액공제는 10만원까지는 100/110을, 10만원 초과분은 15%(3천만원 초과분 25%)의 공제율을 적용하여 계산한 금액을 세액공제 한다.

- 10만원 이하 = 10만원 × 100/110 = 90,909원
- 10만원 초과 = 10만원 × 15%   = 15,000원
- 정치자금기부금 세액공제액 = 90,909원 + 15,000원 = 105,909원
☞ 위 근로자의 정치자금기부금 세액공제금액은 105,909원이다.

근로자가 해당 과세기간에 특례기부금으로 200만원, 일반기부금으로 1,000만원을 기부한 경우 기부금 세액공제금액은?

2019년 귀속분부터 고액 기부에 대한 기준금액이 확대되어 1천만원 이하는 15%, 1천만원 초과분은 30%의 공제율을 적용하여 계산한 금액을 세액공제한다.

- 특례기부금 세액공제 = 200만원 × 15% = 30만원
- 일반기부금 세액공제 = (800만원 × 15%) + (200만원 × 30%) = 180만원
- 기부금 세액공제액 = 30만원 + 180만원 = 210만원

☞ 위 근로자의 기부금 세액공제금액은 210만원이다.

> **총급여액 4천만원**(근로소득금액 2,875만원) 근로자가 해당 과세기간에 일반기부금(사회복지법인 기부금)으로 900만원을 기부한 경우 기부금 세액공제금액 및 이월액은?
>
> 기부금 공제한도를 초과하여 공제받지 못한 법정·일반기부금(2013년 이후)은 해당 과세기간의 다음 과세기간부터 10년 이내에 끝나는 각 과세기간에 이월하여 공제한다.
> - 일반기부금 공제대상금액 한도 = 8,625천 원(근로소득금액 2,875만원 × 30%)
> - 일반기부금 세액공제 = 8,625천 원 × 15% = 1,293,750원
> - 기부금 이월액 = 9,000천 원 − 8,625천 원 = 375,000원
>   ☞ 위 근로자의 일반기부금 세액공제금액은 1,293,750만원이며, 해당 과세기간에 공제받지 못한 일반기부금 이월액은 375,000원이다.

	사 례	공제여부판단
①	노사협의회에 납부한 회비	• 「근로자 참여 및 협력증진에 관한 법률」 제4조에 따라 설치하는 노사협의회에 납부하는 회비는 일반기부금에 포함되지 아니함. (원천−322, 2009.04.09.)
②	기부금액 계산	• 금전으로 기부한 경우 당해 금전가액 • 금전 외의 자산으로 기부한 경우 이를 제공한 때의 시가(시가가 장부가액보다 낮은 경우에는 장부가액) • 사업자가 아닌 개인이 특례기부금을 금전 외의 자산으로 제공한 경우 해당 자산의 가액은 이를 제공한 때의 시가
③	ARS로 납부한 기부금	• 해당 통신사 인터넷 홈페이지에 접속하여 발급 요청하면 기부금단체가 기부금영수증을 발급하여 기부자에게 발송
④	급여에서 일괄공제한 기부금의 경우	• 해당 근로자가 기부금영수증을 첨부한 기부금명세서를 제출하지 않아도 급여에서 일괄공제된 기부금은 기부금 소득공제 가능

예규 ● ● ●

🔸 「소득세법 시행령」 제80조 제1항 제3호에 따른 신탁의 기부금에 대한 기부금영수증 발급주체 등(기획재정부소득−777, 2023.08.31.)

1. 「소득세법 시행령」 제80조 1항 제3호(현행: 일반기부금)에 해당하는 기부금(이하 "쟁점기부금")의 경우 신탁재산을 기부받는 공익법인등이 기부금영수증을 발급하는 것임.
2. 신탁재산의 운용이익을 기부자(위탁자)가 인출하는 경우 또는 신탁재산의 운용결과 손실이 발생한 경우에도 「소득세법 시행령」 제80조 제1항 제3호(현행: 일반기부금) 각 목의 요건을 모두 충족하는 신탁에 신탁한 금액은 쟁점기부금에 해당하는 것임.

● **공익법인 지정 전에 재단법인 설립을 위해 기부한 출연금이 일반기부금에 해당하는지**(사전법령해석소득 2021-659, 2021.06.28.)

「법인세법 시행령」 제39조 제1항 제1호 바목에 따라 기획재정부장관이 지정하여 고시한 비영리법인에 대하여 고유목적사업비로 지출하는 기부금은, 그 지정일이 속하는 연도의 1월 1일부터 3년간 지출하는 기부금에 한하여 「소득세법」 제59조의4 제4항 제2호(현행: 일반기부금)의 정함에 따른 특별소득공제의 대상이 되는 것임.

● **기부금영수증 발급 가능 여부**(서면법인 2020-2622, 2020.08.25.)

코로나19와 관련하여 「긴급재난기부금 모집 및 사용에 관한 특별법」 제4조에 의해 긴급재난기부금의 모집 담당기관으로 지정된 공공기관은 같은 법 제2조에 따라 접수된 긴급재난기부금의 기부자에게 기부금영수증을 발급하고 기부금영수증 발급명세를 작성·보관하여야 하는 것임.

● **코로나19 관련 기부금이 특례기부금에 해당하는지 여부**(사전법령해석법인 2020-275, 2020. 03.26., 기획재정부법인-324, 2020.03.24.)

특별재난지역 선포의 사유가 된 재난으로 생기는 이재민 구호금품 가액은 특례기부금에 해당하는바, 특별재난지역 선포일 전에 지출한 기부금에 대하여도 특례기부금으로 볼 수 있다.
코로나19 관련 기부금품을 수령하여 자원봉사자 및 의사·간호사의 숙식비, 인건비, 각종 진료소모품 구입비 등으로 사용하는 경우에도 해당 기부금품을 이재민을 위한 구호금품 가액으로 특례기부금에 해당함.
특별재난지역으로 선포된 지역 외 지역의 코로나19 퇴치를 위하여 지출하는 기부금의 경우에도 특례기부금으로 볼 수 있음.

● **최대주주등이 시가가 불분명한 비상장주식을 일반기부금단체에 기부하는 경우 할증평가 여부**(사전법령해석소득 2020-93, 2020.02.04.)

「상속세 및 증여세법」 제63조의 최대주주등인 거주자가 시가가 불분명한 비상장주식을 기획재정부장관이 고시하는 일반기부금단체에 기부하는 경우 「소득세법」 제59조의4 제4항에 따른 기부금세액공제를 함에 있어 그 비상장주식의 가액은 「상속세 및 증여세법」 제63조에 따라 산정하되 같은 법 시행령 제53조 제6항 각 호에 해당하는 경우를 제외하고는 「상속세 및 증여세법」 제63조 제3항에 따른 할증평가를 하는 것임.

☞ 저자주 : 중소기업기본법상 중소기업은 제외, 그 외 법인은 할증평가 대상으로 해석됨.

● **기부금공제대상 단체 해당여부**(서면1팀-223, 2005.02.18.)

비영리법인으로 설립허가를 받고, 관할 세무서장으로부터 고유번호를 부여받았다하여 근로소득세 연말정산관련 기부금공제대상단체에 해당하는 것은 아니며, 사회복지시설과 비영리법인 및 주무관청의 추천을 받아 재정경제부장관이 지정한 비영리법인인 경우에 근로소득세 연말정산관련 기부금공제대상단체에 해당하는 것임.

● **공제대상 노동조합비의 범위**(법인 46013-2476, 2000.12.28.)

기부금특별공제 대상 노동조합비는 조합원 자격이 있는 근로자가 당해 노동조합의 규약에서 정한 조합비를 노동조합에 납부하는 금액이며, 원천징수의무자가 근로자의 노동조합비를 급여에서 공제하여 납부한 경우에는 별도의 조합비납부영수증없이 급여지급대장등에 의하여 확인되는 금액으로

기부금특별공제를 받을 수 있는 것임.

● **일반기부금단체 지정 · 고시 전에 지출한 기부금의 일반기부금 해당 여부**(서면법령해석법인 2019 – 1200, 2020.03.26.)

내국법인이 「법인세법 시행령」(2018.2.13. 대통령령 제28640호로 개정된 것) 제36조 제1항 제1호 바목에 따라 지정 · 고시된 법인에 지출하는 기부금은 같은 호 단서의 규정에 따라 지정일이 속하는 연도의 1월 1일부터 6년간 지출하는 기부금에 한정하여 일반기부금으로 보는 것임. 따라서, 「민법」 제32조에 따라 2018.3.2. 주무관청의 허가를 받아 설립되었으나 2019.9.30. 일반기부금단체로 지정 · 고시된 법인에게 2019.1.1. 전에 지출한 기부금은 「법인세법 시행령」(2018.2.13. 대통령령 제28640호로 개정된 것) 제36조 제1항 제1호에 따른 일반기부금에 해당하지 않는 것임.

● **고유번호를 부여받지 아니한 종교단체가 일반기부금단체에 해당하는지 여부**(소득 – 1301, 2010.12.31.)

「소득세법」 제52조에 따라 일반기부금에 대한 특별공제를 적용함에 있어 「법인세법 시행령」 제36조 제1항 제1호 마목에 규정하는 비영리법인의 소속 단체가 같은 법 시행령 제154조, 「소득세법」 제168조 등에 따라 고유번호를 부여받지 않은 경우라도 해당 단체는 일반기부금단체에 해당하는 것임.

■ 소득세법 시행규칙 [별지 제45호의2 서식] (2023. 3. 20. 개정)

일련번호	

기 부 금 영 수 증

※ 뒤쪽의 작성방법을 읽고 작성하여 주시기 바랍니다.　　　　　　　　　　　　　　(앞쪽)

❶ 기부자

성명(법인명)		주민등록번호 (사업자등록번호)	
주소(소재지)			

❷ 기부금 단체

단 체 명	사업자등록번호(고유번호)
(지점명)	(지점 사업자등록번호 등)
소 재 지	기부금공제대상
(지점 소재지)	기부금단체 근거법령

　* 기부금 단체의 지점(분사무소)이 기부받은 경우, 지점명 등을 추가로 기재할 수 있습니다.

❸ 기부금 모집처(언론기관 등)

단 체 명	사업자등록번호
소 재 지	

❹ 기부내용

코 드	구 분 (금전 또는 현물)	연월일	내 용			금 액
			품명	수량	단가	

　　「소득세법」 제34조, 「조세특례제한법」 제58조・제76조・제88조의4 및 「법인세법」 제24조에 따른 기부금을 위와 같이 기부하였음을 증명하여 주시기 바랍니다.

　　　　　　　　　　　　　　　　　　　　　　　　　　　　년　　　월　　　일

　　　　　　　　신청인　　　　　　　　　　　　　　　　(서명 또는 인)

　　위와 같이 기부금을 기부받았음을 증명합니다.

　　　　　　　　　　　　　　　　　　　　　　　　　　　　년　　　월　　　일

　　　　　　　기부금 수령인　　　　　　　　　　　　　(서명 또는 인)

210mm×297mm[백상지 80g/㎡ 또는 중질지 80g/㎡]

작 성 방 법

1. ❷기부금 단체는 해당 단체를 기부금공제대상 기부금단체로 규정하고 있는「소득세법」또는「법인세법」등 관련 법령을 적어 기부금영수증을 발행해야 합니다.

기부금공제대상 기부금단체 근거법령	코드
「법인세법」제24조 제2항 제1호 가목(국가·지방자치단체), 나목(국방헌금과 국군장병 위문금품)	101
「법인세법」제24조 제2항 제1호 다목(천재지변으로 생기는 이재민을 위한 구호금품)	102
「법인세법」제24조 제2항 제1호라목(같은 목에 열거된 사립학교, 비영리 교육재단, 산학협력단 등의 기관(병원은 제외한다)에 시설비·교육비·장학금 또는 연구비로 지출하는 기부금)	103
「법인세법」제24조 제2항 제1호마목(같은 목에 열거된 병원에 시설비·교육비 또는 연구비로 지출하는 기부금)	104
「법인세법」제24조 제2항 제1호바목[사회복지사업, 그 밖의 사회복지활동의 지원에 필요한 재원을 모집·배분하는 것을 주된 목적으로 하는 비영리법인(일정 요건을 충족하는 법인만 해당)으로서 기획재정부장관이 지정·고시하는 법인]	105
「소득세법」제34조 제2항 제1호 나목(「재난 및 안전관리 기본법」에 따른 특별재난지역을 복구하기 위하여 자원봉사를 한 경우 그 용역의 가액에 대해 기부금영수증을 발급하는 단체)	116
「정치자금법」에 따른 정당(후원회, 선거관리위원회 포함)	201
「법인세법 시행령」제39조 제1항 제1호 가목(「사회복지사업법」에 따른 사회복지법인)	401
「법인세법 시행령」제39조 제1항 제1호 나목(「영유아보육법」에 따른 어린이집)	402
「법인세법 시행령」제39조 제1항 제1호 다목(「유아교육법」에 따른 유치원,「초·중등교육법」및「고등교육법」에 따른 학교,「국민 평생 직업능력 개발법」에 따른 기능대학,「평생교육법」제31조 제4항에 따른 전공대학 형태의 평생교육시설 및 같은 법 제33조 제3항에 따른 원격대학 형태의 평생교육시설)	403
「법인세법 시행령」제39조 제1항 제1호 라목(「의료법」에 따른 의료법인)	404
「법인세법 시행령」제39조 제1항 제1호 마목[(종교의 보급, 그 밖에 교화를 목적으로「민법」제32조에 따라 문화체육관광부장관 또는 지방자치단체의 장의 허가를 받아 설립한 비영리법인(그 소속단체를 포함한다)]	405
「법인세법 시행령」제39조 제1항 제1호 바목(기획재정부장관이 지정하여 고시한 법인)	406
「법인세법 시행령」제39조 제1항 제2호 가목(「유아교육법」에 따른 유치원의 장 등이 추천하는 개인에게 교육비·연구비·장학금으로 지출하는 기부금)	407
「법인세법 시행령」제39조 제1항 제2호 나목(공익신탁으로 신탁하는 기부금)	408
「법인세법 시행령」제39조 제1항 제2호 다목(기획재정부장관이 지정하여 고시하는 기부금)	409
「법인세법 시행령」제39조 제1항 제4호(같은 호 각 목에 열거된 사회복지시설 또는 기관 중 무료 또는 실비로 이용할 수 있는 시설 또는 기관)	410
「법인세법 시행령」제39조 제1항 제6호(기획재정부장관이 지정하여 고시하는 국제기구)	411
「소득세법 시행령」제80조 제1항 제2호(노동조합 등의 회비)	421
「소득세법 시행령」제80조 제1항 제5호(공익단체)	422
「조세특례제한법」제88조의4(우리사주조합)	461
「조세특례제한법」제58조(고향사랑 기부금)	462

2. ❸기부금 모집처(언론기관 등)는 방송사, 신문사, 통신회사 등 기부금을 대신 접수하여 기부금 단체에 전달하는 기관을 말하며, 기부금단체에 직접 기부한 경우에는 적지 않습니다.

3. ❹기부내용의 코드는 다음 구분에 따라 적습니다.

기부금 구분	코드
「소득세법」제34조 제2항 제1호,「법인세법」제24조 제2항 제1호에 따른 특례기부금	10
「조세특례제한법」제76조에 따른 기부금	20
「소득세법」제34조 제3항 제1호(종교단체기부금 제외),「법인세법」제24조 제3항 제1호에 따른 일반기부금	40
「소득세법」제34조 제3항 제1호에 따른 일반기부금 중 종교단체기부금	41
「조세특례제한법」제88조의4에 따른 기부금	42
「조세특례제한법」제58조에 따른 기부금	43
필요경비(손금) 및 소득공제금액대상에 해당되지 않는 기부금	50

4. ❹기부내용의 구분란에는 "금전기부"의 경우에는 "금전", "현물기부"의 경우에는 "현물"로 적고, 내용란은 현물기부의 경우에만 적습니다. 현물기부 시 단가란은 아래 표와 같이 기부자, 특수관계여부 등에 따라 장부가액 또는 시가를 적습니다.

구 분	기부자		기부받는 공익법인
	법인	개인	
특수관계가 있는 경우	Max(장부가액,시가)	Max(장부가액,시가)	시가
특수관계가 없는 경우	장부가액		장부가액*

* 기부한 자의 기부 당시 장부가액, 개인이 사업소득과 관련 없는 자산을 기부한 경우 : 개인의 최초 취득가액

210mm×297mm[백상지 80g/㎡ 또는 중질지 80g/㎡]

기 부 금 명 세 서

※ 뒤쪽의 작성방법을 읽고 작성하여 주시기 바랍니다.　　　　　　　　　　　　　　　　(앞쪽)

❶ 인적사항	① 근무지 또는 사업장 상호		② 사업자등록번호	
	③ 성　　　명		④ 주민등록번호	
	⑤ 주　　　소		(전화번호 :　　　　　)	
	⑥ 사업장 소재지		(전화번호 :　　　　　)	

❷ 해당 연도 기부 명세

		기 부 처		⑪ 기부자			기부 명세				
⑦ 코드	⑧ 기부내용	⑨ 상호 (법인명)	⑩ 사업자 등록번호 등	관계 코드	성명	주민 등록번호	건수	기부금액		공제제외 기부금	
								⑫ 합계 (⑬+⑭)	⑬ 공제대상 기부금액	⑭ 기부장려금 신청금액	⑮ 기타

❸ 구분코드별 기부금의 합계

기부자 구 분	총 계	공제대상 기부금						공제제외 기부금	
		특례기부금	정치자금 기부금	고향사랑 기부금	일반기부금 (종교단체 외)	일반기부금 (종교단체)	우리사주 조합 기부금	기부장려금 신청금액	기타
코 드		10	20	43	40	41	42	10,40,41	50
합 계									
본 인									
배우자									
직계비속									
직계존속									
형제자매									
그 외									

❹ 기부금 조정 명세

기부금 코드	기부 연도	⑯ 기부금액	⑰ 전년까지 공제된 금액	⑱ 공제대상 금액(⑯-⑰)	해당 연도 공제금액		해당 연도에 공제받지 못한 금액	
					필요경비	세액(소득) 공제	소멸금액	이월금액

❺ 노동조합 회비 명세

⑦코드	⑪기부자			⑲노동조합		⑳적정공시 노동조합 회비 납부액		㉑ 비적정공시 노동조합 회비 납부액	
	관계 코드	성명	주민 등록번호	명칭	사업자 등록번호 등	1월~9월 납부액 (공제대상)	10월~12월 납부액 (공제대상)	1월~9월 납부액 (공제대상)	10월~12월 납부액 (공제제외)

210mm×297mm[백상지 80g/㎡ 또는 중질지 80g/㎡]

작성방법

※ 기부금을 특별소득공제·특별세액공제 또는 필요경비로 산입하는 경우에는 원천징수의무자·납세조합 또는 납세지 관할세무서 장에게 이 기부금명세서를 제출해야 합니다.

1. ⑦ 코드란: 다음을 참고하여 적습니다. 이 경우 「조세특례제한법」 제75조에 따라 기부장려금단체에 기부장려금으로 신청한 기부 금도 아래의 기부금 유형 구분에 따라 적습니다.
   가. 특례기부금(「소득세법」 제34조 제2항 제1호에 따른 기부금): 코드번호 "10"
   나. 정치자금기부금(「조세특례제한법」 제76조에 따른 기부금): 코드번호 "20"
   다. 고향사랑기부금(「조세특례제한법」 제58조에 따른 기부금): 코드번호 "43"
   라. 일반기부금[「소득세법」 제34조 제3항 제1호에 따른 기부금(공익단체에 대한 기부금을 포함하고, 종교단체 기부금은 제 외)]: 코드번호 "40"
   마. 일반기부금(「소득세법」 제34조 제3항 제1호에 따른 기부금 중 종교단체 기부금): 코드번호 "41"
   바. 우리사주조합기부금(「조세특례제한법」 제88조의4에 따른 기부금): 코드번호 "42"
   사. 그 밖의 기부금으로서 필요경비 및 소득공제·세액공제금액 대상에 해당하지 않는 기부금(미지급분 기부금 포함): "공제 제외 기타", 코드번호 "50"

2. ⑧ 기부내용에는 금전기부의 경우 "금전"으로, 금전 외의 현물기부의 경우에는 "현물"로 표시하고 자산명세를 간략히 적습니다. 현물의 경우 기부금액 산정은 「소득세법 시행령」 제81조 제3항에 따른 금액을 적습니다.

3. ⑨ 상호(법인명)란: 상호·법인명·단체명·성명을 적습니다(「조세특례제한법」 제76조에 따른 정치자금기부금은 제외합니다).

4. ⑩ 사업자등록번호 등란: 기부처의 사업자등록번호·고유번호를 적습니다(「조세특례제한법」 제76조에 따른 정치자금 기부금은 제외합니다). 다만, 기부처의 사업자등록번호·고유번호가 없는 경우에는 기부처의 대표자 주민등록번호를 적습니다.

5. 「조세특례제한법」 제76조에 따른 정치자금 기부금은 기부처 구분 없이 과세연도 합계액을 "2. 해당연도 기부명세"의 최상단에 적고, ⑨ 상호(법인명)란과 ⑩ 사업등록번호 등란은 적지 않습니다. ⑫ 기부 명세 합계란에는 「정치자금법」에 따라 정당(같 은 법에 따른 후원회 및 선거관리위원회를 포함)에 기부한 정치자금을 적습니다.

6. ⑪ 기부자란: 관계코드(1. 거주자, 2. 배우자, 3. 직계비속, 4. 직계존속, 5. 형제자매, 6. 그 외), 성명, 주민등록번호를 정확히 적습니다.

7. ⑬ 공제대상기부금액란: 필요경비 및 소득공제·세액공제 대상에 해당(코드번호 "10", "20", "43", "40" ~ "42")하는 기부금액을 적습니다. 이 경우 가지급금으로 처리한 기부금액은 포함되나, 「조세특례제한법」 제75조에 따라 기부장려금단체에 기부장려금으로 신청 한 기부금액은 공제대상기부금액은 포함되지 않습니다.

8. ⑭ 기부장려금 신청금액란: 코드번호 "10", "41", "42" 중 「조세특례제한법」 제75조에 따라 기부장려금단체에 기부장려금으로 신 청한 기부금액을 적습니다.

9. ⑮ 기타란: 그 밖의 기부금으로서 필요경비 및 소득공제·세액공제금액 대상에 해당되지 않는 기부금액을 적습니다. 이 경우 미지급분 기부금액의 경우도 기타란에 적습니다.

10. "3. 구분코드별 기부금의 합계"는 "2. 해당 연도 기부 명세"의 ⑬ 공제대상 기부금액을 코드별로 집계하여 적으며 사업자의 경우 기부금조정명세서(별지 제56호서식)의 각 해당란에 옮겨 적습니다.

11. 아래의 기부금 중 종합소득금액에서 공제되지 않거나 손금에 산입되지 않은 금액은 해당 과세연도의 다음 과세연도의 개시일부터 다음에 해당하는 기간 이내에 끝나는 과세연도에 이월하여 종합소득금액에서 공제하거나 손금에 산입합니다.
   (2013년 이후 기부금부터)

구 분	특례기부금	정치자금 기부금	고향사랑 기부금	우리사주 조합기부금	일반기부금 (종교단체 외)	일반기부금 (종교단체)
코 드	10	20	43	42	40	41
이월공제가능기간	10년	-	-	-	10년	10년

12. "4. 기부금 조정 명세" 작성 방법
   가. 전년 이월 기부금액과 "3. 구분코드별 기부금 합계"의 기부금액에 대해 기부금코드 및 기부연도별로 작성하며 해당 연도 공 제금액 및 이월금액(소멸금액)을 계산합니다.
   나. 공제받지 못한 기부금 중 이월가능 기간이 지난 기부금에 대해서는 소멸금액란에 적습니다.
   다. 근로소득자가 원천징수의무자에게 제출하는 기부금명세서는 기부금코드, 기부연도, ⑯ 기부금액, ⑰ 전년까지 공제된 금액, ⑱ 공제대상금액까지 작성할 수 있습니다.
   라. 전년도에 이월된 기부금액에 대해 공제를 받으려는 근로소득자는 전년도의 기부금명세서를 제출해야 합니다(계속근로 등으로 인해 원천징수의무자가 변동이 없는 경우 제출하지 아니할 수 있습니다).
   마. 정치자금기부금, 고향사랑기부금, 특례기부금, 우리사주조합기부금, 일반기부금 순서로 공제하고, 일반기부금에 종교단체 기부 금과 종교단체 외 기부금이 함께 있는 경우 우선 종교단체 외 기부금부터 공제합니다.
   바. 2013.12.31. 이전 지출 기부금 중 이월된 기부금은 소득공제로 우선하여 공제하며, 2014년 이후 이월된 기부금은 기부연도가 빠 른 기부금부터 세액공제를 적용합니다.
   사. 이월기부금 공제 후 남은 기부금 공제한도 내에서 해당연도에 지출한 기부금을 공제합니다.
   아. 다음 연도로 이월된 기부금은 해당 과세기간 이후 기본공제대상자의 변동에 영향을 받지 않습니다.

13. "5. 노동조합 회비 명세" 작성 방법
   가. ⑲ 노동조합란: 회비를 납부한 노동조합의 명칭 및 사업자등록번호·고유번호를 기재하며, 사업자등록번호 등이 없는 경우 에는 노동조합의 대표자 주민등록번호를 적습니다.
   나. ⑳ 적정공시 노동조합 회비 납부액란: 「소득세법 시행령」 제80조 제1항 제2호 가목의 요건을 충족하는 노동조합에 납부한 회비 금액을 1월~9월 납부액과 10월~12월 납부액으로 구분하여 적습니다.
   다. ㉑ 비적정공시 노동조합 회비 납부액란: 「소득세법 시행령」 제80조 제1항 제2호 가목의 요건을 충족하지 않는 노동조합에 납부한 회비 금액을 1월~9월 납부액과 10월~12월 납부액으로 구분하여 적습니다.

210mm×297mm[백상지 80g/㎡ 또는 중질지 80g/㎡]

6. 표준세액공제

근로소득이 있는 거주자로서 보험료 등 항목별 세액공제, 월세세액공제 및 특별소득공제를 신청을 하지 아니한 사람에 대해서는 연 13만원을 근로소득산출세액에서 공제하고, 해당 과세기간의 근로소득산출세액이 공제액에 미달하는 경우에는 그 근로소득산출세액을 공제액으로 한다.

따라서 다음과 같이 계산하여 근로자에게 유리하게 선택하여 적용하면 된다.

> 결정세액 = Min[①, ②]
> ① 특별소득공제와 특별세액공제(정치자금기부금 제외) 및 월세 세액공제액을 적용 후 결정세액
> ② 표준세액공제(13만원)을 적용 후 결정세액(정치자금기부금 제외)

11 / 세액감면 및 세액공제액의 산출세액 초과시 적용방법

1. 보험료 등 세액공제액의 적용방법

보험료 세액공제, 의료비 세액공제, 교육비 세액공제, 월세 세액공제의 합계액이 그 거주자의 해당 과세기간의 근로소득에 대한 종합소득산출세액을 초과하는 경우 그 초과하는 금액은 없는 것으로 한다.(소득법 61 ①)

> 보험료 등 세액공제액 = Min[①, ②]
> ① 보험료 세액공제 + 의료비 세액공제 + 교육비 세액공제 + 월세 세액공제
> ② 근로소득 산출세액 = 종합소득산출세액 $\times \dfrac{근로소득금액}{종합소득금액}$

2. 산출세액을 초과하는 세액공제의 적용방법

자녀세액공제액, 연금계좌 세액공제액, 특별세액공제액, 우리사주조합기부금세액공제액, 정치자금세액공제액, 고향사랑기부금 세액공제☆의 합계액이 거주자의 해당 과세기간의 합산과세되는 종합소득산출세액을 초과하는 경우 그 초과하는 금액은 없는 것으로 한다.(소득법 61 ②)

☞ 저자주 : 2024.09.02. 국회 기획재정위원회에 제안된 정부 「2024년 세법개정안」에 의하면 고향사랑기부금 세액공제를 산출세액을 초과하는 세액공제액은 소멸하는 것으로 보완하여 2025.1.1. 이후 신고하는 분부터 적용할 예정임. 따라서 실무적용시 2024년 12월 정기국회에서 세법개정내용을 반드시 확인이 필요함.

> 세액공제액 한도액 = Min[①, ②]
> ① 자녀세액공제액 + 연금계좌 세액공제 + 특별세액공제액 + 우리사주조합기부금세액공제액 + 정치자금세액공제액 + 고향사랑기부금 세액공제
> ② 종합소득산출세액

다만, 그 초과한 금액에 기부금 세액공제액이 포함되어 있는 경우 해당 기부금과 일반기부금의 한도액을 초과하여 공제받지 못한 기부금은 해당 과세기간의 다음 과세기간의 개시일부터 10년 이내에 끝나는 각 과세기간에 이월하여 기부금세액공제율을 적용한 기부금 세액공제액을 계산하여 그 금액을 산출세액에서 공제한다.

3. 연금계좌 세액공제의 적용방법

「소득세법」 또는 「조세특례제한법」에 따른 감면액 및 세액공제액의 합계액이 해당 과세기간의 합산과세되는 종합소득산출세액을 초과하는 경우 그 초과하는 금액은 없는 것으로 보고, 그 초과하는 금액을 한도로 연금계좌 세액공제를 받지 아니한 것으로 본다. 다만, 재해손실세액공제액이 종합소득산출세액에서 다른 세액감면액 및 세액공제액을 뺀 후 가산세를 더한 금액을 초과하는 경우 그 초과하는 금액은 없는 것으로 본다.

📖 적용사례

○ **기부금세액공제 미적용시 이월공제 사례**

구 분	금 액	비 고
근로소득산출세액	2,000,000	
(-) 자녀세액공제	300,000	① 공제
(-) 연금계좌 세액공제	500,000	⑥ 세액공제 취소 → 다음연도 공제가능
(-) 특별세액공제(기부금세액공제제외)	1,500,000	② 공제
(-) 정치자금기부금세액공제	90,909	③ 공제
(-) 우리사주조합기부금세액공제	1,000,000	④ 공제 → 890,909원 소멸
(-) 일반기부금세액공제	1,500,000	⑤ 불공제 → 10년 이월공제
합 계	4,890,909	산출세액 초과액 2,890,909원 소멸·세액공제 취소·이월공제

세액공제 적용순서는 「근로소득원천징수영수증」서식에서 정하는 바에 따라 순차적으로 세액공제를 적용하는 것이며 그 순서는 다음과 같다.

① 자녀세액공제→특별세액공제 또는 표준세액공제 → 납세조합공제 → 주택자금차입금이자세액공제 → 외국납부세액공제 → 월세 세액공제 → 연금계좌세액공제

② 특별세액공제 적용순서: 보험료세액공제 → 의료비 세액공제 → 교육비 세액공제 → 정치자금세액공제(10만원 이하) → 정치자금세액공제(10만원초과) → 특례기부금세액공제 → 우리사주조합기부금세액공제 → 지정(종교단체외)기부금세액공제 → 지정(종교단체)기부금세액공제

예 규 •••

● 근로소득 지급명세서의 작성시 소득공제의 적용방법(법규소득 2010 - 395, 2010.12.31.)

근로소득세액의 연말정산과 관련하여, 원천징수의무자가 근로소득 지급명세서[소득세법 시행규칙 별지 제24호 서식(1)]를 작성함에 있어서는 동 서식에서 정하는 바에 따라 순차적으로 소득공제를 적용하여 종합소득과세표준과 세액을 계산하는 것임.

12 / 맞벌이 부부 연말정산 사례

부부가 모두 근로소득금액이 100만원(총급여 500만원)을 초과하는 근로자인 부부를 가정함.

공제항목	맞벌이 배우자	배우자 외 부양가족
기본공제	• 소득금액 100만원을 초과하는 맞벌이 부부는 서로에 대해 기본공제 불가능	• 직계존속 · 직계비속 · 형제자매 등을 부양하는 경우 부부 중 1인이 공제 가능 • 맞벌이 부부가 중복하여 공제 불가능
추가공제	• 기본공제 대상이 아닌 배우자는 추가공제 불가능	• 부양가족에 대해 기본공제를 신청한 근로자가 추가공제를 적용 받음.
자녀 세액공제	-	• 본인이 기본공제받는 자녀(입양자, 위탁아동 포함)에 대해서 배우자가 자녀세액공제 불가능

공제항목	맞벌이 배우자	배우자 외 부양가족
보험료 세액공제	• 본인이 계약자이며 피보험자가 배우자인 경우 서로 기본공제 대상자에 해당하지 않으므로 부부 모두 공제 불가능 * 다만, 근로자 본인이 계약자이고 피보험자가 부부공동인 보장성보험의 보험료는 근로자 본인이 공제 가능	• 본인이 기본공제받는 자녀의 보험료를 배우자가 지급하는 경우 부부 모두 보험료 세액공제 불가능
의료비 세액공제	• 소득이 있는 배우자를 위하여 지출한 의료비는 지출한 본인이 공제 가능	• 부부 중 부양가족을 기본공제받는 근로자가 부양가족을 위해 지출한 금액 공제
교육비 세액공제	• 본인이 배우자를 위하여 지출한 교육비는 공제 불가능	
기부금 세액공제	• 본인이 지출한 기부금은 배우자가 공제 불가능	• 부양가족을 기본공제받는 근로자가 해당 부양가족이 지출한 기부금 공제
신용카드 소득공제	• 가족카드를 사용한 맞벌이 부부는 카드 사용자 기준으로 각각 공제(결제자 기준이 아님)	• 부양가족을 기본공제받는 근로자가 해당 부양가족의 신용카드 사용금액 공제

■ 일반적인 경우 부양가족 공제는 부부 중 근로소득금액이 높은 쪽이 유리
  - 단, 소득세는 누진세율 구조이므로 부부가 과세표준이 비슷하거나 한계세율 근처에 있는 경우 인적공제를 적절하게 배분하는 경우 절세가 가능한 경우도 있음
  - 특별세액공제 중 최저사용금액이 있는 의료비(총급여액 3%), 특별소득공제 중 신용카드 등 사용금액(총급여액 25%)의 경우 근로소득이 적은 배우자가 지출할 경우 절세가 가능한 경우도 있음

 질문과 답변 사례모음[28)](https://)

 질문 및 답변

【근로소득세액공제】

【중소기업 취업자에 대한 소득세 감면】

---

28) 국세청, 2023년 연말정산 Q&A(게시용) 일부 인용 및 개정세법 반영하여 수정함.

【근로소득세액공제】

Q01　근로소득 세액공제액과 한도액은?

근로소득 세액 공제율과 한도액은 아래와 같다.

가. 세액공제 금액

산 출 세 액		세 액 공 제 금 액
산출세액 130만원 이하	⇨	산출세액의 55%
산출세액 130만원 초과	⇨	71만5천원 + 130만원 초과금액의 100분의 30

나. 세액공제 금액 한도

총 급 여 액		세액공제 금액 한도
3천300만원 이하	⇨	74만원
3천300만원 초과 ~ 7천만원 이하	⇨	74만원 - [(총급여액 - 3천300만원) × 0.008]

총 급 여 액	세액공제 금액 한도
	다만, 위 금액이 66만원보다 적은 경우에는 66만원
7천만원 초과 ∼1억 2천만원 이하 ⇨	66만원 − [(총급여액 − 7천만원)×1/2] 다만, 위 금액이 50만원보다 적은 경우에는 50만원
1억 2천만원 초과 ⇨	50만원−[(총급여액−1억 2천만원) × 1/2] 다만, 위 금액이 20만원보다 적은 경우에는 20만원

Q 02 중소기업 취업자에 대한 소득세 감면을 적용받는 경우 근로소득세액공제액은 어떻게 계산하는지?

먼저 근로소득세액공제액을 계산한 후, 근로소득세액공제액 × (1 − 중소기업취업자소득세감면액/산출세액)으로 계산한다.

【중소기업 취업자에 대한 소득세 감면】

Q 03 중소기업 취업자에 대한 소득세 감면 적용 대상자는?

근로계약 체결일 현재 연령이 만 15 ∼ 34세 이하인 청년, 60세 이상인 사람 또는 장애인 및 경력단절여성이 「중소기업기본법」 제2조에 따른 중소기업으로서 일정한 중소기업에 2012.1.1.(60세 이상인 사람 또는 장애인의 경우 2014.1.1. 및 경력단절여성의 경우 2017.1.1.)부터 2026.12.31.까지 취업(경력단절여성의 경우 동종업종에 재취업)하는 경우 취업일로부터 3년간(청년의 경우 5년) 해당 중소기업에서 받는 근로소득에 대한 소득세의 70%(청년의 경우 90%)를 세액감면 받을 수 있다.

Q 04 2011.12.31. 이전에 중소기업에 취업하여 계속 근무하고 있는 경우 '12년부터 중소기업 취업자에 대한 소득세 감면이 가능한지?

안된다. 중소기업취업자에 대한 소득세 감면은 2012.1.1. 이후 중소기업에 취업하는 경우부터 적용한다. 따라서 2011.12.31. 이전부터 이미 중소기업에 취업하여 계속 근무중인 경우에는 감면을 적용받을 수 없다.
또한 2011.12.31. 이전에 중소기업체에 취업한 자가 계약기간 연장 등을 통해 해당 중소기업체에 재취업하는 경우에도 감면을 적용받을 수 없다.

Q 05 2011.12.31. 이전에 대기업 등에서 정규직 및 계약직, 인턴, 아르바이트 등으로 근무하다가 2012.1.1. 이후 중소기업에 정규직으로 취업하여 근무하는 경우 중소기업 취업자에 대한 소득세 감면을 적용받을 수 있는지?

2011.12.31. 이전에 대(중소)기업 등에 정규직이나 비정규직으로 근무한 사실여부와 관계없이 2012.1.1. 이후 중소기업 취업자로서 감면요건을 충족하면 소득세 감면대상자에 해당한다.(법규소득 2012−213, 2012.05.31.)

Q 06 2011년에 중소기업에서 근무하다가 2017년 중에 특수관계 있는 다른 중소기업으로 전입한 경우 중소기업 취업자에 대한 소득세 감면을 적용받을 수 있는지?

안된다. 2011.12.31. 이전에 중소기업에 취업한 자가 「법인세법 시행령」 제87조에 따른 특수관계 있는 다른 중소기업에 전입하여 근무하는 경우 중소기업 취업자에 대한 소득세 감면을 적용받지 못한다.(원천세과−480, 2012.09.13.)

Q 07 파견근로자에서 정규직 근로자로 채용된 경우 중소기업 취업자에 대한 소득세 감면을 적용받을 수 있는지?

「파견근로자보호 등에 관한 법률」에 따라 파견사업주에 고용되어 중소기업에 파견근무를 하다가 퇴직한 후 해당 중소기업의 정규직 근로자로 취업하여 근무하는 경우, 감면요건을 충족하면 그 해당 중소기업의 취업일로부터 중소기업 취업자에 대한 소득세 감면을 적용받을 수 있다.(서면법규-42, 2013. 01.16.)

Q 08 중소기업에 취업할 당시 연령이 40세인 장애인인 경우 중소기업 취업자에 대한 소득세 감면 적용 대상인지?

장애인이 중소기업에 취업한 경우 나이와 상관없이 소득세 감면 대상이다.

※ 중소기업 취업자 소득세 감면대상 장애인
  1) 2014.1.1. ~ 2019.02.11. 취업자
    – 「장애인복지법」의 적용을 받는 장애인
    – 「국가유공자 등 예우 및 지원에 관한 법률」에 따른 상이자
  2) 2019.02.12. 이후 취업자 : (장애인 범위 확대로 아래의 경우도 가능함)
    – 「5·18민주유공자예우 및 단체설립에 관한 법률」에 따른 5·18민주화운동부상자
    – 「고엽제후유의증 등 환자지원 및 단체 설립에 관한 법률」에 따른 고엽제휴유의증환자로서 장애등급 판정을 받은 사람

Q 09 남편이 대표자인 개인사업체에서 근무 중인 경우 중소기업 취업자에 대한 소득세 감면을 적용받을 수 있는지?

안된다. 개인사업자의 대표자와 그 배우자는 감면대상에서 제외되므로 소득세 감면을 적용할 수 없다. 소득세 감면대상에서 제외되는 자는 아래와 같다.

---

1. 「법인세법 시행령」 제20조 제1항 제4호 각 목의 어느 하나에 해당하는 임원
2. 해당 기업의 최대주주 또는 최대출자자(개인사업자의 경우에는 대표자를 말함)와 그 배우자
3. 제2호에 해당하는 자의 직계존속·비속(그 배우자를 포함) 및 「국세기본법 시행령」 제1조의2 제1항에 따른 친족관계인 사람
4. 「소득세법」 제14조 제3항 제2호에 따른 일용근로자
5. 다음 각 목의 어느 하나에 해당하는 보험료 등의 납부사실이 확인되지 아니하는 사람. 단, 「국민연금법」 제6조 단서 및 「국민건강보험법」 제5조 제1항 단서에 따라 가입대상이 되지 않는 경우 제외
   가. 「국민연금법」 제3조 제1항 제11호 및 제12호에 따른 부담금 및 기여금
   나. 「국민건강보험법」 제69조에 따른 직장가입자의 보험료

Q 10 일용근로자도 중소기업 취업자에 대한 소득세 감면이 적용되는지?

안된다. 일용근로자는 감면대상에서 제외된다.

Q 11 근로계약 체결일 현재 나이가 34세 3개월인 청년은 중소기업 취업자 소득세 감면 대상인지?

중소기업 취업자에 대한 소득세 감면 적용시 중소기업에 취업하는 사람의 연령이 근로계약 체결

일 현재 만 35세 미만(병역 이행기간 차감)인 경우 '34세 이하'에 포함되어 소득세 감면을 적용한다. 2018년 세법개정으로 인해 청년 연령 범위가 당초 15세 ~ 29세에서 15세 ~ 34세로 확대되었다.(재소득- 163, 2013.04.01.)

Q12 정년퇴직 후 중소기업에 재취업하였는데, 재취업할 당시 연령이 56세인 경우 중소기업 취업자 소득세 감면을 적용받을 수 있는지?

안된다. 2014.1.1. 이후 입사자로서 근로계약 체결일 현재 60세 이상인 경우에만 감면받을 수 있다. 다만, 장애인인 경우 나이에 상관없이 감면 받을 수 있다.

Q13 병역을 이행한 청년 취업자의 연령에서 차감하는 군복무 기간과 제외대상 병역의 종류는?

청년이란 근로계약 체결일 현재 연령이 15세 이상 34세 이하인 사람을 의미한다.

다만, 아래 어느 하나에 해당하는 병역을 이행한 경우에는 그 기간(6년을 한도로 함)을 근로계약 체결일 현재 연령에서 빼고 계산한 연령이 34세 이하인 사람을 의미한다.

- 「병역법」 제16조 또는 제20조에 따른 현역병(같은 법 제21조, 제24조, 제25조에 따라 복무한 상근예비역 및 의무경찰·의무소방원을 포함)
- 「병역법」 제26조 제1항에 따른 사회복무요원
- 「군인사법」 제2조 제1호에 따른 현역에 복무하는 장교, 준사관 및 부사관

Q14 중소기업 취업자에 대한 소득세 감면을 적용받던 청년이 다른 중소기업으로 이직하는 경우 이직 당시 만 34세 이하의 연령 요건을 충족하여야 하는지?

아니다. 중소기업 취업자 소득세 감면을 적용받던 청년이 다른 중소기업체로 이직하는 경우에는 그 이직 당시의 연령에 관계없이 소득세를 감면받은 최초 취업일로부터 3년(5년으로 확대)이 속하는 달까지 발생한 소득에 대하여 감면을 적용받을 수 있는 것이다.(이직 시 연령요건 불필요) (기획재정부 소득세제과-509, 2016.12.20.)

Q15 취업한 회사가 「중소기업기본법」 제2조의 중소기업에만 해당하면 중소기업 취업자에 대한 소득세 감면을 적용받을 수 있는지?

취업한 중소기업이 「중소기업기본법」에 해당하는 중소기업이라 하더라도 「조세특례제한법 시행령」 제27조 제3항으로 정하는 기업에 해당하는 경우에 한하여 감면 적용된다.(열거업종 충족)

※ 중소기업체에 해당하지 않는 기업 예시
① 중소기업기본법에 따른 중소기업에 해당하지 않는 기업
② 중소기업기본법에 따른 중소기업에 해당하나,
  - 금융 및 보험업, 보건업
  - 전문서비스업(법무서비스, 변호사업, 변리사업, 법무사업, 회계서비스 등)
  - 음식점업 중 주점 및 비알콜음료점업, 비디오물감상실
  - 기타 개인서비스업 등을 주된 사업으로 영위하는 기업
③ 국가, 지방자치단체, 공공기간, 지방공기업

Q 16 대기업과 합병한 사업연도에 지급한 근로소득은 중소기업 취업자에 대한 소득세 감면 적용 대상인지?

중소기업 외의 기업과 합병하여 합병일이 속하는 과세연도부터 중소기업에 해당하지 아니하게 된 경우 합병일이 속한 과세연도 개시일 이후 합병일 전에 지급한 근로소득에 대하여는 중소기업 취업자에 대한 소득세 감면을 적용할 수 있다.(서면법규-24, 2014.01.13.)

Q 17 중소기업기본법의 기준을 충족한 비영리 재단법인에 취업한 경우 중소기업 취업자에 대한 소득세 감면을 적용받을 수 있는지?

「민법」 제32조에 따라 설립된 법인으로서 「중소기업기본법」 제2조에 따른 중소기업의 기준을 충족하고 「조특법 시행령」 제27조 제3항에 해당하는 사업을 영위하는 비영리 재단법인에 취업하는 경우 중소기업 취업자 소득세 감면을 적용받을 수 있다.(원천세과-543, 2012.10.11.)

Q 18 근무 중인 중소기업이 실질적인 독립성 기준에 부적합하여 내년부터 중소기업에 해당하지 않게 되는 경우 중소기업 취업자에 대한 소득세 감면은 계속 적용이 가능한지?

취업일이 속하는 과세연도에는 「조세특례제한법」 제30조 제1항에 규정하는 중소기업체에 해당하였으나 실질적 독립성 기준 부적합으로 유예기간 없이 그 다음연도부터 중소기업체에 해당하지 아니하게 된 경우에는 중소기업에 해당하지 아니하게 된 사업연도부터는 감면을 적용받을 수 없다.(원천세과-471, 2013.09.06.)

Q 19 취업일이 속하는 과세연도는 중소기업이었으나 규모의 확대로 인해 다음연도부터 중소기업에 해당하지 아니하게 된 경우 중소기업 취업자에 대한 소득세 감면을 적용받을 수 있는지?

취업일이 속하는 과세연도에는 중소기업에 해당하였으나 해당 중소기업이 그 규모의 확대 등으로 그 다음연도부터 중소기업에 해당하지 아니하게 된 경우 유예기간까지는 중소기업으로 본다. 따라서, 중소기업으로 보는 유예기간까지는 감면규정을 적용받을 수 있다.(법규소득 2012-213, 2012.05.31.)

Q 20 생애 최초로 취업한 경우에만 중소기업 취업자 소득세 감면을 적용받을 수 있는지?

아니다. 2012.1.1. 이후 근로계약 체결일 현재 연령요건을 충족하는 청년[60세 이상인 사람 또는 장애인은 2014.1.1. 이후]이 감면 요건을 충족하는 중소기업체에 취업(재취업 포함)하는 경우 감면을 적용하는 것으로 생애 최초 취업이 필요 요건은 아니다.
예) 2013년 입사 후 이직, 2018년 재입사 ⇒ 2013년 또는 2018년 중 선택하여 감면적용 가능

Q 21 재취업자인 경우 중소기업 취업자 소득세 감면신청서 상 취업 시 연령은 기존회사 입사일과 재취업한 회사의 입사일 중 어느 날을 기준으로 계산하는 것인지?

재취업 이전에는 감면신청을 하지 않았고, 재취업 이후 최초로 감면을 신청하고자 하는 경우에 해당하는 근로자가 기존회사 입사일 기준으로도, 재취업 회사 입사일 기준으로도 감면요건이 충족된다면 근로자가 감면을 적용받고자 하는 회사를 선택하여 그 회사의 근로계약 체결일 기준 연령으로 계산하면 된다.

예) 2018.07.01. 입사 후 이직, 2022.04.01. 재입사한 경우
→ 2018년부터 감면적용시는 취업일(감면기간기산일) : 2018.07.01.
→ 2022년부터 감면적용시는 취업일(감면기간기산일) : 2022.04.01.

Q 22   취업 후 이직하는 경우 중소기업 취업자 소득세 감면 적용 기간은 어떻게 되는지? (이전 회사에서 감면을 신청한 경우)

소득세 감면기간은 소득세를 감면받은 사람이 요건 충족하는 다른 중소기업체에 취업하거나 해당 중소기업체에 재취업하는 경우에는 소득세를 감면받은 최초 취업일부터 기간 중단없이 계산한다.
예) 2018년 4월, A 중소기업에 취업한 청년이 감면을 적용받다가 2020년 4월 퇴사 한 후 2021년 4월, B 중소기업으로 재취업한 경우 → 2018년 4월부터 2023년 4월까지의 소득에 대해 감면

Q 23   2020.1.15. 취업하는 경우 중소기업 취업자 소득세 감면기간은?

감면기간시작일은 취업일이며 감면기간종료일은 취업일부터 3년(청년의 경우 5년)이 되는 날이 속하는 달의 말일까지 이다.
따라서 감면기간은 2020.1.15. ~ 2023.1.31.까지 (청년의 경우 2020.1.1. ~ 2025.1.31.까지)이다.

Q 24   취업 후 이직하는 경우 중소기업 취업자 소득세 감면 적용 기간은 어떻게 되는지? (이전 회사에서 감면신청을 안 한 경우)

취업일로부터 3년(청년 5년)이 되는 날이 속하는 달까지 발생한 소득에 대해서 소득세를 감면하되, 감면기간은 근로자가 다른 중소기업에 취업하거나 해당 중소기업에 재취업하는 경우에 관계없이 최초 감면신청한 회사의 취업일부터 계산한다.
따라서, 이직 후 재취업한 중소기업에 처음 감면신청서를 제출했다면 재취업한 회사의 취업일부터 감면기간을 적용 받게 된다.

Q 25   중소기업 취업자에 대한 소득세 감면을 적용받으려면 어떻게 해야 하는지?

중소기업 취업자에 대한 소득세 감면신청 절차는 아래와 같다.

1) 재직 중 근로자
(감면신청서 제출) 감면을 적용받으려는 근로자는 원천징수의무자(회사)에게 중소기업 취업자 소득세 감면신청서(조특칙 별지 제11호 서식)를 취업일이 속하는 달의 다음 달 말일까지 제출해야 한다.(소급제출 가능)
* 이때 해당되는 관련서류를 첨부해서 제출해야 한다.
 – 병역복무기간을 증명하는 서류(병적증명서 등)
 – 장애인등록증(수첩, 복지카드)사본
 – 근로소득원천징수영수증(중소기업 취업 감면을 적용받은 청년이 다른 중소기업체에 취업하거나 해당 중소기업체에 재취업하는 경우)
 (경정청구) 연말정산 이후 소급하여 감면신청하는 경우에는 아래 서류를 준비하여 근로자가 종합소득세 경정청구를 통해 감면을 적용받을 수 있다.
 – 중소기업자 소득세 감면신청서 사본 1부.
 – 중소기업자 소득세 감면명세서 사본 1부.

2) 퇴직한 근로자

　　감면신청서 및 경정청구서를 위에 제시된 첨부서류와 함께 근로자 주소지 관할 세무서에 제출하여 감면신청할 수 있다

Q 26　중소기업 취업자에 대한 소득세 감면신청서를 제출받은 원천징수의무자(회사)가 알아야 할 사항은?

근로자로부터 감면신청서를 받은 원천징수의무자가 알아야 할 사항

① 감면대상명세서 제출

　　감면신청을 받은 날이 속하는 달의 다음 달 10일까지 감면신청을 한 근로자의 명단을 중소기업 취업자 소득세 감면 대상 명세서(조특칙 별지 제11호의2 서식)에 기재하여 원천징수 관할 세무서장에게 제출해야 한다.

② 매월 원천징수신고

　　원천징수의무자는 감면대상 취업자로부터 감면신청서를 제출받은 달의 다음 달부터 근로소득간이세액표상 소득세에 감면율 적용하여 징수하고, 원천징수이행상황신고서 상 "인원" 과 "총지급액"에는 감면대상을 포함하여 신고한다.

③ 연말정산

　　감면대상 근로자의 경우에 연말정산을 할 때 근로소득지급명세서상 감면세액을 반영한다.

Q 27　중소기업 취업자에 대한 소득세 감면 부적격 통지를 받은 경우 원천징수의무자가 해야 하는 조치는?

감면 부적격 통지를 받은 원천징수의무자가 알아야 할 사항

① 근로자 재직시

　　감면 부적격 통지를 받은 이후 근로소득을 지급하는 때에 당초 원천징수하였어야 할 세액에 미달하는 금액의 합계액에 100분의 105를 곱한 금액을 해당 월 원천징수세액에 더하여 징수해야 한다.

② 근로자 퇴직시

　　원천징수의무자는 원천징수 관할 세무서장에게 중소기업 취업자 소득세 감면 부적격 대상 퇴직자 명세서를 제출해야 한다.

Q 28　근무하던 중소기업에서 취업자 소득세 감면신청을 하지 않은 채 퇴사하였고, 회사는 이미 폐업하였음. 지금 감면신청하는 방법은?

회사가 폐업한 경우 주소지 관할 세무서에 감면신청 가능하다.

Q 29　전에 다니던 회사에서 중소기업 취업자 소득세 감면 대상 명세서 제출에 협조하지 않을 경우 회사를 통하지 않고 직접 경정청구를 할 수 있는지?

'19.1.1.부터 퇴직한 근로자에 한하여 근로자의 주소지 관할 세무서에 직접 감면신청이 가능하다.

Q 30　종전 근무지에서 3년간 중소기업 취업자 소득세 감면을 적용받고 이직하였는데, 감면기간이 5년으로 연장됨에 따라 재취업한 회사에서 추가 감면 적용이 가능해 진 경우 소득세 감면신청서는 어느 회사에 제출해야 하는지?

재취업한 회사에 제출하면 된다.

Q 31 2022년 6월 중소기업 A 취업 당시 33세이고 2024년 6월 중소기업 B 취업시 36세인 경우 감면신청서는 어느 회사에 제출해야 하는지?

B사 입사 기준으로는 감면요건이 충족되지 아니하나 감면신청서는 현재의 원천징수의무자인 B사에만 제출하면 된다. 이직시 연령요건은 불필요하며 A회사 취업시 연령 및 중소기업 요건을 충족하였다면 A회사 입사일을 기산일로 하여 감면기간*을 계산한다.
* 감면기간시작일 : 2022년 6월, 감면기간 : 2024년 6월 ~ 2027년 6월

Q 32 중소기업 취업자 소득세 감면 대상기간 증가(3년 → 5년)로 인해 2018년도에 추가로 감면요건이 충족된 기존 감면신청자의 경우 감면신청을 새로 해야 하는지?

법 개정 전 이미 감면신청을 한 청년도 5년으로 개정된 감면대상기간을 적용받으려면 중소기업 취업자 소득세 감면신청 절차를 새로 이행하여야 한다.

Q 33 취업 당시 중소기업 취업자 소득세 감면신청서를 기한 내에 제출하지 못한 경우, 이후에라도 감면신청이 가능한지?

중소기업 취업자 소득세 감면신청서를 신청기한까지 제출하지 아니하고 신청기한 경과 후 제출하는 경우에도 중소기업 취업자에 대한 소득세 감면을 적용받을 수 있으며, 이 경우에도 취업일부터 감면 적용을 받는다.(소급제출 가능)(원천세과-428, 2012.08.17.)

Q 34 중소기업에 취업한 외국인이 국민연금 가입 예외사유에 해당하여 국민연금에 가입하지 아니하고 국민연금을 납부하지 아니한 경우 중소기업 취업자 감면이 가능한지?

국민연금법에 따른 사회보장협정 체결에 따라 국내체류 외국인의 국민연금 납부가 면제되는 경우 「조세특례제한법」 제30조 중소기업 취업자에 대한 소득세 감면 적용이 가능하다.(기획재정부 소득세제과-663, 2019.12.12.)

Q 35 영리를 목적으로 사업을 영위하지 않아 「중소기업기본법」 제2조에 따른 중소기업에 해당하지 않는 비영리 기업은 「조세특례제한법」 제30조의 중소기업 취업자에 대한 소득세 감면 규정을 적용받을 수 있는지?

비영리기업이 「조세특례제한법 시행령」 제27조 제3항에 열거된 사업을 주된 사업(「통계법」 제22조에 따라 통계청장이 고시하는 한국표준산업분류)으로 영위하고, 「중소기업기본법 시행령」 제3조 제1항의 중소기업 요건을 충족하는 경우 「조세특례제한법」 제30조에 따른 중소기업 취업자에 대한 소득세 감면 적용이 가능하다.(기획재정부 소득세제과-663, 19.12.12.)

Q 36 2011.12.31. 이전에 중소기업에 취업한 자가 동일기업에 재취업한 경우 중소기업 취업자에 대한 소득세 감면 적용이 가능한지?

2011.12.31. 이전에 중소기업인 A사에 취업하였다가 퇴사 후 2012.1.1. 이후 A사에 재취업한 경우 해당 A사 재취업이 계약기간 연장 등(계약기간의 연장과 유사한 방식을 통해서 해당기업체에 실질적으로 계속하여 근무를 하고 있음에도 형식상 퇴사 처리 후 재취업한 경우 포함)을 통해 중소기업에 재취업한 것에 해당하지 아니하는 경우에는 「조세특례제한법」 제30조에 따른 중소기업 취업자에 대한 소득세 감면 적용이 가능하다.(사전법령해석소득 2019-62, 2019.05.10.)

※ 2013.12.31. 이전에 중소기업에 취업한 60세 이상 근로자가 2014.1.1. 이후 동일기업에 재취업한 경우에도 재취업이 계약기간 연장 등에 해당하는지 여부를 사실판단하여 감면여부 검토

Q 37 "청년"으로서 중소기업 취업자 소득세 감면을 적용받은 후에 다시 "경력단절 여성"으로서 동일한 감면을 적용받을 수 있는지?(다른 요건이 모두 충족되었음을 가정)

중소기업 취업자에 대한 소득세 감면 대상 "청년" 및 "경력단절 여성"에 모두 해당하는 경우에는, "청년"으로 해당 감면을 적용받은 기간을 제외한 나머지 기간에 대해서는 "경력단절 여성"으로서 감면을 적용받을 수 있는 것임.(사전법령해석소득 2019-62, 19.05.10.)

【외국납부세액 공제】

Q 38 해외현지법인에 파견되어 근무하는 경우로, 급여를 국내 회사로부터 지급받는 경우에도 외국납부세액 공제를 받을 수 있는지?

거주자의 국외원천소득에는 국내에서 지급받는 국외근로소득을 포함한다.(원천세과-4, 2010.01.04.)

Q 39 국내지점에서 근무하는 거주자로, 급여는 외국의 본사에서 지급받는 경우 외국납부세액 공제를 받을 수 있는지?

안된다. 외국법인의 국내지점에서 근로를 제공하고 외국본사로부터 지급받은 급여는 국외원천소득이 아니므로 외국납부세액 공제를 적용받을 수 없다.(소득 46011-2293, 1998.08.13.)

Q 40 조세조약이 체결된 국가에 납부한 세액만 외국납부세액공제가 적용되는 것인지?

아니다. 국외원천소득에 대하여 납부하였거나 납부할 외국소득세액이 있는 경우에는 조세조약 유무에 불구하고 공제 가능하다.

Q 41 국외근로소득(일반 사무직)만 있는 경우, 외국 정부에 납부한 세액 전액을 공제받는 것인지?

아니다. 우리나라 세법(국외근로소득 월 100만원 비과세 반영)에 의해 산출세액을 계산하고 그 세액에서 국외원천소득이 차지하는 비율을 한도로 하여 공제한다.
• 세액공제한도액 : 종합소득산출세액 × (국외원천소득 / 종합소득금액)
※ 거주자의 국외원천소득은 각 나라별로 세법규정이 서로 다르므로 외국세법에 따라 계산한 소득금액과 국내세법에 따라서 계산한 소득금액이 각각 다를 수 있다.(원천세과-534, 2009.06.22.)

Q 42 외국납부세액 공제를 적용받으려면 어떻게 해야 하는지? (신청방법)

연말정산 또는 종합소득세 확정신고 할 때 원천징수의무자(회사) 또는 주소지 관할 세무서장에게 '외국납부세액공제신청서'와 외국납부세액의 증빙서류를 첨부하여 제출하면 된다.

Q 43 외국납부세액의 원화환산은 어떻게 하는지?

외국납부세액의 원화환산은 납부한 때의 외국환거래법에 의한 기준환율 또는 재정환율에 의하며, 과세연도 중에 확정된 외국납부세액이 분납 또는 납기 미도래로 인하여 미납되었을 경우에는 동 미납세액에 대한 원화환산은 과세연도 종료일(12.31일) 현재의 기준환율 또는 재정환율에 의한다.

Q 44 외국의 과세연도와 우리나라의 과세연도가 다른 경우 외국납부세액공제는 어떻게 적용하는지?

외국정부의 과세연도 총소득에서 당해 과세연도 소득금액이 차지하는 비율을 곱하여 계산한다.
(서면인터넷방문상담2팀 - 366, 2004.03.04.)

> [예시] '23.7.1 ~ '24.6.30 급여 9천만원, 외국납부세액 630만원
> '23년 급여(7 ~ 12월) 3천만원, '24년 급여(1 ~ 6월) 6천만원일 때,
> '24년 귀속 외국납부세액공제액은?
> = 630만원 × 6천만원 / 9천만원 = 420만원

Q 45 외국납부세액의 공제한도 초과로 공제받지 못한 세액이 있는 경우 다음연도에 공제 가능한지?

외국납부세액공제의 공제한도초과로 공제받지 못한 세액은 당해 과세기간부터 10년 이내에 종료하는 과세기간에 이월하여 그 이월된 과세기간의 공제한도 범위 안에서 공제가 가능하다.(소득세법 제57조 제2항)

【자녀세액공제】

Q 46 자녀세액공제 대상 '자녀'의 범위가 어떻게 되는지?

자녀세액공제 대상 자녀에는 기본공제 대상자에 해당하는 자녀, 입양자, 위탁아동이 포함된다.
※ 자녀세액공제 : 8세 이상 자녀 1명 = 연 15만원, 2명 = 연 35만원, 3명 이상 = 연 35만원 + 2명을 초과하는 1명당 연 30만원을 산출세액에서 공제

Q 47 20세를 초과한 자녀에 대하여도 자녀세액공제가 가능한지?

안된다. 나이가 20세를 초과하여 기본공제대상자에 해당하지 않는 자녀에 대하여는 자녀세액공제를 적용할 수 없다.
다만, 자녀가 장애인인 경우 소득요건(연간 소득금액 100만원 이하)만 충족하면 나이에 관계 없이 자녀세액공제가 가능하다.

Q 48 기본공제대상자인 손자·손녀가 있는 경우 손자·손녀도 자녀세액공제를 받을 수 있는지?

2023년 귀속 연말정산하는 분부터 손자, 손녀도 자녀세액공제대상에 포함된다.

Q 49 자녀세액공제액은 어떻게 계산되는지?

근로소득 산출세액에서 공제하는 자녀세액공제액은 아래와 같다.

> 자녀세액공제액 = ① + ②
> ① (기본공제대상) 기본공제대상자에 해당하는 자녀 중 8세 이상인 자녀
> • 1명 : 연 15만원
> • 2명 : 연 35만원
> • 3명 이상 : 35만원 + 2명을 초과하는 1명당 30만원
> ② (출산.입양 공제대상) : 해당 과세기간에 출산.입양한 경우
> • 공제대상 자녀가 첫째인 경우 : 연 30만원

- 공제대상 자녀가 둘째인 경우 : 연 50만원
- 공제대상 자녀가 셋째 이상인 경우 : 연 70만원

Q 50 현재 3자녀(23세, 10세, 3세)가 있는 경우 자녀세액 공제액은?

자녀세액공제액 = ① + ② = 15만원이다.
① (기본공제 대상) : 기본공제가 적용되는 자녀 중 8세 이상 자녀 수가 1명이므로 15만원
② (출산·입양공제) : 0원

Q 51 현재 3자녀(23세, 10세, 3세)가 있고, 2024년에 자녀 1인을 입양(입양자녀 2세)한 경우 자녀세액공제액은?

자녀세액공제액 = ① + ② = 85만원이다.
① (기본공제 대상) : 기본공제가 적용되는 자녀 중 8세 이상 자녀 수가 1명이므로 15만원
② (출산·입양공제) : 70만원
  - 공제대상 자녀가 첫째인 경우 : 연 30만원
  - 공제대상 자녀가 둘째인 경우 : 연 50만원
  - 공제대상 자녀가 셋째 이상인 경우 : 연 70만원

Q 52 현재 1자녀(3세)가 있는 사람이 2024년에 둘째 자녀를 출산한 경우 자녀세액공제액은?

자녀세액공제액 = ① + ② = 50만원이다.
① (기본공제 대상) : 기본공제가 적용되는 자녀 중 8세 이상 자녀 수가 0명이므로 0원
② (출산·입양공제) : 50만원
  - 공제대상 자녀가 첫째인 경우 : 연 30만원
  - 공제대상 자녀가 둘째인 경우 : 연 50만원
  - 공제대상 자녀가 셋째 이상인 경우 : 연 70만원

Q 53 현재 2자녀(14세, 6세)가 있는 사람이 2024년에 쌍둥이로 셋째와 넷째를 출산했을 경우 자녀세액공제액은?

자녀세액공제액 = ① + ② = 155만원이다.
① (기본공제 대상) : 기본공제가 적용되는 자녀 중 8세 이상 자녀 수가 1명이므로 15만원
② (출산·입양공제) : 140만원
  - 공제대상 자녀가 첫째인 경우 : 연 30만원
  - 공제대상 자녀가 둘째인 경우 : 연 50만원
  - 공제대상 자녀가 셋째 이상인 경우 : 연 70만원
    ☆ 출산한 자녀가 셋째와 넷째이므로 각각 70만원씩 140만원 공제

Q 54 4세인 딸이 있는데 올해 1명 출산을 한 경우 자녀에 대해 공제를 얼마나 받을 수 있는지?

자녀가 기본공제 대상자에 해당(소득요건을 충족)하는 경우 300만원(1인당 150만원 × 2명)을 소득공제받을 수 있고, 둘째 자녀 출산에 대해 50만원을 세액공제(출산·입양 세액공제) 받을 수 있다.
※ 출산·입양자녀 세액공제 : 첫째 30만원, 둘째 50만원, 셋째 70만원 공제

Q 55 맞벌이 부부이고, 자녀의 나이가 13세, 6세, 3세(2024년 입양)일 때 2024년도 자녀세액공제액은?
　　　[사례 1] 남편이 자녀 모두를 공제받는 경우

자녀세액공제액 = ①+② = 85만원입니다.
① (기본공제 대상) : 기본공제가 적용되는 자녀 중 8세 이상 자녀 수가 1명이므로 15만원
② (출산·입양공제) : 70만원
　공제대상 자녀가 첫째인 경우 : 연 30만원
　공제대상 자녀가 둘째인 경우 : 연 50만원
　공제대상 자녀가 셋째 이상인 경우 : 연 70만원

Q 56 맞벌이 부부이고, 자녀의 나이가 13세, 6세, 3세(2024년 입양)일 때 2024년도 자녀세액공제액은?
　　　[사례 2] 남편이 첫째와 둘째를 공제받고, 부인이 입양자녀를 공제받는 경우

[남편] 자녀세액공제액 = ①+② =15만원입니다.
① (기본공제 대상) : 기본공제가 적용되는 자녀 중 8세 이상 자녀 수가 1명이므로 15만원
② (출산.입양공제) : 0원
[부인] 자녀세액공제액=①+② =70만원입니다.
① (기본공제 대상) : 기본공제가 적용되는 자녀 중 8세 이상 자녀 수가 0명이므로 0원
② (출산·입양공제) : 공제대상 자녀가 셋째이므로 70만원

Q 57 맞벌이 부부이고, 자녀의 나이가 13세, 6세, 3세(2024년 입양)일 때 2024년도 자녀세액공제액은?
　　　[사례 3] 남편이 첫째를 공제받고, 부인이 둘째와 셋째(입양자녀)를 공제받는 경우

[남편] 자녀세액공제액 = ①+② =15만원입니다.
① (기본－다자녀공제) : 기본공제가 적용되는 자녀 중 8세 이상 자녀 수가 1명이므로 15만원
② (출산.입양공제) : 0원
[부인] 자녀세액공제액 = ①+② =70만원입니다.
① (기본－다자녀공제) : 기본공제가 적용되는 자녀 중 8세 이상 자녀 수가 0명이므로 0원
② (출산.입양공제) : 공제대상 자녀가 셋째이므로 70만원

Q 58 자녀세액공제를 받은 근로자가 자녀장려금을 신청할 수 있는지?

예, 신청할 수 있다. 다만, 자녀장려금은 자녀세액공제와 중복 적용되지 않는다. 따라서 자녀장려금 지급시 자녀세액공제받은 금액만큼 차감하고 지급받게 된다.

【연금계좌 세액공제】

Q 59 연금저축 계좌 납입액에 대한 세액공제 적용 금액은?

종합소득금액(근로소득만 있는 경우 총급여액)을 기준으로 세액공제대상 연금계좌 납입액의 15% 또는 12%를 적용한 금액을 해당 과세기간의 종합소득산출세액에서 공제한다.
다만, 세액 감면액과 세액공제액의 합계액이 해당 과세기간의 종합소득산출세액을 초과하는 경우, 그 초과하는 금액을 한도로 연금계좌세액공제를 받지 않은 것으로 한다.

종합소득금액 (근로소득만 있는 경우 총급여액)	납입한도액	공제율
4천5백만원(5천5백만원) 이하	• 연금저축계좌 : 600만원	15%
4천5백만원(5천5백만원) 초과	• 연금저축계좌와 퇴직연금계좌를 합한 금액 : 900만원	12%

※ 사례별 연금계좌 세액공제 대상금액
1. 2023.1.1. 이후 세액공제 대상금액

단위 : 만원

상황	연금저축불입액 (600만원 한도)	퇴직연금불입액	공제대상금액		
			연금저축	퇴직연금	공제총액
1	0	1,000	0	900	900
2	200	500	200	500	700
3	700	300	600	300	900
4	500	500	500	500	900
5	700	0	600	0	600

2. 2020.01.01.부터 2022.12.31.까지 세액공제 대상금액
① 총급여액이 1억 2천만원 또는 종합소득금액이 1억원 이하인 사람의 경우(50세 미만)
⇒ 연금저축은 400만원 한도이고, 퇴직연금과 합한 금액 한도는 700만원임

단위 : 만원

상 황	연금저축납입액 (400만원 한도)	퇴직연금 납입액	공제금액 (700만원 한도)	공제비율	세액공제액
1	0	700	700	12%	84
2	200	500	700	12%	84
3	500	200	600	12%	72
4	700	0	400	12%	48

② 총급여액이 1억 2천만원 또는 종합소득금액이 1억원 이하인 사람의 경우(50세 이상)
⇒ 연금저축은 600만원 한도이고, 퇴직연금과 합한 금액 한도는 900만원임

단위 : 만원

상황	연금저축납입액 (600만원 한도)	퇴직연금 납입액	공제금액 (900만원 한도)	공제비율	세액공제액
1	0	900	900	12%	108
2	500	400	900	12%	108
3	700	200	800	12%	96
4	900	0	600	12%	72
5	600	300	900	12%	108

Q 60 확정기여형(DC형) 퇴직연금의 회사부담액에 대해 연금계좌 세액 공제를 받을 수 있는지?

안된다. DC형 퇴직연금의 회사부담액은 본인이 납입한 금액이 아니므로 공제대상에 해당하지 않는다.

Q 61 확정기여형 퇴직연금의 근로자 추가 납입액에 대해서는 연금계좌 세액공제를 받을 수 있는지?

DC형 퇴직연금계좌에 근로자가 추가납입한 금액은 연금계좌세액공제를 적용받을 수 있다.(서면 법규-464, 2013.04.22.)

Q 62 국민연금과 은행에 가입한 연금저축계좌에 동시에 불입하고 있음. 어떤 공제 혜택을 받을 수 있는지?

국민연금과 같은 공적연금 관련법에 따라 근로자가 납입하는 부담금(기여금)은 연금보험료 소득 공제를 받을 수 있고, 금융회사 등에 가입한 연금저축계좌에 불입한 금액은 연금계좌세액공제를 받을 수 있다.

※ (연금보험료 소득공제) 근로자가 납입한 부담금 전액 소득공제

Q 63 개인연금저축과 연금저축에 모두 불입하고 있는 경우 두가지 공제를 동시에 받을 수 있는지?

개인연금저축(2000.12.31. 이전까지만 가입)은 개인연금저축 소득공제를 적용받으며, 연금저축 (2001.1.1. 이후부터 가입)은 연금계좌 세액공제를 각각 적용받을 수 있다.

Q 64 연금계좌를 중도 해지하는 경우 해지한 연도의 납입액에 대해서는 세액공제가 가능한지?

안된다. 해지한 연도의 저축납입액은 기타소득으로 과세되지 않으며, 연말정산시 연금계좌 세액공 제를 받을 수 없다.

Q 65 연금계좌 해지시 기타소득세가 원천징수되지 않으려면 세액공제를 적용받지 않았음을 증명해야 하는 것으로 알고 있음. 금융기관에 어떤 서류를 제출하는 것인지?

「국세청 홈택스 - 민원증명 - 연금보험료 등 소득·세액공제확인서」를 발급받아 금융기관에 제 출하면 된다.

Q 66 연금저축을 중도 해지한 경우 세부담은?

연금계좌 불입시 연금계좌 세액공제를 받은 금액에 대하여 기타소득으로 16.5%(지방소득세 포 함) 원천징수하고 분리과세 한다.(종합소득세 합산과세 대상 아님)

단, 중도 해지하는 사유가 천재지변, 사망, 해외이주, 질병, 파산, 연금계좌 취급자의 영업정지에 해 당되면 수령액은 연금소득으로 보며, 연금소득 원천징수세율(5%, 4%, 3%)에 따라 원천징수한다.

【월세 세액공제】

Q 67 월세를 지출하는 모든 근로자는 월세 세액공제를 받을 수 있는지?

과세기간 종료일 현재 무주택 세대의 세대주(단독 세대주 포함, 세대주가 주택자금공제, 주택마련 저축공제를 받지 않는 경우 세대원 포함)로서 해당 과세기간의 총급여액이 8천만 원 이하인 근로 자가 국민주택규모 이하 또는 기준시가 4억원 이하의 주택(주거용 오피스텔, 고시원 포함)을 임차 하고, 임대차 계약증서의 주소지와 주민등록표 등본의 주소지가 같은 경우에 월세 세액공제☆를 받을 수 있다.

☆ 세액공제액 : 월세 지급액(연 1,000만 원 한도)×15%(총급여액 5,500만원 이하 17%)

Q68　무주택 세대의 세대원도 월세 세액공제가 가능한지?

세대주가 주택자금 관련 공제☆를 받지 않는 경우로서 해당 과세기간의 총급여액 8천만원 이하인 무주택 세대의 세대원이면 공제받을 수 있다.

☆ 주택자금관련 공제 : 주택임차차입금 원리금상환액, 장기주택저당차입금 이자상환액, 주택마련저축 소득공제, 월세 세액공제

Q69　월세 세액공제는 부양가족이 없는 무주택 단독세대주도 적용받을 수 있는지?

부양가족이 없는 단독 세대주인 경우에도 무주택인 경우 공제 가능하다.

Q70　외국인의 경우에도 월세 세액공제 가능한지?

주택자금공제인 주택임차차입금원리금상환액공제, 월세 세액공제, 장기주택저당차입금 이자상환액 공제는 다음의 요건을 갖춘 외국인도 적용받을 수 있다.

> ① 다음의 어느 하나에 해당하는 사람일 것
>   ㉮ 「출입국관리법」 제31조에 따라 등록한 외국인
>   ㉯ 「재외동포의 출입국과 법적 지위에 관한 법률」 제6조에 따라 국내거소신고를 한 외국국적동포
> ② 다음의 어느 하나에 해당하는 사람이 「소득세법」 제52조 제4항(주택임차자금 차입금 원리금상환액 공제)·제5항(장기주택저당차입금 이자상환액 공제) 및 「조세특례제한법」 제87조 제2항(주택청약종합저축 등에 대한 소득공제등)에 따른 공제를 받지 않았을 것
>   ㉮ 거주자의 배우자
>   ㉯ 거주자와 같은 주소 또는 거소에서 생계를 같이 하는 사람으로서 다음의 어느 하나에 해당하는 사람
>   ㉠ 거주자의 직계존비속(그 배우자를 포함한다) 및 형제자매
>   ㉡ 거주자의 배우자의 직계존비속(그 배우자를 포함한다) 및 형제자매

Q71　주거용 오피스텔 임차 시에도 월세 세액공제 가능한지?

주거용 오피스텔도 월세 세액공제 대상 주택의 범위에 포함되므로 다른 요건을 모두 충족한 경우 공제받을 수 있다.

Q72　고시원 임차시에도 월세 세액공제 가능한지?

2017.1.1. 이후 임차분부터 고시원도 월세 세액공제 대상에 포함되었으며, 다른 요건을 모두 충족한 경우 공제받을 수 있다.

Q73　학교 기숙사에 거주하면서 월 임대료를 내는 경우에도 월세 세액공제를 적용받을 수 있는지?

안된다. 월세 세액공제는 국민주택규모 이하 주택 또는 기준시가 4억원 이하인 주택(주거용 오피스텔, 고시원 포함)을 임차한 경우 공제대상에 해당하며,

이때, '주택'은 주택법상의 주택을 말하는 것이며, 주택법상 주택은 단독주택과 공동주택으로 구분되며 기숙사는 이에 포함되지 아니하고 준주택 범위에 포함되므로 공제대상에 해당하지 않는다.

Q 74 배우자와 세대를 분리하여 별도의 세대를 구성하고 있음. 배우자가 주택을 소유하고 있는 경우 본인은 월세 세액공제가 가능한지?

안된다. 월세 세액공제를 적용받기 위해서는 과세기간 종료일(12.31.)현재 주택을 소유하지 아니한 세대의 세대주 요건을 충족해야 하는 것이며

이때, 배우자는 주소지를 달리하여도 동일한 세대로 보기 때문에 배우자가 주택을 소유하고 있다면 공제대상에 해당하지 않는다.

Q 75 본인과 동일 세대의 세대원인 부모님이 1주택을 소유하고 있는 경우 월세 세액공제가 가능한지?

안된다. 과세기간 종료일 현재 무주택 세대인지 여부는 거주자와 그 배우자, 거주자와 동일한 주소 또는 거소에서 생계를 같이하는 직계존비속(그 배우자 포함) 및 형제자매의 주택을 모두 포함하여 판단하는 것이다.

Q 76 주민등록상 전입신고를 하지 못한 경우에도 월세 세액공제를 받을 수 있는지?

안된다. 주민등록상 전입신고를 하지 않은 월세 임차 주택에 대하여는 다른 요건을 충족한 경우라도 월세 세액공제를 적용받을 수 없다.

※ 「조특법 시행령」 §95 ② 3 (세액공제요건) : 「주택임대차보호법」 제3조의2 제2항에 따른 임대차계약증서의 주소지와 주민등록표 등본의 주소지가 같을 것

Q 77 아버지는 1주택 소유자로 지방에 거주하고 있고, 대학생 자녀가 서울에서 월세로 주택을 임차한 경우 아버지가 월세 세액공제를 받을 수 있는지?

안된다. 월세 세액공제는 무주택 세대의 세대주 또는 일정 요건의 세대원이 받을 수 있는 것으로 아버지가 주택을 소유하고 있는 경우 월세 세액공제를 받을 수 없다.

Q 78 총급여액 8천만원 이하 여부를 판단할 때는 부부의 총급여액을 합산하여 계산하는 것인지?

아니다. 월세 세액공제를 받는 근로자 본인의 총급여액만으로 판단한다.

배우자의 총급여는 관련이 없으며, 맞벌이 부부의 경우에도 부부의 급여액을 합산하여 총급여액 요건을 판단하지 않는다.

Q 79 배우자 명의로 임대차계약서를 작성한 경우에도 월세 세액공제가 가능한지?

2017년부터는 근로자의 기본공제대상자(배우자 등)가 임대차계약을 체결한 경우에도 다른 공제요건을 갖춘 경우 월세 세액공제를 적용받을 수 있다.

단, 기본공제대상자는 나이, 소득요건 모두 충족해야함

※ 월세 세액공제 요건(조특령 95 ②)

② 법 제95조의2 제1항 본문에서 "대통령령으로 정하는 월세액"이란 다음 각 호의 요건을 충족하는 주택(「주택법 시행령」 제4조 제4호에 따른 오피스텔 및 「건축법 시행령」 별표 1 제4호 거목에 따른 고시원업의 시설을 포함한다. 이하 이 조에서 같다)을 임차하기 위하여 지급하는 월세액(사글세액을 포함한다. 이하이 조에서 "월세액"이라 한다)을 말한다.

1. 「주택법」 제2조 제6호에 따른 국민주택규모의 주택이거나 기준시가 4억원 이하인 주택일 것. 이 경우

해당 주택이 다가구주택이면 가구당 전용면적을 기준으로 한다.

2. 주택에 딸린 토지가 다음 각 목의 구분에 따른 배율을 초과하지 아니할 것
   가. 「국토의 계획 및 이용에 관한 법률」 제6조 제1호에 따른 도시지역의 토지 : 5배
   나. 그 밖의 토지 : 10배
3. 「주택임대차보호법」 제3조의2 제2항에 따른 임대차계약증서의 주소지와 주민등록표 등본의 주소지가 같을 것
4. 해당 거주자 또는 해당 거주자의 「소득세법」 제50조 제1항 제2호 및 제3호에 따른 기본공제대상자가 임대차계약을 체결하였을 것

Q 80 직장동료와 동거하면서 공동명의로 주택을 월세로 계약하고 월세를 부담하고 있으나 세대주가 아닌 경우 월세 세액공제가 가능한지?

주민등록표 상 세대주의 동거인으로 기록된 경우, 그 거주자는 주민등록표 상의 세대주와 별개의 세대로 보는 것이므로 실제 월세를 부담한 사실을 입증할 경우 월세액 세액공제를 받을 수 있다. 주민등록표 상 세대주와 「소득세법」 제52조 제4항 "대통령령으로 정하는 세대"의 관계에 있지 않은 거주자가 주민등록표 상 세대주의 동거인으로 기록된 경우, 그 거주자는 「소득세법」 제52조 제4항 주택자금 공제의 적용상 주민등록표 상의 세대주와 별개의 세대로 보는 것임.(사전법령해석소득 2021-5, 2021.06.14.)

Q 81 월세 세액공제를 받기 위해서는 보증금이 있는 경우 확정일자를 받아야 공제를 적용받는 것인지?

아니다. 2014년 귀속 소득부터 확정일자를 받지 않더라도 월세 세액공제를 적용받을 수 있다.

Q 82 월세 지급액에 대해 현금영수증을 발급받고 있는 경우 신용카드 등 사용금액 소득공제와 월세 세액공제를 모두 적용받을 수 있는지?

안된다. 중복 적용되지 않으며 절세에 유리한 한가지만 선택하여 공제를 받아야 한다.

Q 83 묵시적 계약연장으로 월세를 계속 납부하고 있는 경우에도 월세 세액공제가 가능한지?

당초의 임대차 계약이 만료되고 임대차보호법상 묵시적 갱신이 되어 자동연장이 된 경우 임대차계약의 효력은 있는 것이므로 기존의 계약서와 월세 지급내역을 제출하면 월세 세액공제를 적용받을 수 있다.

Q 84 국민주택 규모를 초과한 주택을 임차한 경우에도 월세 세액공제를 받을 수 있는지?

임차한 주택이 국민주택규모를 초과하더라도 주택의 기준시가가 4억원 이하인 경우 2019.1.1. 이후 지급하는 월세분부터는 세액공제를 받을 수 있다.

Q 85 고시원의 임대차계약서에 면적이 표시되지 않았음. 홈택스에서 작성하는 소득·세액공제 신고서에 면적을 입력하지 않아도 월세 세액공제가 가능한지?

홈택스에서 월세 세액공제 입력 시 공제대상 주택을 고시원으로 선택하면 면적은 기재하지 않아도 입력이 가능하다.

Q 86 월세 세액공제를 받기 위해 회사에 제출할 서류는 무엇인지?

월세 세액공제를 받기 위해서는 아래 증명서류를 원천징수의무자에게 제출하여야 한다.

> − 주민등록표 등본
> − 임대차계약증서 사본('확정일자' 받을 요건은 2014년부터 삭제)
> − 현금영수증, 계좌이체 영수증, 무통장입금증 등 주택 임대인에게 월세액을 지급하였음을 증명할 수 있는 서류

【보험료 세액공제】

Q 87 소득이 없는 기본공제대상자가 보험계약인인 경우에도 보험료 세액공제가 가능한지?

소득이 없는 기본공제대상자가 보험계약자일지라도 근로자가 실질적으로 보험료를 부담하는 경우에는 세액공제가 가능하다.(서면1팀−65, 2006.01.18.)

Q 88 소득이 없는 대학생 자녀를 피보험자로 하는 보험인 경우 보험료 세액공제가 가능한지?

보험료 세액공제는 소득, 연령요건을 모두 충족한 기본공제대상자를 피보험자로 하는 보장성보험에 직접 납입한 경우 공제 가능하다.

따라서, 연령초과로 기본공제를 받지 못하는 자녀를 위한 보험료는 공제대상에 해당하지 않는다.

Q 89 장남이 부모님에 대해 기본공제를 받고 있는데, 차남이 부모님을 피보험자로 하는 보험에 가입한 경우 보험료 공제가 가능한지?

장남, 차남 모두 공제를 받을 수 없다.(서면1팀−1562, 2006.11.17.)
1) 장남 : 보험료를 직접 지출하지 않아 공제받지 못함.
2) 차남 : 본인의 기본공제대상자를 피보험자로 하는 보험에 해당하지 않아 공제받지 못함.

Q 90 피보험자가 태아인 보장성보험이 보험료 세액공제 대상인지?

아니다. 태아는 아직 출생 전으로 기본공제대상자에 해당하지 않으므로 보험료 세액공제 대상이 아니다.

Q 91 맞벌이 부부인 경우, 근로자인 남편이 계약자이고 피보험자가 부부공동인 경우 남편이 보험료 세액공제를 받을 수 있는지?

남편이 연말정산시 보험료 세액공제를 적용한다.(원천세과−181, 2010.03.03.)

Q 92 기본공제대상자를 피보험자로 하여 보장성 보험에 가입하였으나 주 피보험자가 아닌 종 피보험자임. 이 경우에도 보험료 세액공제를 받을 수 있는지?

피보험자에는 주피보험자 뿐 아니라 종피보험자도 포함되는 것이다. 따라서 기본공제대상자가 주피보험자나 종피보험자 중 어느 하나에 해당한다면 보험료 세액공제가 가능하다.(법인 46013−2822, 1999.07.16.)

Q 93   맞벌이 부부인 경우 본인이 계약자이고 배우자가 피보험자인 경우 보험료 세액공제는 누가 받게 되는지?

본인 및 배우자 모두 공제를 받을 수 없다.
단, 배우자가 소득요건을 충족하여 기본공제대상자에 해당한다면 배우자를 피보험자로 하는 보장성보험의 보험료는 공제 가능하다.

Q 94   맞벌이 부부의 경우 남편이 자녀를 기본공제대상자로 적용하고, 배우자인 아내가 보험계약자, 자녀가 피보험자인 보험은 보험료 세액공제를 누가 적용 받는지?

부부 모두 공제를 받을 수 없다.
1) 남　편 : 보험료를 직접 지출하지 않아 공제받지 못함.
2) 배우자 : 본인의 기본공제대상자를 피보험자로 하는 보험에 해당하지 않아 공제받지 못함.

Q 95   근로자가 부담할 보장성 보험료를 회사가 지급한 경우에도 보험료 세액공제가 가능한지?

보험료를 사용자가 대신 지급하여 주는 경우 보험료 상당액은 근로자의 급여액에 가산하고 보험료 세액공제를 적용한다.
다만, 근로소득으로 보지 않는 단체보장성보험은 급여에 포함되지 않으며 또한 보험료 세액공제대상에 해당하지 않는다.

Q 96   보험계약기간이 2024년 12월부터 2025년 11월까지인 보험을 2024년 12월 일시에 납부한 경우 보험료 세액공제는 언제 받는지?

납부일이 속하는 연도(2024년)에 전액 공제한다.

Q 97   2023년 12월분 보장성보험료를 미납하여 2024년 1월에 납부한 경우 해당 보험료를 언제 공제받는지?

실제로 납부한 연도인 2024년에 공제받는다.

Q 98   장애인 전용 보장성보험은 장애인이 가입한 보장성보험이 모두 해당하는지?

장애인이 가입한 보장성보험이라고 해서 모두 장애인전용보장성보험은 아니다. 장애인전용보장성보험은 보험·공제 계약 또는 보험료·공제료 납입영수증에 장애인전용 보험·공제로 표시된 보험·공제의 보험료·공제료를 말한다.

Q 99   연도 중에 순수보장성보험을 불입하다가 해약한 경우에도 당해연도에 불입한 보험료에 대해 보험료 세액공제가 가능한지?

연도 중에 보험을 해약한 경우에도, 해당연도에 불입한 순수 보장성 보험료에 대해 연간 100만원을 한도로 공제한다.
(비교) 연금저축은 당해연도 해지시 공제불가

Q100 20세 이하인 자녀가 2024년 3월에 취업하였는데, 자녀가 취업하기 전에 자녀를 위해 지출한 보장성 보험료는 부모가 공제가능한지?

연도 중 혼인·이혼·별거·취업 등 사유로 인하여 기본공제대상자에 해당되지 않게 된 종전의 기본공제대상자를 위해 사유가 발생한 날까지 이미 지출한 보험료·의료비·교육비는 세액공제 가능하다.(신용카드 등 사용금액은 공제대상 아님)(소득법 59의4 ⑤)

Q101 자동차를 리스하면서 리스료에 자동차 보험료를 포함하여 부담하고 있는 경우 자동차 보험료에 대해 세액공제를 받을 수 있는지?

안된다. 리스회사가 근로자와의 자동차리스계약에 따라 자동차보험료를 먼저 대납하고 분할하여 리스료와 함께 받는 동 보험료는 리스료의 일부이므로, 보험료 세액공제 적용 대상이 아니다.(서이 46013-10920, 2002.05.01.)

【의료비 세액공제】

Q102 의료비 공제 시 연령 및 소득에 제한이 없다는 뜻이 무엇인지?

연령이나 소득금액 요건을 충족하지 못하여 기본공제를 적용받지 못하더라도 생계를 같이 하는 부양가족을 위하여 지출한 의료비는 세액공제 할 수 있다는 것이다.

Q103 같이 살고 있지만 소득, 연령 요건을 충족하지 못하는 부모님을 위해 지출한 의료비는 공제가 가능한지?

동거하는 부모님의 소득금액이 100만원을 초과하거나, 60세 미만으로 부모님에 대해 기본공제를 받지 못하더라도 근로자가 부모님 의료비를 지출하였다면 의료비 공제가 가능하다.

Q104 따로 살고 계신 부모님을 위해 의료비를 지출한 경우 세액공제가 가능한지?

부모님과 주거형편상 별거하고 있지만, 실제로 생계를 같이 하는 경우에는, 나이, 소득요건을 충족하지 않아도 부모님을 위해 지출한 의료비는 공제 가능하다.
단, 부모님이 다른 사람의 기본공제대상자이면 안된다.

Q105 형제자매(처남, 처제 포함)를 위해 의료비를 지출한 경우에도 세액공제가 가능한지?

주민등록표상 주소지에 같이 거주하면서 생계를 같이 하는 형제자매의 의료비를 근로자가 지출하였다면 형제자매의 나이와 소득에 관계없이 의료비공제가 가능하다.
이때, 취학, 질병의 요양, 근무상, 사업상의 형편으로 일시적으로 형제와 별거하고 있는 경우에도 생계를 같이 하는 것으로 보아 공제가 가능하다.

Q106 장남이 인적공제를 받는 부모님의 수술비를 차남이 부담한 경우 의료비 세액공제를 받을 수 있는지?

두 사람 모두 공제받을 수 없다.
의료비 세액공제는 기본공제대상자를 위해 지출한 의료비가 공제대상에 해당하는 것으로
(1) 장남 : 의료비를 직접 지출하지 않아 공제대상 아님.
(2) 차남 : 타인(장남)의 기본공제 대상자를 위해 지출한 의료비로 공제대상 아님.

Q 107 부친의 의료비를 장남과 차남이 분담한 경우 누가 의료비 세액 공제를 받을 수 있는지?

부친에 대해 기본공제를 적용받는 자녀가 지출한 의료비만 세액공제 대상에 해당한다.

만일 장남이 부친에 대해 기본공제를 적용받는다면 장남이 부친을 위해 지출한 의료비만 장남이 공제받을 수 있으며, 차남이 지출한 의료비는 장남, 차남 모두 의료비 공제를 받을 수 없는 것이다.(서면1팀-1524, 2007.11.06.)

Q 108 맞벌이 부부인데, 남편이 배우자를 위해 의료비를 지출한 경우 누가 공제를 받을 수 있는지?

맞벌이 부부가 배우자를 위해 의료비를 지출한 경우에는, 이를 지출한 근로자 본인이 의료비 세액공제를 받을 수 있는 것이다.

진료를 받은 해당 배우자가 의료비 세액공제를 받는 것이 아니다.(서면1팀-1721, 2006.12.19.)

Q 109 맞벌이 부부가 부양하고 있는 자녀에 대한 의료비는 부부 중 누가 공제받는 것인지?

자녀에 대한 기본공제를 받는 자가 지출한 경우에만 지출한 자가 의료비 세액공제를 받을 수 있다.(재정경제부소득세제과-649, 2006.10.25.)

> * 만약, 남편이 부양자녀에 대하여 기본공제를 받고, 부인(배우자)이 부양자녀에 대한 의료비를 지출하였다면,
>   (1) 남편은 실제 의료비를 지출한 것이 아니기 때문에 공제를 받을 수 없으며,
>   (2) 부인(배우자)의 경우 다른 사람(남편)의 기본공제 대상자를 위해 지출한 의료비이기 때문에 공제를 받을 수 없는 것이다.

Q 110 상해보험 회사에서 수령한 보험금으로 지급한 의료비도 세액공제 대상이 되는지?

안된다. 의료비는 근로자가 직접 지출한 의료비가 공제대상이며, 보험회사로부터 수령한 보험금으로 지급한 의료비는 공제 대상이 아니다.(서면1팀-1334, 2005.11.03.)

Q 111 단체상해보험금을 수령하는 경우에도 의료비 세액공제가 가능한지?

안된다. 근로자가 의료비를 부담하고 사내 근로복지기금에서 근로자를 피보험자로 하여 가입한 단체상해보험의 보험금을 수령하는 경우의 의료비는 공제대상 의료비에 해당되지 않는 것이다.(서면1팀-569, 2004.04.19.)

Q 112 근로자가 사내근로복지기금법에 의한 사내근로복지기금으로부터 지급받는 의료비가 공제대상에 해당되는지?

안된다. 소득세가 비과세되는 사내복지기금으로 의료비를 부담하는 경우에는 세액공제 대상 의료비에 해당하지 않는다.(서이 46013-10442, 2002.03.11.)

Q 113 국민건강보험공단으로부터 출산 전 진료비 지원금(고운맘카드)을 지원받는 경우 의료비 세액공제를 받을 수 있는지?

안된다. 보건복지부장관의 출산장려 정책에 따라 거주자가 국민건강보험공단으로부터 「국민건강보험법」 제45조에 따른 부가급여인 "출산 전 진료비" 지원금을 지원받는 경우, 당해 지원금으로 지출하는 진료비는 당해 거주자의 세액공제 대상 의료비에 해당하지 아니하는 것이다.(원천세과

- 471, 2009. 02.12.)

Q 114 2023년에 의료비를 지출하고 2024년에 실손의료보험금을 수령한 경우 의료비 지출금액에서 차감해야 할 연도는 언제인지?

실손의료보험금 수령액은 보험금 수령의 원인이 된 해당연도 의료비에서 차감한다. 즉 수령한 연도의 의료비에서 차감할 수 없다. 2023년 지출된 의료비에 대해서 의료비 세액공제를 적용받고 2024년에 실손의료보험금을 수령하였다면 해당 보험금은 공제를 적용받은 2023년 의료비에서 차감하여 수정신고하여야 한다.
이 경우 수령한 연도의 종합소득세확정신고(2025년 5월 31일)시까지 수정신고하는 경우 가산세가 면제된다.

Q 115 의료비 세액공제 시 차감 할 실손의료보험금 자료를 연말정산 할 때 제출하여야 하는지?

20년 연말정산부터 실손의료보험금 자료는 연말정산 간소화에서 자료를 제공한다. 수령금액이 조회되지 않거나 상이한 경우 해당 보험회사를 통해 확인한 후 의료비 공제금액에서 차감하면 된다.

Q 116 실손의료보험금 수령내역을 어디에서 확인할 수 있는지?

국세청 홈택스 연말정산 간소화에서 확인 가능하다.
※ 홈택스(인증서 로그인) 〉 장려금·연말정산·전자기부금 〉 연말정산 간소화 〉 연말정산 간소화자료 – 근로자소득·세액공제자료조회 〉 의료비 〉 실손의료보험금 수령

Q 117 부양가족의 실손의료보험금 수령내역은 어떻게 확인하는지?

부양가족이 근로자에게 자료제공에 동의하는 절차를 거치면 근로자가 연말정산 간소화에서 조회할 수 있다.
※ 홈택스(인증서 로그인) 〉 장려금·연말정산·전자기부금 〉 연말정산 간소화 〉 연말정산 간소화자료
  – 미성년자 자녀의 자료는 자녀가 별도로 자료 제공에 동의하는 절차 없이, 근로자 본인이 미성년자녀 자료 조회 신청을 하여 조회할 수 있다.
※ 홈택스(인증서 로그인) 〉 장려금·연말정산·전자기부금 〉 연말정산 간소화 〉 부양가족 자료제공 동의 /조회 〉 연말정산 부양가족 자료제공 동의 신청

Q 118 인증서가 없는 시골에 계신 부모님의 실손의료보험금 수령 내역을 어떻게 확인하는지?

대리인이 자료제공자인 부모님을 대신하여 정보제공동의를 신청하는 방법은 근로자가 ① 직접 로그인하여 온라인으로 신청하는 방법과 ② 팩스 신청, ③ 세무서 방문 신청의 방법이 있다.

Q 119 보험회사에서 연말정산 기간 내에 국세청에 실손의료보험금 지급 자료를 제출하지 못하거나 제출한 후 금액이 수정되는 경우 공제 배제 금액을 어떻게 확인할 수 있는지?

연말정산 간소화 서비스 확정자료 제공기간인 1월 20일이 지난 후에는 홈택스를 통해 자료가 추가로 제공되지 않으므로, 해당 보험회사에 문의하여 수령금액을 확인하여야 한다.

Q 120 취업 전(퇴직 후) 지출한 의료비도 공제가능한지?

안된다. 의료비는 근로제공 기간 동안 지출한 비용에 대해서만 공제받을 수 있다. 따라서 취업 전,

퇴직 후에 지출한 의료비는 공제받을 수 없다.

Q121 휴직기간에 지출한 의료비는 세액공제 대상인지?

근로제공 기간에는 휴직기간도 포함되므로 휴직기간에 지출한 의료비도 세액공제 대상이다.

Q122 아버지가 연도 중에 사망한 경우 치료 및 장례와 관련하여 병원에 지급한 비용에 대해 의료비 세액공제를 받을 수 있는지?

거주자의 부양가족이 과세기간 종료일 전에 사망한 경우, 사망일 전일의 상황에 의하여 공제여부를 판정하는 것이므로 사망일 전일 현재 기본공제대상자(연령 및 소득금액 제한 없음)를 위하여 지출한 의료비에 대하여는 의료비 세액공제를 받을 수 있다.
단, 장례비로 지출한 금액은 의료비 세액공제 대상이 아니다.

Q123 올해 5월에 결혼한 여성이고, 결혼 전에 소득이 없을 경우 결혼 전에 본인이 지출한 의료비는 남편이 공제받을 수 있는지?

안된다. 의료비 세액공제는 기본공제대상자를 위해 근로자가 지출한 의료비가 공제대상에 해당하는 것이므로, 남편의 기본공제대상자가 되기 전 아내가 지출한 의료비에 대해 결혼 후 남편이 공제를 받을 수는 없는 것이다.(서이 46013-10373, 2003.02.24.)

Q124 자녀가 2024년 3월에 취업하였음. 자녀가 취업하기 전에 자녀를 위해 지출한 의료비는 부모가 공제받을 수 있는지?

연도 중 혼인·이혼·별거·취업 등 사유로 인하여 기본공제대상자에 해당되지 않게 된 종전의 기본공제대상자를 위해 사유가 발생한 날까지 이미 지출한 보험료·의료비·교육비는 세액공제 가능하다.(신용카드 등 사용금액은 공제대상 아님)(소득법 59의4 ⑤)

Q125 의료비 세액공제는 의료비를 지출한 연도에 받는 것인지?

의료비 세액공제는 지출한 연도에 공제받을 수 있다.
* 23.12월에 진료를 받고 24.1월 의료비를 지출한 경우 ⇒ '24년에 의료비 세액공제

Q126 본인, 과세기간 개시일 현재 6세이하인 자, 장애인, 과세기간 종료일 현재 65세 이상인 자의 의료비, 난임시술비, 건강보험산정특례자(중증질환, 희귀난치성질환, 결핵으로 건강보험산정특례대상자로 등록된 자)는 전액 세액공제를 받을 수 있는지?

무조건 전액 세액 공제되는 것은 아니다. 의료비가 총급여액의 3%에 못 미치는 경우 그 차액을 뺀 후의 금액을 공제받게 된다.
즉 한도 금액 없이 공제할 수는 있으나 총급여액의 3%를 차감하는 계산구조로 인해 전액 공제되지 않는 경우도 있을 수 있다.

Q127 난임부부가 임신을 위해 지출한 시술비는 얼마까지 공제받을 수 있는지?

의료비 중 난임시술비 지출 금액은 한도 없이 지출액의 30%를 산출세액에서 공제한다. 다만, 의료비 중 남임시술비 외의 의료비가 총급여액의 3%에 미달하는 경우 그 미달하는 금액은 난임시술비에서 차감한 후 금액을 기준으로 세액공제한다.

Q128 건강보험 산정특례자가 연도 중에 지출한 의료비 중 건강보험 산정특례를 적용받는 기간에 지출한 의료비만 전액 공제 하는지?

건강보험 산정 특례 대상자로 등록되거나 재등록된 사실이 있다면, 해당 과세기간의 의료비는 전액 공제 대상이다.(2023년도에 등록(재등록) 되어 2024년도에 산정특례 적용기간이 종료되는 경우도 포함)

Q129 건강보험 산정특례자가 연도 중에 지출한 의료비 중 건강보험 산정특례 대상 질환에 대한 의료비만 전액 세액공제 대상인지?

건강보험 산정 특례 대상자로 등록되거나 재등록된 사실이 있다면, 해당 과세기간의 의료비는 전액 공제 대상이다.

Q130 건강보험 산정 특례 대상자 증명서류를 매년 제출하여야 하는지?

건강보험 산정 특례 적용기간이 끝나는 과세연도까지는 다시 제출하지 않아도 되나, 재등록으로 대상 기간이 연장되는 경우에는 다시 제출하여야 한다.

Q131 안경구입비용에 대한 의료비 세액공제 여부 및 공제한도는?

1인당 50만원 한도 내에서 공제 대상 의료비에 해당한다.

Q132 질병을 원인으로 유방을 절제한 후 이를 재건하기 위해 의료기관에 지급한 비용은 의료비 세액공제 대상인지?

미용·성형 목적이 아닌 질병을 원인으로 한 유방재건비용은 의료비 세액공제대상에 해당한다.

Q133 건강진단비용을 의료비 세액공제받을 수 있는지?

의료비 세액공제 대상은 진찰, 치료, 질병의 예방을 위해 의료기관에 지급한 비용이며, 건강진단비용도 이에 해당한다.

Q134 시력이 좋지 않아 어머니가 의안을 구입하였는데, 의료비 세액공제 대상인지?

의안(義眼)은 「의료기기법」 제2조에 따른 의료기기에 해당하므로, 의사의 처방에 따라 구입한 경우 세액공제를 받을 수 있다.(원천세과-507, 2010.06.24.)

Q135 안경, 콘텍트 렌즈 구입비용이 의료비 세액공제 대상인지?

시력보정용 안정, 콘텍트 렌즈 구입을 위해 지출한 비용으로 1인당 50만원 한도 내의 금액이 공제 대상에 해당한다.

Q136 보철, 틀니, 스케일링, 치열교정비가 의료비 세액공제 대상인지?

의료기관에 지출한 보철, 틀니 및 스케일링 비용은 의료비 공제가 가능하나, 치열교정비는 의사의 "저작기능장애" 진단서가 첨부된 경우에 한해서만 의료비 세액공제 가능하다.(법인 46013-787, 1998.03.30.)

Q 137 라식(레이저 각막 절제술) 수술비용은 의료비 세액공제 대상인지?

라식수술비, 질병예방을 위한 근시 교정시술비는 의료비 세액공제 대상이다.(재소득 46073－203, 2000.12.28.)

Q 138 어머니가 요양원에 입원하여 지출한 요양비용은 의료비 공제를 받을 수 있는지?

「노인장기요양보험법」 제40조 제1항 및 같은 조 제2항 제3호에 따른 장기요양급여에 대한 비용으로서 실제 지출한 본인부담금은 의료비 세액공제를 받을 수 있다.

Q 139 약국에서 구입하는 의약품은 전부 의료비 세액공제를 받을 수 있는지?

아니다. 치료·요양을 위해 「약사법」 제2조의 규정에 의한 의약품(한약 포함)을 구입하고 지급하는 비용이 공제대상이며, 의약품이 아닌 건강기능식품 등의 구입비용은 공제대상에서 제외된다.

Q 140 환자 식대는 의료비 세액공제 대상인지?

의료비에 포함하여 청구된 환자의 식대가 의료기관에 납부된 경우에는 의료비 세액공제를 받을 수 있다.

Q 141 의료기기 구입 및 임차비용도 의료비 세액공제 대상인지?

의사 등의 처방에 따라 의료기기를 직접구입 또는 임차하기 위해 지출한 비용은 공제대상 의료비에 포함된다.

의료비 세액공제 대상 의료기기는 「의료기기법」 제2조 제1항에 규정한 의료기기로 사람 또는 동물에게 단독 또는 조합하여 사용되는 기구·기계·장치·재료 또는 이와 유사한 제품으로 다음 중 하나에 해당하는 제품을 말한다.

다만, 약사법에 의한 의약품과 의약외품 및 「장애인복지법」 제65조에 따른 장애인보조기구 중 의지(義肢)·보조기(補助器)를 제외한다.

- 질병의 진단·치료·경감·처치 또는 예방의 목적으로 사용되는 제품
- 상해 또는 장애의 진단·치료·경감 또는 보정의 목적으로 사용되는 제품
- 구조 또는 기능의 검사·대체 또는 변형의 목적으로 사용되는 제품
- 임신조절의 목적으로 사용되는 제품

Q 142 응급환자이송업체 소속 구급차 이용 비용은 의료비 공제 대상인지?

의료기관이 아닌 사설 응급환자 이송업체에 지급한 구급차 이용 비용은 공제대상에 해당하지 않는다.

Q 143 지방자치단체가 지정한 발달재활서비스 제공기관에 지출한 장애인 자녀의 언어치료비용은 의료비 세액공제 대상인지?

아니다. 의료비가 아닌 교육비 세액공제 대상인지 여부를 확인하기 바란다.

18세 미만인 기본공제대상자를 위해 「장애아동복지지원법」 제21조 제3항에 따라 지방자치단체가 지정한 발달재활서비스제공기관에 지급하는 비용은 교육비 세액공제를 적용 받을 수 있다.

Q 144 건강기능식품도 의료비 세액공제를 적용받을 수 있는지?

안된다. 「건강기능식품에 관한 법률」에 의한 건강기능식품을 구입하고 지급하는 비용은 의약품 구입비용이 아니므로, 공제대상 의료비에 포함되지 않는다

Q 145 간병비가 의료비 세액공제 대상인지?

간병비는 의료비 세액공제 적용대상이 아니다.

Q 146 외국에 있는 병원에서 치료를 받았는데 의료비 세액공제를 받을 수 있는지?

안된다. 의료비 세액공제는 「의료법」 제3조에 따른 의료기관에 지출한 의료비가 공제대상이며, 외국에 소재한 병원은 의료법에 따른 의료기관이 아니기 때문에 공제대상에 해당하지 않는다.

Q 147 진단서 발급비용도 의료비 세액공제가 되는지?

의료기관의 진단서 발급비용은 의료비 세액공제 대상에 해당하지 않는다.

Q 148 성형수술이나 미용을 위한 피부과 시술비도 의료비 공제대상인지?

미용·성형수술을 위한 비용 및 건강증진을 위한 의약품 구입비용은 의료비 세액공제 대상에 포함하지 않는다.(소득세법 시행령 제118조의5 제2항)

Q 149 산후조리원 비용이 의료비 세액공제 대상인지?

2024년도부터 총급여액과 상관없이 근로자가 산후조리 및 요양의 대가로 지급하는 비용으로서, 출산 1회당 200만원 이내의 금액이 의료비 세액공제 대상 의료비에 포함된다.

Q 150 올해 배우자의 출산으로 인해 산후조리원 비용이 발생한 경우 해당 지출액에 대해 연말정산 할 때 공제가 가능한지?

2024년부터 총급여액과 상관없이 근로자가 산후조리원에 지출한 비용☆은 출산 1회당 200만원을 한도로 공제대상 의료비에 포함된다.
☆ 「모자보건법」 제2조 제10호에 따른 산후조리원에 산후조리 및 요양의 대가로 지급하는 비용

Q 151 쌍둥이를 출산한 경우 공제대상 의료비에 포함되는 산후조리원 비용의 한도는 얼마인지?

쌍둥이를 출산한 경우에도 출산 1회로 보아 200만원을 한도로 한다.

Q 152 유산의 경우에도 산후조리원 비용을 공제받을 수 있는지?

「소득세법」 제59조의4 제2항 및 같은 법 시행령 제118조의5 제1항에서 근로자가 지출한 산후조리원 비용의 의료비 세액공제 한도를 출산 1회당 200만원으로 규정하고 있으므로, 유산의 경우 지출한 산후조리원 비용은 공제대상 의료비에 포함되지 않는다.

Q 153 산후조리원에 지출한 금액을 공제받으려면 어떤 서류를 제출해야 하는지?

산후조리원 비용에 대해 의료비 세액공제를 받기 위해서는 의료비 지급명세서에 산후조리원이 발

행한 소득공제 증명서류(영수증)를 첨부하여 원천징수의무자에게 제출하여야 한다.

산후조리원 증명서류는 연말정산 간소화에서 조회 가능하며, 조회되지 않는 경우 해당 산후조리원으로부터 직접 영수증을 발급받아 제출하여야 한다.

Q154 자폐증 치료를 위해 언어치료 특수교육원에 지출한 비용은 의료비 세액공제 대상인지?

언어치료 자격증 소지자 등이 운영하는 특수교육원에 지출한 비용은 의료법에 의한 의료기관에 해당하지 않으므로 의료비 세액공제 대상이 아니다.

다만, 18세 미만인 기본공제대상자를 위한 「장애아동복지지원법」 제21조 제3항에 따라 지방자치단체가 지정한 발달재활서비스제공기관에 지급하는 비용은 교육비 세액공제를 적용 받을 수 있다.

Q155 올해 미숙아·선천성이상아에게 의료비를 지출하는 경우 해당 의료비에 대해 연말정산 할 때 공제가 가능한지?

2022.1.1. 이후 미숙아·선천성이상아☆에 대한 의료비를 지출하는 경우 해당 비용은 연 700만원 공제한도가 적용되지 아니하며 지출한 금액의 20%가 세액공제 가능합니다.

☆ 「모자보건법」에 따른 미숙아·선천성 이상아

Q156 의료비를 신용카드 등(현금영수증, 직불카드 등 포함)으로 계산하는 경우 의료비 세액공제와 신용카드 등 소득공제를 모두 적용받는지?

의료비 세액공제와 신용카드 등 사용금액에 대한 소득공제를 모두 적용받을 수 있다.

Q157 의료비 현금영수증은 수진자와 납부자 중 누구에게 발행하는지?

수진자에게 발행하는 것이다.(서면3팀 – 1746, 2005.10.11.)

【교육비 세액공제】

Q158 어린이집 입소료, 현장학습비는 교육비 세액공제를 받을 수 있는지?

안된다. 어린이집에 지출한 교육비 중 「영유아보육법」 제38조에서 정하고 있는 보육료와 특별활동비(도서구입비 포함, 재료비 제외)가 공제대상에 해당한다.

따라서, 실비 성격의 기타 필요경비인 입소료, 현장학습비, 차량운행비는 교육비공제 대상이 아니다.

Q159 유치원의 종일반 운영비는 교육비 세액공제 대상인지?

유치원 종일반 운영비는 「유아교육법」에서 규정하는 1일 8시간 이상의 교육과정으로 「소득세법」 제59조의4에서 규정하는 교육비에 해당되어 교육비 세액공제를 받을 수 있다.

Q160 유치원생의 영어 학원비는 교육비 세액공제 대상인지?

초등학교 취학전 아동이 「학원의 설립·운영 및 과외교습에 관한 법률」에 따른 학원에서 월 단위로 실시하는 교육과정(주1회 이상 실시하는 과정만 해당)의 교습을 받고 지출한 수강료는 교육비 세액공제 대상에 해당한다.

Q 161 취학 전인 자녀가 백화점 문화센터나 사회복지관에서 주1회 이상 월단위로 교습을 받은 경우 교육비 세액공제 대상인지?

안된다. 백화점문화센터나 사회복지관은 「유아교육법」에 의한 유치원, 「영유아보육법」에 따른 보육시설, 「학원의 설립·운영 및 과외교습에 관한 법률」에 따른 학원 또는 일정한 체육시설 등 공제대상 교육기관에 해당되지 않아 교육비 세액공제를 받을 수 없다.

Q 162 당해연도에 입학한 자녀의 입학 전(1~2월)에 지출한 학원비도 교육비 세액공제의 대상인지?

초등학교 취학 이후 지출한 학원비는 공제받을 수 없으나, 취학 전에 지출한 학원비는 공제대상에 해당한다. (서면1팀-156, 2006.02.06.)

Q 163 취학 전 자녀를 위해 국외에서 지출한 학원비 등을 교육비로 공제받을 수 있는지?

안된다. 국외소재 학원 등은 「학원의 설립·운영 및 과외교습에 관한 법률」에 따른 학원 또는 일정한 체육시설 등 공제 대상 교육기관에 해당되지 않아 교육비 세액공제를 받을 수 없다.

Q 164 취학 전 아동의 태권도장 교습비가 교육비 세액공제 대상인지?

취학 전 아동이 주 1회 이상 월 단위 교습을 받고 아래에 해당하는 체육시설에 지출한 비용인 경우에는 교육비 공제를 받을 수 있다.

> • 「체육시설의 설치·이용에 관한 법률」에 따른 체육시설업자가 운영하는 체육시설과 이와 유사한 체육시설 (합기도장·국선도장·공수도장 및 단학장 등 유사체육시설로서 사업자등록증 또는 고유번호를 교부받은 자가 운영하는 체육시설에 한함)
> • 국가·지방자치단체 또는 「청소년활동진흥법」에 따른 청소년 수련시설로 허가·등록된 시설을 운영하는 자가 운영(위탁운영을 포함한다)하는 체육시설

Q 165 취학 전인 자녀가 주 1회 이상 방문하는 학습지 교육을 받고 있는데 교육비 세액공제를 받을 수 있는지?

안된다. 취학 전 아동을 위하여 「영유아보육법」에 따른 보육시설, 「학원의 설립·운영 및 과외교습에 관한 법률」에 따른 학원 또는 일정한 체육시설에 지급한 교육비(주1회 이상 실시하는 월 단위로 교습을 받는 경우)는 공제 대상에 해당하나, 학습지 교육비는 이에 해당하지 아니하여 교육비 공제대상이 아니다.

Q 166 방과 후 과정의 일환으로 실시하는 '초등돌봄교실'에 지급하는 수강료는 교육비 세액공제 대상인지?

초·중등교육법에 따른 학교에서 실시하는 돌봄교실 수강료도 공제대상에 해당한다. (서면법규-933, 2013.08.29.)

Q 167 초·중·고등학생의 방과 후 학교 수업료 납부 시 교육비 세액공제가 가능한지?

「초·중등교육법」에 따른 학교에서 실시하는 방과 후 학교 수업료도 교육비 공제대상에 해당한다.

Q168 초등학생이 「고등교육법」 제2조에 따른 교육대학 부설 영재교육원에서 운영하는 영재교육 수업을 받고 지출하는 수업료에 대해 교육비 세액공제가 가능한지?

「고등교육법」 제2조에 의한 학교에 설치·운영되는 영재교육원에 수업료를 지급한 경우 교육비 세액공제 대상에 해당한다.

Q169 학교에 납부하는 체험학습비(수학여행비)가 교육비 공제 대상인지?

2017.02.03. 소득세법 시행령의 개정으로 2017.01.01. 이후 지출하는 초·중·고교생의 체험학습비(학생 1인당 연 30만원 한도)는 공제대상 교육비의 범위에 포함된다.

Q170 중학교에 재학 중인 자녀의 수학여행비를 교육비 공제받고 싶은데 학교에서 교육비 납입증명서를 받아서 회사에 제출하여야 하는지?

초·중·고등학생의 현장체험 학습비☆(학생 1명당 30만원 한도)는 교육비 공제대상이며, 국세청에서 자료를 수집하여 간소화 시스템을 통해 제공한다.

☆ 학교에서 실시하는 수련활동, 수학여행 등 현장체험학습의 지출액

Q171 초·중·고등학생의 학교운영지원비(육성회비)도 교육비 세액공제대상인지?

공제대상 교육기관에 납부한 학교운영지원비(육성회비), 기성회비, 입학금 등도 교육비 세액공제 대상에 해당한다.

Q172 초·중·고등학생의 학원비, 예능학교의 정규 교과과정에 해당하는 실기교육을 위한 실기지도비는 교육비 공제대상인지?

아니다. 초·중·고등학교 재학생 자녀의 학원비등은 공제대상에 해당하지 않는다.

Q173 중·고등학생의 교복 구입비도 교육비 세액공제 대상인지?

중·고등학생의 교복 구입비용은(학생 1인당 연 50만원 한도) 교육비 세액공제 대상 교육비의 범위에 포함된다.

Q174 중·고등학생의 교복 구입비에 대해 교육비 세액공제를 적용받기 위해서는 어떤 서류를 제출하는지?

해당 교복 구매처에서 "교육비 납입증명서"를 발급받아 제출한다.

※ 연말정산 간소화 자료
① 학교에서 공동 구매한 경우 해당 학교에서 교육비 자료로 일괄 제출된 경우에는 연말정산 간소화 자료에서 조회가 된다.
② 교복매장 직접 구매하고 신용카드 결제 또는 현금영수증을 교부받은 경우 해당 교복매장에서 간소화 자료를 제출한 경우
☞ 홈택스 ⇨ 장려금·연말정산·전자기부금 ⇨ 연말정산 간소화 ⇨ 연말정산 간소화 자료−근로소득자 소득·세액공제 자료조회 ⇨ 교육비 ⇨ 교복구입비 ⇨ 교복구매정보 ⇨ '학생명' 선택하고 등록하기
③ 연말정산 간소화 자료에서 교복구입 내역이 조회되지 않는 경우에는 해당 교복구매처에서 '교육비납입증명서'를 발급받아 제출하여야 한다.

Q175 지방자치단체로부터 지원받은 교복구입비, 체험학습비 등도 교육비 세액공제를 받을 수 있는지?

근로자가 본인과 기본공제대상자를 위하여 해당 과세기간에 지급한 교육비는 「소득세법」 제59조의4 제3항에 따라 교육비 세액공제를 받을 수 있는 것이나, 근로자 본인이 부담하지 않고 지방자치단체 등 각종 단체에서 받은 장학금 등은 교육비 세액공제 대상이 아니다.

Q176 국가 등으로부터 인가받지 않은 외국인학교 및 대안학교에 지급하는 교육비는 세액공제를 적용받을 수 있는지?

안된다. 「초・중등교육법」 제13조에 따른 초등학교 취학의무가 있는 자녀가 비인가 대안학교에 입학한 경우 동 자녀를 위하여 지출하는 학원비는 공제대상 교육비에 해당하지 않는다.(서면법규 -291, 2013.03.15.)

Q177 국제학교에 지급한 교육비도 세액공제가 가능한지?

특별법에 따른 학교에 지급한 교육비도 공제대상에 해당하는 것으로 해당 국제학교가 특별법에 따른 학교에 해당한다면 교육비 공제대상에 해당한다.

참고로, 제주특별자치도 설치 및 국제자유도시 조성을 위한 특별법에 따라 설립된 국제학교(KIS 제주) 및 노스런던컬리지에잇스쿨(NLCS JEJU)는 공제대상 국제학교에 해당한다.(원천세과 - 62, 2012.02.08.)

Q178 근로자 본인을 위해 지출한 대학의 시간제 과정이나 사이버 대학의 수업료가 교육비 세액공제 대상인지?

대학의 시간제과정에 대한 수업료가 근로자 본인을 위하여 지출된 경우에는 교육비 세액공제 대상에 해당한다.

다만, 근로자 본인이 아닌 기본공제대상자를 위하여 지출한 경우에는 세액공제 대상이 아니다.

※ 대학원, 직업능력개발훈련시설, 대학(전공대학, 원격대학 및 학위취득과정 포함) 및 대학원의 1학기 이상에 상당하는 교육과정과 「고등교육법」 제36조에 따른 시간제과정에 등록하여 지급하는 교육비는 근로자 본인을 위하여 지출한 경우에 한하여 교육비 공제를 받을 수 있다.

Q179 어린이집, 유치원, 학교에 납부하는 금액 중 교육비 세액공제 대상이 아닌 것에는 어떤 것이 있는지?

교육비 세액공제 대상이 아닌 대표 항목은 다음과 같다.

구 분	공제제외 대상 항목
어린이집	입소료, 현장학습비, 차량운행비, 앨범비, 특별활동비 중 재료비
유치원	현장학습비, 차량운행비, 앨범비, 방과후 과정 중 재료비
초등학교	차량운행비, 앨범비, 방과후 학교의 재료비
중・고교	차량운행비, 앨범비, 실기실습비, 방과후 학교의 재료비
대학교 대학원	기숙사비, 대학원의 논문심사료, 국외대학교의 예비교육과정・어학연수비용 등
	부양가족의 대학원관련 모든 비용

Q180 중학생 자녀를 국외유학 보내는 경우 자녀 교육비는 공제 가능한지?

공제 가능하다.(요건 충족시)

이때, 근로자는 과세기간 종료일 현재 대한민국 국적 보유자라야 하고, 자녀가 유학하는 국외의 교육기관이 우리나라의 유아교육법에 따른 유치원, 초·중등교육법 및 고등교육법에 따른 학교에 해당하는 것이어야 하며, 자녀가 취학 전 아동, 초등학생, 중학생인 경우 아래 요건을 충족한 경우에 한하여 공제받을 수 있다.

① 국외유학에 관한 규정 제5조에 따른 자비유학자격이 있는 자

② 국외유학에 관한 규정 제15조에 따라 유학을 하는 자로서 부양의무자와 국외에서 동거한 기간이 1년 이상인 자

Q181 고등학생 자녀를 국외유학 보내는 경우 자녀 교육비는 공제 가능한지?

공제 가능하다.(요건 충족시)

이때, 근로자는 과세기간 종료일 현재 대한민국 국적 보유자라야 하고, 자녀가 유학하는 국외의 교육기관이 우리나라의 유아교육법에 따른 유치원, 초·중등교육법 및 고등교육법에 따른 학교에 해당하는 것이어야 한다.

Q182 대학원생인 자녀를 국외로 유학 보내는 경우 자녀 교육비는 공제 가능한지?

안된다. 자녀의 대학원 학비는 국내·외를 불문하고 교육비 공제대상이 아니다.

Q183 국외에서 근무하는 근로자가 자녀를 위해 지출한 국외 교육비는 공제가 가능한지?

자녀가 교육을 받고 있는 외국의 해당 교육기관이 우리나라의 유아교육법에 따른 유치원, 초·중등교육법 및 고등교육법에 따른 학교에 해당하면 교육비 공제 대상에 해당한다.

Q184 외국 대학부설 어학연수 과정도 교육비 공제 대상인지?

아니다. 공제대상 국외 교육기관에 해당되지 아니하는 외국의 대학 부설 어학연수과정 또는 해당 대학의 편, 입학을 위해 설치된 예비 교육과정에 대한 수업료는 교육비 세액공제 대상이 아니다. (원천세과-155, 2012.03.26.)

Q185 국외 소재 대학에 재학 중인 학생이 국내 대학의 계절 학기를 수강하기 위해 지불한 수업료는 교육비 공제대상인지?

학점 인정되는 과정인 경우 공제받을 수 있다.

우리나라의 「고등교육법」에 따른 학교에 해당하는 외국의 대학에 재학 중인 학생이 국내 대학의 계절학기과정을 수강하고 취득한 학점이 해당 대학에서 학점으로 인정되는 경우 해당 교육과정을 수강하기 위한 교육비는 세액공제 대상이다.(원천세과-79, 2010.01.26.)

Q186 교육비 세액공제가 되는 학자금 대출은 어떤 것이 있는지?

아래의 학자금 대출금 중 등록금에 대한 대출을 말한다.

1. 「한국장학재단 설립 등에 관한 법률」 제2조 제2호에 따른 취업 후 상환 학자금대출 및 같은 조 제3호에 따른 일반 상환 학자금대출
2. 「농어업인 삶의 질 향상 및 농어촌지역 개발촉진에 관한 특별법 시행령」 제17조 제1항 제4호에 따른 학자금 융자지원 사업을 통한 학자금대출
3. 「한국주택금융공사법」에 따라 한국주택금융공사가 금융기관으로부터 양수한 학자금 대출
4. 제1호부터 제3호까지의 규정에 따른 학자금 대출과 유사한 학자금 대출로서 기획재정부령(소득칙 61의 6)으로 정하는 대출

※ 학자금 대출을 받을 때 '생활비 대출'이 포함된 경우 생활비 대출 상환액은 세액공제 대상에서 제외된다.

Q 187 국외 교육비의 원화 환산방법은?

국외교육비를 국내에서 송금하는 경우는 해외 송금일의 대고객 외국환매도율을 적용하고, 국외에서 직접 납부하는 경우 납부일의 외국환거래법에 의한 기준환율 또는 재정환율을 적용한다.

Q 188 대학생(대학원생)인 근로자가 학자금 대출을 받아 교육비를 납입한 경우 교육비 공제는 언제 받을 수 있는지?

근로자인 대학생 본인은 학자금 대출로 교육비를 납부할 때 또는 상환할 때를 선택하여 교육비 세액공제가 가능하다.

※ 연말정산 간소화에서는 공제대상 교육비 금액에서 학자금 대출을 차감한 금액만 조회가 되기 때문에 납입연도에 공제받으려면 대학으로부터 교육비 납입증명서를 직접 발급받아 제출하여야 한다.

Q 189 학자금 대출을 받은 후 상환하는 때에 상환금 전액을 공제받는지?

2017.1.1. 이후에 대출받은 금액은 상환하는 시점에 전액 공제를 받는다. 다만 대출금의 상환 연체로 인하여 추가로 지급하는 금액, 감면받거나 면제 받은 금액, 지방자치단체 또는 공공기관 등으로부터 지원받은 금액은 공제대상이 아니다.

※ 2016.12.31. 이전에 학자금 대출을 받았고, 본인을 기본공제대상자로 둔 직계존속(부모님)이나 배우자 등이 교육비 공제를 받은 금액이 있는 경우에는 이미 공제받은 교육비에 상당하는 금액은 대출금을 상환하더라도 본인이 교육비 공제를 받은 수 없다.

Q 190 자녀가 학자금 대출을 받아 교육비를 납입한 경우 아버지가 공제받을 수 있는지?

안된다. 자녀가 취업하여 본인의 학자금을 상환할 때 공제받을 수 있다.

Q 191 자녀가 학자금 대출을 받은 후 부모가 학자금 대출금을 상환하는 경우 부모가 교육비 공제를 받을 수 있는지?

안된다. 학자금 대출금을 부모가 대신 상환하더라도 부모가 공제받을 수 없다. 자녀가 취업하여 본인이 학자금을 상환할 때 공제받을 수 있다.

Q 192 근로자인 대학생이 학자금 대출을 받아 대학교 교육비를 납부하고, 장학금을 지급 받아 학자금 대출금을 상환하였다면 상환한 금액에 대하여 대학생 본인이 공제를 받을 수 있는지?

장학금으로 학자금 대출금을 상환하였다면, 근로자가 상환액을 실제 부담하지 않았으므로 교육비 공제를 받을 수 없다.

Q193 부모가 대출을 받아 자녀의 대학교 교육비를 납부한 경우에도 상환할 때 공제를 받는지?

부모가 직접 대출을 받아 자녀의 대학교 교육비를 납부하는 경우에는 부모가 교육비를 실제 부담한 것이기 때문에 납입하는 때에 부모가 교육비 세액공제를 받을 수 있다.(학생 1명당 900만원 한도)

※ 교육비 납입증명서와 간소화자료 제공 사례

ex) 2월 교육비 300만원을 부모가 대출받은 300만원으로 납부

교육비 납입 증명서				
⑪ 납부연월	⑭ 총교육비(A)	⑮ 장학금 등		⑯ 공제대상 교육비부담액 (C=A−B)
		학비감면 등	직접지급액	
24.2	3,000,000			3,000,000
계	3,000,000			3,000,000

간소화 자료	
납부연월	공제대상 교육비부담액
24.2	3,000,000
계	3,000,000

Q194 학자금 대출로 교육비 이외에 학생회비 등 기타경비를 납부한 경우에도 학자금 대출 원리금을 상환할 때 교육비 세액공제가 가능한지?

학생회비 등의 기타경비는 교육비 공제 대상에 해당하지 않으므로 교육비를 납부한 학자금 대출의 상환액만 교육비 세액공제 대상에 해당한다.

Q195 대학생 자녀를 둔 근로자가 자녀 명의로 학자금 대출을 받아 대학 교육비를 납부하였는데 연말정산 간소화 자료에는 교육비 공제 대상 금액이 0원인 이유가 무엇인지?

대학생 명의의 학자금 대출금으로 교육비를 납부하는 경우 교육비를 납부한 때가 아닌 상환할 때 교육비 공제가 가능하기 때문에 학자금 대출금으로 납부한 교육비는 간소화자료에서 제공하지 않는다.

다만, 교육비를 납부한 학자금 대출금은 대학생 본인이 대출금을 상환하는 연도에 원금과 이자상환액에 대하여 교육비 세액공제를 받을 수 있다.

※ 교육비 납입증명서와 간소화자료 제공 사례

EX) 2월 대학교 교육비 300만원을 학자금 대출금액 300만원으로 납부

I. 교육비 부담 명세				
⑪ 납부연월	⑭ 총교육비(A)	⑮ 장학금 등		⑯ 공제대상 교육비부담액 (C=A−B)
		학비감면 등	직접지급액	
24.2	3,000,000	3,000,000		0
계	3,000,000	3,000,000		0

간소화 자료	
납부연월	공제대상 교육비부담액
24.2	0
계	0

Q196 연말정산 간소화에서 조회되는 취업 후 학자금 상환금액이 회사에서 원천공제한 금액보다 작은데 어떻게 해야 하는지?

회사에서 상환액을 원천공제하였으나 ① 세무서에 상환금명세서를 신고하지 않았거나 ② 상환금 액을 과소신고한 경우에는 간소화서비스에 조회되는 금액이 실제 공제금액보다 적을 수 있다. 회사에 상환내역을 문의하여 수정신고하여 줄 것을 요청해야 한다. 회사가 기한 내에 수정신고를 하면 2025년 2월부터 한국장학재단에서 개별 증빙서류를 발급받아 공제받을 수 있다.(간소화서비 스에서 조회되는 금액은 변경되지 않는다.)

Q197 고등학생인 자녀가 연도 중에 대학생이 된 경우 교육비 세액공제한도는 어떻게 적용하는지?

해당 과세기간에 고등학생에서 대학생이 된 경우 지출한 교육비 중 해당 과세기간 중에 지출한 교육비를 소득공제 대상으로 하되, 고등학생과 대학생 중 공제 한도액이 많은 대학생(900만원)을 기준으로 공제한도액을 계산한다.

※ 교육비 공제대상 금액 한도 적용 사례

(단위 : 만원)

	실제지출액			학교별 한도액 적용 후 금액(1)			최종학교 한도(900) 적용(2)
	고교	대학	합계①	고교한도 (3백)	대학한도 (9백)	합계②	
사례1	400	400	800	300	400	700	700
사례2	400	700	1,100	300	700	1,000	900
사례3	200	1,000	1,200	200	900	1,100	900

* (1) 고교생일때와 대학생일 때 지출한 금액에 대해 각각 고교 한도 3백만원, 대학 한도 9백만까지만 인정한 금액을 합계(②)한 후
  (2) 고등학생과 대학생 중 공제 한도액이 많은 대학생의 한도 900만원의 범위내에서 전체 공제금액 을 계산하는 것임

Q198 2024년 9월에 대학 수시모집에 합격하여 미리 납부한 대학 입학금은 2024년 연말정산시 교육비 세액공제가 가능한지?

안된다. 대학에 수시모집으로 합격하였다고 하여도 입학식까지는 대학생이 아니다. 따라서 올해 (2024년)에 납부된 금액은 대학생이 된 연도인 내년(2025년)에 교육비로 세액공제받을 수 있다. (서이 46013 – 10624, 2001.11.28.)

Q199 대학 휴학 중 타 대학에 합격하여 납입한 교육비도 공제 가능한지?

기본공제대상자인 대학생을 위하여 지급한 교육비는 교육비를 지급한 연도에 공제하는 것이며, 이때 대학 휴학 중 타 대학에 합격하여 납입한 교육비도 납입한 연도에 교육비 세액공제를 받을

수 있다.(원천세과-75, 2010.01.26.)

Q 200 자녀 취업 전에 자녀를 위해 지출한 대학교 등록금은 공제받을 수 있는지?

연도 중 혼인·이혼·별거·취업 등의 사유로 인하여 기본공제 대상자에 해당되지 않더라도 종전의 기본공제대상자를 위해 해당 사유가 발생된 날까지 이미 지출한 보험료, 의료비, 교육비는 세액공제 가능하다.

Q 201 맞벌이 부부인 경우 남편이 자녀에 대한 기본공제를 받고, 아내가 자녀에 대한 교육비 세액공제를 받을 수 있는지?

안된다. 자녀에 대해 기본공제를 받는 근로자(남편)가 교육비 공제도 받을 수 있다.

Q 202 맞벌이 부부가 배우자를 위해 지출한 교육비도 세액공제가 가능한지?

교육비 세액공제의 경우, 근로자가 기본공제 대상자가 아닌 배우자를 위해 지출한 교육비는 세액공제를 받을 수 없다.

Q 203 학생인 남편의 교육비를 친정 부모님이 납부하고 계신데, 친정 아버지의 연말정산시 교육비 공제를 받을 수 있는지?

안된다. 직계비속의 배우자(사위, 며느리)는 기본공제 대상자가 아니며, 기본공제대상자가 아닌 사람을 위해 지출한 교육비는 공제 대상이 아니다.

다만, 기본공제대상자인 직계비속과 그 배우자가 모두 장애인인 경우에는 그 배우자도 기본공제 대상이 될 수 있다. 즉, 딸과 사위 모두 장애인이고, 친정아버지와 동거하면서 생계를 같이 하고 있는 경우, 친정아버지가 연간 소득금액이 100만원 이하인 사위의 교육비를 지출하였다면 세액공제 가능하다.

Q 204 배우자의 대학원 등록금도 교육비 세액공제가 가능한지?

안된다. 대학원 교육비는 본인에 한하여 공제가 가능하다.

Q 205 부모님의 노인대학 수업료가 교육비 세액공제 대상인지?

아니다. 직계존속의 교육비는 공제대상이 아니다.

단, 부모님이 장애인인 경우 아래의 교육시설에 지급하는, 장애인의 재활교육을 위하여 지급하는 특수교육비는 교육비 공제대상이다.

① 사회복지법에 따른 사회복지시설
② 민법에 따라 설립된 비영리법인으로서 보건복지부장관이 장애인 재활교육을 실시하는 기관으로 인정한 법인

Q 206 동거하고 있는 동생의 대학 등록금을 지급한 경우 교육비 공제를 받을 수 있는지?

동생과 동일한 주소에 거주하고 있고 동생이 소득요건을 충족하면 20세를 초과하여 기본공제를 적용받지 못하더라도 교육비 세액공제가 가능하다.

Q 207 주민등록상 동거하고 있지 않은 형제자매에 대한 교육비도 세액공제를 받을 수 있는지?

형제자매는 생계를 같이하는 주민등록표상 동거 가족인 경우에 한하여 교육비 세액공제가 가능하다. 다만, 주민등록상 같이 거주하다가 취학, 질병의 요양, 근무상 또는 사업상의 형편으로 본래의 주소 또는 거소에서 일시 퇴거한 경우에도 생계를 같이 하는 자로 보는 것이며, 이런 경우 동생이 소득요건 충족하는 경우라면 동생에 대한 교육비 지출액에 대해 세액 공제를 적용 받을 수 있다.
이때는 일시퇴거자 동거가족상황표 및 재학증명서 등 사유 입증서류, 본래의 주소지 및 일시퇴거지의 주민등록표 등본과 사업자등록증 사본(사업상 형편으로 일시퇴거한 경우에 한함)을 원천징수의무자에게 제출하여야 한다.

Q 208 동거 하다가 대학에 입학하면서 퇴거한 동생의 대학 등록금을 납부한 경우 교육비 세액공제를 받을 수 있는지?

주민등록상 동거하다 취학으로 인해 일시 퇴거한 경우 생계를 같이 하는 것으로 보는 것이며, 동생이 소득요건을 충족하는 경우 동생에 대한 교육비 지출액에 대해 공제받을 수 있다.
이때는 일시퇴거자 동거가족 상황표 및 재학증명서 등 사유 입증서류, 본래의 주소지 및 일시퇴거지의 주민등록표 등본을 원천징수의무자에게 제출하여야 한다.

Q 209 동생과 같이 살다가 결혼 후 분가하였는데 퇴거한 동생의 대학 등록금을 납부한 경우 교육비 공제를 받을 수 있는지?

안된다. 결혼 전에 동일 주소에서 동거하는 동생을 위해 지출한 교육비는 공제대상에 해당하나, 결혼으로 분가하여 동일 주소지에 거주하지 않으면, 분가한 이후 동생에 대한 교육비를 부담하여도 공제대상에 해당하지 않는다.
주민등록상 같이 거주하다가 취학, 질병의 요양, 근무상, 사업상의 형편으로 본래의 주소 또는 거소에서 일시 퇴거한 경우에는 생계를 같이 하는 자로 보는 것이나 결혼은 이러한 일시적 퇴거 사유에 해당하지 않으므로 공제대상에 해당하지 않기 때문이다.

Q 210 형제자매의 국외 교육비도 공제대상인지?

형제자매가 주민등록표상의 동거가족으로 생계를 같이하면 공제된다. 또한, 취학의 목적으로 주소에서 일시 퇴거한 경우에도 생계를 같이하는 것으로 보기 때문에 유학한 형제자매가 국외로 유학을 가기 전에 동거하였음을 확인할 수 있는 주민등록등(초)본과 교육비 납입영수증을 제출하면 세액공제를 적용받을 수 있다.

Q 211 처남의 대학 등록금을 근로자 본인이 부담한 경우 교육비공제를 받을 수 있는지?

연간 소득금액 합계액이 100만원 이하이거나(근로소득만 있는 자는 총급여 500만원 이하) 주민등록표의 동거가족으로서 근로자의 주소 또는 거소에서 생계를 같이 하는 처남의 교육비를 근로자 본인의 근로소득에서 지급한 경우에는 교육비공제를 받을 수 있다.

※ 취학, 질병의 요양, 근무상 또는 사업상의 형편으로 본래의 주소 또는 거소를 일시 퇴거한 경우에도 생계를 같이하는 것으로 봄

Q 212 주민등록상 동거하고 있지 않은 처남(처제, 시누이, 시동생)에 대한 교육비도 세액공제를 받을 수 있는지?

안된다. 배우자의 형제자매의 경우에도, 생계를 같이하는 주민등록표상 동거가족인 경우에 한하여 교육비 세액공제가 가능하다.

다만, 주민등록상 같이 거주하다가 취학, 질병의 요양, 근무상 또는 사업상의 형편으로 본래의 주소 또는 거소에서 일시 퇴거한 경우에도 생계를 같이 하는 자로 보는 것이며 처남이 소득요건 충족하는 경우라면 처남에 대한 교육비 지출액에 대해서 교육비 공제를 적용 받을 수 있다.

이 경우 일시퇴거자 동거가족 상황표 및 재학증명서 등 사유 입증서류, 본래의 주소지 및 일시퇴거지의 주민등록표 등본을 원천징수의무자에게 제출하여야 한다.

Q 213 처남이 같이 살다가 결혼하여 분가하였는데, 처남이 결혼한 이후 대학 등록금을 부담하여 준 경우 교육비 공제가 가능한지?

안된다. 결혼 전에 동일 주소에서 같이 거주하는 처남을 위해 지출한 교육비는 공제대상에 해당하나 결혼으로 분가한 이후에는 처남에 대한 교육비를 부담하여도 공제대상에 해당하지 않는다.

(이유) 주민등록상 같이 거주하다가 취학, 질병의 요양, 근무상, 사업상의 형편으로 본래의 주소 또는 거소에서 일시 퇴거한 경우에도 생계를 같이 하는 자로 보는 것이나, 결혼은 일시적 퇴거 사유에 해당하지 않기 때문이다.

Q 214 같이 살다가 대학에 입학하면서 퇴거한 처남의 대학 등록금을 납부한 경우 교육비 공제를 받을 수 있는지?

처남과 주민등록상 같이 거주하다가 취학, 질병의 요양, 근무상 또는 사업상의 형편으로 본래의 주소 또는 거소에서 일시 퇴거한 경우에도 생계를 같이 하는 자로 보는 것이며 처남이 소득요건을 충족하는 경우라면 처남에 대한 교육비 지출액에 대해 세액공제받을 수 있다.

Q 215 장애인 자녀를 위해 지방자치단체가 지정한 발달재활서비스 제공기관에 지출한 언어치료비용이 교육비 공제 대상인지?

과세기간 종료일 현재 18세 미만의 기본공제대상자인 장애인의 기능향상과 행동발달을 위한 발달재활서비스를 제공하는, 「장애아동복지지원법」 제21조 제3항에 따라 지방자치단체가 지정한 발달재활서비스 제공기관에 지급하는 비용은 교육비 공제 대상에 해당한다.

Q 216 근로자인 본인이 회사에서 자녀 학자금을 지원받아 고등학생인 자녀의 수업료를 납부한 경우 교육비 세액공제가 되는지?

자녀 학자금은 과세대상 근로소득에 포함되며, 동 학자금으로 납부한 자녀의 수업료는 교육비 세액공제 대상이다.

Q 217 연말정산 이후 사내근로복지기금으로부터 수령한 장학금은 교육비 공제대상인지?

아니다. 사내복지기금으로부터 수령한 장학금은 비과세 대상에 해당하며, 비과세되는 학자금으로 지급한 교육비는 세액공제 대상에 해당하지 않는다.

따라서, 당초 연말정산시 공제받은 교육비 중 동 장학금을 차감하여 근로소득세를 재정산해야 한다.

Q 218 6세 이하 자녀의 교육비를 실비로 지원하는 금액 중 비과세 부분(월 10만원)에 대해서는 세액공제가 가능한지?

사용자가 근로자의 6세 이하 자녀의 교육비를 실비로 지원하는 금액 중 「소득세법」 제12조 제3호 머목에 따라 비과세하는 월 10만원 이내의 금액은 같은 법 제52조 제3항의 교육비 세액공제를 적용 받을 수 있다.(원천세과-451, 2010.06.01.)

Q 219 등록금의 일부를 장학금으로 받았는데, 등록금 전액을 세액공제받을 수 있는지?

안된다. 교육비 세액공제를 적용함에 있어서 장학금 등 등록금 감면액이 있는 경우, 그 감면액을 제외한 실제 납부 금액만 교육비 세액 공제를 적용받을 수 있다.

Q 220 장학금으로 대학교 교육비를 납부한 경우 교육비 세액공제를 받을 수 있는지?

장학금으로 대학교 교육비를 납부하였다면, 교육비를 실제 부담한 것이 아니므로 교육비 세액공제를 받을 수 없다.

※ 교육비 납입증명서와 간소화자료 제공 사례
EX) 2월 교육비 300만원, 2월 장학금 500만원 발생(학생에게 지급)

⑪ 납부연월	⑭ 총교육비(A)	⑮ 장학금 등		⑯ 공제대상 교육비부담액 (C=A-B)
		학비감면 등	직접지급액	
24.2	3,000,000		5,000,000	-2,000,000
계	3,000,000		5,000,000	0

간소화 자료	
납부연월	공제대상 교육비부담액
24.2	-2,000,000
계	0

EX) 2월 교육비 500만원을 장학금 300만원을 포함하여 납부

⑪ 납부연월	⑭ 총교육비(A)	⑮ 장학금 등		⑯ 공제대상 교육비부담액 (C=A-B)
		학비감면 등	직접지급액	
24.2	5,000,000		3,000,000	2,000,000
계	5,000,000		3,000,000	2,000,000

간소화 자료	
납부연월	공제대상 교육비부담액
24.2	2,000,000
계	2,000,000

Q 221 교육비 공제 대상에서 제외되는 장학금에는 어떤 것이 있는지?

장학금의 명칭에 불구하고 소득세 또는 증여세가 비과세되는 아래의 장학금은 교육비 공제 대상

에서 제외된다.

> 1. 「근로복지기본법」에 따른 사내근로복지기금으로부터 받은 장학금 등
> 2. 재학 중인 학교로부터 받은 장학금 등
> 3. 근로자인 학생이 직장으로부터 받은 장학금 등
> 4. 그 밖에 각종 단체로부터 받은 장학금 등

Q 222 비과세 학자금을 지원받아 납부한 등록금은 교육비 세액공제가 가능한지?

비과세되는 학자금에 대해서는 교육비 공제를 적용받을 수 없다.(법인 46013-2380, 1999.06.24.)

> ※ 비과세 학자금(소득세법 제12조 제3호 아목)
> 초·중등교육법 및 고등교육법에 따른 학교(외국에 있는 이와 유사한 교육기관 포함) 및 국민 평생 직업능력 개발법에 따른 직업능력개발훈련시설의 입학금·수업료·수강료 그 밖의 공납금 중 다음의 각 요건을 갖춘 학자금에 대해서는 해당 과세기간에 납입할 금액을 한도로 비과세한다.
> ① 당해 근로자가 종사하는 사업체의 업무와 관련 있는 교육·훈련을 위하여 받는 것일 것
> ② 당해 근로자가 종사하는 사업체의 규칙 등에 의하여 정하여진 지급기준에 따라 받는 것일 것
> ③ 교육·훈련기간이 6월 이상인 경우 교육·훈련 후 당해 교육기간을 초과하여 근무하지 아니하는 때에는 지급받은 금액을 반납할 것을 조건으로 하여 받는 것일 것

Q 223 비과세 학자금을 지원받았으나, 의무불이행으로 회사 규정에 따라 반납한 경우 해당 교육비를 세액공제받을 수 있는지?

안된다. 「소득세법」 제12조에 따른 요건을 충족한 비과세 학자금을 근무 회사로부터 지원받아 교육비 소득공제를 적용하지 아니한 거주자가 의무복무 기간 불이행으로 회사의 규정에 따라 이를 반납한 경우에도 해당 학교에 지급한 교육비는 연말정산시 교육비 세액공제를 적용할 수 없다.(원천세과-21, 2010.03.11.)

Q 224 근로자 본인이 휴직기간 중에 교육비를 지출한 경우 교육비 세액공제 대상에 포함되는지?

교육비 공제는 근로소득자가 근로 기간에 지출한 교육비에 한하여 공제 가능한 것이며, 휴직기간은 근로기간에 포함되므로 해당 기간에 납부한 교육비도 공제 가능하다.(서이 46013-10091, 2002.01.17.)

Q 225 2024년 3월에 회사에 입사했는데 2024년 2월에 납부한 교육비(대학등록금)은 교육비 세액공제를 받을 수 있는지?

안된다. 교육비는 근로기간 중 지출한 금액에 대해서만 공제가 가능하므로 입사 전 또는 퇴사 후 지출한 교육비는 공제대상에 해당하지 않는다.

Q 226 전년도에 납부한 대학등록금을 올해 연말정산 시 공제받을 수 있는지?

안된다. 전년도 연말정산시 교육비 세액공제에서 누락된 금액을 금년도 연말정산시 공제받을 수는 없고, 전년도 연말정산 신고 내용에 대해 경정청구할 수 있다.

【기부금 세액공제】

Q 227 고향사랑기부금을 공제받으려면 어떻게 하면 되나요?

근로자가 「고향사랑 기부금에 관한 법률」에 따라 고향사랑 기부금을 지방자치단체에 기부한 경우 공제받을 수 있으며, 지방자치단체장의 명의로 영수증을 발급받아야 한다.

Q 228 고향사랑기부금의 공제대상 한도와 공제율은 어떻게 되나요?

개인별 기부금의 연간 상한액은 500만원이며, 10만원 이하의 금액은 100분의 100을 공제하며, 10만원 초과 500만원 이하의 금액에 대해서는 100분의 15를 산출세액에서 공제한다.

Q 229 고향사랑기부금도 이월공제가 되나요?

안된다. 고향사랑기부금은 이월공제가 적용되지 않는다.

※ 이월공제가 적용되지 않는 기부금 : 정치자금기부금, 고향사랑기부금, 우리사주조합기부금

Q 230 소득이 없는 배우자나 부모님이 지급한 기부금도 세액공제 대상인지?

기부금 세액공제 대상에는 기본공제를 적용받는 부양가족의 기부금을 포함한다. 이 때 부양가족은 나이 제한을 받지 않는다.

Q 231 근로자가 부양하고 있는 20세 이상의 형제자매가 기부금 단체에 기부한 기부금도 근로자의 세액공제 대상인지?

기부금 세액공제 대상에는 기본공제를 적용받는 부양가족의 기부금을 포함한다. 이 때 부양가족은 나이 제한을 받지 않는다.

※ 2017.01.01. 이후 연말정산하거나 종합소득세 신고분부터 나이요건 폐지

Q 232 49재 등을 위해 지출한 금액은 기부금 세액공제 대상인지?

49재를 위하여 종교의 보급 또는 그 밖의 교화를 목적으로 문체부장관 또는 지방자치단체장의 허가를 받아 설립한 비영리법인에게 지출하고 해당 비영리법인이 고유목적사업비로 지출하는 금액은 일반기부금에 해당한다.(기획재정부 소득세제과-71, 2014.02.03.)

Q 233 종교법인 설립 허가 전에 거주자로부터 고유목적사업비로 기부(출연)를 받았을 경우 기부금 영수증을 발급할 수 있는지?

허가를 받기 전에 설립중인 교회 등에 지급한 일반기부금은 허가를 받은 연도의 기부금영수증 발급대상에 해당한다.(원천세과-20, 2010.03.05.)

Q 234 종교단체 일반기부금에 대해 세액공제를 받기 위해 기부금 영수증 외 필요한 서류는 무엇인지?

종단 산하 종교단체는 소속증명서, 개별종교단체는 소속한 교파의 총회 또는 중앙회 등이 주무관청에 등록되어 있음을 증명하는 서류를 회사에 제출한다.(고유번호증은 적격기부금 단체 판단기준 아님)

※ 종교단체 문체부 또는 지자체 허가여부 확인방법
문화체육관광홈페이지(www.mcst.go.kr) > 자료공간 > 비영리법인 현황 > 문화체육관광부 허가법인
또는 지방자치단체 허가법인에서 검색한다.

Q 235 해외 종교단체에 지출한 기부금도 세액공제 대상인지?

일반기부금 공제대상 종교단체는 종교의 보급, 그 밖에 교화를 목적으로 「민법」 제32조에 따라 문화체육관광부장관 또는 지방자치단체장의 허가를 받아 설립한 비영리법인(그 소속단체를 포함)에 한하므로 해외에 소재하는 종교단체가 위의 허가받은 종교단체의 소속단체에 해당하는 경우라야 할 것이며, 증빙서류로 소속증명서(또는 총회, 중앙회 등이 주무관청에 등록되어 있음을 증명하는 서류)와 기부금영수증을 제출하여야 한다.

Q 236 노사협의회에 납부한 회비가 기부금 세액공제 대상인지?

아니다. 「근로자 참여 및 협력증진에 관한 법률」 제4조에 따라 설치하는 노사협의회에 납부하는 회비는 기부금 세액공제 대상에 해당하지 않는다.(원천세과 - 322, 2009.04.09.)

Q 237 노동조합원이 아닌 자가 노동조합에 납부한 금액도 기부금 세액공제가 가능한지?

안된다. 일반기부금에 해당하는 노동조합비는 조합원 자격이 있는 근로자가 당해 노동조합의 규약에서 정한 조합비를 노동조합에 납부하는 금액을 말한다.
따라서 조합원이 아닌 근로자가 노동조합에 납부한 금액은 기부금 세액공제 대상이 아니다.(원천세과 - 175, 2011.03.28.)

Q 238 총연합단체에서 회계를 공시하지 않는 경우 해당 총연합단체에 가맹한 조합원 수 1,000인 미만 노동조합도 조합비 세액공제 혜택을 부여받을 수 없는지?

맞다. '22.12.31. 기준 조합원 수 1,000인 미만 노동조합의 경우 스스로는 공시하지 않아도 되지만, 해당 노동조합이 가맹한 총연합단체가 공시하지 않으면 해당 노동조합에 납부한 조합비에 대해 세액공제 혜택을 받을 수 없다.

Q 239 연도 중에 해산된 경우에도 회계를 공시해야 조합비 세액공제 혜택이 부여되는지?

2023년의 경우 공시등록기간('23.10.1~11.30)의 말일인 '23.11.30 이전('23.11.30 포함)에 해산하는 경우에는 해당 노동조합 또는 산하조직은 공시하지 않아도 된다.
'23.12.1 이후('23.12.1. 포함)에 해산하는 경우에는 공시하여야 조합비 세액공제 혜택이 부여된다.

Q 240 연도 중에 연합단체에서 탈퇴한 경우에도 해당 연합단체의 공시 여부에 따라 조합비 세액공제 혜택에 영향을 받는지?

2023년의 경우, 공시등록기간('23.10.1~11.30)이 시작하기 전인 '23.9.30 이전('23.9.30 포함)에 연합단체에서 탈퇴한 경우에는 해당 연합단체의 공시 여부에 따라 조합비 세액공제 혜택에 영향을 받지 않는다.
예를 들어, 甲 연합단체에 가맹한 A 노동조합이 6.30에 甲 연합단체에서 탈퇴한 경우 A 노동조합은 스스로만 공시하면 조합비 세액공제 혜택을 받을 수 있다.

Q 241 산별 노동조합 甲 내에 조직된 서울지부에 속하는 A기업 지회 조합원이 조합비 세액공제 혜택을 받으려면 어떤 노동조합(산하조직)이 공시해야 조합비 세액공제 혜택이 부여되는지?

원칙적으로 甲, 서울지부, A가 모두 공시하여야 하나, '23.12.31. 기준 조합원 수 1,000인 미만인 노동조합(산하조직)은 공시하지 않아도 된다.

Q 242 산별 노동조합 甲 내에 조직된 A 기업 지부의 조합원이 조합비를 甲에게 납부하고 있는데, 甲 외에 A 기업 지부도 공시해야 조합비 세액공제 혜택이 부여되는지?

맞다.

Q 243 사업장에 복수 노조가 있는 경우에 각각 공시하여야 세액공제 혜택이 부여되는지?

맞다. 예를 들어, 사업장에 총연합단체 甲에 가맹한 노동조합 A와 총연합단체 乙에 가맹한 노동조합 B가 있는 경우, A에 가입한 조합원의 조합비가 세액공제 혜택 대상이 되려면 甲과 A가 공시하여야 합니다. B에 가입한 조합원의 조합비가 세액공제 혜택 대상이 되려면 乙과 B가 공시하여야 한다. 조합원 수의 판단 또한 A와 B를 구분하여 합니다. A의 조합원 수가 '23.12.31 기준 500명이고, B의 조합원 수가 1,200명이 경우, A는 공시하지 않고 甲만 공시하면 A에 가입한 조합원의 조합비가 세액공제 혜택 대상이 됩니다. B에 가입한 조합원의 경우, B와 乙이 모두 공시하여야 조합비 세액공제를 받을 수 있다.

Q 244 노동조합의 특별조합비 또는 투쟁기금 납부금이 세액공제 대상인 기부금에 해당하는지?

조합원 자격이 있는 근로자가 당해 노동조합이 규약 또는 총회 결의 등을 통해 정한 조합비를 노동조합에 납부하는 금액은 세액공제 대상인 기부금에 해당한다.
해당 특별조합비 또는 투쟁기금 납부금이 위에 해당하는지 사안별로 구체적으로 검토하여야 세액공제 대상인지 판단할 수 있다.

Q 245 노사협의회에 납부한 회비가 세액공제 대상인 기부금에 해당하는지?

아니다.
근로자 참여 및 협력증진에 관한 법률 제4조에 따라 설치하는 노사협의회에 납부하는 회비는 기부금 세액공제 대상에 해당되지 않는다.

Q 246 국제기구에 지출한 기부금은 세액공제가 가능한지?

아래의 요건을 모두 갖춘 국제기구로서 기획재정부장관이 지정하여 고시하는 국제기구에 지출한 기부금은 세액공제가 가능하다.

> ① 사회복지, 문화, 예술, 교육, 종교, 자선, 학술 등 공익을 위한 사업을 수행할 것.
> ② 우리나라가 회원국으로 가입하였을 것
> ※ 2019년 3분기 현재 국제기구의 범위
> 1. 유엔난민기구(UNHCR), 2. 세계식량계획(WFP), 3. 국제이주기구(IOM), 4. 글로벌녹색성장연구소(GGGI), 5. 녹색기후기금(GCF)

Q 247 근로자가 정당에 4천만원을 기부한 경우, 정치자금 기부금 세액공제액은?

기부금세액공제 = ① + ② + ③ = 7,075,909원

① 100,000 × 100/110 = 90,909원 ② (3천만원 − 100,000) × 15% = 4,485,000원 ③ (4천만원 − 3천만원) × 25% = 2,500,000원	[정치자금 기부금 세액공제액 계산방법] 10만원 이하 : 100/110 10만원초과 : 15%(3천만원초과분 25%)

Q 248 기본공제대상자가 지출한 정치자금 기부금도 공제받을 수 있는지?

안된다. 정치자금기부금과 우리사주조합기부금은 본인이 지출한 기부금에 한해서만 공제된다.

Q 249 개인이 사회복지시설에 자문용역을 제공한 경우 기부금 세액공제를 받을 수 있는지?

안된다. 소득세법상 용역 기부 시 기부금으로 인정되는 경우는 특별재난지역 자원봉사 용역(특례기부금)에 한하므로, 그 외의 인적용역(재능기부 등)으로 기부한 경우 공제대상이 아니다.(소득세과−306, 2012.04.09.)

Q 250 특별재난구역에서 자원봉사를 한 경우 기부금액은 어떻게 계산하는지?

특별재난구역 복구를 위하여 자원봉사한 경우 그 용역의 가액은 특례기부금에 해당한다.

> ※ 자원봉사용역의 가액 = ① + ②
> ① 봉사일수 × 5만원
>   * 봉사일수 = 총 봉사시간 ÷ 8, 소수점 이하는 1일로 계산
> ② 자원봉사용역에 부수되어 발생한 유류비, 재료비 등
>   * 제공할 당시의 시가 또는 장부가액에 의함

Q 251 물품 등으로 기부할 경우 기부금의 가액은 어떻게 계산하는지?

기부 당시의 시가로 한다.

Q 252 당해연도에 지출한 기부금의 공제순서는?

당해년도에 지출한 기부금은 다음 순서에 따라 공제한다.
① 정치자금기부금, ② 고향사랑기부금, ③ 특례기부금, ④ 우리사주조합기부금, ⑤ 종교단체 외 일반기부금, ⑥ 종교단체 일반기부금

Q 253 같은 종류의 기부금 중 이월된 기부금과 당해연도 기부금이 있는 경우 적용순서는?

같은 유형의 기부금 중 이월된 분과 당해연도분이 동시에 있는 경우 ① 이월된 기부금을 우선 공제하고 ② 당해연도 기부금 한도 미달액이 발생하는 경우 당해연도 기부금 순으로 공제한다.
* 이월된 기부금에 대해서는 기부연도가 빠른 기부금부터 공제

Q 254 각종 세액공제액이 산출세액을 초과하여 공제받지 못한 법정 또는 일반기부금은 이월하여 세액공제를 받을 수 있는지?

공제받지 못한 특례기부금과 일반기부금은 해당 과세기간의 다음 과세기간의 개시일부터 10년 (2013.01.01. 이후 기부 분부터 적용) 이내에 끝나는 각 과세기간에 이월하여 공제한다.

Q 255 2013년 1월 1일 이후 지출한 기부금부터 이월공제 기간이 5년에서 10년으로 확대 되었는데, 2013년에 지출하여 소득공제받지 못한 특례기부금 이월 잔액은 어떤 방법으로 공제를 받아야 하는지?

2013년 지출한 특례기부금 중 공제받지 못한 기부금은 10년 동안 이월하여 소득공제를 받을 수 있다. 해당 기부금을 2014년 이후 지출한 특례기부금과 함께 공제받는 경우 2013년 이월 기부금을 우선하여 공제하고, 그 이후 연도의 이월 기부금 중 기부연도가 빠른 기부금을 공제하고 마지막으로 당해연도의 기부금을 공제하시면 된다.

※ 2020년 세법 개정으로 2013년 이월 기부금은 소득공제하고, 남은 기부금(2014년 이후)은 공제한도 내에서 오래된 연도에 지출한 기부금부터 순차적으로 세액공제함.

Q 256 각종 세액공제액이 산출세액을 초과하여 공제받지 못한 정치자금기부금과 우리사주조합기부금은 이월하여 공제받을 수 있는지?

안된다. 조세특례제한법에 따른 정치자금기부금과 우리사주조합기부금은 이월공제가 허용되지 않는다.

Q 257 취업 전에 지출한 기부금도 연말정산시 세액공제받을 수 있는지?

기부금 세액공제는 근로를 제공한 기간 관계없이 해당연도에 지출한 금액에 대하여 공제한다.

【표준세액공제】

Q 258 근로소득자는 어떤 경우에 표준세액공제를 적용받는지?

근로소득이 있는 거주자로서 특별소득공제, 특별세액공제, 월세 세액공제를 신청하지 않은 사람에게 연 13만원을 산출세액에서 공제한다.
* 특별소득공제 : 건강보험료, 고용보험료, 주택임차차입금, 장기주택저당차입금, 이월기부금
* 특별세액공제 : 보험료, 의료비, 교육비, 기부금

Q 259 건강보험료 등의 특별소득공제, 특별세액공제와 표준세액공제를 중복 적용할 수 있는지?

안된다. 특별소득공제와 특별세액공제, 월세 세액공제를 적용받은 경우가 표준세액공제를 적용받을 경우보다 유리한 경우라면 해당 공제를 적용받고, 그 반대인 경우라면 표준세액공제 13만원을 적용 받으시면 된다.

Q 260 연말정산 모의 계산시 보험료, 의료비 공제항목에 기입하였으나 해당 항목에 공제액이 표시되지 않고 표준세액공제 13만원이 자동 적용되어 세액이 계산되는 이유는?

건강보험료 등 특별소득공제와 특별세액공제, 월세 세액공제를 적용하여 계산한 경우보다 표준세액공제 13만원을 적용하는 것이 더 유리한 경우 자동으로 표준세액공제를 적용하고 해당 항목(건강보험료 등)의 공제액은 "0"으로 표시된다.

Q 261 비거주자도 표준세액공제가 가능한지?

안된다. 비거주자는 인적공제 중 본인 외의 자에 대한 공제와 특별소득공제 및 특별세액공제를
적용하지 아니한다.

따라서, 특별세액공제 항목인 표준세액공제도 적용 받을 수 없다.

제 5 장

사업소득 및 종교인 소득 연말정산

01절 사업소득 연말정산

02절 종교인소득

01절

사업소득 연말정산

| 근로소득 · 사업소득 · 연금소득 연말정산 비교 |

구 분	근로소득	사업소득	연금소득
1. 연말정산 대상자	모든 근로자 (일용근로자 제외)	보험모집인, 방문판매원, 음료배달원	공적연금 소득자
	(다른 소득 없이 해당 연말정산 소득만 있는 경우 종합소득 과세표준 확정신고를 하지 아니할 수 있음)		
2. 수입금액	총 급 여	사업소득 수입금액	총연금액
3. 소득금액 (①)	근로소득금액 (총급여 − 근로소득공제)	사업소득금액 (수입금액 × 소득률)	연금소득금액 (총연금액 − 연금소득공제)
4. 종합소득 공제금액(②)	[종합소득공제] (기본공제, 추가공제, 연금 보험료공제, 특별소득공제, 그 밖의 소득공제)	[종합소득공제] (기본공제, 추가공제, 연금보 험료공제)	[종합소득공제] (기본공제, 추가공제, 연금보 험료공제, 주택담보노후연금 이자비용공제)
5. 과세표준 (①-②)	근로소득금액 − 종합소득공제금액	사업소득금액 − 종합소득공제금액	연금소득금액 − 종합소득공제금액
6. 세율	6 ~ 45%	6 ~ 45%	6 ~ 45%
7. 산출세액	과세표준 × 세율	과세표준 × 세율	과세표준 × 세율

1 연말정산 대상 사업소득

1. 연말정산 대상 사업소득의 범위

연말정산 대상 사업소득이란 다음의 어느 하나에 해당하는 사업자로서 간편장부대상자(해당 과세기간에 신규로 사업을 개시 또는 직전 과세기간의 수입금액 7,500만원 미만)가 받는 해당 사업소득을 말한다.(소득법 144의2 ①)

① 독립된 자격으로 보험가입자의 모집 및 이에 부수되는 용역을 제공하고 그 실적에 따라 모집수당 등을 받는 자(940906 – 보험설계)

② 「방문판매 등에 관한 법률」에 의하여 방문판매업자를 대신하여 방문판매업무를 수행하고 그 실적에 따라 판매수당 등을 받거나 후원방문판매조직에 판매원으로 가입하여 후원방문판매업을 수행하고 후원수당 등을 받는 자(940908 – 방판/외판)

③ 독립된 자격으로 일반 소비자를 대상으로 사업장을 개설하지 않고 음료품을 배달하는 계약배달판매 용역을 제공하고 판매실적에 따라 판매수당 등을 받는 자(940907 – 음료배달)

2. 방문판매원등에 대한 사업소득 연말정산 신청 및 포기

가. 사업소득세액연말정산신청서 제출

방문판매수당(②)·음료품판매수당(③)을 지급받는 자에 대한 사업소득 연말정산은 해당 원천징수의무자가 최초로 연말정산을 하려는 해당 과세기간의 종료일까지 「사업소득세액연말정산신청서」(소득칙 별지 제25호의2 서식)를 사업장 관할 세무서장에게 제출하는 경우에 한하여 연말정산을 할 수 있다.(소득령 201의11 ①)

나. 사업소득세액연말정산포기서 제출

연말정산을 신청한 원천징수의무자가 연말정산을 하지 아니하려는 경우에는 해당 과세기간의 종료일까지 「사업소득세액연말정산포기서」(소득칙 별지 제25호의2 서식)를 사업장 관할 세무서장에게 제출하여야 한다.

2 / 연말정산 대상 사업소득의 연말정산시기

1. 일반적인 경우

가. 연말정산시기

원천징수의무자는 해당 과세기간의 다음연도 2월분의 연말정산 대상 사업소득을 지급할 때 연말정산을 진행한다.(소득법 144의2 ①)

나. 원천징수시기특례

연말정산 대상 사업소득을 지급하지 아니한 때에는 다음에 해당하는 때에 지급한 것으로 본다.(소득법 144의5 ①)

---
① 1월~11월분 사업소득을 해당 과세기간의 12월 31일까지 지급하지 아니한 경우 : 12월 31일
② 12월분의 사업소득을 다음연도 2월 말일까지 지급하지 아니한 경우 : 다음연도 2월 말일

원천징수의무자가 2월분의 연말정산 대상 사업소득을 2월 말일까지 지급하지 아니하거나 2월분의 연말정산 대상 사업소득이 없는 경우에는 2월 말일에 지급한 것으로 보아 연말정산을 진행한다.

2. 2 이상으로부터 사업소득을 받는 경우

2인 이상으로부터 연말정산 대상 사업소득을 지급받은 자가 주된 사업소득 지급자를 정하고 종된 사업소득 지급자로부터 원천징수영수증을 발급받아 주된 사업소득 지급자에게 제출하는 경우 주된 사업소득 지급자가 합산하여 연말정산 한다.

이 경우 종된 사업소득 지급자로부터 받은 「사업소득원천징수영수증(연말정산용)」을 주된 사업소득 지급자에게 제출하여야 하며 이때 종된 사업소득의 기납부세액은 종된 사업소득 지급자로부터 받은 「사업소득원천징수영수증(연말정산용)」상의 결정세액을 말한다.

3. 계약해지 후 새로운 계약체결로 사업소득을 받는 경우

해당 과세기간의 중도에 새로운 계약체결에 따라 연말정산 사업소득을 지급받는 자가 계약을 해지한 자에게서 지급받은 사업소득을 포함하여 연말정산 사업소득자 소득·세액 공제신고서를 제출하는 경우 새로운 계약체결로 사업소득을 지급하는 자가 해지된 자로부터 받은 사업소득을 합산하여 연말정산 한다.

이 경우 계약 해지한 사업자로부터 받은 「사업소득원천징수영수증(연말정산용)」을 새로운 계약을 체결한 사업자에게 제출하여야 하며 이때 계약 해지한 사업소득의 기납부세액은 계약 해지한 사업소득지급자로부터 받은 「사업소득원천징수영수증(연말정산용)」상의 결정세액을 말한다.

연말정산 대상 사업소득의 납부할 세액

1. 연말정산 대상 사업소득금액 계산

연말정산 대상 사업소득금액은 해당 과세기간에 지급한 연말정산 대상 사업소득 수입금액에 연말정산 대상 사업소득의 소득률을 곱하여 계산한 금액을 말한다.

사업소득금액 = 해당 과세기간에 지급한 수입금액 × 연말정산 대상 사업소득의 소득률

☆ 연말정산 대상 사업소득 소득률 = (1 − 단순경비율[☆☆])

☆☆ 해당 과세기간의 단순경비율이 결정되어 있지 아니한 경우에는 직전 과세기간의 단순경비율을 적용한다.

구 분	단순경비율		소득률(1 − 단순경비율)	
	4천만원 이하분	4천만원 초과분	4천만원 이하분	4천만원 초과분
보험모집인	77.6%	68.6%	22.4%	31.4%
방문판매원	75.0%	65.0%	25.0%	35.0%
음료품배달원	80.0%	72.0%	20.0%	28.0%

---

2. 소득공제 및 과세표준

가. 과세표준의 계산

연말정산 대상 사업소득자의 과세표준은 다음과 같이 계산한다.

과세표준 = 사업소득금액 − 종합소득공제 − 그 밖의 소득공제

- 종합소득공제 : 기본공제, 추가공제, 연금보험료 공제, 기부금공제(이월분)
- 그 밖의 소득공제 : 개인연금저축 소득공제, 소기업·소상공인 공제부금 소득공제, 투자조합 출자 등 소득공제

나. 소득공제 서류 제출

연말정산 대상 사업소득자가 기본공제, 추가공제, 연금보험료공제 및 그 밖의 소득공제(개인연금저축, 소기업·소상공인 공제부금, 투자조합출자 등 소득공제), 자녀세액공제, 연금계좌세액공제, 기부금 세액공제 등을 적용받고자 하는 경우에는 해당 과세기간의 다음연도 2월분의 사업소득을 받기 전(해당 원천징수의무자와의 거래계약을 해지한 경우에는 해지한 달의 사업소

득을 받기 전을 말한다)에 소득·세액공제신고서에 주민등록표 등본 및 증명서류를 첨부하여 원천징수의무자에게 제출한다.

　기부금 소득·세액공제를 제외한 특별소득공제·특별세액공제 및 신용카드 등 사용금액 공제는 적용되지 아니한다.

　제출증명서류 등에 대하여는 근로소득세액 연말정산을 준용한다.

3. 납부할 세액 계산 또는 환급세액

가. 납부할 세액 계산

　과세표준에 기본세율을 적용하여 산출세액을 계산하고 산출세액에서「소득세법」및「조세특례제한법」에 따른 세액공제액을 차감하여 납부할 세액을 산출한다.

　사업소득세액 연말정산의 경우 징수하여야 할 소득세가 지급할 사업소득의 금액을 초과할 때에는 그 초과하는 세액은 그 다음 달의 사업소득을 지급할 때에 징수한다. 다만, 그 다음 달에 지급할 사업소득금액이 없는 경우에는 전액 원천징수하여야 한다.

나. 환급할 세액

　해당 과세기간에 이미 원천징수하여 납부한 소득세가 해당 종합소득 산출세액에서 세액공제를 한 금액을 초과할 때에는 그 초과액은 해당 사업자에게「소득세법 시행령」제201조 근로소득세액 연말정산시의 환급 규정에 따라 환급하여야 한다.

4. 소득·세액공제신고서를 제출하지 않는 경우 연말정산

　원천징수의무자가「소득세법」제144조의3에 따른 연말정산 대상 사업소득자의 소득·세액공제 신고를 하지 아니한 사업자에 대해서 연말정산할 때에는 기본공제 중 해당 사업자 본인에 대한 분과 표준세액공제(7만원)만을 적용하여 연말정산 한다. (소득법 144의2 ④)

| 사업소득 연말정산 계산 절차 |

구 분	해당 내역	계산 사례
사업소득 수입금액	사업소득 연말정산대상자가 연간 지급받은 사업소득 수입금액	방문판매원 : 연간 사업소득 5천만원

구 분	해당 내역	계산 사례
사업소득금액	연간 수입금액 × 연말정산사업소득의 소득률	사업소득금액 = 1,350만원 : 5천만원 × 소득률(4천만원 이하분 25%, 4천만원 초과분 35%) = 1천만원 + 350만원
종합소득공제	기본공제, 추가공제, 연금보험료공제, 기부금공제(이월분)	종합소득공제 = 660만원 : 기본공제 4명(자녀 2명) = 600만원 연금보험료 60만원 = 60만원
그 밖의 소득공제	개인연금저축 소득공제 투자조합 출자 등 소득공제 청년형장기집합투자증권저축소득공제	그 밖의 소득공제 = 48만원 : 개인연금저축 납입액 120만원 (120만원 × 40% = 48만원)
종합소득 과세표준	사업소득금액 - 종합소득공제 - 그 밖의 소득공제	종합소득과세표준 = 642만원
산출세액	종합소득과세표준 × 기본세율	산출세액 = 385,200원 : 642만원 × 6%(기본세율)
세액공제	고향사랑기부금세액공제, 자녀세액공제, 연금계좌세액공제, 기부금세액공제, 표준세액공제(7만원)	세액공제 = 370,000원 : 자녀세액공제 300,000원 표준세액공제 70,000원
결정세액	산출세액 - 세액공제	결정세액 = 15,200원
차감납부할세액	결정세액 - 기납부세액	결정세액 = 15,200원 기납부세액 = 1,500,000원 차감납부할세액 = △1,484,800원

4 종합소득세 과세표준 확정신고 예외

1. 연말정산 대상 사업소득만 있는 경우

연말정산 대상 사업소득 외에 다른 종합소득이 없는 보험모집인, 방문판매원, 음료품배달원이 해당 사업소득에 대해 연말정산을 하는 경우 해당 소득은 종합소득 과세표준 확정신고를 아니할 수 있다.

2인 이상으로부터 사업소득을 지급받는 보험모집인, 방문판매원, 음료품배달원의 경우 당해 보험모집수당, 방문판매수당, 음료품 판매수당을 합산하여 연말정산할 수 있으며, 이 경우 해당 소득은 종합소득세 과세표준 확정신고를 아니할 수 있다.

2. 다른 종합소득 등이 있는 경우

2인 이상으로부터 지급받은 연말정산 대상 사업소득을 합산하여 연말정산하지 않은 경우에는 종합소득 과세표준 확정신고를 하여야 하며, 확정신고를 하지 않은 경우 미납부한 소득세와 과소신고 및 납부지연 가산세등을 추가로 부담하여야 하는 불이익이 발생한다.

연말정산 대상 사업소득 외에 다른 종합소득이 있는 경우에는 「소득세법」 제73조(과세표준 확정신고의 예외)를 적용할 수 없으며, 「소득세법」 제70조(종합소득 과세표준 확정신고)에 따라 다음연도 5월 1일부터 5월 31일까지 종합소득 과세표준 확정신고를 하여야 한다.

이 경우 연말정산 대상 사업소득이 있는 자가 종합소득 과세표준 확정신고를 할 때에는 연말정산 대상 사업소득의 소득률을 적용하여 계산한 연말정산사업소득의 소득금액으로 신고할 수 있다.(소득령 201의11 ⑦)

---

5 / 지급명세서 등 제출

1. 간이지급명세서의 제출

가. 제출 대상자

소득세 납세의무가 있는 개인에게 원천징수 대상 사업소득을 지급하는 자☆는 간이지급명세서를 제출하여야 한다.(소득법 164의3 ①)

☆ 원천징수 대상 사업소득을 지급하는 자의 범위에는 법인, 소득세법에 따라 소득의 지급을 대리하거나 그 지급 권한을 위임 또는 위탁받은 자 및 소득세법에 따른 납세조합, 원천징수세액의 납세지를 본점 또는 주사무소의 소재지로 하는 자와 「부가가치세법」에 따른 사업자 단위 과세 사업자를 포함하고 휴업, 폐업 또는 해산을 이유로 간이지급명세서 제출기한까지 지급명세서를 제출한 자는 제외한다.

나. 간이지급명세서 제출기한

간이지급명세서 제출 대상소득을 지급하는 자는 그 소득 지급일(연말정산 사업소득의 원천징수시기에 대한 특례를 적용받는 소득에 대해서는 해당 소득에 대한 과세기간 종료일을 말한다)이 속하는 달의 다음 달 말일(휴업, 폐업 또는 해산한 경우에는 휴업일, 폐업일 또는 해산일이 속하는 달의 다음 달 말일)까지 원천징수 관할 세무서장에게 제출하여야 한다.

2. 지급명세서의 제출

가. 제출 대상자

소득세 납세의무가 있는 개인에게 원천징수 대상 사업소득을 지급하는 자☆는 지급명세서를 제출하여야 한다.(소득법 164 ①)

☆ 원천징수 대상 사업소득을 지급하는 자의 범위에는 법인, 소득세법에 따라 소득의 지급을 대리하거나 그 지급 권한을 위임 또는 위탁받은 자 및 소득세법에 따른 납세조합, 원천징수세액의 납세지를 본점 또는 주사무소의 소재지로 하는 자와 「부가가치세법」에 따른 사업자 단위 과세 사업자를 포함한다.

나. 지급명세서 제출기한

연말정산 대상 사업소득을 국내에서 지급하는 원천징수의무자는 별지 제23호 서식(3)의 「사업소득 지급명세서(연말정산용)」로 작성한 지급명세서를 지급일이 속하는 과세기간의 다음연도 3월 10일까지 원천징수 관할 세무서장등에게 제출해야 한다.

다만, 원천징수의무자가 휴업, 폐업 또는 해산한 경우에는 휴업일, 폐업일 또는 해산일이 속하는 달의 다음다음 달 말일까지 원천징수 관할 세무서장등에게 제출해야 한다.

> **예규** ●●●

● **원천징수 대상 사업소득(연말정산 사업소득 제외)을 지급하는 자가 휴업, 폐업 또는 해산한 경우에도 간이지급명세서 제출시 그 제출한 부분에 대한 지급명세서 제출이 인정되는지 여부**(서면소득관리 2024 - 452, 2024.02.27.)

'23년 지급분부터는 원천징수 대상 사업소득(연말정산 사업소득 제외)을 지급하는 자가 간이지급명세서를 제출한 경우 그 제출한 부분에 대하여 지급명세서를 제출한 것으로 보도록 소득세법 개정되었으므로(소득법 §164 ⑦) 원천징수 대상 사업소득(연말정산 사업소득 제외)을 지급하는 자가 휴업, 폐업 또는 해산한 경우에도 간이지급명세서 제출시 그 제출한 부분에 대한 지급명세서 제출이 인정이 됨. 간이지급명세서 제출시 지급명세서 제출 면제 규정은 간이지급명세서 제출사업자의 부담 경감을 위해 도입된 것으로 지급명세서 제출 면제 규정 또한 계속사업자와 달리 볼 이유가 없으므로 소득법 §164 ⑦ 적용은 동일함.

● **「소득세법 시행규칙」 별지 서식 제24호의4(2) 작성방법의 지급시기 의제에 따라 가산세 부과 여부**(기준법무소득 2022 - 38, 2022.10.06., 기획재정부소득정보 - 132, 2022.09.16.)

「소득세법」 제164조의3 제1항 제2호에 따라 원천징수 대상 사업소득의 지급일이 속하는 달의 다음 달 말일까지 간이지급명세서를 제출한 경우 간이지급명세서 미제출·기한후 제출 가산세를 부과할 수 없음.

● **간이지급명세서상 지급액 계산 시 보험모집수당 환수금액을 차감하는지 여부**(기준법무소득 2022-55, 2022.07.27.)

보험회사가 제출하는 간이지급명세서(거주자의 사업소득) 상의 '지급액'은 보험모집수당 등 보험모집인의 사업소득 수입금액에 해당하는 금액을 의미하는 것으로 보험계약 해지로 인하여 보험회사가 환수하는 금액은 해당 지급액(수입금액)에서 차감하지 않는 것임.

● **연말정산 사업소득이 있는 자가 종합소득세 과세표준확정신고시 신고방법**(사전법령해석소득 2020-432, 2020.07.29.)

연말정산 사업소득이 있는 보험설계사가 종합소득과세표준확정신고를 할 때에는 해당 과세기간에 지급한 수입금액에 연말정산 사업소득의 소득률을 곱하여 계산한 금액을 연말정산 사업소득의 소득금액으로 신고할 수 있는 것임.

● **사업소득세액의 연말정산 대상소득 포함 여부**(소득-2033, 2009.12.29.)

연말정산의무자인 보험사업자가 보험모집인으로부터 보험모집용역에 부수하여 「보험업법 시행령」 제16조 제3항 제3호에 따른 투자중개업 관련 용역을 제공받고 모집수당과 투자중개업에 대한 수당을 지급하는 경우, 투자중개업에 대한 수당은 사업소득세액의 연말정산 대상 소득에 포함되는 것임.

● **피합병법인의 보험모집인에 대한 사업소득세액의 연말정산 등**(서면1팀-153, 2008.01.31.)

보험대리점업을 영위하는 법인 간의 합병에 있어 사업소득이 있는 보험모집인과 피합병법인과의 거래계약에 관한 권리의무를 합병법인이 승계한 경우, 당해 사업자의 당해연도 분 사업소득세액의 연말정산과 지급명세서의 제출은 합병법인이 하는 것임.

관리번호		[　]사업소득 원천징수영수증(연말정산용) [　]사업소득 지 급 명 세 서(연말정산용) ([ ]소득자 보관용 [ ]발행자 보관용 [ ]발행자 보고용)		소득자 구분	
① 귀속 연도	년			거주구분	거주자1 / 비거주자2
				내・외국인	내국인1 / 외국인9
				거주지국	거주지국코드

징 수 의무자	② 법 인 명 (상호)		③ 대표자(성명)		④ 사업자등록번호
	⑤ 주민(법인)등록번호		⑥ 소재지(주소)		

소득자	⑦ 상　　　　　호		⑧ 사업자등록번호
	⑨ 사 업 장 소 재 지		
	⑩ 성　　　　　명		⑪ 주민등록번호
	⑫ 주　　　　　소		

수입 금액	⑬ 발생처 구 분	⑭ 법인명 (상 호)	⑮ 사업자등록번호	⑯ 발생기간 (연・월・일)	⑰ 지급액 (수입금액)
	주(현)		－ －	. . ~ . .	
	종(전)		－ －	. . ~ . .	
	사업별 수입금액 계	보험모집 수입금액 계			
		방문판매 수입금액 계			
		음료배달 수입금액 계			
		합 계 (124)			

소득 금액	사 업 별	⑱ 수입금액(⑰)	⑲ 적용소득률		⑳ 소득금액			㉑ 비고
			4천만원 이하분	4천만원 초과분	4천만원 이하분	4천만원 초과분	합 계	
	보험모집							
	방문판매							
	음료배달							
	(124)합계							

㉒ 사업소득금액 (⑳)			㉞ 소기업・소상공인 공제부금		구 분	소득세	지방 소득세	농어촌 특별세	계
인 적 공 제	기 본 공 제	㉓ 본 인	㉟ 투자조합 출자 등 소득공제		㊸ 결정세액				
		㉔ 배우자	㊱ 청년형 장기집합 투자증권저축		⑦납부 세액	㊺종(전) 근무지			
		㉕ 부양가족 (명)	㊲ 소득공제 등 종 합한도 초과액			㊻주(현) 근무지			
		㉖ 경로우대 (명)	㊳ 종합소득과세표준						
	추 가 공 제	㉗ 장애인 (명)	㊴ 산출세액		㊼ 차감 납부할 세액				
		㉘ 부녀자	㊵ 자녀 세액 공제	공제대상자녀 (명)				
		㉙ 한부모가족		출산・입양자 (명)	위 원천징수세액(수입금액)을 영수(지급)합니다.			
㉚ 연금보험료공제			㊶연금계좌 세액공제					
㉛ 기부금 (이월분)			㊷ 기 부 금 세 액 공 제	정치자금기부금	년　　　　월　　　　일			
				고향사랑기부금	징수(보고)의무자　　　　(서명 또는 인)			
				특례기부금				
㉜ 종합소득공제 계				우리사주조합	세무서장 귀하			
㉝ 개인연금 저축소득공제				일반기부금				
			㊸ 표준세액공제					

51 인적공제자 명세(해당 소득자의 기본공제와 추가공제 및 부양 등으로 공제금액 계산명세가 있는 자만 적습니다. 다만, 본인은 표기하지 않습니다)										
관계	성 명	주 민 등 록 번 호	관계	성 명	주 민 등 록 번 호	관계	성 명	주 민 등 록 번 호		
		－			－			－		
		－			－			－		
		－			－			－		

※ 관계코드: 소득자의 직계존속=1, 배우자의 직계존속=2, 배우자=3, 직계비속(자녀・손자녀, 입양자)=4, 직계비속(직계비속과 그 배우자가 장애인인 경우
　그 배우자)=5, 형제자매=6, 수급자=7(코드1~6제외), 위탁아동=8　* 4-6은 소득자와 배우자의 각각의 관계를 포함합니다.

210mm×297mm(백상지 80g/㎡)

02절

종교인소득

1 종교단체

　종교단체란 다음의 어느 하나에 해당하는 자 중 종교의 보급이나 교화를 목적으로 설립된 단체(그 소속 단체를 포함한다)로서 해당 종교관련 종사자가 소속된 단체를 말한다.(소득령 41 ⑮)

---

① 「민법」 제32조에 따라 설립된 비영리법인
　종교의 보급, 그 밖에 교화를 목적으로 문화체육관광부장관 또는 지방자치단체의 장의 허가를 받아 설립한 비영리법인을 의미한다.(그 소속 단체를 포함)
② 「국세기본법」 제13조에 따른 법인으로 보는 단체
　종교단체의 대표자 또는 관리인은 종교단체 소재지의 세무서장에게 아래 서류를 첨부하여 「법인으로 보는 단체 승인 신청서」를 제출하여 단체 승인을 신청한다.(그 소속 단체를 포함)
　• 종교단체 정관 또는 규정　　　　• 소속증명서
　• 대표자 증명　　　　　　　　　• 법인설립신고 및 사업자등록 신청서 등
③ 「부동산등기법」 제49조 제1항 제3호에 따라 부동산등기용 등록번호를 부여받은 법인 아닌 사단·재단
　부동산을 취득하여 등기할 때 시·군·구청 지적과에서 등록번호를 부여받은 종교단체를 의미한다.(그 소속 단체를 포함)

---

2 종교관련 종사자

　종교관련 종사자란 「통계법」 제22조에 따라 통계청장이 고시하는 한국표준직업분류에 따라 성직자와 기타 종교관련 종사원으로 구분되며 그 업무는 아래와 같다.(소득법 12 5호 아목)

구 분	업 무
종교관련 종사자	• 종교적인 업무에 종사하거나 특정 종교의 가르침을 설교하고 전파
– 성직자	• 종교예식이나 의식을 집행하고 관장하며 신자들에게 정신적, 도덕적 지도를 하는 사람으로 교리의 해설과 설교를 하며, 종교의식을 집행
– 기타 종교관련 종사원	• 해당 종교의 한 구성원으로 성직자를 보조하고 제반 종교적 활동을 수행 • 수녀는 천주교회에서 신부를 보조하거나 수녀원 등에서 제반 종교적 활동을 수행 • 기타 종교기관이나 종교단체 종사자로 종교적인 업무를 담당하거나 특정 종교의 가르침을 설교하고 전파하는 일을 함

☆ 참고 : 통계청 통계분류포털(kssc.kostat.go.kr)

| 한국표준직업분류 중 종교관련 종사자 |

분 류 명			설 명
소분류	세분류	세세분류	
종교 관련 종사자 (248)	성직자 (2481)	목사 (24811)	기독교 종교예식이나 의식을 집행하고 관장하며 신자들에게 정신적, 도덕적 지도를 하는 사람으로 교리의 해설과 설교를 하며, 종교의식을 집행하는 자를 말한다.(목사, 교목, 원목, 군목, 부목사)
		신부 (24812)	천주교 종교예식이나 의식을 집행하고 관장하며 신자들에게 정신적, 도덕적 지도를 하는 사람으로 교리의 해설과 설교를 하며, 종교의식을 집행하는 자를 말한다.(사제, 주교, 신부, 부제)
		승려 (24813)	불교 종교예식이나 의식을 집행하고 관장하며 신자들에게 정신적, 도덕적 지도를 하는 사람으로 교리의 해설과 설교를 하며, 종교의식을 집행하는 자를 말한다.(승려, 스님, 법사)
		교무 (24814)	원불교 종교예식이나 의식을 집행하고 관장하며 신자들에게 정신적, 도덕적 지도를 하는 사람으로 교리의 해설과 설교를 하며, 종교의식을 집행하는 자를 말한다.(교무, 원불교)
		그 외 성직자 (24819)	상기 세세분류 어느 항목에도 포함되지 않는 기타 종교관련 성직자가 여기에 분류(전교, 대종교, 유교)
	기타 종교 관련 종사원 (2489)	수녀 및 수사 (24891)	천주교회에서 신부를 보조하여 미사 등의 집전을 보조하며, 신자들에게 신앙 및 정신적, 도덕적 지도를 하는 자를 말한다.(수녀, 수사)
		전도사 (24892)	교회에서 맡은 역할에 따라 청소년이나 신자들의 교육을 담당하거나, 찬양 율동, 음악 등을 지도하는 자를 말한다.(전도사)
		그 외 종교 관련 종사원 (24899)	상기 세세분류 어느 항목에도 포함되지 않는 기타 종교관련 종사자가 여기에 분류(포교사, 선교사)

3 종교인소득의 범위

종교인소득이란 종교관련 종사자가 종교의식을 집행하는 등 종교관련 종사자로서의 활동과 관련하여 소속된 종교단체로부터 받은 소득을 말한다.(소득법 21 ① 26호)

1. 과세대상 소득

종교관련 종사자가 소속된 종교단체로부터 종교활동과 관련하여 받은 생활비, 상여금, 격려금 등 매월 또는 정기적으로 지급되는 수당 등을 포함한다. 원칙적으로 종교관련 종사자가 종교단체로부터 받는 소득에서 비과세소득을 차감한 금액이 해당된다.

2. 비과세종교인소득

종교인소득 중 다음의 것은 소득세를 과세하지 않는다.(소득법 12 5호 아목, 소득령 19 ③)

가. 학자금

종교관련 종사자가 소속된 종교단체의 종교관련 종사자로서의 활동과 관련있는 교육·훈련을 위하여 받는 다음의 어느 하나에 해당하는 학교 또는 시설의 입학금·수업료·수강료, 그 밖의 공납금을 말한다.(소득령 19 ①)

① 「초·중등교육법」 제2조에 따른 학교(외국에 있는 이와 유사한 교육기관 포함)
② 「고등교육법」 제2조에 따른 학교(외국에 있는 이와 유사한 교육기관 포함)
③ 「평생교육법」 제5장에 따른 평생교육시설

> 참고
>
> ● 자녀 학자금
> 자녀 학자금은 종교인소득으로 신고하는 경우 종교관련 종사자 본인의 학자금과 달리 비과세 대상이 아니며, 근로소득으로 신고시에는 교육비 세액공제가 가능하다.

나. 식사 또는 식사대

종교관련 종사자가 받는 다음의 어느 하나에 해당하는 식사 또는 식사대를 말한다.(소득령 19 ②)

① 소속 종교단체가 종교관련 종사자에게 제공하는 식사나 그 밖의 음식물
② ①에서 규정하는 식사나 그 밖의 음식물을 제공받지 아니하는 종교관련 종사자가 소속 종교단체로부터 받는 월 20만원 이내의 식사대

다. 실비변상적 성질의 지급액

① 일직료·숙직료 및 그 밖에 이와 유사한 성격의 급여
② 여비로서 실비변상 정도의 금액

이 경우 종교관련 종사자가 본인 소유의 차량을 직접 운전하여 소속 종교단체의 종교인으로서의 활동에 이용하고 소요된 실제 여비 대신에 해당 종교단체의 규칙 등에 정하여진 지급기준에 따라 받는 금액 중 월 20만원 이내의 금액을 포함한다.

> **참고**
>
> ○ 자가운전보조금 적용 대상 차량의 범위
>
> | 차량소유자 구분 | 소득자별 비과세 여부 | |
> |---|---|---|
> | | 종교관련 종사자 | 종교관련 종사자 외의 자 |
> | 본인 소유 | 비과세 가능 | 비과세 가능 |
> | 부부 공동명의 | 비과세 가능 | 비과세 가능 |
> | 부부 외의 자와 공동명의 | 비과세 불가 | 비과세 불가 |
> | 본인명의로 리스·렌트한 차량 | 비과세 불가[☆] | 비과세 가능 |
>
> ☆ 종교관련 종사자 외의 자에게 지급하는 자가운전보조금은 본인명의 차량뿐만 아니라 임차한 차량도 2022.02.15. 이후부터 포함하는 것으로 개정되었으나 종교관련 종사자에게 지급하는 자가운전보조금은 현재 본인명의 차량으로 규정되어 있으므로 임차한 차량은 비과세 적용이 불가능한 것으로 해석된다. 이에 대한 구체적인 해석 등이 필요하다.

③ 종교활동비(종교활동 목적으로 받는 금액 및 물품)

종교관련 종사자가 소속 종교단체로부터 다음의 요건을 모두 충족하는 금품 및 물품은 비과세한다.

> ㉠ 소속 종교단체의 규약 또는 의결기구의 의결·승인 등이 있어야 한다.
> ㉡ 승인에 따라 결정된 지급기준에 따라 지급되어야 한다.
> ㉢ 종교활동을 위하여 통상적으로 사용할 목적으로 지급받아야 한다.

④ 종교관련 종사자가 천재·지변이나 그 밖의 재해로 인하여 받는 지급액

라. 출산 및 보육관련 비용

종교관련 종사자 또는 그 배우자의 출산이나 6세 이하(해당 과세기간 개시일을 기준으로 판단) 자녀의 보육과 관련하여 종교단체로부터 받는 금액으로서 월 20만원 이내의 금액은 비과세한다.

마. 사택제공이익

종교관련 종사자가 사택을 제공받아 얻는 이익을 말하며, 이 경우 사택은 종교단체가 소유한 것으로서 한국표준산업분류에 따른 종교관련 종사자에게 무상 또는 저가로 제공하는 주택이나, 종교단체가 직접 임차한 것으로서 종교관련 종사자에게 무상으로 제공하는 주택을 말한다.

예규

◉ 비과세 보육수당 판단을 위한 나이 산정 기준(기획재정부소득-831, 2024.08.12.)
「소득세법」 제12조 제3호 머목의 '6세 이하(해당 과세기간 개시일을 기준으로 판단한다)'란 해당 과세기간 개시일 현재 6세가 되는 날과 그 이전 기간을 의미함.

◉ 종교인이 지출한 구제사업비가 실비변상적 급여 등에 해당하는지 여부(기획재정부소득-93, 2019.01.28.)
종교인이 소속 종교단체의 규약 또는 소속 종교단체의 의결기구의 의결·승인 등을 통하여 결정된 지급 기준에 따라 소속 종교단체로부터 재난극복 등을 위한 구제사업에 사용하려는 목적으로 지급받아 해당 목적에 지출한 금액은 종교 활동을 위하여 통상적으로 사용할 목적으로 지급받은 것에 해당하여 소득세를 과세하지 아니하는 것임.

◉ 종교관련 종사자가 소속 종교단체 외의 종교단체로부터 받은 소득이 종교인소득에 해당하는지 여부(사전법령해석소득 2018-348, 2018.07.02.)
종교인소득은 종교관련 종사자가 종교관련 종사자로서의 활동과 관련하여 해당 종교관련 종사자가 소속된 종교단체로부터 받은 소득을 의미하는 것이므로 본인이 소속되지 아니한 종교단체로부터 받은 소득은 종교인소득에 해당하지 아니하는 것이며, 종교관련 종사자가 본인이 소속되지 아니한

종교단체로부터 받은 소득이 기타소득에 해당하는 경우 받은 금액의 100분의 70에 상당하는 금액을 필요경비로 인정받을 수 있는 것이나, 이에 해당하는지는 사실판단할 사항임.

4 종교인소득 과세체계

1. 소득의 종류

종교인소득은 기타소득이지만 종교단체 또는 종교인이 근로소득으로 원천징수하거나 과세표준확정신고를 한 경우에는 해당 소득을 근로소득으로 본다.(소득법 21 ④)

> 예규 ●●●

● **종교단체가 상여를 지급하는 경우 간이세액표 적용방법**(기획재정부소득−518, 2019.09.16.)

종교인소득을 소득세법 제21조 제1항 제26호의 기타소득으로 원천징수하는 경우 종교단체가 종교관련 종사자에게 종교관련 종사자로서의 활동과 관련하여 지급하는 상여를 포함한 비정기적인 급여는 소득세법 시행령 제202조의 규정에 따라 지급하는 월의 지급금액 총액을 기준으로 종교인소득 간이세액표를 적용하여 원천징수하는 것임.

● **원천징수 시 선택한 소득의 종류를 변경하여 연말정산 또는 종합소득세확정신고를 할 수 있는지 여부**(기획재정부소득−130, 2019.02.13.)

종교단체가 「소득세법」 제21조 제1항 제26호에 따른 종교인소득에 대하여 같은 법 제145조 제1항에 따라 기타소득 또는 같은 법 제134조 제1항에 따라 근로소득으로 소득세를 원천징수한 후 연말정산하거나 같은 법 제70조에 따라 종합소득과세표준을 신고할 때 당초 원천징수한 동 소득의 종류를 변경하여 연말정산하거나 종합소득과세표준을 신고할 수 있음.
종교단체가 종교관련 종사자의 각 과세기간에 발생하여 지급하는 종교인소득(「소득세법」 제21조 제3항에 해당하는 경우를 포함한다)에 대하여 원천징수(같은 법 제145조 제1항 또는 제134조 제1항에 따른 소득세의 원천징수를 말한다)를 하는 경우 각 과세기간별로 종교인소득(기타소득) 또는 근로소득 중 하나의 소득으로만 원천징수를 함.

● **종교인별 연말정산 여부와 소득의 종류를 선택 가능한지 여부**(기획재정부소득−128, 2019.02.13.)

① 같은 종교단체에서 소속된 종교관련 종사자별로 종교인소득에 대하여 근로소득으로 연말정산, 기타소득으로 연말정산, 연말정산하지 않고 「소득세법」 제70조에 따라 종합소득과세표준을 신고할 수 있음.
② 종교단체가 종교인소득(기타소득)으로 「소득세법」 제145조에 따라 원천징수한 종교관련 종사자에 대하여 같은 법 시행령 제202조의4 제2항에 따라 종교인소득세액 연말정산신청서를 제출하

지 않아 동 종교관련 종사자가 같은 법 제70조에 따라 종합소득과세표준을 신고하는 경우 동 소득에 대하여 종교인소득(기타소득) 또는 근로소득으로 신고할 수 있음.
③ 종교단체가 종교관련 종사자에게 종교인소득(기타소득)을 지급할 때 「소득세법」 제155조의6에 따라 같은 법 제145조 제1항에 따른 소득세의 원천징수를 하지 아니한 경우, 종교단체는 동 종교관련 종사자에 대하여는 같은 법 제145조의3에 따른 종교인소득에 대한 연말정산을 할 수 없으며, 이 경우 동 종교관련 종사자는 같은 법 제70조에 따라 종합소득과세표준을 신고하여야 함.

2. 원천징수의무

종교단체는 소속된 종교인에게 지급하는 종교인소득에 대하여 기타소득 또는 근로소득으로 지급할 때 소득세를 원천징수하여야 한다. 이 경우 원천징수한 세액은 매월 또는 반기별☆로 신고·납부하여야 한다.(소득법 145의3 ①)

☆ 상시고용인원 규모와 관계없이 종교단체는 반기별 납부신청이 가능하다.

다만, 종교인소득(근로소득으로 보는 종교인소득 포함)을 지급하는 자는 소득세를 원천징수 하지 아니할 수 있다. 이 경우 종교인소득을 지급받은 자는 종합소득과세표준을 신고하여야 한다.(소득법 155의6)

구분	종교단체 (원천징수의무자)	종교인소득자 (종합소득과세표준신고)
종교인소득	기타소득 또는 근로소득 선택가능	기타소득 또는 근로소득 선택가능

종교단체의 원천징수방법
① 기타소득으로 매월 또는 반기별 원천징수시 과세기간 동안 기타소득으로 원천징수
② 근로소득으로 매월 또는 반기별 원천징수시 과세기간 동안 근로소득으로 원천징수

종교단체의 원천징수방법에 따른 종교인소득자의 종합소득과세표준 신고방법	
종교단체	종교인소득자의 종합소득과세표준 신고방법
기타소득으로 원천징수, 연말정산	원천징수시 적용한 소득의 종류와 상관없이 종교인소득자가 기타소득 또는 근로소득으로 변경하여 종합소득과세표준 신고 가능
근로소득으로 원천징수, 연말정산	

종교단체가 원천징수의무를 이행하지 아니한 경우	
종교단체의 연말정산의무	종교인소득자의 종합소득과세표준 신고방법
연말정산의무 없음	종교인소득자가 기타소득 또는 근로소득 중 선택하여 종합소득과세표준 신고 가능

3. 기타소득으로 보는 종교인소득과 근로소득의 과세체계 비교

구분	종교인소득(기타소득) (종교인소득의 과세체계 적용)		근로소득 (근로소득의 과세체계 적용)	
과세소득	종교인이 종교활동과 관련하여 소속된 종교단체로부터 받은 소득		종교인이 종교활동과 관련하여 소속된 종교단체로부터 받은 소득	
비과세소득	학자금, 식사·식사대, 실비변상액(종교활동비 포함), 출산보육수당, 사택제공 이익 등		근로소득의 비과세소득 규정을 적용 (사실상 동일)	
필요경비 또는 근로소득 공제	종교인소득	필요경비	총급여액	근로소득공제금액
	2천만원 이하	80%	500만원 이하	총급여액의 70%
	2천만원 초과 4천만원 이하	1,600만원+ 2천만원 초과의 50%	500만원 초과 1,500백만원 이하	350만원+500만원 초과액의 40%
	4천만원 초과 6천만원 이하	2,600만원+ 4천만원 초과의 30%	1,500백만원 초과 4,500백만원 이하	750만원+1,500만원 초과액의 15%
	6천만원 초과	3,200만원+ 6천만원 초과의 20%	4,500백만원 초과 1억원 이하	1,200만원+4,500만원 초과액의 5%
	다만, 실제 소요된 필요경비가 위 표에 의한 금액을 초과하는 경우 그 초과하는 금액도 필요경비에 산입한다. 예) 수입금액 5,000만원인 경우 2,900만원 필요경비인정		1억원 초과	1,475만원+1억원 초과액의 2%
			공제한도 : 2천만원 예) 총급여액 5,000만원인 경우 1,225만원 소득공제	
소득공제	기본공제, 추가공제, 연금보험료 공제, 중소기업창업투자조합 출자 등, 개인연금저축, 청년형장기집합투자증권저축		(좌동) + 특별소득공제(건보료 등), 주택마련저축공제, 신용카드 공제, 장기펀드저축액	
세액공제	고향사랑기부금세액공제, 자녀세액공제, 기부금공제, 외국납부, 연금계좌세액공제, 표준공제(7만원)		(좌동, 표준공제는 13만원) + 월세, 의료비·교육비·보험료공제, 근로소득세액공제	
근로· 자녀장려금	수급 가능		수급 가능	

과세 체계			종교인소득 (기타소득)	근로소득
총수입금액(비과세소득 제외)			총수입금액	총급여액
필요경비			필요경비 (20 ~ 80%)	근로소득공제 (2 ~ 70%)
소득금액				
소득 공제	인적	기본(본인·배우자·부양가족 人당 150만원)	○	○
		추가(경로 100만원, 장애인 200만원 등)	○	○

과세 체계			종교인소득 (기타소득)	근로소득
소득 공제	특별	국민연금 등 공적연금보험료(전액)	○	○
		건강·고용보험료(전액)	×	○
		주택자금(600 ~ 2,000만원 한도)	×	○
	조특법	신용카드 등 사용금액 공제	×	○
		장기집합투자저축소득공제	×	○
		청년형장기집합투자저축소득공제	○	○
		창업투자조합 출자금 등	○	○
		개인연금저축	○	○
과세표준				
(×) 세율(6 ~ 45%)				
산출세액				
세액 공제		근로소득(20만원 ~ 74만원 한도)	×	○
		외국납부(국외원천소득비율 한도)	○	○
		8세 이상 자녀 (1명 15만원, 2명 35만원, 35만원+2명 초과 1명당 30만원)	○	○
		고향사랑기부금세액공제	○	○
		연금계좌[종합소득금액 45백만원 이하 15%, 초과 12%, 600만원(퇴직연금 포함 900만원 한도)] ※ 개인종합자산관리계좌(ISA) 만기시 연금계좌 전환금액의 10%에 해당하는 금액(세액공제 대상금액, 300만원 한도) 의 12%(종합소득금액 45백만원 이하 15%) 추가 세액공제	○	○
	특별	보험료(12%, 100만원 한도)	×	○
		의료비(15%, 700만원 한도)	×	○
		교육비[15%, 300만원(대학 900) 한도]	×	○
		기부금(금액별 100/110, 15%, 25%, 30%)	○	○
	표준세액공제(근로소득은 특별 소득·세액공제 미신청자)		○ (7만원)	○ (13만원)
	조특법	정치자금기부금 등	○	○
결정세액				
기납부세액 차감				
차가감 납부(환급)할 세액				

4. 종교인소득 연말정산

종교단체가 종교인소득을 지급할 때마다 간이세액표에 따라 원천징수한 소득세를 종교인 각각의 소득공제 및 세액공제 등을 적용하여 부담하여야 할 세액을 확정하는 제도이다.

가. 일반적인 경우

종교인소득을 지급하고 그 소득세를 원천징수하는 자는 해당 과세기간의 다음연도 2월 분의 종교인소득을 지급할 때 연말정산한다. 다만, 2월분의 종교인소득을 2월 말일까지 지급하지 아니하거나 2월분의 종교인소득이 없는 경우에는 2월 말일 지급한 것으로 보아 연말정산 한다.(소득법 145의3 ①)

예를 들어, 2024년 1월부터 12월까지 지급하여 원천징수한 종교인소득에 대해 2025년 2월까지 연말정산 한다.

나. 예외(종교인이 퇴직한 경우)

종교인이 해당 종교관련 종사자와의 소속관계가 종료되는 달의 종교인소득을 지급할 때 연말정산하고 원천징수영수증을 교부한다.(소득법 145의3 ②)

5. 연말정산을 위한 서류제출

가. 종교단체가 제출할 서류

종교단체가 종교인소득을 연말정산하려는 경우에는 최초로 연말정산을 하려는 해당 과세기간의 종료일까지 「종교인소득세액 연말정산신청서」를 사업장 관할 세무서장에게 제출한다.

「종교인소득세액 연말정산신청서」를 제출한 종교단체가 종교인소득에 대해 연말정산을 하지 아니하려는 경우에는 해당 과세기간의 종료일까지 「종교인소득세액 연말정산포기서」를 사업장 관할 세무서장에게 제출하여야 한다.

나. 종교인이 제출할 서류

종교인은 연말정산을 위해 종교인소득 공제대상 소득·세액공제신고서 및 공제항목별 증빙서류 등을 종교단체에 제출한다. 이 경우 연말정산 간소화 자료로 제출할 수 있다.

구 분	공제 항목
연금보험료공제	연금보험료(공적연금 관련법에 따른 기여금 또는 개인부담금)
소득공제	기부금(이월분), 개인연금저축(2000년 이전 가입), 중소기업창업투자조합 출자 등
세액공제	연금계좌, 기부금, 외국납부세액

5 / 지급명세서 제출

종교단체는 원천징수 및 연말정산 여부에 관계없이 다음 중 하나의 지급명세서를 다음 해 3월 10일까지 제출해야 한다.(소득법 164 ①) 특히 비과세소득 중 종교인에게 지급된 종교활동비도 제출대상이다.

구 분	기타소득		근로소득 (연말정산)
	연말정산을 한 경우	연말정산을 하지 아니하는 경우	
지급명세서 서식	종교인소득지급명세서 (연말정산용)	기타소득지급명세서 (연간집계표)	근로소득지급명세서
제출기한	다음 해 3월 10일까지		

2020.1.1. 이후 발생하여 지급하는 소득분부터 지급명세서를 미제출하거나 제출된 지급명세서가 불분명한 경우 또는 제출된 지급명세서에 기재된 지급금액이 사실과 다른 경우에는 다음과 같이 지급명세서 미제출 가산세를 부담하여야 한다.

> 지급명세서 미제출 가산세 = 미제출금액 또는 불분명한 지급금액 × 1%
> (단, 제출기한 경과 후 3개월 이내 제출시 0.5%)

[　]종교인소득 원천징수영수증(연말정산용)	소득자 구분	
[　]종교인소득 지 급 명 세 서(연말정산용)	거주구분	거주자1 / 비거주자2
([　]소득자 보관용 [　]발행자 보관용 [　]발행자 보고용)	내·외국인	내국인1 / 외국인9
	거주지국	거주지국코드

관리번호
① 귀속연도　　　년

징수의무자
② 종교단체명　　　③ 대표자(성명)　　　④ 사업자등록(고유)번호
⑤ 주민(법인)등록번호　　　⑥ 소재지(주소)

소득자
⑦ 성　　　명　　　⑧ 주민등록번호
⑨ 주　　　소

종교인소득	⑩ 발생처 구분	⑪ 종교단체명	⑫ 사업자등록(고유)번호	⑬ 발생기간 (연·월·일)	⑭ 지급액 (비과세소득 제외)	⑮ 비과세소득
	주(현)		－ －	. . ~ . .		
	종(전)			. . ~ . .		

소득금액	⑯ 종교인소득(⑭)	⑰ 필요경비	⑱ 소득금액(⑯-⑰)

⑲ 종교인소득 소득금액 (⑱)				구 분	소득세	지방소득세	농어촌특별세	계
인적공제	기본공제	⑳ 본 인	㉝ 소득공제 등 종합한도 초과액	㊶ 결정세액				
		㉑ 배우자	㉞ 종합소득과세표준	기납부세액	㊸ 주(현) 근무지			
		㉒ 부양가족 (명)	㉟ 산출세액		㊷ 종(전) 근무지			
	추가공제	㉓ 경로우대 (명)	자녀세액공제	공제대상자녀 (명)	㊹ 차감 납부할 세액			
		㉔ 장애인 (명)		출산·입양자 (명)				
		㉕ 부녀자	㊲ 연금계좌 세액공제					
		㉖ 한부모가족	기부금세액공제	㊳ 정치자금기부금				
	㉗ 연금보험료공제			고향사랑기부금				
				특례기부금	위 원천징수세액(수입금액)을 영수(지급)합니다.			
	㉘ 기부금(이월분)			우리사주조합	년 월 일			
	㉙ 종합소득공제 계			일반기부금	징수(보고)의무자 (서명 또는 인)			
	㉚ 개인연금 저축소득공제		㊴ 표준세액공제					
	㉛ 투자조합 출자등 소득공제		㊵ 외국납부세액공제		세무서장 귀하			
	㉜ 청년형 장기집합 투자증권저축							

㊺ 인적공제자 명세(해당 소득자의 기본공제와 추가공제 및 부양 등으로 공제금액 계산명세가 있는 자만 적습니다. 다만, 본인은 표기하지 않습니다)									
관계	성 명	주민등록번호	관계	성 명	주민등록번호	관계	성 명	주민등록번호	
		-			-			-	
		-			-			-	

※ 관계코드: 소득자의 직계존속=1, 배우자의 직계존속=2, 배우자=3, 직계비속(자녀·손자녀, 입양자)=4, 직계비속(직계비속과 그 배우자가 장애인인 경우 그 배우자)=5, 형제자매=6, 수급자=7(코드1~6제외), 위탁아동=8 * 4~6은 소득자와 배우자의 각각의 관계를 포함합니다.

작 성 방 법

1. 거주지국과 거주지국코드는 비거주자에 해당하는 경우에 한정하여 적으며, 국제표준화기구(ISO)가 정한 ISO코드 중 국명약어 및 국가코드를 적습니다(※ ISO국가코드: 국세청홈페이지→국세정보→국제조세정보→국제조세자료실에서 조회할 수 있습니다).
2. "징수의무자"란의 "⑤주민(법인)등록번호"는 소득자 보관용에는 적지 않습니다.
3. 원천징수의무자는 지급일이 속하는 과세기간의 다음 연도 3월 10일(휴업·폐업한 경우에는 휴업일·폐업일이 속하는 달의 다음다음 달 말일)까지 지급명세서를 제출해야 합니다.
4. "⑭ 지급액"란은 「소득세법」 제12조제5호아목에 따른 비과세 종교인소득을 제외하고 적습니다.
5. "⑮ 비과세소득"란에는 「소득세법 시행령」 제19조제3항제13호의 금액(종교관련종사자가 소속 종교단체의 규약 또는 소속 종교단체의 의결기구의 의결·승인 등을 통하여 결정된 지급 기준에 따라 종교 활동을 위하여 통상적으로 사용할 목적으로 지급받은 금액 및 물품)을 적습니다.
6. "㉝ 소득공제 등 종합한도 초과액"란은 종교인소득 소득·세액공제신고서(별지 제37호서식(2)) 제2쪽의 투자조합 출자 등 소득공제 항목의 "조합 등"란의 공제액이 2천5백만원을 초과하는 경우에 그 초과하는 금액을 적습니다.
7. "㊳ 기부금세액공제를 받는 소득자(종교 관련 종사자)에 대해서는 이 서식 제2쪽의 기부금명세서를 작성해야 하며, 종교인소득 지급명세서를 원천징수 관할 세무서장에게 제출 시 기부금명세서를 함께 제출해야 합니다.
8. "㊹ 차감 납부할 세액"란이 소액 부징수(1천원 미만을 말합니다)에 해당하는 경우 "0"으로 적습니다.
9. 이 서식에 적는 금액 중 소수점 이하 값은 버립니다.

210mm×297mm(백상지 80g/㎡)

제6장

(간이)지급명세서

01절

지급명세서

 일반소득에 대한 지급명세서 제출

1. 지급명세서 제출시기

소득세 납세의무가 있는 개인에게 원천징수 대상소득을 지급하는 자☆는 소득별 지급명세서를 그 지급일(원천징수시기에 대한 특례가 적용되는 소득의 경우는 당해 과세연도 종료일을 말한다)을 기준으로 다음의 제출기한까지 원천징수 관할 세무서장등에게 제출해야 한다.(소득법 164 ①)

☆ 원천징수 대상 소득을 지급하는 자의 범위에는 법인, 소득세법에 따라 소득의 지급을 대리하거나 그 지급권한을 위임 또는 위탁받은 자 및 소득세법에 따른 납세조합, 원천징수세액의 납세지를 본점 또는 주사무소의 소재지로 하는 자와 「부가가치세법」에 따른 사업자 단위 과세 사업자를 포함한다.

구 분	소득의 종류	제출기한
계속사업자	이자소득 · 배당소득 · 연금소득 · 기타소득	다음연도의 2월 말일까지
	근로소득 · 퇴직소득 · 사업소득 · 종교인소득 · 봉사료	다음연도의 3월 10일까지
휴업/폐업/해산한 자	모든 소득	휴업일 · 폐업일 · 해산일이 속하는 달의 다음다음 달 말일까지

2. 지급명세서 제출의제

소득세 납세의무가 있는 개인에게 원천징수 대상소득을 지급하는 자가 다음의 소득에 대한 간이지급명세서를 제출한 경우에는 그 제출한 부분에 대하여 지급명세서를 제출한 것으로 본다.(소득법 164 ⑦)

① 원천징수 대상 사업소득(연말정산대상 사업소득 제외)

② 2024.01.01. 이후 지급하는 소득세법 제21조 제1항 제19호☆에 해당하는 기타소득

☆ 가. 고용관계 없이 다수인에게 강연을 하고 강연료 등 대가를 받는 용역

나. 라디오·텔레비전방송 등을 통하여 해설·계몽 또는 연기의 심사 등을 하고 보수 또는 이와 유사한 성질의 대가를 받는 용역

다. 변호사, 공인회계사, 세무사, 건축사, 측량사, 변리사, 그 밖에 전문적 지식 또는 특별한 기능을 가진 자가 그 지식 또는 기능을 활용하여 보수 또는 그 밖의 대가를 받고 제공하는 용역

라. 그 밖에 고용관계 없이 수당 또는 이와 유사한 성질의 대가를 받고 제공하는 용역

┤ Check Point ├

○ 간이지급명세서 제출대상소득에 대한 지급명세서 제출의제 대상 소득 구분

소득구분	간이지급명세서 제출여부	지급명세서 제출의제
① 근로소득(일용근로소득 제외)	제출(○)	별도 지급명세 제출의무 있음
② 연말정산대상 사업소득	제출(○)	
③ ② 외의 사업소득	제출(○)	지급명세서 미제출한 경우에도 제출한 것으로 의제됨.
④ 제21조 제1항 제19호 기타소득	제출(○)	

2 / 일용근로소득에 대한 지급명세서 제출

1. 지급명세서 제출시기

일용근로소득을 지급하는 자는 그 지급일이 속하는 달의 다음 달 말일(휴업, 폐업 또는 해산한 경우에는 휴업일, 폐업일 또는 해산일이 속하는 달의 다음 달 말일)까지 지급명세서를 원천징수 관할 세무서장에게 제출하여야 한다.(소득법 164 ① 단서)

미지급한 일용근로소득으로 원천징수시기특례가 적용되는 경우에는 해당 소득의 지급일은 해당 과세기간 종료일이 되며 해당 과세기간 종료일(12.31.)을 기준으로 다음연도 1월말까지 제출하여야 한다.

2. 지급명세서 제출의제

지급명세서를 제출하여야 하는 자가 「고용보험법 시행령」 제7조 제1항 후단에 따라 근로내용 확인신고서를 고용노동부장관에게 제출한 경우에는 지급명세서를 제출한 것으로 본다.(소득령 213 ④)

3 / 지급명세서 제출방법 및 가산세

1. 제출방법

가. 전자제출

지급명세서를 제출하여야 하는 자는 지급명세서의 기재 사항을 정보통신망에 의하여 제출하거나 디스켓 등 전자적 정보저장매체로 제출하여야 한다. 이 경우 다음의 소득을 지급하는 자는 「조세특례제한법」 제126조의3에 따른 현금영수증 발급장치 등으로 정하는 방법을 통하여 제출할 수 있다.(소득법 164 ③)

① 일용근로자가 아닌 근로자에게 지급하는 근로소득
② 원천징수 대상 사업소득

나. 문서제출

지급명세서를 문서로 제출할 수 있는 자는 다음의 자를 제외하고 직전 과세기간에 제출한 지급명세서의 매수가 50매 미만인 자 또는 상시 근무하는 근로자의 수(매월 말일의 현황에 따른 평균인원 수를 말한다)가 10명 이하인 자를 말한다.(소득령 214 ③)

① 한국표준산업분류상의 금융보험업자   ② 국가·지방자치단체 또는 지방자치단체조합
③ 법인   ④ 복식부기의무자

2. 지급명세서등 제출 불성실가산세

지급명세서를 제출해야 할 자가 당해 지급명세서를 그 기한 내에 제출하지 아니하는 등의 경우에는 다음의 구분에 따른 금액을 가산세로 해당 과세기간의 종합소득결정세액에 더하여 납부하여야 한다.(소득법 81의11) 지급명세서 등 제출 불성실가산세는 그 의무위반의 종류별로 각각 5천만원(중소기업기본법상 중소기업 아닌 경우 1억원)을 한도로 적용한다. 다만, 해당 의무를 고의적으로 위반한 경우에는 한도적용을 배제한다.(국기법 49)

원천징수의무자 / 사유		개인(소득법 81의11 ①)	법인(법인법 75의7)
미 제 출		제출하지 아니한 분의 지급금액의 1%(일용근로소득 : 0.25%)	
제출	불분명한 경우와 사실과 다른 제출	불분명 또는 기재된 금액이 사실과 다른 금액의 1% (일용근로소득 : 0.25%)	
지 연 제 출		제출기한이 지난 후 3개월 이내에 제출하는 경우 지급금액의 0.5% (일용근로소득으로 제출기한이 지난 후 1개월 이내에 제출하는 경우 : 0.125%)	

여기서 '지급명세서가 불분명한 경우'란 다음에 해당하는 경우를 말한다. 다만, 지급 후에 그 지급받은 자의 소재가 불명된 것이 확인된 금액은 불분명한 금액에 포함하지 아니하는 것으로 한다.

① 제출된 지급명세서에 지급자 또는 소득자의 주소·성명·납세번호(주민등록번호로 갈음하는 경우에는 주민등록번호)나 사업자등록번호·소득의 종류·소득의 귀속연도 또는 지급액을 기재하지 아니하였거나 잘못 기재하여 지급사실을 확인할 수 없는 경우

② 제출된 지급명세서 및 이자·배당소득 지급명세서에 유가증권표준코드를 적지 아니하였거나 잘못 적어 유가증권의 발행자를 확인할 수 없는 경우

③ 제출된 지급명세서에 이연퇴직소득세를 적지 아니하였거나 잘못 적은 경우

참고

○ **지급명세서미제출가산세 적용시 지급명세서 제출 의무**(소득법 집행기준 81-147-5)

원천징수의무자가 지급명세서 제출기한까지 의무 불이행하여 지급명세서미제출가산세를 신고·납부 하였더라도 지급명세서 제출의 면제 및 특례에 열거되어 있지 않은 경우는 지급명세서 제출이 면제되는 것은 아니다.

○ **반기별 납부자의 특례**

원천징수세액을 반기별로 납부하는 원천징수의무자가 2021년 7월 1일부터 2022년 6월 30일까지 일용근로소득을 지급하는 경우로서 다음에 해당하는 경우에는 지급명세서 등 제출 불성실가산세는 부과하지 아니한다.(소득법 81의11 ②)

> 일용근로소득에 대한 지급명세서를 그 소득 지급일(근로소득 원천징수시기에 대한 특례가 적용되는 소득의 경우는 당해 과세연도 종료일을 말한다)이 속하는 분기의 마지막 달의 다음 달 말일(휴업, 폐업 또는 해산한 경우에는 휴업일, 폐업일 또는 해산일이 속하는 분기의 마지막 달의 다음 달 말일)까지 제출하는 경우

○ **근로소득지급명세서 양식**

■ 소득세법 시행규칙 [별지 제24호서식(1)] (2022.03.18 개정)　　　　　　　　　　　(8쪽 중 제1쪽)

관리 번호	[　]근로소득 원천징수영수증 [　]근로소득 지 급 명 세 서 ([　]소득자 보관용 [　]발행자 보관용 [　]발행자 보고용)				거주구분	거주자1/비거주자2
					거주지국	거주지국코드
					내·외국인	내국인1 /외국인9
					외국인단일세율적용	여 1 / 부 2
					외국법인소속 파견근로자 여부	여 1 / 부 2
					종교관련종사자 여부	여 1 / 부 2
					국적	국적코드
					세대주 여부	세대주1, 세대원2
					연말정산 구분	계속근로1, 중도퇴사2

징 수 의무자	① 법인명(상 호)		② 대 표 자(성 명)	
	③ 사업자등록번호		④ 주 민 등 록 번 호	
	③-1 사업자단위과세자 여부	여1 / 부2	③-2 종사업장 일련번호	
	⑤ 소 재 지(주소)			
소득자	⑥ 성　　　　명		⑦ 주 민 등 록 번 호(외국인등록번호)	
	⑧ 주　　　　소			

	구　분	주(현)	종(전)	종(전)	⑩-1 납세조합	합 계
	⑨ 근 무 처 명					

구분	법조문	비과세항목	지급명세서 작성 여부
비과세	소득법 §12 3 가	복무 중인 병(兵)이 받는 급여	×
	소득법 §12 3 나	법률에 따라 동원 직장에서 받는 급여	×
	소득법 §12 3 다	「산업재해보상보험법」에 따라 지급받는 요양급여 등	×
	소득법 §12 3 라	「근로기준법」 등에 따라 지급받는 요양보상금 등	×
	소득법 §12 3 마	「고용보험법」 등에 따라 받는 육아휴직급여 등	×
		「국가공무원법」 등에 따라 받는 육아휴직수당 등	×
	소득법 §12 3 바	「국민연금법」에 따라 받는 반환일시금(사망으로 받는 것에 한함) 및 사망일시금	×
	소득법 §12 3 사	「공무원연금법」 등에 따라 받는 요양비 등	×
	소득법 §12 3 아	비과세 학자금(소득령 §11)	○
	소득법 §12 3 자	소득령 §12 2~3(일직료・숙직료 등)	×
		소득령 §12 3(자가운전보조금)	×
		소득령 §12 4, 8(법령에 따라 착용하는 제복 등)	×
		소득령 §12 9~11(경호수당, 승선수당 등)	○
		소득령 §12 12 가(연구보조비 등) - 「유아교육법」, 「초・중등교육법」	○
		소득령 §12 12 가(연구보조비 등) - 「고등교육법」	○
		소득령 §12 12 가(연구보조비 등) - 특별법에 따른 교육기관	○
		소득령 §12 12 나(연구보조비 등)	○
		소득령 §12 12 다(연구보조비 등)	○
		소득령 §12 13 가(보육교사 근무환경개선비) - 「영유아보육법 시행령」	○
		소득령 §12 13 나(사립유치원 수석교사・교사의 인건비) - 「유아교육법 시행령」	○
		소득령 §12 14(취재수당)	○
		소득령 §12 15(벽지수당)	○
		소득령 §12 16(천재・지변 등 재해로 받는 급여)	○
		소득령 §12 17(정부・공공기관 중 지방이전기관 종사자 이전지원금)	○
		소득령 §12 18(종교관련 종사자가 소속 종교단체의 규약 또는 소속 종교단체의 의결기구의 의결・승인 등을 통하여 결정된 지급기준에 따라 종교 활동을 위하여 통상적으로 사용할 목적으로 지급받은 금액 및 물품)	○
	소득법 §12 3 차	외국정부 또는 국제기관에 근무하는 사람에 대한 비과세	○
	소득법 §12 3 카	「국가유공자 등 예우 및 지원에 관한 법률」에 따라 받는 보훈급여금 및 학습보조비	×

구분	법조문	비과세항목	지급명세서 작성 여부
비과세	소득법 §12 3 타	「전직대통령 예우에 관한 법률」에 따라 받는 연금	×
	소득법 §12 3 파	작전임무 수행을 위해 외국에 주둔하는 군인 등이 받는 급여	○
	소득법 §12 3 하	종군한 군인 등이 전사한 경우 해당 과세기간의 급여	×
	소득법 §12 3 거	소득령 §16 ① 1(국외 등에서 근로에 대한 보수) 100만원	○
		소득령 §16 ① 1(국외 등에서 근로에 대한 보수) 500만원	○
		소득령 §16 ① 2(국외근로)	○
	소득법 §12 3 너	「국민건강보험법」 등에 따라 사용자 등이 부담하는 보험료	×
	소득법 §12 3 더	생산직 등에 종사하는 근로자의 야간수당 등	○
	소득법 §12 3 러	비과세 식사대(월 20만원 이하)	○
		현물 급식	×
	소득법 §12 3 머	출산, 6세 이하의 자녀의 보육 관련 비과세 급여(월 20만원 이내)	○
	소득법 §12 3 버	국군포로가 지급받는 보수 등	×
	소득법 §12 3 서	「교육기본법」 제28조 제1항에 따라 받는 장학금	○
	소득법 §12 3 어	소득령 17의3 비과세 직무발명보상금	○
	소득법 §12 3 저	사택 제공 이익	×
		주택 자금 저리·무상 대여 이익	×
		종업원 등을 수익자로 하는 보험료·신탁부금·공제부금	×
		공무원이 받는 상금과 부상(연 240만원 이내)	×
	구 조특법 §15	주식매수선택권 비과세	○
	조특법 §16의2	벤처기업 주식매수선택권 행사이익 비과세	○
	조특법 §88의4⑥	우리사주조합 인출금 비과세(50%)	○
		우리사주조합 인출금 비과세(75%)	○
		우리사주조합 인출금 비과세(100%)	○
	소득법 §12 3 자	소득령 §12 13 다(전공의 수련보조수당)	○
감면	조특법 §18	외국인기술자 소득세 감면(50%)	○
		외국인기술자 소득세 감면(70%)	○
	조특법 §19	성과공유 중소기업의 경영성과급에 대한 세액공제 등	○
	조특법 §29조의6	중소기업 청년근로자 및 핵심인력 성과보상기금 수령액에 대한 소득세 감면 등(50%)	○
		중소기업 청년근로자 및 핵심인력 성과보상기금 수령액에 대한 소득세 감면 등(30%)	○
		중소기업 청년근로자 및 핵심인력 성과보상기금 수령액에 대한 소득세 감면 등(청년 90%)	○
		중견기업 청년근로자 및 핵심인력 성과보상기금 수령액에 대한 소득세 감면 등(청년 50%)	○

구분	법조문	비과세항목	지급명세서 작성 여부
감면	조특법 §18조의3	내국인 우수인력의 국내복귀에 대한 소득세 감면	○
	조특법 §30	중소기업 취업자 소득세 감면(70%)	○
		중소기업 취업자 소득세 감면(90%)	○
		조세조약상 소득세 면제(교사·교수)	○
	조세조약	조세조약상 소득세 면제(교사·교수)	○

02절

간이지급명세서 제출

 간이지급명세서 제출대상자

소득세 납세의무가 있는 개인에게 다음의 소득을 지급하는 자[☆]는 간이지급명세서를 제출하여야 한다.(소득법 164의3 ①)

☆ 소득을 지급하는 자의 범위에는 법인, 소득세법에 따라 소득의 지급을 대리하거나 그 지급 권한을 위임 또는 위탁받은 자 및 소득세법에 따른 납세조합, 원천징수세액의 납세지를 본점 또는 주사무소의 소재지로 하는 자와 「부가가치세법」에 따른 사업자 단위 과세 사업자를 포함하고 휴업, 폐업 또는 해산을 이유로 간이지급명세서 제출기한까지 지급명세서를 제출한 자는 제외한다.

> ① 일용근로자가 아닌 근로자에게 지급하는 근로소득
> ② 원천징수 대상 사업소득
> ③ 2024.01.01. 이후 지급하는 소득세법 제21조 제1항 제19호[☆]에 해당하는 기타소득
>> ☆ 가. 고용관계 없이 다수인에게 강연을 하고 강연료 등 대가를 받는 용역
>> 나. 라디오·텔레비전방송 등을 통하여 해설·계몽 또는 연기의 심사 등을 하고 보수 또는 이와 유사한 성질의 대가를 받는 용역
>> 다. 변호사, 공인회계사, 세무사, 건축사, 측량사, 변리사, 그 밖에 전문적 지식 또는 특별한 기능을 가진 자가 그 지식 또는 기능을 활용하여 보수 또는 그 밖의 대가를 받고 제공하는 용역
>> 라. 그 밖에 고용관계 없이 수당 또는 이와 유사한 성질의 대가를 받고 제공하는 용역

2 간이지급명세서 제출기한

간이지급명세서 제출 대상소득을 지급하는 자는 다음의 정하는 기한까지 원천징수 관할 세무서장에게 제출하여야 한다.

① 일용근로자가 아닌 근로자에게 지급하는 근로소득* : 그 소득 지급일(근로소득 원천징수시기에 대한 특례가 적용받는 소득에 대해서는 해당 소득에 대한 과세기간 종료일을 말한다)이 속하는 반기의 마지막 달의 다음 달 말일(휴업, 폐업 또는 해산한 경우에는 휴업일, 폐업일 또는 해산일이 속하는 반기의 마지막 달의 다음 달 말일)

　　☆ 2026.1.1. 이후 지급하는 근로소득은 그 소득 지급일(근로소득 원천징수시기에 대한 특례가 적용받는 소득에 대해서는 해당 소득에 대한 과세기간 종료일을 말한다)이 속하는 달의 다음 달 말일(휴업, 폐업 또는 해산한 경우에는 휴업일, 폐업일 또는 해산일이 속하는 달의 다음 달 말일)까지 제출하여야 한다.

② 그 외의 소득 : 그 소득 지급일(연말정산 사업소득의 원천징수시기에 대한 특례를 적용받는 소득에 대해서는 해당 소득에 대한 과세기간 종료일을 말한다)이 속하는 달의 다음 달 말일(휴업, 폐업 또는 해산한 경우에는 휴업일, 폐업일 또는 해산일이 속하는 달의 다음 달 말일)

참고

○ 원천징수 대상 사업소득의 미지급분에 대한 간이지급명세서 제출

구　분	간이지급명세서 제출기한
① 연말정산대상 원천징수 대상 사업소득	과세기간 종료일의 다음 달 말일
② 일용근로자가 아닌 근로자에게 지급하는 근로소득	지급일이 속하는 반기의 마지막 달의 다음 달 말일
③ 그 외의 사업소득 및 기타소득	지급일의 다음 달 말일

---

3 간이지급명세서 제출방법 및 가산세

1. 제출방법

가. 전자제출

간이지급명세서를 제출하여야 하는 자는 간이지급명세서의 기재 사항을 「국세기본법」에 따른 정보통신망을 통하여 제출하거나 디스켓 등 전자적 정보저장매체로 제출하여야 한다. 이 경우 총급여액이 근로소득공제액 및 본인에 대한 기본공제액의 합계액 이하인 거주자에게 지급하는 근로소득을 지급하는 자는 「조세특례제한법」 제126조의3에 따른 현금영수증 발급장치 등의 방법을 통하여 제출할 수 있다.(소득령 213의2 ①)

나. 문서제출

간이지급명세서를 문서로 제출할 수 있는 자는 다음의 자를 제외하고 제출한 직전 과세연도 지급명세서가 20매 미만인 자 또는 상시 근무하는 근로자의 수(매월 말일의 현황에 따른 평균인원 수를 말한다)가 5명 이하인 자로 한다.(소득령 214 ④)

① 한국표준산업분류상의 금융보험업자 ② 국가·지방자치단체 또는 지방자치단체조합
③ 법인 ④ 복식부기의무자

2. 지급명세서등 제출 불성실가산세

간이지급명세서를 제출해야 할 자가 당해 간이지급명세서를 그 기한 내에 제출하지 아니하는 등의 경우에는 다음의 구분에 따른 금액을 가산세로 해당 과세기간의 종합소득결정세액에 더하여 납부하여야 한다.(소득법 81의11) 지급명세서 등 제출 불성실가산세는 그 의무위반의 종류별로 각각 5천만원(중소기업기본법상 중소기업 아닌 경우 1억원)을 한도로 적용한다. 다만, 해당 의무를 고의적으로 위반한 경우에는 한도적용을 배제한다.(국기법 49)

원천징수의무자 / 사유		개인(소득법 81의11 ①)	법인(법인법 75의7)
미 제 출		제출하지 아니한 분의 지급금액의 0.25%	
제출	불분명한 경우와 사실과 다른 제출	불분명 또는 기재된 금액이 사실과 다른 금액의 0.25%	
지 연 제 출		제출기한이 지난 후 3개월☆ 이내에 제출하는 경우 지급금액의 0.125% ☆ 원천징수 대상 사업소득은 제출기한이 지난 후 1개월 이내인 경우 지연제출에 해당함.	

여기서 '지급명세서가 불분명한 경우'란 다음에 해당하는 경우를 말한다. 다만, 지급 후에 그 지급받은 자의 소재가 불명된 것이 확인된 금액은 불분명한 금액에 포함하지 아니하는 것으로 한다.(소득령 147의7 ①)

제출된 간이지급명세서에 지급자 또는 소득자의 주소·성명·납세번호(주민등록번호로 갈음하는 경우에는 주민등록번호), 사업자등록번호, 소득의 종류, 소득의 귀속연도 또는 지급액을 적지 않았거나 잘못 적어 지급사실을 확인할 수 없는 경우

◦ 반기별 납부자의 특례

원천징수세액을 반기별로 납부하는 원천징수의무자가 2021년 7월 1일부터 2022년 6월 30일까지 원천징수 대상 사업소득을 지급하는 경우로서 다음에 해당하는 경우에는 지급명세서 등 제출 불성실가산세는 부과하지 아니한다.(소득법 81의11 ②)

> 간이지급명세서를 그 소득 지급일(연말정산 사업소득의 원천징수시기에 대한 특례를 적용받는 소득에 대해서는 해당 소득에 대한 과세기간 종료일을 말한다)이 속하는 반기의 마지막 달의 다음 달 말일(휴업, 폐업 또는 해산한 경우에는 휴업일, 폐업일 또는 해산일이 속하는 반기의 마지막 달의 다음 달 말일)까지 제출하는 경우

◦ 간이지급명세 제출사례

1) 2024년 12월 근로소득을 2025년 1월에 지급하는 경우 간이지급명세서 제출시기는?

 답변) 과세기간 중 지급하는 근로소득은 지급일이 속하는 반기의 마지막 달의 다음 달 말일까지 간이지급명세서를 제출하며 과세기간 종료일까지 미지급한 근로소득은 과세기간 종료일이 속하는 반기의 마지막 달의 다음 달 말일까지 제출하여야 한다. 따라서 2024년 12월 근로소득을 2025년에 지급하는 경우에도 2025년 1월 말일까지 간이지급명세서를 제출하여야 한다.

2) 2024년 12월 사업소득을 2025년 1월에 지급하는 경우 간이지급명세서 제출시기는?

 답변) 과세기간 중 지급하는 사업소득은 지급일의 다음 달 말일까지 간이지급명세서를 제출하며 과세기간 종료일까지 미지급한 원천징수 대상 사업소득은 다음과 같은 기간까지 간이지급명세서를 제출하여야 한다.

 ① 연말정산 대상 사업소득 : 사업연도 종료일의 다음 달 말일까지(2025.01.31.)

 ② 그 외의 사업소득 : 사업소득의 지급일의 다음 달 말일까지

지급명세서등 가산세의 적용배제

1 지급명세서등 가산세의 부과 제외

다음에 해당하는 경우에는 간이지급명세서의 미제출가산세를 부과하지 아니한다.(소득법 81의11 ③)

소득구분		소득지급시기	지급명세서등 제출시점
근로소득	매월 납부자	2026.01.01.~2026.12.31.	간이지급명세서를 소득 지급일(원천징수시기에 대한 특례를 적용받는 소득에 대해서는 해당 소득에 대한 과세기간 종료일을 말한다)이 속하는 반기의 마지막 달의 다음 달 말일(휴업, 폐업 또는 해산한 경우에는 휴업일, 폐업일 또는 해산일이 속하는 반기의 마지막 달의 다음 달 말일)까지 제출하는 경우
	반기별 납부자	2026.01.01.~2027.12.31.	
소득세법 제21조 제1항 제19호에 해당하는 기타소득		2024.01.01.~2024.12.31.	지급명세서를 그 소득 지급일이 속하는 과세연도의 다음연도의 2월 말일(휴업, 폐업 또는 해산한 경우에는 휴업일, 폐업일 또는 해산일이 속하는 달의 다음 달 말일)까지 제출하는 경우

2 지급명세서등 가산세 적용배제 특례

다음의 소득에 대하여 제출된 지급명세서 및 간이지급명세가 불분명한 경우에 해당하거나 기재된 지급금액이 사실과 다른 경우로서 지급명세서등에 기재된 각각의 총 지급금액에서 불분명하거나 사실과 다른 분의 지급금액이 차지하는 비율이 5% 이하인 경우에는 해당 가산세는 부과하지 아니한다.(소득법 81의11 ④) 따라서 미제출된 지급명세서 등 가산세는 부과된다.

① 일용근로소득
② 일용근로자가 아닌 근로자에게 지급하는 근로소득
③ 원천징수 대상 사업소득
④ 2024.01.01. 이후 지급하는 소득세법 제21조 제1항 제19호☆에 해당하는 기타소득

　☆ 가. 고용관계 없이 다수인에게 강연을 하고 강연료 등 대가를 받는 용역
　　 나. 라디오·텔레비전방송 등을 통하여 해설·계몽 또는 연기의 심사 등을 하고 보수 또는 이와
　　　 유사한 성질의 대가를 받는 용역
　　 다. 변호사, 공인회계사, 세무사, 건축사, 측량사, 변리사, 그 밖에 전문적 지식 또는 특별한 기능
　　　 을 가진 자가 그 지식 또는 기능을 활용하여 보수 또는 그 밖의 대가를 받고 제공하는 용역
　　 라. 그 밖에 고용관계 없이 수당 또는 이와 유사한 성질의 대가를 받고 제공하는 용역

3 지급명세서등 가산세의 중복 적용배제

　2023.01.01. 이후부터 다음의 소득에 대한 지급명세서등의 제출의무가 있는 자에 대하여 지급명세서 미제출 가산세가 부과되는 부분에 대해서는 간이지급명세서 미제출 가산세를 부과하지 아니한다.

　또한 제출된 지급명세서가 불분명하거나 사실과 다른 분의 지급액에 대한 가산세가 부과되는 부분에 대해서는 제출된 간이지급명세서가 불분명하거나 사실과 다른 분의 지급액에 대한 가산세를 부과하지 아니한다.(소득법 81의11 ⑤)

① 원천징수 대상 사업소득(연말정산대상 사업소득 제외)
② 2024.01.01. 이후 지급하는 소득세법 제21조 제1항 제19호☆에 해당하는 기타소득

　☆ 가. 고용관계 없이 다수인에게 강연을 하고 강연료 등 대가를 받는 용역
　　 나. 라디오·텔레비전방송 등을 통하여 해설·계몽 또는 연기의 심사 등을 하고 보수 또는 이와
　　　 유사한 성질의 대가를 받는 용역
　　 다. 변호사, 공인회계사, 세무사, 건축사, 측량사, 변리사, 그 밖에 전문적 지식 또는 특별한 기능
　　　 을 가진 자가 그 지식 또는 기능을 활용하여 보수 또는 그 밖의 대가를 받고 제공하는 용역
　　 라. 그 밖에 고용관계 없이 수당 또는 이와 유사한 성질의 대가를 받고 제공하는 용역

○ 소득별 지급명세서등 가산세 중복배제 적용 여부

소득구분	제출여부		가산세 적용 여부
	간이지급 명세서	지급 명세서	
① 근로소득 (일용근로소득 제외) ② 연말정산대상 사업소득	제출(×)	제출(×)	간이지급명세서 및 지급명세서 가산세 모두 적용
	제출(○)	제출(×)	
	제출(×)	제출(○)	간이지급명세서 가산세 적용
③ ② 외의 사업소득 ④ 제21조 제1항 제19호 기타소득	제출(×)	제출(×)	
	제출(○)	제출(×)	가산세 없음(지급명세서 제출의제됨)
	제출(×)	제출(○)	간이지급명세서 가산세 적용

예규 ●●●

● 「소득세법」 제164조 제7항 적용에 따라 지급명세서 제출의무가 면제되는 간이지급명세서 제출기한(서면
법규소득 2024 – 868, 2024.07.11.)

「소득세법」 제164조 제7항에 따라 간이지급명세서를 제출한 경우에 그 제출한 부분에 대하여 지급
명세서를 제출한 것으로 보기 위해서는, 간이지급명세서를 같은 조 제1항에 따른 지급명세서 제출
기한까지 제출하여야 하는 것임.

● 원천징수 대상 사업소득(연말정산 사업소득 제외)을 지급하는 자가 휴업, 폐업 또는 해산한 경우에도 간이
지급명세서 제출시 그 제출한 부분에 대한 지급명세서 제출이 인정되는지 여부(서면소득관리 2024 – 452,
2024.02.27.)

'23년 지급분부터는 원천징수 대상 사업소득(연말정산 사업소득 제외)을 지급하는 자가 간이지급명
세서를 제출한 경우 그 제출한 부분에 대하여 지급명세서를 제출한 것으로 보도록 소득세법 개정되
었으므로(소득법 §164 ⑦) 원천징수 대상 사업소득(연말정산 사업소득 제외)을 지급하는 자가 휴업,
폐업 또는 해산한 경우에도 간이지급명세서 제출시 그 제출한 부분에 대한 지급명세서 제출이 인정
이 됨. 간이지급명세서 제출시 지급명세서 제출 면제 규정은 간이지급명세서 제출사업자의 부담 경
감을 위해 도입된 것으로 지급명세서 제출 면제 규정 또한 계속사업자와 달리 볼 이유가 없으므로
소득법 §164 ⑦ 적용은 동일함.

● 「소득세법 시행규칙」 별지 서식 제24호의4(2) 작성방법의 지급시기 의제에 따라 가산세 부과 여부(기획재
정부소득정보 – 132, 2022.09.16.)

원천징수 대상 사업소득의 지급일이 속하는 달의 다음 달 말일까지 간이지급명세서를 제출한 경우
간이지급명세서 미제출·기한후제출 가산세를 부과할 수 없음.

● 비거주자에게 사업소득 등을 지급하는 경우, 간이지급명세서 제출의무(서면법규소득 2021 – 5082, 2022.
01.24.)

비거주자에게 「소득세법」 제119조에 규정된 국내원천 선박등임대소득, 국내원천 사업소득, 국내원천 인적용역소득, 국내원천 사용료소득을 지급하는 경우에는 간이지급명세서 제출의무가 없음.

◉ 간이지급명세서 제출 후 지급명세서 미제출시 가산세 적용 여부(기획재정부법인 – 1769, 2020.11.30.)

내국법인이 원천징수 대상 사업소득 지급분에 대해 근로소득간이지급명세서를 제출기한 내에 제출하였으나, 지급명세서를 제출기한까지 제출하지 아니한 경우에는 「법인세법」 제75조의7 제1항에 따른 가산세가 적용되는 것임.

◉ 제출의무 없는 경우 착오로 지급명세서 제출시 가산세 적용 여부(서면법인 2020 – 2344, 2020.10.21.)

건설업을 영위하는 내국법인이 개인 수분양자와 분양계약이 해지되어 분양반환금에 대한 이자상당액을 지급하면서 수분양자로부터 동일한 금액의 해약위약금을 수령하여 동 수분양자에게 기타소득이 발생하지 않는 경우로서 해당 내국법인이 지급명세서 제출의무가 없음에도 착오로 기타소득 지급명세서를 제출한 경우에는 지급명세서 제출불성실 가산세를 적용하지 않는 것임.

◉ 기타소득처분된 소득의 지급명세서 제출시기(서면법인 2019 – 4282, 2020.06.08.)

내국법인이 2016년 사업연도에 근로자를 고용하지 않고도 장부상 임금을 지급한 것으로 기재하고 근로소득지급명세서를 제출한 경우에는 「법인세법」 제76조 제7항 제2호(2016.12. 20. 법률 제14386호로 개정되기 전의 것)에 따른 가산세가 적용되는 것이며, 법인세의 과세표준과 세액을 수정신고 하면서 손금불산입 기타소득으로 처분한 금액에 대한 기타소득지급명세서는 수정신고일이 속하는 과세기간의 다음연도 2월 말일까지 제출하는 것임.

◉ 근로소득간이지급명세서 제출 면제 대상 식대, 자가운전보조금을 비과세소득에 포함하여 착오 제출한 경우 수정제출 필요 여부와 가산세 해당 여부(서면소득지원 2019 – 2416, 2019.08.22.)

「소득세법」 제164조의 3 제1항에 따라 제출대상 소득을 기재하여 근로소득간이지급명세서를 제출해야 하며 제출 면제대상을 포함하여 제출한 경우에는 수정제출 해야 함. 제출된 근로소득간이지급명세서가 불분명한 경우에 해당하거나 제출된 근로소득간이지급명세서에 기재된 지급금액이 사실과 다른 경우 가산세를 부과하는 것임. 다만, 제출 면제 대상 식대, 자가운전보조금을 비과세소득에 포함하여 착오 제출하였고 그 사유가 국세기본법 제48조 제1항에 따른 가산세 감면의 정당한 사유에 해당할 경우 가산세가 면제되는 것이나, 이에 해당되는지 여부는 종합적인 사실관계를 확인하여 판단하는 것임.

◉ 지급금액이 과다 기재된 일용근로소득 지급명세서 수정제출 시 가산세 해당 여부(서면법규 – 393, 2013.04.08.)

원천징수의무자가 제출한 일용근로소득 지급명세서에 기재된 지급금액이 실제 지급액보다 과다하게 기재된 경우 지급명세서 등 제출 불성실가산세를 적용하는 것임.

◉ 근로소득을 기타소득으로 지급명세서를 제출한 경우(원천세과 – 259, 2012.5.11.)

소득구분 착오로 근로소득을 기타소득으로 지급명세서를 제출한 경우 근로소득지급명세서를 제출하지 아니하였으므로 소득세법에 따른 지급명세서 등 제출 불성실가산세를 적용함.

◉ 단순착오로 원천징수의무자와 소득자 명의를 잘못 기재한 경우 가산세 적용(원천세과 – 590, 2012.11.2.)

단순착오로 원천징수의무자와 소득자 명의를 잘못 기재하여 원천징수하여 신고·납부하고 지급명

세서를 제출한 경우 원천납부불성실가산세는 적용하지 않으나 지급명세서 등 제출 불성실가산세는
적용됨.

4 / 질문과 답변 사례모음[29]

질문 및 답변

Q 01   지급명세서 전자제출 기한을 넘겼는데 어떻게 하는지?

홈택스 지급명세서 전자제출은 기한 내(2025. 3. 10.) 제출만 가능하다. 기한이 경과한 후에는 사업
장 관할 세무서에 서면이나 전산매체로 제출해야 한다. 홈택스를 통한 근로소득지급명세서, 의료
비지급명세서 수정·기한 후 제출 서비스는 4월 말부터 이용 가능하다.

Q 02   지급명세서 수시제출 서비스를 통해 중도퇴사자의 근로소득지급명세서를 2024년에 이미 제출하였는데, 지급명세서 제출기한까지 중도퇴사자의 지급명세서를 다시 제출해야 하는지?

지급명세서 수시제출 서비스를 통해 미리 해당연도에 근로소득지급명세서를 제출하였다면, 지급
명세서 제출기한(3.10.)까지 다시 제출할 필요가 없다.

만약, 중도퇴사자 등 미리 제출한 지급명세서를 포함하여 연말정산 대상자와 함께 다시 제출되는
경우 중복제출에 해당되어 이중 자료가 생성된다.

* 중도퇴사자의 지급명세서는 수시제출 서비스를 통해 해당연도 중에 미리 제출하거나, 연말정산 대상자와
함께 지급명세서 제출기한까지 제출 가능

---

29) 국세청, 2023년 연말정산 Q&A(게시용) 일부 인용 및 개정세법 반영하여 수정함.

Q03　지급명세서를 홈택스로 이미 전자제출(전송)했는데 일부 자료를 수정하고 싶은 경우 어떻게 하는지?

지급명세서를 제출기한(2월 말일 또는 3.10.)*까지 여러 번 전송한 경우, 마지막으로 전송한 자료만 유효한 자료로 인정되므로

* (2월 말일) 이자·배당소득·기타소득 등, (3.10.) 근로·사업·연금계좌·퇴직소득

직접 작성 방식으로 제출한 경우, 제출기한까지 제출 완료된 자료를 불러와서 수정 후 다시 제출해야 한다.

변환 방식으로 제출한 경우, 제출기한까지 제출 파일을 수정한 후 전체 자료를 다시 제출해야 한다.

Q04　지급명세서 중 일부 자료가 누락된 경우 누락분만 제출해도 되는지?

누락분만 제출하면 안된다.

직접 작성 방식으로 제출한 경우, 제출 완료된 자료를 불러와서 누락분을 추가로 입력한 후 다시 제출해야 한다.

변환 방식으로 제출한 경우, 누락분을 포함한 전체 자료 파일을 만들어서 다시 제출해야 한다.

Q05　본점사업자인데 지점사업자의 지급명세서를 대리해서 제출할 수 있는지?

직접 작성 방식으로 제출한 경우, 본점에서 지점 자료를 작성해서 제출할 수 없다.(금융소득지급명세서는 직접 작성 방식으로 제출 가능)

변환 방식으로 제출하는 경우, 본점에서 지점 자료를 작성해서 제출할 수 있다.

A레코드(제출자)는 본점사업자번호를, B레코드(원천징수의무자별 집계)에서는 지점사업자번호를 기재하여 제출하면 된다.

Q06　동일 사업장에서 부서마다 지급명세서 자료를 작성해서 제출할 방법이 있는지?

(편리한 연말정산) 부서사용자 아이디를 여러 개 만들어서 각각 제출이 가능하다. 동일 사업장에서 각각 다른 (편리한 연말정산) 부서사용자 아이디를 이용해서 제출한 자료는 모두 유효한 자료가 된다.

Q07　부서 사용자들이 각각 제출한 자료를 취합하여 제출할 수 있는 방법이 있는지?

(편리한 연말정산) 총괄부서 사용자 아이디를 만들어서 부서 사용자가 제출한 자료를 취합해서 다시 제출할 수 있다.

이때, (편리한 연말정산) 부서 사용자가 제출한 자료는 취소 처리되고 (편리한 연말정산)총괄 부서 사용자가 취합해서 제출한 자료가 최종 자료가 된다.

Q08　2017년 귀속분부터「기부금명세서」제출방법이 변경되었다고 하는데 어떻게 제출하면 되는지?

정확한 기부장려금을 확인하기 위하여 홈택스와 전산매체로 기부금세액공제를 적용받는 근로자의「기부금명세서」는 기부금공제를 받는「근로소득, 사업소득(연말정산), 종교인소득(연말정산)지급명세서」에 포함하여 제출해야 한다.

※ 2016년 귀속까지는「근로소득지급명세서」와「기부금명세서」를 홈택스나 전산매체로 각각 별도 파일을 생성하여 제출하였음.「의료비지급명세서」는 기존과 동일하게「근로소득지급명세서」와 별도로 제출해야 함.

제 7 장

비거주자의 연말정산

01절

거주자와 비거주자

1 / 거주자와 비거주자

거주자는 국내에 주소를 두거나 183일 이상의 거소를 둔 개인을 말하며, 비거주자는 거주자가 아닌 개인을 말한다.(소득법 1의2) 국적이나 외국영주권 취득 여부와는 관련이 없으며 거주기간, 직업, 국내에 생계를 같이하는 가족 및 국내 소재 자산의 유무 등 생활관계의 객관적인 사실에 따라 구분한다.

1. 주소와 거소의 판정

가. 주소와 거소의 개념

주소는 국내에서 생계를 같이 하는 가족 및 국내에 소재하는 자산의 유무 등 생활관계의 객관적 사실에 따라 판정하며, 거소는 주소지 외의 장소 중 상당기간에 걸쳐 거주하는 장소로서 주소와 같이 밀접한 일반적 생활관계가 형성되지 아니한 장소이다.(소득령 2)

나. 주소를 가진 것으로 보는 경우

국내에 거주하는 개인이 다음의 경우에는 국내에 주소를 가진 것으로 본다.

> ① 계속하여 183일 이상 국내에 거주할 것을 통상 필요로 하는 직업을 가진 때
> ② 국내에 생계를 같이하는 가족이 있고, 그 직업 및 자산상태에 비추어 계속하여 183일 이상 국내에 거주할 것으로 인정되는 때

다. 주소가 없는 것으로 보는 경우

국외에 거주 또는 근무하는 자가 외국국적을 가졌거나 외국법령에 의하여 그 외국의 영

주권을 얻은 자로서 국내에 생계를 같이하는 가족이 없고 그 직업 및 자산상태에 비추어 다시 입국하여 주로 국내에 거주하리라고 인정되지 아니하는 때에는 국내에 주소가 없는 것으로 본다.

라. 외국을 항행하는 선박 또는 항공기의 승무원

외국을 항행하는 선박 또는 항공기의 승무원의 경우 그 승무원과 생계를 같이하는 가족이 거주하는 장소 또는 그 승무원이 근무기간 외의 기간 중 통상 체재하는 장소가 국내에 있는 때에는 해당 승무원의 주소는 국내에 있는 것으로 보고, 그 장소가 국외에 있는 때에는 해당 승무원의 주소가 국외에 있는 것으로 본다.

2. 거주기간의 계산

국내에 183일 이상 거소를 둔 경우에는 거주자로 보며 이 경우 거주기간은 다음과 같이 계산한다.(소득령 4)

① 국내에 거소를 둔 기간은 입국하는 날의 다음 날부터 출국하는 날까지로 한다.
② 국내에 거소를 두고 있던 개인이 출국 후 다시 입국한 경우에 생계를 같이하는 가족의 거주지나 자산소재지 등에 비추어 그 출국목적이 관광, 질병의 치료 등으로서 명백하게 일시적인 것으로 인정되는 때에는 그 출국한 기간도 국내에 거소를 둔 기간으로 본다.
③ 국내에 거소를 둔 기간이 1과세기간 동안 183일 이상인 경우에는 국내에 183일 이상 거소를 둔 것으로 본다.
④ 「재외동포의 출입국과 법적 지위에 관한 법률」 제2조에 따른 재외동포가 입국한 경우 생계를 같이 하는 가족의 거주지나 자산소재지 등에 비추어 그 입국목적이 관광, 질병의 치료 등 「소득세법 시행규칙」 제2조에 규정하는 사유에 해당하여 그 입국한 기간이 명백하게 일시적인 것으로 인정되는 때에는 해당 기간은 국내에 거소를 둔 기간으로 보지 아니한다.

예규 ●●●

● **거주기간을 계산함에 있어 일시적 출국 여부**(부동산거래관리 - 1537, 2010.12.30.)
국내에 거소를 둔 기간은 「소득세법 시행령」 제4조에 따라 입국하는 날의 다음 날부터 출국하는 날까지로 하는 것이며, 국내에 거소를 두고 있던 개인이 출국 후 다시 입국한 경우 생계를 같이하는 가족의 거주지나 자산소재지 등에 비추어 그 출국목적이 명백하게 일시적으로 인정되는 때에는 그 출국한 기간도 국내에 거소를 둔 기간으로 보는 것임.

2 거주자 또는 비거주자가 되는 시기

비거주자가 거주자로 되는 시기 또는 거주자가 비거주자로 되는 시기는 다음의 시기로 한다.(소득령 2의2)

비거주자가 거주자로 되는 시기	거주자가 비거주자로 되는 시기
① 국내에 주소를 둔 날 ② 국내에 주소를 가지거나 국내에 주소가 있는 것으로 보는 사유가 발생한 날 ③ 국내에 거소를 둔 기간이 183일이 되는 날	① 거주자가 주소 또는 거소의 국외 이전을 위하여 출국하는 날의 다음 날 ② 국내에 주소가 없거나 국외에 주소가 있는 것으로 보는 사유가 발생한 날의 다음 날

예규 ●●●

● **거주자 여부 및 거주자로 되는 시기**(서면국제세원 2021−3451, 2021.07.20.)

거주자·비거주자의 구분은 거주기간, 직업, 국내에서 생계를 같이하는 가족 및 국내소재 자산의 유무 등 생활관계의 객관적 사실에 따라 판단하는 것이며, 비거주자가 거주자가 되는 시기는 「소득세법 시행령」 제2조의2 제1항 각 호의 시기로 하는 것임.

● **비거주자가 국내에서 계속 거주할 목적으로 가족과 함께 입국 시 거주자로 되는 시기**(서면국제세원 2019−3824, 2019.11.19.)

거주자·비거주자의 구분은 거주기간, 직업, 국내에서 생계를 같이하는 가족 및 국내소재 자산의 유무 등 생활관계의 객관적 사실에 따라 판단하는 것이며, 비거주자가 국내에 계속 거주할 예정으로 가족과 함께 입국하는 경우 입국한 날을 주소를 가진 것으로 보는 사유가 발생한 날로 보는 것이며, 그날이 거주자로 되는 시기임.

3 해외현지법인등의 임·직원 등에 대한 거주자 판정

거주자나 내국법인의 국외사업장 또는 해외현지법인(내국법인이 발행주식 총수 또는 출자지분의 100분의 100을 직접 또는 간접 출자한 경우에 한정한다) 등에 파견된 임원 또는 직원이나 국외에서 근무하는 공무원은 거주자로 본다.(소득령 3)

4 과세대상 소득의 범위

거주자는 소득세법에서 규정하는 모든 소득에 대해서 과세한다. 다만, 해당 과세기간 종료일 10년 전부터 국내에 주소나 거소를 둔 기간의 합계가 5년 이하인 외국인거주자에게는 과세대상 소득 중 국외에서 발생한 소득의 경우 국내에서 지급되거나 국내로 송금된 소득에 대해서만 과세한다.(소득법 3)

비거주자에게는 「소득세법」 제119조에 따른 국내원천소득에 대해서만 과세한다.

참고

○ **납세의무 변경에 따른 과세소득의 범위 등**(소득법 집행기준 3-0-1)

① 비거주자가 거주자로 된 때에는 비거주자인 기간(1.1.~거주자로 된 전날)의 종합과세하는 국내원천소득과 거주자인 기간(거주자로 된 날 ~ 12.31.)의 국내외에서 발생하는 소득세가 과세되는 모든 소득을 합산하여 과세한다.

② 거주자가 출국 등으로 비거주자가 되었으나 출국한 날의 다음 날 이후에 발생한 소득에 종합과세 하는 국내원천소득이 있는 경우에는 거주자인 기간(1.1.~출국한 날)의 국내외에서 발생하는 소득세가 과세되는 모든 소득과 비거주자인 기간(출국한 날의 다음 날~12.31.)의 종합과세 하는 국내원천소득을 합산하여 과세한다. 이 경우 거주자로서 납부한 소득세는 기납부세액으로 공제한다.

예규 ●●●

● 「소득세법」 제3조 제1항 단서 규정에 따른 단기 거주 외국인의 과세소득의 범위(서면법규-1402, 2013. 12.26.)

해당 과세기간 종료일 10년 전부터 국내에 주소나 거소를 둔 기간의 합계가 5년 이하인 외국인거주자(이하 "단기 거주 외국인"이라 한다)가 국내에서 근로를 제공함에 따라 외국법인으로부터 외국 현지에서 지급받는 급여는 국내원천소득에 해당되는 것으로 「소득세법」 제3조 제1항 단서 규정이 적용되지 않는 것이며, 해당 단기 거주 외국인이 국내에서 제공한 근로의 대가를 국외에서 지급받는지에 관계없이 국내에서 소득세가 과세되는 것임.

02절

비거주자의 연말정산

1 / 비거주자의 연말정산 대상 국내원천소득

비거주자의 연말정산 대상 국내원천소득은 다음과 같다.(소득법 119 7호, 소득령 179 ⑧)

① 국내에서 제공하는 근로의 대가로서 받는 소득
② 거주자 또는 내국법인이 운용하는 외국항행선박·원양어업선박 및 항공기의 승무원이 받는 급여
③ 내국법인의 임원 자격으로서 받는 급여
④ 법인세법에 따라 상여로 처분된 금액

 예규

● **미국 현지에서 근로를 제공하는 근로자에 대하여 내국법인이 급여를 지급할 경우, 비거주자의 국내원천소득에 해당하는 지 여부**(서면국제세원 2023 – 1130, 2023.05.08.)

내국법인이 비거주자를 채용하여 국외에서만 근로를 제공하게 하고 대가를 지급하는 경우, 동 대가는 국내원천소득에 해당하지 아니하므로 국내에서 과세되지 않는 것임.

● **비거주자가 국외에서 근로를 제공하고 받는 대가의 국내원천소득 해당 여부**(서면국제세원 2020 – 3289, 2020.08.04.)

내국법인이 전적으로 국외에서 활동하는 비거주자인 중국현지인을 고용하여 급여를 지급하는 경우 동 급여는 국내원천소득에 해당하지 아니하므로 국내에서 원천징수 되지 아니함.

● **비거주자가 내국법인의 임원으로서 받는 급여가 국내원천 근로소득에 해당하는지 여부**(서면법령해석국조 2019-61, 2019.02.20.)

내국법인이 비거주자(미국 거주자)를 채용하여 미국에서만 근로를 제공하게 하고 대가를 지급하는 경우 동 대가는 비거주자의 국내원천 근로소득에 해당하지 아니하는 것이나, 비거주자가 임원으로서 보수의 지급원인이 되는 직무가 국내에서 행해지는 경우에는 해당 비거주자에게 지급하는 보수는 「소득세법」 제119조 제7호 및 「한·미 조세조약」 제19조에서 규정하는 국내원천 근로소득에 해당하는 것으로 해당 비거주자의 직무가 국내에서 행해지는 것인지 여부는 이사회에 참석하여 회사의 중요 의사결정사항에 의결권을 행사하는지 여부 등을 종합적으로 고려하여 사실판단할 사항임.

● **비거주자의 근로소득 과세 여부 및 비과세되는 실비변상적 급여의 범위**(서면법령해석국조 2016-5505, 2017.02.08.)

영국거주자가 내국법인의 대표이사로서 국·내외에서 제공한 근로대가 및 임원의 자격으로 내국법인으로부터 지급받는 급여는 「소득세법」 제119조 제7호 및 같은 법 시행령 제179조 제8항과 「한·영 조세조약」 제15조 및 제16조의 규정에 따라 비거주자의 근로소득으로 과세되는 것이며, 국내 근로기간 중 업무수행을 위하여 비거주자 임원에게 제공된 숙박비, 항공권, 택시비, 식비 및 여비 등이 합리적 또는 경제적이라고 인정되는 범위를 초과하는 경우에는 실비변상적 급여에 해당하지 아니하는 것임.

● **외국인근로자가 국내 근로제공에 따른 성과급을 비거주 상태에서 지급받은 경우 국내 원천소득 해당 여부** (국제세원-547, 2011.11.18.)

외국모회사 소속 근로자가 국내자회사에 파견되어 근로를 제공한 후 비거주자인 상태에서 국내에서의 근로제공에 대한 성과급을 외국모회사로부터 수취하는 경우, 동 성과급은 「소득세법」 제119조 제7호에 따른 국내원천 근로소득으로 과세하는 것이며, 매출액·영업이익률 등 계량적 요소에 따라 성과급상여를 지급하기로 한 경우 당해 성과급상여의 귀속시기는 계량적 요소가 확정되는 날이 속하는 연도가 되는 것이며, 계량적·비계량적 요소를 평가하여 그 결과에 따라 차등 지급하는 경우 당해 성과급상여의 귀속시기는 개인별 지급액이 확정되는 연도가 되는 것임.

2 / 비거주자의 연말정산 방법

비거주자의 국내원천소득에 해당하는 근로소득에 대한 소득세의 과세표준과 세액의 계산에 관하여는 거주자에 대한 소득세의 과세표준과 세액의 계산에 관한 규정을 준용한다. 다만, 「소득세법」 제51조 제3항에 따른 인적공제 중 비거주자 본인 외의 자에 대한 공제와 같은 법 제52조에 따른 특별소득공제, 제59조의2에 따른 자녀세액공제 및 제59조의4에 따른 특별세액공제는 하지 아니한다.(소득법 122)

예 규 ●●●

● **비거주자가 납부한 국민연금보험료의 소득공제 여부**(서면2팀-688, 2008.04.15.)

비거주자인 나이지리아국 근로자가 「국민연금법」에 의하여 부담하는 연금보험료(사용자 부담금 제외)는 동 근로자의 근로소득금액에서 소득공제가 가능한 것임.

● **비거주자에게 지급하는 근로소득에 대한 원천징수방법**(서이 46017-10797, 2002.04.16., 국일 46017-92, 1997.02.06.)

국내사업장이 없는 비거주자의 근로소득에 대한 소득세의 과세표준 및 세액의 계산은 「소득세법」 제122조의 규정에 의거, 비거주자 본인 외의 인적공제와 특별공제를 제외하고는 거주자의 계산규정을 준용하는 것이므로, 비거주자의 근로소득금액을 계산할 때에는 「소득세법」 제47조에서 규정하는 근로소득공제를 적용하는 것이며, 세액의 계산시에도 동법 제59조에서 규정하는 근로소득세액공제를 산출세액에서 공제하는 것임.

| 외국인거주자와 비거주자의 연말정산 소득 · 세액공제 비교(소득법 §122) |

항 목		구 분		비 고
		외국인 거주자	비거주자	
연간 근로소득		국외원천 소득포함	국 내 원천소득	「소득세법」 제3조에 따른 단기거주 외국인은 국외원천소득 중 국내에서 지급되거나 국내로 송금된 소득에 대해서만 과세됨
근로소득공제		○	○	
인적공제	기본공제	○	본인만 공제	
	추가공제	○	본인만 공제	
연금보험료 공제		○	○	본인이 납부하는 국민연금보험료에 한함
특별 소득공제	건강 · 고용보험료 등	○	×	
	주택자금	○	×	외국인거주자는 소득세법 시행령 제95조 제4항 요건 충족시 가능
그 밖의 소득공제	• 개인연금저축 • 소기업등공제부금 • 투자조합출자 • 신용카드등사용금액 • 고용유지중소기업 • 청년형장기집합투자 증권저축 • 장기집합투자증권저축	○	×	
	주택마련저축	×	×	외국인거주자는 소득세법 시행령 제95조 제4항 요건 충족시 가능
	우리사주조합출연금	○	○	우리사주조합에 가입하여 출연한 금액에 한함

항 목		구 분		비 고
		외국인 거주자	비거주자	
세액공제	근로소득	○	○	
	자녀, 특별세액공제 (보험료·의료비, 교육비, 기부금), 월세액·고향사랑 기부금세액공제	○	×	월세 세액공제는 외국인거주자가 소득세법 시행령 제95조 제4항 요건 충족시 가능
	납세조합	○	○	납세조합 가입자가 납세조합에 의하여 소득세 원천징수 신고·납부시 적용

※ 외국인근로자의 경우 소득·세액공제 대신 '급여총계 × 단일세율(19%)' 선택 가능

■ 손 창 용

〈약 력〉
- 세무사·세무학박사
- 강남대학교 일반대학원 세무학전공(세무학박사)
- 성균관대학교 경영대학원 세무학전공(경영학석사)
- (현)세무법인지율 삼성지사 대표
- (현)한국세무사회 세무연수원 교수
- (현)한국세무사회 기업회계 자격시험 출제위원회 위원
- (현)서울지방세무사회 연수위원회 위원
- (현)대한상공회의소 세법강사
- (전)국세법령해석심의위원회 위원
- (전)한국세무사회 연수원 부원장
- (전)한국세무사회 도서출판위원회 위원
- (전)한국세무사회 기업회계 자격시험 운영위원장
- (전)한국세무사회 전산세무회계 자격시험 출제위원
- (전)서울지방세무사회 연수위원장
- (전)강남대학교 경제세무회계과 겸임교수
- (전)국민건강보험공단 보험료정보공개심의위원회 위원
- (전)삼성세무서 납세자보호위원회 위원
- (전)강남구지방세감면자문위원회 위원
- (전)중소기업경영현황 연구 및 제도개선 자문위원
- (전)서울·중부지방국세청 조사요원시험 세법강사

〈강 의〉
- 한국세무사회 회원 및 직원교육 강의(법인세, 세무사랑Pro활용레시피 등)
- 서울지방세무사회 직원교육 강의(연말정산, 법인세, 소득세 등)
- 대한상공회의소 세법강의(연말정산, 부가가치세, 법인세 등)
- 건국대학교, 강남대학교, 한양대학교 등 세법강의

〈저서 및 논문〉
- 원천징수제도에 관한 연구(박사학위 논문)
- 세무사랑Pro활용레시피(회계편)
- 세무사랑Pro활용레시피(연말정산)
- 세무사랑Pro활용레시피(법인세)
- 세무사랑Pro활용레시피(소득세)
- 기업결산및세무조정Ⅰ·Ⅱ
- 2023년 법인세신고실무
- 2023년 세액공제감면실무
- 2024년 신고대비 법인결산과세무조정실무
- 2023년 귀속 연말정산실무
- 2025년 신고대비 핵심 세액공제 감면의 정석
- 2025년 신고대비 핵심 통합고용증대세액공제 및 통합투자세액공제

2024년 귀속 핵심 연말정산실무

2024년 11월 28일 초판 인쇄
2024년 12월 4일 초판 발행

저 자 손 창 용
발 행 인 이 희 태
발 행 처 **삼일피더블유씨솔루션**

서울특별시 용산구 한강대로 273 용산빌딩 4층
등록번호 : 1995. 6. 26. 제3 - 633호
전   화 : (02) 3489 - 3100
F A X : (02) 3489 - 3141
I S B N : 979 - 11 - 6784 - 320 - 3   93320

저자협의
인지생략